增订中国史学史资料编年

元明卷

杨翼骧　编著
乔治忠　朱洪斌　订补

商务印书馆
创于1897　The Commercial Press

2013年·北京

图书在版编目(CIP)数据

增订中国史学史资料编年. 元明卷 / 杨翼骧编著
. — 北京：商务印书馆，2013
ISBN 978－7－100－10158－5

Ⅰ. ①增… Ⅱ. ①杨… Ⅲ. ①史学史－中国－元代②史学史－中国－明代 Ⅳ. ①K092

中国版本图书馆CIP数据核字(2013)第173784号

增订中国史学史资料编年
元明卷

杨翼骧 编著
乔治忠 朱洪斌 订补

商 务 印 书 馆 出 版
（北京王府井大街36号 邮政编码 100710）
商 务 印 书 馆 发 行
三河市尚艺印装有限公司印刷
ISBN 978－7－100－10158－5

2013年10月第1版 开本 710×1000 1/16
2013年10月北京第1次印刷 印张 32 1/2 插页4
定价：128.00元

南开大学史学史学科创立者杨翼骧先生

杨翼骧（左）与乔治忠

乔治忠（右）与朱洪斌

南开大学

NANKAI UNIVERSITY

修良先生：您好！

来信收到，感谢您对我八十岁生日的关注。

我的八十岁（虚岁）生日微不足道，不值一庆，无奈我的一些研究生坚持操办，我屡次劝阻，他们不听，只好如此。但嘱咐他们不要张扬，通知范围尽量缩小，所以纪念文集的作者，除过去的研究生外，只有少数历史系、历史所、古籍所的旧友，另外还有一位在台湾的小同乡杜维运。夏素芳于十几年前去美国，近些年未通信，不知其地址，遂将其原来的硕士论文删节后登载，希望她见到或闻知能与我们联系。

乔治忠是我的第一个博士生，治学有所成，已升为教授，并于去年被评选为博士生导师。我已退休，不再招新的博士生，以后他就是我的接班人了。他是您的后辈，应以学生视之，如果他有事向您求教，望不吝指教。

今年夏天天津酷热，为四十多年所未有，幸好我已于去年将一间房子装上空调，始有避暑之处。近些天又突然转冷，气温下降十余度，夜间已盖棉被，诚如您来信中所说的“气候古怪”了。

我现在用钢笔写字，手发颤，改用圆珠笔，请原谅。敬颂

著祺

杨翼骧 97.9.12.

杨翼骧先生给仓修良先生的信

纂修《增订中国史学史资料编年》感言

（代序）

乔治忠

著名史学史专家、南开大学教授、业师杨翼骧先生，一生矢志于研讨中国史学史，在中国史学史学科建设中，以及在中国古代史的研究中，先生的贡献是多方面的。2003年春，在先生辞世后的月祭，曾写有悼念文字，及今已倏忽十载，谨摘略如下，以志怀想：

先生辞世已盈月矣，然音容笑貌，仍时时浮现于吾侪寤寐之间。念先生一生，沉潜勤勉，孜孜然治史、教学，学至深、识甚广，以学识益世者多矣，纸笔焉能尽述！乃略举一二，仅为管窥蠡测。

先生撰著，卓然立于学术之林者，约略有四：

其一曰**《秦汉史纲要》**，是书刊行于1956年，随即风行在莘莘学子之手，宣讲于大学课堂之上。33年后，仍被评为“筚路蓝缕之功，则非后来的著述可比”。

其二曰**《中国历史大辞典·史学史卷》**，先生主编其古代部分，1983年出版，为最先面世之卷，为《中国历史大辞典》全书编纂冲锋陷阵，提供经验。国内国外，一片赞扬，称之“开创性的可喜成果”。

其三曰**《中国史学史资料编年》**，乃多卷本著述，已出三册。是书集学术性、资料性、工具性于一身，以扎实功力体现高超学识，为研治史学史之学人铺路架桥，提供资料与启迪，意蕴有如洪波浩荡之长江、大河，吾辈被泽受益，吾乃饮河之鼠，各饱其腹而已矣。

其四曰**《学忍堂文集》**，是书荟萃先生论文，益精益博，创见纷呈。亦有以人生体验、治学心得指导后学之篇，其寄望也切切，其教诲也谆谆，感人肺腑，莫此为甚。

先生自1953年至南开大学任教，50年间兢兢业业，创树实多，择其要者有二：

其一，创建南开古籍整理研究所。是乃乘国家重视古籍之东风，得学校信任支持之委托，筹措部署，开基创业。招聘人员，不拘一格，更恪守规范。于时正气炽焉，淳风立焉。

其二，创建南开史学史博士点。八十年代，先生为南开大学创建了中国史学史博士点，是当时全国仅有四个同类博士点之一，南开于是拥有一项特色专业，此乃超越几多优势高校，大为南开历史学科增色。其他历史学博士点或由几名教授共同争取，而史学史则全赖先生一人的学术业绩与声望。……

其中《中国史学史资料编年》之书，是杨先生筹划甚早、致力最多而在学界影响极大的著述。先生何时决计编纂此书，今已不能确知，但 1957 年于《南开大学学报》发表《三国两晋史学编年》一文，表明此前即已构想成熟，且实质性撰写工作已然开展。1987 年,《中国史学史资料编年》第一册出版,起于先秦，至于隋唐五代；1994 年第二册面世，内容范围包括北宋、南宋以及辽、金；第三册内容是元、明两代，交稿日期乃 1996 年底，而当时图书出版尚为旧式铅字排印，进程迟缓，校订艰难，经两年多的辗转，才于 1999 年出版。

《中国史学史资料编年》第一、二、三册陆续出版,在学术界得到普遍的赞扬。公开发表的书评，刊载于《史学史研究》1987 年第 4 期、《历史教学》1988 年第 1 期、《史学史研究》1995 年第 2 期、2002 年第 2 期，论者认为本书具有“真、朴、精、博”的学术特点，考核精良，收录广泛，“在史学史研究中拥有不可替代的独到作用”；全书“具备勾画史学发展全景的学术宗旨……为深入进行史学史研究提供了极有价值的线索与门径”，在学术上做出了无私的奉献。“这样一部著作，帮助我们掌握和了解我国史学发展的梗概，对于研究具体史家或史书也创造了条件，嘉惠后学，其功大矣”。

此外，对本书编纂义例加以细细品味，还有更当彰明之处：

第一，主体内容虽为相关史学资料的原文，但却是以著作家的史识和总括史学发展全局的眼光而致力于资料纂辑，体现出对于中国史学史知识体系的深入理解，采录的内容囊括史学史学科应当关涉的各个方面，尤其对于历代政权官方的史学活动、修史制度格外重视，同时也注意收载少数民族政权下的史学史资料。而中国古代史籍异常丰富，因此不可能一览全收、巨细毕载。隋唐五代之前尚可，而自宋代雕版印刷术广泛应用于史籍刻印之后，史籍数量大增，特别是明代史籍的印行极其纷繁，良莠不齐，很多杂史、笔记，对史学史发展的影响微不足道，如果试图兼收并蓄、不遗锱铢，不仅不能实现预期，而且必然芜杂混乱、谬误丛生，尽失史学史学科的旨趣。总的看来，杨先生搜辑和选择资料，都经过审视、斟酌，顾及史学史发展的各个层面，但并非有取无舍、并非毫无重点。

第二，本书设计的编年方法，乃首举公元纪年，后列传统的帝王纪年。在政权分立时期，各政权属下在本年若有史学史资料见于选录者，即并立列该政权的纪年年号。这真是极为妥善的处置，其卓越之处，一是以公元纪年系统地展示中国史学的发展进程，时间标示浑然一体、亘古贯通，可便于查阅检索，可与国际学界接轨；二是照顾了沿袭甚久的传统纪年法，适于不同学者治史与考核的需要，但并不认同古人的正统论观念，而并立本年有史学事项的不同政权年号，清晰明了，方便学者运用资料。

第三，史籍编年体的困境之一，是难于安置年代不明的史事。本书在系年方法上多有机动性创造，例如将不明成书时间的史书，系于作者中进士之年、作者卒年、附于作者其他著述成书之年等等，这当然带有估测的约略性质，但毕竟使许多史籍资料的编辑可以操作，而多种方法的运用，亦具有力求接近实际的取向。实际上，大多史书的著成日期，只要编排在其作者的生活年代，就不会影响读者对史学发展面貌的确切认识，在这一点上不必胶柱鼓瑟，关键在于使重要史学资料得以显现。

第四，全书较多引录古代目录学著述的著录资料，此为特点，亦为优点。目录学著述曾被许多学术大家推为入学门径，以纪传体史书《艺文志》、《经籍志》为主体的非解题目录，能够提供史书传世源流的确实信息，有裨于文献考证，是史学史研究可资利用的重要环节，具有不可轻忽的史料价值。而《郡斋读书志》、《直斋书录解题》、《四库全书总目》等解题目录，对所见典籍予以精练的评介，颇具知识性、参考性、启发性，是学术研究不可不关注的资料。解题目录与原书序跋相比，固然已非“原始”史料，但解题目录大多会传达史书序跋提供的撰述原委，且考论、评析往往比序文跋语更加公允，因为序跋、特别是明代史书的序跋，夸饰、吹捧已为普遍现象，如果缺少解题目录的评论资料，会给初学者带来一定的误导。

但是，杨先生编纂这部著述的年代，各项条件都不能与现今相比拟，首先是稀见史籍和善本史书，分散于全国各地，加之保护性、垄断性管理控制，欲得一观，难乎其难！势必造成资料收集和考订的某些缺环，无法求全责备。近年来大型丛书如《四库全书》、《四库全书存目丛书》等的出版，更有电子版图书、网络图书的出现，情况大为改观，这是当年学术界所意想不到的发展。其次，当年图书无论编纂还是排版，基本属于手工操作，先是本人或委托他人从书籍中抄录资料，经过删定，再予以誊清。交于出版社后，根据稿本排列铅字，印出清样后反复校订。环节既多，且易造成文字讹误，校订费力费时，疏漏之处难免。因此，在整体文化条件大为改善的情况下，本书前三册实有适度增订之必要。

此次增订工作，总括而言，主要在三个方面力求改善：一是校改原书的讹误文字；二是增补一些必要的史学事项；三是调整和修改一些资料的系年，而使之更加准确。但增订工作不等于重新编纂，应当尽量保持杨先生原书的主体面貌，即不过多地搅入新的、不见得十分重要的史学资料，以免喧宾夺主。由于三册原书的具体情况不同，除皆应致力于文字校勘之外，各册增补、考订亦有因事制宜的偏重，谨择要说明如下：

原《中国史学史资料编年》第一册，起始于公元前 841 年即“共和行政”之年，这是中国具有确切年代可考的开始，此种处理无疑是十分严谨的。然而探讨中国史学的起源，应当向更久远的社会背景进行追索，本册增订的结果，决定从周武王伐纣建立西周朝代起始，因为西周之初的“殷鉴”观念，是中国史学起源的最关键促进因素。虽然西周纪年至今还未能定论，但追溯史学起源状况对于史学史学科而言，尤其重要，不能坐待准确西周纪年的获得。由于上限的提前，导致新增若干史学事项，如《尚书》某些篇目的出现、《逸周书 · 史记解》的撰写等等。与此同时，依据最新的研究成果，修改了《战国策》、《世本》的成书年代，将之移于第二册。另外，原书第一册没有干支纪年，今经过斟酌，决定自东汉起附入干支纪年法。以上都是增订后较大的变动，其余修订，这里不一一列举。

原《中国史学史资料编年》第二册（宋辽金卷）编纂精湛，此次增订主要是补充了一些重要的史学事项，包括官方的史学举措。例如欧阳修的《正统论》、宋哲宗时期禁毁范祖禹《唐鉴》、李焘撰《六朝通鉴博议》、南宋末年史官高斯得修史奏议等等，不一一列举。其中有国内佚失而尚存于日本的两种史籍，即诸葛深著《历代帝王绍运图》与杨次山撰《历代故事》，也补充编入。个别史书的系年也有所调整，例如将《蒙古秘史》改系于公元 1252 年，并且补充了较多资料。

原《中国史学史资料编年》第三册包括元代、明代的内容，明代史籍尤其丛脞繁杂，《四库全书存目丛书》等大型丛书出版之后，许多此前难以寻觅的史书，转而便于阅览，从而加重了本册的增订任务，取舍之间，不易斟酌。此次增补考订，用力远过于前二册，主要修订工作有以下几点：

1. 补充许多史学事项，其中以史书为主体，亦有史学议论、史学事件内容。例如宋遗民周密的《武林旧事》、《齐东野语》，苏天爵《论修功臣列传疏》，廖道南《殿阁词林记》，王兆云《皇明词林人物考》，过庭训《本朝分省人物考》，姚允明《史书》，王士骐《皇明御倭录》，郭大有《评史心见》，刘元卿《诸儒学案》等等，不能一一列出。连同其他资料的补充，比原本增加了10万字左右。但添补史书也不得漫无涯涘，因为《中国史学史资料编年》绝不是史籍目录之书，其旨趣在于中国史学史的发展历程，过多收载驳杂史籍，于明晰史学发展的大体并无裨益。而甄择去取之间，见仁见智，难免有所失宜，唯祈博雅君子指正与鉴谅。

2. 对原来已经收载之史书，亦择要增补序跋等类资料，同时根据新见资料，对许多史书的系年做出调整和改动，有些改动的时间跨度较大，如王洙《宋史质》、徐学聚《国朝典汇》、程敏政《宋遗民录》等等。改动系年者数量颇多，不必毛举，而这样增订后，不免与原书之资料详略、前后顺序有了较大的区别，但原则上是对原书增而不减，出于对原作的尊重，极少采取删去原有资料的做法。本册有些资料的增补，乃来自日本所藏珍稀版本，例如张居正的编纂《帝鉴图说》，此次补入日本国会图书馆藏明代刻本中王希烈《帝鉴图说后序》，有助于考证其书的流布；对于魏显国《历代史书大全》，则增补了日本内阁文库所藏全本中的郭子章、许孚远两篇序言，以及该作者《史书总论》等资料。

3. 此次增订《中国史学史资料编年》（元明卷），择要补入了几种日本现存中国稀佚的古代史籍，如明宣宗《御制外戚事鉴》、顾充《皇明一统纪要》、史继偕《皇明兵制考》、张一龙《武库纂略》、林兆鼎《威暨录》等等，这些史籍多数在海外也已成为孤本，而且内容相当重要，予以增补编入，很有必要。

4. 清朝入关前已经具有不少史学性质的活动，原第三册没有涉及，今予以增补，谨按公元年限编入，同时在该年份标示清太祖或清太宗的纪年，与明朝的帝王纪年并立。

此次编纂所成的清代卷，断续拖延，历年弥久。早在2001年中，业师即委令由我全部负责编辑，嘱言可以邀请一位合作者。我当即说出所欲邀请之人，并且表明仍须先生主持并且署名。而业师正色指示：此书并非一年、二年即可撰成，自身既然不能审稿、定稿，就不署名，这不是谦让，实际是不愿意为你编纂之书担当责任和名声。届时成书的质量优劣，应当由你负责，无可推卸。这使我感到莫大的压力，颇生畏惧。随后，杨先生本年在给仓修良先生的信中申明："拙编《中国史学史资料编年》已出版三册，至元、明为止，本拟续出第四册（清朝），但因眼力不济，难以完成，现已托我的学生乔治忠及古籍所的另一同志代为编写，写成后署他们的名字，就与我无关了。"

后来，我所邀请、得到杨先生首肯的合作者退出了此事，我个人也忙于其他研究项目，仅分配自己的研究生间断地抄录一些《四库全书总目》中清代史书的提要等等资料。其中侯德仁君于我名下连续研读硕士、博士学业，且立志研究清代史学，所手抄资料较多，花费不少时间。而时代前进，科技发展，学术改观，《四库全书》检索电子版以及其他电子图书日益扩展和普及，使原来手抄的《四库提要》一类资料基本失去利用价值，因为复制、粘贴然后再细致校订的方法，既快捷又可靠，"资料编年"这类书籍的编纂，面临了方式方法的重大转型，许多准备工作虽已耗力不少却归于无用。

至2002年，业师对已经出版的三册《中国史学史资料编年》，表达了某些遗憾，只是并没有对我提出予以校正、增补的期许。业师逝世后，我逐渐感觉：似应将编纂第四册与修订前三册结合起来，同时完成和出版，但毕竟未得先师的明确嘱托，处于犹豫、动摇之中。经多次与同门学友谈论，未逢异议，后又得到先生之哲嗣培林君认可，才决定照此办理。于是，连续几届本专业的研究生，大部分多多少少参与了前三册文字录入和校订的工作，参加者及其工作量已经无法确计。其中值得提到的是：已经在扬州大学任教的王嘉川君，也策动和指挥学生参与了此事。增订工作于今日得以完成，可谓为"众人拾柴火焰高"的结果。而与我全面通力合作且贡献甚大者，乃朱洪斌君。朱君学术扎实，知识渊博，读书极广，专精于史事和文献的考证，有超常之解决难点的能力。在合作过程中，尝使我有"今得朱君，盖为天赐"之叹。

追忆本书增订与编纂历程，多少甘苦，未经历者无从感触，而经历者虽有感触却无法言表。此书迁延多年迟迟未成，是其貌似容易、做起来却时时捉襟见肘、难以措置。更思业师以一人之力，在条件远不如今的当年，竟撰成洋洋三册！因油然而生感愧之情。今所纂成第四册清代卷，努力承袭先师拟定的编撰理路，或许精思、深考未能圆满，但毕竟补上此册，可使整部撰述首尾完具，似聊可弥补十年间因循、拖沓过失之万一，故述“感言”有如上文，且寄意诗作于下款：

《增订中国史学史资料编年》书成寄意（七律）

“编年”三册作丝纶，
义例精微立本真。
辽阔学途须达理，
苍茫史海可知津。
时移世转仍遵嘱，
业继薪传敢续麟。
借问书成何企盼？
后来才彦更莘莘！

2013年4月30日

例　言

一、本书系《增订中国史学史资料编年》之元明卷。《增订中国史学史资料编年》将历代重要之史学史资料按年编列，以系统地展示中国史学史发展脉络，备学习和研究中国史学史之参考。

二、所标年代首列公元纪年年数，次列各朝帝王年号及年数，后列干支。因所引资料均为旧历年月，故以旧历为准。但旧历与公元存有岁差，为免将旧历一年之事分列两年、或在公元一年中并列两种旧历纪年，故旧历整年史事仍按一般史表通例，编列于旧历岁首之公元年内。

三、政权分立时期的年号，酌以引录资料所涉及者标示，如清入关前政权的史学事迹，于相关之年列出清太祖或清太宗年号。

四、本书引录之资料，力求以原始资料与最早记载为主，包涵史家、史籍及史事等史学史内容。所录资料，首明出处，涉及稀见文献及其版本，于案语中说明。近人之论述，除有关年代、事迹及著述内容之考订者外，均不具录。

五、历史地理、方志类著作，仅酌取记述全国范围以及对史学发展影响较大者，一般地方志撰述，概不具录。

六、史家之生平事迹，只录其主要经历及有关史学之活动，其他如政治、军事、经济、文学、哲学等方面之事迹，一般从略。

七、重要史家之生卒年代均可考知者，除对于史学有重大影响者外，一般只列卒年，不列生年。清季重要史家如卒于民国时期者，仅列生年。

八、所列史籍、史事资料之年代，如引录资料无明文记载，则加案语考订，或说明编于某年之理由。若不能确实考订其年代，则附编于某朝灭亡之年，或列入有联系的史事之后。若知该书作者之卒年，则编于卒年之下。对于重要史书，编年首取成书年代，成书年代不明者，再系于相关事件之年。不甚重要史书，可一并系于作者卒年，或编于其他相关事件之年。

九、本书首标年代，次以标题概括所录资料之内容，以下引录原文若干条。原文中有自注或他注者，加括号以小五号宋体字表示。编者另酌加案语，对引录资料商榷异同、考订旧说或补充文献、提示要旨。于是纪年、标题、资料、案语，四者分列，以求眉目清晰，便于读者参考。

十、本书引录资料原文，但引文之内往往原作者亦有引文，为避免引号的使用层层套叠，故省略整段资料之总的引号，但仍保证文字上忠于原作。

十一、增订资料来自《四部丛刊》、《四库全书》、《四库全书存目丛书》、《四库全书禁毁丛书》、《续修四库全书》等近年通行的大型丛书者，为节省篇幅而一般不注明版本。

十二、杨翼骧先生原有案语，尽量保留，仍题为“案”；今所订补者，题为“今案”。案语谨以考订史学事实为中心，一般不作无关史实考订的分析评论。所辑补新增资料，一般不另作标示。案语格式分两种情况：随资料文句之后注出者，加括号并且以小五号楷体字表示；在引录资料后另起一行者，首字缩四格以五号楷体字表示。

公元 1280 年 元世祖至元十七年 庚辰

王应麟著成《通鉴地理通释》。

《宋史》卷四三八，《王应麟传》：王应麟，字伯厚，庆元府人。九岁通《六经》，淳祐元年举进士，从王埜受学。调西安主簿。……差监平江百万东仓。调浙西提举常平茶盐主管帐司。……调扬州教授。初，应麟登第，言曰："今之事举子业者，沽名誉，得则一切委弃，制度典故漫不省，非国家所望于通儒。"于是闭门发愤，誓以博学宏辞科自见，假馆阁书读之。宝祐四年中是科。……添差浙西安抚司干办公事。……迁主管三省、枢密院架阁文字。迁国子录，进武学博士。……召为太常博士，擢秘书郎。……迁著作佐郎。度宗即位，摄礼部郎官，草百官表。……授兼礼部郎官、兼直学士院。……迁著作郎，守军器少监。……迁将作监。……擢兼侍立修注官，升权直学士院，迁秘书少监兼侍讲。……迁起居舍人，兼权中书舍人。……以秘阁修撰主管崇禧观。久之，起知徽州。……召为秘书监，权中书舍人，力辞，不许。兼国史编修、实录检讨兼侍讲。迁起居郎兼权吏部侍郎。……授中书舍人兼直学士院。……进兼同修国史、实录院同修撰兼侍读，迁礼部侍郎兼中书舍人。……寻转尚书兼给事中。……所著有……《通鉴地理通释》十六卷。

王应麟《通鉴地理通释·自序》：太极肇分，天先成而地后定。天依形，地附气。地囿于天者也，而言地理者，难于言天，何为其难也？日月星辰之度，终古而不易。郡国山川之名，屡变而无穷。是故图以经之，书以纬之，仰观俯察，其用一也。

《虞书·九共》，先儒以为《九丘》，其篇轶焉。传于今者，《禹贡》、《职方》而止耳。若《山海经》、《周书·王会》、《尔雅》之《释地》、《管氏》之《地员》、《吕览》之《有始》、《鸿烈》之《地形》，亦好古爱奇者所不废。然诸儒之传注异，历代之区宇殊。禹之九河，班《志》仅得其三。商之八迁，孔《疏》未闻其四。汉水东西之分，积石大小之辨，荆山之于荆、豫，梁岐之于冀、雍，潜在荆者未见，蔡在圻内者未详，三江、九江、五邦、三亳，则《书》之说异焉。还之为营，祢之为坭，以著为齐地，以韩城为涿郡，自土之为自杜，倭迟之为郁夷，邹虞之为梁邹，二南之为南郡、南阳，则《诗》之说异焉。扬纡在冀，而《尔雅》以为秦。卢水在济北，而康成读为雷。漳水之为潞，吴山之为岳，五湖混于具区，颍湛列于荆浸。此《职方》之疑也。豫章在江南，而江北之地未知。中牟在河南，而河北之地难考。许田，鲁地而非近许。鄢，郑邑而非鄢陵。谷、小谷之有别，父城、城父之不同。此《春秋》之疑也。二地而一名者，若王城、葵丘、酒泉、贝丘、钟离之类。一地而二名者，若白羽、夹谷、夷、垂葭、发阳之类。方城、细柳、丹水之有三，涂山、历山、东阳、武城之有四。“瞻彼洛矣”，与东都之洛异；“导洛自熊耳”，与宜阳之熊耳殊。首阳、空桐、新城、石门、石城、丹阳、白沙、硖石之属，其地非一。毕万之魏，为河中之永乐，而以元城为大名，失矣；自庐振廪，为襄阳之中庐，而以合肥为庐国，失矣。潘岳赋《西征》，不知成师之曲沃在河东；韩皋论《广陵散》，不知魏之扬州治寿春。韩文公，南阳人，在河内之修武而误曰邓州；《史记》郧关，在汉中之长利，而误曰洵阳；杜子美诗三奇戍，在彭州之导江，而误改曰三城。荀卿兰陵，非常州也；孔明渡泸，非泸州也；公琰屯涪，非涪州也；公瑾赤壁，非黄也；元规南楼，非鄂也。郢都白雪，误于郢州；东海二疏，误于海州。以涂山为会稽，以啮桑为采桑，以大别为安丰，以东陵为庐江，以楚丘为成武，以街亭为南郑。袭讹踵缪，不可殚纪。汉、沔一也，而或二之；吴、会二也，而或一之。江统误酂于沛郡，皇甫谧误商丘于濮阳，颜师古误卭都于卭州、青衣于嘉州、南陵于宣州。注《文选》不知夷庚，注《本草》不知沙苑，博见强志者犹或失之。旧迹湮没，如济绝于荥，碣石沦于海，昆明凿而镐京为池，隋城立而汉都为苑。南北侨置，如青有太原，豫有广陵，六合之为秦郡，项城之为秣陵，玉门之为会稽，浔阳在蕲而移柴桑，当涂在濠而寓姑孰。郡名非古，如云之云中，平之北平，蓟之渔阳。县名非古，如京兆之武功，丰州之九原，皆非秦汉之旧。或若异而同，或似是而非，不可谓博识为玩物而不之考也。

余闲居观《通鉴》，将笺释其地名，举纲提要，首以州域，次以都邑，推表山川，参以乐毅、王朴之崇论宏议，稽《左氏》、《国语》、《史记》、《战国策》、《通典》所叙历代形势，以为兴替成败之鉴。大《易》设险守国，《春秋》书下阳、彭城、虎牢之义也。河湟复而唐衰，燕代割而辽炽，述其事终焉。若昔对白题、羊肠、帝丘、内黄、问松亭、柳河者，以该洽见称，今岂无其人乎？孤陋寡闻，未免阙误，以俟博雅君子。山河不改，陵谷屡迁，亦以发鉴古之一慨云。上章执徐岁橘壮之月，子王子书《通释》后。

钱大昕《王伯厚年谱》（《深宁先生年谱》）：元世祖至元十七年庚辰，五十八岁。八月，《通鉴地理通释》成。

《宋史》卷二〇三，《艺文志二》职官类：王应麟……《通鉴地理通释》十四卷。

《四库全书总目》卷四七，史部编年类：《通鉴地理通释》十四卷，宋王应麟撰。……是书以《通鉴》所载地名，异同、沿革最为纠纷，而险要阨塞所在，其措置得失亦足为有国者成败之鉴。因各为条例，厘定成编。首《历代州域》，次《历代都邑》，次《十道山川》，次《历代形势》，而终以《唐河湟十一州》、《石晋十六州》、《燕云十六州》。书本十四卷，《宋史》本传作十六卷，疑传刻之讹也。其中徵引浩博，考核明确，而叙列朝分据战攻，尤一一得其要领，于史学最为有功。原书无序，后人以书后应麟自跋移冠于前。所云上章执徐橘壮之月，乃元世祖至元十六年（今案：误，应为十七年）庚辰八月，是时宋亡已三年，盖用陶潜但书甲子之义。书内称梓慎为梓谨，亦犹为宋讳云。

《古今纪要》等作者黄震卒。

《宋史》卷四三八，《黄震传》：震常告人曰："非圣人之书不可观，无益之诗文不作可也。"……所著《日抄》一百卷。卒，门人私谥曰文洁先生。

《宋元学案》卷八六，《东发学案·文洁黄于越先生震》：黄震，字东发，慈溪人，学者称为于越先生。……宋亡，饿于宝幢而卒，门人私谥曰文洁先生。先生本贯定海，其后徙于慈溪。晚年，自官归，复居定海灵绪乡之泽山，榜其门曰"泽山行馆"，其室曰"归来之庐"。……已而迁寓桓溪，自署"杖锡山居士"。已而又避地同谷。

《宋元科举三录·宝祐四年登科录》：第四甲第一百五人黄震：字东发，年四十四，五月十四日辰时生。……本贯庆元府慈溪县，自为户。

陈垣《黄东发之卒年》（见《辅仁学志》第十二卷一、二期，1943 年 12 月）：黄东发之生年，据宝祐四年登科录年四十四，则应生于嘉定六年癸酉。其卒年则各家疑年录均未之及也。陈著《本堂集》九十有挽黄提举震及挽黄祖勉梦榦各三首。祖勉，东发子，本堂与东发为同年进士，与祖勉为亲家，其次女，祖勉冢妇也。其挽东发诗注云："戊寅十月访于山居。"又云先生六十七岁，作《醉吟先生传》，则祥兴二年己卯，东发犹健在也。其挽祖勉诗云："谁料生刍奠，今年又乃翁。"又云："九京不可作，乔梓北风悲。"则东发父子同一年卒也。其挽祖勉诗注云："到山北葺精舍，未竟得病，返寓所宝幢见亲，未见而殁。"则祖勉先卒于东发也。然两诗均不著撰年，惟挽祖勉诗有"辰龙竟归梦"之句，辰龙似指元至元十七年庚辰，则东发卒年当六十有八。《本堂集》三十七有《赠吴安仲序》。安仲，东发婿，序亦不著撰年，而有"余交国史黄公为深，公死已十有五年”之语。假定东发卒于庚辰，则此序当作于元贞元乙未。此序之前一序为《蒋定叔（樵吟集）序》，末署“旃蒙协洽孟春，嵩溪遗耄陈某八十二岁书。”正是元贞乙未。即续有发见，当不至大谬。诸生有欲撰东发年谱者，因举以示之。新会陈垣。

刘一清于本年后著成《钱塘遗事》。

《四库全书总目》卷五一，史部杂史类：《钱塘遗事》十卷，元刘一清撰。一清，临安人，始末无可考。其书虽以钱塘为名，而实纪南宋一代之事。高、孝、光、宁四朝所载颇略，理、度以后叙录最详。大抵杂采宋人说部而成。故颇与《鹤林玉露》、《齐东野语》、《古杭杂记》诸书互相出入，虽时有详略同异，亦往往录其原文。……然于宋末军国大政，以及贤奸进退，条分缕析，多有正史所不及者。盖革代之际，目击偾败，较传闻者为悉。……世无刊本，传写颇稀。……此乃旧抄足本，前后无序跋，唯卷端题识数行，惜高宗不都建康而都于杭，士大夫湖山歌舞，视天下事于度外，卒至纳土卖国。不署名氏，详其词意，殆亦宋之遗民也。

钱大昕《补元史艺文志》卷二，杂史类：刘一清《钱塘遗事》十卷，记南宋事。

案：刘一清撰书年代不详，据《四库提要》所述，当系宋亡入元后所作，暂编于此，容再查考。

潘荣于本年后撰《通鉴总论》。

康熙《婺源县志》（成文出版公司影印本）卷九，《人物》：潘荣，字伯诚，桃溪人。隐居，博学通经，尤长于史。尝著《通鉴总论》，大要治天下有三：曰明、曰断、曰顺而已。明则君子进而小人退，断则有功劝而有罪惩，顺则万事理而人心悦而天下和。三者之要在身，身端心诚，不令而行矣。其说反复数千言。又尝集“苏句”百篇，学者称为节斋先生。

乾隆《婺源县志》（成文出版公司影印本）卷一五，《人物·儒林》：潘荣，桃溪人，字伯诚，号节斋。隐居博学，通诸经，尤长于史。笃志厉行，学者宗之。值宋革命，秉节不履元地，楼居二十载。著《通鉴总论》，大要治天下有三：曰明、曰断、曰顺而已。明则君子进而小人退，断则有功劝而有罪惩，顺则万事理而人心悦而天下和。三者之要在身，身端心诚，不令而行矣。其说反复数千言。又尝集“苏句”百篇以自见，祀乡贤。

今案：潘荣《通鉴总论》为古代著名史论，不仅有单行本行世，明代大量史籍将之作为卷首开篇序言，影响甚大。清乾隆朝编纂《四库全书》期间，将之作为禁毁史书之标记，凡开篇刻印《通鉴总论》者，均打入禁毁之列。但因流播极广，至今仍可多见，文繁不录。

公元 1281 年 元世祖至元十八年 辛巳

王应麟著成《汉制考》。

王应麟《汉制考·序》：汉制载于史者，先儒考之详矣，其见他书者未之考也。……诸儒占毕训故之学，虽未尽识三代旧典，而以汉制证遗经，犹幸有传注在也。……盖自西晋板荡之后，见闻放失，习俗流败，汉世之名物称谓，知者鲜焉，况帝王制作之法象意义乎？此汉制之仅存于传注者，不可忽不之考也。愚少尝有闻，老弗敢坠，因细次为编，以俟后之君子。自流溯源，三代之礼庶乎其可识矣。辛巳夏五，子王子序。

《宋史》卷四三八，《王应麟传》：所著有……《汉制考》四卷。

《宋史》卷二〇三，《艺文志二》职官类：王应麟……《汉制考》四卷。

《四库全书总目》卷八一，史部政书类一：《汉制考》四卷，宋王应麟撰。……是编因《汉书》、《续汉书》诸志，于当日制度，多详于大端，略于细目，因摭采诸家经注及《说文》诸书所载，钩稽排纂，以补其遗，颇足以资考证。又以唐时贾、孔诸疏，去古已远，方言土俗，时异名殊，所谓某物如今某物，某事如今某事者，往往循文笺释，于旧文不必悉符，亦一一详为订辨。……其中偶失考定者……未免千虑之一失。要其大致精核，具有依据，较南宋末年诸人侈空谈而鲜实徵者，其分量相去远矣。

钱大昕《王伯厚年谱》：元世祖至元十八年辛巳，五十九岁。五月，《汉制考》成。

王恽撰成《承华事略》。

《元史》卷一六七，《王恽传》：王恽，字仲谋，卫州汲县人。……中统元年，左丞姚枢宣抚东平，辟为详议官。时省部初建，令诸路各上儒吏之能理财者一人，恽以选至京师，上书论时政，与渤海周正并擢为中书省详定官。二年春，转翰林修撰、同知制诰，兼国史院编修官，寻兼中书省左右司都事。……至元五年，建御史台，首拜监察御史。……九年，授承直郎、平阳路总管府判官。……十三年，奉命试儒人于河南。十四年，除翰林待制，拜朝列大夫、河南北道提刑按察副使，寻改置诸道制下，迁燕南河北道。……十八年，拜中议大夫、行御史台治书侍御史，不赴。裕宗在东宫，恽进《承华事略》，其目曰：广孝、立爱、端本、进学、择术、谨习、听政、达聪、抚军、崇儒、亲贤、去邪、纳诲、幾谏、从谏、推恩、尚俭、戒逸、知贤、审官，凡二十篇。裕宗览之……令诸皇孙传观，称其书弘益居多。

王恽《承华事略序》（见《秋涧先生大全文集》卷七八）：臣恽尝读文王《世子》、贾谊《保傅》篇，二者教养太子之方尽矣。第去古逾远，其典礼有不复行于今者。又伏念殿下春秋鼎盛，以天挺英叡之资，复有不待学焉而后能者，故臣愚虑敢述其切时近用，可举于今，庶有补于来者，著而为篇。然事有先后，必循序而进。窃谓孝者德之本也，唯天子之孝以宁亲敷教为大，故首之以《广孝》。爱者孝所生也，惟孝友于兄弟，故继之以《立爱》。孝爱既立，亟当正者国之本也，故继之以《端本》。本虽端，非学无以成其德，故继之以《进学》。学不无异端之害，故以《择术》、《谨习》次之。教尊德成，必取正于官，非听政无以验诸用，非达聪无以周其知，故方其《听政》，即以《达聪》继之。国政之外，兵戎为重，故以《抚军》次之。军国事殷，举措之间，恐涉僭悮，故以《明分》次之。文武并用，长久之术，故继之曰《崇文》。尚文之实，亲贤为本，然不可不辨其邪正，故《亲贤》后继之曰《去邪》。正人之言，无匪弘益，故继之曰《纳诲》。虽圣人不能无过，谏而能改，善莫大焉，故先以亲之《幾谏》，次以己之《从谏》，思互为儆省尔。至若仁民爱物，非德泽何以加，故预之以《推恩》。德加于民，而俭约、逸豫，居上者尤所当尚、戒。天下之事无大小，官得人则治，故以《审官》终之。自《广孝》至《审官》，凡二十篇，厘为六卷。篇有图，俾见古人当时事迹之伟；后有说，以致愚虑循序近用之义，且易于按观焉，题之曰《承华事略》。……臣王恽谨序。

王恽《进呈〈承华事略〉笺》（《秋涧先生大全文集》卷七八）：臣恽谨言：伏以学止虚文，在明时而何补；士传民语，恐小道之可观。俯沥愚衷，仰陈瞽颂，臣诚惶诚恐，叩头叩头。恭惟皇太子殿下温文海润，孝敬日晖，方丕承天序之时，有历试诸难之命。事统殆万幾之广，君门邈千里之遥。虽叡足以有临，明足以继照，仁足以及物，智足以周知，复多识于前言，乃益隆于孝治。谨采储闱之事要，庶几贾傅之遗规，傥赐乙观，岂胜至幸。波洋少海，固不择于细流；德表华箴，窃効持于众美。臣恽今所纂集，名曰《承华事略》，凡廿篇，厘为六卷。谨奉笺投进，冒渎严威，无任激切屏营之至。臣恽诚惶诚恐，叩头叩头，谨言。至元十八年十二月日，朝列大夫、燕南河北道提刑按察副使臣王恽进。

黄虞稷《千顷堂书目》（瞿凤起、潘景郑整理，上海古籍出版社 2001 年版）卷九，典故类：王恽……《承华事略》六卷。

《四库全书总目》卷八九，史部史评类存目一：《承华事略》一卷，元王恽撰。……此书成于至元十八年。时裕宗为太子，恽官燕南河北道副使，因作此进于东宫，载前代为太子者之事，加以论断。裕宗甚喜是书，令诸皇孙共传观焉。已载所著《秋涧集》中，此后人抄出别行之本。《进书启》称二十篇，厘为六卷，今止一卷，亦后人所合并也。

公元 1285 年　元世祖至元二十二年　乙酉

马廷鸾著成《读史旬编》。

《宋史》卷四一四，《马廷鸾传》：马廷鸾，字翔仲，饶州乐平人。……登淳祐七年进士第，调池州教授，需次六年。宝祐元年，召赴都堂审察，辞。至池以礼帅诸生。二年，调主管户部架阁。三年，迁太学录，召试馆职。……迁秘书省正字。四年，尤焴提举史事，辟为史馆校勘。……开庆元年，吴潜入相，召为校书郎。景定元年，兼沂靖惠王府教授。……兼权枢密院编修官。……迁枢密院编修官兼权仓部郎官。二年，进著作佐郎兼右司，迁将作少监。三年……擢军器监兼左司，兼太子右谕德，升左谕德，行国子司业。……兼翰林权直，擢秘书少监，升权直学士院。四年，擢起居舍人兼太子右庶子兼国史院编修官、实录院检讨官。……五年……迁礼部侍郎。……升直学士院。咸淳元年，进端明殿学士、签书枢密院事兼同提举编修《经武要略》。……三年，同知枢密院事兼同提举编修《经武要略》。……兼权参知政事。五年，进参知政事兼同知枢密院事，进右丞相兼枢密使。八年，九疏乞罢政。九年，依旧观文殿大学士、知绍兴府、浙东安抚大使。上疏辞免，依旧职提举临安府洞霄宫。……瀛国公即位，召不至。

马廷鸾《读史旬编自序》（见《碧梧玩芳集》卷二一）：《读史旬编》者，

病叟暮年之所著也。昔东莱吕太史著《大事记》，其为书也，曰记事，列事之目，无所褒贬抑扬；曰通释，本《易·系辞》、《书》、《诗》序，旁采刘向、董仲舒、史迁以及胡五峰之说，明帝王之统纪；曰解题，为始学者设，所载皆职分之所当知，非事驳杂求新奇，出于人所不知也。初，公之为书，本起春秋迄五代，书未及成，而绝笔于汉武帝征和三年。朱文公屡惜之，伤斯文之不续，后学之不得私淑诸人也。今辄不自揆，本康节邵氏《经世纪年图》、朱文公《通鉴纲目》，略仿吕氏义例，而为《读史旬编》。旬者，日之甲癸也，《书》曰："期三百有六旬"是也。吾书以日之甲癸，比于年之甲癸，谓之"旬编"。自尧甲辰至五代周显德七年庚申（周以此年正月四日方禅），三千三百一十七年为三百三十二旬（末旬自甲至庚），类而编之。……经始于壬午之冬，彻编于乙酉之秋，越三岁而后三十有八帙之书成。

案：自壬午（至元十九年）"经始"，至乙酉（至元二十二年）"彻编"，故云"越三岁"。

胡三省著成《资治通鉴音注》、《通鉴释文辨误》。

胡三省《新注资治通鉴序》：古者国各有史，以纪年书事。……唐四库书，编年四十一家，九百四十七卷。……今四十一家书，存者复无几。乙部书以迁、固等书为正史，编年类次之，盖纪、传、表、志之书行，编年之书特以备乙库之藏耳。宋英宗皇帝命司马光论次历代君臣事迹，为编年一书。神宗皇帝以鉴于往事，有资于治道，赐名曰《资治通鉴》，且为序其造端立意之由。温公之意，专取关国家盛衰，系生民休戚，善可为法，恶可为戒者，以为是书。……

世之论者率曰："经以载道，史以记事，史与经不可同日语也。"夫道无不在，散于事为之间，因事之得失成败，可以知道之万世亡弊，史可少欤？为人君而不知《通鉴》，则欲治而不知自治之源，恶乱而不知防乱之术。为人臣而不知《通鉴》，则上无以事君，下无以治民。为人子而不知《通鉴》，则谋身必至于辱先，作事不足以垂后。乃如用兵行师，创法立制，而不知迹古人之所以得，鉴古人之所以失，则求胜而败，图利而害，此必然者也。

孔子序《书》，断自唐、虞，讫文侯之命而系之秦。鲁《春秋》则始于平王之四十九年。左丘明传《春秋》，止哀之二十七年赵襄子惎智伯事。《通鉴》则书赵兴智灭以先事。以此见孔子定《书》而作《春秋》，《通鉴》之作，实接《春秋左氏》后也。……

先君笃史学，淳祐癸卯始患鼻衄，读史不暂置，洒血渍书，遗迹故在。每谓三省曰："《史》、《汉》自服虔、应劭至三刘，注解多矣。章怀注范史，裴松之注陈寿史，虽间有音释，其实广异闻，补未备，以示博洽。《晋书》之杨正衡，《唐书》之窦苹、董冲，吾无取焉。徐无党注《五代史》，粗言欧公书法义例，他未之及也。《通鉴》先有刘安世《音义》十卷，而世不传。《释文》本出于蜀史炤，冯时行为之序，今海陵板本又有温公之子康《释文》，与炤本大同而小异。公休于书局为检阅官，是其得温公辟咡之教诏，刘、范诸公群居之讲明，不应乖剌乃尔，意海陵《释文》非公休为之。若能刊正乎？"三省捧手对曰："愿学焉"。

乙巳，先君卒，尽瘁家蛊，又从事科举业，史学不敢废也。宝祐丙辰，出身进士科，始得大肆其力于是书。游宦远外，率携以自随；有异书异人，必就而正焉。依陆德明《经典释文》，厘为《广注》九十七卷；著论十篇，自周讫五代，略叙兴亡大致。咸淳庚午，从淮壖归杭都，延平廖公见而韪之，礼致诸家，俾雠校《通鉴》以授其子弟，为著《雠校通鉴凡例》。廖转荐之贾相国，德祐乙亥，从军江上，言辄不用，既而军溃，间道归乡里。丙子，浙东始骚，辟地越之新昌；师从之，以孥免，失其书。乱定反室，复购得他本为之注，始以考异及所注者散入《通鉴》各文之下，历法、天文则随《目录》所书而附注焉。迄乙酉冬，乃克彻编。凡纪事之本末，地名之同异，州县之建置离合，制度之沿革损益，悉疏其所以然。若《释文》之舛谬，悉改而正之，著《辩误》十二卷。

呜呼！注班书者多矣。晋灼集服、应之义，而辩其当否；臣瓒总诸家之说，而驳以己见。至小颜新注，则又讥服、应之疏紊尚多，苏、晋之剖断盖鲜，訾臣瓒以差爽，诋蔡谟以抵牾。自谓穷波讨源，构会甄释，无复遗恨。而刘氏兄弟之所以议颜者，犹颜之议前人也。人苦不自觉，前注之失，吾知之。吾注之失，吾不能知也。又古人注书，文约而义见；今吾所注，博则博矣，反之于约，有未能焉。世运推迁，文公儒师，从而凋谢，吾无从而取正，或勉以北学于中国，嘻，有志焉，然吾哀矣！旃蒙作噩冬十有一月乙酉日长至，天台胡三省身之父书于梅磵蠖居。

案：旃蒙作噩为乙酉，即元世祖至元二十二年。

袁桷《清容居士集》（四部丛刊本）卷三三，《师友渊源录》：胡三省，天台人，宝祐进士。贾相馆之。释《通鉴》三十年。兵难，稿三失。乙酉岁留袁氏塾，日手抄定注。己丑寇作，以书藏窖中得免。

《千顷堂书目》卷四，编年类：胡三省《音注资治通鉴》二百九十四卷。又卷五，史学类：胡三省《资治通鉴释文辨误》十二卷。

《四库全书总目》卷四七，史部编年类：《资治通鉴》二百九十四卷，宋司马光撰，元胡三省音注。光以治平二年受诏撰《通鉴》，以元丰七年十二月戊辰书成奏上，凡越十九年而后毕。……其书网罗宏富，体大思精，为前古之所未有，而名物训诂，浩博奥衍，亦非浅学所能通。光门人刘安世，尝撰《音义》十卷，世已无传。南渡后注者纷纷，而乖谬弥甚，至三省乃汇合群书，订讹补漏，以成此注。……《通鉴》文繁义博，贯穿最难。三省所释，于象纬推测、地形建置，制度沿革诸大端，极为赅备。……至《通鉴》中或小有抵牾，亦必明著其故。……并能参证明确，而不附会以求其合，深得注书之体。……虽徵摭既广，不免检点偶疏……顾炎武《日知录》并纠其失，近时陈景云亦摘地理讹舛者，作《举正》数十条。然以二三百卷之书，而蹉失者仅止于此，则其大体之精密，益可概见。

《四库全书总目》卷四七，史部编年类：《资治通鉴释文辨误》十二卷，元胡三省撰。《通鉴释文》本南宋时蜀人史炤所作，浅陋特甚。时又有海陵所刊《释文》，称司马康本；又蜀广都费氏进修堂版行《通鉴》，亦以注附之，世号《龙爪通鉴》，皆视史炤本差略，而实相蹈袭。三省既自为《通鉴音注》，复以司马康《释文》本出伪托，而史炤所作，讹谬相传，恐其疑误后学，因作此书以刊正之。每条皆先举史炤之误，而海陵本、龙爪本与之同者，则分注其下。其已见于此书者，音注之中，即不复著其说。……其书援据精核，多足为读史者启发之助。所云音训之学，因文见义，各有攸当，不可滞于一隅；又云晋、宋、齐、梁、陈之疆理，不可以释唐之疆理，其言实足为千古注书之法，又不独为史炤一人而设矣。

公元 1286 年　元世祖至元二十三年　丙戌

撒里蛮请以畏吾字翻译元累朝实录。

《元史》卷一四，《世祖纪十一》：（至元二十三年十二月）戊午，翰林承旨撒里蛮言："国史院纂修太祖累朝实录，请以畏吾字翻译，俟奏读，然后纂定。"从之。

公元1288年 元世祖至元二十五年 戊子

王恽著成《玉堂嘉话》。

王恽《玉堂嘉话序》（据杨晓春点校，中华书局2006年版）：中统建元之明年，辛酉夏五月，诏立翰林院于上都，故状元文康王公授翰林学士承旨。已而，公谓不肖恽曰："翰苑，载言之职，莫国史为重。"遂复以建立本院为言，允焉。仍命公兼领其事。时不肖侍笔中书，两院故事，凡百草创，经营署置，略皆与知。其年秋七月，授翰林修撰、同知制诰、兼国史院编修官。方帝泽鸿庞，赉及四海，诰命宣辞，颇与定撰。再阅月，蒙二府交辟，不妨供职，兼左司都事。自后由御史里行调官晋府，秩满，复入为翰林待制。时则有若左丞相修国史耶律公、承旨霍鲁忽孙安藏、前左辖姚公、大学士鹿庵王公、侍讲学士徒单公、河南李公、待制杨恕、修撰赵庸、应奉李谦，不肖虽承凡，几于一考。其获从容侍接，仰其祖宗对天之鸿休，圣训无穷之睿思，皆闻所未闻者。至于文章高下，典制沿革，朝夕餍饫，所得亦云多矣。今也年衰气耄，尽负初心，因细绎所记忆者，凡若干言，辑而为八卷，题之曰《玉堂嘉话》。其或灯火茆堂之夜，尊罍心赏之间，吐嘉话于目前，想玉堂于天上。呜息有时，盛年不再，良可叹也！然昔人有宅位钧衡不得预天子私人为恨，顾惟此生，不为未遇，用藏家柜，以贻将来。至元戊子冬季二日，前行台侍御史秋涧老人王恽谨序。

《千顷堂书目》卷一二，小说类：王恽《玉堂嘉话》八卷。

《四库全书总目》卷一二二，子部杂家类六：《玉堂嘉话》八卷，元王恽撰。……是编成于至元戊子。纪其中统二年初为翰林修撰知制诰兼国史馆编修官，及调官晋府秩满，至元十四年复入为翰林待制时一切掌故，及词馆中考核讨论诸事。始于辛酉，终于甲午，凡三十四年之事。所记当时制诰特详，足以见一朝之制。

公元1289年 元世祖至元二十六年 己丑

《读史旬编》等作者马廷鸾卒。

《宋史》卷四一四，《马廷鸾传》：咸淳……八年，九疏乞罢政。……自罢相归，又十七年而薨。所著《六经集传》、《语孟会编》、《楚辞补记》、《洙泗裔编》、《读庄笔记》、《张氏祝氏皇极观物外篇》诸书。

案：据《宋史》本传，马廷鸾于宋度宗咸淳八年（公元 1272 年）罢相，归后十七年而卒，故编于此。

公元 1290 年　元世祖至元二十七年　庚寅

《元定宗实录》、《元太宗实录》修成。

《元史》卷一六，《世祖纪一三》：（至元二十七年六月）丁酉，大司徒撒里蛮、翰林学士承旨兀鲁带进《定宗实录》。……十一月……壬戌，大司徒撒里蛮、翰林学士承旨兀鲁带进《太宗实录》。

公元 1294 年　元世祖至元三十一年（本年正月元世祖卒，四月成宗即位）甲午

王恽撰成《守成事鉴》。

《元史》卷一六七，《王恽传》：成宗即位，献《守成事鉴》一十五篇，所论悉本诸经旨。

《千顷堂书目》卷九，典故类：王恽《守成事鉴》十五卷，成宗即位时编进。

倪灿、卢文弨《补元史艺文志》，史部故事类：王恽《守成事鉴》十五卷，成宗即位时编进。

官方纂修《元世祖实录》。

《元史》卷一八，《成宗纪一》：（至元三十一年六月）甲辰，诏翰林国史院修《世祖实录》，以完泽监修国史。

《元史》卷一三〇，《完泽传》：完泽，土别燕氏。……至元二十八年……特拜中书右丞相。……三十一年，世祖崩，完泽受遗诏……迎成宗即位。

《元史》卷一六九，《张九思传》：张九思，字子有，燕宛平人。……至元二年，九思入备宿卫，裕皇居东宫，一见奇之。……江南既平，宋库藏金帛输内府，而分授东宫者多，置都总管府以主之，九思以工部尚书兼府事。十九年……冬，立詹事院，以九思为丞。……二十二年，皇太子薨。……三十年，进拜中

书左丞兼詹事丞。明年，世祖崩，成宗嗣位，改詹事院为徽政，以九思为副使。十一月，进资德大夫、中书右丞。会修世祖、裕宗实录，命九思兼领史事。

《元史》卷一六四，《李之绍传》：李之绍，字伯宗，东平平阴人。……从东平李谦学。家贫，教授乡里，学者咸集。至元三十一年，纂修《世祖实录》，徵名儒充史职，以马绍、李谦荐，授将仕佐郎、翰林国史院编修官。

《元史》卷一七五，《李孟传》：李孟，字道复，潞州上党人。……博学强记，通贯经史，善论古今治乱，开门授徒，远近争从之。……后以事至京师，中书右丞杨吉丁一见奇之，荐于裕宗，得召见东宫。未几，裕宗薨，不及擢用。成宗立，首命采访先朝圣政，以备史官之纪述。陕西省使孟讨论编次，乘驿以进。

《元史》卷一七二，《赵孟頫传》：赵孟頫，字子昂，宋太祖子秦王德芳之后也。……宋亡家居。……至元二十三年，行台侍御史程鉅夫奉诏搜访遗逸于江南，得孟頫，以之入见。……二十四年六月，授兵部郎中。……二十七年，迁集贤直学士。……二十九年，出同知济南路总管府事。……会修《世祖实录》，召孟頫还京师。

《元史》卷一七七，《张升传》：张升，字伯高，其先定州人，后徙平州。……至元二十九年，用荐者授将仕郎、翰林国史院编修官。预修《世祖实录》，升应奉翰林文字，寻升修撰。

公元 1295 年 元成宗元贞元年 乙未

官修《元世祖实录》告成。

《元史》卷一八，《成宗纪一》：（元贞元年六月）甲寅，翰林承旨董文用等进《世祖实录》。

《元史》卷一七四，《姚燧传》：姚燧，字端甫。……燧年三十八，始为秦王府文学。……（至元）十七年，除陕西汉中道提刑按察司副使。……调山南湖北道。……二十三年，自湖北奉旨趋朝。明年，为翰林直学士。二十七年，授大司农丞。元贞元年。以翰林学士召修《世祖实录》。初置检阅官，究核故事，燧与侍读高道凝总裁之，书成。

《元史》卷一六七，《王恽传》：元贞元年，加通议大夫、知制诰同修国史，奉旨纂修《世祖实录》，因集《圣训》六卷上之。

《元史》卷一四八,《董俊传附子文用传》:文用字彦材，俊之第三子也。……世祖在潜藩，命文用主文书。……世祖即位，建元中统……文用为左右司郎中。二年八月，以兵部郎中参议都元帅府事。……至元改元，召为西夏、中兴等路行省郎中。……八年，……授山东东西道巡行劝农使。……十二年……为工部侍郎。……十三年，出文用为卫辉路总管。……十九年……召文用为兵部尚书。……二十年……转礼部尚书，迁翰林、集贤二院学士，知秘书监。……二十二年，拜江淮行中书省参知政事。……二十五年，拜御史中丞。……迁为翰林学士承旨。……三十一年……世祖崩。……是年，诏修先帝实录，升资德大夫、知制诰兼修国史。文用于祖宗世系功德、近戚将相家世勋绩，皆记忆贯穿，史馆有所考究质问，文用应之，无遗失。

王恽《进实录表》(见苏天爵《国朝文类》卷一六):《典》、《谟》述尧、舜之功，令名显著;方册布文、武之政，义问宣昭。粤自汉、隋，及夫唐、宋，咸有信史，以贻后来。况大业丰功，震今耀古，惟深善述，首议丕扬。洪惟世祖皇帝，仁孝英明，睿谋果断。……可谓文致太平，武定乱略，继一祖四宗之志，兼三皇五帝之功。……以谦让弗遑于备纪，故纂修未至于成书。钦遇皇帝陛下，寅绍诒谋，励精图治，亟鉴观于成宪，思遹骏于先声。深诏下臣，俾为实录。……开馆局而增置官僚，敕群司而大紬图籍，编摩既富，搜访加详。采摭于时政之编，参取于起居之注。张皇初稿，增未见于罕闻；承奉纶音，俾蠲繁而就简。俯殚管见，仰体宸衷，尽略虚文，一存实事。……今具所修成《世祖皇帝实录》二百一十卷、《事目》五十四卷、《圣训》六卷，凡二百七十卷，谨缮写为二百七十帙，用黄绫夹复封全，随表上进。臣等忝备台司，幸膺盛典。顾惟载笔，才何有于三长；勉进芜辞，虑庶几于一得。冒渎圣听，不胜惊惶。

《千顷堂书目》卷四，国史类：(元)《世祖实录》，姚燧修。……王恽《世祖圣训》六卷。

钱大昕《补元史艺文志》卷二，正史类:《世祖实录》二百一十卷、《事目》五十四卷、《圣训》六卷。

公元 1296 年 元成宗元贞二年 丙申

《通鉴地理通释》、《汉制考》、《困学纪闻》等作者、《玉海》编者王应麟卒。

《宋史》卷四三八，《王应麟传》：转尚书兼给事中。……遂东归。诏中使谭纯德以翰林学士召，识者以为夺其要路，宠以清秩，非所以待贤者。应麟亦力辞。后二十年卒。所著有《深宁集》一百卷、《玉堂类稿》二十三卷、《掖垣类稿》二十二卷、《诗考》五卷、《诗地理考》五卷、《汉艺文志考证》十卷、《通鉴地理考》一百卷、《通鉴地理通释》十六卷、《通鉴答问》四卷、《困学纪闻》二十卷、《蒙训》七十卷……《补注王会篇》、《小学绀珠》十卷、《玉海》二百卷……《姓氏急就篇》六卷、《汉制考》四卷、《六经天文编》六卷、《小学讽咏》四卷。又卷二〇二，《艺文志一》春秋类：王应麟《春秋三传会考》三十六卷。

钱大昕《潜研堂文集》卷一九，《王厚斋生卒年月》：《宋史·王应麟传》，不载其卒之年月及年岁若干。阎百诗据本传云"后二十年卒"，则卒当于元成宗元贞二年丙申。又据方回序《小学绀珠》在元大德庚子，自称回年七十四，公长回六岁，是王氏生于宋宁宗嘉定十四年辛巳。如阎说，厚斋生于辛巳岁，卒于丙申岁，年七十有六也。今考《延祐四明志·人物传》，厚斋年七十四，而陈本堂祭厚斋文，首称柔兆涒滩之岁孟冬甲辰，其文亦云"余八十三，公七十四"，则厚斋卒于元贞丙申，年七十四，信矣。推其生年，当在嘉定十六年癸未，非辛巳岁也。本堂祭文，又有季夏闻讣之语，则厚斋之卒，在是年六月也。

牟应龙《困学纪闻序》：宋咸淳间，厚斋先生尚书王公，以博学雄文闻于时。……晚岁飞遁，未尝一日去书不观，颇闻著述甚富，恨未之见也。忽其子昌世书来曰："吾父平生书最多，惟《困学纪闻》尤切于为学者。今以其书视子，幸为序所以作之之意，置诸篇端。"盖九经诸子之旨趣，历代史传之事要，制度名物之原委，以至宗工巨儒之诗文议论，皆后学所当知者。公作为是书，各以类聚，考订评论，皆出己意，发前人之所未发，辞约而明，理融而达，该邃渊综，非读书万卷，何以能之？连日夜批阅，目力为废，不意垂尽之年，获睹希世之珍。序引固非晚陋所敢当，然先祖光禄与公之父吏部，同年进士，先父大理与公同朝者三，相得益欢，事分之厚，不并他人。况昭父闭门读父书，求己志，又予所深敬者，是用承命而不辞，托名于不朽焉，观者毋以为僭。至治二年秋八月壬辰，隆山牟应龙谨识。

胡助《〈玉海〉序》：《玉海》，天下奇书也。经史子集、百家传记、稗官小说，咸采摭焉。其为书也，至显而至微，至精而至密，至高而至深，至博而至约。凡天地山川、古今事物、道德性命、律历、制度、文章、礼、乐、刑、政、兵、农、食、货，靡不毕备，实故宋礼部尚书厚斋先生王公专精力、积卅年而后成者也。先生在宋季以词学显融，其天才绝识有大过人者。且尽读秘府所藏天下未见之书，故能博洽贯穿，网罗包括，著为此书。第篇次浩繁，日修月削，间以所见疏列下方，传写抄录不无先后参错之遗，非若他类书比也。虽然，粹焉如玉，浩乎似海，《玉海》之名，斯亦奇矣。先生平日著书特多，《玉海》其最巨者。门人高弟，往往得其绪余而擅名当世者有之。夫不见异人，必见异书，一物不知，君子耻之。是书也，其殆集文学之大成者与！……至元四年龙集戊寅四月初吉，前翰林国史院编修官东阳胡助序。

《四库全书总目》卷八五，史部目录类一：《汉艺文志考证》十卷，宋王应麟撰。……《汉书·艺文志》因刘歆《七略》而修，凡句下之注不题姓氏者，皆班固原文。其标某某曰者，则颜师古所集诸家之说。然师古注班固全书，《艺文》特其八志之一，故仅略疏姓名时代，所考证者……不过三五条而止。应麟始捃摭旧文，各为补注，不载《汉志》全文，惟以有所辨论者，摘录为纲，略如《经典释文》之例。其传记有此书名，而《汉志》不载者，亦以类附入……凡二十六部，各疏其所注于下，而以“不著录”字别之。

《四库全书总目》卷八八，史部史评类：《通鉴答问》五卷，宋王应麟撰。……此书乃《玉海》之末附刊十三种之一。始自周威烈王，终于汉元帝，盖未成之本也。书以《通鉴答问》为名，而多涉于朱子《纲目》，盖《纲目》本因《通鉴》而作，故应麟所论，出入于二书之间。

《四库全书总目》卷一一八，子部杂家类二：《困学纪闻》二十卷，宋王应麟撰。……是编乃其札记考证之文，凡《说经》八卷，《天道、地理、诸子》二卷，《考史》六卷，《评诗文》三卷，《杂识》一卷。卷首有自叙云“幼承义方，晚遇艰屯，炳烛之明，用志不分”云云，盖亦成于入元之后也。应麟博洽多闻，在宋代罕其伦比。虽渊源亦出朱子，然书中辨正朱子语误数条……皆考证是非，不相阿附。不肯如元胡炳文诸人坚持门户，亦不至如明杨慎、陈耀文、国朝毛奇龄诸人肆相攻击。盖学问既深，意气自平。能知汉、唐诸儒，本本原原，具有根柢，未可妄诋以空言；又能知洛、闽诸儒，亦非全无心得，未可概视为弇陋。故能兼收并取，绝无党同伐异之私，所考率切实可据，良有由也。

《四库全书总目》卷一三五，子部类书类一：《玉海》二百卷……宋王应麟撰。……是书分天文、律宪、地理、帝学、圣制、艺文、诏令、礼仪、车服、器用、郊祀、音乐、学校、选举、官制、兵制、朝贡、宫室、食货、兵捷、祥符二十一门，每门各分子目，凡二百四十余类。宋自绍圣置宏词科，大观改词学兼茂科，至绍兴而定为博学宏词之名，重立试格，于是南宋一代，通儒硕学，多由是出，最号得人。而应麟尤为博洽，其作此书，即为词科应用而设。故胪列条目，率巨典鸿章，其采录故实，亦皆吉祥善事，与他类书体例迥殊。然所引自经史子集，百家传记，无不赅具，而宋一代之掌故，率本诸实录、国史、日历，尤多后来史志所未详。其贯串奥博，唐宋诸大类书未有能过之者。……其曰《玉海》者，本于张融集名，实则仿梁武所集《金海》之例，而变其称也。

兀都带等进所译太宗、宪宗、世祖《实录》。

《元史》卷一九，《成宗纪二》：（元贞二年十一月）己巳，兀都带等进所译太宗、宪宗、世祖《实录》。

公元 1297 年 元成宗大德元年 丁酉

曾先之著成《古今历代十八史略》。

周天骥《古今历代十八史略序》：韩文公送子读书，深以人不通古今为戒。何如斯可谓之通矣，精通固难，粗通正亦未易。史册浩瀚，初学望洋。今有一编书，使十行俱下者读之，不三二日而数千载之本末大略已在胸次，其于训蒙便甚。好事者于是刻梓以传，所以惠后学广矣。余深嘉之，为题其编首。大德丁酉嘉平月望，豫章周天骥书。

陈殷《史略序》：史者，记事者也。三代以前，考诸经可见矣。由秦汉而下，四方万国，一败一成，一离一合，纷纭乎数千百年之间，简籍灏瀚，千绪万端，夫岂初学之士、口耳相传之所及乎！先进士曾氏虑后之学者汨其所传，盲于当世，是以采取司马迁《史记》、班固《西汉书》、范晔《东汉书》、陈寿《三国志》、唐太宗《晋书》、沈约《宋书》、萧子显《南齐书》、姚思廉《梁书》、《陈书》、魏收《后魏书》、李百药《北齐书》、崔仁师《后周书》、魏徵《隋书》、李延寿《南史》、《北史》、欧阳修、宋祁《唐书》、欧阳修《五代史》、李焘、刘时举《宋鉴》诸篇关乎风教之语，定为一编，故名其篇曰《十八史略》。开卷一览，古今之迹粲然。上自一人，下及黎庶，凡所以立身行己之间，皆足以为鉴戒云。其所以垂裕后来之心，可谓仁且远矣。惜乎近学者莫穷其源，不无鱼豖之惑也。愚因音而释之，厘为七卷，以质其疑。皆援引诸家，非敢臆说，自知僭逾无所逃罪，士君子与我同志修而饰之，庶斯文之出色也。时洪武壬子秋七月戊申，临川陈殷序。

案：此序系录自日本早稻田大学图书馆藏《立斋先生标题解注音释十八史略》七卷本卷首。

《文渊阁书目》卷五：曾先之《十八史略》一部二册，完全。

《千顷堂书目》卷五，史抄类：曾先之《十九代史略》十八卷。一作十卷。

《四库全书总目》卷五〇，史部别史类存目：《十八史略》二卷，元曾先之撰。先之，字从野，庐陵人，自称曰前进士，而《江西通志·选举》中不载其名。盖前明之制，会试中式称进士，乡试中式者称举人，皆得铨注授官。自唐、宋至元，则贡于乡者皆称进士，试礼部中选始谓之登第，不中选者，次举仍由本贯取解；南宋之季，始以三举不中选者，一体径试于礼部，谓之免解进士。先之所谓进士，盖乡举而试不入选者，故志乘无名也。然李肇《国史补》称唐时进士登第者，遇旧题名处增前字，今先之自称前进士，则又相沿失考矣。其书抄节史文，简略殊甚，卷首冠以歌括，尤为弇陋，盖乡塾课蒙之本，视同时胡一桂《古今通略》，逊之远矣。

王重民《中国善本书提要》，史部史抄类：《历代十八史略》十卷，五册，（《四库总目》卷五十）（北图）元至正间刻本。原题“前进士曾先之编。”按《存目》著录本仅两卷，似即张士弘所见之本；是书有士弘序云：“其为书则止二小册，观其所载，上自羲、轩，下讫故宋。”兹按其目所谓“十八史”者，一、太古，二、三皇，三、五帝，四、夏，五、殷，六、周，七、秦，八、西汉，九、东汉，十、三国，十一、西晋，十二、东晋，十三、南朝，十四、北朝，十五、隋，十六、唐，十七、五代，十八、宋，纪事至宋之亡，则《提要》谓先之与胡一桂同时者是也。张氏翻刻其本于四明学宫，分二册为十卷，卷一《历代甲子纪年》载至至顺，则疑为士弘所增者。

今案：《十八史略》为元明两代风行于世的普及性史书，特别是在明代，已经出现多种增注、补辑、眉批版本，流行国内，远传朝鲜、日本。但《千顷堂书目》之著录，完全错误，并无此等十八卷或十卷之《十九代史略》，盖只有《古今历代标题注释十九史略通考》八卷一书，乃明人余进添补元代史事而成。清四库馆臣言曾先之不是宋代真正的进士，亦误，乾隆《吉安府志》卷四十一赫然记载："曾先之，字孟参，吉水人。少师王介，登咸淳进士，监惠州石桥盐场，以主学心制解官。起潭州醴陵尉，转湖南提刑，佥厅权检法官，详复大辟，多从平恕。提举茶盐司，干办公事，凡所任理，无一毫私曲。宋亡，隐居不出，所著有《十八史略》。年九十二卒，祀乡贤。"同书卷二十四，《宋进士表》于咸淳元年（公元1265年）进士人名榜上，也登录其名。只是因为曾先之本为吉水人，刻书时却题写附近古地名"庐陵"，致使难于查阅而已。至于《江西通志·选举》中不载其名，乃为疏漏，此种情况在方志内多有，不足为据。详情可参阅乔治忠《〈十八史略〉及其在日本的影响》一文，载《南开学报》2001年第1期。

公元1298年 元成宗大德二年 戊戌

《齐东野语》、《武林旧事》等书作者周密卒。

周密《齐东野语自序》：余世为齐人，居历山下，或居华不注之阳。五世祖同州府君而上，种学绩文，代有闻人。曾大父扈跸南来，受高皇帝特知，遍历三院，径跻中司。泰、禧之间，大父从属车，外大父掌帝制，朝野之故，耳闻目接，岁编日纪，可信不诬。我先君博极群书，习闻台阁旧事，每对客语，音吐洪畅，纚纚不得休。坐人倾耸敬叹，知为故家文献也。余龆侍膝下，窃剽绪余，已有叙次。尝疑某事与世俗之言殊，某事与国史之论异。他日，过庭质之，先子出曾大父、大父手泽数十大帙，示之曰："某事然也。"又出外大父日录及诸老杂书示之曰："某事与若祖所记同然也。其世俗之言殊，传讹也；国史之论异，私意也。小子识之。"又曰："定、哀多微词，有所辟也。牛、李有异议，有所党也。爱憎一衰，论议乃公。国史凡几修，是非凡几易，而吾家乘不可删也，小子识之。"洊遭多故，遗编巨帙，悉皆散亡。老病日至，忽忽漫不省忆为大恨。闲居追念得一二于十百，惧复坠逸为先人羞。乃参之史传诸书，博以近闻脞说，务求事之实，不计言之野也。异时展余卷者，嚎曰："野哉言乎，子真齐人也。"余对曰："客知言哉！余故齐，欲不齐不可。虽然，余何言哉？何言，亦言也，无所言也，无所不言，乌乎言。"客大笑，吾因以名其书。历山周密公谨父书。

《四库全书总目》卷一二一，子部杂家类五：《齐东野语》二十卷，宋周密撰。密有《武林旧事》，已著录。密本济南人，其曾祖扈从南渡，因家吴兴之弁山，自号弁阳老人。然其志终不忘中原，故戴表元序中述其父之言，谓身虽居吴，心未尝一饭不在齐。而密亦自署历山。书中又自署华不注山人。此书以《齐东野语》名，本其父志也。中颇考正古义，皆极典核。而所记南宋旧事为多，如张浚三战本末、绍熙内禅、诛韩本末、端平入洛、端平襄州本末、胡明仲本末、李全本末、朱汉章本末、邓友龙开边……诸条，皆足以补史传之阙。《自序》称其父尝出其曾祖及祖手泽数十大帙，又出其外祖日录及诸老杂书，示之曰："世俗之言殊，传讹也；国史之论异，私意也。定、哀多微词，有所避也；牛、李有异议，有所党也。爱憎一衰，议论乃公。国史凡几修，是非凡几易，而吾家书不可删也"云云。今观记张浚、赵汝愚、胡寅、唐仲友诸事，与讲学者之论颇殊，其父所言殆指此数事欤？明正德十年，耒阳胡文璧重刻此书，其序称或谓符离、富平等役，颇涉南轩之父，若唐、陈之隙、生母之服，则晦庵、致堂有嫌焉。书似不必刻，刻则请去数事，殊失密著书之旨。文璧不从，可谓能除门户之见矣。明商维浚常刻入《稗海》，删去此书之半，而与《癸辛杂识》混合为一，殊为乖谬。后毛晋得旧本重刻，其书乃完，故今所著录，一以毛本为据云。

周密《武林旧事序》：乾道、淳熙间，三朝授受，两宫奉亲，古昔所无。一时声名文物之盛，号"小元祐"。丰亨豫大，至宝祐、景定，则几于政、宣矣。予曩于故家遗老得其梗概，及客修门闲，闻退珰老监谈先朝旧事，辄耳谛听，如小儿观优，终日夕不少倦。既而曳裾贵邸，耳目益广，朝歌暮嬉，酣玩岁月，意谓人生正复若此，初不省承平乐事为难遇也。及时移物换，忧患飘零，追想昔游，殆如梦寐，而感慨系之矣。岁时檀栾，酒酣耳热，时为小儿女戏道一二，未必不反以为夸言欺我也。每欲萃为一编，如吕荥阳《杂记》而加详，孟元老《梦华》而近雅，病忘慵惰，未能成书。世故纷来，惧终于不暇纪载，因摭大概，杂然书之。青灯永夜，时一展卷，恍然类昨日事，而一时朋游沦落，如晨星霜叶，而余亦老矣。噫，盛衰无常，年运既往，后之览者，能不兴忾我寤叹之悲乎！四水潜夫书。

《四库全书总目》卷七〇，史部地理类三：《武林旧事》十卷，宋周密撰，密字公谨，号草窗，先世济南人。其曾祖随高宗南渡，因家湖州。淳祐中尝官义乌令，宋亡不仕，终于家。是书记宋南渡都城杂事，盖密虽居弁山，实流寓杭州之癸辛街，故目睹耳闻最为真确，于乾道、淳熙间三朝授受、两宫奉养之故迹，叙述尤详。《自序》称欲如吕荥阳《杂记》而加详，如孟元老《梦华》而近雅。今考所载体例，虽仿孟书而词华典赡，南宋人遗篇剩句，颇赖以存，近雅之言不谬。吕希哲《岁时杂记》今虽不传，然周必大《平园集》尚载其序，称其“上元一门，多至五十余条”，不为不富。而密犹以为未详，则是书之赅备可知矣。明人所刻，往往随意刊除，或仅六卷，或不足六卷，惟存故都、宫殿、教坊、乐部诸门，殊失著书之本旨。此十卷之本，乃从毛氏汲古阁元版传抄，首尾完具，其间逸文轶事，皆可以备考稽，而湖山歌舞，靡丽纷华，著其盛正著其所以衰。遗老故臣，恻恻兴亡之隐，实曲寄于言外，不仅作风俗记、都邑簿也。第十卷末“棋待诏”以下，以是书体例推之，当在六卷之末，疑传写或乱其旧第，然无可考证，今亦姑仍之焉。

今案：周密（公元1232—1298年），字公谨，号草窗，又号泗水潜夫、华不注山人、弁阳老人、山东沧父等等。著有多种著述，为宋末元初学者，其《齐东野语》、《武林旧事》撰成时间不详，要之皆在南宋灭亡之后，谨一并编于周密卒年。又周密卒年，学界亦有不同说法，此取夏承焘《周草窗年谱》（中华书局1961年版）之说，此说为大多数研究者所认同。

《安南录》等作者张立道卒。

《元史》卷一六七，《张立道传》：张立道，字显卿，其先陈留人，后徙大名。……世祖即位，立道从北征，未尝去左右。至元四年，命立道使西夏。……皇子忽哥赤封云南王，往镇其地，诏以立道为王府文学。立道劝王务农以厚民，即署立道大理等处劝农官，兼领屯田事。……寻与侍郎宁端甫使安南，定岁贡之礼。……八年，复使安南，宣建国号诏。……十年三月，领大司农事，中书以立道熟于云南，奏授大理等处巡行劝农使。……十五年，除中庆路总管。……十七年，入朝。……遂命立道为临安广西道宣抚使，兼管军招讨使。……二十二年……迁临安广西道军民宣抚使。……二十七年（又使安南）。……二十八年，遣立道奉使按行两浙，寻以为四川南道宣慰使，迁陕西汉中道肃政廉访使。三十年，皇曾孙松山封梁王，出镇云南。大德二年，廷议求旧臣可为梁王辅行者，立道遂以陕西行台侍御史拜云南行省参政。视事期月，卒于官。立道凡三使安南，官云南最久，颇得土人之心，为之立祠于鄯善城西。立道所著诗文，有《效古集》、《平蜀总论》、《安南录》、《云南风土记》、《六诏通说》若干卷。

《千顷堂书目》卷八，地理类下："张立道《云南风土记》，又《六诏通纪》。"又："张立道《安南录》。"

《海运纪原》作者徐泰亨卒。

柯劭忞《新元史》卷二二九，《徐泰亨传》：徐泰亨，字和甫，其先衢州龙游人，后徙余杭。……泰亨考漕法利弊，下至占候探测，著《海运纪原》七卷。又条漕运之弊当更易者十事，行省采用其七。久之，迁建安路总管府知事，擢池州路青阳县尹。……后谢病归。大德二年卒，年六十五。

钱大昕《补元史艺文志》卷二，故事类：徐泰亨《海运纪原》七卷。余杭人。

公元 1302 年　元成宗大德六年　壬寅

《资治通鉴注》等作者胡三省卒。

《光绪宁海县志》卷二十，《胡身之墓碑》：先君讳三省，字身之，旧字景参，姓胡氏，世居台之宁海。……父讳钥，赠奉议郎。妣周氏，赠安人。公生于宋宝庆六年庚寅四月癸亥。年十六，奉议公卒，居丧尽礼，以孝闻。登宝祐丙辰第，调吉州泰和尉，以亲老不就，改庆元慈溪尉。刚直不阿，忤郡守，罢去外。会有以文学行谊荐者，遂授扬州江都丞。咸淳丁卯，差充寿春府府学教授，佐淮东幕府，考举及格，改奉议郎，知江陵县。丁母忧，服阕，改知安庆府淮宁县。甲戌，差充主管沿江制置司机宜文字，官至朝奉郎。自是隐居二十余年，屏谢人事，日著书为乐。既老，自号知安老人，扁所居堂为"逸老"。晚营寿域，去舍南数十武筑室西扁曰"读书林"，与诸孙徜徉其中。宾至，命酒赋诗，怡怡如也。旧注司马公《通鉴》，中经散逸，购求他本为注解，手自抄录，虽祁寒暑而不废。诸子以年高不宜为言，则曰："吾成此书，死而无憾！"间一日晨兴，言笑自若，忽曰："吾其止此乎！"寝至三日，奄然大故，时大德壬寅正月戊午也，享年七十有三。呜呼痛哉！……所居狭小，涧旁多古梅，世称公为梅涧先生云。注《通鉴》二百九十四卷，《通鉴释文辨误》十二卷，《通鉴小学》一卷，《竹素园稿》一百卷。（见《胡氏家乘》）

案：此墓碑为胡三省之子胡幼文所作。

周祖谟《胡三省生卒行历考》（见《辅仁学志》第十三卷一、二期）：胡三省，

《宋、元史》俱无传。钱大昕《疑年录》以为生于宋绍定三年庚寅，卒于元至元二十四年丁亥。外舅余丈季豫为《疑年录稽疑》云："按宋宝祐四年《登科录》：'第五甲第一百二十一人胡三省，字景参，年二十七。'以此推之，正当生于绍定庚寅。《宋元学案》卷八十五云：'史失其传，不知卒于何时。'钱氏此条所记年寿及卒年，未详见于何书。……姑志所疑，以俟再考。"今按：钱氏定胡氏卒年在至元二十四年丁亥者，盖据《通鉴释文辨误自序》耳。序作于元至元丁亥春，钱氏殆以是年成书之后，胡氏不久即逝，故率尔以此为其卒年，实则非也。考陈著《本堂集》卷七十九，有《与胡景参书》，文中有"余七十八岁老翁"之语。按陈氏生于宋嘉定七年，此书之作当为元至元二十八年，其时胡氏尚健。……又同书卷三十六，有《赠甥胡幼文还侍序》一文，为八十三岁时所作……则景参犹在也，而本堂为此文时，当元元贞二年丙申，则景参之卒又当在此以后矣。……今检《光绪宁海县志》卷二十《艺文·内编·墓碑类》，据《胡氏家乘》载其子幼文所作墓碑，述其生卒年月甚详，云公生于宋宝庆六年庚寅四月癸亥，卒于大德壬寅正月戊午，享年七十有三。是景参卒于大德六年也。宝庆六年即绍定三年，与钱《录》无异，而卒年乃相差十五年之久。

胡一桂著成《十七史纂古今通要》。

《元史》卷一八九，《胡一桂传》：胡一桂，字庭芳，徽州婺源人。……宋景定甲子，一桂年十八，遂领乡荐，试礼部不第，退而讲学，远近师之，号双湖先生。所著书有……《十七史纂》。

《千顷堂书目》卷五，史抄类：胡一桂《十七史纂古今通要》十七卷。

《四库全书总目》卷八八，史部史评类：《十七史纂古今通要》十七卷，元胡一桂撰。……是书自三皇以迄五代，裒集史事，附以论断。前有大德壬寅自序，并地理、世系等十三图。钱曾《读书敏求记》曰："宋以来论史家汗牛充栋，率多庞杂可议，以其不讨论之过也。此书议论颇精允，绝非宋儒隅见者可比，一览令人于古今兴亡理乱，了然胸次。朱子称《稽古录》，其言如桑麻菽粟，小儿六经了，好令读去。予于此书亦云。"……熊禾《勿轩集》有《胡庭芳史纂通要前序》，即为此书而作。庭芳，一桂字也。其称"史纂通要"，省文耳。此本不载禾序，殆偶佚欤？

汪良臣《十七史纂古今通要序》：司马温公作《资治通鉴》数百卷成，复作《稽古录》一编，朱文公称其言为桑麻谷粟，又曰可备经筵官僚进读，小儿读六经了，好令接续读去。录要之书，不可少如此。今庭芳胡先生用工《周易》，行世且十余年，又成《诗传纂疏》，以其余力复为《史纂通要》，始自三皇，迄于五季，上下数千百年治乱兴亡如指诸掌，其于关涉世教之要，未尝不谆谆然致其意焉，讵不可与《稽古录》互相发明乎？故良臣于先生是书，亦欲窃比朱夫子之言，矧《易注》之成时蒙指授，而《诗注》、《史纂》则又训儿辈时所辑也。容可无一语以识编述之末云？大德壬寅正月望日承务郎江南行台监察御史汪良臣谨序。

胡一桂《十七史纂古今通要自序》：宇宙间治乱兴亡，不知几变矣。独二帝三王之治亘千古鲜俪者，何哉？盖尝读典、谟之书，尧、舜、禹授受，不过人心、道心、精一、执中数语，而后知古今治乱兴亡之决，在人主心中矣。道心，义理之心也，义微而难著；人心，人欲之心也，易危而难安。精则理欲之界限明，一则天理之宰制定。见于动静云为危者安、微者著，无过不及之差。此尧、舜、禹之兴，所以上承伏羲、炎黄之统，下开成汤、文、武之绪也。一或反是，桀、纣、幽、厉所以亡矣。秦尚诈力，无庸复论。汉、唐道杂，董公遮说，魏徵劝行，仅仁义之绪余，尚三四百年天下。三国鼎峙，典午瓜分，孤隋、五季短祚，得理义分数多者固鲜，有一贪利嗜欲之心，败德害政，毒流生民，未或不亡。此人心、道心消长之幾，凛乎治乱兴亡之决，至可畏也。余授业童习，欲及史学。迁、固以来，其书汗漫，遂为《纂要》一编。始乎三皇，讫乎五季，纪事则提其要，注事则该其详。关涉民彝世教，必反复论辩。自入温公《通鉴》，一祖文公《纲目》，及先儒史论断之间，亦僭附己意与二三同志之论，以便初学。庶发其大义，正其归趣，骎骎以及于全书。异日得时行志，亦可备格心万一，使为人上者法兴鉴亡，谨严心学，跻世唐、虞，岂惟国家洪无疆之休，百万亿苍生亦有无疆之福。大德壬寅日长至，新安后学前贡士胡一桂庭芳甫自序并书于梅田双湖玩易斋。

今案：《四库全书》虽收载本书，但并无以上二《序》。此处引录乃抄自日本内阁文库所藏明永乐二十二年刻本卷首。该刻本亦无《四库提要》提到的熊禾“前序”，而查熊禾《勿轩集》，卷一确有《史纂通要序》，但通篇充满迂腐理学说教，不得史学要领，故不择录。

姚燧著成《国统离合表》。

《元史》卷一七四，《姚燧传》：大德五年，授中宪大夫、江东廉访使，移病太平。……燧先在苏门山时，读《通鉴纲目》，尝病国统散于逐年，不能一览而得其离合之概。至告病江东，著《国统离合表》若干卷，年经而国纬之，如《史记》诸表，将附朱熹《凡例》之后，复取徽、建二本校雠，得三误焉，序于表首。略曰："其一，建安二十五年，徽本作延康元年。《凡例》：中岁改元，在兴废存亡之际，以前为正。当从建本，于建安二十五年下注'改元延康'。其二，章武三年，徽本大书'三年，后主禅建兴元年'，建本无'三年'，则昭烈为无终。徽、建皆曰'后主'，于君臣父子之教，所害甚大，是起十四卷、尽十六卷，凡曰后主者，皆失于刊正也。当于三年下注'帝禅建兴元年'，明年大书'帝禅建兴二年'，庶前后无龃龉也。其三，天宝十五载注'肃宗皇帝至德元载'，明年惟曰'二载'，为无始。当大书'二载'上加'肃宗皇帝至德'，使上同于开元。三者钧失，而建安之取，至德之去，统固在也。若章武之距建兴，才三年耳，遽有帝父主子之异，岂不于统大有关乎！"详见《序篇》。

姚燧《国统离合表·序》（载苏天爵《国朝文类》卷三四）：走未壮时，读《通鉴纲目》书于苏门山，尝病国统散于逐年事首，不能一览而得其离合之概焉。因年经而国纬之，如《史记》诸表。私藏诸簏，遇有疑忘，即是而叩，无异多闻博识之见告者，四十年矣。是岁之秋，同门友许君得卿自金陵过宣，留语再月，间以示之。得卿善其非出己意，而新奇为说，特抽《纲目》所有，汇而为编。虽刊置《凡例》之后，犹不为僭。而校官刘君德恭，方刊胡公《读史管见》于宣庠，闻之，谓因是工可断手于旬浃，遂聚徽、建二本，重勘校之，得三误焉……走为不韪者，度不可以户说，虽面受之，心不然焉。或以为知言，非独走也，有见可一时之快，而建兴之帝，亦将雪其比德失统、主称千载之耻于九原矣。

《牧庵集》附录《姚燧年谱》：大德六年壬寅，先生六十五岁，有《国统离合表序》。

公元 1303 年 元成宗大德七年 癸卯

《通鉴前编》等作者金履祥卒。

门人柳贯《金履祥行状》（载《仁山集·附编》卷五）：先生生于绍定壬辰三月丁酉，而卒于大德癸卯三月壬辰（四日），得年七十二。……先生殁时，凡所著书，仅仅脱稿，而未及有所正定，故悉以授许谦。谦尤能遵禀遗志，益加雠校，今皆刻板以传。

《元史》卷一八九，《金履祥传》：时宋之国事已不可为，履祥遂绝意进取。……德祐初，以迪功郎、史馆编校起之，辞弗就。……履祥居仁山之下，学者因称为仁山先生。大德中卒。

《仁山集·附编》卷五，《仁山遗笔》：仁山先生将易箦，命其二子曰："《前编》之书，吾用心三十余年，平生精力尽于此，吾所得之学，亦略见于此矣。吾为是书，固欲以开后学，殆不可不传，然未可泛传也。吾且殁，宜命许某编次，录成定本，此子他日或能为吾传此书乎！"

《千顷堂书目》卷一，《书》类：金履祥《尚书表注》十二卷，又《尚书杂论》一卷。

《元大一统志》修成。

《元史》卷二一，《成宗纪四》：（大德七年三月）戊申（二十日），卜兰禧、岳铉等进《大一统志》，赐赉有差。

王士点《秘书监志》（高荣盛点校，浙江古籍出版社 1992 年版）卷四，《纂修》：至元乙酉，欲实著作之职，乃命大集万方图志而一之，以表皇元疆理无外之大，诏大臣近侍提其纲，聘鸿生硕士立局置属庀其事，凡九年而成书。续得云南、辽阳等书，又纂修九年而始就，今秘府所藏《大一统志》是也。因详其原委节目，为将来成盛事之法。

王士点《秘书监志》卷四，《纂修》：大德七年五月初二日，秘书郎呈，奉秘府指挥，当年三月三十日也可怯薛第一日玉德殿内有时分，集贤大学士卜兰禧、昭文馆大学士秘书监岳铉等奏：秘书监修撰《大一统志》，元钦奉世祖皇帝圣旨编集。始自至元二十三年，至今才方成书，以是缮写总计六百册一千三百卷进呈，钦奉御览过，奉圣旨："于秘府如法收藏，仍赐赉撰集人等者。钦此。"

《千顷堂书目》卷八，地理类下：《大元一统志》一千卷，卜兰溪、岳铉等进。

钱大昕《补元史艺文志》卷二，地理类：《大一统志》一千卷，大德七年集贤大学士孛兰肹、昭文馆大学士秘书监岳铉等上。

钱大昕《跋元大一统志残本》（见《潜研堂文集》卷二九）：戊子春，从南濠朱氏假《元大一统志》残本……每册钤以官印，验其文，则处州路儒学教授官书也。……考元时《大一统志》，凡有两本。至元二十三年，集贤大学士行秘书监事札马剌丁言："方今尺地一民，尽入版籍，宜为书以明一统。"世祖嘉纳，即命札马剌丁与秘书少监虞应龙等，搜辑为志。二十八年，书成，凡七百五十五卷，名《大一统志》，藏之秘府，此初修之本也。成宗大德初，复因集贤待制赵忭之请，作《大一统志》，《元史》载大德七年三月戊申卜兰禧、岳铉等（岳铉，字周臣，汤阴人，徙居燕，追封申国公，谥文懿）进《大一统志》，赐赉有差，此再修之本也。此本卷首题"集贤大学士资善大夫同知宣徽院事孛兰肸、昭文馆大学士中奉大夫秘书监岳铉等上进"，正大德所修者。史以孛兰肸为卜兰禧，译音之转也。

元太祖、太宗、定宗、睿宗、宪宗五朝《实录》修成。

《元史》卷二一，《成宗纪四》：（大德七年十月）庚戌，翰林国史院进太祖、太宗、定宗、睿宗、宪宗五朝《实录》。

公元 1304 年 元成宗大德八年 甲辰

撒里蛮进金书《世祖实录节文》、汉字《实录》。

《元史》卷二一，《成宗纪四》：（大德八年二月）甲辰，翰林学士承旨撒里蛮进金书《世祖实录节文》一册，汉字《实录》八十册。

辛文房著成《唐才子传》。

辛文房《唐才子传引》（据《唐才子校笺》卷一，傅璇琮主编，中华书局 1987 年版）：魏帝著论，称："文章经国之大业，不朽之盛事；年寿有时而尽，未若文章之无穷"。诗，文而音者也。唐兴尚文，衣冠兼化，无虑不可胜计。擅美于诗，当复千家。岁月苒苒，迁逝沦落，亦且多矣。况乃浮沉畏途，黾勉卑宦，存没相半，不亦难乎！崇事奕叶，苦思积年，心神游穹厚之倪，耳目及晏旷之际，幸成著述，更或凋零，兵火相仍，名逮于此，谈何容易哉！……余遐想高情，身服斯道。穷其梗概行藏，散见错出。使览于述作，尚昧音容，洽彼姓名，未辨机轴，尝切病之。顷以端居多暇，害事都捐，游目简编，宅心史集。或求详累帙，因备先传，撰拟成篇，班班有据。以悉全时之盛，用成一家之言。各冠以时，定为先后。远陪公议，谁得而诬也？如方外高格、逃名散人、上汉仙侣、幽闺绮思，虽多微考实，故别总论之。天下英奇，所见略似；人心相去，苦亦不多。至若触事兴怀，随附篇末。异方之士，弱冠斐然。狃于见闻，岂所能尽？敢倡斯盟，尚赖同志相与广焉。庶乎作九京于长梦，咏一代之清风。后来奋飞，可谓相激，百世之下，犹期赏音也。传成，凡二百七十八篇，因而附录不泯者又一百二十家。厘为十卷，名以《唐才子传》云。有元大德甲辰春引。

杨士奇《书唐才子传后》（见《东里文集》卷一〇）：《唐才子传》，西域辛文房著，十卷，总三百九十七人，皆有诗名当时。其见于《唐书》者共百人，盖行事不关大体、不足为劝戒者不录，作史之体也。而读其诗欲知其人，于辛所录，宜有所取。然唐以诗取士，三百年间以诗名者，当不止于辛之所录，如郭元振、张九龄、李邕之徒，显于时矣，而犹遗之，况在下者乎？而辛所录者，又间杂以臆说，观者当择之。

《四库全书总目》卷五八，史部传记类二：《唐才子传》八卷（《永乐大典》本），元辛文房撰。文房字良史，西域人，其始末不见于史传，惟陆友仁《研北杂志》称其能诗，与王执谦齐名。……是书原本凡十卷，总三百九十七人，下至妓女、女道士之类，亦皆载入。其见于新、旧《唐书》者仅百人，余皆从传记、说部各书采辑。其体例因诗系人，故有唐名人，非卓有诗名者不录；即所载之人，亦多详其逸事及著作之传否，而于功业行谊，则只撮其梗概。盖以论文为主，不以记事为主也。大抵于初、盛稍略，中、晚以后渐详，至李建勋、孙鲂、沈彬、江为、廖图、熊皦、孟宾于、孟贯、陈抟之伦，均有专传，则下包五代矣。考杨士奇《东里集》有是书跋，是明初尚有完帙，故《永乐大典目录》于传字韵内载其全书。今传字一韵适佚，世间遂无传本。然幸其各韵之内尚杂引其文，今随条摭拾，裒辑编次，共得二百二十四人，又附传者四十四人，共二百七十八人，谨依次订正，厘为八卷。按杨士奇跋称是书凡行事不关大体、不足为劝戒者不录，又称杂以臆说不尽可据。今考编中……乖舛不一而足，盖文房抄掇繁富，或未暇检详，故谬误抵牾，往往杂见。然较计有功《唐诗纪事》叙述差有条理，文笔亦秀润可观。传后间缀以论，多掎摭诗家利病，亦足以津逮艺林，于学诗者考订之助，固不为无补焉。

日本天瀑山人《佚存丛书本跋》：《唐才子传》十卷，元辛文房撰。坊刻颇多舛讹。有称“五山版”，系数百年前物。审其版样，盖得元椠而翻雕之，字画精整，纰缪极少。间有其本，世称罕遘。余家旧藏一部，今据此以订坊本之误。按《四库全书总目》著录《唐才子传》八卷……则彼之所存，已非完帙，所谓八卷，亦成于摭拾之余者也。独幸皇国有传本，安得不珍而传之乎？壬戌首春月念六日，天瀑识。

丁丙《日本刊本唐才子传跋》：《唐才子传》十卷（日本刊本），西域辛文房撰。文房始末不可考。其卷第八题辛良友撰，当为文房之字。卷首自引题“有元大德甲辰春”，则为元时人。……录凡二百八十七篇，因而附录不泯者又一百二十家，皆以时代为次，时代之中又以科目先后为断。始大业初，终五季末。继往开来，别具微旨；伸直黜妄，雅具体裁；评论得失，好而知恶，非徒知诵诗而不知尚论者。四库从《永乐大典》采辑，厘为八卷。此则东瀛刊本，尚属原帙。

《承华事略》、《玉堂嘉话》等作者王恽卒。

《元史》卷一六七，《王恽传》：大德元年，进中奉大夫。……大德八年六月卒。……其著述有《相鉴》五十卷、《汲郡志》十五卷、《承华事略》、《中堂事记》、《乌台笔补》、《玉堂嘉话》，并杂著诗文，合为一百卷。

钱大昕《疑年录》卷二：王仲谋七十七（恽），生元戊子即绍定元年，卒大德八年甲辰。

余嘉锡《疑年录稽疑》：按：《元史》本传不载其年寿，《秋涧集》附录有其子公孺所撰神道碑铭云：“大德甲辰岁，六月辛丑，以疾薨，享年七十有八。”又有陈俨所撰哀挽诗序亦云：“内翰秋涧公谢事之明年，终命于家，春秋七十八。”此作七十七误也。当作生金正大四年丁亥，即宋宝庆三年。

《千顷堂书目》卷八，地理类下：“王恽《汲郡志》十五卷。”又卷九，职官类：“王恽《中堂事记》三卷，又《乌台笔补》十卷。”又，典故类：“王恽……《相鉴》五十卷。”

刘敏中所著《平宋录》刊行。

《元史》卷一七八，《刘敏中传》：刘敏中，字端甫，济南章丘人。……至元十一年，由中书掾擢兵部主事，拜监察御史。……既而起为御史台都事。……出为燕南肃政廉访副使，入为国子司业，迁翰林直学士，兼国子祭酒。大德七年……除东平路总管，擢陕西行台治书侍御史。

邓锜《平宋录序》：伊尹相汤伐桀，升自陑而徵自葛；太公佐武伐纣，战于牧野，师三千人。盖伊、吕师贞丈人，汤、武革命顺乎天而应乎人也。……

我圣元大丞相巴延公，承圣明文德……取襄淮如拾芥，平江南犹反手也。大德七年，杭州路司狱官平庆安，建白大丞相太傅巴延公加封淮安王，谥忠武。……又次第《平宋录》讫，大路推官王国宝请序其首。余谓功臣勋烈具姓名者一百二十余人，悉列于目，然于正野史更为收摭建异论、立奇绩于当时者，以为全书，激劝后世人，有光于史笔者，何多幸耶！……大德甲辰秋七月朔，至宾子邓锜序。

方回《平宋录序》：天以大元世祖皇帝圣神文武一统天下，时则有若巴延丞相，如阿衡之于成汤，太公之于武王。……至元十一年甲戌秋九月，董师南伐。……此《丙子平宋录》之大略也。然则以世祖皇帝之圣，佐以巴延丞相之贤，天固与之。宋以老后幼主，佐以权臣贾似道之奸，其罪之尤大者，叛盟爽约，留信使于淮郡，援逆雏于山东，天实亡之。福善祸淫，皆天也。求为此序者，前杭州司狱燕山平庆安。大德八年甲辰九月十五日，通议大夫、前建德路总管兼府尹方回撰。

周明《平宋录序》：人有御大灾、排大难、立大功，则祠祀之，谓其能为斯民立命，为斯世开太平，追慕其功德使之血食于后世……惟我大元巴延太傅大丞相忠武淮安王。……王生于丙申，薨于至元甲午之冬，享年五十有九。……平司狱之操心也，且锓梓王行实传于世，名之曰《丙子平宋录》。开卷了然，见王勋业之大凡，当时同心戮力之人，因王而得彰其名于天下后世，又知平司狱倡义扬善之盛德……嘱余为之序云。大德八年岁在甲辰秋九月，前松江府正钱塘周明序。

黄虞稷《千顷堂书目》卷五，别史类：刘敏中《伯颜平宋录》二卷，一作十卷。

《四库全书总目》卷五一，史部杂史类：《平宋录》三卷，旧题杭州路司狱燕山平庆安撰，一名《大元混一平宋实录》，又名《丙子平宋录》。前有大德甲辰邓锜、方回、周明三序。纪至元十三年巴颜下临安及宋幼主北迁之事，与史文无大异同，惟元世祖封瀛国公诏、巴颜贺表诸篇及追赠河南路统军郑江事，为史所未备，颇足以资参考。此书黄虞稷《千顷堂书目》以为刘敏中作。今按周明《序》称平庆安请于行省，奏加巴颜封谥，建祠于武学故基、武成王庙之东，且锓梓王行实行于世。后又有“大德八年甲戌月（案：大德八年为甲辰，九月当建甲戌，此盖当时习俗之文，不合古例，谨附识于此）燕山平庆安开版印造《平宋录》”一行，俱不言新著此书。是此书实刘敏中所撰，庆安特梓刻以传，后人以其书首不题敏中姓名，未加深考，遂举而归之庆安耳。今改题敏中名，从其实焉。

公元1306年 元成宗大德十年 丙午

何中著成《通鉴纲目测海》。

《元史》卷一九九，《何中传》：何中，字太虚，抚之乐安人。……其学弘深该博，广平程鉅夫、清河元明善、柳城姚燧、东平王构、同郡吴澄、揭傒斯，皆推服之。……所著有……《通鉴纲目测海》三卷。

揭傒斯《何先生墓志铭》（见《揭傒斯全集·文集》卷八，李梦生点校，上海古籍出版社1985年版）：先生讳中，字太虚，一字养正，为抚州乐安宦族。……先生少颖拔，以古学自任，天下载籍，靡不贯穿。藏书万卷，皆手自校雠。广平程公鉅夫、清河元公明善，负天下知人之鉴，皆器遇之。

《千顷堂书目》卷五，史学类：何中《通鉴纲目测海》三卷。

《四库全书总目》卷四八，史部编年类存目：《通鉴纲目测海》三卷，元何中撰。……是书以纠《通鉴纲目》书法之同异。卷末有大德丙午自跋，曰“朱子作《纲目》续《春秋》，然其间书法，可商略者犹多，间附己意，辑成《纲目测海》三卷，示儿辈”云云，盖不知《纲目》出赵师渊之手，犹误以为朱子书也。书中所列凡三例：一、辨胡、吕二家所注。……一、发明二家所未注。……一、乃纠正本书之讹异，于全书之中，不过十之二三耳。……其它间有可取，不过摭拾细碎，不能深裨于史学。《纲目》非无可纠，如中此书，尚未足以纠《纲目》也。

公元1307年 元成宗大德十一年 丁未

马端临著成《文献通考》。

《乐平县志》卷八，《马端临传》：马端临，字贵与，丞相廷鸾仲子。年十九，以郊恩荫补承事郎。明年，漕事第一。而丞相与贾似道不合，去国，遂侍疾，不复与计偕。宋亡，元召用宋丞相留梦炎为吏部尚书，与廷鸾在宋为同朝，使求端临出身文书，以亲疾力辞之。……丞相薨，稍起为学官，历任慈湖书院、柯山书院山长、教授，台州路学教授三月，引年归老。

案：《饶州府志》卷一八《马端临传》文字与此略同，不具录。

《新元史》卷二三四，《马端临传》：马端临，字贵与，江西乐平人。父廷鸾，宋右丞相。时休宁曹泾深于朱子之学，端临从之游。以荫补承事郎。宋亡，隐居不仕，著《文献通考》，以补杜佑《通典》之阙，二十余年而后成书。延祐四年，遣真人王寿衍访求有道之士，至饶州路，录其书上进。昭官为镂板，以广其传。仍令端临亲赍稿本赴本路校勘。初，留梦炎与廷鸾同相，及梦炎降，召致端临，欲用之，以亲老辞。后为慈湖、柯山二书院山长，台州教授三月，谢病归。

马端临《文献通考总序》（万有文库本）：昔荀卿子曰：欲观圣王之迹，则于其灿然者矣，后王是也。君子审后王之道，而论于百王之前，若端拜而议。然则考制度，审宪章，博闻而强识之，固通儒事也。《诗》、《书》、《春秋》之后，惟太史公号称良史，作为纪、传、书、表。纪、传以述理乱兴衰，八书以述典章经制，后之执笔操简牍者，卒不易其体。然自班孟坚而后，断代为史，无会通因仍之道，读者病之。至司马温公作《通鉴》，取千三百余年之事迹，十七史之纪述，萃为一书，然后学者开卷之余，古今咸在。然公之书，详于理乱兴衰，而略于典章经制，非公之智有所不逮也，编简浩如烟埃，著述自有体要，其势不能以两得也。

窃尝以为理乱兴衰，不相因者也。晋之得国异于汉，隋之丧邦殊乎唐，代各有史，自足以该一代之始终，无以参稽互察为也。典章经制，实相因者也。殷因夏，周因殷，继周者之损益，百世可知，圣人盖已预言之矣。爰自秦汉以至唐宋，礼乐兵刑之制，赋敛选举之规，以至官名之更张，地理之沿革，虽其终不能以尽同，而其初亦不能以遽异。如汉之朝仪官制，本秦规也；唐之府卫租庸，本周制也。其变通张弛之故，非融会错综，原始要终而推寻之，固未易言也。其不相因者，犹有温公之成书；而其本相因者，顾无其书，独非后学之所宜究心乎？

唐杜岐公始作《通典》，肇自上古，以至唐之天宝，凡历代因革之故，粲然可考。其后宋白尝续其书至周显德，近代魏了翁又作《国朝通典》。然宋之书成而传习者少，魏尝属稿而未成书。今行于世者，独杜公之书耳，天宝以后盖阙焉。有如杜书，纲领宏大，考订该洽，固无以议为也。然时有古今，述有详略，则夫节目之间，未为明备，而去取之际，颇欠精审，不无遗憾焉。盖古者因田制赋，赋乃米粟之属，非可析之于田制之外也。古者任土作贡，贡乃包篚之属，非可杂之于税法之中也。乃若叙选举则秀孝与铨选不分，叙典礼则经文与传注相汩，叙兵则尽遗赋调之规，而姑及成败之迹。诸如此类，宁免小疵。至于天文、五行、艺文，历代史各有志，而《通典》无述焉。马、班二史，各有诸侯王、列侯表，范晔《东汉书》以后无之。然历代封建王侯，未尝废也。王溥作唐及五代《会要》，首立《帝系》一门，以叙各帝历年之久近，传授之始末，次及后妃、皇子、公主之名氏封爵，后之编《会要》者仿之，而唐以前则无其书。凡是二者，盖历代之统纪，典章系焉。而杜书亦复不及，则亦未为集著述之大成也。

愚自蚤岁，盖尝有志于缀缉，顾百忧薰心，三余少暇，吹竽已涩，汲绠不修，岂复敢以斯文自诡。昔夫子言夏殷之礼，而深慨文献之不足徵。释之者曰：文，典籍也；献，贤者也。生乎千百载之后，而欲尚论千百载之前，非史传之实录具存，何以稽考？先儒之绪言未远，足资讨论，虽圣人亦不能臆为之说也。窃伏自念，业绍箕裘，家藏坟索，插架之收储，趋庭之问答，其于文献盖庶几焉。尝恐一旦散轶失坠，无以属来哲，是以忘其固陋，辄加考评。旁搜远绍，门分汇别。曰田赋，曰钱币，曰户口，曰职役，曰征榷，曰市籴，曰土贡，曰国用，曰选举，曰学校，曰职官，曰郊社，曰宗庙，曰王礼，曰乐，曰兵，曰刑，曰舆地，曰四裔，俱效《通典》之成规。自天宝以前，则增益其事迹之所未备，离析其门类之所未详。自天宝以后，至宋嘉定之末，则续而成之。曰经籍，曰帝系，曰封建，曰象纬，曰物异，则《通典》元未有论述，而采摭诸书以成之者也。

凡叙事，则本之经史，而参之以历代《会要》，以及百家传、记之书，信而有证者从之，乖异传疑者不录，所谓文也。凡论事，则先取当时臣僚之奏疏，次及近代诸儒之评论，以至名流之燕谈，稗官之纪录，凡一话一言可以订典故之得失，证史传之是非者，则采而录之，所谓献也。其载诸史传之纪录而可疑，稽诸先儒之论辨而未当者，研精覃思，悠然有得，则窃著己意附其后焉。命其书曰《文献通考》，为门二十有四、卷三百四十有八。而其每门著述之成规，考订之新意，各以小序详之。

昔江淹有言：修史之难，无出于志。诚以志者，宪章之所系，非老于典故者不能为也。陈寿号善叙述，李延寿亦称究悉旧事，然所著二史，俱有纪、传，而独不克作志，重其事也。况上下数千年，贯串二十五代，而欲以末学陋识，操觚窜定其间，虽复穷老尽气，刿目鉥心，亦何所发明？聊辑见闻，以备遗忘耳。后之君子，傥能芟削繁芜，增广阙略，矜其仰屋之勤，而俾免于覆车之愧，庶有志于经邦稽古者，或可考焉。

李谨思《通考序》（见《乐平县志》卷九，《艺文》史部）：自书契至唐而《通典》，至宋过江而《通志略》成。过江文献家，惟扶风氏上下数千年，幽者屋壁，从者栋宇，书市罕值，寒窗少储，用之阶庭焉，磅礴郁积，次第增损，近始嘉定，远接天宝，泝而上之，于是过江四丁未矣，而《通考》又成。三书在宇宙皆不可缺。若《通考》鸠僝精粹，芟夷芜翳，宿疑解驳，新义坌涌，自为一家。……予也何足以知之，以君下问之勤也，不敢以不能为解。君故相番阳公仲子。至大戊申既望。

王寿衍《进〈文献通考〉表》：臣寿衍言：臣于延祐四年七月恭奉圣旨，给赐驿传，令臣寿衍寻访道行之士者。臣窃谓野有遗贤，非弓旌而莫致；朝能信道，必简册之是稽。……臣伏睹饶州路乐平州儒人马端临，乃故宋丞相廷鸾之子，尝著述《文献通考》三百四十八卷，总二十四类，其书与唐杜佑《通典》相为出入。杜书肇自隆古，以至唐之天宝。今马氏所著，天宝以前者，视杜氏加详焉；天宝以后至宋宁宗者，又足以补杜氏之阙。其二十四类，类各有考。……其议论则本诸经史而可据，其制度则会之典礼而可行。思惟所作之勤劳，恐致斯文之隐没，谨誊书于楮墨，远进达于蓬莱。幸垂乙夜之观，快睹五星之聚。臣寿衍冒犯天威，无任战兢惶惧屏营之至。臣寿衍诚惶诚恐，顿首顿首，谨言。延祐六年四月日，弘文辅道粹德真人臣王寿衍上表。

《饶州路抄白》（至治二年。见《文献通考》卷首）：据礼部呈，翰林国史院考校得马端临所著《文献通考》，凡二十四类，三百四十八卷，纂集古今，浩汗该博，殚极精力，用志良勤，有益后学。……延祐五年十二月十八日，准弘文辅道粹德真人关："寻访至饶州路，据本路儒学状申准本路杨教授关：该窃见本路乐平州儒人马端临，前宋宰相碧梧先生之子，昨蒙都省咨发再任衢州路柯山书院山长。……本儒行履端纯，词章雅丽，家传鼎鼐之谱，幼翻馆阁之储，知前代之典章，识当世之体要，以所见闻，著为成书，名曰《文献通考》，凡二十四类，三百四十八卷。天文、地理、礼乐、兵刑、财用、贡赋、官职、选举、学校、经籍、郊祀、封建、户口、征役之属，凡于治道有关者，无不彪分汇列，井井有条，治国安民，特举而措之耳。此可谓济世之儒，有用之学。其书本儒用心二十余年，卷帙繁多，非可卒致。今先将所定序目一本缴连前去，早为转申上司，令人缮写成帙，校勘完备，官为锓板，以广其传，非惟不负本儒平生所学，抑且于世教有所补益。关请施行。"……延祐六年七月十二日，承奉省府札付缮写成帙，校勘无差。

余谦《文献通考序》（录自《王国维遗书》卷二一，《两浙古刊本考》卷上）：

鄱人宋相子马端临，述《文献通考》于家。泰定元年，江浙省雕置于西湖书院。越十有一年，予由太史氏出统学南郑，因莅杭究阅其文，或讹或逸，板咸有焉。时端临既没，厥婿杨玄长教于东湖，乃俾造厥嗣志仁，询取先文，用正斯失。至则就俾玄偕西湖长方员率学者正之，逾年而讫。将图正于梓，未谐。又逾年，中书遣太常陈氏来访求典籍于兹，行中书以其事惟予是任，乃克遂旧图，俾儒士叶森董正梓工，且足于不逮，必予复省，功乃已，幸获底于备可观。乌呼！《考》之述，继世而成，历代而行，逾十年而徵，又三年而明，匪易匪轻，可戒于德之不恒。至元又五年三月朔，江浙等处儒学提举余谦叙记。

《四库全书总目》卷八一，史部政书类一：《文献通考》三百四十八卷，元马端临撰。……其书以杜佑《通典》为蓝本，田赋等十九门，皆因《通典》而离析之；经籍、帝系、封建、象纬、物异五门，则广《通典》所未及也。……大抵门类既多，卷繁帙重，未免取彼失此。然其条分缕析，使稽古者可以案类而考，又其所载宋制最详，多《宋史》各志所未备。按语亦多能贯穿古今，折衷至当。虽稍逊《通典》之简严，而详赡实为过之，非郑樵《通志》所及也。

案：马端临著成《文献通考》之年代，史无明文，惟李谨思《通考序》谓宋“过江四丁未矣，而《通考》又成。”宋过江在宋高宗建炎元年（宋钦宗靖康二年，公元1127年）为第一丁未，第四丁未即元成宗大德十一年，故编于此。

公元1308年 元武宗至大元年 戊申

官方纂修《元成宗实录》。

《元史》卷二二，《武宗纪一》：（至大元年三月）己卯，命翰林国史院纂修《顺宗、成宗实录》。

《元史》卷一七〇，《畅师文传》：（至元）二十三年，拜监察御史……上所纂《农桑辑要》书。二十四年，迁陕西汉中道巡行劝农副使。……二十八年，改佥陕西汉中道提刑按察司事。时更提刑按察司为肃政廉访司，就佥本道肃政廉访司事。……三十一年，徙山南道。……大德二年，改山东道，入为国子司业。七年，出为陕西行中书省理问官。……十年，改太常少卿，转翰林侍读学士、朝请大夫、知制诰同修国史。至大元年，修《成宗实录》。

《元史》卷一七二,《程鉅夫传》:程鉅夫,名文海,避武宗庙讳,以字行。……为应奉翰林文字。……寻进翰林修撰。屡迁集贤直学士兼秘书少监。……（至元）二十年，加翰林集贤学士，同领会同馆事。……二十四年，……拜侍御史，行御史台事。……三十年，出为闽海道肃政廉访使。……大德四年，迁江南湖北道肃政廉访使。……八年，召拜翰林学士，商议中书省事。……十一年，拜山南江北道肃政廉访使，复留为翰林学士。至大元年，修《成宗实录》。

《元史》卷一七二,《邓文原传》:邓文原，字善之，一字匪石，绵州人。父漳，徙钱塘。……在宋时，以流寓试浙西转运司，魁四川士。至元二十七年，行中书省辟为杭州路儒学正。大德二年，调崇德州教授。五年，擢应奉翰林文字。九年，升修撰，谒告还江南。至大元年，复为修撰，预修《成宗实录》。

公元 1310 年　元武宗至大三年　庚戌

陈栎著成《历代通略》。

《元史》卷一八九，《陈栎传》：陈栎，字寿翁，徽之休宁人。栎生三岁，祖母吴氏口授《孝经》、《论语》，辄成诵。五岁入小学，即涉猎经史。七岁通进士业。十五，乡人皆师之。宋亡，科举废，栎慨然发愤，致力于圣人之学，涵濡玩索，贯穿古今。……延祐初，诏以科举取士，栎不欲就试，有司强之，试乡闱中选，遂不复赴礼部。教授于家，不出门户者数十年。……栎所居堂曰定宇，学者因以定宇先生称之。

陈栎《历代通略 · 自跋》:《宋史讲义》，吕氏中所著，议论多详明，文辞亦条达。然成于理宗朝,犹有隐避而不尽言者。今可无忌矣,遂采其善,补其缺,多述平昔所考订与所闻于父师者，而申之以管蠡之一得焉。理、度二朝无史可据，今姑阙之;金事廷方虽略述，亦以未见其史，不敢轻笔，悉以俟后之君子云。至大三年庚戌岁仲夏十七日夏至，定宇陈栎书。

黄金色《历代通略蒙求·跋》(《历代通略》后附):陈定宇先生《蒙求》之作，但标揭历代相传兴衰之略，而未暇及政事人物、治乱得失之详。约之共八百言，而上下数千年间道有升降，统有正变，祚有长短，势有离合，顷刻可知其概，此诚初学史者之入门，如举纲得纲，而万目可从理也。是以朱枫林先生有取焉。邑人新阳黄金色识。

《千顷堂书目》卷四，编年类：陈栎《历代通略》三卷，又《增广通略》。

《四库全书总目》卷八八，史部史评类：《历朝通略》四卷，元陈栎撰。……是编叙历代兴废得失，各为论断，每一代为一篇。自伏羲至五代为二卷，北宋、南宋则各占一卷，盖详近略远之意也。南宋止于宁宗。卷末栎自跋，谓理、度二朝无史可据也。……书成于至大庚戌。……是书虽撮叙大纲，不免简略，而持论醇正，以资考证则不足，以论是非则读史者固有取焉。

钱大昕《补元史艺文志》卷二，史抄类：陈栎《历代通略》四卷。

《元史》总裁官之一宋濂生。

案：据《明太祖实录》卷一一一及《明史》卷一二八，《宋濂传》，宋濂卒于明太祖洪武十四年（公元1381年），年七十二，逆推之，知生于本年。

公元1311年 元武宗至大四年（本年正月武宗卒，三月仁宗即位）辛亥

敕修《元武宗实录》、《皇后功臣列传》。

《元史》卷二四，《仁宗纪一》：至大四年春正月庚辰，武宗崩。……五月……丙子，命翰林国史院纂修先帝实录及累朝皇后、功臣列传，俾百司悉上事迹。

公元1312年 元仁宗皇庆元年 壬子

无名氏于本年前著成《宋季三朝政要》。

《千顷堂书目》卷四，编年类：《宋季三朝政要》六卷，不知撰人姓氏。

《四库全书总目》卷四七，史部编年类：《宋季三朝政要》六卷，不著撰人名氏。卷首题辞称理宗国史为元载入北都，无复可考，故纂集理、度二朝及幼主本末，附以广、益二王事，其体亦编年之流，盖宋之遗老所为也。然理宗以后国史，修《宋史》者实见之，故本纪所载，反详于是书。又是书得于传闻，不无舛误。……其余叙次亦乏体要。然宋末轶事颇详，多有史所不载者，存之亦可备参考也。其以理宗、度宗、瀛国公称为三朝，而广、益二王则从附录，体例颇公。卷末

论宋之亡，谓君无失德，归咎权相，持论亦颇正。

钱大昕《补元史艺文志》卷二，编年类：《宋季三朝政要》六卷，起宝庆，终祥兴，无撰人姓名。皇庆壬子陈氏余庆堂刊。

察罕著成《帝王纪年纂要》。

《元史》卷一三七，《察罕传》：察罕，西域板勒纥城人也。父伯德那，岁庚辰，国兵下西域，举族来归。……察罕魁伟颖悟，博览强记，通诸国字书。为行军府奥鲁千户。奥鲁赤参政湖广，辟为蒙古都万户府知事。奥鲁赤进平章，复辟为理问，政事悉委裁决，且令诸子受学焉。至元二十四年，从镇南王征安南。……二十八年，授枢密院经历。未几，从奥鲁赤移治江西。……至大元年，阅户口江南诸省，还，进太子府正，加昭文馆大学士，迁家令。……仁宗即位，拜中书参知政事。……皇庆元年，进荣禄大夫、平章政事、商议中书省事。乞归，解州立碑先茔，许之。暮年居德安白云山别墅，以白云自号。……尝译《贞观政要》以献，帝大悦，诏缮写遍赐左右，且诏译《帝范》。又命译《脱必赤颜》名曰《圣武开天纪》，及《纪年纂要》、《太宗平金始末》等书，俱付史馆。……初，察罕生于河中，其夜天气清肃，月白如昼，相者贺曰："是儿必贵。"国人谓白为察罕，故名察罕。……既致仕，优游八年，以寿终于外。

《千顷堂书目》卷四，编年类：察罕《帝王纪年纂要》一卷。

钱大昕《补元史艺文志》卷二，编年类：察罕《帝王纪年纂要》一卷。

《四库全书总目》卷四八，史部编年类存目：《帝王纪年纂要》一卷，元察罕撰。……其书本《皇极经世》为准，自太皞以下诸帝王，各载其在位年数，而略述兴废大旨于每代之前。察罕成此书在皇庆元年，尝奏进于朝，程钜夫为之序。……

程钜夫《帝王纪年纂要序》：史莫信于《书》、《春秋》，莫博于迁《史记》，后之稽古者舍此何以哉！然孔子断自唐虞，信而足徵。司马乃上述黄帝以来，又远详其世次，先儒固尝疑之。至于诸家编纪，沿袭舛讹，莫相统一，皆好博之流弊也。后惟康节《经世书》以历纪之始，明白可信，然好奇惑异，犹不能据依，著述纷然。平章白云翁以政事余暇，取诸家记载而集正之，一以《经世书》为准，名曰《历代帝王纪年纂要》，亦上及羲、农者，备博览而已。於戏！白云之所去取哉。白云信道笃学，博观约取，于天下之物莫不尽然，不独是书也。是书既经一览，复徵余序。夫康节所以可信者，以其信孔子也；白云所可信者，以其信康节也。然则可信者莫若孔子，信孔子者莫若康节，信康节者莫若白云，信白云者，端在此编矣。皇庆元年畅月朔广平程鉅夫序。

《元顺宗实录》、《元成宗实录》、《元武宗实录》修成。

《元史》卷二四，《仁宗纪一》：（皇庆元年十月戊子）翰林学士承旨玉连赤不花等进《顺宗、成宗、武宗实录》。

《元史》卷一七二，《程鉅夫传》：（至大四年），拜浙东海右道肃政廉访使，留为翰林学士承旨。皇庆元年，修《武宗实录》。

《元史》卷一八一，《元明善传》：元明善，字复初，大名清河人。其先盖拓跋魏之裔，居清河者，至明善四世矣。……弱冠游吴中，已名能文章。浙东使者荐为安丰、建康两学正。辟掾行枢密院。时董士选佥院事……及士选升江西左丞，又辟为省掾。……升掾南行台。未几，授枢密院照磨。转中书左曹掾。……仁宗居东宫，首擢为太子文学。及即位，改翰林待制。与修成宗、顺宗《实录》，升翰林直学士。……奉旨出赈山东、河南饥……还，修《武宗实录》，又升翰林侍讲学士。

《元史》卷一九〇，《杨载传》：杨载，字仲弘，其先居建之浦城，后徙杭，因为杭人。少孤，博涉群书，为文有跌宕气。年四十，不仕，户部贾国英数荐于朝，以布衣召为翰林国史院编修官，与修《武宗实录》。

程鉅夫《进三朝实录表》（皇庆元年十月进。见苏天爵《国朝文类》卷一六）：一人御极，聿严金匮之藏；三后在天，实监玉堂之纪。粤若稽古，克底成书。钦惟皇帝陛下，孝友慈仁，温文睿哲。统之垂，业之创，念昔继承；功以著，德以彰，在兹纂录。首崇笔削之任，式宏龟鉴之图。臣等职忝禁林，才非良史，系年系月，岂足尽于先朝；作典作谟，庶有徵于今日。臣等以所编成《顺宗皇帝实录》一卷，《成宗皇帝实录》五十六卷、《事目》十卷、《制诏录》七卷，《武宗皇帝实录》五十卷、《事目》七卷，《制诏录》三卷，总计一百三十四卷，缮写已毕，谨具进呈。

《千顷堂书目》卷四，国史类：《元成宗实录》，畅师文修。

钱大昕《补元史艺文志》卷二，实录类：《顺宗实录》一卷。皇庆元年十月，学士程鉅夫、待制元明善进。

钱大昕《补元史艺文志》卷二，实录类：《成宗实录》五十六卷，《事目》十卷，《制诰录》七卷。皇庆元年，翰林学士程鉅夫、修撰邓文原、待制元明善进。

钱大昕《补元史艺文志》卷二，实录类：《武宗实录》五十卷、《事目》七卷、《制诰录》三卷。皇庆元年，翰林学士承旨程鉅夫、待制元明善、修撰杨载进。

公元 1313 年　元仁宗皇庆二年　癸丑

《元世祖实录》总裁、《国统离合表》作者姚燧卒。

《元史》卷一七四，《姚燧传》：（大德）九年，拜中奉大夫、江西行省参知政事。至大元年，仁宗居藩邸，开宫师府，燧年已七十……起燧为太子宾客。未几，除承旨学士，寻拜太子少傅。……燧拜辞。……明年，授荣禄大夫、翰林学士承旨、知制诰兼修国史。四年，得告南归，中书以承旨召；明年，复召。燧以病，俱不赴。卒于家，年七十六。谥曰文。……平生所著，有《牧庵文集》五十卷行于世。

《牧庵集》附录《姚燧年谱》：皇庆元年壬子，先生七十五岁，居庐山。……皇庆二年癸丑，先生七十六岁。是年复以翰林承旨召，先生已卧病郢城矣。……先生九月十有四日薨。

《云南实录》作者郝天挺卒。

《元史》卷一七四，《郝天挺传》：郝天挺字继先，出于朵鲁别族。……受业于遗山元好问。……建省云南，选官属，遂除参议云南行尚书省事，寻升参知政事，又擢陕西汉中道廉访使。未几，入为吏部尚书。……拜中书左丞。……仁宗临御……又出为江西、河南二省右丞，召拜御史中丞。……拜河南行省平章政事。……皇庆二年卒，年六十七。……天挺尝修《云南实录》五卷，又注唐人《鼓吹集》一十卷，行于世。

《千顷堂书目》卷八，地理类下：郝天挺《云南实录》五卷。

公元 1314 年　元仁宗延祐元年　甲寅

合散、李孟监修国史。揭傒斯著《功臣列传》。

《元史》卷二五，《仁宗纪二》：（延祐元年二月）壬午，以合散为中书右丞相、监修国史。

《元史》卷一七五，《李孟传》：李孟字道复，潞州上党人。……孟生而敏悟，七岁能文，倜傥有大志，博学强记，通贯经史，善论古今治乱，开门授徒，远近争从之。……成宗立，首命采访先朝圣政，以备史官之纪述，陕西省使孟讨论编次，乘驿以进。……仁宗嗣立，真拜中书平章政事，进阶光禄大夫。……皇庆元年正月，授翰林学士承旨、知制诰兼修国史，仍平章政事。……延祐元年十二月，复拜平章政事。

《元史》卷一八一，《揭傒斯传》：揭傒斯字曼硕，龙兴富州人。……延祐初……特授翰林国史院编修官。时平章李孟监修国史，读其所撰《功臣列传》，叹曰："是方可名史笔，若他人，直誊吏牍尔。"升应奉翰林文字，仍兼编修，迁国子助教，复留为应奉。

元仁宗命忽都鲁都儿迷失及李孟择要译写《资治通鉴》。

《元史》卷二五，《仁宗纪二》：（延祐元年四月）帝以《资治通鉴》载前代兴亡治乱，命集贤学士忽都鲁都儿迷失及李孟择其切要者译写以进。

公元 1317 年 元仁宗延祐四年 丁巳

《平宋事迹》作者、《元成宗实录》撰修者之一畅师文卒。

《元史》卷一七〇，《畅师文传》：延祐……四年秋八月，考河南乡试归，次襄县，卒于传舍，年七十一。

齐履谦著成《春秋诸国统纪》。

《元史》卷一七二，《齐履谦传》：齐履谦，字伯恒。……至元十六（案："六"应作"三"）年，初立太史局，改治新历，履谦补星历生。……新历既成，复预修《历经》、《历议》。二十九年，授星历教授。……大德……二年，迁保章正，始专历官之政。……九年冬……履谦摄司天台官。……至大……三年，升授时郎秋官正，兼领冬官正事。四年，仁宗即位，嘉尚儒术。台臣言履谦有学行，可教国学子弟，擢国子监丞，改授奉直大夫、国子司业。……未几，复以履谦佥太史院事。……（著）《春秋诸国统纪》六卷。

吴澄《春秋诸国统纪序》：读三百五篇之《诗》，曰有美有刺也；读二百四十二年之《春秋》，曰有褒有贬也。盖夫子既殁，而序《诗》、传《春秋》者固已云然，则非秦汉以后之儒创为是说也。说经而迷于是也，千年矣。逮自朱子《诗传》出，人始知《诗》之不为美刺作，若《春秋》之不为褒贬作。则朱子无论著，夫孰从而正之？有惑有不惑者，相半也。邵子曰："圣人之经，浑然无迹，如天道焉。《春秋》书实事，而善恶形于其中矣。"至哉言乎！朱子谓"据事实书，而善恶自见"，其旨一也。……夫其所谓褒贬者，以书时、书月、书日为详略其事，以书爵、书人、书国为荣辱其君，以书字、书氏、书名、书人为轻重其臣而已。噫！事之或时或月或日也，君之或爵或人或国也，臣之或字或氏或名或人也，法一定而不易，岂圣人有意于轩轾予夺之哉？魏郡齐履谦伯恒甫之说《春秋》则异是，不承陋袭故，皆苦思深究而自得。内鲁尊周之外，经书其君之卒者十八国，乃分汇诸国之统纪凡二十，己所特见，各傅于经，缕数旁通，务合书法，余事阙而不录。……伯恒甫之笃志经学，知之虽久，晚年获睹其二书之成，宁不快于心欤！二书谓何？《易》、《春秋》也。

《千顷堂书目》卷二，《春秋》类：齐履谦《春秋诸国统纪》六卷。经自周、鲁而外，书其君之卒者十有八国，乃分汇诸国之统纪凡二十，己所特见，各著于经。书成于延祐四年。

《四库全书总目》卷二八，经部《春秋》类三：《春秋诸国统纪》六卷，《目录》一卷，元齐履谦撰。履谦字伯恒，大名人，官至太史院使……此书乃其延祐丁巳为国子司业时所作。前有自序，谓今之《春秋》，盖圣人合二十国史记为之，自三传专言褒贬，于诸国分合与《春秋》所以为《春秋》，概未之及，故叙类此书，以备诸家之阙。凡二十有二篇，首鲁，次周、次宋、次齐、次晋、次卫、次蔡、次陈、次郑、次曹、次秦、次薛、次杞、次滕、次莒、次邾、次许、次宿、次楚、次吴。自内鲁尊周外，各以五等之爵为次，其入春秋后降爵者，则随所降之爵列之，而楚、吴以僭王殿焉。《目录》谓此皆国史具在，圣人据以作《春秋》者。又以诸小国、诸亡国厘为二篇，附录于末，《目录》谓此无国史，因二十国事所及而载者，皆先于各国下列叙大势，与其排比之意，题曰某国《春秋统纪》，盖据《墨子》有百国《春秋》；徐彦《公羊疏》有孔子求周史记，得百二十国宝书之文，故不主因鲁史从赴告之义也。

公元 1318 年 元仁宗延祐五年 戊午

《平宋录》作者刘敏中卒。

《元史》卷一七八，《刘敏中传》：大德……九年，召为集贤学士，商议中书省事。……武宗即位……授集贤学士、皇太子赞善，仍商议中书省事。……顷之，拜河南行省参知政事，俄改治书侍御史，出为淮西肃政廉访使，转山东宣慰使，遂召为翰林学士承旨。……以疾还乡里。……有《中庵集》二十五卷。延祐五年卒，年七十六。赠光禄大夫、柱国，追封齐国公，谥文简。

王幼学著成《资治通鉴纲目集览》。

王重民《中国善本书提要》史部编年类：《资治通鉴纲目集览》，残存十四卷，四册，（北图）元刻本。元王幼学撰。幼学，字行卿，望江人。按《望江县志》："幼学生于宋季，居慈湖。资识高敏，笃志力学。幼罹北兵俘掠，河南陈氏得之，养以为子，乃命之学。其家蓄书万卷，幼学不惮寒暑，手不释卷，由是学识大进。元世祖至元间，年六十，始归葺望江旧业，（按此有误，幼学年六十，当为元仁宗皇庆二年，疑六十或为十六之误。）躬耕慈湖之畈，与同志讲道不辍。成宗大德三年己亥，取朱子《纲目》，悉为训诂，引喻证释，至仁宗延祐五年戊午，纂述成书，计五十九卷，曰《通鉴纲目集览》。凡七易稿，垂二十年而后成。大臣屡荐其才，终不出。"

胡玉缙《四库未收书目提要续编》（载《续四库提要三种》，吴格整理，上海书店出版社 2002 年版）卷二，史部编年类：《资治通监纲目集览》五十九卷，元王幼学撰。幼学字行卿，望江人，至元间躬耕慈河之阪，与学者讲道不辍，人称慈河先生。是书首载朱子原序，又有自序，称"编始于大德己亥，迄延佑戊午，积二十年，七易稿而成"，其用功可谓勤挚，虽陈济《集览正误》、瞿佑《集览镌误》颇多纠正，不独沈攸之所称"宁为王凌死"，乃魏王凌谋除司马懿，非汉王陵面折廷争事，为陈霆《两山墨谈》所讥，而大体要自可观。明弘治中莆田黄仲昭取其书，与尹起莘《发明》、刘友益《书法》、汪克宽《考异》、徐昭文《考证》、陈济《正误》，冯智舒《质实》，散入《纲目》各条下，而是书罕有专刻之者矣。此犹元刊本，为瞿氏所藏，录之以存其庐山真面焉。

《千顷堂书目》卷五，史学类：王幼学《资治通鉴纲目集览》五十九卷。字行卿，望江人。

钱大昕《补元史艺文志》卷二，编年类：王幼学《通鉴纲目集览》五十九卷。字行卿，望江人。书成于泰定中。

案：钱大昕所记成书年代误。

吴澄著《书纂言》。

虞集《故翰林学士资善大夫知制诰同修国史临川先生吴公行状》（见虞集《道园学古录》卷四四）：本贯抚州路崇仁县崇仁乡咸口里。……先生讳澄，字幼清，晚称伯清，姓吴氏。……以宋淳祐九年己酉正月十有九日生。……（咸淳）六年庚午，应抚州乡举，以第二十八名荐。明年，试礼部下第，归。……至大元年，除从仕郎、国子监丞，朝命行省敦遣，二年六月到官。……仁宗即位……先生升司业。……延祐三年，先生深入宜黄山中五峰僧舍以居。……五年……修《书纂言》。

《元史》卷一七一，《吴澄传》：吴澄，字幼清，抚州崇仁人。……尝举进士不中。至元十三年……侍御史程鉅夫奉诏求贤江南，起澄至京师。未几，以母老辞归。……元贞初，游龙兴。……除江西儒学副提举，居三月，以疾去官。至大元年，召为国子监丞。……皇庆元年，升司业。……俄拜集贤直学士，特授奉议大夫，俾乘驿至京师，次真州，疾作，不果行。

《千顷堂书目》卷一，《书》类：吴澄《尚书纂言》四卷。澄叙录分别今古文纂言，今文二十八篇也。

《四库全书总目》卷一二，经部《书》类二：《书纂言》四卷，元吴澄撰。……《古文尚书》自贞观敕作《正义》以后，终唐世无异说。宋吴棫作《书裨传》，始稍稍掊击。朱子《语录》亦疑其伪。然言性言心言学之语，宋人据以立教者，其端皆发自古文，故亦无肯轻议者。其考定今文古文，自陈振孙《尚书说》始；其分编今文古文，自赵孟頫《书古今文集注》始；其专释今文，则自澄此书始。

公元1320年　元仁宗延祐七年（本年正月仁宗卒，三月英宗即位）庚申

敕修《元仁宗实录》。

《元史》卷二七，《英宗纪一》：延祐七年春正月……辛丑，仁宗崩。……

十一月……甲申，敕翰林国史院纂修《仁宗实录》。

公元1321年 元英宗至治元年 辛酉

敕修《元仁宗实录》、《后妃、功臣传》。

《元史》卷二七，《英宗纪一》：至治元年……三月……甲申，敕纂修《仁宗实录》、《后妃、功臣传》。

公元1322年 元英宗至治二年 壬戌

《元成宗实录》、《元武宗实录》、《元仁宗实录》撰修者之一元明善卒。

《元史》卷一八一，《元明善传》：（英宗时）升翰林学士，修《仁宗实录》。……至治二年，卒于位。

《千顷堂书目》卷八，地理类下：元明善《龙虎山志》三卷。

《帝王纪年纂要》等作者、《脱必赤颜》等译者察罕卒。

《元史》卷二五，《仁宗纪二》：延祐元年……三月……癸丑，中书平章政事察罕致仕。

《元史》卷一三七，《察罕传》：尝译《贞观政要》以献，帝大悦，诏缮写遍赐左右。且诏译《帝范》。又命译《脱必赤颜》，名曰《圣武开天记》。及《纪年纂要》、《太宗平金始末》等书，俱付史馆。……既致仕，优游八年，以寿终。

《千顷堂书目》卷五，别史类：《皇元太祖圣武开天记》一卷。

钱大昕《补元史艺文志》卷二，杂史类：《太宗平金始末》，中书平章政事察罕。

案：察罕卒年，史无明文。据上引资料，察罕于元仁宗延祐元年（公元1314年）致仕后八年卒，故编于此。

今案：据杨志玖《元代回回史学家察罕》（载《回族研究》1997年第2期）一文考订，察罕生卒年为公元1245—1322年，享年七十八岁。

官修《元典章》约于本年著成。

《四库全书总目》卷八三，史部政书类存目一：《元典章前集》六十卷，附《新集》（无卷数），不著撰人名氏。《前集》载世祖即位至延祐七年英宗初政，其纲凡十：曰诏令，曰圣政，曰朝纲，曰台纲，曰吏部，曰户部，曰礼部，曰兵部，曰刑部，曰工部。其目凡三百七十有三，每目之中，又各分条格。《新集》体例，略仿《前集》，皆续载英宗至治元二年事，不分卷数，似犹未竟之本也。……考《元史》以八月成书，诸志皆潦草殊甚，不足徵一代之法制；而《元经世大典》又久已散佚，其散见《永乐大典》者，颠倒割裂，不可重编，遂使百年掌故，无成书之可考。此书于当年法令，分门胪载，采掇颇详，固宜存备一朝之故事。然所载皆案牍之文，兼杂方言俗语，浮词妨要者十之七八，又体例瞀乱，漫无端绪，观省札中有置簿编写之语，知此乃吏胥钞记之条格，不足以资考证。故初拟缮录，而终存其目焉。

钱大昕《跋元圣政典章》（见《潜研堂文集》卷二八）：此书题云《大元圣政国朝典章》，凡六十卷。首诏令，次圣政，次朝纲，次台纲，次六部。书成于至治之初，故称英宗为今上皇帝也。其后又有至治二年《新集条例》三册，仍冠以《大元圣政典章》之名，前后体例俱准旧式，而不分卷第。

公元 1323 年　元英宗至治三年　癸亥

《元仁宗实录》修成。

《元史》卷二八，《英宗纪二》：（至治三年二月）丙寅，翰林国史院进《仁宗实录》。

《元史》卷一三六，《拜住传》：拜住，安童孙也。……（至治二年）冬十二月，进右丞相、监修国史。……三年春二月，将进《仁宗实录》，先一日，诣翰林国史院听读。首卷书大德十一年事，不书左丞相哈剌哈孙定策功，惟书越王秃剌勇决从容。谓史官曰："无左丞相，虽百越王何益？录鹰犬之劳，而略发踪指示之人，可乎？"立命书之。其它笔削未尽善者，一一正之，人皆服其识见。

《元史》卷一七二，《袁桷传》：袁桷字伯长，庆元人，宋同知枢密院事韶之曾孙。……部使者举茂才异等，起为丽泽书院山长。大德初，阎复、程文海、王构荐为翰林国史院检阅官。……升应奉翰林文字、同知制诰，兼国史院编修官，请购求辽、金、宋三史遗书，历两考，迁待制；又再任，拜集贤直学士。久之，移疾去官。复仍以直学士召入集贤，未几，改翰林直学士、知制诰同修国史。至治元年，迁侍讲学士。……桷在词林，朝廷制册、勋臣碑铭，多出其手。

袁桷《进实录表》（至治三年二月进。见苏天爵《国朝文类》卷一六）：十年御极，聿修四系之编；亿载扬休，殊乏三长之笔。祇成信史，上彻宸旒。洪惟仁宗圣文钦孝皇帝，仁静根心，温恭合德。……臣等尊闻传信，竭思纂题。阅历岁年，已深惭于尸素；经纬日月，期不朽于汗青。臣某等所编成《仁宗皇帝实录》六十卷，《事目》一十七卷，《制诰录》一十三卷，总计九十卷。缮写已毕，用黄罗袱封全，谨具进呈。

官修《大元通制》告成。

《元史》卷二八，《英宗纪二》：（至治）三年春正月，……命枢密副使完颜纳丹、侍御史曹伯启、也可札鲁忽赤不颜、集贤学士钦察、翰林直学士曹元用，听读仁宗时纂集累朝格例。……二月……格例成定，凡二千五百三十九条，内断例七百一十七、条格千一百五十一、诏赦九十四、令类五百七十七，名曰《大元通制》，颁行天下。

《元史》卷一七六，《曹伯启传》：曹伯启，字士开，济宁砀山人。……至元中，历仕为兰溪主簿。……累迁常州路推官。……迁河南省都事、台州路治中。……擢拜西台御史，改都事。……延祐元年，升内台都事、迁刑部侍郎。……出为真定路总管。……延祐五年，迁司农丞。……寻拜南台治书侍御史。……英宗立，召拜山北廉访使。……俄拜集贤学士、御史台侍御史。有诏同刊定《大元通制》。

《元史》卷一七二，《曹元用传》：曹元用，字子贞，世居阿城，后徙汶上。……始以镇江路儒学正，考满游京师。翰林承旨阎复……因荐为翰林国史院编修官。即论史院僚属非材，请较试，取其优者用之。御史台辟为掾史。……转中书省右司掾。……除应奉翰林文字，迁礼部主事。……改尚书省右司都事，转员外郎。……延祐六年，授太常礼仪院经历。……授翰林待制，升直学士。……又奉旨纂集甲令为《通制》。

孛术鲁翀《大元通制序》（见苏天爵《国朝文类》卷三六）：至治二年冬十有一月，皇帝以故丞相东平忠宪王之孙中书左丞相位右丞相，总百官，新庶务，徽用老成，开明治道。皇元圣圣相继，百有余年，宸断之所予夺，庙谟之所可否，禁顽戢暴，仁恤黎元，绰有成宪。然简书所载，岁益月增，散在有司，既积既繁，莫知所统。挟情之吏，用谲行私，民惘政蠹。台宪屡言之，鼎轴大臣恒患之。仁庙皇帝御极之初，中书奏允择耆旧之贤、明练之士，时则若中书右丞伯杭、平章政事商议中书刘正等，由开创以来，政制法程可著为令者，类集折衷，以示所司。其宏纲有三：曰制诏，曰条格，曰断例。经纬乎格、例之间，非外远职守所急，亦汇辑之，名曰别类。延祐三年夏五月，书成，敕枢密、御史、翰林、国史、集贤之臣，相与正是，凡经八年，事未克果。今年春正月辛酉，上御棕殿，丞相援据本末，奏宜如仁庙制，制可。于是枢密副使完颜纳丹、侍御史曹伯启、判宗正府普颜、集贤学士钦察、翰林直学士曹元用，以二月朔奉旨会集中书平章政事张珪暨议政元老，率其属众共审定。时上幸柳林之辛巳，丞相以其事奏，仍以延祐二年及今所未类者，请如故事。制若曰："此善令也，其行之。"由是堂议题其书曰《大元通制》，命翀序之。翀惟圣人之治天下，其为道也，动与天准；其为法也，粲如列星。使民畏罪迁善，而吏不敢舞智御人，鞭笞斧钺，礼乐教化，相为表里，及其至也，民协于中，刑措不用，二帝三王之盛，尽于此矣。虽刑罚世轻世重，而士制百姓于刑之中，以教祗德，古之制也。圣朝因事制宜，因时立制，时有推迁，事有变易，谋国之臣，斟酌损益，以就中典，生民之福也。仁庙开本于先，皇上继志于今，万世虑也。虽然，明罚敕法，朝廷之道揆在焉；惟良折狱哀敬折狱，有司之法守亲焉。源则浚矣，流斯承之，可不慎欤？

《元史》卷一〇二，《刑法志一》：元兴，其初未有法守，百司断理狱讼，循用金律，颇伤严刻。及世祖平宋，疆理混一，由是简除繁苛，始定新律，颁之有司，号曰《至元新格》。仁宗之时，又以格例条画有关于风纪者，类集成书，号曰《风宪宏纲》。至英宗时，复命宰执、儒臣取前书而加损益焉，书成，号曰《大元通制》。其书之大纲有三：一曰诏制，二曰条格，三曰断例。凡诏制为条九十有四，条格为条一千一百五十有一，断例为条七百十有七，大概纂集世祖以来法制事例而已。

《千顷堂书目》卷九，典故类：《大元通制》八十八卷。至治三年，命完颜纳、曾伯启纂集累朝格例而损益之，凡二千五百三十有九事，颁行天下。

公元 1324 年 元泰定帝泰定元年 甲子

杨玄于本年前著成《忠史》。

虞集《忠史序》(见《道园学古录》卷五):《忠史》者，鄱阳杨玄所著也。玄之大父死于宋咸淳末，玄伤其事不著于世，故为是书，列夏、商以来，末至宋而止，得以忠可书者八百余人。泰定初，玄以其书来京师，国史与学省皆是之。上送于朝，有司不以闻。凡三年，不遇而归。且行，来求一言以为识。某曰:“乌乎！某尝读横渠张子之书，以为事亲犹事天也，著文以为铭。嗟乎！事君亦犹是矣。孔子谓子文忠矣，未知焉得仁，而谓微子、箕子、比干，为仁而不及忠也。然则非善事天者，其孰能与于此乎？而古今之言忠，或以一事自见，概可谓之忠矣，必仁也然后无慊于斯乎？”予尝荐玄不报，心窃愧之，姑推能忠之本原，以广其著述之意云耳。

《千顷堂书目》卷一〇，传记类：杨玄《忠史》一卷，鄱阳人。

元朝敕修英宗、显宗《实录》。

《元史》卷二九，《泰定帝纪一》:(泰定元年十二月）丙寅，命翰林国史院修纂英宗、显宗《实录》。

虞集《故翰林学士资善大夫知制诰同修国史临川先生吴公（澄）行状》(见《道园学古录》卷四四):英宗即位……超拜先生为翰林学士、知制诰同修国史，阶太中大夫。……泰定元年……七月，有旨国史院修《英宗实录》，时汉人承旨缺，先生总其事，分局纂修。

《元史》一七一，《吴澄传》:英宗即位，超迁翰林学士，进阶太中大夫。……泰定元年，初开经筵，首命澄与平章政事张珪、国子祭酒邓文原为讲官。……会修《英宗实录》，命总其事。

《元史》卷一四三，《马祖常传》：马祖常，字伯庸。……延祐初……授应奉翰林文字。拜监察御史。……除翰林待制。泰定建储，擢典宝少监，太子左赞善。寻兼翰林直学士，除礼部尚书。……尝预修《英宗实录》。

《元史》卷一四五，《廉惠山海牙传》：廉惠山海牙，字公亮。……至治元年登进士第，授承事郎，同知顺州事。……在官期年，用荐者召入史馆，预修《英宗、仁宗实录》。(案：仁宗应为显宗。)

《元史》卷一七二，《曹元用传》：拜中奉大夫、翰林侍讲学士，兼经筵官，预修仁宗、英宗两朝实录。

公元 1325 年　元泰定帝泰定二年　乙丑

吴师道著成《战国策校注》。

宋濂《吴先生碑》（见《宋学士全集》卷一六）：先生吴氏，讳师道，字正传，婺之兰溪人。……至治元年，举进士登科，授高邮县丞，阶将仕郎。……三年，以外艰归。服除，改宁国录事，转从仕郎。

《元史》卷一九〇，《吴师道传》：吴师道，字正传，婺州兰溪人。……登至治元年进士第，授高邮县丞。……再调宁国路录事。

吴师道《国策校注序》：先秦之书，惟《战国策》最古，文最讹舛，自刘向校定已病之。南丰曾巩再校，亦疑其不可考者。后汉高诱为注，宋尚书郎括苍鲍彪诋其疏略缪妄，乃序次章条，补正脱误，时出己见论说，其用意甚勤。愚尝并取而读之，高氏之疏略，信矣，若缪妄，则鲍氏自谓也。东莱吕子《大事记》，间取鲍说而序次之，世亦或从之。若其缪误，虽未尝显列，而因此考彼，居然自见，遂益得其详焉。盖鲍专以《史记》为据，马迁之作，固采之是书，不同者当互相正，《史》安得全是哉？事莫大于存古，学莫善于阙疑。夫子作《春秋》，仍夏五残文；汉儒校经，未尝去本字，但云"某当作某"、"某读如某"，示谨重也。古书字多假借，音亦相通，鲍直去本文，径加改字，岂传疑、存旧义哉？比事次时，当有明徵，其不可定知者，阙焉可也，岂必强为傅会乎？又其所引书，止于《淮南子》、《后汉志》、《说文》、《集韵》，多摭彼书之见闻，不问本字之当否；《史》注自裴、徐氏外，《索隐》、《正义》皆不之引，而《通鉴》诸书亦莫考。浅陋如是，其致误固宜。……鲍氏之成书，当绍兴丁卯。同时剡川姚宏，亦注是书，云得会稽孙朴所校，以阁本标出钱藻、刘敞校字，又见晋孔衍《春秋后语》，参校补注，是正存疑，具有典则。《大事记》亦颇引之，而世罕传，知有鲍氏而已。近时浚仪王应麟，尝斥鲍失数端；而庐陵刘辰翁，盛有所称许。以王之博洽，知其未暇悉数；而刘特爱其文采，他固弗之察也。吕子有云："观战国之事，取其大旨，不必字字为据。"盖以游士增饰之词多，矧重以讹舛乎？辄因鲍注，正以姚本，参之诸书，而质之《大事记》，存其是而正其非，庶几明事迹之实，求义理之当焉。或曰：《战国策》者，六经之弃也，子深辨而详究之，何其戾？鲍彪之区区，又不足攻也。夫人患理之不明耳，知至而识融，则异端杂说，皆吾进德之助，而不足以为病也。曾氏之论是书曰："君子之禁邪说者，固将明其说于天下，使皆知其不可为，然后以禁则齐，以戒则明。"愚有取焉尔。是非之在人心，天下之公也。是，虽刍荛不遗；非，虽大儒必斥。愚何择于鲍氏哉？特寡学謏闻，谬误复恐类之，世之君子有正焉，固所愿也。泰定二年岁乙丑八月日金华吴师道序。

《千顷堂书目》卷一二，杂家类：吴师道《战国策校注》十卷。一作十一卷，又名《战国策正误》。

《四库全书总日》卷五一，史部杂史类：《战国策校注》十卷，元吴师道撰。……师道以鲍彪注《战国策》，虽云纠高诱之讹漏，然仍多未善。乃取姚宏续注与彪注参校，而杂引诸书考正之。其篇第注文，一仍鲍氏之旧。每条之下，凡增其所缺者，谓之"补"；凡纠其所失者，谓之"正"。各以"补曰"、"正曰"别之。复取刘向、曾巩所校三十三篇四百八十六首旧第为彪所改窜者，别存于首。盖既用彪注为稿本，如更其次第，则端绪益棼，节目皆不相应。如泯其变乱之迹，置之不论，又恐古本遂亡。故附录原次以存其旧。……前有师道自序，撮举彪注之大纰缪者凡十九条，议论皆极精审。其它随文驳正，亦具有条理。古来注是书者，固当以师道为最善矣。

公元 1327 年 元泰定帝泰定四年 丁卯

程端学著成《春秋本义》、《三传辨疑》、《春秋或问》。

欧阳玄《积斋程君端学墓志铭》（见程敏政编《新安文献志》卷七一）：君，端学其讳，时叔其字，号积斋。……至治癸亥，予以鸠兹宰淛省聘为秋闱试官……明年，君会试中高等。……泰定乙丑，予以武攸宰被召为国子博士，时叔已擢为国子助教。……即以所作《春秋本义》就予讨论。盖君之精神心术，尽萃是书，朝夕删改不已，寝食为废。尝语之曰："昔者杜元凯有《左传》癖，君有《春秋》癖邪！"……君先与里中同志孙君友仁，慨念《春秋》在诸经中，独未有归一之说，遍索前代说《春秋》者凡百三十家，折衷异同，续作《春秋记》，由是沉潜细绎二十余年，乃作《春秋本义》三十卷，《三传辨疑》二十卷，《或问》十卷。以经筵官申请，有司取其书锓梓传世。

《元史》卷一九〇，《韩性传附程端学传》：当（韩）性时，庆元有程端礼、端学兄弟者。……端学，字时叔，通《春秋》，登至治辛酉进士第（案：钱大昕《廿二史考异》卷一〇〇《元史》一五云："按：端学以泰定甲子登第，见欧阳原功所撰《墓志》，史误。"），授仙居县丞，寻改国子助教。……所著有《春秋本义》三十卷，《三传辨疑》二十卷，《春秋或问》十卷。

程端学《春秋本义·序》：孔子何为修《春秋》？明礼义，正名分，辨王伯，定中外，防微慎始，断疑诛意，其书皆天下国家之事，其要使人克己复礼而已。……《春秋》不书常事，属辞比事，使人自见其义而已。孟子曰："其文则史。孔子曰：其义则丘窃取之。"此之谓也。若邵子谓"录实事而善恶形于其中"，朱子谓"直书其事而善恶自见"者，盖有以识夫笔削之意。若董子谓"正其义不谋其利，明其道不计其功"者，又此经之大旨也。三传者之作，固不可谓无补于经也，然而攻其细而捐其大，泥一字而遗一事之义，……辗转生意，穿凿附会，何、范、杜氏又从而附益之，圣人经世之志泯矣。后此诸儒虽多训释，大凡不出三家之绪，积习生常，同然一辞，使圣人明白正大之经，反若晦昧谲怪之说，可叹也已！幸而啖叔佐，赵伯循、陆伯冲、孙大山、刘原父、叶石林、陈岳氏者出，而有以辨三传之非，至其所自为说，又不免褒贬凡例之敝。复得吕居仁、郑夹漈、吕朴乡、李秀岩、戴岷隐、赵木讷、黄东发、赵浚南诸儒，杰然欲扫陋习，而未暇致详也。端学之愚，病此久矣。窃尝采辑诸传之合于经者曰《本义》，而间附己意于其末。复作《辨疑》以订三传之疑似，作《或问》以校诸儒之异同。廿年始就，犹未敢取正于人。……则是编也，虽于经济心法不敢窥测，然知本君子或有取焉尔。泰定丁卯四月既望，四明程端学序。

《千顷堂书目》卷二，《春秋》类：程端学《春秋本义》三十卷，《三传辨疑》二十卷，《或问》十卷，《纲领》一卷。端学慨《春秋》一经，未有归一之说，遍索前代说《春秋》集，凡百三十家，折衷异同，湛思二十余年，作《本义》以发圣人之经旨，复作《辨疑》以讨三传之疑似，作《或问》以校诸儒之异同。在元泰定间。《纲领》一卷，明著作之意也。

《四库全书总目》卷二八，经部《春秋》类三：《春秋本义》三十卷，元程端学撰。端学字时叔，号积斋，庆元人，至治（案：应为泰定）元年举进士第二，官国子助教，迁翰林国史院编修官。……是书乃其在国学时所作。所采自三传而下，凡一百七十六家，卷首具列其目。《宁波府志》及《千顷堂书目》，均称所采一百三十家，未喻其故也。首为《通论》一篇、《问答》一篇、《纲领》一篇，其下依经附说，类次群言，间亦缀以案语，《左传》事迹即参错于众说之中，体例颇为糅杂。又《春秋或问》十卷，元程端学撰。端学既辑《春秋本义》，复历举诸说得失，以明去取之意，因成此书，盖与本义相辅而行者也。又《春秋三传辨疑》二十卷，元程端学撰。是书以攻驳三传为主，凡端学以为可疑者，皆摘录经文传文，而疏辨于下。

《元仁宗实录》撰修者之一袁桷卒。

苏天爵《元故翰林侍讲学士知制诰同修国史赠江浙行中书省参知政事袁文清公墓志铭》（见《滋溪文稿》卷九）：国家有文学博洽之儒翰林侍讲学士袁公，讳桷，字伯长，庆元鄞县人也。……泰定初，辞归。四年八月三日，以疾终于家，享年六十有二。……讣闻，制赠中奉大夫江浙等处行中书省参知政事、护军，追封陈留郡公，谥文清。……公在词林几三十年，扈从于上京凡五，朝廷制册，勋臣碑板多出其手，尝奉诏修成宗、武宗、仁宗三朝大典。……公有《易说》若干卷、《春秋说》若干卷、《清容居士集》五十卷。

《元史》卷一七二，《袁桷传》：泰定初，辞归。……所著有《易说》、《春秋说》、《清容居士集》。泰定四年卒，年六十一。赠中奉大夫、江浙等处行中书省参知政事、护军，追封陈留郡公，谥文清。

《千顷堂书目》卷二，《春秋》类：袁桷《春秋说》。

案：《元史》本传言袁桷“年六十一”，应据《墓志铭》作“六十二”。

公元 1328 年 元文宗天历元年 戊辰

吴澄著成《春秋纂言》。

虞集《故翰林学士资善大夫知制诰同修国史临川先生吴公（澄）行状》：天历元年，《春秋纂言》成。

《千顷堂书目》卷二，《春秋》类：吴澄《春秋纂言》十二卷、《总例》三卷。

《四库全书总目》卷二八，经部《春秋》类三：《春秋纂言》十二卷、《总例》一卷，元吴澄撰。……是书采摭诸家传注，而间以己意论断之。首为总例，凡分七纲、八十一目。

公元 1329 年 元文宗天历二年 己巳

刘友益于本年前著成《通鉴纲目书法》。

揭傒斯《刘先生墓志铭》（见《揭傒斯全集·文集》卷八）：吉之永新儒师刘先生，讳友益，字益友，是为清江公非先生九世孙。……先生少好学，贫不能得书，从里之多书者借而读之。朝借暮易，暮借朝易，穷昼夜读不绝声，过目辄记。间为人佣书以给膏火，父母怜而禁止之，乃扫别室，幂窗户，竟夕危坐默诵。如是数年，贯穿六经，包罗百氏，至天文、地志、律历、象数、山川联落、都县废置，皆可指画而谈，毫发无遗也。……杜门著书，不与世接。以圣人之志莫大于《春秋》，继《春秋》之迹，莫尚于《通鉴纲目》。凡司马氏宜书而未书者，朱子书之；宜正而未正者，朱子正之。恐朱子之意不白于天下后世，乃著《通鉴纲目书法》五十九卷，盖历三十年而后成。天历中，邑进士冯君翼翁传其书至京师，国子先生得之大惊，曰："昔者王道衰而《春秋》作，《春秋》隐而《纲目》兴，《书法》不作，《纲目》之义又将微矣！故圣贤之述作虽殊，所以扶天纲、立人极，一也。"遂录副在官，俾六馆诸生传习之。

揭傒斯《通鉴纲目书法序》（见《揭傒斯全集·文集》卷三）：孔子因鲁史作《春秋》，以为万世之法；朱子因司马氏《通鉴》作《纲目》，以正百王之统。此天地之经，君臣之义，而圣贤之心也。世之言《春秋》者，自《公羊》、《谷梁》、《左氏》以下，无虑数十家，而义犹有所未明，疑犹有所未解者，鲁史不可复见，且圣人之制作也，后之羽翼六经者宜莫如，朱子犹不敢言《春秋》，然《纲目》之作，非深得圣贤之旨者不能也。故朱子不言《春秋》，而知《春秋》者莫如朱子。世之言《纲目》者，亦无虑数十家，既有《春秋》为之义例，又有诸史可以究其始末，且去朱子之世为未远，而又有亲及其门者。然言愈烦，而义愈密，非深得朱子之意，如朱子之知《春秋》者，不能言也。能言未有若庐陵刘氏《纲目书法》者，其辞则《公羊》、《谷梁》，其义则《春秋》，而其志则朱子也。古之有天下者，莫若舜、禹、汤、武，然汤有惭德，武未尽善。舜、禹之后得天下者莫如汉，曹氏亲受汉禅，威加中国，卒不能夺诸葛孔明汉贼之分。元魏据有中国，行政施化，卒不能绝区区江左之晋而继之。此万世之至公而不可易焉者，而犹或易之，此《纲目》不得不继《春秋》而作，而《书法》不得不为《纲目》而发也，此朱子之志也。刘氏讳友益，字益友，遭宋讫录，闭门读书，既深于经，复长于史，其为此书几三十年。……天历二年六月十日序。

《千顷堂书目》卷五，史学类：刘友益《资治通鉴纲目书法》五十九卷。永新人，号水窗先生，与龙鳞州、李有中、萧芳洲同辈行。

钱大昕《补元史艺文志》卷二，编年类：刘友益《通鉴纲目书法》五十九卷。字益友，永新人。

苏天爵著成《元朝名臣事略》（原名《国朝名臣事略》）。

《元史》卷一八三，《苏天爵传》：苏天爵字伯修，真定人也。……天爵由国子学生公试，名在第一，释褐，授从仕郎、大都路蓟州判官。丁内外艰，服除，调功德使司照磨。泰定元年，改翰林国史院典籍官，升应奉翰林文字。……天爵为学，博而知要，长于纪载，尝著《国朝名臣事略》十五卷、《文类》七十卷。

王守诚《元朝名臣事略跋》（姚景安点校，中华书局1996年版）：《国朝名臣事略》，赵郡苏君伯修所编也，为书凡十五卷，四十又七人。……世祖之用人，不以异域之臣为疑，亡国之俘为贱，拔于卒伍，聘于韦布，皆能佐一王之业，辅万世之基。……得人之际，于斯为盛。凡家传碑志之所载者，此得以摭其略，详则具于国史。苏君学博而材周，器弘而识远，今为应奉翰林文字、同知制诰兼国史院编修官。天历二年二月朔旦，太常博士王守诚书。

欧阳玄《元朝名臣事略序》：应奉翰林文字赵郡苏伯修，年弱冠，即有志著书。初为胄子，时科目未行，馆下士鲜言词章讲诵，既有余暇，而笔札又富，君独博取中朝巨公文集而日钞之。凡元臣世卿墓表家传，往往见诸编帙中。及夫闲居，纪录师友诵说，于国初以来文献有足徵者，汇而萃之。始疏其人若干，属以其事，中更校雠，栉去而导存，抉隐而搜逸，久而成书，命曰《国朝名臣事略》。他日，余与伯修同预史属，从借读之，作而叹曰："壮哉！元之有国也，无竞由人乎！……嗟夫！乾坤如许大，人才当辈出。伯修是编，未渠央也。"姑志余所见如是云。天历己巳四月乙卯，翰林待制冀郡欧阳玄谨序。

王理《元朝名臣事略序》：自古帝王有天下，或受于人，或起而取之。尧舜禅让，汤武吊伐，厥时义大矣。《书》纪唐虞之际，《易》称汤武革命，应天顺人，皆有辅佐，同心一德，后世可述焉。……翰林修撰赵郡苏君天爵，始为成均诸生，好访当今之故，放失遗迹，购百家行状、碑志、传赞、叙述及他文赅载者，见其本末。既而仕为典籍、应奉。凡三为史氏，在职八年，遂徵以所知，无所乖舛，于是纪述其故。自国初至于延祐之际，自太师、国王以下，或周召懿亲，或岐丰旧姓，或秉义効顺，或降附后见，或策杖上谒，或徵起草野。

功格皇天，保乂国家，所谓名世者；天爵德器优远，悉心尽职，不顾己私，所谓不朽者。……书成，凡十五卷，号《名臣事略》。其事之所载，尽标作者姓氏，示不相掩也。其名位显著，功在帝室，求未得者，续为《后录》。苏君尝闵宋氏以来，史官不得尽其职，载笔之士，多乖故实。宋人详而不端，曲文以比时；辽、金简而径，事多湮昧。于是著其故，辑其阙漏，别为《辽金纪年》。……泰定初，故侍讲会稽袁公荐君亮达前代文献，今侍讲蜀郡虞公举君该洽，文辞尔雅，由是迁修撰云。至顺辛未六月辛亥，赐进士出身、文林郎、翰林国史院编修官南郑王理谨叙。

《千顷堂书目》卷一〇，传记类：苏天爵《国朝名臣事略》十五卷。

《四库全书总目》卷五八，史部传记类二：《元朝名臣事略》十五卷，元苏天爵撰。……此书记元代名臣事实，始穆呼哩（原作木华黎，今改正），终刘因，凡四十七人。大抵据诸家文集所载墓碑、墓志、行状、家传为多，其杂书可徵信者，亦采掇焉。一一注其所出，以示有徵。盖仿朱子《名臣言行录》例，而始末较详。又兼仿杜大珪《名臣碑传琬琰集》例，但有所弃取，不尽录全篇耳。后苏霖作《有官龟鉴》，于当代事迹，皆采是书。《元史》列传，亦皆与是书相出入。足知其不失为信史矣。

苏天爵《论修功臣列传疏》（载《历代名臣奏议》卷二七七）：古者史官所以论著君臣善恶得失，以为监戒者也。钦惟圣朝，龙兴朔方，灭金平宋，遂一华夏。而阀阅勋旧之臣，谋猷才能之士，苟不载之简策，何以垂示方来？夫祖宗大典，既严金匮石室之藏，而功臣列传，独无片简只字之纪，诚为阙典。然自大德以来，史臣屡请采辑，有司视为泛常，迄今未尽送官，当职昔尝备员史官，谨具四事以备采择：

一、史有二体，编年始于左氏，纪传始于太史公，考一时之得失，则编年为优，论一人之始终，则纪传为备。要之二者，皆不可阙。近代作为实录，大抵类乎编年，又于诸臣薨卒之下，复为传以系之，所以备二者之体也。我国家至元间，初撰祖宗实录，于时诸臣多在。及元贞初，诏修世祖实录，命中外百司大小臣僚，各具事迹录送史馆，盖欲纪述一代之事，寓修诸臣列传。然以进史日期太迫，诸臣事实不完，迁延至今，竟不果作。向修《经世大典》，臣事之见于简册者十居二三，矧今翰林职专笔削，若复旷日引年，不复纪载，将见勋旧盛烈泯没无闻，为史官者无所逃其责矣。此列传之必当修也。

一、昔司马迁为太史令，网罗天下放失旧闻，遗文古事靡不毕集。于是据

《左氏》、《国语》，采《世本》、《战国策》，述《楚汉春秋》，究天人之际，通古今之变，成一家之言，宣布于世。其文直，其事核，不虚美，不隐恶，故谓之实录焉。夫史固欲其核实，事尤贵于网罗，今史馆修书不过行之有司，俾之采录，或功臣子孙衰替而无人供报，或有司惮烦而不尽施行，事之卒不能具者，此也。今史官先当取具国初以来，至于某年中间，功臣当立传者若干人，各具姓名。或即其子孙宗族，或即其亲旧故吏，或即其居官之所，指名取索其人，自当具报，不许有司因而烦扰。又诸公遗文，各处或已刊行，开具模印，未刊板者，令有司即其家抄录，校雠无讹，申达史馆，严立程限，违者罪及提调官吏，庶几事无所遗，汗青有日矣。

一、官品固有高低，人材则无贵贱。且作史者本欲纪载贤能，以为后世之法，初岂别其贵贱而輙以为等差。故赵周既贵，姓名止见于当时；黄宪虽微，善行永传于后世。近自金源以来，始以官至三品者行事得登于史，是使忠烈隐逸之士、凡在下位者，皆不得书，又何以劝善乎？其法之谬，以至如此。今二品以上，虽有官封，别无事迹，自可削去。三品以下，或守令之贤，政绩可纪；或隐逸之善，著述可传；或人子之事亲，若王祥之孝感；或义士赴难，若南霁云之杀身。并宜登载于编，以为将来之劝。

一、史之为书，善恶并载，盖善者所以为劝，恶者所以为戒也。故《春秋》成而乱臣贼子惧。后世史臣亦云诛奸谀于既死，发潜德之幽光，今修史条例止见采取嘉言善行，则奸臣贼子之事将不复登于书欤？彼奸臣者固不恤其书与否也，今从而泯灭之，是使奸计暴行得快于一时，无所垂戒于后世，彼又何惮而不为恶乎？且如阿合马、桑哥帖、失倒剌沙之流，皆当明著其欺罔之罪，弑逆之谋，庶几奸邪之徒有所警畏。然诸家所具事迹，多出于孝子慈孙之言，门人故吏之手，恐有不实。又当参以刑曹之过簿，吏部之行止，如此则善恶备书，而无虚美隐恶之讥矣。

元朝官方纂修《经世大典》。

《元史》卷三三，《文宗纪二》：（天历二年九月）戊辰，敕翰林国史院官同奎章阁学士采辑本朝典故，准唐、宋《会要》，著为《经世大典》。

《春秋诸国统纪》等作者齐履谦卒。

《元史》卷一七二，《齐履谦传》：至治元年，拜太史院使。……天历二年九月卒。履谦笃学勤苦，家贫无书。及为星历生，在太史局，会秘书监辇亡宋故书，留置本院，因昼夜讽诵，深究自得，故其学博洽精通，自六经、诸史、天文、地理、礼乐、律历，下至阴阳五行、医药、卜筮，无不淹贯，尤精经籍。

《千顷堂书目》卷一，《书》类：齐履谦《书传详说》。

公元1330年　元文宗至顺元年（天历三年五月改元至顺）庚午

赵世延、虞集等纂修《经世大典》。

《元史》卷三四，《文宗纪三》：至顺元年春正月丙辰，命赵世延、赵世安领纂修《经世大典》事。……二月……以修《经世大典》久无成功，专命奎章阁阿邻帖木儿、忽都鲁都儿迷失等译国言所纪典章为汉语，纂修则赵世延、虞集等，而燕铁木儿如国史例监修。……九月，己亥，以奎章阁纂修《经世大典》。

《元史》卷一八〇，《赵世延传》：赵世延，字子敬。……天历二年正月，复除江南行台御史中丞，行次济州。三月，改集贤大学士。六月，又加奎章阁大学士。八月，拜中书平章政事。……至顺元年，诏世延与虞集等纂修《皇朝经世大典》。世延屡奏："臣衰老，乞解中书政务，专意纂修。"帝曰："老臣如卿者无几，求退之言，后勿复陈。"四月，仍加翰林学士承旨，封鲁国公。

《元史》卷一八一，《虞集传》：虞集字伯生，宋丞相允文五世孙也。……大德初，始至京师，以大臣荐，授大都路儒学教授。……除国子助教。……丁内艰，服除，再为助教，除博士。……泰定初，除国子司业，迁秘书少监。……拜翰林直学士，俄兼国子祭酒。……文宗在潜邸，已知集名，既即位，命集仍兼经筵。……除奎章阁侍书学士。……有旨采辑本朝典故，仿唐、宋《会要》，修《经世大典》，命集与中书平章政事赵世延，同任总裁。集言："礼部尚书马祖常，多闻旧章；国子司业杨宗瑞，素有历象地理记问度数之学，可共领典。翰林修撰谢端、应奉苏天爵、太常李好文、国子助教陈旅、前詹事院照磨宋褧、通事舍人王士点，俱有见闻，可助撰录。庶几是书早成。"帝以尝命修《辽》、《金》、《宋》三史，未见成绩，《大典》令阁学士专率其属为之。既而以累朝故事有未备者，请以翰林国史院修祖宗实录时百司所具事迹参订。翰林院臣言于帝曰："实录，法不得传于外，则事迹亦不当示人。"又请以国书《脱卜赤颜》增修太祖以来事迹，承旨塔失海牙曰："《脱卜赤颜》非可令外人传者。"遂皆已。俄世延归，集专领其事。

《元史》卷一八二，《欧阳玄传》：欧阳玄字原功，其先家庐陵，与文忠公修同所自出。至曾大父新，始迁居浏阳，故玄为浏阳人。……延祐元年，诏设科取士，玄以《尚书》与贡。明年，赐进士出身，授岳州路平江州同知。调太平路芜湖县尹。……改武冈县尹。……召为国子博士，升国子监丞。致和元年，迁翰林待制，兼国史院编修官。……既而改元天历。……明年，初置奎章阁学士院，又置艺文监隶焉，皆选清望官居之。文宗亲署玄为艺文少监，奉诏纂修《经世大典》，升太监、检校书籍事。

《元史》卷一八三，《王守诚传》：王守诚字君实，太原阳曲人。……泰定元年，试礼部第一，廷对赐同进士出身，授秘书郎。迁太常博士，续编《太常集礼》若干卷以进。转艺林库使，与著《经世大典》。

《元史》卷一八一，《揭傒斯传》：天历初，开奎章阁，首擢为授经郎，以教勋戚大臣子孙。……与修《经世大典》，文宗取其所撰《宪典》读之，顾谓近臣曰："此岂非《唐律》乎！"特授艺文监丞，参检校书籍事。

《元史》卷一八三，《李泂传》：李泂字溉之，滕州人。……姚燧以文章负大名，一见其文，深叹异之，力荐于朝，授翰林国史院编修官。未几，以亲老，就养江南。久之，辟中书掾，非其志也。及考除集贤院都事，转太常博士。拜住为丞相，闻泂名，擢监修国史长史，历秘书监著作郎、太常礼仪院经历。泰定初，除翰林待制，以亲丧未克葬，辞而归。天历初，复以待制召，于是文宗方开奎章阁，延天下知名士充学士员，泂数进见，奏对称旨，超迁翰林直学士，俄特授奎章阁承制学士。……会诏修《经世大典》，泂方卧疾，即强起，曰："此大制作也，吾其可以不预！"力疾同修。

黄镇成著成《尚书通考》。

黄镇成《尚书通考序》：《书》载二帝三王之政。政者，心与事之所形也。是故道德仁圣统乎心，制作名物达于事，内外之道合而帝王之政备矣。然统乎心者，先后古今吻合无二；达于事者，仪章器物因革无存。故求帝王之心易，而考帝王之事难。矧后儒稽古，不过以周为据，而秦人灭学，周典亦多残缺，乃欲以不完之文，以徵隆古之旧，斯益难矣。然昔者紫阳夫子之教，必语学者以有业次，如所谓尧、舜《典》历象、日月星辰、律度、量衡、五礼、五乐、《禹贡》山川、《洪范》九畴之类，须一一理会，令透。盖读书穷理，即器会道，乃学者之当务也。余方授儿辈以《书》，间或有问，不容立答，则取关涉考究者，会萃抄撮；或不可言晓者，规画为图以示之；至众家之说有所不通，则间述臆见以附于下；如旧图旧说已备者，不复赘出；其有未尽，则随条辨析焉。岁月积累，寖成卷帙，儿辈乃请次其颠末以便考寻，名曰《尚书通考》。窃谓学有本末，道无精粗，礼乐官名，圣人犹问，则读是经者安得不求其故哉！方将就正于博洽君子，然后退授于家，俾为格致之助，亦庶乎紫阳夫子之教云耳。时天历三年（至顺元年）岁名上章敦牂（庚午）月旅太蔟（三月）日得壬子，昭武黄镇成谨识。

《千顷堂书目》卷一，《书》类：黄镇成《尚书通考》十卷。字元镇，昭武人。隐居著书。以执政荐，授江西路儒学提举，命下而卒。集贤定号曰贞文处士。如《尧、舜典》日月历象、星辰、律度、量衡、五礼、五乐、《禹贡》山川、《洪范》九畴之类。关涉考究者，会萃抄撮；其不可晓者，规画为图；至众家之说有所不逮，则述己见以附于下。

《四库全书总目》卷一二，经部《书》类二：《尚书通考》十卷，元黄镇成撰。……其书徵引旧说，以考四代之名物典章，亦间附以论断，颇为详备。……镇成此编，虽颇嫌芜杂，然犹为以实用求《书》，不以空言求《书》者。其自序有曰："求帝王之心易，考帝王之事难。"可谓知说经难易之故矣。

《元英宗实录》修成。

《元史》卷三四，《文宗纪四》：（至顺元年五月）丁卯，翰林国史院修《英宗实录》成。

谢端《进实录表》（至顺元年五月进。见苏天爵《国朝文类》卷一六）：瑶图启运，新元会之重熙；金匮䌷书，述先朝之显烈。素惭载笔，今幸成编。洪惟英宗睿圣文孝皇帝，德洽堪舆，恩覃动植。……四年无前之盛治，兆民至今而永怀。惟删定之公，乃可称于信史；固纂修之久，将有俟于明时。钦惟皇帝陛下，遹骏有声，粤若稽古，谓文、武之道，必方册而后传，而尧、舜之心，在典谟而可举。彰继述之善志，大扬厉之洪休。……臣等事徽四系，学愧三长。焕乎文章，无能名其为大；写之琬琰，庶有补于将来。臣等所编成《英宗皇帝实录》四十卷，《事目》八卷，《制诰录》二卷，总计五十卷。缮写已毕，谨具进呈。

《元史》卷一八二，《谢端传》：谢端，字敬德，蜀之遂宁人。……延祐五年，乃擢进士乙科。授承事郎、潭州路同知湘阴州事。岁满，入为国子博士，迁太常博士。……寻除翰林修撰，升待制，以选为国子司业，遂为翰林直学士，阶太中大夫。

钱大昕《补元史艺文志》卷二，实录类：《英宗实录》四十卷、《事目》八卷、《制诰录》二卷，至顺元年五月进。翰林学士吴澄、侍讲学士曹元用、马祖常、谢端。

王士点著成《禁扁》。

《元史》卷一六四，《王构传》：王构，字肯堂，东平人。……子……士点，淮西廉访司佥事。

《新元史》卷一九〇，《王构传附子士点传》：士点，字继志。佥淮西廉访司事，迁云南廉访使，再擢江东廉访使。

欧阳玄《禁扁·序》：《禁扁》一书，通事舍人须句王君继志之所作也。继志蚤弃举业，慨然有志著述，而职在九宾，尝撰《侍仪仪注》若干卷，送上官。其余力又搜考历代宫殿、门观、池馆、苑御等名，辑为是编，岂特示该洽而已哉！为人君者得是书，因名号之文质，思制度之奢俭，又有以观后世机祥避忌之习，务择令美滋不如古人之仍事实、存鉴戒之意矣。为人臣者得是书，其在朝廷，设顾问，则可以无召对寡陋之虞；退而闲居，偶有题榜，则可以无重复嫌疑之犯。其所以资见闻、明等威，亦岂小补哉！近世传者博古，自临江刘氏、番易洪氏没无闻，宋末西蜀虞氏栢心、四明王氏厚斋犹能似之。继志年学方富，嗣此其有作也，余故甚嘉叹之而为之序。至顺元年九月初吉，庐陵欧阳玄序。

虞集《禁扁·序》：继志，故翰林学士承旨、中书参议鲁国王文康公之次子也。世祖皇帝既取宋淮南、忠武王还奏留董忠献公镇绥江南，时文康公以翰林应奉文字，使董公军中，因谓董公曰："宋氏经史图籍文书略备，不及今上送朝廷，惧将散轶不可复得，关系甚重也。"董公奇其言，悉录中秘外府图书，连舸致之京师，而属文康公护之。今馆阁所藏多当时故物，有识者甚韪二公所为也。于后文康公扬历台省，宾客门人，一时文学之选皆在，是以继志兄弟见闻异于常人，又以强记博学称于时。自纨绮之习固无与斯事，而寒隽视之，更兴寡陋之叹矣。《禁扁》之书，在史馆暇日所编，号为详赡，而他著述尚多也。继志年富力强，好亲师友，则所学又当不止如著此书者。至顺癸酉三月二十九日，雍虞集伯生甫书。

《千顷堂书目》卷九，典故类：王士点《禁扁》五卷。

《四库全书总目》卷六八，史部地理类一：《禁扁》五卷，元王士点撰。士点，字继志，东平人。是书凡为目百一十有六，篇一十有五，厘为甲、乙、丙、丁、戊五卷。考何晏《景福殿赋》云:“爰有禁楄，勒分翼张。”注引《说文》:“扁从户册者，署门户也。扁与楄同。”此书详载历代宫殿、门观、池馆、苑御等名，故取义于此。……末附《名释》一篇，训诂亦极典核。虽时有疏密，要于史学不为无补矣。

公元 1331 年　元文宗至顺二年　辛未

《经世大典》修成。

《元史》卷三五，《文宗纪四》:（至顺二年四月）戊辰，奎章阁以纂修《经世大典》，请从翰林国史院取《脱卜赤颜》一书，以纪太祖以来事迹，诏以命翰林学士承旨押不花、塔失海牙。押不花言:“《脱卜赤颜》事关秘禁，非可令外人传写，臣等不敢奉诏。”从之。……五月……奎章阁学士院纂修《皇朝经世大典》成。

虞集《经世大典序录》（载苏天爵《元文类》卷四〇，万有文库本）：钦惟钦天统圣至德诚功大文孝皇帝，以上圣之资，纂承大统。……慨念祖宗之基业，旁观载籍之传闻，思辑典章之大成，以示治平之永则。乃天历二年冬，有旨命奎章阁学士院、翰林国史院，参酌唐、宋《会要》之体，会萃国朝故实之文，作为成书，赐名《皇朝经世大典》。明年二月，以国史自有著述，命阁学士专率其属而为之。太师丞相答剌罕、太平王臣燕帖木儿，总监其事。翰林学士承旨大司徒臣阿邻帖木儿、奎章大学士臣忽都鲁笃尔弥实、奎章阁大学士中书右丞臣撒迪、奎章阁大学士太禧宗禋使臣阿荣、奎章阁承制学士佥枢密院事臣朵来，并以耆旧近臣，习于国典，任提调焉。中书左丞臣张友谅、御史中丞臣赵世安等，以省台之重，表率百官，简牍具来，供给无匮。至于执笔纂修，则命奎章阁大学士中书平章政事臣赵世延，而贰以臣虞集，与学士院艺文监官属分局修撰。又命礼部尚书臣巎巎择文学儒士三十人，给以笔札而缮写之，出内府之钞以充用。是年四月十六日开局，仿六典之制，分天地春夏秋冬之别，用国史之例，别置蒙古局于其上，尊国事也。其书悉取诸有司之掌故，而修饰润色之，通国语于尔雅，去吏牍之繁辞，上送者无不备书，遗亡者不敢擅补。于是定其篇目，凡十篇，曰君事四，曰臣事六。君临天下，名号最重，作《帝号》第一；

祖宗勋业，具在史策，心之精微，用言以宣，询诸故老，求诸纪载，得其一二于千万，作《帝训》第二；风动天下，莫大于制诰，作《帝制》第三；大宗其本也，藩服其支也，作《帝系》第四。皆君事也。蒙古局治之设官用人，共理天下，治其事者宜录其成故，作《治典》第五；疆理广袤，古昔未有，人民贡赋，国用系焉，作《赋典》第六；安上治民，莫重于礼，朝廷郊庙，损益可知，作《礼典》第七；肇基建业，至于混一，告成有绩，垂远有规，作《政典》第八；政刑之设，以辅礼乐，仁厚为本，明慎为要，作《宪典》第九；六官之职，工居一焉，国财民力，不可不慎，作《工典》第十。皆臣事也。以至顺二年五月一日草具成书，缮写呈上。臣集等皆以空疏之学，谬叨委属之隆，才识既凡，见闻非广，或疏远不知于避忌，或草茅不识于忧虞，谅其具稿之诚，实欲更求是正，疏略之罪，所不敢逃。窃观《唐会要》创于苏冕，续于崔铉，至宋王溥而后成书。《宋会要》始于王洙，续于王珪，至汪大猷、虞允文，二百年间，三修三进。窃惟祖宗之事业，岂唐、宋所可比方？而国家万万年之基，方源源而未已。今之所述，粗立其纲，乃若国初之旧文，以至四方之续报，更加搜访，以待增修。重惟纂述之初猷，实出圣明之独断，假之以岁月，丰之以廪饷，给之以官府之书，劳之以诸司之宴，礼意优渥，圣谟孔彰。而纂修臣僚，贪冒恩私，不称旨意，不胜兢惧之至，惟陛下矜而恕之。谨序。

今案：《经世大典》为元代历史之重要史料。据《元史·文宗纪》载，天历二年（公元1329年）九月戊辰（十四日），元文宗敕修，命翰林国史院与奎章阁学士院负责。天顺元年（公元1330年）二月，专命奎章阁学士院负责，由赵世延、虞集总纂。天顺二年（公元1331年）五月乙未，纂修完成。原书佚于明代中叶，今惟散见于《永乐大典》残本。苏振申《元政书经世大典之研究》一书（中国文化大学出版社1984年版）有系统之探究，可参阅。

公元1332年 元文宗至顺三年 壬申

《通鉴纲目书法》作者刘友益卒。

揭傒斯《刘先生墓志铭》（见《揭傒斯全集·文集》）卷八：刘先生讳友益。……至顺三年三月三日昧爽，先生疾作，犹正衣冠危坐，至而卒，年八十五。

欧阳玄进上《经世大典》。

欧阳玄《进经世大典表》（至顺三年三月进。见苏天爵《国朝文类》卷一六）：尧、舜之道，载诸典谟；文、武之政，布在方册。道虽形于上下，政无间于精粗。特于纪录之间，足见弥纶之具。是以秦汉有掌故之职，唐、宋有《会要》之书，于以著当代之设施，于以备将来之考索。我国家受命龙朔，缵休鸿基。……纪纲具举于朝廷，统会未归于简牍。钦惟钦天统圣至德诚功大文孝皇帝陛下，总揽群策，躬亲万幾。思祖宗创业之艰难，与天地同功于经纬，必有铺张以揭皦日，必有述作以藏名山。爰命文臣，体《会要》之遗意；遍敕官寺，发掌故之旧章；仿《周礼》之六官，作皇朝之大典。臣某叨承旨谕，俾综纂修。物有象而事有原，质为本而文为辅。百数十年之治迹，固大略之仅存；千万亿世之宏规，在鸿儒之继作。谨缮写皇朝《经世大典》八百八十卷、《目录》十二卷、《公牍》一卷、《纂修通议》一卷，装潢成帙，随表以闻，伏取进止。

《千顷堂书目》卷四，国史类：《经世大典》八百八十卷、《目录》十二卷、《公牍》一卷、《纂修通议》一卷，天历二年命赵世延、虞集等修。

钱大昕《补元史艺文志》卷二，故事类：《经世大典》八百八十卷，又《目录》十二卷，又《公牍》一卷，又《纂修通议》一卷，至顺三年二月进。中书平章政事赵世延、奎章阁侍书学士虞集总裁。预修者，奎章阁承制学士李泂、授经郎揭傒斯、艺文少监欧阳原功、艺林库使王守诚等。

撒迪请命朵来续为《蒙古脱卜赤颜》一书。

《元史》卷三六，《文宗纪五》：（至顺三年五月甲戌）撒迪请备录皇上登极以来固让大凡、往复奏答，其余训敕、辞命及燕铁木儿等宣力效忠之迹，命朵来续为《蒙古脱卜赤颜》一书，置之奎章阁。从之。

《通鉴纲目测海》作者何中卒。

揭傒斯《何先生墓志铭》（载揭傒斯《文安集》卷一三）：至顺二年夏，诏以集贤大学士全公岳除平章江西行省事，秋具书币遣使帅抚州太守即隐所聘孙先生辄、何先生中，而孙不起。何先生既至，以为龙兴郡学东湖、宋濂二书院宾师。明年春，与其子渡江游西山，主丁氏。夏六月二十有三日，以疾卒。……积所著书曰《易类象》二卷、《书传补遗》十卷、《通鉴纲目测海》三卷、《通书问》一卷、《韵补疑》一卷、《六书纲领》一卷、《补校六书故》三十一卷、《知非堂稿》

十卷、《支颐录》二卷、《蓟丘述游录》一卷，其门人潘懋类聚刻之。先生之学，可谓弘肆深博矣。……

《元史》卷一九九，《何中传》：至顺二年，江西行省平章全岳柱聘为龙兴郡学师。明年六月，以疾卒。

公元1333年 元顺帝元统元年（至顺四年十月改元元统）癸酉

《史论》、《高丽志》等作者王约卒。

《元史》卷一七八，《王约传》：王约，字彦博，其先汴人，祖通，北徙真定。……至元十三年，翰林学士王磐荐为从事，承旨火鲁火孙以司徒开府，奏授从仕郎、翰林国史院编修官，兼司徒府掾。既而辟掾中书，除礼部主事。二十四年，拜监察御史，授承务郎。首请建储，及修史事。……转御史台都事。……三十一年，迁中书右司员外郎。四月，成宗即位。……调兵部郎中，改礼部郎中。……拜翰林直学士、知制诰同修国史。……除太常少卿。……特拜刑部尚书。……大德十一年……迁礼部尚书。……（至大）四年三月，仁宗正位宸极……特拜河南行省右丞。……延祐二年……拜枢密副使。……至治元年，英宗即位……约辞职不出。二年，以年七十致仕。三年……传诏起约，复拜集贤大学士，商议中书省事，以其禄居家，每日一至中书省议事，至治之政，多所参酌。又尝奉诏与中书省官及他旧臣，条定国初以来律令，名曰《大元通制》，颁行天下。……天历元年，文宗践祚，约入贺，赐宴大明殿。……至顺四年二月己酉卒，年八十二。……约平生著作，有《史论》三十卷、《高丽志》四卷、《潜丘稿》三十卷，行于世。

《千顷堂书目》卷五，史学类：王约《史论》三十卷。

《千顷堂书目》卷八，地理类下：王约《高丽志》四卷。

《书纂言》、《春秋纂言》等作者、《元英宗实录》修撰者之一吴澄卒。

虞集《故翰林学士资善大夫知制诰同修国史临川先生吴公（澄）行状》：先生以宋淳祐九年己酉正月十有九日生。……天历……四年，《礼记纂言》成。六月，先生寝疾……丙戌日正午，神气泰然而薨，年八十有五岁。

《吴文正集》附录《圹记》：有元翰林学士吴公讳澄。……公生宋淳祐九年己酉正月十有九日。……至顺四年六月丙戌，薨于正寝。

《吴文正集》附录，危素《吴澄年谱》：宋淳祐九年己酉正月壬戌日申时，公生。……元统元年癸酉……六月甲子，感暑得疾，丙戌薨，年八十有五。

揭傒斯《吴澄神道碑》（载《揭傒斯全集辑遗》）：元统元年六月，微疾。乙酉夜，有大星陨其舍东北隅，明日日中遂薨，年八十五。

《元史》卷一七一，《吴澄传》：初，澄所居草屋数间，程鉅夫题曰草庐，故学者称之为草庐先生。天历三年，朝廷以澄耆老，特命次子京为抚州教授，以便奉养。明年六月，得疾，有大星坠其舍东北，澄卒，年八十五。赠江西行省左丞、上护军，追封临川郡公，谥文正。

钱大昕《疑年录》卷二：吴幼清（澄）八十五，生宋淳祐九年己酉，卒元元统元年癸酉。

余嘉锡《疑年录稽疑》：按：《元史》本传云："天历三年……明年六月卒，年八十五。"考《文宗纪》："天历三年五月，改元至顺。"是澄卒于至顺二年。上推八十五岁，则当生于淳祐七年丁未。然《吴文正公集》卷首，载危素撰《年谱》，虞集撰《行状》，皆云："淳祐九年己酉生，元统元年六月卒，年八十五。"（《行状》作至顺四年，即元统元年也。）揭傒斯撰《神道碑》，书其卒年亦同，此皆出于同时人之手，危素又其弟子，自为可信，钱氏从之是也。失在不引本传，著其异同耳。

案：据上引资料，吴澄生于宋理宗淳祐九年（公元 1249 年），享寿八十五岁，已无疑问，则其卒年必为元顺帝元统元年（即至顺四年，公元 1333 年）。虞集所作《行状》及《元史》本传记为天历四年（即至顺二年，公元 1331 年），均误。

王结等修泰定、天历两朝实录。

《元史》卷一七八，《王结传》：王结，字仪伯，易州定兴人。……泰定元年春，廷试进士，以结充读卷官。迁集贤侍读学士、中奉大夫。……明年，除浙西廉访使，中途以疾还。岁余，拜辽阳行省参知政事。……召拜刑部尚书。天历元年，文宗即位，拜陕西行省参知政事，改同知储庆司事。二年，拜中书参知政事。……元统元年，复除浙西廉访使，未行，召拜翰林学士、资善大夫、知制诰同修国史，与张起岩、欧阳玄修泰定、天历两朝实录。

《元史》卷一八二，《欧阳玄传》：元统元年，改佥太常礼仪院事，拜翰林直学士，编修四朝实录。

公元1334年 元顺帝元统二年 甲戌

纂修元泰定帝、明宗、文宗三朝实录。

《元史》卷一八六,《成遵传》:成遵，字谊叔，南阳穰县人也。……元统改元，中进士第，授将仕郎、翰林国史院编修官。明年，预修泰定、明宗、文宗三朝实录。

《元史》卷一八二,《张起岩传》：张起岩，字梦臣。……中延祐乙卯进士，首选，除同知登州事，特旨改集贤修撰，转国子博士，升国子监丞，进翰林待制，兼国史院编修官。丁内艰，服除选为监察御史。……迁中书右司员外郎，进左司郎中，兼经筵官，拜太子右赞善。丁外艰，服除，改燕王府司马，拜礼部尚书。……转参议中书省事。宁宗崩……迁翰林侍讲学士、知制诰兼修国史，修三朝实录，加同知经筵事。

《元史》卷一八三,《苏天爵传》:元统元年，复拜监察御史。……明年，预修《文宗实录》。

钱大昕《补元史艺文志》卷二，实录类：《明宗实录》。翰林直学士欧阳原功、侍讲学士张起岩、翰林直学士谢端、编修成遵。

钱大昕《补元史艺文志》卷二，实录类：《文宗实录》。翰林直学士欧阳原功、谢端、侍讲学士张起岩、翰林学士王结、待诏苏天爵、编修成遵。

钱大昕《补元史艺文志》卷二，实录类:《宁宗实录》。张起岩、欧阳原功、谢端。

《历代通略》、《书集传纂疏》等作者陈栎卒。

《元史》卷一八九,《陈栎传》:尝以谓有功于圣门者，莫若朱熹氏，熹没未久，而诸家之说，往往乱其本真，乃著《四书发明》、《书集传纂疏》、《礼记集义》等书，亡虑数十万言。……于是朱熹之说大明于世。……元统二年卒，年八十三。

《千顷堂书目》卷一，《书》类:陈栎《书集传纂注》(今案:“注”应为“疏”)六卷，又《书解折衷》。

钱大昕《补元史艺文志》卷二，故事类：陈栎《六典撮要》。

钱大昕《补元史艺文志》卷二，谱牒类：陈栎《姓氏源流》一卷。又《希姓略》一卷。

《四库全书总目》卷一二，经部《书》类二：《尚书集传纂疏》六卷，元陈栎撰。栎字寿翁，号定宇，休宁人。宋亡之后，隐居三十八年。至延祐甲寅，年六十三，复出应试，中浙江乡试，以病不及会试。越二年，上书干执政，不报。遂终于家，年八十有三。……是编以疏通蔡《传》（案：指蔡沉《书集传》）之意，故命曰疏；以纂辑诸家之说，故命曰纂。又以蔡《传》本出朱子指授，故第一卷特标朱子订正之目，每条之下，必以朱子之说冠于诸家之前；间附己意，则题曰"愚谓"以别之。考栎别有《书说折衷》，成于此书之前，今已散佚，惟其序尚载《定宇集》中。

《春秋本义》等作者程端学卒。

欧阳玄《积斋程君端学墓志铭》：后至元丙子，予以国子祭酒谒告南归，假道于筠。君为筠州幕长，卒已二年矣。……君子筠幕未久，朝廷拟为太常博士，命将下，终于位。……君生以前至元十五年戊寅五月丁未，卒以元统二年甲戌十一月癸卯，年五十有七。

《元史》卷一九〇，《韩性传附程端学传》：迁太常博士，命未下而卒。

公元 1335 年 元顺帝至元元年 乙亥

《文献通考》作者马端临卒于本年以前。

余谦《文献通考序》：鄱人宋相子马端临，述《文献通考》于家。泰定元年，江浙省雕置于西湖书院。越十有一年……时端临既没。

案：马端临卒年，史无明文。据余谦所述，泰定元年（公元 1324 年）之后十一年（至元元年），马氏已卒，故编于此。陈光崇《马端临家世考略》（见《中国史学史论丛》）及王树民《马端临的年寿和〈文献通考〉的撰著》（见《文史》第二十四辑），对马端临之卒年均有考述，可参阅。

翰林国史院纂修累朝实录及后妃、功臣列传。

《元史》卷三八，《顺帝纪一》：（至元元年四月）己卯，诏翰林国史院纂修累朝实录及后妃、功臣列传。

公元1336年 元顺帝至元二年 丙子

《经世大典》纂修者之一赵世延卒。

《元史》卷一八〇，《赵世延传》：至元改元，仍除奎章阁大学士、翰林学士承旨、中书平章政事、鲁国公。明年五月，至成都，十一月卒，享年七十有七。……谥文忠。……尝较定律令，汇次《风宪宏纲》，行于世。

《千顷堂书目》卷九，职官类：赵世延《风宪宏纲》。

钱大昕《补元史艺文志》卷二，职官类：《风宪宏纲》二十册，赵世延撰。

公元1337年 元顺帝至元三年 丁丑

《治忽幾微》等作者许谦卒。

《元史》卷一八九，《许谦传》：许谦，字益之，其先京兆人。……由平江徙婺之金华，至谦五世，为金华人。……于书无不读，穷探圣微，虽残文羡语，皆不敢忽。……读《书集传》，有《丛说》六卷。其观史，有《治忽幾微》，仿史家年经国纬之法，起太皞氏，迄宋元祐元年秋九月尚书左仆射司马光卒，备其世数，总其年岁，原其兴亡，著其善恶。盖以为光卒，则中国之治不可复兴，诚理乱之幾也。故附于续经而书孔子卒之义，以致其意焉。……延祐初，谦居东阳八华山，学者翕然从之。寻开门讲学，远而幽、冀、齐、鲁，近而荆、扬、吴、越，皆不惮百舍来受业焉。……至元三年卒，年六十八。尝以白云山人自号，世称为白云先生。朝廷赐谥文懿。

《千顷堂书目》卷一，《书》类：许谦《读书丛说》六卷。子仁及门人俞实叟校正。

《四库全书总目》卷一二，经部《书》类二：《读书丛说》六卷，元许谦撰。……自蔡沉《书集传》出，解经者大抵乐其简易，不复参考诸书。谦独博核事实，不株守一家，故称《丛说》。

公元 1338 年　元顺帝至元四年　戊寅

《元英宗实录》撰修者之一马祖常卒。

《元史》卷一四三，《马祖常传》：至元四年卒，年六十。……尝预修《英宗实录》、又译润《皇图大训》、《承华事略》，又编集《列后金鉴》、《千秋记略》以进。

《千顷堂书目》卷九，典故类：马祖常《列后金鉴》，又《千秋纪略》。

公元 1340 年　元顺帝至元六年　庚辰

黎崱于本年前著成《安南志略》。

黎崱《安南志略》（武尚清点校，中华书局 2000 年版）卷一九，《叙事》：崱，安南人，东晋交州刺史阮敷后也。世居爱州。曾祖坤，李氏末为东上閤门使。祖徽，陈初真［徽］为外郎。父远望，科为令书舍，娶诸卫许叔孙女，生崱。义与外祖舅诸卫黎琫为子。教习书，九岁试童科。陈大王三人能托留左右诗诵。长，娶诸卫张璨女。仕至侍郎，迁佐静海军节［度］使彰宪上侯幕。安南自中统前，纳款臣附天朝，贡献方物，积有年矣。至元癸未，有占城之役。上遣使谕，假道，给军输粮，以［助］右丞唆都征役。世子不听。甲申冬，镇南王偕［平］章阿里海牙，奉命进兵，十二月临境。世子拒敌大败。乙亥春正月，上复遣谕。唆都自占城进兵。其后，世子势蹙，遣兄子彰宪侯陈键率崱等数万众，拒唆都于清化。战不利。彰宪曰："小不敌大，弱不敌强，微子归周，良有以也。余乃国孙，其忍国覆身亡乎？"遂与崱等率众降附。镇南王嘉赏。四月，遣明里、昔班伴彰宪等入见。驿至支凌寨，彼兵攻急，官军夜战突出。伴使遇彰宪鏖战势逼戕于马上。崱［抱］尸驰数［十］里，出丘温瘗之。属吏被杀几半。崱随班阙会同馆使，引望大明殿宴。总赐五千缗，分赐五百缗。丙戌春，上悯其忠，特封国弟陈益稷为安南国王，同降官受符有差。崱祗受敇从仕郎，遥授纸县令尹。丁亥岁，安南国王等属官，月奉赐弓矢、鞍辔马匹，令送还国。上命镇南王暨平章奥鲁赤，［率］师［进］讨。九月三日，自鄂起师，十一月至安南。世子迎敌，溃走。崱时以［疾］留思明，随后军溃省都。十二月二十八日，破内牙关，进守安南平江。背水阵，破庐室，乱［射］药箭。五更溃，省都事侯都等数千人失道，俱陷焉。独崱引达万户名讳未详、焦千户、佥事院领府判黎晏，[一] 马上［抱］［安］南国九岁男大叔侯，共六十余骑，杀其守关卒而北。晏马力乏而殿，几为所获。崱怜之，以自乘壮马换与晏等，骑后鞭晏马、前驰逸去。前途又为被害，众夹攻。间关万死，日驰数百里，夜半至。黎明，诣州诏关，拜贺戊子岁［旦］。已而万户、千户具酒馔以燕崱，各执［银］帛谢曰："君主出关，使我辈存，是更生我也。"黎晏引大叔侯，贽玺顶嵌碧尼石细藤帽致谢。崱曰："吾属陷死而获生，天也。"皆辞而弗受。晏长崱七岁，拜崱为父，以黄泥石一颗、高丽布二段谢，又却之。俱达思明，听候军役。宣慰赵修，作诗而称焉。每领兵巡边，邀崱同行。宣力三月，镇南王以安南炎瘴班师。崱众还居汉阳。闽中士友米凯，初偕宋臣曾渊子投安南，［从］彰宪侯归顺，朝廷授爵秩，赐钱帛，从军出力。还，与崱处数年卒。崱哀无所归，买凤栖山地殡之。时至今矣。安南国王，念崱军前効力荐之。壬辰岁，祗受敕牒奉事郎，遥授同知安暹州事。初，本国乱，父母家属离散，［崱］来中州十岁，始娶前国王宗女李氏。李随义父［彰］怀侯陈宣慰内附，官支饮膳，给时服。后罢衣粮，赐田二顷养膳。癸巳岁，朝廷立安南行省，［有］征本同平章刘二［拔］都，遣崱［与］省郎胡祖广汉［卿］、万户胡继殷，驰驿江［浙］，计会军务。又由杭历［阙］。

黎崱《安南志略·自序》：仆生长南越，窃禄仕途，十岁间奔走半国中，稍识山川地理。内附圣朝，至是五十余年矣。自愧朴愚，旧学芜落，垂老嗜书，卒恨晚，于古今文籍不能遍览。聊乘暇日，缀葺已，同采摭历代国史、交趾图经，杂及方今混一典故，作《安南志略》二十卷，以《叙事》附于卷末。庸表天朝德化所被，统一无外，而南越其有惓惓向慕朝廷之心，亦可概见于此者。昔人有言，夫道一而已矣。今则同处覆载之内，君君臣臣，父父子子，而不均此性，岂具此理哉！况南交唐虞声教所暨，以迄于今三千余年，是宜声名文物，所尚近乎中国。虽曰风土之异，而事之可为纪述，不可泯也。然诸家博载，抵牾为多；是书之作，虽本之见闻，徵之纪载，岂无讹焉？君子见其疏略，尚改而正诸。元统初元乙卯春清明节，古爱黎崱序。

察罕《安南志略·序》：南粤之记尚矣，自迁、固所载，靡得而详焉，岂非以中州之士而志粤者鲜欤？黎侯景高，以其国儒先种学绩文，而无所用于世，撰《安南志》，厘为贰拾卷。其谱系官爵之沿革、山川郡邑之先后、礼乐刑政之原、兵农财食之计、行李之使、出入年月、词人咏士朝辨藻品，一览而尽得之。由其知之也习，故其言之也详，其有裨于迁、固之遗逸多矣。元世祖至元二十四载，余从镇南王以王命讨粤人不庭，颇习其事。今黎侯之言，信而有徵，异时列之史馆，将不在迁、固下；若其人所存，则又非简策之所能既。余尝嘉之，故为之引。荣禄大夫、平章政事、商议中书省事条山白云老人察罕序。

案：据《元史》卷一三七，《察罕传》，察罕于“皇庆元年，进荣禄大夫、平章政事、商议中书省事”。则此序作于元仁宗皇庆元年或此年以后。

程鉅夫《安南志略·序》：乃者将指江汉，颇闻陈王戏下有文雅之士。今观此志，殆非虚传。汉交州七郡，岁举孝廉，与中州齿。以黎君之材，擢而用之，未必后于他人；顾独以笔墨自娱于山湖间，岂其职哉！然较余徒能言之，尚庶几。元大德十一年丁未良月朔，广平程鉅夫书。

元明善《安南志略·序》：我职方氏掌天下图籍，而交趾、日南、九真三郡，亦已备矣。然沿革不同，风土或异，是又必其土人之博物者能详焉。奉议大夫佥归化路宣［抚］司事黎崱，安南儒士也。往年王师伐罪安南，安南族子彰宪侯图存国中，率三万人求降，而黎君在焉。俄而彰宪为我战殁，黎君得至朝廷，遂为我臣。每哀彰宪之志不伸，而名亦驟泯，常怀报国之愿，乃撰《安南志》二十卷，可谓详矣。其区区之志，固可慨矣。虽然，是书也，岂徒得其沿革风土之详而已，有志于功者，盍取订之。翰林侍讲学士、中奉大夫、知制诰、同修国史魏郡元明善序。

赵烁《安南志略·序》：黎君崱广记博览，袖《安南志略》来天北。立言叙事，信而有徵，缙绅大夫交诵之。葵心摅忠，笔力纪异，备尝难险，聚在编摩。子长山川之史所不及，乐史寰宇之书所不载，九州之外，于斯略见之。所志所学，是亦知天命之幾，得性情之正者，非止于言语文字而已。斯文行乎中国，则中国之人亦中国之。黎君得为天下之善士矣。于职方氏缺典，岂小补哉！皇庆初元正月既望，集贤待制奉直大夫赵秋书于澄清里所居玲珑舍。

刘必大《安南志略·序》：钦惟圣朝天开万年之运，地大一统之势，薄海内外，罔不朝贡。至元年间，世祖在御，诏宰臣召秘书少监虞应龙、著作郎赵烁，以方职所上版图，纂为《一统志》。如交趾远在越南，恐未详尽。大德十一年，今上嗣登宝位，太子奉制东宫。安南国王遣使臣，驰驿奉表笺称贺。会同馆正在翰林院之右，安暹州同知黎奉事，访余于玉堂之署，出示《安南志略》。观其上下古今，参考史传，国土之源流、封爵之沿袭、山川风俗、人物官职、使介往来、朝覲赐赉、纤细备载。噫！用心亦云至矣。然其驰驱王事者三十年，忠孝之念，节义之气，有如一日。龙节虎符，何官之不可为！方且冲淡自将，不以利禄动。寓居于汉阳，近圣庙，临太白祠，杜门著书。……及陛辞而归，因语之曰："此书再加缮辑，行当言之史馆，白之庙堂。诏取付之于秘府，以补一统典策之缺，以备一览舆图之盛，顾不伟欤？"大德丁未秋九月重阳，翰林修撰、文林郎、同知制诰兼国史院编修官湖南刘必大拜手书。

许善胜《安南志略·序》：南交自唐时已通中国，其名著于《尧典》，至秦、汉、隋、唐而益盛。独其事散在诸史，鲜能会归于一。……国家混辟以来，薄海内外，罔不来享。至元二十一年，王师南下，彰宪率先顺义，昭国王尽其属来归，大赉有差。东山黎崱，乃取其山川风土、古今人物迁革，与近年军旅出入之数，编为一书，仍谱叙其家世，使览之者，奇闻异见，如在［几］席，其有补于班孟坚之遗逸多矣。至若彰宪归顺，黎崱实赞之，又有垂世之竹帛在，余复何赘！大德十一年霜降后三日，永嘉许善胜书于鹤矶舟中。

许有壬《安南志略·序》：士之为学，当笼络宇宙，天之所覆，宜皆知之。……安南见于《虞书》，汉、唐来职方氏所略也。宋未平，纳款于我，列圣昭示，王者无外而已，非有所利之也。然其山川郡邑之所宜，风俗之所尚，物产之所宜，虽职方氏有不得而详焉。载籍可见，非习其土，罔克传信，会而定之，博洽之士病焉。东山黎景高，其国人也。习其事者，宜［莫］景高若也。入中国五十年，稽诸载籍，参以所习，编为《安南志略》二十卷。至顺初，朝廷有制许上之，于是景高之书，与其名不朽矣。好事将板之士，乞余序之。夫自成周九译入贡，二千五百年中，虽叛服不常，中国德化远迩之所致；迨元之兴，不招而来。厥后自启边衅，我则威之；其来格也，我则怀之。此我元待安南之大较也。至于［出］师遣使之旨，诏谕锡赉之恩，与其臣属始末之情状，是书一出，概可考焉。景高在其国，佐彰宪陈侯键幕，乙［酉］内附，其国邀击之。彰宪战没，景高抱其尸驰出，瘗之丘温。惧夫忠义湮没也，故纪尤致意焉，其气义又可知也。然则是书之出，不独知异域之详，又以见人心天理之同者，固不问于遐迩也。其诚有补于风化者乎！［重纪］至元五年岁次己卯十月望，通奉大夫、前中书参知政事知经筵事安阳许有壬序。

龙仁夫《安南志略·序》：书志之于国重矣。《书》严《禹贡》，《礼》详《职方》。酂侯之入关也，收秦图书为首事，则其为书重矣。班、范以来，史笔横骛天壤者几家！而记志之疏，读者常病焉。则是编之作，亦难矣哉！夫重且难若是，非能博洽饶见闻，与常身履足蹈，狎其人物山川、风气沿革之故，其谁宜为？天朝迅扫九区，子来四裔。于是安南黎崱，从其国大人朝京师。他日与其土国议与其合，为官江表。崱冲退，薄声利，嗜文章，问学如饥渴，辑其旧闻，徵之载籍，为《安南志略》二十卷，崱之用心勤矣！余所语博洽饶见闻，又身履足蹈者，崱当之矣！……延祐五年戊午夏六月，陕西省儒学副提举、庐陵老人龙仁夫序。

高宋《安南志略·序》：六合之外，存而不论可也；六合之内，论而不议可乎？安南，自羲和南交言之，皆在帝天光宅之下。自［汉］、唐南越言之，乃如在《禹贡》九州之外。是斯录仅采成父朝野见闻，载陈氏之兴，又皆乖异不同。往往自丁氏割据而后，［輶］轩筚路，往来不绝，或匿壮士牛马而示弱，或耀兵以示强。于是身履目击者，每差片辞，而谬千里。未尝不论，论不可信；未尝不议，议愈可疑。东山景高，为安南学者巨擘。年踰冠弱，随所事来王。得诸其京国江湖者，既足以润泽其见闻；得读人间所未见之书，又足以［彰施］其文［字］之色彩。此其为书，不特吾徒信之，虽百世以［后］，安南学者无可惑也。……使吾得备位使馆，当取而备职方乘之一。惜余老矣，能言而已！至治壬戌秋重阳，甘肃省儒学副提举高宋氏堂序。

欧阳玄《安南志略·序》：天历中，玄象奎章学士，同被命纂修《经世大典》。书成将进，大学士何荣，以古爱黎崱所撰《安南志》来上，诏付书局。乃作《安南附录》一卷，载之《地官·赋典》。至元年，玄被召北上，适江汉，黎君以是《志》请玄序。玄窃有感。夫圣元至仁如天，一视遐迩，使南交君臣饩廪中土，数十年无秋毫羁旅之态，遂得优游闲暇，肆笔辞章。既能图上本国地形，以及风宜土产人物之详；且于使介往还，所得文字，悉著于编。……夫以是推之，安南是志，方今文学之士，亦宜表章于宋世。我国家柔远之德，包举六合，垂示万世者，不在兹乎！黎君号东山，读书好古，与齿俱宿，其它诗可传者甚富云。翰林侍讲学士欧阳玄序。

夏镇《安南志略·序》：王师南征之日，道出吾宜春，予时得以目击。既而讨叛柔服，恩威兼著，又闻天朝遣使下劳，则吾郡前别驾［鄱阳］［两］山李公思衍也。……其国君臣，动色相庆，以为国家用贤得人，欣然遣使臣随之入觐。时柏心虞公、耐庵赵公、方入秘书，取《舆地要览》、《寰宇记》等书，摭考在订，纂集《大一统志》，广记备言，而暇陬僻壤，容有不能尽知［者］。于是宣抚佥事东山黎君，早从彰宪侯，率众内附，忠勤艰苦，有功多矣。晚岁自号静乐，为闲居汉阳，编《安南志》，纪其山川四方［民物］风俗、州县官制之沿革、历代之兴废，极为详备。耐庵《序》中，称其有补于职方氏之缺典，信哉！为叙有法，自述始末，有太史公《自序》、班孟坚《叙传》遗意。至于词章翰墨，见于诸公之记咏者，靡所不载，此又迁、固之所未有。此书为［传］，成一家言，余读而喜之，乃书前后所见闻［者］为之序。至元六年岁在庚辰仲［春］，果原夏镇序。

《四库全书总目》卷六六，史部载记类：《安南志略》十九卷，元黎崱撰。崱字景高，号东山，安南国人，东晋交州刺史阮敷之后。世居爱州。幼与黎琫为子，因从其姓。九岁试童科，仕其国至侍郎，迁佐静海军节度使陈键幕。至元中，世祖伐安南，键率崱等出降。其国邀击之，键殁于军。崱入朝，授奉议大夫，居于汉阳。以键志不伸而名泯，乃撰此志以致其意。元明善、许有壬、欧阳玄皆为之序。所纪安南事实，与《元史·列传》多有异同。……皆可证史氏之讹。……更足明史有脱漏。其它山川、人物，叙述亦皆详赡，洵可为参稽互考之助。盖安南文字通于中国，其开科取士制亦略同，故此书叙述，彬彬然具有条理。

《四库全书简明目录》卷六，史部载记类：《安南志略》十九卷，元黎崱撰。崱，安南人。至元中随陈键内附。键为安南所害，而崱归朝。乃述安南事迹，为此书。与《元史·列传》多有异同，当以崱所目击为确。疑宋濂等未见是书也。

案：黎崱著成《安南志略》之年代，似应以其自序落款时间为准，但黎氏自序末署“元统初元乙卯春清明节”，其错谬显然，不能依据。查元统元年之干支为癸酉而非乙卯，此乃一大谬；元宁宗卒于至顺四年二月，顺帝于六月即位，十月改元元统，清明节在三月，此时顺帝尚未即位，岂能冠以“元统初元”？此又一大谬。故自序所署年月绝不可信，实为难以解释之疑窦。为此书作序者先后共有十一人，均为当时学者名流，其中写明作序时间者有八篇，程钜夫、刘必大、许善胜三篇为最早，在元成宗大德十一年（公元1307年），夏镇一篇为最晚，在元顺帝至元六年（公元1340年），相距长达三十七年，可见黎氏在数十年悠久岁月中，对此书不断修订，多次请人审阅作序，其勤勉求善之志，虚心请教之情，殊为可贵。武尚清《安南志略在中国》（见《史学史研究》1988年第2期）及《安南志略校注序》（见《史学史研究》1993年第4期）对此书考述精详，研究至深，言及此书著成年代时，极为慎重，谓约在“元惠宗（即顺帝）元统、至元年间”。今依从其说，并据夏镇序末所署年月，编于本年。

又案：以上引录自序以外之十一篇序文，系据清光绪上海乐善堂本《安南志略》卷首所载之顺序排列，其中有时间先后失次者，未予更动，谨此说明。

又案：武尚清点校《安南志略》（中华书局于1995年版），其中所附载有关研究是书之资料，至为详备，可参阅。

《古职方录》、《孟子弟子列传》等作者吴莱卒。

宋濂《渊颖先生碑》（见《宋学士全集》卷一六）：浦阳江之上，有大儒曰渊颖先生吴公。……先生讳莱，字立夫，姓吴氏。其先毗陵人，一迁于番，再迁于睦，三迁婺浦江之新田。唐乾宁初……又迁县西之吴溪。……先生博极群书，至于制度沿革、阴阳律历、兵谋术数、山经地志、字学族谱之属，尤无所不通。……延祐间贡举法行，有司以先生名上。……寻以论议不合于礼官，退归田里。……游览之暇，不废纂述。重取《春秋传》五十余家，各随言而逆其意，一以理折衷之。……复谓孟子乃亚圣之大才，司马迁不当使与邹衍、淳于髡、慎到、荀卿、墨翟、尸佼、长卢同传，因删去诸子，益以万章、公孙丑之徒，作《孟子弟子列传》。……四方学士慕其声光，多负笈从之游。……监察御史许君克学，行部浙东，以茂才荐，署饶州路长芗书院山长，未行而疾作。……重纪至元六年，先生年四十四，栖迟衽席，愈不自振……夏四月九日，竟卒于家。……及门之士，以其经义宏深而文辞贞敏也，私谥曰渊颖先生。……所著书有《尚书标说》六卷、《春秋世变图》二卷、《春秋传授谱》一卷、《古职方录》八卷、《孟子弟子列传》二卷……《唐律删要》若干卷，文稿六十卷。

《元史》卷一八一，《黄溍传附吴莱传》：莱字立夫，集贤大学士直方之子也。……凡书一经目，辄成诵。尝往族父家，日易《汉书》一帙以去，族父迫叩之，莱琅然而诵，不遗一字，三易他编，皆如之，众惊以为神。延祐七年，以《春秋》举上礼部，不利，退居深袅山中，益穷诸书奥旨。著《尚书标说》六卷、《春秋世变图》二卷、《春秋传授谱》一卷、《古职方录》八卷、《孟子弟子列传》二卷、《楚汉正声》二卷、《乐府类编》一百卷、《唐律删要》三十卷、文集六十卷。……莱以御史荐，调长芗书院山长，未上，卒，年仅四十有四，君子惜之。私谥曰渊颖先生。

《千顷堂书目》卷一，《书》类：吴莱《尚书标说》六卷。又卷二，《春秋》类：吴莱《春秋世变图》二卷、《春秋传授谱》一卷。别著《春秋经说》、《胡氏传考误》，皆未成编。又卷八，地理类下：吴莱《古职方录》八卷，又《南海古迹记》一卷。

删修《大元通制》。

《元史》卷四〇，《顺帝纪三》：（至元六年七月）戊寅，命翰林学士承旨腆哈、奎章阁学士巎巎等删修《大元通制》。

元文宗、明宗、宁宗三朝实录撰修者之一谢端卒。

《元史》卷一八二，《谢端传》：预修文宗、明宗、宁宗三朝实录，及累朝功臣列传，时称其有史才。……端又与赵郡苏天爵同著《正统论》，辨金、宋正统甚悉，世多传之。至元六年卒，年六十二。

《千顷堂书目》卷五，史学类：谢端《正统论辨》一卷。

公元 1342 年 元顺帝至正二年 壬午

王士点、商企翁于本年后编成《秘书监志》（一名《秘书志》）。

《秘书监准监丞王道奉议关文》（见《秘书监志》卷首，高荣盛点校，浙江古籍出版社 1992 年版）：皇帝圣旨里，秘书监准监丞王道奉议关：切惟古者外之郡邑，各有志乘，内之府寺，亦藏箴规，所以纪其事之本末，官之去留，以相期于不朽而垂无穷也。近年各衙门沿革有志，□名有碑（今案：据下文“题名尚未有碑”一句，缺字应为“题”），亦犹此意，切照本监□□□［秘］府即古木天芸阁虎观□□□位清高，蔑可比伦。伏惟我朝混一区宇，开创百司，延及于掌天文谶纬版籍图书，所以供御览而资圣德也。然自国初至今，积年有矣，是以上栋下宇，不无摧朽，公聚期会，相顾寂寥。至正元年夏，钦奉宸音，赐以楮币，及蒙中书加修葺，遂俾输奂睹翚飞之美，官僚佩公食之需，天朝之待秘监可谓优矣。然而题名尚未有碑，沿革尚未有志，此非所谓缺典欤？合无行下属官，依上编集，庶乎百世之下，有所稽考。区区管见，不能自默。准此，仰移关监丞王道奉议依上提调，仍行下著作郎王士点、承务著作佐郎商企翁承事，依上编集，具稿呈监施行。至正二年五月□□日。

《秘书监志》卷九，《题名》：秘书监丞：……王道，字道一，蠡州人。……起家直省舍人，至正元年二月初六日，由大宗正府左右司员外郎、以奉议大夫上。至正二年五月，转中书兵部员外郎。又：管勾：王士点，字继志，东平人，瓠山先生鲁国文肃公构之子。至正二年四月二十九日，自翰林修撰、以承务郎上。又卷十，《题名》：著作佐郎：……商企翁，字继伯，曹州人，左山先生鲁国文定公挺之孙，国子监贡士。至正元年闰五月二十七日，自翰林国史院典籍官、以承事郎上。

《文渊阁书目》卷六：《元秘书志》一部，六册，缺。

钱大昕《十驾斋养新录》卷一三，秘书志：元《秘书志》四册，承务郎秘书监著作郎王士点、承事郎秘书监著作佐郎商企翁编次。凡十一卷，分门十九，曰职制、曰禄秩、曰印章、曰廨宇、曰公移、曰分监、曰什物、曰纸札、曰食本、曰公使、曰守兵、曰工匠、曰杂录、曰纂修、曰秘书库、曰司天监、曰兴文署、曰进贺、曰题名。前有至正二年五月公文一道。计二百六十五叶。

《四库全书总目》卷七九，史部职官类：《秘书监志》十一卷，元王士点、商企翁同撰。士点有《禁扁》，已著录。企翁字继伯，曹州人，官著作佐郎。其书成于顺帝至正中。凡至元以来，建置、迁除、典章、故事，无不具载，司天监亦附录焉。盖元制司天监隶秘书省，犹汉制以太史令兼职天官之义也。后列职官题名，与《南宋馆阁录》例同。……其所纪录，多可以资考核。朱彝尊尝据以辨“吴鄹”即“张应珍”，以大德九年改名，历仕秘书少监，非宋遗民，证《吉安府志》之误。则于史学亦多所裨矣。

公元 1343 年 元顺帝至正三年 癸未

元官方纂修辽、金、宋三史。

《元史》卷四一，《顺帝纪四》：是月（至正三年三月），诏修辽、金、宋三史，以中书右丞相脱脱为都总裁官，中书平章政事铁木儿塔识、中书右丞太平、御史中丞张起岩、翰林学士欧阳玄、侍御史吕思诚、翰林侍讲学士揭傒斯为总裁官。

《修三史诏》（载《辽史》附录，中华书局本）：圣旨：至正三年三月十四日，笃怜帖木儿怯薛第三日，咸宁殿里有时分，速古儿赤江家奴、云都赤蛮子、殿中俺都剌哈蛮、给事中孛罗帖木儿等有来，脱脱右丞相、也先帖木儿平章、铁睦尔达世平章、太平右丞、长仙参议、孛里不花郎中、老老员外郎、孛里不花都事等奏：辽、金、宋三国史书不曾纂修来，历代行来的事迹合纂修成书有俺商量来。如今选人将这三国行来的事迹交纂修成史，不交迟滞。但凡合举行事理，俺定拟了呵。怎生奏呵，奉圣旨那般者。

三月二十八日，别儿怯不花怯薛第二日，咸宁殿里有时分，速古儿赤不颜帖木儿、云都赤蛮子、殿中俺都剌哈蛮、给事中孛罗帖木儿等有来，脱脱右丞相、也先帖木儿平章、铁睦尔达世平章、太平右丞、吴参政、买术丁参议、长仙参议、韩参议、别里不花郎中、王郎中、老老员外郎、孔员外郎、观音奴都事、孛里不花都事、杜都事、直省舍人仓赤也先、蒙古必阇赤锁住、都马等奏：昨前辽、金、宋三国行来的事迹，选人交纂修成史书者么道奏了来。这三国为圣朝所取制度、典章、治乱、兴亡之由，恐因岁久散失，合遴选文臣，分史置局，纂修成书，以见祖宗盛德得天下辽、金、宋三国之由，垂鉴后世，做一代盛典。交翰林国史院分局纂修，职专其事。集贤、秘书、崇文并内外诸衙门里，著文学博雅、才德修洁，堪充的人每斟酌区用。纂修其间，予夺议论，不无公私偏正，必须交总裁官质正是非，裁决可否。遴选位望老成，长于史才，为众所推服的人交做总裁官。这三国实录、野史、传记、碑文、行实，多散在四方，交行省及各处正官提调，多方购求，许诸人呈献，量给价直，咨达省部，送付史馆，以备采择。合用纸札、笔墨，一切供需物色，于江西、湖广、江浙、河南省所辖各学院并贡士庄钱粮，除祭祀、廪膳、科举、修理存留外，都交起解将来，以备史馆用度。如今省里脱脱右丞相监修国史做都总裁。交铁睦尔达世平章、太平右丞、张中丞、欧阳学士、吕侍御、揭学士做总裁官。提调官，省里交也先帖木儿平章、吴参政、枢密院里塔失帖木儿同知、姚副枢，台里狗儿侍御、张治书、买术丁参议、长仙参议、韩参议、右司王郎中、左司王郎中、老老员外郎、孔员外郎、观音奴都事、杜都事，六部各委正官并首领官提调。其余修史的凡例、合行事理，交总裁官、修史官集议举行呵。怎生奏呵，奉圣旨那般者。

《元史》卷一三八，《脱脱传》：脱脱字大用。……天历元年，袭授成制提举司达鲁花赤。二年……迁内宰司丞，兼前职。五月，命为府正司丞。至顺二年，授虎符、忠翊侍卫亲军都指挥使。元统二年，同知宣政院事，兼前职。五月，迁中政使。六月，迁同知枢密院事。至元元年……历太禧宗禋院使，拜御史中丞、虎符亲军都指挥使，提调左阿速卫。四年，进御史大夫，仍提调前职。……授金紫光禄大夫，兼绍熙宣抚使。……六年……脱脱知枢密院事。……至正元年，遂命脱脱为中书右丞相、录军国重事。……中外翕然称为贤相。……三年，诏修辽、金、宋三史，命脱脱为都总裁官。

《元史》卷一四〇，《铁木儿塔识传》：铁木儿塔识，字九龄。……文宗初，由同知都护府事累迁礼部尚书，进参议中书省事，擢陕西行台侍御史，留为奎章阁侍书学士，除大都留守，寻同知枢密院事。后至元六年，拜中书右丞。至正改元，升平章政事。……时修辽、金、宋三史，铁木儿为总裁官，多所协赞云。

《元史》卷一四〇，《太平传》：太平字允中，初姓贺氏，名惟一，后赐姓蒙古氏，名太平。……顺帝元统初，命为枢密副使，寻升同知枢密院事，迁御史中丞。……辞疾卧家。至正二年，诏起为中书参知政事，辞。进右丞……乃起就职。……辽、金、宋三史久未克修，至是太平力赞其事，为总裁官。

《元史》卷一八二，《张起岩传》：拜江南行台侍御史，召入中台，为侍御史。转燕南廉访使。……升江南行台御史中丞，拜翰林学士承旨、知制诰兼修国史、知经筵事。……俄拜御史中丞。……诏修辽、金、宋三史，复命入翰林为承旨，充总裁官，积阶至荣禄大夫。

危素《大元故翰林学士承旨光禄大夫知制诰兼修国史圭斋先生欧阳公行状》（见《圭斋文集》卷一六附）：公讳玄，字原功。……至正改元……九月南归。……三年，诏修辽、金、宋三史。……召为总裁官。使者迫促力疾就道，至则庙堂问修史之要。公曰："是犹作室，在于聚材择匠。聚材则先当购书，择匠则必遴选史官。"于是用公言，遣使购书，增设史官，立三史凡例，又为便宜数十条，俾论撰者有所据依。

《元史》卷一八二，《欧阳玄传》：至正改元……未几南归，复起为翰林学士，以疾未行。诏修辽、金、宋三史，召为总裁官。

《元史》卷一八五，《吕思诚传》：吕思诚，字仲实，平定州人。……擢泰定元年进士第，授同知辽州事，未赴。……改景州蓨县尹。……擢翰林国史院检阅官，俄升编修。文宗在奎章阁，有旨取国史阅之，左右舁匮以往，院长贰无敢言。思诚在末僚，独跪阁下争曰："国史纪当代人君善恶，自古天子无观阅之者。"事遂寝。寻擢国子监丞，升司业，拜监察御史。……出佥广西廉访司事。……移浙西。……复召为国子司业，迁中书左司员外郎。……升左司郎中。……起为右司郎中，拜刑部尚书。……改礼部尚书，御史台奏为治书侍御史，总裁辽、金、宋三史，升侍御史。

《元史》卷一八一，《揭傒斯传》：元统初……迁翰林待制，升集贤学士，阶中顺大夫。……既而天子亲擢为奎章阁供奉学士……改翰林直学士。及开经筵，再升侍讲学士、同知经筵事，以对品进阶中奉大夫。……至正三年，年七十。……诏修辽、金、宋三史，傒斯与为总裁官。丞相问："修史以何为本？"曰："用人为本。有学问文章而不知史事者，不可与；有学问文章知史事而心术不正者，不可与。用人之道，又当以心术为本也。”且与僚属言：“欲求作史之法，须求作史之意。古人作史，虽小善必录，小恶必记。不然，何以示惩劝！”由是毅然以笔削自任，凡政事得失，人材贤否，一律以是非之公；至于物论之不齐，必反复辨论，以求归于至当而后止。

《元史》卷一四三，《巙巙传》：巙巙，字子山，康里氏。……顺帝即位之后……巙巙侍经筵，曰劝帝务学。……一日进读司马光《资治通鉴》，因言国家当及斯时修辽、金、宋三史，岁久恐致阙逸。后置局纂修，实由巙巙发其端。

《三史凡例》（载《辽史》附录）：一、帝纪：三国各史书法，准《史记》、《西汉书》、《新唐书》。各国称号等事，准《南、北史》。一、志：各史所载，取其重者作志。一、表：表与志同。一、列传：后妃，宗室，外戚，群臣，杂传。人臣有大功者，虽父子各传。余以类相从，或数人共一传。三国所书事有与本朝相关涉者，当禀。金、宋死节之臣，皆合立传，不须避忌。其余该载不尽，从总裁官与修史官临文详议。一、疑事传疑，信事传信，准《春秋》。

公元1344年 元顺帝至正四年 甲申

元官修《辽史》告成。

脱脱《进辽史表》（载《辽史》附录）：开府仪同三司、上柱国、录军国重事、中书右丞相、监修国史、领经筵事臣脱脱言：窃惟天文莫验于玑衡，人文莫证于简策。人主监天象之休咎，则必察乎玑衡之精；监人事之得失，则必考乎简策之信。是以二者所掌，俱有太史之称。然天道幽而难知，人情显而易见。动静者吉凶之兆，敬怠者兴亡之机。史臣虽述前代之设施，大意有助人君之鉴戒。辽自唐季，基于朔方。造邦本席于干戈，致治能资于黼黻。敬天尊祖，而出入必祭；亲仁善邻，而和战以宜。南府治民，北府治兵。春狩省耕，秋狩省敛。吏课每严于刍牧，岁饥屡赐乎田租。至若观市赦罪，则吻合六典之规；监轩策士，则恪遵三岁之制。享国二百一十九载，政刑日举，品式备具，盖有足尚者焉。迨夫子孙失御，上下离心，骄盈盛而衅隙生，谗贼兴而根本蹙。变强为弱，易于反掌。吁！可畏哉！天祚自绝，大石苟延，国既丘墟，史亦芜茀。耶律俨语多避忌，陈大任辞乏精详。《五代史》系之终篇，宋旧史埒诸载记。予夺各徇其主，传闻况失其真。我世祖皇帝一视同仁，深加愍恻。尝敕词臣撰次三史，首及于辽。

六十余年，岁月因循，造物有待。臣脱脱诚惶诚恐，顿首。钦惟皇帝陛下，如尧稽古，而简宽容众；若舜好问，而浚哲冠伦。讲经兼诵乎祖谟，访治旁求乎往牒。兹修史事，断自宸衷。睿旨下而徵聘行，朝士贺而遗逸起。于是命臣脱脱以中书右丞相领都总裁，中书平章政事臣铁睦尔达世、中书右丞今平章政事臣贺惟一、御史中丞今翰林学士承旨臣张起岩、翰林学士臣欧阳玄、侍御史今集贤侍讲学士兼国子祭酒臣吕思诚、翰林侍讲学士臣揭傒斯奉命为总裁官。中书遴选儒臣宗文太监今兵部尚书臣廉惠山海牙、翰林直学士臣王沂、秘书著作佐郎臣徐昺、国史院编修官臣陈绎曾分撰《辽史》。起至正三年四月，迄四年三月。发故府之椟藏，集遐方之甌献，搜罗剔抉，删润研劘。纪志表传，备成一代之书；臧否是非，不迷千载之实。臣脱脱叨承隆寄，幸覩成功。载宣日月之光华，愿效涓埃之补报。我朝之论议归正，气之直则辞之昌；辽国之君臣有知，善者喜而恶者惧。所撰本纪三十卷、志三十二卷、表八卷、列传四十六卷，各著论赞，具存体裁，随表以闻。上尘天览，下情无任惭惧战汗屏营之至。臣脱脱诚惶诚惧，顿首顿首，谨言。至正四年三月日，开府仪同三司上柱国录军国重事中书右丞相、监修国史领经筵事臣脱脱上表。

《元史》卷一四五，《廉惠山海牙传》：至正三年初，行郊礼，召拜侍仪使。明年，预修辽、金、宋三史。

《千顷堂书目》卷四，正史类：脱脱等修……《辽史》一百十六卷。

《四库全书总目》卷四六，史部正史类二：《辽史》一百十六卷，元托克托（脱脱）等奉敕撰。……考辽制书禁甚严，凡国人著述，惟听刊行于境内，有传于邻境者，罪至死。盖国之虚实，不以示敌，用意至深，然以此不流播于天下。迨五京兵燹之后，遂至旧章散失、澌灭无遗。……可备修史之资者，寥寥无几。故当时所据，惟耶律俨、陈大任二家之书，见闻既隘，又蒇功于一载之内，无暇旁搜，潦草成编，实多疏略。……然其书以实录为凭，无所粉饰……此三史所由并行而不可偏废欤！

辽、金、宋三史总裁官之一揭傒斯卒。

欧阳玄《元翰林侍讲学士中奉大夫知制诰同修国史同知经筵事豫章揭公墓志铭》（见《圭斋文集》卷一〇）：至正四年七月壬辰，翰林侍讲学士揭公曼硕，以总裁宿史馆得寒疾，归寓舍，戊戌薨。……曼硕，讳傒斯。……《辽史》既进，《金史》垂成，公薨，寿七十有一。……进《辽史》后，有旨奖谕史官早成金、宋二史。公奉命黾勉，朝夕匪懈。先代故事臧否，奋笔书之，身任劳责，不以委人。屡言:“今人徒知求作史法，不知求作史意。古人善言虽微必详，恶事虽隐必书，其意主于劝戒耳！”当暑湿盛作，移居馆中，颇自恃其精力，疏于摄生，遂致疾不起。

《元史》卷一八一，《揭傒斯传》:（至正）四年，《辽史》成，有旨奖谕，仍督早成金、宋二史。傒斯留宿史馆，朝夕不敢休，因得寒疾，七日卒。……六年，制赠护军，追封豫章郡公，谥曰文安。

《千顷堂书目》卷九，典故类：揭傒斯《奎章政要》。

《战国策校注》、《敬乡录》作者吴师道卒。

宋濂《吴先生碑》（见《宋学士全集》卷一六）：重纪至元之初，迁文林郎，池州建德县尹。……召入为国子助教，阶承务郎。逾年，升博士，进儒林郎。……经义一本诸子，排斥异论，有诋朱子者，恶绝弗与言。……至正三年，先生以内艰南还。明年，江浙行省中书当大比，聘先生去取士，疾作不能行，上书请致其事，八月十七日卒于家，寿六十二。既卒，命书下以奉议大夫、礼部郎中致仕。……有《兰溪山房类稿》二十卷，《易》、《书》、《诗》皆有《杂说》，通十卷，《战国策校注》十卷，《绛守居园池记校注》一卷，《敬乡录》二十三卷。

《元史》卷一九〇，《吴师道传》：迁池州建德县尹。……召为国子助教，寻升博士。其为教，一本朱熹之旨，而遵许衡之成法。……丁内忧而归，以奉议大夫、礼部郎中致仕，终于家。所著有《易诗书杂说》、《春秋胡传附辨》、《战国策校注》、《敬乡录》，及文集二十卷。

《千顷堂书目》卷一〇，传记类：吴师道《敬乡前后录》二十三卷。

《四库全书总目》卷五八，史部传记类二:《敬乡录》十四卷，元吴师道撰。……是编以宋婺守洪遵《东阳志》所记人物，尚有遗漏，因搜录旧闻，以补其阙。始自梁朝，迄于宋末，每人先次其行略，而附录其所著诗文，亦有止著其目者，或已散佚，或从删汰也。……至所编辑宋人小传，犹在《宋史》未成以前，故记载多有异同。……元好问《中州集》，以诗存史，为世所重，师道此书，殆与相埒。以其因人物以存文章，非因文章以存人物，与好问体例略殊，故隶之于传记类焉。

元官修《金史》告成。

阿鲁图《进〈金史〉表》（载《金史》附录，中华书局本）：开府仪同三司、上柱国、录军国重事、中书右丞相、监修国史、领经筵事、提调太医院广惠司事臣阿鲁图言：窃惟汉高帝入关，任萧何而收秦籍；唐太宗即祚，命魏徵以作《隋书》。盖历数归真主之朝，而简编载前代之事。国可灭，史不可灭。善吾师，恶亦吾师。矧夫典故之源流，章程之沿革，不披往牒，曷蓄前闻。维此金源，起于海裔，以满万之众横行天下，不十年之久专制域中。其用兵也，如纵燎而乘风；其得国也，若置邮而传令。及熠兴于礼乐，乃焕有乎声明。尝循初而讫终，因考功而论德。非武元之英略，不足以开九帝之业；非大定之仁政，不足以固百年之基。天会有吞四海之势，而未有壹四海之规；明昌能成一代之制，而亦能坏一代之法。海陵无道，自取覆败；宣宗轻动，曷济中兴。迨夫浚郊多垒之秋，汝水飞烟之日，天人属望，久有在矣，君臣守义，盖足取焉。我太祖法天启运圣武皇帝，以有名之师，而释奕世之忾；以无敌之仁，而收兆民之心。劲卒捣居庸关，北拊其背；大军出紫荆口，南搤其吭。指顾可成于隽功，操纵莫窥于庙算，惩彼取辽之暴，容其涉河以迁。太宗英文皇帝席卷云、朔，而徇地并、营，囊括赵、代，而传檄齐、鲁，灭夏国以蹴秦、巩，通宋人以逼河、淮。睿宗仁圣景襄皇帝冒万险，出饶风，长驱平陆；战三峰，乘大雪，遂定中原。太阳出而爝火熸，正音作而众乐废。爰及世祖圣德神功文武皇帝，恢宏至化，劳来遗黎。燕地定都，撤武灵之旧址；辽阳建省，抚肃慎之故墟。于时张柔归金史于其先，王鹗辑金事于其后。是以纂修之命，见诸敷遗之谋，延祐申举而未遑，天历推行而弗竟。臣阿鲁图诚惶诚惧，顿首顿首。钦惟皇帝陛下缉熙圣学，绍述先猷，当邦家闲暇之时，治经史讨论之务。念彼泰和以来之事迹，涉我圣代初兴之岁年。太祖受帝号于丙寅，先五载而朱凤应；世皇育圣质于乙亥，早一岁而黄河清。若此贞符，昭然成命。第以变故多而旧史阙，耆艾没而新说讹，弗折衷于大朝，恐失真于他日。于是圣心独断，盛事力行，申命臣阿鲁图以中书右丞相、臣别儿怯不花以中书左丞相领三史事，臣脱脱以前中书右丞相仍都总裁，臣御史大夫帖睦尔达世、臣中书平章政事贺惟一、臣翰林学士承旨张起岩、臣翰林学士欧阳玄、臣治书侍御史李好文、臣礼部尚书王沂、臣崇文太监杨宗瑞为总裁官，臣江西湖东道肃政廉访使沙剌班、臣江西湖东道肃政廉访副使王理、臣翰林待制伯颜、臣国子博士费著、臣秘书监著作郎赵时敏、臣太常博士商企翁为史官，集众技以责成书，伫奏篇以览近监。臣阿鲁图仰承隆委，附竭微劳。细石室之文，诚乏司马迁之作；献《金镜》之录，愿摅张相国之忠。谨撰述本纪十九卷、志三十九卷、表四卷、列传七十三卷、目录二卷，装潢成一百三十七帙，随表以闻，上尘天览，无任惭愧战汗屏营之至。臣阿鲁图诚惶诚惧，顿首顿首，谨言。至正四年十一月日，开府仪同三司、上柱国、录军国重事、中书右丞相、监修国史、领经筵事、提调太医院广惠司事臣阿鲁图上表。

《元史》卷一三九，《阿鲁图传》：阿鲁图，博尔术四世孙。……阿鲁图由经正监袭职为怯薛官，掌环卫，遂拜翰林学士承旨，迁知枢密院事。至元三年，袭封广平王。至正四年，脱脱辞相位，顺帝问谁可代脱脱为相者，脱脱以阿鲁图荐。五月，诏拜中书右丞相、监修国史。……时诏修辽、金、宋三史，阿鲁图为总裁。

《元史》卷一四〇，《别儿怯不花传》：别儿怯不花，字大用，燕只吉斛氏。……至元四年，拜御史大夫、知经筵事，寻迁中书平章。至正二年，拜江浙行省左丞相。……召还，除翰林学士承旨，仍掌宿卫。四年，拜中书左丞相。

《元史》卷一八三，《李好文传》：李好文，字惟中，大名之东明人。登至治元年进士第，授大名路浚州判官。入为翰林国史院编修官、国子助教。泰定四年，除太常博士。……迁国子博士。……起为国子监丞，拜监察御史。……至正元年，除国子祭酒，改陕西行台治书侍御史，迁河东道廉访使。……四年，除江南行台治书侍御史，未行，改礼部尚书，与修辽、金、宋史，除治书侍御史，仍与史事，俄除参议中书省事，视事十日，以史故，仍为治书。

《元史》卷一九〇，《伯颜传》：伯颜，一名师圣，字宗道，哈剌鲁氏，隶军籍蒙古万户府，世居开州濮阳县。……稍长，受业宋进士建安黄坦，坦曰："此子颖悟过人，非诸生可比。"因命以颜为氏，且名而字之焉。……至正四年，以隐士徵至京师，授翰林待制，预修《金史》。既毕，辞归。已而复起为江西廉访佥事，数月，以病免。

《千顷堂书目》卷四，正史类：脱脱等修……《金史》一百三十五卷。

《四库全书总目》卷四六，史部正史类二：《金史》一百三十五卷，元托克托等奉敕撰。……金人肇基东海，奄有中原，制度典章，彬彬为盛，徵文考献，具有所资。即如《大金吊伐》一《录》，自天辅七年交割燕云，及天会三年再举伐宋，五年废宋立楚，至康王南渡，所有国书、誓诰、册表、文状、指挥、牒檄，以载于故府案牍者，具有年月，得以编次成书，是自开国之初，即已遗闻不坠。《文艺传》称元好问晚年以著作自任……凡金源君臣遗言往行，采摭所闻，有所得，辄以片纸细字为记录，至百余万言，纂修《金史》，多本其所著。又称刘祁撰《归潜志》，于金末之事，多有足徵。是相承纂述，复不乏人。且考托克托等《进书表》称张柔归金史于其前，王鹗辑金事于其后，是以纂修之命，见诸敷遗之谋，延祐申举而未遑，天历推行而弗竟。是元人之于此书，经营已久，与宋、辽二史取办仓卒者不同，故其首尾完密，条例整齐，约而不疏，赡而不芜，在三史之中，独为最善。

公元 1345 年　元顺帝至正五年　乙酉

元官修《宋史》告成。

《元史》卷四一，《顺帝纪四》:（至正五年十月）辛未，辽、金、宋三史成。右丞相阿鲁图进之。帝曰:“史既成书，前人善者，朕当取以为法，恶者取以为戒。然岂止激劝为君者？为臣者亦当知之。卿等其体朕心，以前代善恶为勉。”

阿鲁图等《进〈宋史〉表》（载《宋史》附录，中华书局本）:开府仪同三司、上柱国、录军国重事、中书右丞相、监修国史、领经筵事、提调宣政院太医院广惠司事臣阿鲁图等言：窃惟周公念先业之艰难，《七月》之诗是作；孔子论前王之文献，二代之礼可言。故观赵氏隆替之由，足见皇元混一之绩。钦惟世祖圣德神功文武皇帝，初由宗邸，亲总大军，龙旗出指于离方，羽葆归登于乾御。栉风沐雨，讵辞跋履之劳；略地攻城，咸遵禀授之算。扬舲而平江、汉，卷甲而克襄、樊，龚行吊伐之师，昭受宠绥之寄。及夫收图书于胜国，辑黼哻于神京，拔宋臣而列政涂，载宋史而归秘府。然后告成郊庙，锡庆臣民，推大赉以惟均，示一统之无外。枢庭偃武，既编戡定之勋；翰苑摛文，寻奉纂修之旨。事机有待，岁月易迁，累朝每切于继承，多务未遑于制作。臣阿鲁图等诚惶诚惧，顿首顿首。钦惟皇帝陛下恢弘至道，绍述丕谟。往行前言，乐讨论于古训；祖功宗德，思扬厉于耿光。惟我朝大启基图，彼吴会后归版籍，视金源其未远，细石室以具存，及兹累洽之时，成此弥文之典。命臣阿鲁图、左丞相臣别儿怯不花领史事，前右丞相臣脱脱为都总裁，平章政事臣帖睦尔达世、御史大夫臣惟一、翰林学士承旨臣起岩、臣玄、治书侍御史臣好文、礼部尚书臣沂、崇文太监臣宗瑞为总裁官，平章政事臣纳麟、臣伯颜、前中书右丞臣达世帖睦迩、左丞臣守简、参议臣岳柱、臣拜住、臣陈思谦、郎中臣斡栾、臣孔思立等协恭董治，史官工部侍郎臣斡玉伦徒、秘书卿臣泰不华、太常佥院臣杜秉彝、翰林直学士臣宋褧、国子司业臣王思诚、臣汪泽民、集贤待制臣乾文传、翰林待制臣张瑾、臣贡师道、宣文阁鉴书博士臣麦文贵、监察御史臣余阙、太常博士臣李齐、翰林修撰臣刘闻、太医院都事臣贾鲁、国子助教臣冯福可、太庙署令臣陈祖仁、西台御史臣赵中、翰林应奉臣王仪、臣余贞、秘书著作佐郎臣谭慥、翰林编修臣张翥、国子助教臣吴当、经筵检讨臣危素，编劘分局，汇萃为书。起自东都，迄于南渡，纪载余三百载，始终才一再期。考夫建隆、淳化之经营，景德、咸平之润色，庆历、皇祐以忠厚美风化，元丰、熙宁以聪明紊宪章，驯致绍圣纷纭，崇宁荒乱，治忽昭陈于方册，操存实本于宫庭。若乃建炎、绍兴之图回，乾道、淳熙之保乂，正直用则人存政举，邪佞进则臣辱主忧。光、宁之朝，仅守宗社；理、度之世，日蹙封疆。顾乃拘信使以渝盟，纳叛臣而侵境，由奸权之擅命，启事衅以召兵。厥后瀛国归朝，吉王航海，齐亡而访王蠋，乃存秉节之臣；楚灭而谕鲁公，堪矜守礼之国。载惟真元之会合，属当泰道之熙明，众言殽乱于当时，大谊昭宣于今日。矧先儒性命之说，资圣代表章之功，先理致而后文辞，崇道德而黜功利，书法以之而矜式，彝伦赖是而匡扶。虽微董狐直笔之可称，庶逃司马寡识而轻信。至若论其有弊，亦惟断以至公。大概声容盛而武备衰，论建多而成效少。且辞之繁简以事，而文之今古以时，旧史之传述既多，杂记之搜罗又广。于是参是非而去取，权丰约以损增，事严敢计于疾徐，日积亦虞于玩愒。臣阿鲁图等忝司当撰，实预提纲，周询在局之言，靡不究心乃职。第述作之才有限，而报效之志无穷，倘垂清燕之观，尚助缉熙之益。曰若帝尧，曰若帝舜，惟圣心稽古之功；监于有夏，监于有殷，乃臣子告君之道。谨撰述本纪四十七卷，志一百六十二卷，表三十二卷，列传、世家二百五十五卷，装潢四百九十二帙，随表尘献以闻。下情无任惭惧战汗屏营之至。臣阿鲁图等诚惶诚惧，顿首顿首，谨言。至正五年十月二十一日，开府仪同三司上柱国录军国重事、中书右丞相、监修国史领经筵事、提调宣政院太医院广惠司事臣阿鲁图等上表。

《元史》卷一三九，《阿鲁图传》：（至正）五年，三史成。十月，阿鲁图等既以其书进，帝御宣文阁，阿鲁图复与平章政事帖木儿塔识、太平上奏："太祖取金，世祖平宋，混一区宇，典章图籍皆归秘府。今陛下以三国事绩命儒士纂修，而臣阿鲁图总裁。臣素不读汉人文书，未解其义。今者进呈，万机之暇，乞以备乙览。"帝曰："此事卿诚未解。史书所系甚重，非儒士泛作文字。彼一国人君行善则国兴，朕为君者宜取以为法；彼一朝行恶则国废，朕当取以为戒。

然岂止儆劝人君，其间亦有为宰相事，善则卿等宜仿效，恶则宜监戒。朕与卿等皆当取前代善恶为勉。朕或思有未至，卿等其言之。”阿鲁图顿首舞蹈而出。

《元史》卷一八二，《欧阳玄传》：诏修辽、金、宋三史，召为总裁官，发凡举例，俾论撰者有所据依。史官中有悻悻露才、论议不公者，玄不以口舌争，俟其呈稿，援笔窜定之，统系自正。至于论、赞、表、奏，皆玄属笔。

《元史》卷一八二，《张起岩传》：诏修辽、金、宋三史……充总裁官。……起岩熟于金源典故，宋儒道学源委，尤多究心。史官有露才自是者，每立言未当，起岩据理窜定，深厚醇雅，理致自足。史成，年始六十有五，遂上疏乞骸骨以归。

《元史》卷一四三，《泰不华传》：泰不华，字兼善，伯牙吾台氏。初名达普化，文宗赐以今名。……至正元年，除绍兴路总管。……召入史馆，与修辽、金、宋三史，书成，授秘书卿。

《元史》卷一八三，《王思诚传》：王思诚，字致道，兖州磁阳人。……至正元年，迁奉议大夫、国子司业。二年，拜监察御史。……召修辽、金、宋三史，调秘书监丞。会国子监诸生相率为哄，复命为司业。

《元史》卷一八五，《汪泽民传》：汪泽民，字叔志，徽之婺源州人。……调济宁路兖州知州。……至正三年，朝廷修辽、金、宋史，召泽民赴阙，除国子司业，与修史。书成，迁集贤直学士，阶大中大夫。

《元史》卷一八五，《乾文传传》：乾文传，字寿道，平江人。……仁宗诏举进士，文传首登延祐二年乙科，授同知昌国州事，累迁长洲、乌程两县尹，升婺源知州，又知吴江州。……至正三年，召赴阙，承诏预修宋史，书成，赏赉优渥，仍有旨四品以下各进一官。擢文传集贤待制。

《元史》卷一四三，《余阙传》：余阙，字廷心，一字天心，唐兀氏，世家河西武威。……元统元年，赐进士及第，授同知泗州事。……俄召入，应奉翰林文字，转中书刑部主事。以不阿权贵弃官归。寻以修辽、金、宋三史，召复入翰林，为修撰。拜监察御史。

《元史》卷一八七，《贾鲁传》：贾鲁，字友恒，河东高平人。……起为太医院都事。会诏修辽、金、宋三史，召鲁为宋史局官。书成，选鲁燕南山东道奉使宣抚幕官，考绩居最，迁中书省检校官。

《元史》卷一八六，《张翥传》：张翥，字仲举，晋宁人。……至正初，召为国子助教，分教上都生。寻退居淮东，会朝廷修辽、金、宋三史，起为翰林国史院编修官。史成，历应奉、修撰，迁太常博士。

《元史》卷一八七，《吴当传》：吴当，字伯尚，澄之孙也。……至正五年，以父文荫，授万亿四库照磨，未上，用荐者改国子助教。……会诏修辽、金、宋三史，当预编纂。书成，除翰林修撰。

《明史》卷二八五，《危素传》：危素，字太朴，金溪人。……（元）至正元年，用大臣荐授经筵检讨，修宋、辽、金三史及注《尔雅》。成，赐金及宫人，不受。

《元史》卷一八三，《王守诚传》：除奎章阁鉴书博士。拜监察御史。佥山东廉访司事。改户部员外郎、中书右司郎中。拜礼部尚书。与修辽、金、宋三史，书成，擢参议中书省事。

《新元史》卷二三六，《周闻孙传》：周闻孙，字以立，吉水人。由乡贡荐入史馆，修宋、辽、金三史。同事多辽、金故臣后，不肯以正统予宋，闻孙疏争之，不报，弃职归。

《千顷堂书目》卷四，正史类：脱脱等修《宋史》四百九十六卷。

《四库全书总目》卷四六，史部正史类二：《宋史》四百九十六卷，元托克托等奉敕撰。……其书仅一代之史，而卷帙几盈五百，检校既已难周，又大旨以表章道学为宗，余事皆不甚措意，故舛谬不能殚数。……盖其书以宋人国史为稿本，宋人好述东都之事，故史文较详；建炎以后稍略，理、度两朝，宋人罕所纪载，故史传亦不具首尾。《文苑传》止详北宋，而南宋止载周邦彦等数人。《循吏传》则南宋更无一人。是其明证。至于南唐刘仁瞻之死节，欧阳修《五代史记》、司马光《通鉴》俱为之证明，而此书仍作以城降。李澣终于辽，未尝入宋，见《辽史》本传，而此书仍附于《李涛传》。是于久列学官之书，共在史局之稿，尚不及互相勘证，则其它抑可知矣。自柯维骐以下，屡有改修，然年代绵邈，旧籍散亡，仍以是书为稿本，小小补苴，亦终无以相胜。故考两宋之事，终以原书为据，迄今竟不可废焉。

杨维桢著《正统辨》。

《明史》卷二八五，《杨维桢传》：杨维桢，字廉夫，山阴人。……父宏，筑楼铁崖山中，绕楼植梅百株，聚书数万卷，去其梯，俾诵读楼上者五年，因自号“铁崖”。元泰定四年成进士，署天台尹，改钱清场盐司令。狷直忤物，十年不调。会修辽、金、宋三史成，维桢著《正统辨》千余言，总裁官欧阳元功读且叹曰：“百年后，公论定于此矣。”将荐之而不果，转建德路总管府推官。擢江西儒学提举，未上，会兵乱，避地富春山，徙钱塘。

陶宗仪《南村辍耕录》（四部丛刊三编本）卷三，《正统辨》：初，会稽杨维桢尝进《正统辨》，可谓一洗天下纷纭之论，公万世而为心者也。惜三史已成，其言终不见用，后之秉史笔而续《通鉴纲目》者，必以是为本矣。维祯，字廉夫，号铁崖，人咸称之曰铁史先生。泰定丁卯，李黼榜相甲及第，以文章名当世。表曰："至正三年五月日，伏睹皇帝诏旨……专修宋、辽、金三史。越明年，史有成书，而正统未有所归。臣维桢谨撰《三史正统辨》，凡二千六百余言，谨表以上者右。

伏以历代离合之殊，固系乎天数盛衰之变；万年正闰之统，实出于人心是非之公。盖统正而例可兴，犹纲举而目可备。前代异史，今日兼修，是非之论既明，正闰之统可定。奈三史虽云有作，而一统犹未有归。……尝怪辽、金史之未成，必列赵宋编而全备。芸台大启，草泽高升。宜开三百载之编年，以垂千万代之大典。岂料诸儒之谦笔，徒为三国之志书。《春秋》之首例未闻，《纲目》之大节不举。臣维祯素读《春秋》之'王正月'，《公羊》谓大一统之书。再观《纲目》之绍《春秋》，文公有在正统之说。故以始皇二十六年而继周统，高祖成功五年而接秦亡，晋始于平吴而不始于泰和，唐始于灭盗而不始于武德。稽之千古，证之于今。况当世祖命伯颜平江南之时，式应宋祖命曹彬下江南之岁。亲传诏旨，有过唐不及汉之言；确定统宗，有继宋不继辽之禅。故臣维桢敢痛排浮议，力建公言，挈大宋之编年，包辽、金之纪载。置之上所，用成一代可鉴之书；传之将来，永示万世不刊之典。冒干天听，深惧冰兢，下情无任瞻天望阙激切屏营之至。

辩曰：正统之说，何自而起乎？起于夏后传国，汤武革世，皆出于天命人心之公也。统出于天命人心之公，则三代而下，历数之相仍者，可以妄归于人乎？故正统之义，立于圣人之经，以扶万世之纲常。圣人之经，《春秋》是也。《春秋》，万代之史宗也。首书王正于鲁史之元年者，大一统也。五伯之权，非不强于王也，而《春秋》必黜之，不使奸此统也。吴、楚之号，非不窃于王也，而《春秋》必外之，不使僭此统也。然则统之所在，不得以割据之地、强梁之力、僭伪之名而论之也，尚矣！先正论统于汉之后者，不以刘蜀之祚促与其地之偏而夺其统之正者，《春秋》之义也。彼志三国，降昭烈以侪吴、魏，使汉嗣之正，下与汉贼并称，此《春秋》之罪人矣。复有作《元经》，自谓法《春秋》者，而又帝北魏，黜江左，其失与志三国者等耳。……然则今日之修宋、辽、金三史者，宜莫严于正统与大一统之辩矣。自我世祖皇帝立国史院，尝命承旨百一王公修辽、金二史矣。宋亡，又命词臣通修三史矣。延祐、天历之间，屡勤诏旨，而三史卒无成书者，岂不以二史正统之议未决乎？夫其议未决者，又岂不以宋渡于南之后，拘于辽、金之抗于北乎？吾尝究契丹之有国矣，自灰牛氏之部落始广。其初，枯骨化形，戴猪服豕，荒唐怪诞，中国之人所不道也。八部之雄，至于阿保机披其党而自尊，迨耶律光而其势浸盛。契丹之号，立于梁贞明之初；大辽之号，复改于汉天福之日。自阿保机讫于天祚，凡七主，历二百一十有五年。夫辽，固唐之边夷也。乘唐之衰，草窃而起，石晋氏通之，且割幽燕以与之，遂得窥衅中夏，而石晋氏不得不亡矣。而议者以辽承晋统，吾不知其何统也？再考金之有国矣，始于完颜氏，实又臣属于契丹者也。至阿骨打苟逃性命于道宗之世，遂敢萌人臣之将而篡有其国，僭称国号于宋重和之元，相传九主，凡历一百一十有七年。而议者又以金之平辽克宋，帝有中原，而谓接辽、宋之统，吾又不知其何统也？议者又谓完颜氏世为君长，保其肃慎，至太祖时，南北为敌国，素非君臣；辽祖神册之际，宋祖未生，辽祖比宋前兴五十余年，而宋尝遣使卑辞以告和，结为兄弟，晚年且辽为翁而宋为孙矣。此又其说之曲而陋也。汉之匈奴，唐之突厥，不皆兴于汉、唐之前乎？而汉、唐又与之通和矣。吴、魏之于蜀也，亦一时角立而不相统摄者也。而秉史笔者，必以匈奴、突厥为纪传，而以汉、唐为正统；必以吴、魏为分系，而以蜀汉为正统。何也？天理人心之公，阅万世而不可泯者也。……故我世祖平宋之时，有过唐不及汉，宋统当绝，我统当续之喻。是世祖以历数之正统归之于宋，而以今日接宋统之正者自属也。当时一二大臣又有奏言曰：‘其国可灭，其史不可灭也。’是又以编年之统在宋矣。论而至此，则中华之统正而大者，不在辽、金，而在于天付生灵之主也昭昭矣。然则论我元之大一统者，当在平宋，而不在平辽与金之日，又可推矣。……吁，不以天数之正，华统之大，属之我元，承乎有宋，如宋之承唐，唐之承隋、承晋、承汉也，而妄分闰代之承，欲以荒夷非统之统属之我元，吾又不知今之君子待今日为何时？待今圣人为何君也哉？……抑又论之，道统者，治统之所在也。尧以是传之舜，舜以是传之禹、汤，禹、汤传之文、武、周公、孔子。孔子没，几不得其传，百有余年，而孟子传焉。孟子没，又几不得其传，千有余年，而濂、洛、周、程诸子传焉。及乎中立杨氏，而吾道南焉。既而宋亦南渡矣，杨氏之传，为豫章罗氏、延平李氏，及于新安朱子。朱子没，而其传及于我朝许文正公。此历代道统之源委也。然则道统不在辽、金而在宋，在宋而后及于我朝，君子可以观治统之所在矣。乌乎！世隔而后其议公，事久而后其论定。故前代之史，必修于异代之君子，以其议公而论定也。晋史修于唐，唐史修于宋，则宋史之修宜在今日而无让矣。而今日之君子，又不以议公论定者自任，而又诿曰付公论于后之儒者，吾又不知后之儒者又何儒也？此则予为今日君子之痛惜也！……洪惟我圣天子当朝廷清明、四方无虞之日，与贤宰臣观览经史，有志于圣人《春秋》之经制，故断然定修三史，以继祖宗未遂之意，甚盛典也！知其事大任重，以在馆之诸贤为未足，而又遣使草野，以聘天下之良史才。负其任以往者，有其人矣，而问之以《春秋》之大法，《纲目》之主意，则概乎其无以为言也。乌乎！司马迁易编年为纪传，破《春秋》之大法，唐儒萧茂挺能议之，孰谓林林巨儒之中，而无一萧茂挺其人乎！此草野有识之士之所甚惜，而不能倡其言于上也。故私著其说，为《宋辽金正统辨》，以伺千载《纲目》之君子云。若其推子午卯酉及五运之王以分正闰之说者，此日家小技之论，君子不取也，吾无以为论。”

《千顷堂书目》卷五，史学类：杨维桢……《宋辽金正统辨》一卷。

今案：杨维桢或作杨维祯。如宋濂《宋文宪公全集》卷十《元故奉训大夫江西等处儒学提举杨君墓志铭》云:“君姓杨氏，讳维祯，廉夫其字也”。孙小力《杨维祯年谱》(复旦大学出版社1997年版)云:“明初黑口大字本《东维子文集》、明成化《铁崖先生复古诗集》各卷则作‘祯’,《墓志》不误。”故当作“杨维祯”。而楚默《楚默文集续集》（下）《杨维桢研究》（上海三联书店2010年版，第3—7页）认为，杨氏传世法书，自题作“杨维桢”、“杨维祯”颇为随意，并不一定。考其同辈兄弟之名多从“木”，故“桢”当为本名。其说较为有据，可参阅。又《正统辨》亦作《正统辩》。

公元1346年　元顺帝至正六年　丙戌

《资治通鉴纲目集览》作者王幼学卒。

王重民《中国善本书提要》史部编年类：《资治通鉴纲目集览》，元王幼学撰。幼学，字行卿，望江人。按《望江县志》:“……至正间，年九十三，终于家。乡人称之曰慈湖先生。”按鲍迩序作于至正元年，称：“今已八十有八”，则幼学当卒于至正六年，而生于宋理宗宝祐二年也。

公元 1348 年 元顺帝至正八年 戊子

敕修后妃、功臣列传。

《元史》卷四一,《顺帝纪四》:(至正八年正月辛亥),诏翰林国史院纂修《后妃、功臣列传》,学士承旨张起岩、学士杨宗瑞、侍讲学士黄溍为总裁官,左丞相太平、左丞吕思诚领其事。

《元史》卷一四〇,《太平传》:(至正)七年,迁中书平章政事。……十一月,拜太平左丞相。……明年正月,诏修《后妃、功臣列传》,特命太平同监修国史。

《元史》卷一八五,《吕思诚传》:再任左丞、知经筵事,提调国子监,兼翰林学士承旨、知制诰兼修国史,加荣禄大夫,总裁《后妃》、《功臣传》。

《元史》卷一八七,《贡师泰传》:贡师泰,字泰甫,宁国之宣城人。……师泰早肄业国子学为诸生。泰定四年,释褐出身,授从仕郎、太和州判官。……改徽州路歙县丞。……擢应奉翰林文字。……除绍兴路总管府推官。……考满,复入翰林为应奉,预修《后妃、功臣列传》。

《元史》卷一八七,《周伯琦传》:周伯琦,字伯温,饶州人。……以荫授将仕郎、南海县主簿,三转为翰林修撰。至正元年,该奎阁为宣文阁……伯琦为宣文阁授经郎。……特命佥广东廉访司事。八年,召入为翰林待制,预修《后妃、功臣列传》。

《元史》卷一九五,《周镗传》:周镗,字以声,浏阳州人。笃学通《春秋》,登泰定四年进士第,授衡阳县丞,再调大冶县尹。……累迁国子助教。会修《功臣列传》,擢翰林国史编修官。

《明史》卷二八五,《危素传》:(元至正中)由国子助教迁翰林编修。纂后妃等传,事逸无据,素买饧饼馈宦寺,叩之得实,乃笔诸书,卒为全史。

《经世大典》撰修者之一虞集卒。

欧阳玄《元故奎章阁侍书学士翰林院侍讲学士通奉大夫虞雍公神道碑》(载《圭斋集》卷九,四部丛刊本):公讳集,字伯生,姓虞氏。……今上皇帝入正大统,用至大故事,诏诸老赴上京议事,公在召列。及还大都,以病谒告归家。……至正二年,敕修辽、金、宋三史,欲用公总裁,或陈其病状,毋苦其远行,奏牍将上而止。……八年五月二十三日,以疾薨于私第,年七十又七。

《元史》卷一八一,《虞集传》:至正八年五月己未,以病卒,年七十有七。

《续后汉书》等作者张枢卒。

《元史》卷一九九，《杜本传附张枢传》：时有张枢子长者，婺之金华人，亦屡徵不起。枢幼聪慧，外家潘氏蓄书数万卷，枢尽取而读之，过目辄不忘。既长，肆笔成章，顷刻数千言。有问以古今沿革、政治得失、宇宙之分合，礼乐之废兴，以至帝号官名、岁月先后，历历如指诸掌。其为文，务推明经史，以扶翼教道，尤长于叙事。尝取三国时事撰汉本纪、列传，附以魏、吴载记，为《续后汉书》七十三卷。……朝廷取其书置宣文阁。……至正三年，命儒臣纂修辽、金、宋三史，右丞相脱脱以监修国史领都总裁，辟枢本府长史，力辞不拜。七年，申命史臣纂修本朝后妃、功臣传，复以翰林修撰、儒林郎、同知制诰兼国史院编修官召枢，俾与讨论，复避不就。使者强之行，至杭州，固辞而归。尝著《春秋三传归一义》三十卷，《刊定三国志》六十五卷，《林下窃议》、《曲江张公年谱》各一卷，《敝帚编》若干卷。至正八年卒，年五十有七。

《千顷堂书目》卷二，《春秋》类：张枢《春秋三传归一义》三十卷。枢言学《春秋》者必始于三传，而其义例互有不同，乃辨析其是非，会通其归趣，参以先儒之说，裁以至当之理，编为是书。

《千顷堂书目》卷四，正史类：张枢《刊定三国志》六十三卷。枢以陈寿一书没武侯之丰功伟烈，善谯周之卖降覆国，反道害义，莫大于是，因刊而正之。

《千顷堂书目》卷四，正史类：《续后汉书》七十三卷。枢既刊定《三国志》，又别撰汉本纪、列传，以魏、吴载记附之，为《续后汉书》。三国之臣，有能致节于其君者，旧史或讳而不书，或书而失实，或仅见于异代之史，皆为更定。经筵检讨危素言其书于朝，诏藏于宣文阁。

公元 1349 年　元顺帝至正九年　己丑

李好文编成《历代帝王故事》、《大宝录》、《大宝龟鉴》。

《元史》卷一八三，《李好文传》：李好文，字惟中，大名之东明人。……（至正）六年，除翰林侍讲学士，兼国子祭酒，又迁改集贤侍讲学士，仍兼祭酒。九年，出参湖广行省政事，改湖北道廉访使，寻召为太常礼仪院使。……好文又集历代帝王故事，总百有六篇：一曰圣慧，如汉孝昭、后汉明帝幼敏之类；二曰孝友，如舜、文王及唐玄宗友爱之类；三曰恭俭，如汉文帝却千里马、罢露台之类；四曰圣学，如殷宗缉学，及陈、隋诸君不善学之类。以为太子问安余暇之助。又取古史，自三皇迄金、宋历代授受、国祚久速、治乱兴废为书，曰《大宝录》。又取前代帝王是非善恶之所当法当戒者为书，名曰《大宝龟鉴》。皆录以进焉。

《千顷堂书目》卷九，典故类：李好问（今案：误，"问"应作"文"）《历代帝王故事》，其目有四：一曰圣慧，二曰孝友，三曰恭俭，四曰圣学，凡百有六篇。又《大宝录》，取古史自三皇迄金宋授受国祚久速、治乱兴废成书。又《大宝龟鉴》，取前代帝王善恶之当法当戒者。三书皆至正九年进呈。

公元 1350 年 元顺帝至正十年 庚寅

陈桱著成《通鉴续编》。

杨士奇《东里文集》（刘伯涵、朱海点校，中华书局 1998 年版）卷十，题跋：《题通鉴续编后》：右《通鉴续编》二十四卷、六册，四明陈桱子经著。……起盘古，至高辛，为第一卷；契丹事在唐及五代者，为第二卷；后二十二卷，则宋三百二十年事也。孔子曰："吾犹及史之阙文。"学者于前事据其所可知，其所不可知，阙之可也。羲、农以前，遐哉邈矣，非有文字之纪也，其事间见于百氏所记者，要多以意言之耳。而必掇拾以补前史之阙，亦异乎孔子之意哉！昔刘恕作《通鉴外纪》，避经而专采百氏之说，金履祥谓其野而难质，故作《通鉴前编》，不复避经。桱尝为之举要，固主履祥之说矣，而复著此卷，何耶？……

《千顷堂书目》卷四，编年类：陈桱《通鉴续编》二十四卷，又《笔记》二百卷。

《四库全书总目》卷四七，史部编年类：《通鉴续编》二十四卷，旧本题元陈桱撰。桱，字子经，奉化人，流寓长洲，后入明为翰林编修，以附杨宪迁待制。……题元人者误也。……桱以司马氏《通鉴》、朱子《纲目》，并终于五代，其周威烈王以上，虽有金履祥《前编》，而亦断自陶唐。因著此书，首述盘古至高辛氏，以补金氏所未备，为第一卷。次摭契丹在唐及五代时事，以志其得国之故，为第二卷。其二十二卷皆宋事，始自太祖，终于二王，以继《通鉴》之后，故以《续编》为名。然大书分注，全仿《纲目》之例，当名之曰《续纲目》。仍袭《通鉴》之名，非其实也。

胡玉缙《四库全书总目提要补正》卷一六，史部编年类二：按：是书成于至正十年，在未入明以前，旧本题元人盖以此。

公元 1351 年　元顺帝至正十一年　辛卯

赵居信著《蜀汉本末》于本年付刻。

邵远平《元史类编》卷三六，《赵居信传》：赵居信，字季明，许州人。……英宗至治三年，丞相拜住荐其为硕德老儒，徵拜翰林学士承旨。所著有《经说》、《史评》、《蜀汉本末》、《理学正宗》、《礼经葬制》等书。卒，谥文简。

《千顷堂书目》卷四，编年类：赵居信《蜀汉本末》三卷。字季明，许州人。翰林学士。追封梁国公。

《四库全书总目》卷五〇，史部别史类存目：《蜀汉本末》三卷，元赵居信撰。居信，字季明，许州人，至治中官至翰林学士承旨。是书宗《资治通鉴纲目》之说，以蜀为正统，起桓帝延熹四年昭烈之生，终晋泰始七年后主之亡。末有《总论》一篇，称至元九年戊子所作，其成书则至元十二年辛卯也。前序一篇，不知谁作，称朱子出而笔削《纲目》，有以合乎天道而当乎人心，信都赵氏复因之广其未备之文，参其至当之论。然是书所取议论，不出胡寅、尹起莘诸人之内，所取事迹则载于《三国志》者尚十不及五，特于《资治通鉴纲目》中断取数卷，略为点窜字句耳，不足当著书之目也。

> 案：《四库提要》谓是书有《总论》一篇，称至元九年戊子所作，其成书则至元十二年辛卯。然元顺帝至元仅六年，则此处“至元”疑为“至正”之误。果如此，然至正八年为戊子，九年为己丑，十一年为辛卯，十二年为壬辰，其所述年数与干支又相差一年。恐系误记。今暂按其所述年数编列于此，是否符实，尚待查考。

赵居信于本书卷末《总论·题识》：至元戊子之秋，亡友嵩东何从政彦达始示以子朱子《通鉴纲目》，且谓大义数十，炳如日星。如汉继昭烈，唐黜武后，书扬雄为莽大夫，谓陶陶潜曰晋处士。居信从而读之，不胜叹服，遂述《蜀汉本末论》，以见钦赞之意。岁辛卯，集诸如精义于柏林书院，欲缀鄙论于纸尾，竟以元稿不存而止。延祐甲寅，乡丈人竹轩先生曹彦谦子和之子琛，出是篇于厥家，乃其父手书者，盖求之弗获，两纪于斯矣。今再序编摩之始，复得合而成之，似非偶然。因记其曲折于卷末云。上元日信都赵居信谨识。

黄君复《蜀汉本末跋》：汉始于高帝，中兴于光武，终于孝献，炎祚熄矣。昭烈以中山后，起西蜀，而得诸葛武侯为之佐，虽崎岖一隅，而天下思汉之心犹有望于斯也。传及帝禅，将星坠营，大业弗克复庸，非天乎？晋史帝魏寇蜀，悖已甚矣。紫阳朱夫子《通鉴纲目》之作，而大义始正。东溪赵先生《蜀汉本末》之编，而公论愈明，是则《本末》当与《纲目》并行于世。岁己丑，先生之嗣子总管赵公来守建郡，出是书以示学者，可谓善继志矣。君复伏读敬叹，因请寿诸梓以广其传，使后之览者知正统之有在，其于世道岂小补哉！旹至正辛卯二月，建宁路建安书院山长、晚学黄君复载拜谨书。

今案：《蜀汉本末》条原编于至正十二年，今提前一年编于此，且改标题为“付刻”。盖赵居信岁偶将至正年号误书“至元”，但干支纪年不易讹误，黄君复跋文更明言“至正辛卯”刻行本书。惟《四库全书总目》误加年数，致生疑窦，今查《四库全书存目丛书》所载赵居信《题识》与黄君复题《跋》，知《蜀汉本末》乃作者之子官建宁时刊刻，主导者为书院山长黄君复，是至正辛卯（公元1351年）年实为刊刻之时，该书乃此前即已撰成。原委清晰，确定无疑。。

《西域异人传》、《金哀宗记》、《正大诸臣列传》等作者赡思卒。

《元史》卷一九〇，《赡思传》：赡思，字得之，其先大食国人。……天历三年，召入为应奉翰林文字，赐对奎章阁，文宗问曰：“卿有所著述否？”明日，进所著《帝王心法》，文宗称善。诏预修《经世大典》，以论议不合求去……遂赐币遣之。……后至元二年，拜陕西行台监察御史。……三年，除佥浙西肃政廉访司事。……四年，改佥浙东肃政廉访司事，以病免归。……至正四年，除江东肃政廉访副使。十年，召为秘书少监，议治河事，皆辞疾不赴。十一年，卒于家，年七十有四。……所著述有《四书阙疑》、《五经思问》、《奇偶阴阳消息图》、《老庄精诣》、《镇阳风土记》、《续东阳志》、《重订河防通议》、《西国图经》、《西域异人传》、《金哀宗记》、《正大诸臣列传》、《审听要诀》，及文集三十卷，藏于家。

《千顷堂书目》卷四，正史类：瞻思（今案：误，应作赡思）《金哀宗记》，又《正大诸臣列传》。

《千顷堂书目》卷八，地理志下：瞻思（今案：误，应作赡思）《镇阳风土记》，又《续东阳志》六卷（浙江）。又：赡思《重订河防通议》。又：瞻思《西园图经》（今案：误，应作《西国图经》）。

《千顷堂书目》卷一〇，政刑类：瞻思（今案：误，应作赡思）《审听要诀》。又传记类：赡思《西域异人传》。

《四库全书总目》卷六九，史部地理类二：《河防通议》二卷（《永乐大典》本），元沙克什撰（按：沙克什，原本作赡思，今改正）。沙克什，色目人。……是书具论治河之法，以宋沈立汴本及金都水监本，汇合成编，本传所称《重订河防通议》是也。沙克什系出西域，邃于经学，天文地理、钟律算数，无不通晓。至元中，尝召议河事，盖于水利亦素所究心。故其为是书，分门者六，门各有目，凡物料功程、丁夫输运以及安桩下络、叠埽修堤之法，条例品式，粲然咸备，足补列代史志之缺。昔欧阳玄尝谓司马迁、班固记河渠、沟洫，仅载治水之道，不言其方，使后世任斯事者无所考。是编所载，虽皆前代令格，其间地形改易、人事迁移，未必一一可行于后世，而准今酌古，矩矱终存，固亦讲河务者所宜参考而变通矣。

公元 1352 年　元顺帝至正十二年　壬辰

《国朝名臣事略》等作者苏天爵卒。

《元史》卷一八三，《苏天爵传》：至正二年，拜湖广行省参知政事，迁陕西行台侍御史。四年，召为集贤侍讲学士，兼国子祭酒。……明年，出为山东道肃政廉访使。……七年……拜江浙行省参知政事。……九年，召为大都路都总管，以疾归。俄复起为两浙都转运使。……十二年，妖寇自淮右蔓延及江东，诏仍江浙行省参知政事，总兵于饶、信，所克复者，一路六县。……然以忧深病积，遂卒于军中。年五十九。……学者因其所居，称之为滋溪先生。

《四库全书总目》卷五九，史部传记类存目一：《刘文靖公遗事》一卷，元苏天爵撰。……是编乃所述容城刘因行实也。考天爵《名臣事略》第十五卷，即纪因事。然此卷所述，皆《事略》所未言。天爵于《事略》既成之后，别采旧闻，补其所缺，故命曰《遗事》。《元史》刘因本传，多采用此卷，亦以后来搜辑较为详备欤！

公元 1353 年 元顺帝至正十三年 癸巳

武祺著《宝钞通考》。

《新元史》卷二一三，《吕思诚传附武祺传》：祺，字子春，太谷人。由掾吏迁知桐城县。……入为户部左司都事，建言议钞法。……至正十年，丞相脱脱锐意变法，祺与吏部尚书偰哲笃请更钞法……脱脱从祺等议，立宝泉提举司，铸至正通宝铜钱，印造交钞，通行天下。……祺寻授参议中书省事，转户部尚书，拜甘肃参知政事。

《四库全书总目》卷八四，史部政书类存目二：《宝钞通考》八卷（《永乐大典》本），元武祺撰。祺里贯未详。至正十三年，为户部尚书，因当时钞法渐坏，浮议者但以不动钞本为名，而不详流通之实，乃历考中统以后八十余年中钞法，撰为此书。大旨谓自世祖至元二十四年至武宗至大四年，二十五年中，印者多，烧者少，流转广而钞法通；自仁宗皇庆元年至延祐七年，共九年，印虽多而烧亦多，流转渐少，钞法始坏；自英宗至治元年至三年，印虽多而烧者寡，流转愈多，钞法愈坏；自泰定元年至至顺三年，共八年，印者少而烧者多，流转绝无，钞法大坏。复合计六十四年中，总印钞五千九百五万六千余锭，总支五千六百二十余万锭，总烧三千六百余万锭，民间流转不及二万锭，以《经世大典》所载南北户口民数计之，其无钞可用者，至二千万户之多，民生安得而不匮？财安得而不绌乎？其言可为行钞之戒。《元史·食货志》所载钞法，仅详其制度数目，而于财之息耗、民之贫富，未之详言，似乎未见祺书。存此一编，亦可以补史之缺。然此书在当日为洞悉利弊之言，在今日则钞法之不可行，无智愚皆能知之，无待缕陈矣。故撮举大要，附存其目，而书则不复录焉。

钱大昕《补元史艺文志》卷二，故事类：武祺《宝钞通考》八卷。

宋濂著成《浦阳人物记》。

郑楷《国史兼太子赞善大夫致仕潜溪先生宋公濂行状》（见焦竑《国朝献徵录》卷二〇）：先生讳濂，字景濂，世为婺之金华人也。……其地曰潜溪。……至先生始迁浦江仁义里之青萝山，仍以潜溪扁其所居，示不忘本也，于是四方学子咸以潜溪先生称之。……至正己丑（九年），用大臣荐，擢先生将仕佐郎、翰林院国史编修官。自布衣入史馆为太史氏，儒者之特选。先生以亲老不敢远违，固辞。会世乱，益韬閟不事表显，乃与弟子入龙门山。

欧阳玄《浦阳人物记序》：……浦阳为婺属邑，异时人物彬彬辈出。……金华宋景濂有感于斯，亦以所闻述《浦阳人物记》二卷。上而忠君事亲、治政讲学，下暨女妇之节，可以为世鉴者，悉按其实而列著之，不以一毫喜愠之私而为予夺，何其至公而甚当也！……翰林学士承旨、荣禄大夫、知制诰兼修国史欧阳玄序。

《千顷堂书目》卷一〇，传记类：宋濂《浦阳人物记》二卷。

《四库全书总目》卷五八，史部传记类二：《浦阳人物记》二卷（浙江范懋柱家天一阁藏本），明宋濂撰。……是书凡五目，曰忠义、曰孝友、曰政事、曰文学、曰贞节，所纪共二十有九人，而以《进士题名》一篇附于后。欧阳玄序称其至公甚当，不以私意为予夺。盖濂本以文章名世，故所作皆具有史法。其书本成于元时，后人编辑濂集者，止采录其论赞，而全书则仍别行。此本为明宏治中历阳王珍所重刻，卷末有濂自跋，称“始立稿而廉侯景渊遽取刊布，抵牾者多。今补定五十余处，视旧行为小胜。”末题“至正十三年”。此跋濂集亦未收。盖濂元时所作，集多失载。今所传未刻稿，皆至正时之遗文，可以互证也。

《汉唐会要》等作者孟梦恂卒。

《元史》卷一九〇，《周仁荣传附孟梦恂传》：周仁荣，字本心，台州临海人。……仁荣同郡有孟梦恂者，字长文，黄岩人。……部使者荐其行义，署本郡学录。至正十三年，以设策御寇救乡郡有功，授登仕郎、常州路宜兴州判官，未受命而卒，年七十四。朝廷赐谥号曰康靖先生。所著有……《汉唐会要》、《七政疑解》，及《笔海杂录》五十卷。

《千顷堂书目》卷九，典故类：孟梦恂《汉唐会要》。

公元 1355 年　元顺帝至正十五年　乙未

郑玉著成《春秋经传阙疑》。

《元史》卷一九六，《郑玉传》：郑玉，字子美，徽州歙县人。幼敏悟嗜学，既长，覃思六经，尤邃于《春秋》，绝意仕进，而勤于教。……至正十四年，朝廷除玉翰林待制、奉议大夫，遣使者赐以御酒名币，浮海徵之。玉辞疾不起。……

玉既不仕，则家居，日以著书为事。

郑玉《春秋阙疑·序》：呜呼！夫子集群圣之大成，《春秋》见夫子之大用。……然在当时，游、夏已不能赞一辞。至于三家之传，《左氏》虽若详于事，其失也夸；《公》、《谷》虽或明于理，其失也鄙。……两汉专门名家之学，则又泥于灾祥徵应而不知经之大用。唐、宋诸儒，人自为说，家自为书，纷如聚讼，互有得失。程子虽得经之本旨，惜无全书。朱子间论事之是非，又无著述。为今之计，宜博采诸儒之论，发明圣人之旨，经有残缺，则考诸传以补其遗；传有讹舛，则稽诸经以证其谬。……玉也，非其人也，间不自揆，尝因朱子《通鉴纲目》之例，以经为纲，大字揭之于上，复以传为目，而小字疏之于下。叙事则专于《左氏》而附以《公》、《谷》，合于经者则取之。立论则先于《公》、《谷》，而参以历代诸儒之说，合于理者则取之。其或经有脱误，无从质证，则宁缺之，以俟知者，而不敢强为训解；传有不同，无所考据，则宁两存之，而不敢妄为去取。至于诛讨之事，尤不敢轻信传文，曲相附会。……将以备遗忘、便检阅而已，非敢谓明经旨、传后世也。观者幸恕其僭。至正十五年秋九月朔，新安郑玉序。

《千顷堂书目》卷二，《春秋》类：郑玉《春秋经传阙疑》三十卷。集群儒之说而参以己意。一作八卷。

《四库全书总目》卷二八，经部《春秋》类三：《春秋经传阙疑》四十五卷，元郑玉撰。……其体例以经为纲，以传为目。叙事则专主《左氏》，而附以《公》、《谷》。立论则先以《公》、《谷》，而参以历代诸儒之说。经有残缺，则考诸传以补其遗。传有舛误，则稽于经以证其谬。

《辽史》、《金史》、《宋史》都总裁脱脱卒。

《元史》卷一三八，《脱脱传》：（至正）十五年……十二月己未，哈麻矫诏遣使鸩之，死，年四十二。

公元 1357 年 元顺帝至正十七年 丁酉

辽、金、宋三史总裁之一吕思诚卒。

《元史》卷一八五，《吕思诚传》：复为中书左丞。……移光禄大夫、大司农。俄得疾，以至正十七年三月十七日卒，年六十有五。……有文集若干卷、《两汉通纪》若干卷。谥忠肃。

《千顷堂书目》卷四，编年类：吕思诚《两汉通纪》。

赵汸著成《春秋集传》初稿。又著《春秋属辞》、《左氏补注》。

《明史》卷二八二，《赵汸传》：赵汸，字子常，休宁人。……闻九江黄泽有学行，往从之游。……后复从临川虞集游，获闻吴澄之学。乃筑东山精舍，读书著述其中。……由是造诣精深，诸经无不通贯，而尤邃于《春秋》。初以闻于黄泽者，为《春秋师说》三卷，复广之为《春秋集传》十五卷。因《礼记》经解有"属辞比事《春秋》教"之语，乃复著《春秋属辞》八篇。又以为学《春秋》者，必考《左传》事实为先，杜预、陈傅良有得于此，而各有所蔽，乃复著《左氏补注》十卷。当是时，天下兵起，汸转侧于干戈间，颠沛流离，而进修之功不懈。

赵汸《春秋集传·序》：《春秋》，圣人经世之书也。……隐、桓之世，王室日卑，齐伯肇兴，《春秋》之所由始也。定、哀之世，中国日衰，晋伯攸废，《春秋》之所由终也。方天命在周未改，而上无天子，下无方伯，桓、文之事不可诬也，是以圣人详焉，故曰"其事则齐桓、晋文"。古者列国，皆有史官，掌记一国之事。《春秋》，鲁史策书也。事之得书、不得书，有周公遗法焉。太史氏掌之，非夫人之所得议也。……凡史所书，有笔有削，史所不书，吾不加益也，故曰"其文则史"，史主实录而已。《春秋》志存拨乱，笔则笔，削则削，游、夏不能赞一辞，非史氏所及也，故曰"其义则丘窃取之矣"。此制作之原也。……然自孟氏以来，鲜有能推是说以论《春秋》者，盖其失由三《传》始。《左氏》有见于史，其所发皆史例也，故常主史以释经，是不知笔削之有义也。《公羊》、《谷梁》有见于经，其所传者犹有经之佚义焉，故据经以生义，是不知其文则史也。后世学者，三传则无所师承，故主《左氏》则非《公》、《谷》，主《公》、《谷》则非《左氏》，二者莫能相一。……至永嘉陈君举始用二家之说参以《左氏》，以其所不书实其所书，以其所书推见其所不书，为得学《春秋》之要，在三《传》后卓然名家。然其所蔽，则遂以《左氏》所录为鲁史旧文，而不知策书有体，夫子所据以加笔削者，《左氏》亦未之见也。……汸自早岁，获闻资中黄楚望先生论五经旨要，于《春秋》以求书法为先，谓有鲁史书法，有圣人书法，而妙在学者自思而得之，乃为善也。于是思之者十有余载，卒有得于孟氏之言，因其说以考三《传》及诸家、陈氏之书，而具知其得失异同之故。反复推明，又复数载，然后一经之义始完，属辞比事莫不灿然，各有条理。

溽经离乱，深恐失坠，乃辑录为书。以谓后世学《春秋》，稍知本末者，赖有《左氏》而已，故取《左氏传》为之补注，欲学者必以考事为先。其文与义，则三《传》而后诸家之说，苟得其本真者，皆传以己意，畅而通之，名曰《春秋集传》，凡十五卷。尚意学者溺于所闻，不能无惑，别撰《属辞》八篇，发其隐蔽，传诸同志，以俟君子或有取焉。新安赵汸序。

倪尚谊《春秋集传·后序》：《春秋集传》有序，东山先生所著。初稿始于至正戊子，一再删削，迄丁酉岁成编。既而复著《属辞》，义精例密，乃知《集传》初稿，更须讨论，而序文中所列史法、经义，犹有未至。且谓《属辞》时推笔削之权，而《集传》大明经世之志，必二书相表里，而后《春秋》之旨方完。

辽、金、宋三史总裁之一欧阳玄卒。

危素《大元故翰林学士承旨光禄大夫知制诰兼修国史圭斋先生欧阳公行状》（见《圭斋文集》卷一六附）：公生于至元二十年五月。……（至正）十七年春，乞致仕，欲由蜀还乡，不允。……十二月戊戌，薨于崇教里寓舍中。……历官四十余年……三任成均，两为祭酒，六入翰林，而三拜承旨。修实录、《大典》、三史，皆大制作。屡主文衡，两知贡举及读卷官，凡宗庙朝廷雄文大册、播告万方国所用制诏，多出公手。

《元史》卷一八二，《欧阳玄传》：（至正）十七年春，乞致仕……帝复不允。……是岁十二月戊戌，卒于崇教里之寓舍，年八十五。……追封楚国公，谥曰文。……有《圭斋文集》若干卷传于世。

钱大昕《疑年录》卷二：欧阳原功七十五（玄），生至元二十年癸未，卒至正十七年丁酉。（吴修附注曰：修案：《元诗选》小传云，卒年八十五。）

余嘉锡《疑年录稽疑》：嘉锡案：《元史》本传云，至正十七年十二月戊戌卒，年八十五。《元诗选》盖本于此。然考《圭斋文集》卷十六附危素所撰行状云："公生于至元二十年五月，至正十七年十二月戊戌，薨于崇教里寓舍。"是圭斋之年，实止七十有五。钱氏本之行状自不误，误乃在《元史》耳。

《千顷堂书目》卷四，国史类：欧阳玄等修《太平经国》二百十二卷。又卷一〇，传记类：欧阳玄《王清献公神道碑》一卷。（王都中）

公元 1364 年 元顺帝至正二十四年 甲辰

《遂昌杂录》作者郑元祐卒。

《新元史》卷二三八，《岑安卿传附郑元祐传》：郑元祐，字明德，遂昌人。……侨居平江，诗名籍甚。所著有《遂昌山樵杂录》，其诗曰《侨吴集》。

《千顷堂书目》卷一二，小说类：郑元祐《遂昌山人杂录》一卷。

《四库全书总目》卷一四一，子部小说家类二：《遂昌杂录》一卷，元郑元祐撰。元祐，字明德，至正丁酉除平江路儒学教授，移疾去。后七年，复擢浙江儒学提举，卒于官。本遂昌人，其父希远徙钱塘，元祐又流寓平江，其集以“侨吴”名，而是录仍题曰遂昌，不忘本也。元祐以至正二十四年卒，年七十一，则当生于前至元二十九年。故书中所列人名，上犹及见宋诸遗老，下及见泰哈、布哈、倪瓒、杜本，并见杜本之卒。多记宋末轶闻，及元代高士名臣轶事，而遭逢世乱，亦间有忧世之言。

今案：据杨武泉《四库全书总目辨误》“遂昌杂录”条（上海古籍出版社 2001 年版，第 186 页）考订，《四库提要》记郑元祐享年七十一，误，应为七十三。

公元 1366 年 元顺帝至正二十六年 丙午

陶宗仪著成《南村辍耕录》（一名《辍耕录》）。

《明史》卷二八五，《陶宗仪传》：陶宗仪，字九成，黄岩人。父煜，元福建、江西行枢密院都事。宗仪少试有司，一不中即弃去，务古学，无所不窥。出游浙东、西，师事张翥、李孝光、杜本。为诗文，咸有程度，尤刻志字学，习舅氏赵雍篆法。浙帅泰不华、南台御史丑驴举为行人，又辟为教官，皆不就。……所著有《辍耕录》三十卷。

孙作《辍耕录叙》：余友天台陶君九成，避兵三吴间，有田一廛，家于松南。作劳之暇，每以笔墨自随，时时辍耕，休于树阴，抱膝而啸，鼓腹而歌。遇事肯綮，摘叶书之，贮一破盎，去则埋于树根，人莫测焉。如是者十载，遂累盎至十数。一日，尽发其藏，俾门人小子萃而录之，得凡若干条，合三十卷，题曰《南村辍耕录》。上兼六经百氏之旨，下极稗官小史之谈。昔之所未考，今之所未闻。

其采摭之博，侈于白《帖》；研核之精，拟于洪《笔》。论议抑扬，有伤今慨古之思；铺张盛美，为忠臣孝子之劝。文章制度，不辨而明；拟似根据，可览而悉。盖唐宋以来，专门史学之所未让。虽周室之藏，郯子之对，有不待环辙而后知，又岂抵掌谈笑以求贤于优孟者哉！九成名宗仪，少工举子业，晚乃弃去，阖户著书，此其一云。至正丙午夏六月，江阴孙作大雅序。

《辍耕录》卷一，《列圣授受正统》：今上皇帝……至正今二十六年。

《千顷堂书目》卷一二，小说类：陶九成《辍耕录》三十卷。

公元 1368 年　元顺帝至正二十八年（明太祖洪武元年）戊申

《宋史》撰修官之一、《忠义录》作者张翥卒。

《元史》卷一八六，《张翥传》：除集贤学士，俄以翰林学士承旨致仕，阶荣禄大夫。……（至正）二十八年三月卒，年八十二。……翥尝集兵兴以来死节死事之人为书，曰《忠义录》，识者韪之。

《千顷堂书目》卷一〇，传记类：张翥《忠义录》三卷。记元末兵兴死义之人。

明廷筹备纂修《元史》。

宋濂《吕氏采史目录序》（见《宋学士全集》卷五）：皇帝既定宸极，龛定幽燕，薄海内外，罔不臣妾。慨然悯胜国之亡，其史将遂湮微。乃洪武元年冬十有一月，命启十三朝实录，建局删修，而诏宋濂、王祎总裁其事。起山林遗逸之士，协恭共成之，以其不仕于元，而得笔削之公也。

宋濂《元史目录后记》：洪武元年秋八月，上既平定朔方，九州岛攸同，而金匮之书悉入于秘府。冬十有二月，乃诏儒臣发其所藏，纂修《元史》，以成一代之典，而臣濂、臣祎实为之总裁。

《明史》卷一二八，《宋濂传》：宋濂，字景濂，其先金华之潜溪人，至濂乃迁浦江。……元至正中，荐授翰林编修，以亲老辞不行，入龙门山著书。逾十余年，太祖取婺州，召见濂。……明年三月，以李善长荐……除江南儒学提举，命授太子经，寻改起居注。……乙巳三月，乞归省。……寻丁父忧。服除，召还。

《明史》卷二八九，《王祎传》：王祎，字子充，义乌人。……覩元政衰敝，为书七八千言上时宰。危素、张起岩并荐，不报。隐青岩山，著书，名日盛。

太祖取婺州，召见，用为中书省掾史。征江西，祎献颂。太祖喜曰："江南有二儒，卿与宋濂耳。学问之博，卿不如濂。才思之雄，濂不如卿。"太祖创礼贤馆……召置馆中。旋授江南儒学提举司校理，累迁侍礼郎，掌起居注。同知南康府事，多惠政。……太祖将即位，召还，议礼。坐事忤旨，出为漳州府通判。

徐一夔论修史。

《明史》卷二八五，《徐一夔传》：徐一夔，字大章，天台人。工文，与义乌王祎善。洪武二年八月诏纂修礼书，一夔及儒士……并与焉。明年书成，将续修《元史》，祎方为总裁官，以一夔荐。一夔遗书曰："迩者县令传命，言朝廷以续修《元史》见徵，且云执事谓仆善叙事，荐之当路，私心窃怪执事何惓惓于不材多病之人也。仆素谓执事知我，今自审终不能副执事之望，何也？近世论史者，莫过于日历。日历者，史之根柢也。自唐长寿中，史官姚璹奏请撰时政记，元和中韦执谊又奏撰日历。日历以事系日，以日系月，以月系时，以时系年，犹有《春秋》遗意。至于起居注之说，亦专以甲子起例，盖纪事之法无逾此也。往宋极重史事，日历之修，诸司必关白。如诏诰则三省必书，兵机边务则枢司必报，百官之进退、刑赏之予夺、台谏之论列、给舍之缴驳、经筵之论答、臣僚之转对、侍从之直前启事、中外之囊封匦奏，下至钱谷、甲兵、狱讼、造作，凡有关政体者，无不随日以录。犹患其出于吏牍，或有讹失，故欧阳修奏请宰相监修者，于岁终检点修撰官日所录事，有失职者罚之。如此，则日历不至讹失，他时会要之修取于此，实录之修取于此，百年之后纪、志、列传取于此，此宋氏之史所以为精确也。元朝则不然，不置日历，不置起居注，独中书置时政科，遣一文学掾掌之，以事付史馆。及一帝崩，则国史院据所付修实录而已。其于史事，固甚疏略。幸而天历间，虞集仿《六典》法，纂《经世大典》，一代典章文物粗备。是以前局之史，既有十三朝实录，又有此书可以参稽，而一时纂修诸公，如胡仲申、陶中立、赵伯友、赵子常、徐大年辈，皆有史才史学，仅而成书。至若顺帝三十六年之事，既无实录可据，又无参稽之书，惟凭采访以足成之，窃恐事未必核也，言未必驯也，首尾未必穿贯也。而向之数公，或受官，或还山，复各散去。乃欲以不材多病如仆者，承之于后，仆虽欲仰副执事之望，曷以哉！谨奉状左右，乞赐矜察。"一夔遂不至。

公元 1369 年 明太祖洪武二年 己酉

开局纂修《元史》，完成元宁宗以前部分。

《明太祖实录》（中央研究院历史语言研究所《明实录》校印本）卷三九：洪武二年二月丙寅朔，诏修《元史》。上谓廷臣曰："近克元都，得元十三朝实录。元虽亡，国事当记载，况史纪成败，示劝惩，不可废也。"乃诏中书左丞相宣国公李善长为监修，前起居注宋濂、漳州府通判王祎为总裁，徵山林遗逸之士汪克宽、胡翰、宋僖、陶凯、陈基、赵埙、曾鲁、高启、赵汸、张文海、徐尊生、黄篪、傅恕、王锜、傅著、谢徽十六人同为纂修，开局于天界寺，取元《经世大典》诸书，以资参考。诸儒至，上谕之曰："自古有天下国家者，行事见于当时，是非公于后世，故一代之兴衰，必有一代之史以载之。元主中国殆将百年，其初君臣朴厚，政事简略，与民休息，时号小康。然昧于先王之道，酣溺胡虏之俗，制度疏阔，礼乐无闻。至其季世，嗣君荒淫，权臣跋扈，兵戈四起，民命颠危，虽间有贤智之臣，言不见用，用不见信，天下遂至土崩。然其间君臣行事有善有否，贤人君子或隐或显，其言行亦多可称者。今命尔等修纂，以备一代之史，务直述其事，毋溢美、毋隐恶，庶合公论，以垂鉴戒。"

《纂修元史凡例》（载《元史》附录，中华书局点校本）：一、本纪。按：两汉本纪，事实与言辞并载，兼有《书》、《春秋》之义。及唐本纪，则书法严谨，全仿乎《春秋》。今修《元史》，本纪准两汉史。一、志。按：历代史志，为法间有不同。至唐志，则悉以事实组织成篇，考核之际，学者惮之。惟近代《宋史》所志，条分件列，览者易见。今修《元史》，志准《宋史》。一、表。按：汉、唐史表所载为详，而《三国志》、《五代史》则无之。唯《辽》、《金史》据所可考者作表，不计详略。今修《元史》，表准《辽》、《金史》。一、列传。按：史传之目，冠以后妃，尊也；次以宗室诸王，亲也；次以一代诸臣，善恶之总也；次以叛逆，成败之归也；次以四夷，王化之及也。然诸臣之传，历代名目又自增减不同。今修《元史》，传准历代史而参酌之。一、历代史书，纪、志、表、传之末，各有论赞之辞。今修《元史》，不作论赞，但据事直书，具文见意，使其善恶自见，准《春秋》及钦奉圣旨事意。

《明太祖实录》卷四四：洪武二年八月……癸酉……《元史》成。中书左丞相宣国公李善长等奉表进。……上览之，诏誊写刊行。赏汪克宽等十六人白金各三十二两，文绮帛各四匹，总裁官宋濂等倍之。

《明史》卷二，《太祖记二》：（洪武二年）二月丙寅朔，诏修《元史》。……八月……癸酉，《元史》成。

《明史》卷一二七，《李善长传》：李善长，字百室，定远人。……太祖为吴王，拜右相国。……吴元年九月论平吴功，封善长宣国公。改官制，尚左，以为左相国。……太祖即帝位……置东宫官属，以善长兼太子少师，授银青荣禄大夫、上柱国，录军国重事，余如故。……奉命监修《元史》。

《明史》卷一二八，《宋濂传》：洪武二年诏修《元史》，命充总裁官。是年八月史成，除翰林院学士。

《明史》卷二八九，《王祎传》：洪武元年……明年修《元史》，命祎与濂为总裁。祎史事擅长，裁烦剔秽，力任笔削。书成，擢翰林待制，同知制诰兼国史院编修官。

《明史》卷二八五，《赵埙传》：赵埙，字伯友，新喻人。……元至正中举于乡，为上犹教谕。洪武二年，太祖诏修《元史》，命左丞相李善长为监修官，前起居注宋濂、漳州府通判王祎为总裁官，徵山林遗逸之士汪克宽、胡翰、宋僖、陶凯、陈基、曾鲁、高启、赵汸、张文海、徐尊生、黄篪、傅恕、王锜、傅著、谢徽为纂修官，而埙与焉。以是年二月，开局天界寺，取元《经世大典》诸书，用资参考。至八月成，诸儒并赐赉遣归。而顺帝一朝史犹未备，乃命儒士欧阳祐等往北平采遗事。

《明史》卷二八二，《汪克宽传》：汪克宽，字德一，祁门人。……元泰定中，举应乡试，中选。……洪武初，聘至京师，同修《元史》。书成，将授官，固辞老疾。赐银币，给驿还。

《明史》卷二八五，《胡翰传》：胡翰，字仲申，金华人。……太祖下金华，召见，命与许元等会食中书省。后侍臣复有荐翰者，召至金陵。……授衢州教授。洪武初，聘修《元史》，书成，受赉归。

《明史》卷一三六，《陶凯传》：陶凯，字中立，临海人。领至正乡荐，除永丰教谕，不就。洪武初，以荐徵入，同修《元史》。书成，授翰林应奉。教习大本堂，授楚王经。

《明史》卷一三六，《曾鲁传》：曾鲁，字得之，新淦人。……洪武初，修《元史》，召鲁为总裁官（案：此误，曾鲁为纂修，非总裁）。

《明史》卷二八五，《高启传》：高启，字季迪，长洲人。……洪武初，被荐，偕同县谢徽召修《元史》，授翰林院国史编修官，复命教授诸王。

宋濂《送吕仲善使北平采史序》（见《宋学士全集》卷九）：皇帝即位之明

年，四方次第平，乃诏文学之士萃于南京，命官开局，纂修《元史》。爰自太祖开国至于宁宗，凡一百二十六年，已据旧史檃括成书，而元统迄于终祚，又三十六年，遗文散落，皆无所于考，丞相具以上闻。帝若曰："史不可以不就也，宜遣使天下访求之。"于是仪曹会诸史臣，发凡举例，具于文牍，遴选黄盅等十有二人，分行各省。佥以为北平乃元主故都，其文献必有足徵者，非精练博敏之士，未易以集其事。予友仲善，方司膳成均，实应其选。戒行李且有日，与仲善游者咸为赋诗，以予尝与刊修之末，俾题其篇端。鸣呼！传有之：国可灭，史不可灭。然既亡其国矣，而独谓史为不可废者，其故何哉？盖前王治忽之微，兴衰之由，得失之效，皆可为后王之法戒，史其可灭乎？然自汉以迄于近世，类多群臣奏请，始克缉成典籍。惟我皇帝既承大统，即出自渊衷，孜孜以纂修《元史》为意，则其神谋睿断，卓冠百王，伟量深仁，与天同大，巍巍乎不可尚已。仲善行哉！采石室之遗余，询名贤之纪录，俾信史免于阙文，传诸后世，其不有望于仲善矣乎？仲善行哉！吊齐鲁之故墟，探幽燕之陈迹，呼酒长歌，拔剑起舞，将又不在于仲善矣乎？然则仲善兹行亦壮矣！若予者，年逾六十，发白神耗，不能逐车尘马足之间，以摅写其中情，仰睇飞云，唯有慨然遐思而已。然而铺张上德，以昭布四方，垂诸无穷者，史臣之事也，庸敢备书之以为序，而区区离别之怀，有不暇计也。仲善姓吕氏，章贡人，有学有文，其闻誉盖翕然云。

李善长《进元史表》：银青荣禄大夫、上柱国、录军国重事、中书左丞相兼太子少师、宣国公臣李善长等言：伏以纪一代以为书，史法相沿于迁、固；考前王之成宪，周家有监于夏殷。盖因已往之废兴，用作将来之法戒。惟元氏之有国，本朔漠以造家。事兵戈而争强，并部落者十世；逐水草而为食，擅雄长于一隅。逮至成吉思之时，聚会斡难河之上，方尊位号，始定教条。既近取于乃蛮，复远攻于回纥。渡黄河以蹴西夏，逾居庸以瞰中原。太宗继之，而金源为墟。世祖承之，而宋箓遂讫。立经陈纪，用夏变夷。肆宏远之规模，成混一之基业。爰及成、仁之主，见称愿治之君。唯祖训之式遵，思孙谋之是遗。自兹以降，亦号隆平。丰亨豫大之言，壹倡于天历之世；离析涣奔之祸，驯致于至正之朝。徒玩细娱，浸忘远虑。权奸蒙蔽于外，嬖幸蛊惑于中。周纲遽致于陵迟，汉网实因于疏阔。由是群雄角逐，九域瓜分。风波徒沸于重溟，海岳竟归于真主。臣善长等诚惶诚恐，顿首顿首。钦惟皇帝陛下奉天承运，济世安民，建万世之丕图，绍百王之正统。大明出而爝火息，率土生辉；迅雷鸣而众响销，鸿音斯播。载念盛衰之故，乃推忠厚之仁。佥言实既亡而名亦随亡，独谓国可灭而史不当灭。特诏遗逸之士，欲求论议之公。文辞勿致于艰深，事迹务令于明白。苟善恶了然在目，庶劝惩有益于人。此皆天语之丁宁，足见圣心之广大。于是命翰林学士臣宋濂、待制臣王祎协恭刊裁，儒士臣汪克宽、臣胡翰、臣宋僖、臣陶凯、臣陈基、臣赵埙、臣曾鲁、臣赵汸、臣张文海、臣徐尊生、臣黄篪、臣傅恕、臣王锜、臣傅著、臣谢徽、臣高启分科修纂。上自太祖，下迄宁宗，据十三朝实录之文，成百余卷粗完之史。若自元统以后，则其载籍靡存，已遣使而旁求，俟续编而上送。愧其才识之有限，弗称三长；兼以纪述之未周，殊无寸补。臣善长忝司钧轴，幸睹成书。信传信而疑传疑，仅克编摩于岁月；笔则笔而削则削，敢言褒贬于《春秋》。仰尘乙夜之观，期作千秋之鉴。所撰《元史》，本纪三十七卷、志五十三卷、表六卷、传六十三卷、目录二卷，通计一百六十一卷，凡一百三十万六千余字。谨缮写装潢成一百二十册，随表上进以闻。臣善长下情无任激切屏营之至。臣善长等诚惶诚恐，顿首顿首，谨言。洪武二年八月十一日，银青荣禄大夫、上柱国、录军国重事、中书左丞相兼太子少师、宣国公臣李善长上表。

宋濂《元史目录后记》：明年（洪武二年）春二月丙寅开局，至秋八月癸酉书成。纪凡三十有七卷，志五十有三卷，表六卷，传六十有三卷。丞相、宣国公臣善长率同列表上，已经御览。至若顺帝之时，史官职废，皆无实录可徵，因未得为完书。上复诏仪曹遣使行天下，其涉于史事者，令郡县上之。

《春秋集传》等作者、《元史》纂修之一赵汸卒。

詹烜《东山赵先生汸行状》（见《新安文献志》卷七二）：先生讳汸，字子常，姓赵氏。……延祐六年己未三月癸亥，先生生焉。……不事举子业，少长遍诣郡之师儒，遂有负笈四方之思。……壬寅春，归东山。时明室初兴，创业金陵，吾邑已附属六年矣。有司屡奉命徵辟，继以议礼召，皆以得疾辞。己酉，起山林遗士共修《元史》，先生在召中。暨竣事，得请还。未几，疾复作，十有一月丙申而先生捐世矣，得年仅五十有一。

《明史》卷二八二，《赵汸传》：太祖既定天下，诏修《元史》，徵汸预其事。书成，辞归。未几卒，年五十有一。学者称东山先生。

倪尚谊《春秋集传·后序》：岁在壬寅，重著《集传》，方草创至昭公二十七年，乃疾疢难危，阁笔未续，序文亦不及改。洪武己酉仲冬，先生遽谢世矣。尚谊受教门墙颇久，获窥先生著述精思妙契之勤，尝俾其校对编抄，间有千虑一得，先生不以其愚妄，或俯从是正者有之。窃惟先生于是经，所谓一生精力尽于此者，诚足以破聚讼未决之疑，而发千载不传之秘。顾乃功亏一篑，《集传》未及成书。所幸初稿具全，其义例之精，有《属辞》可据。尚谊虽至愚极暗，然执经馆下，厥有自来，是以不避僭逾。始自昭公二十八年，讫于获麟，并序中条陈义例一节，辄加校定。其全书有讹误疏遗者，就用考正，庶几与《属辞》归一，而前后详略相因。固知画虎不成，难逃讥诮，然义例文辞悉据先生成说，特施檃括而已，初未敢以臆见傅会其间也。谨遵治命，分为一十五卷，既脱稿，藏之东山精舍，以俟君子修饰焉。学生倪尚谊谨识。

《千顷堂书目》卷二，《春秋》类：赵汸《春秋师说》三卷、《附录》二卷。……《春秋属辞》十五卷。……《春秋左氏补注》十卷。……《春秋集传》十五卷。始，汸至正戊子初作《集传》，既复著《属辞》，义精例密。《集传》所列经义史法，犹有未备，且谓《属辞》时推笔削之权，而《集传》大明经世之志，必二书相表里，而后《春秋》之旨方完。至壬寅，复著《集传》至昭公二十七年，撄疴遂阁笔。迨洪武己酉冬，汸卒，其门人倪尚谊据《属辞》义例补成之。

公元 1370 年 明太祖洪武三年 庚戌

官修《元史》全书告成。

《明太祖实录》卷四九：洪武三年二月……乙丑，诏续修《元史》。时儒士欧阳祐等采摭故元元统以后事实还朝，仍命翰林学士宋濂、待制王祎为总裁。儒士赵埙、朱右、贝琼、朱世廉（今案：此人名当作“朱廉”或“朱世濂”。《明史》作“朱廉”。《千顷堂书目》卷一七，别集类：《朱世濂文集》十七卷，一名廉，字伯清。义乌人。明初荐授钓台书院山长）、王彝、张孟兼、高逊志、李懋、李汶、张宣、张简、杜寅、殷弼、俞寅十四人同纂修。又卷五四：洪武三年秋七月丁亥朔，续修《元史》成，计五十有三卷，纪十、志五、表二、列传三十六。凡前书未备者，悉补完之，通二百一十二卷。翰林院学士宋濂率诸儒以进。诏刊行之，人赐白金二十两，文绮帛各二。授儒士张宣等官。惟赵埙、朱右、朱廉乞还田里，从之。

宋濂《吕氏采史目录序》（载《宋文宪公集》卷七）：明年（洪武二年）秋七月，史成。自太祖迄于宁宗，总一百五十九卷，左丞相宣国公李善长率诸史臣上进。顺帝三十六年之事，旧乏实录，史臣无所于考，阙略不备。于是礼部尚书崔亮、主事黄肃与濂等，发凡举例，奏遣使者十有一人遍行天下，凡涉史事者悉上送官。今之北平乃元氏故都，山东亦号重镇，一代典章文献当有存者，特择有职于官者行，示不敢轻也。章贡吕仲善，时司膳成均，乃被是选。是月癸卯，即乘驿北去，八月丁卯抵北平。凡诏令、章疏、拜罢、奏请，布在方册者，悉辑为一。有涉于番书，则令译而成文。其不系公牍，若乘舆巡幸、宫中隐讳、时政善恶、民俗歌谣，以至忠孝、乱贼、灾祥之属，或见之野史，或登之碑碣，或载群儒家集，莫不悉心咨访。且遣儒生危于等分行乎滦燕南诸郡，示以期日，有慢令者罪及之。爰自丁丑开局于故国子监，至冬十有一月壬辰朔始完，以帙计者八十，择高丽翠纸为之衣，舁至行中书借官印识之，进于南京。乙未赴山东，河水方冻，大雪深二三尺，仲善驾牛车遵陆而行，一吸一呼，冰生鬒间。己未至济南，其咨询大略，如北平时。又明年春正月甲寅，竣事，成书又四十帙，所拓碑文北平四百通、山东一百通不在数中，仍印识如前。三月壬寅，辇还京师，已而诸使者咸集。濂于是有所依据，修成续史四十八卷。夏六月，复诣阙上进。仲善以功升太常典簿，寻为丞，且以史事之重，不可易视也，集为《目录》四巨编上之，而藏其副于家，徵濂序其首。昔者司马光既著《资治通鉴》，又略举事目，年经而国纬之，名曰《目录》，示学者以枢要也。仲善今备述采史纲领，明其事之良艰，示后人以轨则也。书之意虽不同，而心之厚与仁则一而已。呜呼！史有阙遗久矣，如近代卫绍王之朝，记注亡失，南迁后遂不能纪载。当时史臣所属，若得如仲善者，岂不有胜窦祥、杨云翼之所录哉？顺帝一纪卒得为完书，皆仲善之功无疑。人有功而不知，不智也。知而不言，不仁也。濂待罪国史，故不辞而为之序，使观者有所徵焉。进史后三月□□日。

宋濂《元史目录后记》（载《元史》附录）：又明年（洪武三年）春二月乙丑开局，至秋七月丁亥书成，又复上进。以卷计者，纪十，志五，表二，传三十又六。凡前书有所未备，颇补完之。其时与编摩者，则臣赵埙、臣朱右、臣贝琼、臣朱世濂、臣王廉、臣王彝、臣张孟兼、臣高逊志、臣李懋、臣李汶、臣张宣、臣张简、臣杜寅、臣俞寅、臣殷弼，而总其事者仍臣濂与臣袆焉。

今案：《元史》纂修，凡两开史局，由李善长为监修官，宋濂、王袆为总裁，主持其事。第一次入局的史官有十六人（见上一年）。第二次入局的史官，《明太祖实录》、《明史·赵埙传》记为十四人，宋濂《元史目录后记》记为十五人，多"王廉"一人。据陈高华《〈元史〉纂修考》（载《历史研究》1990年第4期），方龄贵《〈元史〉纂修杂考》（载《社会科学战线》1992年第2期）所考，宋濂《元史目录后记》所记是。前后入局史臣，二文考述颇详，可参考。

合前后二书，复厘分而附丽之，共成二百一十卷。旧所纂录之士，其名见于表中者，或仕或隐，皆散之四方，独埙能终始其事云。昔者，唐太宗以开基之主，干戈甫定，即留神于《晋书》，敕房玄龄等撰次成编，人至今传之。钦惟皇上龙飞江左，取天下于群雄之手，大统既正，亦诏修前代之史，以为世鉴。古今帝王能成大业者，其英见卓识，若命符节盖如是。於戏盛哉！第臣濂等以荒唐缪悠之学，义例不明，文辞过陋，无以称塞诏旨之万　。夙夜揣分，无任战兢。今镂板讫功，谨系岁月次第于目录之左，庶几博雅君子相与刊定焉。洪武三年十月十三日，史臣金华宋濂谨记。

《明史》卷一二八，《宋濂传》：明年（洪武三年）二月，儒士欧阳祐等采故元元统以后事迹还朝，仍命濂等续修，六越月再成，赐金帛。

焦竑《玉堂丛语》卷四，《纂修》：高帝以宋濂为翰林学士，令总修《元史》。时编摩之士，皆山林布衣，发凡举例，一仰于濂。濂通练故事，笔其纲领及传记之大者，同列敛手而已。逾年书成，濂之功居多。

《明史》卷二八五，《赵埙传》：明年（洪武三年）二月……重开史局，仍以宋濂、王祎为总裁，徵四方文学士朱右、贝琼、朱廉、王彝、张孟兼、高逊志、李懋、李汶、张宣、张简、杜寅、殷弼、俞寅及埙为纂修官。先后纂修三十人，两局并与者，埙一人而已。阅六月，书成，诸儒多授官，惟埙及朱右、朱濂不受归。寻召修日历，授翰林编修。……始与埙同纂修者汪克宽、陶凯、曾鲁、高启、赵汸、贝琼、高逊志并有传，今自宋僖以下可考者，附著于篇。宋僖字无逸，余姚人。元繁昌教谕，遭乱归。史事竣，命典福建乡试。陈基字敬初，临海人。……吴平，召修《元史》，赐金而还。洪武三年冬卒。……张文海，鄞人，与同里傅恕并入史馆。徐尊生，字大年，淳安人。《元史》成，受赐归，复同修日历。……傅恕，字如心，鄞人。……洪武二年诣阙陈治道十二策……太祖嘉纳之，遂命修《元史》。事竣，授博野知县，后坐累死。……傅著，字则明，长洲人。史成，归为常熟教谕。……谢徽，字符懿，长洲人。史成，授翰林国史院编修。……朱右，字伯贤，临海人。史成，辞归。……朱廉，字伯清，义乌人。……李文忠镇严州，延为钓台书院山长。洪武初，《元史》成，不受官归。……王彝，字常宗，其先蜀人，父为昆山教授，遂卜居嘉定。……《元史》成，赐银币还。……张孟兼，浦江人，名丁，以字行。史成，授国子学录，历礼部主事、太常司丞。……李汶，字宗茂，当涂人。……史成，除巴东知县，移南和。……张宣，字藻重，江阴人。洪武初，以考礼徵。寻预修《元史》，太祖亲书其名，召对殿廷，即日授翰林编修。……张简，字仲简，吴县人。……洪武三年，荐修《元史》。……杜寅，字彦正，吴县人。史成，官岐宁卫知事。

《明史》卷一三七，《宋讷传附贝琼传》：贝琼，字廷琚，崇德人。……洪武初，聘修《元史》。既成，受赐归。

《明史》卷一四三，《王艮传附高逊志传》：有高逊志者……萧县人，寓嘉兴。……徵修《元史》，入翰林，累迁试吏部侍郎。

郑柏《金华贤达传》卷一一：苏伯衡，字平仲，金华人。……国初召为国子学录，纂修《元史》，升国史院编修，以瞶辞归。

焦竑《玉堂丛语》卷一，《文学》：高启以修《元史》成，授翰林编修。擢户部侍郎，不拜，致政归。

《千顷堂书目》卷四，正史类：宋濂等修《元史》二百十二卷。

《明史》卷九七，《艺文志二》正史类：《元史》二百十二卷。洪武中，宋濂等修。

《四库全书总目》卷四六，史部正史类二：《元史》二百十卷，明宋濂等奉敕撰。洪武二年，得元十三朝实录，命修《元史》，以濂及王祎为总裁，二月开局天宁寺，八月书成。而顺帝一朝史犹未备，乃命儒士欧阳祐等往北平采其遗事，明年二月诏重开史局，阅六月书成，为纪四十七卷、志五十三卷、表六卷、列传九十七卷。书始颁行，纷纷然已多窃议，追后来递相考证，纰漏弥彰。……然《元史》之舛驳，不在于蒇事之速，而在于始事之骤。以后世论之，元人载籍之存者，说部、文集尚不下一二百种，以订史传，时见抵牾，不能不咎考订之未密。其在当日，则重开史局距元亡二三年耳，后世所谓古书，皆当日时人之书也。其时有未著者，有著而未成者，有成而未出者，势不能裒合众说，参定异同。……惟是事迹虽难以遽详，其体例则不难自定，其讹脱则不难自校也。今观是书，三公、宰相分为两表，礼、乐合为一志，又分祭祀、舆服为两志，列传则先及释老，次以方技，皆不合前史遗规；而删除艺文一志，收入列传之中，遂使无传之人，所著皆不可考，尤为乖迕；又帝纪则定宗以后，宪宗以前，缺载者三年，未必实录之中竟无一事，其为漏落显然。……《解缙集》有《与吏部侍郎董伦书》，称《元史》舛误，承命改修云云，其事在太祖末年，岂非太祖亦觉其未善，故有是命欤？若夫《历志》载许衡、郭守敬之《历经》、李谦之《历议》，而并及《庚午元历》之未尝颁用者，以证其异同；《地理志》附载潘昂霄《河源考》，而取朱思本所译梵字图书分注于下；《河渠志》则北水兼及于卢沟河、御河，南水兼及于盐官海塘、龙山，河道并详其缮浚之宜，未尝不可为考古之证。读者参以诸书，而节取其所长可也。

《大明志书》修成。

《明太祖实录》卷五九：洪武三年十二月……辛酉，《大明志书》成。先是，命儒士魏俊民、黄篪、刘俨、丁凤、郑思先、郑权六人，编类天下州郡地里形势、降附始末为书。凡天下行省十二，府一百二十，州一百八，县八百八十七，安抚司三，长官司一。东至海，南至琼崖，西至临洮，北至北平。至是，书成，命送秘书监锓梓颁行。俊民等皆授以官。

郑晓《今言》卷一：洪武三年冬，儒士魏俊民、黄篪、刘俨、丁凤、郑思先、郑权上《大明志》。命秘书监梓行。授俊民等官。

《千顷堂书目》卷六，地理类：《大明志书》。洪武三年，令儒士魏俊民、黄篪、刘俨、丁凤、郑思尧（今案：误，“尧”应为“先”）、郑枢（今案：误，“枢”应为“权”）等类编天下州郡地理形势、降附颠末为书，凡行省十二，府一百十（今案：据《明太祖实录》，应为一百二十），州一百八、县八百八十七、安抚司三、长官司一，东至海，南至琼崖，西至临洮，北至北平。本年十二月书成，命秘书监刊行。俊民等皆授以官。

《明史》卷九七，《艺文志二》地理类：《大明志书》。洪武三年，诏儒士魏俊民等类编天下州郡地理形势、降附颠末为书。卷亡。

> 今案：谢贵安《〈大明志书〉修纂及特点考论——兼论朱元璋的狭隘心胸》（载《明清安徽典籍研究》，黄山书社2005年版）一文，对纂修儒士及本书编纂特点有所考述，可参阅。

公元1371年 明太祖洪武四年 辛亥

权衡于本年前著成《庚申外史》。

宋濂《庚申外史跋》：葛溪先生姓权，名衡，字以制，吉安人，葛溪其号也。隐太行山、彰德府黄华山二十八年，不仕。太不花丞相、李察罕尝以礼聘，俱不应。洪武辛亥，偶在海陵盐船中相见。著书甚多，年六十余。其子间关往北寻见，苦请还乡，于是附乡人盐船回。与予言，始寓临江。盖隐德硕学之士也。因阅此录，遂广其传云。金华宋濂。

《千顷堂书目》卷五，别史类：权衡《庚申外史》二卷。字以制，吉安人。至正中，隐居太行黄华山中，李察罕聘之，不应。

《明史》卷九七，《艺文志二》杂史类：权衡《庚申外史》二卷。

《四库全书总目》卷五二，史部杂史类存目一：《庚申外史》二卷（编修汪如藻家藏本），明权衡撰。衡，字以制，号葛溪，吉安人。元末兵乱，避居彰德黄华山。明初归江西，寓居临川以终。是书见于《明史·艺文志》者，卷目与此相合。陈继儒尝刻入秘笈，佚脱讹舛，殆不可读。此乃别行钞本，犹当日原帙也。所纪皆元顺帝即位以后，二十八年治乱大纲。时顺帝犹未追谥，以其庚申年生，故称之曰庚申帝。又《元史》亦尚未修，故别名曰《史外见闻录》。所言多与《元史》相合，于宫庭构煽盗贼纵横之事，皆能剖析端委。

今案：权衡生平事迹不详。任崇岳《权衡与〈庚申外史〉》（载《史学月刊》1984年第1期）、温岭（陈高华）《〈庚申外史〉作者权衡小考》（载《元史论丛》第4辑，中华书局1992年版）有所考述，可参阅。任崇岳又有《庚申外史笺证》（中州古籍出版社1991年版）。

公元1372年　明太祖洪武五年　壬子

《元史》总裁官之一、《大事记续编》等作者王祎卒。

《明太祖实录》卷七一：洪武五年春正月……癸丑，遣翰林待制王祎偕苏成赍诏谕云南。……祎至云南，梁王久留不遣，卒遇害。

《明史》卷二，《太祖纪》：洪武……五年春正月癸丑，待制王祎使云南，诏谕元梁王把匝剌瓦尔密。祎至，不屈死。

《明史》卷二八九，《王祎传》：（洪武）五年正月议招谕云南，命祎赍诏往。……遂遇害，时十二月二十四日也。

《千顷堂书目》卷四，编年类：王祎《大事记续编》七十七卷。又卷五别史类：王祎《造邦勋贤略》一卷。

《明史》卷九七，《艺文志二》正史类：王祎《大事记续编》七十七卷。又杂史类：王祎《造邦勋贤略》一卷。

何乔新《跋大事记续编》(《椒邱文集》卷一八)：《大事记续编》凡七十七卷，翰林待制金华王公子充所著。公与宋学士景濂，皆以文章学术显于国初，同典制诰。后奉使南诏，谕元宗室梁王巴图，不屈死之……《纲目》盛行于时，此书不可作也。其间予夺褒贬，又与《纲目》大不合者。《纲目》以昭烈绍汉统、章武纪年，直接建安，此万世不易之论也。此书顾谓抑扬太过，乃用无统之类例，以汉与魏、吴并从分注，不从朱子而取陈寿、裴松之之说，可乎？不可乎？《纲目》出武后之号，纪中宗之年，每岁书帝之所在，盖《春秋》书“公在乾侯”之例也。此书乃以武后纪年。则所谓秉笔迷至公者。岂独欧阳子哉！……夫学如朱子，著述如《纲目》，亦可以止矣，而公此书乃故为异同，岂好奇之过邪？……

《四库全书总目》卷四七，史部编年类：《大事记续编》七十七卷，明王祎撰。……此书乃续吕祖谦《大事记》而作，体例悉遵其旧，惟解题即附各条之下，不别为一书。俞恂称其书自征和迄宋德祐二年，凡一千三百六十五年。而今所传本，实自汉武帝征和四年，至周恭帝显德六年，不知恂何所据而云然。或是书钞本，仅藏蜀王府中，至成化间始刊版，传写有所佚脱欤？考《何乔新集》，尝称祎此书予夺褒贬与《纲目》不合，如《纲目》以昭烈绍汉统，章武纪年直接建安，此书乃用无统之例，以汉与魏、吴并从分注。又《纲目》斥武后之号，纪中宗之年，每岁书帝所在，用《春秋》“公在乾侯”例，而此书乃以武后纪年。又李克用父子，唐亡称天祐年号，以讨贼为词，名义甚正，故《纲目》纪年，先晋后梁，此书乃先梁后晋，皆好奇之过。所言亦颇中其失。然其间考订同异，如《通鉴》载汉武帝仙人妖妄之言，淖方成祸水之说，以为出于《汉武故事》、《飞燕外传》，讥司马光轻信之失；纪光武帝省并十三国，以地志正本纪之误。此类考证辨别，皆为不苟。又宋庠《纪年通谱》，久无传本；刘羲叟《长历》，仅《通鉴目录》用以纪年，书亦散佚。此书间引及之，亦可以备参稽。至前贤议论，荟萃尤多。瑕瑜不掩，读者节取其长焉可矣。

《宋史稿》、《元史稿》作者危素卒。

《明太祖实录》卷七一：洪武五年春正月。……是月危素卒。素，字太朴，抚之金溪人。……其在元时……累官至岭北行中书省右丞。元亡，以元故臣入朝。上雅重素文学。洪武二年，授侍讲学士，坐失朝免。三年四月，复其官。未几，兼弘文馆学士。赐小车，免朝谒，但时备顾问，论说经史而已。后谪居和州含山县。至是，以疾卒。

宋濂《故翰林侍讲学士中顺大夫知制诰同修国史危公新墓碑铭》：呜呼！翰林侍讲学士、中顺大夫、知制诰、同修国史危公，享年七十，以洪武五年春正月二十三日，卒于和州含山县之寓舍。……有文集五十篇、奏议二卷、《宋史稿》五十卷、《元史稿》若干篇，藏于家。

《明史》卷二八五，《危素传》：危素，字太朴，金溪人。……岭北行省左丞。言事不报，弃官居房山。……居房山者四年。明师将抵燕，淮王帖木儿不花监国，起为承旨如故。素甫至而师入，乃趋所居报恩寺，入井。寺僧大梓力挽起之，曰："国史非公莫知。公死，是死国史也。"素遂止。兵迫史库，往告镇抚吴勉辈出之，《元实录》得无失。洪武二年授翰林侍讲学士，数访以元兴亡之故，且诏撰《皇陵碑》文，皆称旨。……御史王著等论素亡国之臣，不宜列侍从，诏谪居和州，守余阙庙，岁余卒。

《千顷堂书目》卷四，正史类：危素《宋史稿》五十卷，又《元史稿》五十卷。

陶凯建议编撰会要。

《明太祖实录》卷七七：洪武五年十二月……庚辰，礼部尚书陶凯言："汉、唐、宋皆有会要，纪载时政，以资稽考。今起居注记言记事，藏之金匮，是为实录。凡诸钦录圣旨及奏事簿籍，纪载时政，可以垂法后世者，宜依会要编类为书，使后之议事者有所考焉。其台省府宜各置铜匮，藏钦录簿，以备稽考。"俱从之。

《明史》卷一三六，《陶凯传》：（洪武）三年七月，与崔亮并为礼部尚书。……其年，亮卒，凯独任。……五年，凯言："汉、唐、宋时皆有会要，纪载时政。今起居注虽设，其诸司所领谕旨及奏事簿籍，宜依会要，编类为书，庶可以垂法后世。下台省府者，宜各置铜柜藏之，以备稽考，俾无遗缺。"从之。

《元史》纂修之一、《春秋胡传附录纂疏》等作者汪克宽卒。

《明史》卷二八二，《汪克宽传》：（洪武）五年冬卒，年六十有九。

《千顷堂书目》卷二，《春秋》类：汪克宽《春秋胡传附录纂疏》三十卷，书撰于顺帝后纪至元中，汪泽民、虞集皆有叙，《春秋大全》多袭用其书。又卷五，史学类：汪克宽《通鉴纲目凡例考异》一卷。

《明史》卷九六，《艺文志一》《春秋》类：汪克宽《春秋胡传附录纂疏》三十卷。

《元史》纂修之一曾鲁卒。

《明太祖实录》卷七七：洪武五年十二月……壬辰，礼部侍郎曾鲁卒。……卒年五十四。

宋濂《中顺大夫礼部侍郎曾公神道碑》（见《宋学士全集》卷一八）：公讳鲁，字得之。……（元）至正壬辰，天下大乱，州县所在绎骚，公召里诸豪，集健儿，持兵以保障乎一方。……及入国朝，有召纂修《元史》，勒成一代之典，遣使者起公于家，公赞决部居，补苴罅漏者不一而足，其功为最多。史成，上坐端门召诸史臣，有白金束帛之赐，公居其首焉。……（洪武）五年二月……拜中顺大夫礼部侍郎。……八月……忽吐血一升……自是遂奄奄不振。……十有一月，疾愈笃。……十有二月辛卯，归舟至南昌，公谓次子圭曰："吾命止，明日不能至家矣。"……壬辰，次石岐潭，果敛衽而逝，距家才两驿尔。……享年五十四岁。

《明史》卷一三六，《曾鲁传》：（洪武）五年……十二月，引疾归，道卒。

公元1373年 明太祖洪武六年 癸丑

敕撰《昭鉴录》编成。

《明太祖实录》卷八〇：洪武六年三月……《昭鉴录》成。先是，命礼部尚书陶凯、主事张筹等，采摭汉、唐以来藩王善恶可为劝戒者为书。会凯出参行省，编辑未成。于是召秦王傅文原吉、翰林院编修王僎、国子博士李叔允、助教朱复、秦府录事蒋子杰等续修之。至是书成，缮写为二卷，太子赞善大夫宋濂为序以进，赐名曰《昭鉴录》，以颁赐诸王。

《明史》卷二，《太祖纪二》：（洪武六年三月）颁《昭鉴录》，训诫诸王。

《明史》卷一三六，《崔亮传附张筹传》：张筹，字惟中，无锡人。……以詹同荐，授翰林应奉，改礼部主事。奉诏与尚书陶凯编集汉、唐以来籓王事迹为《昭鉴录》。

宋濂《昭鉴录·序》（见《宋学士全集》卷五）：洪武六年三月癸卯朔，上诏秦相府右傅臣文原吉、翰林修撰臣王僎、国子博士臣李叔允、助教臣朱复、秦相府录事臣蒋子杰、晋府纪善臣吕宗盛、录事臣杜环、燕府录事臣张云翀、吴府录事臣吴从善、楚府录事臣王镛、靖江府录事臣宋善，类集历代诸王事实。既受命，乃取东观诸史相与研磨，善与恶可为劝惩者咸采焉。其文芜事泛，则删取其大概；或有奢淫不轨，无复人理者，辄弃而不收。越二十又二日甲子，书成，缮写为二卷，臣原吉等诣阙投进，仍请以太子赞善大夫臣宋濂为之序。上可其奏。先是，有诏礼部亦修是书，前尚书臣陶凯、今尚书臣牛谅、主事臣张筹、遂录为一卷，上尘乙夜之览。然二书义例本同，无大相远，臣筹因会萃众论，合而为一，承诏刻梓以传，名之曰《昭鉴》，臣濂因得而序之。臣濂钦惟皇上既正天位，即定青宫，众建诸子为王，作镇雄藩，于是发自渊衷，锡以宝训。凡箴戒之谆切，礼仪之等第，兵卫之出入，与夫职制、营膳、法律、供用之属，具录成书，共一百一十有余条。然虑其文太繁，前史之事可据以为鉴戒者，多于各条之下微注其纲，而其目则悉载此书，庶几得以互见。其为圣子神孙建万世之丕基者，可谓深且长矣。於戏盛哉！……是岁五月三日，臣濂拜手稽首谨序。

《千顷堂书目》卷一一，儒家类：《昭鉴录》五卷。太祖尝命礼部尚书陶凯、主事张筹等采录汉唐以来藩王善恶以为鉴戒，后凯出参行省，编辑未成。于是诏秦王傅文原吉、翰林编修王僎、国子博士李叔元、助教朱复、录事蒋子杰等续修之。至六年三月书成，太子赞善大夫宋濂为序以进，颁赐诸臣。一作二卷。

纂修《日历》。

《明太祖实录》卷八五：洪武六年九月……壬寅，翰林学士承旨兼吏部尚书詹同等言："自上起兵渡江以来，征讨平定之迹，礼乐治道之详，虽有纪载而未成书，乞编《日历》，藏之金柜，传于后世。"上从其请。命同与侍讲学士宋濂为总裁官，侍讲学士乐韶凤为催纂官，礼部员外郎吴伯宗、儒士朱右、赵埙、朱廉、徐一夔、孙作、徐尊生同纂修，乡贡进士黄昶、国子生陈孟旸等誊写。又卷八六：洪武六年……十二月……以儒士朱右、赵埙、朱廉为翰林编修，孙作为太平府儒学教授，以修《日历》故也。

黄佐《翰林记》卷一三，《修日历宝训》：圣祖时设起居注，后惟专设本院史官。常谕学士詹同等曰："国史贵直书是非善恶。昔唐太宗观史，命直书建成之事，其意欲以公天下者也。予平日言行，可记其是非善恶，汝等皆当明白直书，勿为隐讳，庶使后世观之，不失其实。"洪武六年七月壬寅，学士承旨兼吏部尚书詹同等言："自上起兵渡江以来，征讨平定之绩，礼乐治道之详，虽有纪载而未成书，乞编《日历》，藏之金匮，传之后世。"上从其请。八月甲申，上御东黄阁，命同与侍讲学士宋濂为总裁官，侍读学士乐韶凤为催纂官，员外郎吴伯宗、儒士朱右、赵埙、朱廉、徐一夔、孙作、徐尊生同纂修，乡贡进士黄昶、国子生陈益旸等誊写。九月四日，开局于西华门内，分年纂辑，日轮寺人守阍，大官进膳羞，其事甚严且秘。同等昧爽而入，至日曛始出。复会宿于词林，虞有宣泄，不敢不慎也。十二月，擢右、埙、廉为编修，作为太平府教授。一夔辈以病乞归，许之。

《明史》卷一三六，《詹同传》：詹同，字同文，初名书，婺源人。……至正中，举茂才异等，除郴州学正。遇乱，家黄州，仕陈友谅为翰林学士承旨。太祖下武昌，召为国子博士，赐名同。……迁考功郎中，直起居注。……洪武元年，与侍御史文原吉、起居注魏观等循行天下，访求贤才。还，进翰林直学士，迁侍读学士。……四年，进吏部尚书。六年，兼学士承旨，与学士乐韶凤定释奠先师乐章。又以渡江以来，征讨平定之迹，礼乐治道之详，虽有纪载，尚未成书，请编《日历》。帝从之，命同与宋濂为总裁官，吴伯宗等为纂修官。

《明史》卷一二八，《宋濂传》：（洪武）六年七月，迁侍讲学士，知制诰，同修国史，兼赞善大夫。命与詹同、乐韶凤修《日历》。

《明史》卷一三六，《乐韶凤传》：乐韶凤，字舜仪，全椒人。……洪武三年授起居注，数迁。六年，拜兵部尚书。……改侍讲学士，与承旨詹同正释奠先师乐章，编集《大明日历》。

《明史》卷一三七，《吴伯宗传》：吴伯宗，名祐，以字行，金溪人。洪武四年，廷试第一……授礼部员外郎，与修《大明日历》。

《明史》卷二八五，《赵埙传附朱右传》：“徵修《日历》、《宝训》，授翰林编修。”又《朱廉传》：“徵修《日历》，除翰林编修。”

《明史》卷二八五，《陶宗仪传附孙作传》：孙作，字大雅，江阴人。……洪武六年聘修《大明日历》，授翰林编修，乞改太平府教授。

公元 1374 年 明太祖洪武七年 甲寅

官修《大明日历》、《皇明宝训》告成。

《明太祖实录》卷八九：洪武七年五月丙寅朔，修《大明日历》成。自上起兵临濠，至即位六年癸丑冬十二月。凡征伐次第、礼乐沿革、刑政设施、群臣功过、四夷朝贡之类，莫不具载，合一百卷。承旨詹同、侍讲学士宋濂率诸儒上进，命藏之金匮，其副藏于秘书监。濂等又言于上曰："《日历》藏之天府，人欲见之，有不可得。臣请如唐太宗《贞观政要》分类，更辑圣政为书，以传于天下后世。"上从之。于是分为四十类，自"敬天"至"制蛮夷"，厘为五卷，总四万五千五百余言，名曰《皇明宝训》。自是以后，凡有圣政，史官日纪录之，随类增入。

宋濂《恭进日历序》（见《宋学士全集》卷五）：洪武七年岁在甲寅夏五月朔日，新修《大明日历》成。粤从皇上兴临濠践天位，以至六年癸丑冬十有二月，凡戒饬之谆复、征伐之次第、礼乐之沿革、刑政之设施、群臣之功过、远方之朝贡，莫不具载。合百卷，藏诸金匮，副在秘书。甲寅以后，则岁再修而续藏焉。……然而史书甚重，古称直笔不溢美、不隐恶，务合乎天理人心之公，无其事而曲书之者固非也，有其事而失书者尤非也。况英明之主不世出，而记注之官迁易不常，无以究夫圣德之高深。臣同暨濂，幸获日侍燕闲十有余年，知之深，故察之精，察之精，则其书也颇谓得其实而无愧。兹因《日历》成书，谨揭其大要于首简，使他日修实录者有所采掇，庶几传信于千万世也。其总裁官翰林学士承旨嘉议大夫知制诰兼修国史兼吏部尚书臣詹同、翰林侍讲学士中顺大夫知制诰同修国史兼太子赞善大夫臣宋濂，催纂官翰林侍讲学士嘉议大夫知制诰同修国史臣乐韶凤，纂修官礼部员外郎臣吴伯宗、翰林编修臣朱右、臣赵埙、臣朱廉、儒学教授臣徐一夔、臣孙作、布衣臣徐尊生，其雠校、誊写则臣伯宗、臣廉及乡贡进士臣黄昶、国子生臣陈孟旸。开局于六年九月四日，历二百六十有五日始讫事云。臣濂谨序。

宋濂《送徐教授纂修日历还任序》（见《宋学士全集》卷九）：洪武六年秋九月，皇帝御谨身殿，从翰林学士宋濂之请，妙柬文学之士四三人，纂修《大明日历》，而诏濂与吏部尚书詹同司总裁事。当是时，杭州府学教授徐君大章（案：徐一夔字大章），实在选中。开局于内府，日给太官之膳，而令中贵人护阖，非奉敕旨不敢入，其事至严也。濂时与大章辰入而申出，凡兴王出治之典、命将行师之绩、采章文物之懿、律历刑法之详，咸以事系日，以日系月，以月系年，必商榷而谨书之。濂年加耄，不能有所献为，唯发凡举例而已。其助我者，大章之力居多。越四月书成，共一百卷，遴日上奏，登盘龙金匮中，奠于丹陛之下。缙绅之家争欲荐大章入词林，大章坚以足疾辞。……大章将还莅教席，濂饯之秦淮河上。……明年春正月，友生金华宋濂序。

宋濂《进呈宝训序》（见《宋学士全集》卷五）：皇帝继天出治，御大礼服，七纬顺度，九围敉宁。爰自龙飞之初，以迄今兹，金匮之藏，岁益月增，乃徇翰林词臣之请，纂修《日历》，以成昭代之大典。粤洪武癸丑之秋八月甲午，帝御东黄阁，召臣詹同、臣乐韶凤、臣宋濂，俾选海内文学之士，开局西华门内，相与编摩成书，而命臣同、臣濂为之总裁。九月壬寅，臣等既莅事，发所藏而翻阅之。仰窥神机睿断，远犹辰告，足以明徵定保、嘉惠邦家者，充牣乎其间。臣等因与言曰："《日历》之成，藏诸天府，人欲见之，有不可得者。盍如太宗《贞观政要》之书，编集以传。"询谋既同，于是辑成四十类，自《敬天》至《制苗蛮》，厘为五卷，总四万五千五百余言，皆从记注之真，不敢以己意轻为损益云。……翰林学士承旨嘉议大夫知制诰兼修国史兼吏部尚书臣詹同、翰林侍讲学士嘉议大夫知制诰同修国史臣乐韶凤、翰林侍讲学士中顺大夫知制诰同修国史兼太子赞善大夫臣宋濂等上。

《明史》卷一三六，《詹同传》：（洪武）七年五月，书（《大明日历》）成，自起兵临濠至洪武六年，共一百卷。同等又言："《日历》秘天府，人不得见，请仿唐《贞观政要》，分辑圣政，宣示天下。"帝从之。乃分四十类，凡五卷，名曰《皇明宝训》。嗣后凡有政迹，史官日记录之，随类增入焉。

《明史》卷一二八，《宋濂传》：又与吴伯宗等修《宝训》。

《明史》卷二八五，《徐一夔传》：用荐署杭州教授。召修《大明日历》，书成，将授翰林院官，以足疾辞，赐文绮遣还。

《千顷堂书目》卷四，国史类：《大明日历》一百卷。洪武中，翰林学士承旨兼吏部尚书詹同等，编帝起兵渡江以来，征讨平定之绩，礼乐治道之详，为此书。始于洪武六年九月，迄七年五月书成，同与翰林侍讲学士宋濂等上进。命藏之金匮，留其副于秘书监。又：《大明宝训》五卷。《日历》既成，宋濂等又言于帝曰："《日历》藏之天府，人欲见不可得，臣请如《贞观政要》分类，更辑圣政为书，以传天下后世。"帝从之。于是分为四十类，自《敬天》至《制蛮夷》，总四万五千五百余言。自是而后，凡有圣政，史官日记录之，随类增入。又：《皇明宝训》十五卷，亦纪太祖一代事，盖因濂书而增广之。

《明史》卷九七，《艺文志二》正史类：《日历》一百卷。洪武中，詹同等编，具载太祖征讨平定之绩，礼乐治道之详。《宝训》十五卷 。《日历》即成，詹同等又请分类更辑圣政为书，凡五卷。其后史官随类增至十五卷。

公元 1375 年　明太祖洪武八年　乙卯

宋濂编成《洪武圣政记》。

宋濂《洪武圣政记序》（见《宋学士全集》卷五）：自古帝王创业垂纪，方有事于征伐，而于弥纶天下之治，具势或未遑。及其大统既集，亦不过振厥宏纲，而万目未尽举焉。如汉之高帝得国最正，虽曰算无遗策，而施之政令，犹乏精详。故史臣赞之，亦但云规模宏远而已。夫以高帝之雄杰尚如此，则其余从可知矣。洪惟皇上以布衣受天命，盖与高帝同。虽当开拓土疆之际，停戈讲艺，息马论道，夜以继日，无一时之宁。逌夫正天位，朝万国，孳孳图治，恒若不足。于是纲举于上，目备于下，诚有非高帝所可及。是故郊庙以及百神之祭，礼文咸秩，则祀事严矣；御极之日，即立储位以正青宫，则大本定矣；众建诸王，列封功臣，则大分昭矣；兵戎之众，自京师达于郡府，率皆设卫，权一出于朝廷，而为将者不得私，而军政肃矣；内外官有定制，一革冗滥之弊，而幸位绝矣；冠服有别，防范有严，而民志自定，无僭侈矣。他如申禁令，核实效，育人才，优前代，正礼仪之失，去海岳之封，严宫壶之法，励忠节之训，刬积岁之弊，如斯之类，不一而足。或前王所未行，或行之有未至者，皆焕然有条，可以垂法后世，此其故何哉？盖自近代以来，习俗圮坏几数百年，而天生大有为之君，首出庶物，一新旧染之俗，与民更始。是故睿思所断，动契典则，度越千古，咸无与让，此正所谓锡勇智而正万邦也。臣备位词林，以文字为职业，亲见盛德大业，日新月著，于是与僚属谋取其有关政要者，编集成书，列为上下卷，凡七类，合若干条，名曰《洪武圣政记》。……洪武八年岁次乙卯正月甲子，翰林侍讲学士中顺大夫知制诰同修国史兼太子赞善大夫臣宋濂拜手稽首谨序。

《千顷堂书目》卷四，国史类：《洪武圣政记》二卷，翰林侍讲学士兼太子宾客宋濂编，凡七类。

《明史》卷九七，《艺文志二》正史类：《洪武圣政记》二卷。

《四库全书总目》卷五二，史部杂史类存目一：《洪武圣政记》二卷，明宋濂撰。……是书略仿《贞观政要》之例，标题分记，分严祀事、正大本、肃军政、绝幸位、定民志、新旧俗六类。而新旧俗下又分申禁令、核实效、育人才、优前代、正礼乐之失、去海岳之封、严宫闱之法、厉忠节之训、刬积岁之弊九子目。

公元 1376 年 明太祖洪武九年 丙辰

《元史》、《大明日历》、《皇明日历》撰修者之一、《元史补遗》等作者朱右卒。

《明史》卷二八五，《赵埙传附朱右传》：授翰林编修。迁晋府右长史。（洪武）九年卒官。

《千顷堂书目》卷一，《书》类：朱右《书传发挥》十卷，又《禹贡凡例》一卷。又卷二，《春秋》类：朱右《春秋传类编》。又卷四，正史类：朱右《元史补遗》十二卷。又卷五，史钞类：朱右《三史钩元》，又《历代统记要览》。又卷一〇，传记类：朱右《新修唐李邺侯传》二卷。又谱系类：朱右《朱子世家》。

《明史》卷九六，《艺文志一》《书》类：朱右《书集传发挥》十卷、《禹贡凡例》一卷。又卷九七，《艺文志二》正史类：朱右《元史补遗》十二卷。又传记类：朱右《李邺侯传》二卷。又谱牒类：朱右《邾子世家》一卷。

公元 1379 年 明太祖洪武十二年 己未

傅藻等编成《春秋本末》。

《明太祖实录》卷一一八：洪武十一年……五月……癸酉，命东宫文学傅藻等编纂《春秋本末》。又卷一二五：洪武十二年……六月……乙酉，编《春秋本末》成。先是，上以《春秋》本诸鲁史，而列国之事错见间出，欲究其终始，则艰于考索。乃命东宫文学傅藻等纂录，分列国而类聚之，附以《左氏传》。首周王之世以尊正统，次鲁公之年以仍旧文，列国则先晋、齐而后楚、吴，所以内中国而外夷狄也。事之始终，秩然有序。至是而成，赐名曰《春秋本末》。

宋濂《春秋本末序》（见《宋学士全集》卷五）：洪武十一年夏五月，皇太子御文华殿，命侍臣讲读《春秋左氏传》，既而曰："诸国之事，杂见于二百四十二年之中，其本末未易见，曷若取《春秋分纪》而类入之。《分纪》，眉人程公说所述，有《年表》、《世谱》、《名谱》、《世本》、《附录》等类，颇失之繁，但依《世本》次第成书。先周，尊天王也。次鲁，内望国也。次齐、晋，主盟中夏，故列之鲁后，而齐复后于晋，以晋于周、鲁为亲，其霸视齐为长也。自齐而下，次宋、卫、蔡、陈。……若楚若吴若越，以僭号见抑于《春秋》，并居其后，而小国、戎狄附焉。"于是文学臣傅藻等受命纂辑。编年一主乎鲁，虽曰无事，一年各具四时。诸国依前序次，各系以事，其有一事再见及三见者，通系于主霸者之下，若重复者则削之。训诂以杜预为之主。凡例所及，一一取旨而后定。缮写为三十卷，自春和门投进。皇上闻而嘉之，赐名曰《春秋本末》，敕内官刊梓禁中，以传示四方。……洪武十二年岁次己未五月五日，前翰林云云臣金华宋濂稽首谨序。

《千顷堂书目》卷二，《春秋》类：《春秋本末》三十卷，懿文太子命宫臣傅藻等编。先是，洪武十一年夏五月皇太子御文华殿，命侍臣讲读《春秋左氏传》，以列国之事错见间出，难于考究终始，乃命藻等分列国而类聚之，附以《左氏传》。首周王之世以尊正统，次鲁公之年以仍旧文，列国则先齐、晋而后楚、吴，以为内外之别。十二年六月书成。太祖闻而嘉之，赐名《春秋本末》。

《明史》卷九六，《艺文志一》《春秋》类：《春秋本末》三十卷。洪武中，懿文太子命宫臣傅藻等编。

公元 1380 年　明太祖洪武十三年　庚申

敕撰《臣戒录》修成。

《明太祖实录》卷一三二：洪武十三年六月……《臣戒录》成。时胡惟庸谋叛事觉，上以朝廷用人待之本厚，而久则恃恩肆为奸宄。然人性本善，未尝不可教戒，乃命翰林儒臣纂录历代诸侯王、宗戚、宦官之属悖逆不道者，凡二百十二人，备其行事，以类书之。既成，赐名曰《臣戒录》，颁布中外之臣，俾知所警。

《千顷堂书目》卷十，政刑类：《臣戒录》一卷。洪武十三年正月，胡惟庸谋叛事觉，命翰林侍臣纂录历代诸侯王、宗戚、宦官之属悖逆不道者，凡二百十二人，备其行事，以类书之。六月，书成，颁布中外。

《明史》卷九七，《艺文志二》故事类：《臣戒录》一卷。

敕撰《相鉴》修成。

《千顷堂书目》卷一〇，传记类：《相鉴》二十卷。洪武十三年罢中书省，命儒臣与国子生取历代史所载相臣，贤者自萧何至文天祥八十二人，为传十六卷；不肖者自田蚡至贾似道凡二十六人，为四卷。命编修吴沉序之，太祖亦制序冠焉。

《明史》卷九七,《艺文志二》传记类:《相鉴》二十卷。洪武十三年罢中书省,诏儒臣采历代史所载相臣，贤者自萧何至文天祥八十二人，为传十六卷；不肖者自田蚡至贾似道二十六人，为传四卷。太祖制序。

公元 1381 年 明太祖洪武十四年 辛酉

吴沉等编成《千家姓》。

黄佐《翰林记》卷一三，《修书》：洪武十四年五月朔，编修吴沉、典籍刘仲质、吴伯宗进《千家姓》，凡为姓一千九百六十有八。

《明史》卷一三七,《吴沉传》:吴沉,字浚仲,兰溪人。元国子博士师道子也,以学行闻。太祖下婺州……命沉为郡学训导。洪武初，郡以儒士举……授翰林院待制。……以事降编修。

《明史》卷一三六,《崔亮传附刘仲质传》:刘仲质,字文质,分宜人。洪武初,以宜春训导荐入京，擢翰林典籍。

《明史》卷一三七,《吴伯宗传》:除国子助教,命进讲东宫。……改翰林典籍。

《明史》卷九七，《艺文志二》谱谍类：吴沉《千家姓》一卷。

《元史》、《大明日历》总裁之一、《洪武圣政记》等作者宋濂卒。

《明太祖实录》卷一一一：洪武十年春正月……乙酉，赐翰林学士承旨宋濂致仕。濂……九年拜翰林学士承旨、嘉议大夫、知制诰兼修国史，仍兼赞善大夫。擢濂长孙慎为殿庭仪礼司序班，复召濂仲子璲为中书舍人。……至是，年六十八，上悯其老，赐致仕，归乡里。……自是每岁一朝，至则恩遇之甚厚。十三年，璲以事得罪，濂当连坐，有司请罪之。上以濂旧臣，特命居于茂州。十四年五月，行至夔州，卒。所著有《潜溪集》四十卷，《萝山集》五卷，《龙门子》三卷，《浦阳人物记》二卷，《翰苑集》四十卷，《归田集》四十卷。

郑楷《潜溪先生宋公濂行状》(见焦竑《国朝献徵录》卷二〇)：(洪武)十三年冬，先生孙慎以罪被刑，举家当寘重辟，上念先生，特降赦安置茂州。十四年五月二十日，先生以疾卒于夔府。……先生生于至大庚戌十月十二日，享年七十有二。

《明史》卷一二八，《宋濂传》：（洪武）九年进学士承旨知制诰，兼赞善如故。其明年致仕，赐《御制文集》及绮帛，问濂年几何，曰："六十有八。"帝乃曰："藏此绮三十二年，作百岁衣可也。"濂顿首谢。又明年，来朝。十三年，长孙慎坐胡惟庸党，帝欲置濂死。皇后、太子力救，乃安置茂州。……其明年，卒于夔，年七十二。……正德中，追谥文宪。

案：《明史》卷二《太祖纪》二，记载宋濂卒于洪武十三年，误。

《千顷堂书目》卷一〇，传记类：宋濂《历官记》一卷。又：宋濂《唐仲友补传》一卷。

《明史》卷九七，《艺文志二》传记类：宋濂《唐仲友补传》一卷。

公元1384年 明太祖洪武十七年 甲子

张九韶著成《元史节要》。

黄佐《翰林院编修张公九韶传》（焦竑《国朝献徵录》卷二一）：张美和，名九韶，以字行，江西清江人。……元末累举不第。洪武三年，用荐为县学教谕。十年，召升国子助教。……十一年，迁翰林编修。十三年四月戊子，致仕。……所著有《理学类编》八卷、《群书备数》十二卷及《元史节要》行于世。

《明史》卷一三七，《宋讷传附张美和传》：张美和，名九韶，以字行，清江人。……元末，累举不仕。洪武三年，以荐为县学教谕，后迁国子助教，改翰林院编修。

《千顷堂书目》卷四，编年类：张九韶《元史节要》二卷。九韶，字美和，清江人。

《明史》卷九七，《艺文志二》正史类：张九韶《元史节要》二卷。

《四库全书总目》卷六五，史部史钞类存目：《元史节要》十四卷，明张九韶撰。……是编因当时所修《元史》，版藏内府，人间多不得见，于是仿曾先之《十八史略》例，节其要为一书。其编年系事，则仍用《通鉴》之体。前有洪武甲子《自序》一篇。然纪载多不具首尾，未为该备。且此书成于洪武间，而《顺帝纪》内多有称明太祖高皇帝者，疑其经后人所改窜，非九韶原本也。

公元1386年 明太祖洪武十九年 丙寅

梁寅于本年前著成《宋史略》，本年著成《元史略》。

焦竑《国朝献徵录》卷一一四，《徵士梁寅传》：徵士梁寅，字孟敬，临江新喻人。……累举于乡不第，遂弃不复念。尝游金陵至钱塘，一时名士多愿与之交。辟为集庆路儒学训导。居二岁，以亲老辞归。明年，天下兵起，遂隐居教授。及上定平四方，徵天下名儒修述礼乐，以新一代之制。寅就徵，年六十余矣。时以礼、律、制诰分为三局，寅在礼局中，讨论精审，诸儒皆推服之。书成，赐以金帛。将授以官，寅以老病辞，许之。寅归，结屋石门山，四方士多从之学，相与称为梁五经。

《明史》卷二八二，《梁寅传》：梁寅，字孟敬，新喻人。……累举不第，遂弃去。辟集庆路儒学训导，居二岁，以亲老辞归。明年，天下兵起，遂隐居教授。太祖定四方，徵天下名儒修述礼乐。寅就徵，年六十余矣。时以礼、律、制度分为三局，寅在礼局中，讨论精审，诸儒皆推服。书成，赐金币。将授官，以老病辞。还，结庐石门山，四方士多从学，称为梁五经，又称石门先生。

《千顷堂书目》卷四，编年类：梁寅《宋史略》四卷，又《元史略》四卷。

《明史》卷九七，《艺文志二》正史类：梁寅《宋史略》四卷，《元史略》四卷。

王重民《中国善本书提要》史部纪传类：《元史略》四卷，一册，明洪武间刻本。原题“临江梁寅孟敬撰。”是书《四库全书总目》不载。卷端有自序，述著作之旨甚详。序云：“寅训诸生以读史，自曾先之《史略》之外，《通鉴》节本颇未惬意，因以《十七史》节本又从而节之，且益之以宋、辽、金，而代各异其帙，以臣之事而附于各帝之后，盖仍纪传之所叙也。前翰林学士宋濂、翰林待制王祎等，纂修《元史》，书成上之，复命刻梓，颁示天下。然编帙浩繁，闾阎庶士，未能快睹。张编修美和以闳博之学，嘉惠之心，稽于全史，节其要略，止为二卷，乃因编年之法，以便于观览者也。友生李宗颜、宋大宁肄业郡庠，谓寅所编《史略》，宜续以元事，乃请再稽全史，仍历代之例，别为《元史略》。寅虽衰耄，而窃尝有是志，遂纂为四卷，俾刻而传之。”

敕撰《志戒录》编成。

《明太祖实录》卷一七九：洪武十九年十月……是月，颁《志戒录》。其书采辑秦、汉、唐、宋为臣悖逆者，凡百有余事。赐群臣及教官诸生讲诵，使知所鉴戒。

《千顷堂书目》卷一〇，政刑类：《志戒录》二卷，洪武十九年十月颁其书。刘三吾编辑，采晋李克至宋刘正彦为臣悖逆者，凡百有余事，一名《历代奸臣备传》。赐群臣及教官诸生讲诵，使知所鉴戒。

公元 1388 年 明太祖洪武二十一年 戊辰

敕撰《武士训戒录》编成。

《明太祖实录》卷一九四：洪武二十一年冬十月……乙丑，颁《武士训戒录》。时上以将臣于古者善恶成败之事少所通晓，特命儒臣编集申鸣、鉏麑、樊哙、金日磾、张飞、钟会、尉迟敬德、薛仁贵、王君廓、仆固怀恩、刘辟、王彦章等所为善恶为一编，释以直辞，俾莅武职者日亲讲说，使知劝诫。

《千顷堂书目》卷一〇，政刑类：《武士训戒录》一卷，洪武二十一年十月乙丑颁行。命儒臣编辑古今武臣善恶事，释以直解，以训武臣。

《明史》卷九七，《艺文志二》故事类：《武士训戒录》一卷。

公元 1389 年 明太祖洪武二十二年 己巳

《宋史略》、《元史略》等作者梁寅卒。

《明太祖实录》卷一九八：洪武二十二年……十二月……徵士梁寅卒。……年八十二岁。……所著有……《春秋考义》及《汉唐以来君臣事略》、《宋、元史节要》及《石门集》，行于世。

《明史》卷二八二，《梁寅传》：寅卒，年八十二。

《千顷堂书目》卷一，《书》类：梁寅《尚书纂义》十卷。又卷二，《春秋》类：梁寅《春秋考义》十卷。病传之求褒贬或过，乃因朱子之言为论事之得失。

《明史》卷九六，《艺文志一》《书》类：梁寅《书纂义》十卷。又，《春秋》类：梁寅《春秋考义》十卷。

公元 1390 年 明太祖洪武二十三年 庚午

《元史》监修李善长卒。

《明太祖实录》卷二〇二：洪武二十三年五月……乙卯，太师李善长自杀。

《明史》卷三，《太祖纪三》：（洪武二十三年五月）乙卯，赐太师韩国公李善长死。

公元 1393 年 明太祖洪武二十六年 癸酉

《诸司职掌》编成。

《明太祖实录》卷二二六：洪武二十六年三月……庚午，《诸司职掌》成。先是，上以诸司职有崇卑，政有大小，无方册以著成法，恐后之莅官者，罔知职任政事施设之详，乃命吏部同翰林儒臣仿《唐六典》之制，自五府、六部、都察院以下诸司，凡其设官分职之务，编类为书。至是始成，名曰《诸司职掌》。诏刊行，颁布中外。

《明史》卷一三八，《陈修传》：仿《唐六典》，自五府、六部、都察院以下诸司设官分职，编集为书曰《诸司职掌》……自泰兴翟善始。

《明史》卷一三八，《翟善传》：翟善，字敬夫，以贡举历官吏部文选司主事。（洪武）二十六年，尚书詹徽、侍郎傅友文诛，命善署部事，再迁至尚书。

《千顷堂书目》卷九，职官类：《诸司职掌》十卷，洪武二十六年三月吏部署部事侍郎翟善同翰林儒臣编。先是，帝以诸司秩有崇卑，政有大小，无方册以著成法，恐莅官者罔知职任政事设施之详，乃命依《唐六典》制，自五府至六部、都察院以下诸司，凡设官分职之务，类编为书。及是成，诏刊行，颁布中外。

《明史》卷九七，《艺文志二》职官类：《诸司职掌》十卷，洪武中翟善等编。

敕撰《永鉴录》、《世臣总录》编成。

《明太祖实录》卷二三〇：洪武二十六年……十二月……《永鉴录》成。其书辑历代宗室诸王为恶悖逆者，以类为编，直叙其事，颁赐诸王。又辑历代为臣善恶可为劝惩者，别为一书，名曰《世臣总录》，以颁示中外群臣。

《明史》卷三，《太祖纪三》：（洪武二十六年）十二月，颁《永鉴录》于诸王。

《千顷堂书目》卷一一，儒家类：《永鉴录》一卷。其书辑历代宗室诸王为恶悖逆者，以类为编，直叙其事。洪武二十六年十二月书成，颁赐诸王。一作二卷。又：《世臣总录》二卷，自鲁周公至唐刘兰止，各为论断。

《明史》卷九七，《艺文志二》故事类：太祖御制《永鉴录》一卷。训亲藩。又：《世臣总录》二卷。

公元 1394 年 明太祖洪武二十七年 甲戌

官修《寰宇通衢书》告成。

《明太祖实录》卷二三四：洪武二十七年……九月…庚申，修《寰宇通衢书》成。时上以舆地之广，不可无书以纪之，乃命翰林儒臣及廷臣以天下道里之数，编类为书。

《千顷堂书目》卷六，地理类上：《寰宇通衢书》一卷，洪武二十七年九月书成。先是，上以舆地之广，不可无书以纪之，乃命翰林儒臣及廷臣以天下道里之数，编类为书。其方隅之目有八。东距辽东都司，陆行为里三千九百四十四，马驿六十四，水陆兼行为里三千四十五、驿四十；又自辽东东北三万卫，为驿四、为里三百六十；西极四川松潘卫，陆行为里五千五百六十、马驿九十二，水陆兼行为里八千三十、驿一百有四；又西南距云南金齿卫，陆行为里六千六百四十四。

公元 1396 年 明太祖洪武二十九年 丙子

朱权（宁王）辑成《通鉴博论》。

《明史》卷一一七，《宁王权传》：宁献王权，太祖第十七子。洪武二十四年封。逾二年，就藩大宁。大宁在喜峰口外，古会州地，东连辽左，西接宣府，为巨镇。……权数会诸王出塞，以善谋称。……尝奉敕辑《通鉴博论》二卷。

《千顷堂书目》卷五，史学类：宁献王权《通鉴博论》二卷。

《四库全书总目》卷八九，史部史评类存目一：《通鉴博论》三卷，明宁王权撰。……此书以洪武二十九年九月表上，盖奉太祖敕撰者。前二卷论历代史事大略；后一卷仿史家年表，名之为《天运记》。其上中二卷所云《外记》者，刘恕、陈桱之书也；《正纪》者，司马光之书也。

钱古训（一误为李思聪）著《百夷传》。

《明进士题名录·洪武二十七年甲戌科》：钱古训，浙江余姚县人。

《千顷堂书目》卷八，地理类下：李思聪《百夷传》一卷。洪武二十九年，思聪为行人，出使缅国，因采其山川人物风俗道路为书以进。

《明史》卷九七，《艺文志二》地理类：李思聪《百夷传》一卷。洪武中，出使缅国所纪。

《四库全书总目》卷七八，史部地理类存目七：《百夷传》一卷，明钱古训撰。古训，余姚人。洪武甲戌进士，官至湖广布政司参政。百夷，即麓川平缅宣慰司（百夷即今猡夷，译语对音，故无定字）。洪武二十九年，其酋思仑发诉与缅人构兵，古训时为行人，与其同官桂阳李思聪奉诏往谕仑发等听命而还，因述其山川人物风俗道路为书以进。古训旋以劳擢湖广参政，请泽州杨砥序之。黄虞稷《千顷堂书目》以此书为李思聪作，今据砥序及夏原吉后序，则实古训所作，虞稷偶失考也。

中华书局点校本《明史》卷九七，《校勘记》二一：李思聪《百夷传》一卷。李思聪，嵇璜《续文献通考》卷一七一作“钱古训”。《四库全书总目》卷七八称钱古训和李思聪于洪武二十九年同使麓川，“今据（杨）砥序及夏原吉后序，则实古训所作”。

公元 1399 年　明惠帝建文元年　己卯

诏修《明太祖实录》。

《明史》卷四，《恭闵帝（惠帝）纪四》：建文元年春正月……修《太祖实录》。

朱睦㮮《革除逸史》卷一：建文元年春正月……诏修《太祖高皇帝实录》，以魏国公徐辉祖监修，礼部左侍郎兼翰林学士董伦、礼部右侍郎兼翰林学士王景彰、翰林侍讲方孝孺为总裁，太常少卿廖升、侍讲学士高逊志为副总裁，修撰李贯、博士王绅、教授胡子昭、审理副杨士奇、知县叶惠仲、训导罗恢、吏目程本立为纂修官。

姜清《姜氏秘史》卷二：己卯建文元年春正月，敕修《太祖高皇帝实录》，以礼部左侍郎兼翰林院学士董伦、右侍郎兼翰林院学士王景彰为总裁官，太常寺少卿廖升、翰林院侍读学士高逊志为副总裁官，翰林院修撰国子监博士王绅、陕西汉中府学教授胡子昭、齐府审理副杨士奇、江西崇仁县训导罗恢、云南马龙他郎甸长官司吏目程本立等为纂修官。给大官馔，宠眷有加。

《明史》卷一二五，《徐达传附子辉祖传》：辉祖，初名允恭……以勋卫署左军都督府事。达薨，嗣爵。以避皇太孙讳，赐今名。数出练兵陕西、北平、山东、河南。……还领中军都督府。建文初，加太子太傅。

《明史》卷一五二，《董伦传附王景传》：董伦，字安常，恩人。洪武十五年以张以宁荐，授赞善大夫，侍懿文太子。……进左春坊大学士。太子薨，出为河南左参议。……三十年，坐事谪云南教官。……建文初，召拜礼部侍郎兼翰林学士，与方孝孺同侍经筵。……其与伦同时为礼部侍郎者，有王景，字景彰，松阳人。洪武初，为怀远教谕。……累官山西参政，与伦先后谪云南。建文初，召入翰林，修《太祖实录》。

《明史》卷一四一，《方孝孺传》：方孝孺，字希直，一字希古，宁海人。……（洪武）二十五年……除汉中教授，日与诸生讲学不倦。……及惠帝即位，召为翰林侍讲。明年，迁侍讲学士。……时修《太祖实录》及《类要》诸书，孝孺皆为总裁。

《明史》卷一四三，《廖升传》：廖升，襄阳人。……洪武末，由左府断事擢太常少卿。建文初，修《太祖实录》，董伦、王景为总裁官，升与高逊志为副总裁官，李贯、王绅、胡子昭、杨士奇、罗恢、程本立为纂修官，皆一时选。

《明史》卷一四三，《王艮传附高逊志传》：有高逊志者，艮座主也，萧县人，寓嘉兴。……建文初，召为太常少卿，与董伦同主会试。

《明史》卷二八九，《王祎传》：祎子绅。……绅，字仲缙。……建文帝时用荐召为国子博士，预修《太祖实录》。

《明史》卷一四一，《方孝孺传附胡子昭传》：胡子昭，字仲常，初名志高，荣县人。孝孺为汉中教授时，往从学，蜀献荐为县训导。建文初，与修《太祖实录》，授检讨。

《明史》卷一四八，《杨士奇传》：杨士奇，名寓，以字行，泰和人。……建文初，集诸儒修《太祖实录》，士奇已用荐徵授教授，当行，王叔英复以史才荐，遂召入翰林充编纂官。

《明史》卷一四三,《程本立传》:程本立,字原道,崇德人。先儒颐之后。……举明经、秀才,除秦府引礼舍人。……母忧去官,服除,补周府礼官,从王之开封。(洪武)二十年春,进长史,从王入觐。坐累谪云南马龙他郎甸长官司吏目。……三十一年,奏计京师。学士董伦、府尹向宝交荐之。徵入翰林,预修《太祖实录》。

《明史》卷一四三,《程通传附叶惠仲传》:叶惠仲,临海人。……以知县徵修《太祖实录》,迁知南昌府。

公元1401年 明惠帝建文三年 辛巳

朱权(宁献王)编成《汉唐秘史》。

《明史》卷一一七,《宁王权传》:燕王初起兵。……建文元年,朝议恐权与燕合,使人召权,权不至,坐削三护卫。……作……《汉唐秘史》二卷。

《千顷堂书目》卷五,别史类:宁献王权《汉唐秘史》二卷,洪武中奉敕编次。下断语太祖笔也。

《明史》卷九七,《艺文志二》杂史类:宁献王权《汉唐秘史》二卷,洪武中奉敕编次。

《四库全书总目》卷五二,史部杂史类存目一:《汉唐秘史》二卷,明宁王权撰。……权自序云:"洪武二十九年奉命纂辑,成于辛巳六月。"考是年为建文三年,权已为燕军所劫,故不书建文年号。而其弟安楹王跋,亦第书岁在壬午也。其书以刘三吾等洪武间进讲汉、唐事实,类次成编,故词多通俗。其诸帝论赞,皆太祖御撰。唐末系司马光论,亦奉敕载入,故特题曰"钦取"。其大旨以后世之乱亡,皆推本于贻谋之不善,所论不为无理;而择焉弗精,多取委巷之谈,如高帝斩蛇,蛇后转生王莽之类,皆伪妄不足辨也。

《明太祖实录》修成。

《明史》卷四,《恭闵帝(惠帝)纪》:(建文三年十二月),《太祖实录》成。

《千顷堂书目》卷四,国史类:《太祖高皇帝实录》二百五十七卷,建文元年正月敕修《太祖实录》,命礼部侍郎董伦、王景等纂修,三年十二月书成。

《明史》卷九七,《艺文志二》正史类:《明太祖实录》二百五十七卷,建文元年,董伦等修。

公元 1402 年 明惠帝建文四年（本年六月成祖夺位）壬午

《明太祖实录》总裁、《释统论》作者方孝孺被杀。

《明史》卷一四一，《方孝孺传》：方孝孺，字希直，一字希古，宁海人。……长从宋濂学，濂门下知名士皆出其下。先辈胡翰、苏伯衡亦自谓弗如。孝孺顾末视文艺，恒以明王道、致太平为己任。……洪武十五年，以吴沉、揭枢荐，召见。太祖喜其举止端整，谓皇太子曰："此庄士，当老其才。"礼遣还。……二十五年，又以荐召至。太祖曰："今非用孝孺时。"除汉中教授，日与诸生讲学不倦。蜀献王闻其贤，聘为世子师。每见，陈说道德。王尊以殊礼，名其读书之庐曰"正学。"

及惠帝即位，召为翰林侍讲。明年迁侍讲学士，国家大政事辄咨之。帝好读书，每有疑，即召使讲解。临朝奏事，臣僚面议可否，或命孝孺就扆前批答。时修《太祖实录》及《类要》诸书，孝孺皆为总裁。更定官制，孝孺改文学博士。燕兵起，廷议讨之，诏檄皆出其手。……（建文四年六月）乙丑，金川门启，燕兵入，帝自焚。是日，孝孺被执下狱。……至是欲使草诏。……孝孺投笔于地，且哭且骂曰："死即死耳，诏不可草。"成祖怒，命磔诸市。……时年四十有六。其门人德庆侯廖永忠之孙镛与其弟铭，检遗骸瘗聚宝门外山上。……孝孺工文章，醇深雄迈。每一篇出，海内争相传诵。永乐中，藏孝孺文者罪至死。门人王稌潜录为《侯城集》，故后得行于世。……孝孺之死，宗族亲友前后坐诛者数百人。

方孝孺《逊志斋集》卷二，《释统上》：仁义而王、道德而治者，三代也；智力而取、法术而守者，汉、唐、宋也；强致而暴失之者，秦、隋也；篡弑以得之，无术以守之，而子孙受其祸者，晋也；其取之也同，而身为天下戮者，王莽也。苟以全有天下，号令行乎海内者为正统邪，则此皆其人矣。然则汤、武之与秦、隋，可得而班乎？汉、唐之与王莽，可得而并乎？莽之不齿乎正统久矣，以其篡也。而晋亦篡也，后之得天下而异乎晋者寡矣，而独黜莽，何也？谓其无成而受诛也。使光武不兴，而莽之子孙袭其位，则亦将与之乎，抑黜之乎？昔之君子未尝黜晋也，其意以为后人行天子之礼者数百年，势固不得而黜之。推斯意也，则莽苟不诛，论正统者亦将与之矣。呜呼，何其戾也。

正统之说，何为而立邪？苟以其全有天下，故以是名加之，则彼固有天下矣，何必加以是名也。苟欲假此以寓褒贬，正大分，申君臣之义，明仁暴之别，内夏外夷，扶天理而诛人伪，则不宜无辨，而猥加之以是名，使圣智夷乎暴桀，顺人者等乎逆弑也。侥幸而得天下者，虽其势力之强，无所为而不成，然其心私计而深念，未尝不畏后世之公议。今将立天下之大法，以为万世劝戒，不能探其邪正逆顺之实，以明其是非，而概以正统加诸有天下之人，不亦长侥幸者之恶，而为圣君贤主之羞乎！适事机之会，庸材小人皆可以得志；处非其地，用非其时，圣君贤主亦不足以成治功。古之能统一宇内，而动不以正者多矣，秦、隋其尤也。动不以正，而以正统称之，使文、武、周公而有知，其不羞与之同此名乎？故谓周、秦、汉、晋、隋、唐、宋均为正统，犹谓孔子、墨翟、庄周、李斯、孟轲、杨雄俱为圣人而传道统也，其孰以为可？非圣人而谓之圣人，人皆知其不然。不可为正统，而加之以正统之号，则安之而不知其不可，是尚可以建之万世而无弊乎？名者，圣人之所慎也。季子然以冉求、仲由为大臣，孔子忿然争之。若二子之才，鲁之诸臣莫及也，苟为大臣，未见其为过，而孔子慎而不许。盖才如仲由、冉求，而以为大臣，则伊尹、周公将曷以名之乎？伊尹、周公，大臣也，则二子非其类矣，故曰：可谓具臣矣。以秦、隋而方乎周，岂直若二子之与伊尹、周公哉！使孔子而出，其不混而称之也决矣。盖必有其道焉，而不可知矣。

尝试论之曰：天下有正统一，变统三。三代，正统也。如汉、如唐、如宋，虽不敢几乎三代，然其主皆有恤民之心，则亦圣人之徒也。附之以正统，亦孔子与齐桓、仁管仲之意欤！奚为变统？取之不以正，如晋、宋、齐、梁之君，使全有天下，亦不可为正矣。守之不以仁义，戕虐乎生民，如秦与隋，使传数百年，亦不可为正矣。夷狄而僭中国，女后而据天位，治如苻坚，才如武氏，亦不可继统矣。二统立，而劝戒之道明，侥幸者其有所惧乎！此非孔子之言也，盖窃取孔子之意也。

同上《释统中》：正统之说立，而后人君之位尊。变统之名立，而后正统之说明。举有天下者皆谓之正统，则人将以正统可以智力得，而不务修德矣，其弊至于使人骄肆而不知戒。举三代而下皆不谓之正统，则人将以正统非后世所能及，而不勉于为善矣，其弊至于使人懈怠而无所劝。其有天下同也，惟其或归诸正统，或归诸变统，而不可必得，故贤主有所劝，而奸雄暴君不敢萌陵上虐民之心。朱子《纲目》之作，所以诛暴止乱于前，而为万世法也。立一法而不足尽天下之情伪，则小人将驰骛乎法之外，而窃笑吾法之疏，是孰若无法之愈乎！故正统以处其常，而参之以变统，然后其变可得而尽也。

朱子之意曰：周、秦、汉、晋、隋、唐皆全有天下矣，固不得不与之以正统。苟如是则仁者徒仁，而暴者徒暴，以正为正，又以非正为正也，而可乎？吾之说则不然。所贵乎为君者，岂谓其有天下哉！以其建道德之中，立仁义之极，操政教之原，有以过乎天下也。有以过乎天下，斯可以为正统。不然，非其所据而据之，是则变也。以变为正，奚若以变为变之美乎！故周也，汉也，唐也，宋也，如朱子之意则可也；晋也，秦也，隋也，女后也，夷狄也，不谓之变，何可哉？正统则处之以天子之制，变统则不得并焉。正统之君非吾贵之也，变统之君非吾贱之也。贤者得民心，得民心，民斯尊之矣，民尊之，则天与之矣，安得不贵之乎！非其类，无其德，民必恶之。当时恶之，后世以其位而尊之，则违乎天矣，故不得不贱之也。贵不特于其身，而又延及于子孙。虽甚愚不肖，苟未至于亡国，犹尊之以正统之礼。贱不特于其身，而其子孙虽有贤知之才，亦不能掩其恶。夫如是而后褒贬明，夫如是而后劝戒著，夫如是而后正统尊，奸邪息，夷狄惧。

同上《释统下》：所谓变统之制者，何也？异于天子之礼也。彼生以天子养，没以天子葬，俨然帝中国而臣四夷，天下莫与敌，大矣。曷为而异其礼？盖其所可致者，势也；不可僭乎后世者，义也。势行于一时，义定于后世。义之所在，臣不敢私爱于君，子不敢私尊于父。大中至正之道，质诸天地，参诸鬼神而不惑也。

何谓天子之礼？正统是也。正统之君始立，则大书其国号、谥号、纪年之号。凡其所为必书，所言必书，祀典必书，封拜必书。书后曰皇后，书太子曰皇太子。后及太子没，皆曰崩。葬必书其陵、其谥。有事可纪者纪其事。所措置更革曰诏、曰令、曰制。兵行曰讨、曰征、曰伐。施惠曰赦、曰大赦。施刑当罪曰诛、曰伏诛。违上兴兵者曰反、曰作乱、曰犯、曰寇、曰侵，背之者曰叛。其邻国、其臣慢之者，必因事贬之。知尊正统者，虽微必进之。不幸而至于衰微，受制于强暴，或屈而臣之。强暴者诚夷狄也，诚不可为正统也，则盗贼之雄耳，必慎抑扬予夺之辨。其以兵侵也，曰入寇，得地曰陷，据都曰据，至阙曰犯。虏正统之君，必易辞书其故，见杀曰弑，而书其主之名。及其主之没也，特书曰死。其党之与谋、陈力得罪于正统者，虽功多皆书曰死，以著其罪，以纪其恶。得中国之地，其民有思中国而叛之者曰起兵，以地降者曰来归，不为中国而反者，彼亦不得而盗贼之也，亦曰起兵。得郡则曰取某郡。其诱正统之臣曰诱，执曰执，杀曰杀，将相则名其主。正统之臣降于夷狄，则夷狄之，死不曰卒，而曰死。凡力能为正统之患者灭亡，则异文书之，以致喜之之意。正统乱亡，则详书而屡见之，以致惜之之意。

变统之异于正统者，何也？始一天下而正统绝，则书甲子，而分注其下，曰是为某帝某元年。书国号而不书大，书帝而不书皇，书名而不著谥。其所为，非大故不书，常祀不书，或书以志失礼，或志礼之所从变则书。立后不书。尊封其属不书。非贤臣，虽王公拜罢、卒葬不书。行幸非关得失不书。诏令非有更革不书。其崩曰殂，后死曰薨，大臣曰卒。佐篡弑，赞征伐，以危正统者曰死，聚敛之臣曰死，酷吏曰死。浮屠之位尊，而因事得书者曰死。毁正统陵庙宫室，名其主。用兵不曰讨，不曰征伐。刑其人不曰诛。天下怨而起兵，恶而起兵，不曰反。恶乎篡弑，非恶乎君也。恶乎夷狄、恶乎女主，非其君，故不得以君道临之也。惟于其臣，于其部落，则得致其罪。士之仕变统者，能安中国则书，能止暴乱除民害则书，能明道术于后世则书。有愈贵而愈贱者，有愈贱而愈贵者。利禄宠幸之臣，愈贵而愈贱也；守道不污之士，愈贱而愈贵也。

故君子之于变统，外之而不亲也，微之而不尊也，断断乎其严也，闵闵乎恐其久也，望望乎欲正统之复也。是何也？为天下虑也。奚而为天下虑？使女主而乘君位，夷狄而践中国，篡弑而不亡，暴虐而继世，生民之类几何而不灭乎？立变统所以扶人极，能言抑变统者，君子之所取也。

重修《明太祖实录》。

《明太宗（成祖）实录》卷一三：洪武三十五年（即建文四年）冬十月……己未，修《太祖高皇帝实录》。敕太子太师曹国公李景隆、太子少保兼兵部尚书忠诚伯茹瑺曰："昔皇考太祖高皇帝顺天应人，开基启运。自布衣提三尺剑，十数年间削刈群雄，平一六合。功成治定，制礼作乐，身致太平垂四十年。功德之盛，亘古莫伦。比者建文所修《实录》，遗逸既多，兼有失实，朕鉴之诚有歉焉。今命儒臣重加纂修，务在详备，庶几神功圣德，明昭日月，垂裕万世。尔景隆国之懿戚，自少暨壮，服事皇考，庙谟睿略，多所闻知，今特命尔监修。瑺祇事先帝，多历年载，信任弥笃，当时圣政亦所悉焉，其为之副。当端乃心，悉乃力，用著成一代之盛典，岂惟仰答先朝宠遇之厚，亦以副予惓惓之孝诚。钦哉！"……庚申，谕修实录官曰："自古帝王功德之隆者，必有史官纪载，垂范万年。我皇考太祖高皇帝神功圣德，天地同运，日月同明，汉唐以来未之有也。比建文中信用方孝孺等纂述《实录》，任其私见，或乖详略之宜，或昧是非之正，致甚美弗彰，神人共愤，蹈于显戮，咸厥自贻。今已命太子太师曹国公李景隆为监修，太子少保兼兵部尚书忠诚伯茹瑺为副监修。尔等皆茂简才识，俾职纂述，其端乃心，悉乃力，以古良史自期，恪勤纂述，必详必公，用光昭我皇考创业垂统，武功文治之盛，与乾坤相为无穷，斯汝为无忝厥职矣。钦哉！”

《明史》卷五，《成祖纪一》：（建文四年六月）己巳，王（成祖）升辇，诣奉天殿即皇帝位。……十月……己未，修《太祖实录》。

《明史》卷一二六，《李文忠传附子景隆传》：景隆，小字九江。读书通典故。……（洪武）十九年袭爵，屡出练军湖广、陕西、河南，市马西番。进掌左军都督府事，加太子太傅。建文帝即位，景隆以肺腑见亲任。……燕兵屯金川门，景隆与谷王橞开门迎降。燕王即帝位，授景隆奉天辅运推诚宣力武臣、特进光禄大夫、左柱国，增岁禄千石。

《明史》卷一五一，《茹瑺传》：茹瑺，衡山人。洪武中，由监生除承敕郎，历通政使。……二十三年，拜右副都御史，又试兵部尚书，寻实授，加太子少保。及惠帝即位，改吏部。……刑部尚书暴昭发其赃罪，出掌河南布政司事。寻复召为兵部尚书。……成祖入京师，召瑺。瑺首劝进。成祖既即位……封瑺忠诚伯，……仍兵部尚书、太子少保。

《明太祖实录》总裁之一董伦卒。

《明史》卷一五二，《董伦传》：成祖即位，伦年已八十，命致仕，寻卒。

焦竑《国朝献徵录》卷三五，《礼部右侍郎兼翰林院学士董伦传》：董伦，字安常，故山东恩县人，世居燕之宛平。自处山林间，布褐藜藿，已怀忧世之志。学者多从之游，以所居贝州，因称贝州先生。……建文帝即位……拜嘉议大夫、礼部右侍郎兼翰林院学士。……文皇即位，时伦年八十余，有旨令致仕出京，悒悒成疾，数日卒。

公元 1403 年 明成祖永乐元年 癸未

胡粹中著成《元史续编》。

胡粹中《元史续编自序》：皇朝纂修《元史》既成，惟执事近臣得赐摹本。版藏中秘书，人间得见是书者甚少。其后江西张美和、梁寅撰《元史略》行于世，二公盖当时与纂修者，家有全书。惜其辞约而事简，无以见一代典故，观者未能无憾焉。余仕楚之明年，奉教令傅国储暨诸王讲肄往史，始阅此书终篇。

又惜其详于世祖以前攻战之事，于成宗而下治平之迹略而靡悉；顺帝之时，史官失职，纪载缺然，不能有所增益，要亦未得为一代之完书。于是取其所详，缺其所略，凡可以备一朝之制作者，则弗之敢遗。起自世祖至元十三年，上接宋德祐元年，迄于顺帝至正二十八年，为大明洪武元年戊申，通九十三年，凡十六卷。大书以提其纲，分注以备其目，虽窃取予朱子编年之法，而于褒贬之义则不敢僭一辞焉。书成，质诸纪善见君翔，命曰《元史纲目》，余何敢？直曰《续编》云。永乐癸未春三月初吉，会稽后学胡粹中序。

《千顷堂书目》卷四，编年类：胡粹中《元史续编》七十七卷。名由，以字行，山阴人。永乐初，楚府右长史，尽心辅导，在王门者二十年。又卷五，史学类：胡粹中……《元史评》。

《明史》卷九七，《艺文志二》正史类：胡粹中《元史续编》七十七卷。

《四库全书总目》卷四七，史部编年类：《元史续编》十六卷，明胡粹中撰。粹中，名由，以字行，山阴人，永乐中官楚府长史。此书大旨，以明初所修《元史》，详于世祖以前攻战之事，而略于成宗以下治平之迹，顺帝时事亦多缺漏，因作此以综其要。起世祖至元十三年，终顺帝至正二十八年，编年系月，大书分注，有所论断亦随事缀载，全仿《通鉴纲目》之例。然《纲目》讫五代，与此书不能相接，其曰《续编》，盖续陈桱书也。黄虞稷《千顷堂书目》载有此书十六卷，又别出《元史评》而不著卷数，疑当时或析其评语别为一本以行，如《后汉书赞》之例欤？

案：胡粹中所著《元史续编》，据自序为十六卷，《四库全书》本亦为十六卷，则上引《千顷堂书目》及《明史·艺文志》所记七十七卷均误。而《四库提要》又云"黄虞稷《千顷堂书目》载有此书十六卷"，系据"浙江巡抚采进本"，与今流行之本不同。

《明太祖实录》纂修之一叶惠仲卒。

《明史》卷一四三，《程通传附叶惠仲传》：叶惠仲……永乐元年，坐直书"靖难"事，族诛。

重修《明太祖实录》成。

《明太宗（成祖）实录》卷二〇下：永乐元年五月……上以《太祖皇帝实录》将成，命礼部预定赏格，尚书李至刚以修《元史》赏例进，上览之曰："此述前代兴亡之迹，今朕纪皇考神功圣德，昭范万世，岂可比而同之？尔拟议非伦矣。”遂亲定监修官银百两、彩币六表里、织金纱衣一袭、鞍马一副，总裁官银八十两，彩币五表里、织金纱衣一袭、鞍马一副，纂修官各银五十两、彩币四表里、纱衣一袭，催纂兼誊写官银二十两、彩币三表里、纱衣一袭，催纂官银二十五两、彩币二表里、纱衣一袭，誊写、监生、生员、儒士各银十两、钞三十锭、彩币一表里，誊写吏各银八两、钞三十锭、彩币一表里，催督誊写者钞二十锭、绢二疋，办事吏各二十锭、绢一疋。

《明太宗（成祖）实录》卷二一：永乐元年六月……辛酉，监修国史太子太师曹国公李景隆等、总裁官翰林侍读学士解缙等，上表进《太祖高皇帝实录》。……是日，如所定赏格赐景隆等八十六人。仍赐宴奉天门，命公、侯、伯、五府、六部、都察院、通政司、大理寺、国子监、应天府、太医院、钦天监、堂上官皆预焉。

《明史》卷一四七，《解缙传》：解缙，字大绅，吉水人。……洪武二十一年举进士，授中书庶吉士。……改为御史。……太祖崩……谪河州卫吏。时礼部侍郎董伦方为惠帝所信任，缙因寓书于伦。……伦乃荐缙，召为翰林待诏。成祖入京师，擢侍读……寻进侍读学士，奉命总裁《太祖实录》及《列女传》。书成，赐银币。

《明史》卷一三七，《桂彦良传附赵季通传》：赵季通，字师道，天台人。亦由教官历知永丰、龙溪，与修《太祖实录》。又附《金实传》：金实，开化人。永乐初……除翰林典籍。与修《太祖实录》。又附《萧用道传》：萧用道，泰和人。建文中……擢靖江王府长史。……永乐时，预修《太祖实录》。

《明史》卷一五一，《李至刚传》：李至刚，名钢，以字行，松江华亭人。洪武二十一年举明经。选侍懿文太子，授礼部郎中。坐累谪戍边，寻召为工部郎中，迁河南右参议。……建文中，调湖广左参议，坐事系狱。成祖即位，左右称其才，遂以为右通政。与修《太祖实录》。

《明史》卷一五二，《邹济传》：邹济，字汝舟，余杭人。……为余杭训导。……累迁国子学录、助教，以荐知平度州。永乐初，预修《太祖实录》成，除礼部郎中。又附《梁潜传》：梁潜，字用之，泰和人。洪武末，举乡试。授四川苍溪训导。以荐除知四会县，改阳江、阳春。……永乐元年，召修《太祖实录》。书成，擢修撰。

《明史》卷一五〇，《刘辰传》：刘辰，字伯静，金华人。……建文中，用荐擢监察御史，出知镇江府。……永乐初，李景隆言辰知国初事，召至，预修《太祖实录》。

《千顷堂书目》卷四，国史类：《太祖高皇帝实录》二百五十七卷。……靖难后，成祖命重修，以李景隆、茹瑺为监修，解缙为总裁，永乐元年六月书成进呈。

《明史》卷九七，《艺文志二》正史类：《明太祖实录》二百五十七卷。……永乐元年，解缙等重修。

刘辰著成《国初事迹》。

《国初事迹》卷首：永乐元年□月□日，北京刑部左侍郎臣刘辰，今将太祖高皇帝国初事迹开写进呈。

《千顷堂书目》卷五，别史类：刘宸（案：应作辰）《国初事迹》一卷。金华人，北京刑部侍郎。

《明史》卷九七，《艺文志二》杂史类：刘辰《国初事迹》一卷。

《四库全书总目》卷五二，史部杂史类存目一：《国初事迹》一卷，明刘辰撰。……盖即修《实录》时所进事略草本也。辰于明初尝使方国珍，又尝在李文忠幕下，所见旧事皆真确。而其文质直，无所隐讳，明代史乘多采用之。故其文并散见于他书，转无异闻之可取焉。

解缙等编成《古今列女传》。

《明太宗实录》卷二六：永乐元年十二月甲戌朔……翰林侍讲学士解缙奉敕修《古今列女传》成。上亲制序，文曰："朕闻惟天下至诚为能经纶天下之大经，立天下之大本，知天地之化育。大经者，五品之人伦也。大哉经纶之道乎，而以人伦为本。人之大伦有五，而男女夫妇为先。……妃匹之际，生民之始，万福之原，经训之作皆载之首篇。……刘向辑《古列女传》，上自后妃，下逮士庶人之妻。……惜其传久淆乱。……皇妣每听女史读书，至《列女传》，谓宜加讨论，删定为书，永作世范。请于皇考，命儒臣校正，有绪未既，皇妣违荣。皇考每叹息伤悲其意，竟未及成书。永乐元年六月，朕既上册宝尊谥……乃命儒臣编次古今后妃、诸侯大夫士庶人妻之事，分为三卷，颁之六宫，行之天下。俾为师民知所以教，而闺门知所以学，庶修身者不致以家自累，而内外有以相成。……朕于是书实有望焉。"既上进，命刊印以赐百官。赐缙及侍读黄淮、胡广、胡俨、侍讲杨荣、金幼孜、杨士奇等、检讨王洪、蒋骥、典籍沈度文骑衣各一袭，钞有差。

《千顷堂书目》卷一〇，传记类：《古今列女传》三卷，永乐元年十二月书成。

先是，高后在时，每听女史读书，至《列女传》，谓宜加讨论删定。及上即位，尊谥高后，乃命儒臣解缙、黄淮、胡广、胡俨、杨荣、金幼孜、杨士奇、王洪、蒋骥、沈度等同编。及是成上进，帝自为文序之。

《明史》卷九七,《艺文志二》传记类:《古今列女传》三卷。永乐中,解缙等编。

《四库全书总目》卷五八，史部传记类二：《古今列女传》三卷，明解缙等奉敕撰。先是，明洪武中孝慈高皇后每听女史读书，至《列女传》，谓宜加讨论，因请太祖命儒臣考订，未就。永乐元年，成祖既追上高皇后尊谥册宝，仁孝皇后因复以此书为言，遂命缙及黄淮、胡广、胡俨、杨荣、金幼孜、杨士奇、王洪、蒋骥、沈度等同加编辑。书成上进，帝自制序文，刊印颁行。上卷皆历代后妃，中卷诸侯士夫妻，下卷士庶人妻。时孝皇后又作《贞烈事实》，以阐幽显微，颇留意于风教。故诸臣编辑是书，稍为经意，不似《五经四书大全》之潦草。所录事迹，起自有虞，迄于元、明。汉以前多本之刘向书，后代则略取各史《列女传》，而以明初人附益之，去取颇见审慎。盖在明代官书之中，犹为善本。

公元 1404 年 明成祖永乐二年 甲申

官修《文华宝鉴》编成。

《明太宗实录》卷三〇：永乐二年夏四月……甲申，《文华宝鉴》成。先是，命侍臣辑自古以来嘉言善行有益于太子者为书，以授太子，至是书成，名《文华宝鉴》。

《千顷堂书目》卷一一，儒家类：《成祖文华宝鉴》□卷，永乐二年四月甲申编成。先是，命侍臣辑自古以来嘉言善行有益于太子者为书，以授太子，至是成。上御奉天门召皇太子授之。盖用太祖所辑《储君昭鉴录》而稍广之，益以太祖谟训而成。

公元 1407 年 明成祖永乐五年 丁亥

官办《永乐大典》纂成。

《明太宗实录》卷二一：永乐元年……秋七月丙子朔……上谕翰林侍读学

士解缙等曰："天下古今事物，散载诸书，篇帙浩繁，不易检阅。朕欲悉采各书所载事物类聚之，而统之以韵，庶几考察之便，如探囊取物。再尝观《韵府》、《回溪》二书，事虽有统而采摘不广，纪载太略。尔等其如朕意，凡书契以来，经史子集百家之书，至于天文、地志、阴阳、医卜、僧道、技艺之言，备辑为一书，毋厌浩繁。"

卷三六：永乐二年十一月……丁巳，翰林学士兼右春坊大学士解缙等进所纂录韵书，赐名《文献大成》。赐缙等百四十七人钞有差，赐宴于礼部。既而上览所进书尚多未备，遂命重修，而敕太子少保姚广孝、刑部侍郎刘季箎及缙总之。命翰林学士王景、侍读学士王达、国子祭酒胡俨、司经局洗马杨溥、儒士陈济为总裁，翰林院侍讲邹缉、修撰王褒、梁潜、吴溥、李贯、杨观、曹棨、编修朱纮、检讨王洪、蒋骥、潘畿、王偁、苏柏厚、张伯颖、典籍梁用行、庶吉士杨相、左春坊左中允尹昌隆、宗人府经历高得旸、吏部郎中叶砥、山东按察司佥事晏壁为副总裁，命礼部简中外官及四方宿学老儒有文学者充纂修，简国子监及在外郡县学能书生员缮写。开馆于文渊阁，命光禄寺给朝暮膳。

卷七三：永乐五年十一月……太子少师姚广孝等进重修《文献大成》书，凡二万二千二百一十一卷，一万一千九百五本，更赐名《永乐大典》。上亲制序以冠之，其文曰："昔者圣王之治天下也，尽开物成务之道，极裁成辅相之宜，修礼乐而明教化，阐至理而宣人文。……然三代而后，声名文物所可称述者，无非曰汉、唐、宋而已。洪惟我太祖高皇帝膺受天命，混一舆图，以神圣之资，广述作之奥，兴造礼乐制度，文为博大悠远，同乎圣帝明王之道。朕嗣承鸿基，勔思缵述，尚维有大混一之时，必有一统之制作，所以齐政治而同风俗。序百王之传，总历代之典，世远祀绵，简编繁伙，恒慨其难一。至于考一事之微，泛览莫周；求一物之实，穷力莫究。譬之淘金于沙，探珠于海，戛戛乎其不可易得也。乃命文学之臣，纂集四库之书，乃购募天下遗籍，上自古初，逮于当世，旁搜博采，汇聚群分，著为奥典。以气者天地之始也，有气斯有声，有声斯有字。故用韵以统字，用字以系事，揭其纲而目毕张，振其始而末具举。包括宇宙之广大，统会古今之异同，巨细精粗，粲然明备，其余杂家之言，亦皆得以附见。盖网罗无遗，以存考索，使观者因韵以求字，因字以考事，自源徂流，如射中鹄，开卷而无所隐。始于元年之秋而成于五年之冬，总二万二千九百三十七卷，名之曰《永乐大典》。臣下请序其首。……朕深潜圣道，志在斯文，盖尝讨论其旨矣。然万机浩繁，实资观览，姑述其概，以冠诸篇，将以垂示无穷，庶几或有裨于万一云尔。”赐广孝等二千一百六十九人钞有差。

《明史》卷一四五,《姚广孝传》:姚广孝,长洲人,本医家子。年十四,度为僧,名道衍，字斯道，事道士席应真，得其阴阳术数之学。……洪武中，诏通儒书僧试礼部。不受官，赐僧服还。……高皇后崩，太祖选高僧侍诸王，为诵经荐福。……燕王与语甚合，请以从。至北平，住持庆寿寺。出入府中，迹甚密，时时屏人语。及太祖崩，惠帝立，以次削夺诸王……道衍遂密劝成祖举兵。……成祖即帝位，授道衍僧录司左善世。帝在藩邸，所接皆武人，独道衍定策起兵。及帝转战山东、河北，在军三年，或旋或否，战守机事皆决于道衍。道衍未尝临战阵，然帝用兵有天下，道衍力为多，论功以为第一。永乐二年四月拜资善大夫、太子少师，复其姓，赐名广孝。……又与解缙等纂修《永乐大典》。书成，帝褒美之。

《明史》卷一五〇,《刘季篪传》:刘季篪,名韶,以字行,余姚人。洪武中进士。除行人。……擢陕西参政。……建文中,召为刑部侍郎。……永乐初,纂修《大典》，命姚广孝、解缙及季篪总其事。

《明史》卷一五二，《陈济传》：陈济，字伯载，武进人。……成祖诏修《永乐大典》，用大臣荐，以布衣召为都总裁，修撰曾棨等为之副。词臣纂修者及太学儒生数千人，翻秘库书数百万卷，浩无端倪。济与少师姚广孝等数人，发凡起例，区分钩考，秩然有法。执笔者有所疑，辄就济质问，应口辨析无滞。书成，授右赞善。

《明史》卷一四七，《胡俨传》：胡俨，字若思，南昌人。……洪武中以举人授华亭教谕……改长垣……复改余干。……建文元年，荐授桐城知县。……成祖即位……以解缙荐，授翰林检讨，与缙等俱直文渊阁，迁侍讲，进左庶子。……永乐二年九月,拜国子监祭酒。……重修《太祖实录》、《永乐大典》、《天下图志》，皆充总裁官。

《明史》卷一六一，《李昌祺传》：李昌祺，名祯，以字行，庐陵人。永乐二年进士。选庶吉士。预修《永乐大典》，僻书疑事，人多就质。

《明史》卷一五二,《邹济传附王汝玉传》:王汝玉,名璲,以字行,长洲人。……永乐初，由应天府学训导，擢翰林五经博士，历迁右春坊右赞善，预修《永乐大典》。

《明史》卷一五八，《魏骥传》：魏骥，字仲房，萧山人。永乐中，以进士副榜授松江训导。……召修《永乐大典》。书成，还任。

《明史》卷二八六,《沈度传附滕用亨传》:滕用亨,初名权,字用衡。……授翰林待诏,与修《永乐大典》。

《千顷堂书目》卷一五,类书类:《永乐大典》二万二千二百一十一卷。

《明史》卷九七,《艺文志三》类书类:《永乐大典》二万二千九百卷。永乐初,解缙等奉敕编《文献大成》既竣,帝以为未备,复敕姚广孝等重修,四历寒暑而成,更定是名。成祖制序。

《明太祖实录》监修徐辉祖卒。

《明史》卷一二五,《徐达传附子辉祖传》:成祖入京师,辉祖独守父祠弗迎。于是下吏命供罪状,惟书其父开国勋及券中免死语。成祖大怒,削爵幽之私第。永乐五年卒。

公元1408年 明成祖永乐六年 戊子

《明太祖实录》总裁之一王景卒。

《明太宗实录》卷八一:永乐六年秋七月……癸酉……翰林院学士王景卒。

《明史》卷一五二,《董伦传附王景传》:成祖即位,擢学士。……永乐六年卒于官。

公元1409年 明成祖永乐七年 己丑

重修《明太祖实录》副监修茹瑺卒。

《明太宗实录》卷八八:永乐七年二月……丁亥,忠诚伯茹常(案:《明史》作瑺)卒于锦衣卫。

《明史》卷一五一,《茹瑺传》:陈瑛遂劾瑺违祖制,逮下锦衣狱。瑺知不免,命子铨市毒药,服之死。时永乐七年二月也。

公元 1411 年 明成祖永乐九年 辛卯

再次重修《明太祖实录》。

《明太宗实录》卷一二〇：永乐九年冬十月……乙巳，命重修《太祖高皇帝实录》。上即位之初，命曹国公李景隆等监修，而景隆等心术不正，又成于急促，未极精详。上巡幸至北京之初，命翰林学士胡广等重修。至是，命太子少师姚广孝、户部尚书夏原吉为监修官，翰林院学士兼左春坊大学士胡广、国子祭酒兼翰林院侍讲胡俨、右春坊大学士兼翰林院侍读黄淮、右春坊右庶子兼翰林院侍讲杨荣为总裁官，左春坊左谕德兼翰林院侍讲学士杨士奇、金幼孜等为纂修官，皆赐敕勉励。

《明史》卷六，《成祖纪二》：（永乐九年冬十月）乙巳，重修《太祖实录》。

《明史》卷一四五，《姚广孝传》：重修《太祖实录》，广孝为监修。

公元 1414 年 明成祖永乐十二年 甲午

金幼孜著成《北征前录》、《北征后录》。

《明史》卷一四七，《金幼孜传》：金幼孜，名善，以字行，新淦人。建文二年进士。授户科给事中。成祖即位，改翰林检讨，与解缙等同直文渊阁，迁侍讲。……永乐五年，迁右谕德兼侍讲。……七年，从幸北京。明年北征，幼孜与（胡）广、（杨）荣扈行。……帝重幼孜文学，所过山川要害，辄命记之，幼孜据鞍起草立就。……自后北征皆从，所撰有《北征》前后二《录》。

《千顷堂书目》卷五，别史类：金幼孜《北征前录》一卷，又《后录》一卷。

《明史》卷九七，《艺文志二》杂史类：金幼孜《北征前录》一卷、《后录》一卷。

《四库全书总目》卷五二，史部杂史类存目一：《北征录》一卷、《后北征录》一卷，明金幼孜撰。……幼孜在永乐中参预机务，因北征阿噜台时扈从出塞，纪所历山川古迹及行营之所见闻，以成《前录》。（《明史》）本传……称所撰有《北征》前后二《录》，即此本也。《前录》自永乐八年二月至七月，《后录》自永乐十二年三月至八月，并按日记载。其往返大纲均与史传相合，其琐语杂事则史所不录者也。

公元 1415 年 明成祖永乐十三年 乙未

重修《明太祖实录》总裁、《古今列女传》作者之一解缙卒。

《明史》卷一四七，《解缙传》：永乐八年，缙奏事入京，值帝北征，缙谒皇太子而还。汉王言缙伺上出，私觐太子，径归，无人臣礼。帝震怒。……逮缙下诏狱，拷掠备至。……十三年，锦衣卫帅纪纲上囚籍。帝见缙姓名曰："缙犹在耶？"纲遂醉缙酒，埋积雪中，立死。年四十七。

公元 1416 年 明成祖永乐十四年 丙申

《历代名臣奏议》编成。

《明太宗实录》卷一八三：永乐十四年十二月……壬申，《历代名臣奏议》书成。先是，上以玺书谕皇太子，令翰林院儒臣黄淮、杨士奇等采古名臣直言，如张良对汉高、邓禹对光武、诸葛孔明对昭烈，及董、贾、刘向、谷永、陆贽奏疏之类，汇录以便观览。至是书成以进，上览而嘉之，赐名《历代名臣奏议》。因谓侍臣曰："致治之道，千古一揆。君能纳善言，臣能尽忠不隐，天下未有不治。观是书足以见当时人君之量，人臣之直。为君者以前贤所言便作今日耳闻，为臣者以前贤事君之心为心，天下国家之福也。"遂命刊印，以赐皇太子、皇太孙及大臣。

《明史》卷一四七，《黄淮传》：黄淮，字宗豫，永嘉人。……淮举洪武末进士，授中书舍人。成祖即位，召对称旨，命与解缙常立御榻左，备顾问。……既而与缙等六人并直文渊阁，改翰林编修，进侍读。……太子立，迁左庶子兼侍读。永乐五年，解缙黜，淮进右春坊大学士。

《明史》卷一四八，《杨士奇传》：寻命吏部考第史馆诸儒。……授吴王府审理副，仍供馆职。成祖即位，改编修。已，简入内阁，典机务，数月进侍讲。永乐二年选宫僚，以士奇为左中允。五年，进左谕德。……六年，帝北巡，命与蹇义、黄淮留辅太子。

《千顷堂书目》卷三〇，表奏类：成祖谕辑《历代名臣奏议》三百五十卷。

《明史》卷九九，《艺文志四》总集类：《历代名臣奏议》三百五十卷。永乐中，黄淮等奉敕纂辑。

《四库全书总目》卷五五，史部诏令奏议类：《历代名臣奏议》三百五十卷，明永乐十四年黄淮、杨士奇等奉敕编。自商周以迄宋、元，分六十四门，名目未免太繁，区分往往失当。……然自汉以后，收罗大备，凡历代典制沿革之由，政治得失之故，实可与《通鉴》、三《通》互相考证。……虽义例芜杂，而采摭赅备，固亦古今奏议之渊海也。

公元 1418 年 明成祖永乐十六年 戊戌

《永乐大典》总事之一、再次重修《明太祖实录》监修之一姚广孝卒。

《明太宗实录》卷一九八：永乐十六年三月……戊寅，太子少师姚广孝卒。

《明史》卷一四五，《姚广孝传》：（永乐）十六年三月入觐，年八十有四矣，病甚，不能朝，仍居庆寿寺。车驾临视者再，语甚欢。……寻卒。……追赠推诚辅国协谋宣力文臣、特进荣禄大夫、上柱国、荣国公，谥恭靖。

再次重修《明太祖实录》成。

《明太宗实录》卷二〇〇：永乐十六年五月庚戌朔，监修实录官行在户部尚书夏原吉、总裁官行在翰林院学士兼右春坊右庶子杨荣等上表进《太祖高皇帝实录》。上具皮弁服，御奉天殿受之，披阅良久，嘉奖再四曰："庶几小副朕心。"又顾原吉等曰："此本朝夕以资览阅，仍别录一本，藏古今通集库。"……辛亥，赐其重修实录监修官户部尚书夏原吉钞二百锭、彩币三百表里、纱衣一袭，总裁官文渊阁大学士兼左春坊大学士胡广、翰林院学士兼右春坊右庶子杨荣、国子监祭酒兼翰林院侍讲胡俨人钞百六十锭、彩币二百表里、纱衣一袭，纂修官翰林院学士兼右春坊右谕德金幼孜赏同胡广等，侍讲学士曾棨、侍读邹缉、王英、修撰余鼎、罗汝敬、主事李时勉、陈敬宗人钞百锭、彩币一百表里、纱衣一袭，誊写官并监生人等各钞六十锭、绢二疋。书成，广以病不及躬进，命中官郎即其□赐之。……壬子，赐修实录监修、总裁、纂修等官户部尚书夏原吉等三十八人宴于礼部。

《明史》卷七，《成祖纪》：（永乐十六年）夏五月庚戌，重修《太祖实录》成。

黄佐《翰林记》卷一三，《修实录》：永乐……九年十月，上以《太祖实录》建文时修，多失其实；永乐初再修，亦仓卒未备，命史臣重修。敕户部尚书夏原吉与太子少师姚广孝监修，学士胡广、杨荣等为总裁，金幼孜等与纂修。未几，广孝死，原吉独专其事。凡七年始成。十六年五月庚戌朔，原吉等以《实录》进，凡若干卷，共二百五册。

孙承泽《春明梦余录》卷一三：《洪武实录》凡三修。建文即位初修，王景充总裁；靖难后再修，总裁解缙；缙得罪后三修，总裁杨士奇。初修、再修时士奇皆秉笔，以一人而前后依违者甚多。

《明史》卷一四九，《夏原吉传》：夏原吉，字维喆，其先德兴人。……以乡荐入太学，选入禁中书制诰。……擢户部主事。……建文初，擢户部右侍郎。明年充采访使。……成祖即位……转左侍郎。……进尚书。……（永乐）七年，帝北巡，命兼摄行在礼部、兵部、都察院事。……八年，帝北征，辅太孙留守北京，总行在九卿事。

《明史》卷一四七，《胡广传》：胡广，字光大，吉水人。……建文二年廷试……帝亲擢广第一，赐名靖，授翰林修撰。成祖即位，广偕解缙迎附，擢侍讲，改侍读，复名广，迁右春坊右庶子。永乐五年进翰林学士，兼左春坊大学士。……十四年，进文渊阁大学士，兼职如故。

《明史》卷一四七，《胡俨传》：（永乐）七年，帝幸北京，召俨赴行在。明年北征，命以祭酒兼侍讲，掌翰林院事，辅皇太孙留守北京。

《明史》卷一四八，《杨荣传》：杨荣，字勉仁，建安人，初名子荣。建文二年进士。授编修。成祖……既即位，简入文渊阁，为更名荣。……再迁至侍讲。太子立，进右谕德，仍兼前职。（永乐）五年，命往甘肃经画军务……还奏武英殿。……寻进右庶子，兼职如故。……十四年，与金幼孜俱进翰林学士，仍兼庶子。

《明史》卷一五二，《王英传》：王英，字时彦，金溪人。永乐二年进士。选庶吉士，读书文渊阁。……与修《太祖实录》，授翰林院修撰，进侍读。

《明史》卷一六三，《李时勉传》：李时勉，名懋，以字行，安福人。……中永乐二年进士。选庶吉士，进学文渊阁，与修《太祖实录》。授刑部主事，复与重修《实录》。书成，改翰林侍读。

《明史》卷一六三，《陈敬宗传》：陈敬宗，字光世，慈溪人。永乐二年进士。选庶吉士，进学文渊阁，与修《永乐大典》。书成，授刑部主事。又与修《五经四书大全》，再修《太祖实录》，授翰林侍讲。

《千顷堂书目》卷四，国史类：《太祖高皇帝实录》二百五十七卷。……（永乐）九年……乃命胡广、胡俨、黄淮、杨荣为总裁，杨士奇、金幼孜等为纂修，而命姚广孝、夏原吉为监修。十六年五月书成进上。始于元至正辛卯，终于洪武三十一年戊寅。

《明史》卷九七，《艺文志二》正史类：《明太祖实录》二百五十七卷。……永乐……九年，胡广等复修。起元至正辛卯，讫洪武三十一年戊寅，首尾四十八年。

重修《明太祖实录》总裁之一胡广卒。

《明太宗实录》卷二〇〇：永乐十六年五月……丁巳，文渊阁大学士兼左春坊大学士胡广卒。

《明史》卷一四七，《胡广传》：（永乐）十六年五月卒，年四十九。赠礼部尚书，谥文穆。文臣得谥，自广始。

诏纂修天下郡县志书。

《明太宗实录》卷二〇一：永乐十六年六月……乙酉，诏纂修天下郡县志书，命行在户部尚书夏原吉、翰林院学士兼右春坊右庶子杨荣、翰林院学士兼右春坊右谕德金幼孜总之。仍命礼部遣官遍诣郡县，博采事迹及旧志书。

公元 1420 年 明成祖永乐十八年 庚子

颁行《孝顺事实》。

《明太宗实录》卷二二六：永乐十八年六月……辛丑，颁《孝顺事实》书于文武群臣及两京国子监、天下学校。先是，上命翰儒臣辑录古今载籍所记孝顺之事可以垂教者为书。每事上亲制论断及诗，名《孝顺事实》，又亲制序冠之。序曰："朕惟天经地义，莫尊乎亲；降衷秉彝，莫先于孝。故孝者，百行之本，万善之原。……然自古帝王公卿，下及民庶，孝行见称于当时，有传于后世者，不可殚纪，往往散见篇籍。朕尝命侍臣历考史传诸书所载孝行卓然可述者，得二百七人，复各为之论断，并系以诗，次为十卷，名曰《孝顺事实》。……尚虑闻见之不广，采辑之未备。……后之君子，苟能体朕是心，广搜博采，以续夫是编之作，则于天下后世深有赖焉。"

公元1422年 明成祖永乐二十年 壬寅

陈济著成《资治通鉴纲目集览正误》。

《千顷堂书目》卷五，史学类：陈济《资治通鉴纲目集览正误》五十九卷。字伯济（今案：误，应作伯载），武进人。官春坊右赞善。正王幼学《集览》之误。

《明史》卷九七，《艺文志二》史抄类：陈济《资治通鉴纲目集览》五十九卷。

王重民《中国善本书提要》史部编年类：《资治通鉴纲目集览》五十九卷，六册，（国会）明司礼监刻本。元王幼学撰，明陈济正误。按金寔撰济《行状》，称"济字伯载，武进人。贯穿经史百家之言，才名卓然。……所著有《纲目集览正误》若干卷。"（《献徵录》卷十九）不言其卷数若干。《明史·艺文志》作五十九卷，邵懿辰《四库简明目录标注》作二卷。今观其书，所正寥寥无几，自序亦称仅四百余条，想原本不过二卷。此本分系《正误》于《集览》各条之下，当是后人所为，故有五十九卷，《明志》殆即据此本著录。……陈济序（永乐二十年）。

公元1424年 明成祖永乐二十二年 甲辰

杨荣著《北征记》。

《明史》卷一四八，《杨荣传》：（永乐）十六年，胡广卒，命荣掌翰林院事。……十八年，进文渊阁大学士，兼学士如故。……二十年，复从出塞。……明年，从出塞。……又明年，复从北征。……还次榆木川，帝崩。

《千顷堂书目》卷五，别史类：杨荣《北征记》一卷。

《明史》卷九七，《艺文志二》杂史类：杨荣《北征记》一卷。

《四库全书总目》卷五二，史部杂史类存目一：《后北征记》一卷，明杨荣撰。……荣以永乐二十二年四月扈从北征，记其往还始末，著此书，编排月日，叙述颇详。榆木川之事，即是役也。其事世多异说，荣所记则与史符合。盖史官以其帷幄之臣，身预顾命，故用以为据。然其实录与否，亦无可考矣。

《永乐大典》总裁之一、《资治通鉴纲目集览正误》作者陈济卒。

金寔《儒林郎右春坊右赞善武进陈公济行状》（见焦竑《国朝献徵录》

卷一九）：先生讳济，字伯载，姓陈氏，常州武进县人。……甲辰夏五月日，暴中风，不能言，卒于寓舍，年六十一。……所著有《纲目集览正误》若干卷。

《明史》卷一五二，《陈济传》：授右赞善。……凡稽古纂集之事，悉以属济。……居职十五年而卒。年六十二。（案：上引《行状》作“年六十一”，此处疑误。）

公元 1425 年 明仁宗洪熙元年（本年五月仁宗卒，六月宣宗即位）乙巳

敕修《明太宗（成祖）实录》。

《明仁宗实录》卷一〇：洪熙元年五月……癸酉（四日），敕行在礼部、行在翰林院修《太宗体天弘道高明广运圣武神功纯仁至孝文皇帝实录》。敕曰：“恭惟皇考太宗文皇帝，以元圣大德，顺天应人，君临万邦，为臣民之主者二十有三年。……仰惟实录未有成书。卿等咸逮事先朝，职典斯事，往集贤俊，博稽简书，协恭纂修，务尽精悬，用宣昭我皇考盛德大业，华覆被于无穷。其以太师英国公张辅、少师兼吏部尚书蹇义、少保兼太子少傅户部尚书夏原吉为监修，少傅兵部尚书华盖殿大学士杨士奇、少保户部尚书兼谨身殿大学士杨荣、太子少保礼部尚书兼武英殿大学士金幼孜、太常寺卿兼翰林院学士杨溥为总裁。所有合行事宜，条列以闻。”

《明史》卷一五四，《张辅传》：张辅，字文弼，河间王玉长子也。……永乐三年，进封新城侯。……六年夏……进封英国公。……仁宗即位，掌中军都督府事，进太师。……寻命知经筵事，监修实录。

《明史》卷一四九，《蹇义传》：蹇义，字宜之，巴人，初名瑢。洪武十八年进士。授中书舍人，奏事称旨。……帝嘉其诚笃，为更名义，手书赐之。……惠帝既即位，推太祖意，超擢吏部右侍郎。……燕师入，迎附，迁左侍郎。数月，进尚书。……永乐二年，兼太子詹事。……仁宗即位……首进义少保……历进少师。……寻命与英国公（张）辅及（夏）原吉同监修《太宗实录》。

《明史》卷一四八，《杨士奇传》：仁宗即位，擢礼部侍郎兼华盖殿大学士。……进少保。……寻进少傅。……兼兵部尚书。……寻修《太宗实录》，与黄淮、金幼孜、杨溥俱充总裁官。

《明史》卷一四八，《杨荣传》：仁宗即位，进太常卿，余官如故。寻进太子少傅、

谨身殿大学士。……进工部尚书，食三禄。

《明史》卷一四八，《杨溥传》：杨溥，字弘济，石首人。与杨荣同举进士。授编修。永乐初，侍皇太子为洗马。……十二年，东宫遣使迎帝迟，帝怒……下法司鞫，连溥，逮系锦衣卫狱。……溥益奋，读书不辍。系十年，读经史诸子数周。仁宗即位，释出狱，擢翰林学士。……明年建弘文阁于思善门左……命溥掌阁事。……寻进太常卿，兼职如故。宣宗即位，弘文阁罢，召溥入内阁。

敕修《明仁宗实录》。

《明宣宗实录》卷五：洪熙元年闰七月……乙巳，以纂修《仁宗昭皇帝实录》，敕礼部曰："……自皇考仁宗昭皇帝留守南京至嗣天位，二十余年，圣德圣政，尔礼部悉恭依修皇祖《太宗文皇帝实录》事例，通行中外采辑，送翰林院编纂实录。其以太师英国公张辅、太子太保成山侯王通、少师吏部尚书蹇义、少保兼太子少傅户部尚书夏原吉为监修，少傅兵部尚书兼华盖殿大学士杨士奇、少保户部尚书兼武英殿大学士黄淮、太子少傅工部尚书兼谨身殿大学士杨荣、太子少保礼部尚书兼武英殿大学士金幼孜、太常寺卿兼翰林院学士杨溥为总裁。夫述先朝之盛典，用垂宪于永世，所系甚重。勉罄厥诚，钦哉！"……壬子，行在礼部以纂修《仁宗昭皇帝实录》，移文南北二京各衙门，及遣进士陆徵等分往各布政司暨郡县，采求事迹，类编文册，悉送史馆，以备登载。

《明史》卷一五四，《王通传》：王通，咸宁人，金乡侯真子也。嗣父官为都指挥使……累进都督佥事。复以父死事故，封武义伯。……永乐七年董营长陵。十一年进封成山侯。……仁宗即位，命掌后府，加太子太保。

《明史》卷一四八，《杨士奇传》：宣宗即位，修《仁宗实录》，仍充总裁。

《明史》卷一四七，《黄淮传》：仁宗即位……寻擢为通政使，兼武英殿大学士。……明年进少保、户部尚书，兼大学士如故。

《明史》卷一四七，《金幼孜传》：仁宗即位，拜户部右侍郎兼文渊阁大学士。寻加太子少保兼武英殿大学士。……洪熙元年，进礼部尚书兼大学士、学士如故。……宣宗立……修两朝实录，充总裁官。

公元 1426 年　明宣宗宣德元年　丙午

敕撰《历代臣鉴》修成。

《明宣宗实录》卷一六：宣德元年夏四月……戊寅，御制《外戚事鉴》及《历代臣鉴》二书成，颁赐群臣及外戚。……二书皆上亲制序文。……《历代臣鉴序》曰："……春秋以来二千余年，凡臣之行事，其善恶大概，间类录之，总三十七卷，名《历代臣鉴》，用赐群臣，俾时览省。……"

《千顷堂书目》卷一一，儒家类：《历代臣鉴》三十七卷。三代以上见诸经者不录。自春秋以下二千余年，凡臣之行事，其善恶大概，分类录之。用赐群臣。亦宣德元年四月成书，并自制序。

《明史》卷九七，《艺文志二》故事类：宣宗御制《历代臣鉴》三十七卷、《外戚事鉴》五卷。

《四库全书总目》卷一三一，子部杂家类存目八：《臣鉴》三十七卷，明宣宗皇帝撰，有宣德元年四月御制序。取春秋迄金元人臣事迹，分"善可为法"、"恶可为戒"二类。而宋之张俊，亦在善可为法类，品第似未尽允也。

敕撰《外戚事鉴》成书。

《明史》卷九七，《艺文志二》故事类：宣宗御制《历代臣鉴》三十七卷、《外戚事鉴》五卷。

明宣宗《御制外戚事鉴序》：朕惟帝王之仁，始于亲亲，稽古唐尧，协和万邦，必先九族。盖由内达外笃，近举远致，理之大经也。夫居天下之上，统天下之众，凡覆载之内皆欲使安其生、足其养，乐利于悠久，矧夫至亲近属者哉。人之行必在于善，虽人品不齐，而无不可与为善者，盖善具于心，非有待乎外。惟所禀与习不同，而后有流于不善者焉。古圣人为世道生民之计，设为之教，使必由于善，为善斯合乎天道，故曰作善降之百祥，作不善降之百殃，考诸既往，可鉴已。朕祗嗣祖宗大位，为生民主，夙夜倦切，图与天下共乐太平之福，而必自亲者始。尝以谓引之于福者，曷如开之于道，为有本也；喻之以言者，曷如质之于事，为有徵也。间采汉以下历代戚里之臣，其善恶之迹并其中所得吉凶，举其大略而类别之，得七十九人，名《外戚事鉴》，皇亲各赐一本。昔孔子删商周以下之诗三百篇，垂教后世，其诗善恶悉具，说者盖谓其善可以感发善心，恶可以惩创逸志，皆有资益乎已也。凡今戚里之家，诚能究阅是编，择善而从，心体力行，由是远而博求古圣人之教，近而奉守我祖宗之法，敬慎弗渝，将德誉益兴，宠禄无斁。国家有惇睦之美，君臣相与共享富贵于无穷焉。宣德元年四月日。

《千顷堂书目》卷一一，儒家类：《外戚事鉴》五卷。采汉以下历代戚里之臣，其善恶之迹并其终所得吉凶，举其大略而类别之，得七十九人。宣德元年四月书成，皇亲各赐一本。

《四库全书总目》卷一三一，子部杂家类存目八：《外戚事鉴》（浙江范懋柱天一阁藏本）二卷，不著撰人名氏。《千顷堂书目》有明宣宗御制《外戚事鉴》五卷……此本所载，大略相符，然所列止五十六人，而书亦只二卷，殆后人有所窜改合并，非其原书矣。

今案：自明初洪武年间，明太祖即大量编纂针对各个层次官僚、贵族的惩戒性史籍，如《宗藩昭鉴录》、《武士训戒录》、《臣戒录》、《储君昭鉴录》等，这些史籍皆属抄录纂辑，重点在于惩恶，并无史学价值，乃是站在皇帝立场利用历史向臣下发出威慑，书成之后必须赐诸臣或相关人员。永乐以后，将“惩恶”的编书基调做出调整，兼取劝善事例，这部《御制外戚事鉴》即本此意。今日本东洋文库藏有全本五卷，其中各个事例均会有精湛彩色配图，开本很大，字体秀丽，为明朝内府原本。据称宁波天一阁也藏有此书，但非全本。又，〔日〕酒井忠夫《中国善书研究》（增补版）（刘岳兵、何英莺译，江苏人民出版社 2010 年版）第一章《明朝的教化政策及其影响——敕撰书为主线》，对这些书籍有所统计，但作者将之尽数归于“善书”，其分类分析亦未臻良善，反而淡化了明初官修威慑性、惩戒类史籍的特征。

公元 1428 年 明宣宗宣德三年 戊申

郑柏著《金华贤达传》刊行。

《金华贤达传》卷一一，《郑柏传》：柏，字叔端。……晚年著书有《圣朝文纂》……《金华贤达传》。

郑熄《金华贤达传·序》：《金华贤达传》一十二卷，诸父清逸先生所著。熄尝侍几席，见先生用心于著述，致力于搜采，不以寒暑而暂废。孜孜研究，鞠明究曛，一善一行如或失之。然皆节其浮辞，略其繁冗，其文简而明，该而约，俾一郡之古今贤达、嘉言善行，焕如日星，揭于中天，足以发勋德之辉光，资启沃于多士，诚万世不刊之书也。……遂请孟舒重加校正，熄与兄炶同子西缮写入板，起手刊镂，于宣德戊申四月书成，谨记其岁月云。侄熄识。

《千顷堂书目》卷一〇，传记类：郑柏《金华贤达传》十二卷。浦江人。

《四库全书总目》卷六一，传记类存目三：《金华贤达传》十二卷，明郑柏撰。柏，字叔端，浦江人，宋濂之门人也。是书辑金华一郡人物，各为小传，系之以赞，凡三百六十余人，分忠义、孝友、政事、儒学、卓行五门，亦宋濂《浦阳人物记》之类。然如楼照迎合和议、曹冠为秦桧门客，乃并取之，殊不免乡曲之私。第十一卷内又有柏传一篇，附郑楷之后，柏无自作传之理，或其家子孙所增入欤？

公元 1429 年　明宣宗宣德四年　己酉

刘剡纂成《资治通鉴节要续编》。

《千顷堂书目》卷四，编年类：张光启《宋元通鉴节要续编》三十卷。一作张元启。

王重民《中国善本书提要》史部编年类：《增修附注资治通鉴节要续编》，残存二十二卷，四册，明景泰间刻本。原题“建阳知县盱江张光启订正，松坞门人京兆刘剡编辑。”按《建阳县志》：“光启，建昌人，宣德间任。”又按《平津馆鉴藏记·书籍续编》页五下：“《资治通鉴节要》二十卷，题少微先生纂述，松坞王逢释义，仁斋刘剡增校”，则此题“松坞门人”者，剡自谓为王逢门人也。此王逢鄱阳人，正统间举经明行修，不就，与撰《梧溪集》之王逢非一人。是书全编三十卷，卷一至二十六为《宋纪》，卷二十七至三十为《元纪》。……《宋纪》全本陈桱《通鉴续编》；胡粹中、张九韶并有《元史续编》，今观此所存卷第二十六，屡引张美成说，美成为九韶字，是《元纪》为本张氏书矣。

同上书：《增修附注资治通鉴节要续编大全》三十卷，六册，明弘治间刻本。原题“建阳知县盱江张光启订正，松坞门人京兆刘用章编辑，慎独斋京兆不才子释义。”张光启序云：“余昔家食，窃有此志，今幸作宰东阳，公隙即与书林君子刘剡取四代史所载君臣行事功绩，岁月日时，先后精详，敛博合一，核略致详。以宋为统，辽、金分书之，元则直续宋统，纂辑校订，附《通鉴详节》之末，名曰《增修附注通鉴节要续编》，庸备考索而已。书成，士庶刘文寿请寿诸梓。”据此，则是书当有宣德间刻本，今所见者以景泰间刻本为最早。……张光启序（宣德四年）

同上书：《增修附注资治通鉴节要续编》三十卷，十六册，朝鲜铜活字本。原题“建阳知县盱江张光启订正，松坞门人京兆刘剡编辑。”……卷末有宣德七年刘剡《后记》，因知《续编》纂成于宣德四年，刻成于七年。余尚未见宣德七年原刻本，而此朝鲜活字本即据宣德七年原刻本翻刻者。因逐录刘剡《后记》于后：“元自世祖平宋之后，一遵临江张公美和、梁公孟敬二先生《节要》、《事略》而成，然以宋文丞相、谢叠山二公之事而评述之者，盖其精忠亘乎天地，可以为万世人臣之法，故备录而不厌其烦。谨附录《瑞麦颂》、《平西蜀颂》者，以见我朝太祖高皇帝以天纵之圣，除胡元之乱，不数年间，遂开六合，奄有万国，荣光贯日，瑞麦呈祥，其天心眷爱，国家传祚于千万世之意，昭昭可知矣。谨拜手稽首书于后云。宣德龙集壬子孟秋吉日，后学刘剡拜书。”

公元 1430 年　明宣宗宣德五年　庚戌

《明太宗（成祖）实录》、《明仁宗实录》修成。

《明宣宗实录》卷一六：宣德元年夏四月……庚辰，上御奉天门，谓行在礼部尚书胡濙曰：“纂修实录，国家重事。自古帝王功德传之万世，只凭史书。祖宗以来，多有德政在天下，皆须记载。今内外诸司，尚有未奏来者，是不体朕心，尔礼部移文趣之。”

《明宣宗实录》卷六一：宣德五年正月……壬戌，进两朝实录。……监修官英国公张辅等率总裁、纂修官，皆朝服，捧实录置舆中。……至奉天门下，监修、总裁、纂修等官捧实录置于案。……上御奉天殿。……监修、总裁、纂修等官入班……内侍官举实录案置内殿中。……宣表，表词云：“奉天靖难推诚宣力辅进武臣特进光禄大夫左柱国太师英国公臣张辅等，诚惶诚恐，稽首顿首上言：……钦惟太宗体天弘道高明广运圣武神功纯仁至孝文皇帝，刚健中正，广大高明，体天之心，行天之道，励精为理，躬俭爱人，载奠邦家，中兴鸿业，文治光昭于日月，武烈弘靖于华夷，大略雄材，茂功伟绩，规模宏远，卓冠百王。钦惟仁宗敬天体道纯诚至德弘文钦武章圣达孝昭皇帝，孝友英明，宽仁恭俭，敬天法祖，制治保邦，明目达聪，周询民隐，时使薄敛，博施济人，抚盈成之运，广文明之化，丕新政纪，覃敷德泽，朞月之内，天下归仁。二圣升游，仰云车之益远。万姓哀慕，在海宇以同情。恭惟皇帝陛下……宣德元年五月敕修两朝实录，命臣辅、臣义、臣原吉监修，臣士奇、臣荣、臣幼孜、臣山、臣瑛、臣溥总裁、臣槩、臣英、臣直、臣述、臣时勉、臣习礼、臣学夔……纂修。发左右史臣之所记，阅中外官府之所上，兼考章疏，参之见闻。编载事功，必备著其本末；纂述谟训，必致谨于精微。关制度者虽细不遗，切幾务者虽明必审。于纪叙圣神之道德，如绘画造化之功能，儗诸形客，诚难髣。乃若附录臣下，必在推明是非。讫五年正月，恭成《太宗文皇帝实录》百三十卷，《仁宗昭皇帝实录》十卷，合百五十四册，谨缮写上进。伏念臣辅等智识浅陋，学术空疏，旷岁月而久稽，亦讨论之惟勤。方之良史，深愧乏三长之称；监于先朝，庶少资万幾之暇。臣辅等无任瞻天仰圣，激切屏营之至。”……宣制，制词云：“恭惟皇祖、皇考功德光华，纂述详实，朕心欢庆，与卿等同之。”……上命行在礼部宴史官，仍稽赏例以闻。

《千顷堂书目》卷四，国史类：《太宗文皇帝实录》一百三十卷。洪熙元年五月癸酉，命行在礼部翰林院修《太宗实录》……至宣德五年正月书成进御。又：《仁宗昭皇帝实录》十卷。洪熙元年闰七月命纂修，总裁即修《太宗实录》诸人，惟监修增太子太保成山侯王通。至宣德五年正月书成进御。

《明史》卷九七，《艺文志二》正史类：《成祖实录》一百三十卷、《宝训》十五卷，杨士奇等修。又：《仁宗实录》十卷、《宝训》六卷，蹇义等修。

重修《明太祖实录》、《明太宗实录》、《明仁宗实录》监修之一夏原吉卒。

《明宣宗实录》卷六二：宣德五年正月……戊辰……少保兼太子少傅、户部尚书夏原吉卒。原吉……重修《太祖皇帝实录》，为监修。……修《太宗皇帝实录》，为监修。……修《仁宗皇帝实录》，仍为监修。

《明史》卷一四九，《夏原吉传》：（宣德）五年正月，两朝实录成，复赐金币、鞍马。旦入谢，归而卒，年六十五。赠太师，谥文靖。

公元 1431 年 明宣宗宣德六年 辛亥

《明太宗实录》、《明仁宗实录》总裁之一、《北征录》等作者金幼孜卒。

《明宣宗实录》卷八五：宣德六年十二月……丁未……太子少保、礼部尚书兼武英殿大学士金幼孜卒。

《明史》卷一四七，《金幼孜传》：宣德六年十二月卒，年六十四。赠少保，谥文靖。

《千顷堂书目》卷二，《春秋》类：金幼孜《春秋直指》三十卷、《春秋要旨》三卷。幼孜为翰林侍讲，侍仁宗于东宫，命合纂十二公事为《要旨》以进。

《明史》卷九六，《艺文志一》《春秋》类：金幼孜《春秋直指》三十卷、《春秋要旨》三卷。

公元 1434 年 明宣宗宣德九年 甲寅

巩珍编成《西洋番国志》。

巩珍《西洋番国志自序》：伏以皇天开泰运，圣祖御明时，创业建基，垂法万世，成功俪美于唐虞，茂德丕隆于汤武。钦惟太宗文皇帝继圣守成，代天理物，声教洋溢乎四海，仁化博洽于万方。制作谋谟，胜今迈古。永乐之初，敕遣中外重臣，循西海诸国昭示恩威。扩往圣之鸿规，著当代之盛典，舆图开拓，万善咸臻，未有至于此也。宣宗章皇帝嗣登大宝，普赉天下，乃命正使太监郑和、王景弘等兼督武臣，统率官兵数万，乘驾宝舟百艘，前往海外，开诏颁赏，遍谕诸番。时愚年甫出幼，备数部伍，拔擢从事于总制之幕。往还三年，经济大海，绵邈弥茫，水天连接，四望迥然，绝无纤翳之隐蔽。惟观日月升坠，以辨西东，星斗高低，度量远近。皆斫木为盘，书刻干支之字，浮针于水，指向行舟。经月累旬，昼夜不止。海中之山屿，形状非一，但见于前，或在左右，视为准则，转向而往。要在更数起止，记算无差，必达其所。始则预行福建、广、浙，选取驾船民梢中有经惯下海者，称为火长，用作船师。乃以针经图式，付与领执，专一料理，事大责重，岂容怠忽？其所乘之宝舟，体势巍然，巨无与敌，蓬帆锚舵，非二三百人莫能举动。趋事人众，纷匝往来，岂暇停憩。缺其食饮，则劳困弗胜，况海水卤咸，不可入口，皆于附近川泽及滨海港汊，汲取淡水。水船载运，积贮仓储，以备用度，斯乃至急之务，不可暂弛。至于当洋正行之际，烈风陡起，怒涛如山，危险至极。舟人惊骇，苍茫无措，仰赖神灵，显然临庇，宁帖无虞。所至番邦，二十余处，人物妍媸不同，居止洁秽等别。气候常如春夏，秋霜冬雪皆无。土产风俗，各不相类。其所赍恩颁谕赐之物至，则番王酋长相率拜迎，奉领而去。举国之人奔趋欣跃，不胜感戴。事竣，各具方物及异兽珍禽等件，遣使领赍，附随宝舟，赴京朝贡。是皆皇恩滂沛，德化溥敷，致远人之归服也。顾愚菲陋庸材，叨从使节，涉历遐方，睹斯胜概，诚为千载之奇遇。凡所纪各国之事迹，或目及耳闻，或在处询访，汉言番语，悉凭通事转译而得，记录无遗。中有往古流俗，希诧变态，诡怪异端而可疑，或传译舛讹而未的者，莫能详究。其注意措辞，直俗之语，不别更饰，惟依原记录者序集成编，存传于后。尚觊将来出使之晓达者，增损而正之。时大明宣德九年岁在甲寅孟春之月吉旦，养素生金陵巩珍寓金台之馆舍谨志。

《四库全书总目》卷七八，史部地理类存目七：《西洋番国志》（无卷数），明巩珍撰。珍，应天人，其仕履始末未详。永乐中，敕遣太监郑和等出使西洋。宣宗嗣位，复命和及王景宏等往海外遍谕诸番，时珍从事总制之幕，往还三年。所历诸番，曰占城、曰爪哇、曰暹罗、曰旧港、曰哑噜、曰满剌加、曰苏门答剌、曰那姑儿、曰黎代、曰喃勃里、曰溜山、曰榜葛剌、曰锡兰山、曰小葛兰、曰阿枝、曰古里、曰祖法儿、曰忽鲁谟斯、曰阿丹、曰天方，凡二十国。于其风土人物，询诸通事，转译汉语，觑缕毕记，至宣德九年编成。所记与《明史·外国传》大概相同，疑史采用此书也。

今案：郑和等下西洋始自明成祖永乐三年（公元 1405 年），迄于明宣宗宣德八年（公元 1433 年），首尾七次，历时二十九年。随行归国撰写见闻的有马欢《瀛涯胜览》，费信《星槎胜览》、巩珍《西洋番国志》，是记录郑和下西洋的三部最早史料。马欢、费信二书，流行较广，惟巩书稀见。巩珍其人，史书无考。据其自序，知其号养素生，南京人，籍隶军户。其出洋是在宣德五年闰十二月六日于南京附近之龙湾放船，六年二月二十六日至福建长乐港，十一月十二日出发，宣德八年七月六日回京，此为郑和等最后一次奉使出洋。参阅向达《校注巩珍西洋番国志序言》（载向达校注《西洋番国志》，中华书局 1961 年版）；梁方仲《梁方仲读书札记》“巩珍《西洋番国志》”条（中华书局 2008 年版）。

公元 1435 年 明宣宗宣德十年（本年正月宣宗卒，英宗即位）乙卯

《明太宗实录》、《明仁宗实录》监修之一蹇义卒。

《明英宗实录》卷一：宣德十年正月……丁亥……少师兼吏部尚书蹇义卒。

《明史》卷一四九，《蹇义传》：宣宗即位，委寄益重。……英宗即位，斋宿得疾。……遂卒，年七十三。赠太师，谥忠定。

敕修《明宣宗实录》。

《明英宗实录》卷七：宣德十年秋七月……丙子，少傅兵部尚书兼华盖殿大学士杨士奇等言："臣等仰惟宣宗皇帝临御十年，大功大德在国家在生民者，必当纪载，垂于万世。今宜依祖宗故事，纂修实录，以彰盛美。"上从之，敕谕礼部曰："朕惟古昔帝王功德之实，载诸简册，光昭万世。我皇考宣宗章皇帝……在位十年，中国奠安，四夷宾服，太平之绩允光前烈，宜有纪述以示来世。朕以菲德，图惟继述。尔礼部宜遵祖宗故事，纂修实录。其以太师英国公张辅为监修，少傅兵部尚书兼华盖殿大学士杨士奇、少傅工部尚书兼谨身殿大学士杨荣、礼部尚书兼翰林院学士杨溥、詹事府少詹事兼侍讲学士王英、少詹事兼侍读学士王直为总裁，遴选文儒协相纂述，其有合行事宜，条列以闻。钦哉！"

《明史》卷一四八，《杨荣传》：（宣德）五年，进少傅。……英宗即位，委寄如故。……重修《太祖实录》及太宗、仁、宣三朝实录，皆为总裁官。

公元 1436 年 明英宗正统元年 丙辰

费信著成《星槎胜览》。

（光绪）《昆新两县续修合志》卷三〇，《人物·文苑一》：费信，字公晓。永乐间诏以中官郑和使西洋，抚谕诸番夷，发锐卒二万三千，船四十有八。简文采论识之士，颛一策书，备上清览，信首预选。由东吴海堧开船，历广、闽诸岛，凡四十余邦，计程八万。自己丑七年，至宣德癸丑，岁逾二纪。信每莅番城，辄伏几濡毫，叙缀篇章，标其山川、夷类、物候、风习诸光怪奇诡事，以储采纳，题曰《星槎胜览》。邑人周复俊为删析，附《玉峰诗纂》行世。

费信《星槎胜览序》（据冯承钧《星槎胜览校注》本，中华书局 1954 年版）：

夫万物无不覆载者，天地之统也；万邦无不归顺者，圣人之统也。天地、圣人一而二，二而一者也。试尝观之，天位乎上，地位乎下，二气周流，四时更化，果何以见其统哉。吁！（朱本、景本无“吁”字）大哉乾元，万物资始，至哉坤元，万物资生，则凡物之在于两间者，无不闻之也。圣人以一人之（原脱“人之”二字，从朱本、景本补）身，处乎九重之上，舆图之广，生齿之繁，亦何以见其统哉。噫！本乎圣人己德之修也耳，禀圣神文武之德（原阙“德”字，从朱本、景本补），蕴睿知（景本作“智”）聪明之资，首出庶物，卓冠群伦，所守者至简而能御繁，所处者至静而能制动，所务者至寡而能服众，是以际天所覆（朱本作“载”），极地（朱本、景本并作“天”）所载（朱本作“覆”），莫不咸归于德化之中，普天之（景本脱“之”字）下，率土之滨，罔不悉归于涵养之内。洪惟我太祖高皇帝龙飞淮甸，鼎定金陵，扫胡元之弊习，正华夏之彝伦，振纲常以布中外，敷文德以及四方。太宗文皇帝德泽洋溢乎天下（原作“地”，从朱本、景本改），施及蛮夷，舟车所至，人力所通，莫不尊亲，执圭捧帛而来朝，梯山航海而进贡，礼乐明备，祯祥毕集。仁宗昭（原脱“昭”字，从朱本、景本补）皇帝法祖宪天，行二帝三王之道。宣宗章皇帝守成继统，体二帝三王之心。迨至皇上仁智天锡，圣道日新，任师傅者，皆伊召（当作“吕”）之德，居廊庙者，尽稷离之贤。圣圣相承，绍承大统，岂不谓天地圣人同其致焉。

愚生费信，祖氏吴郡昆山民也。洪武三十一年，先兄籍太仓卫，不几而（景本此下多一“信”字）蚤世。信（朱本、景本皆脱“信”字）年始十四，代兄当军，且家贫而陋室，志笃而好学，日就月将，偷（朱本误“伦”）时借书而习读，年至二十二。永乐至宣德间，选往西洋，四次随征（三本皆作“征”，疑为“从”之误）正使太监郑和等至诸（原误“储”，从朱本、景本改）海外，历览诸番人物风土所产，集成二帙，曰《星槎胜览》。前集者，亲监目（景本误日）识之所至也；后集者，采辑传译之所实也。然不能效编摩之体，为文为诗，诚不敢负圣恩。往赐玺书礼币，至仁至（原阙“至”字，从朱本、景本补）德，化及蛮夷，万邦臣服，贡献之盛欤。书既成，藁未获删（景本误“册”）正，倘遇明师硕儒，笔则笔，削则削，愚（朱本误“刚”）信效勤之诚，鄙陋之至，可得所伸矣。

钦哉皇图广运，大明丽天，实驾唐虞而超越三代矣。可知海域蛮方风俗之美恶，山川之险易，物产虽殊异，无为之用，人类之丑贱，何足可观。倘蒙明贤阅之，尽在心目，克怱（朱本、景本作“忽”）远涉之劳，永固天朝之祚。信学识疏浅，恳切不胜之至情（朱本作“愿”，景本误“债”）也。正统元（原脱“元”

字，从朱本、景本补）年龙集丙辰春正月朔日，玉峰松岩生费信公晓（《千顷堂书目》卷八作“公晚”）谨序。

附四卷本《星槎胜览序》（从《纪录汇编》本转录）：臣闻王者无外，中天下而立，定四海之民，一视同仁，笃近举远，故视中国犹一人，而夷狄之邦，则以不治治之。洪惟圣朝天启文运，太祖高皇帝龙飞九五，波泽敷于中外，德威振于万邦。太宗文皇帝继统，文明之治格于四表，于是屡命正使太监郑和、王景弘、侯显等，开道九夷八蛮，钦赐玺书礼币，皇风清穆，覃被无疆，天之所覆，地之所载，莫不贡献臣服，三五之世，不是过矣。皇上嗣登大宝，诏止海舶，及远征之役。盖以国家，列圣相继，奕叶重光，治化隆盛，而远夷小丑，或梗皇化，则移师薄伐，使不忘武备，以巩固鸿基，为万世之宏规也。皇上恭默思道，端拱而治，守盈成之运，垂无穷之业，得时措之宜也。臣本吴东鄙儒，草茅下土，先臣戍大仓，未几而蚤逝，于是臣继戍役。至永乐、宣德间，选随中使至海外，经渚番国，前后数四，二十余年，历览风土人物之宜，采辑图写成帙，名曰《星槎胜览》。不揣肤陋，辄敢自叙其首，一览之余，则中国之大，华夷之辨，山川之险易，物产之珍奇，殊方末俗之卑陋，可以不劳远涉而尽在目中矣。夫王者无外，王德之体，以不治治之。王道之用若然，将见治化之效，声教所及，暴风不作，海波不扬，越裳、肃慎之民曰：中国有圣人在上。白雉、楛矢之贡，不期而至矣。正统元年丙辰春正月吉日，臣费信稽首谨序。

今案：据冯承钧《星槎胜览校注序》一文所考，是书版本分两类：一为原本，二卷，文字芜俚；一为改订本，分四卷，较原本颇有增删，文字雅洁。据向达考订，改订者为周复俊，参阅觉明《关于三宝太监下西洋的几种资料》（《小说月报》20卷1号，1929年1月）。费信参与郑和的第二、三、四、七次下西洋，其中第三、七次，与马欢同时。

公元1438年 明英宗正统三年 戊午

《明宣宗实录》修成。

《明英宗实录》卷四一：正统三年夏四月……乙丑，进《宣宗皇帝实录》。……表词云：“奉天靖难推诚宣力辅运武臣特进光禄大夫左柱国太师英国公臣张辅等诚惶诚恐，稽首顿首上言：……钦惟宣宗宪天崇道英明神圣钦文昭武宽仁纯孝章皇帝，刚健中正，广大高明，缵祖宗之鸿图，隆慈圣之至养，修六府而备三事，亲九族以和万邦。……恭惟皇帝陛下，聪明睿智，文武圣神，尊祖敬宗，继志述事，上念先皇之德业，必著简册以流传，爰敕儒臣纂修实录。启兰台之所载，细金匮之所藏，徵诸官府之文书，参以耳目之闻见。大经大法，备究于精微；善政善教，致详于本末。言足为训，虽简必书；事之可师，虽繁必录。……至若臣下之附载，勉尽是非之至公。恭成《宣宗章皇帝实录》一百十五卷、《宝训》十二卷，合《目录》、《凡例》一百二十九册，谨缮写上进。……臣辅等无任瞻天仰圣，激切屏营之至，谨奉表随进以闻。”……上命行在礼部宴史官，仍稽赏例以闻。

《明史》卷一四八，《杨士奇传》：正统……三年，《宣宗实录》成，进少师。

《明史》卷一四八，《杨溥传》：（宣德）九年，迁礼部尚书，学士值内阁如故。英宗……正统三年，《宣宗实录》成，进少保、武英殿大学士。

《明史》卷一五二，《王英传》：正统元年命侍经筵，总裁《宣宗实录》，进礼部侍郎。

《明史》卷一六九，《王直传》：王直，字行俭，泰和人。……举永乐二年进士。……历事仁宗、宣宗，累迁少詹事兼侍读学士。正统三年，《宣宗实录》成，进礼部侍郎，学士如故。

《明史》卷一六三，《李时勉传》：正统三年，以《宣宗实录》成，进学士，掌院事兼经筵官。

《明史》卷一五二，《钱习礼传》：钱习礼，名幹，以字行，吉水人。永乐九年进士。选庶吉士，寻授检讨。……仁宗即位，迁侍读，知制诰，以省亲归。宣德元年修两朝实录，与侍讲陈敬宗、陈循同召还，进侍读学士。英宗开经筵，为讲官。《宣宗实录》成，擢学士，掌院事。

《千顷堂书目》卷四，国史类：《宣宗章皇帝实录》一百十五卷。宣德十年七月丙子，命大学士杨士奇、杨荣、礼部尚书兼翰林院学士杨溥为总裁，以少詹事王英、王直副之。至正统三年四月乙丑书成进呈。士奇等各进一官。以他官纂修者，俱改翰林院官。

《明史》卷九七，正史类：《宣宗实录》一百十五卷、《宝训》十二卷，杨士奇等修。

公元 1440 年 明英宗正统五年 庚申

再次重修《明太祖实录》、《明太宗实录》、《明仁宗实录》、《明宣宗实录》总裁之一、《北征记》作者杨荣卒。

《明英宗实录》卷六九：正统五年秋七月……壬寅……少师、工部尚书兼谨身殿大学士杨荣卒。……修四朝实录，皆与总裁。……年七十。

《明史》卷一四八，《杨荣传》：宣德……五年，进少傅，辞大学士禄。……英宗即位，委寄如故。正统三年，与（杨）士奇俱进少师。五年，乞归展墓，命中官护行。还至武林驿而卒，年七十。赠太师，谥文敏。……荣历事四朝，谋而能断。……重修《太祖实录》及太宗、仁、宣三朝实录，皆为总裁官。

公元 1441 年 明英宗正统六年 辛酉

杨士奇等编成《文渊阁书目》。

《文渊阁书目题本》：少师兵部尚书兼华盖殿大学士臣杨士奇等谨题。为书籍查事照本朝御制及古今经史子集之书，自永乐十九年南京取回来，一向于左顺门北廊收贮，未有完整书目。近奉圣旨，移贮于文渊阁东阁。臣等逐一打点清切，编置字号，写完一本，总名曰《文渊阁书目》。合请用“广运之宝”钤识，仍藏于文渊阁，永远备照，庶无遗失。未敢擅便，谨题请旨。正统六年六月二十六日，少师兵部尚书兼华盖殿大学士臣杨士奇、行在翰林院侍讲学士臣马愉、翰林院侍讲臣曹鼐当日早于奉天门钦奉圣旨：“是，钦此。”次日于左顺门用宝讫。右《文渊阁书目》一册，用“广运之宝”钤缝一百三十六颗外，盖总数一颗，通一百三十七颗。

《千顷堂书目》卷一〇，簿录类：杨士奇《文渊阁书目》十四卷，宣德四年编定。

《明史》卷九六，《艺文志一》《序》：明太祖定元都，大将军收图籍致之南京，复诏求四方遗书，设秘书监丞，寻改翰林典籍以掌之。永乐四年，帝御便殿阅书史，问文渊阁藏书。解缙对以尚多缺略。帝曰：“士庶家稍有余资，尚欲积书，况朝廷乎？”遂命礼部尚书郑赐遣使访购，惟其所欲与之，勿较值。北京既建，诏修撰陈循取文渊阁书一部至百部，各择其一，得百柜，运致北京。宣宗尝临视文渊阁，亲披阅经史，与少傅杨士奇等讨论，因赐士奇等诗。是时，秘阁贮书约二万余部，近百万卷，刻本十三，抄本十七。正统间，士奇等言："文渊阁所贮书籍，有祖宗御制文集及古今经史子集之书，向贮左顺门北廊，今移于文渊阁、东阁，臣等逐一点勘，编成书目，请用宝钤识，永久藏弆。"制曰"可"。

《四库全书总目》卷八五，史部目录类一：《文渊阁书目》四卷，明杨士奇编。……是编前有正统六年题本一通。……盖本当时阁中存记册籍，故所载书多不著撰人姓氏，又有册数而无卷数，惟略记若干部为一橱，若干橱为一号而已。考明自永乐间，取南京藏书送北京，又命礼部尚书郑赐四出购求，所谓锓版十三、钞本十七者，正统时尚完善无缺。此书以千字文排次，自"天"字至"往"字，凡得二十号，五十橱。今以《永乐大典》对勘，其所收之书，世无传本者，往往见于此目，亦可知其储庋之富。士奇等承诏编录，不能考订撰次，勒为成书，而徒草率以塞责；较刘向之编《七略》、荀勖之叙《中经》，诚为有愧。然……惟藉此编之存，尚得略见一代秘书之名数，则亦考古所不废也。旧本不分卷数，黄虞稷《千顷堂书目》作十四卷，不知所据何本，殆传写者以意分析。今厘定为四卷云。

公元 1442 年　明英宗正统七年　壬戌

杨士奇编成《三朝圣谕录》。

杨士奇《东里别集》卷二，《三朝圣谕录序》：太宗皇帝初正大统，故翰林之臣不及十数人，诏吏部及翰林举文学行谊才识之士，授职其中，士奇首膺简擢，赐五品服。肇建内阁，简七人专典密务，皆进官，士奇与焉。时属幾务孔殷，常旦及午，百官奏事退，内阁之臣造扆前，进呈文字，商机密，承顾问，率漏下十数刻始退。既建储，简翰林之臣兼辅导，士奇与焉。旦上前奏事退，必造东朝参侍经幄。车驾北巡，简内阁之人辅监国，士奇与焉。仁宗皇帝、宣宗皇帝嗣位，所以宠任士奇者，始终皆如永乐。士奇祗事三圣，三十有三年，宠愈厚而官愈进，负乘之愧，夙夜靡宁。呜呼！三圣远矣，当时共事之臣，或亡或退，独士奇今年七十有八，衰病昏耄，犹滥玷朝行未已也。诚孝昭皇后上仙，梓宫归葬，士奇奉命祗送，旬乃竣事。其每旦展敬三陵之下，追念旧恩，五内摧痛。因记忆榻前所得于玉旨之详者，辑而录之，厘为三卷，永乐居首，洪熙次之，宣德又次之。盖计平生所得，此殆百之一二，而潦倒荒迷，非惟不能悉述，亦不能悉记也。有疑之者曰："廷陛之密，可存于私乎？"辄应之曰："吾惟懔乎虑泯吾君之盛美是惧，而遑他恤哉？不观于古乎？欧阳文忠公著《奏事录》及《濮议》，司马文正公著《手录》，具记当时君臣问对之辞，委曲而详尽，所以著一代明良契合之盛事，盖昔之大臣君子往往皆然，义之所不能已也。况臣之所录，有圣德焉，有圣训焉，有特恩焉，臣惟惧录之不能详也，而奚暇他恤哉？"疑者既释，敬号曰《圣谕录》云。正统壬戌冬十二月乙卯，臣杨士奇谨序。

《千顷堂书目》卷五，别史类：杨士奇《三朝圣谕录》三卷。永乐、洪熙、宣德三朝。

《明史》卷九七，《艺文志二》杂史类：杨士奇《三朝圣谕录》三卷。

《四库全书总目》卷五三，史部杂史类存目二：《三朝圣谕录》三卷，明杨士奇撰。……士奇自降附燕王以后，历事仁宗、宣宗、英宗，以功名终始。是编乃自录其永乐、洪熙、宣德三朝面承诏旨及奏对之语，盖仿欧阳修《奏事录》、司马光《手录》之例。《明史》士奇本传多采用之。序题壬戌十二月，为正统七年，乃士奇未卒之前二年也。

公元 1443 年　明英宗正统八年　癸亥

《永乐大典》、再次重修《明太祖实录》总裁之一胡俨卒。

《明英宗实录》卷一〇七：正统八年八月……己酉……太子宾客、国子祭酒兼翰林侍讲致仕胡俨卒。

《明史》卷一四七，《胡俨传》：洪熙改元，以疾乞休，仁宗赐敕奖劳，进太子宾客，仍兼祭酒。致仕，复其子孙。宣宗即位，以礼部侍郎召，辞归。家居二十年。……正统八年八月卒，年八十三。

公元 1444 年　明英宗正统九年　甲子

《明太宗实录》、《明仁宗实录》、《明宣宗实录》总裁之一、《文渊阁书目》等作者杨士奇卒。

《明英宗实录》卷一一四：正统九年三月……甲子……少师、兵部尚书兼华殿大学士杨士奇卒。……赠特进光禄大夫、左柱国、太师，谥文贞。

《明史》卷一四八，《杨士奇传》：（正统）九年三月卒，年八十。赠太师，谥文贞。

《千顷堂书目》卷目，别史类：杨士奇……《西巡扈从纪行录》一卷。宣德。

《明史》卷九七，《艺文志二》杂史类：杨士奇……《西巡扈从纪行录》一卷。

公元 1446 年 明英宗正统十一年 丙寅

《明太宗实录》、《明仁宗实录》、《明宣宗实录》总裁之一杨溥卒。

《明英宗实录》卷一四三：正统十一年秋七月……庚辰……少保、礼部尚书兼武英殿大学士杨溥卒。

《明史》卷一四八，《杨溥传》：（正统）十一年七月，溥卒，年七十五。赠太师，谥文定。

公元 1447 年 明英宗正统十二年 丁卯

《五伦书》修成。

《千顷堂书目》卷一一，儒家类：《五伦书》六十二卷。先是，宣宗万幾之下，采辑经传子史嘉言善行，有关于君臣、父子、兄弟、夫妇、朋友之道者，为是书。英宗正统十三年五月制序颁行。（案：十三年为十二年之误。）

《明史》卷九八，《艺文志三》儒家类：《五伦书》六十二卷。宣宗采经传子史嘉言善行为是书。正统中，英宗制序刊行。

李晋华《明代敕撰书考》：《五伦书》六十二卷（见《英宗实录》）。宣德中敕编未成，正统八年英宗重命翰林儒臣续编。采辑经传中嘉言善行，有关于君臣、父子、兄弟、夫妇、朋友之道者，类编为《五伦书》，欲嘉与万方，讲求其理，将以施之于身，行之于家，而达之于邦国，俾咸囿于仁义忠孝慈良之域也。计分《五伦总论》一篇、《君道》二十二篇、《臣道》三十篇、《父道》二、《子道》三、《夫妇之道》一、《兄弟之道》一、《朋友之道》二，共六十二篇。正统十二年书成，英宗制序刊行。（案：《明英宗实录》无此文，所注出处有误。）

王重民《中国善本书提要》子部儒家类：《五伦书》六十二卷，二十四册，（国会）明正德间刻本。明英宗敕撰。按李晋华《明代敕撰书考》称："宣德中敕编未成，正统八年英宗重命翰林儒臣续编"，谓据《英宗实录》，余检《实录》未得。《千顷堂书目》卷十一页二十一下云："先是，宣宗万幾之暇，采辑经传子史嘉言善行，有关于君臣父子兄弟夫妇朋友之道者为是书。英宗正统十三年五月制序颁行。"盖即据英宗御制序为说。此本序署:"正统十二年五月初二日"，则《千目》误十二为十三也。原本当刻于正统十二年，此是翻刻本，卷一有"正德元年孟冬宗文书堂新刊"牌记，卷六丨有"正德丙寅鼎新刊行"牌记。御制序（正统十二年）。

公元 1448 年 明英宗正统十三年 戊辰

周叙重修宋、辽、金三史。

《明英宗实录》卷一六五：正统十三年四月……己巳，南京翰林院侍讲学士周叙奏："尝闻前代之史，必修于后人，而议论之正每资于直笔，是以孔子《春秋》特书王正于元年之首，朱子《纲目》分纪僭窃于甲子之下，定名而正统，尊夏而外夷，不以势之强弱而殊分，不以地之偏全而异称，观夫黜五霸之权，贬吴楚之号，跻蜀汉而抑魏吴，先江左而后北魏，可见矣。何也？史之所载，实天命人心所在，而万世纲常攸系，不可以毫发紊故也。窃观宋、辽、金三史，成于前元至正间，当时秉国大臣皆辽、金族类，不以正统归宋，遂分裂为三，而以辽、金加于宋首，不惬人心，不协公论，初修之际，言者虽多，卒莫能改，至今越百年，凡有志史学正纲常者，未尝不掩卷愤叹也。盖宋承中华之统，礼乐教化之隆，衣冠文物之盛，仁义忠厚之风，三代以降之所仅见，不幸辽、金二虏迭扰其间，后虽南渡，而天命人心实所归附，盛德弘纲难以泯没。元儒陈桱修《通鉴续编》，既正其统，而三史全书尚仍其旧，况《宋史》文字繁复，板本复毁，当厘正传布，不可或缓。钦惟皇上负大有为之资，承列圣之统，日御经筵，屡命儒臣讲论宋史，以资治道，宋之明君贤臣事迹，何幸晦于昔而显于今乎！乞敕翰林文学老成之臣一人，同臣于南京选文职官有学识者三四人，共加论述，以成有宋一代全书。”上曰：“不必择人，叙其自修。”

《明史》卷一五二,《周叙传》:周叙，字公叙，吉水人。……永乐十六年进士，选庶吉士。……授编修。历官侍读，值经筵。正统六年，上疏言事，帝嘉纳焉。……十一年，迁南京侍讲学士。……曾祖以立，在元时以宋、辽、金三史体例未当，欲重修。叙思继先志，正统末，请于朝。诏许自撰。

《通鉴博论》、《汉唐秘史》等作者朱权（宁王）卒。

《明史》卷一一七,《宁王权传》:永乐元年二月改封南昌。……构精庐一区，鼓琴读书其间。……权日与文学士相往还，托志翀举，自号臞仙。尝奉敕辑《通鉴博论》二卷，又作《家训》六篇,《宁国仪范》七十四章,《汉唐秘史》二卷……其它注纂数十种。正统十三年薨。

公元 1449 年　明英宗正统十四年　己巳

再次重修《明太祖实录》、《明仁宗实录》总裁之一黄淮卒。

《明英宗实录》卷一七九：正统十四年六月……辛亥……致仕少保、户部尚书兼武英殿大学士黄淮卒。……年八十三。

《明史》卷一四七,《黄淮传》：正统十四年六月卒，年八十三。谥文简。

《明太宗实录》、《明仁宗实录》监修之一、《明宣宗实录》监修张辅卒。

《明英宗实录》卷一八一：正统十四年八月……壬戌……车驾北行……官军人等死伤者数十万，太师英国公张辅……等皆死焉。张辅……宣德中，监修两朝实录，日与馆阁儒臣商订去取，无所偏徇。上即位……仍监修宣庙实录。……至是死于难，年七十五。……谥忠烈。

《明史》卷一五四,《张辅传》：英宗即位，加号翊运佐理，知经筵、监修实录如故。……王振擅权……也先入犯，振导英宗亲征，辅从行，不使预军政。辅老矣，默默不敢言。至土木，死于难，年七十五。追封定兴王，谥忠烈。

公元 1450 年　明景帝景泰元年　庚午

赵弼约于本年前后著《雪航肤见》。

《千顷堂书目》卷五，史学类：赵弼《雪航肤见》十卷。蜀人，永乐初以明经授翰林院儒学教谕，家于汉阳。

《明史》卷九七，《艺文志二》史抄类：赵弼《雪航肤见》十卷。

《四库全书总目》卷八九，史部史评类存目一：《雪航肤见》十卷，明赵弼撰。弼，字辅之，南平人，雪航乃其号也。是书成于正统、景泰间。杂论史事，上自羲、农，下及有宋，论多迂阔，亦颇偏驳。其中如论项羽杀宋义为是，先儒断其矫杀为非；又论杀秦王子婴、屠其宗族、伐其陵墓为是，先儒论其暴横为非；又论项羽不杀沛公，有人君之度，先儒不能表而出之；又论项羽获太公、吕后，三年无淫杀之心，闻吾翁即若翁之言，即舍太公，则笃于朋友之义，而先儒不能察；又论羽之才美，亘古无伦，乌江之死，本实天亡而非羽罪，司马迁、扬雄所论皆谬，殊乖刺不协于理，宜为陶辅《桑榆漫志》所驳。然辅不驳此条之颠倒，而别举羽弑义帝一事，谓虽有善无足称，则所见亦与弼等矣。

公元 1451 年　明景帝景泰二年　辛未

马欢著成《瀛涯胜览》。

马欢《瀛涯胜览序》（据冯承钧《瀛涯胜览校注》本，中华书局 1955 年版）：余昔观《岛夷志》（本书间采汪大渊《岛夷志略》之文，此《岛夷志》疑指《岛夷志略》），载天时气候之别，地里人物之异，慨然叹曰：普天之下，何若是之不同耶！永乐十一年（上三字据集序补）癸巳，太宗文皇帝敕命正使（上二字据集序补）太监郑和统领宝船往西洋诸番，开读赏赐。余（原作“予”，从集序改）以通译番书，亦（吴本作“亦”，集本作“忝”）被使末，随其所至，鲸波浩渺，不知其几千万里，历涉诸邦。其天时气候、地理人物，目击而身履之（上六字据集序补），然后知《岛夷志》之所著者不诬，而尤有可大奇怪者焉。于是采摭（上二字原倒误，从集序及吴本改）各国人物之丑美（集序作“研强”，应是“妍媸”之误），壤俗之异同，与夫土产之别，疆域之制，编次成帙，名曰《瀛涯胜览》。俾属目者一顾之顷，诸番事实悉得其要，而见夫圣化所及，非前代之可比（上六字原作“非前代比”，集序作“非前代之比”，今从吴本，语气较畅）。第愧愚昧，一介微氓，叨陪使节，与斯胜览，诚千载之奇遇也。是帙也，措意遣词，不能文饰，但直笔（集序、吴本皆无“笔”字）书其事而已，览者毋以肤浅诮焉。是为序（上三字据集序补）。大明（上二字据吴本补）永乐十四年岁次（上五字据集序补）丙申黄钟月吉旦（上二字据集序补、吴本作“吉日”），会稽（原误作“会乩”，从集序、吴本改）山樵马欢述。

《瀛涯胜览后序》（此后序国朝典故本及吴本并阙）：余少时观《异域志》，而知天下舆图之广，风俗之殊，人物之妍媸，物类（集序作“货”）之出产，可惊可喜，可爱可愕，尚疑好事者为之，而窃意其无是理也。今观马君宗道、郭君崇礼所纪经历诸番之事实，始有以见夫《异城志》之所载信不诬矣。崇礼乃杭之仁和人，宗道乃越之会稽人（上八字原作“会乩山樵宗道”，从集序改），皆西域天方教，实奇迈之士也。昔太宗皇帝勑令太监郑和统率宝船往西洋诸番开读赏劳，而二君善通译番语，遂膺斯选，三随軿轺，跋涉万里（上四字据集序补）。自闽（原误“兰”，从集序改）之五虎（原误处从集序改）发迹，首入占城，次爪哇、暹罗，又次之旧港、阿鲁（集序作“哑鲁”）、苏门、南浡、锡兰、柯枝，极而远造夫阿丹、天方，凡二十余国。每国寄往（集序作“使至寄往”）非一日，于舆图之广者，纪之以别远近；风俗之殊者，纪之以别得失；与夫人物之妍媸，纪之以别美恶；土地之出产，纪之以别轻重，皆录之于笔，毕而成帙，其用心亦勤矣。二君既事竣，归乡里，恒出以示人，使人皆得以知异域之事，亦有以见圣朝威德之所及，若是其远（上十五字从集序补）也。崇礼尚虑不能使人之尽知，欲锓梓以广其传，因其友陆廷用徵序于予，遂录其梗概于后云。是岁监察御史古朴（《明史》有古朴，陈州人，字文质，时代虽相应，然其人似未为监察御史）剧弘书（上十一字从集序补）。

《四库全书总目》卷七八，史部地理类存目七：《瀛涯胜览》一卷，明马观撰。观，不知何许人。书中多记郑和出使时事，则作于永乐以后也。所记海外诸番，曰占城、曰爪哇、曰旧港国、曰暹罗、曰满剌加、曰哑鲁国、曰苏门答剌、曰那孤儿、曰黎代、曰喃勃里、曰锡兰、曰小葛兰、曰阿枝、曰古俚、曰溜山、曰祖法儿、曰阿丹国、曰榜葛剌国、曰忽鲁谟斯国，凡十九国，而为篇十八。其那孤儿国，附见苏门答剌后，以其微也。各载其疆域、道里、风俗、物产，亦略及沿革，大抵与史传相出入。

今案：马欢原书文白夹杂，后世传录者，多以意删略，故文字有较大不同。详参冯承钧《瀛涯胜览校注序》。马氏自序虽作于永乐十四年(1416)，然原书末一句云："景泰辛未秋月望日，会稽山樵马欢述。"则成书当在明景帝景泰二年（公元1451年），故系于本年。《四库全书总目》题作者为"马观"，实误，当因形近致讹。马欢参与郑和的第三、五、七次下西洋。

万明《马欢〈瀛涯胜览〉源流考——四种明钞本校勘记》（载《明钞本〈瀛崖胜览〉校注》（海洋出版社2005年版），对明钞本源流研讨颇深。其中最有价值的是，发现明梅纯辑《艺海汇函》本。该本为二卷，《后序》文字与他本不同，作者署为"正统己巳正月既望，监察御史古汴刘弘序"。据万明研究，认为郭崇礼为《瀛涯胜览》的改编者，《后序》作者为刘弘。

公元1452年 明景帝景泰三年 壬申

宋、辽、金三史重修者周叙卒。

《明英宗实录》卷二一四，《废帝郕戾王附录》第三二：景泰三年三月……庚申，南京翰林院侍讲学士周叙卒。周叙……登永乐戊戌进士第，选为翰林院庶吉士。寻擢编修，预修两朝实录，书成，升修撰。又修《宣宗实录》，成，进侍读，寻升南京翰林院侍讲学士。至是卒。叙……有志著述。尝欲修正《宋史》，请于朝，许其自修，未就而卒。

《明史》卷一五二，《周叙传》：周叙字公叙，吉水人。年十一能诗。永乐十六年进士，选庶吉士，作《黄鹦鹉赋》称旨，授编修。历官侍读，直经筵。正统六年上疏言事，帝嘉纳焉……景泰二年，又请复午朝，日接大臣，咨诹治道。经筵之余，召文学从臣，讲论政事，并诏天下臣民直言时政缺失。帝因诏求言，叙负气节，笃行谊，曾祖以立在元时，以宋辽金三史体例未当，欲重修。叙思继先志，正统末请于朝，诏许自撰。铨次数年，未及成而卒。

黄佐《翰林记》卷一三，《修史》：盖纂修之事，必集众长而后可成。正统中，南京侍讲学士周叙独受诏修宋、辽、金三史，未及成书而卒，至今犹为缺典。顾此非一人精力所能就，虽开局可也。

周叙《论修正宋史书》（载《明文海》卷一七四）：某再拜庐陵、建安、临江、江陵列位大人先生台座前，叙闻史书之作，有司马子长、班孟坚之学识世业，而后记载之体备；有司马温公、朱文公之道德位望，而后去取之义精。盖史籍不因记载，则无以知一代始终、政事因革，自非其人学识优、世业专，岂能书事奇伟，成一家之言！义例不审，去取则无以存纲常、扶世教，此非其人道德隆、位望尊，岂能合天理人心之公，祛千载蔽锢之惑！此固不易之至论也。……元季，四明陈子桱修《通鉴续编》，遂效文公《纲目》之义，一以宋为正统，而附见辽、金之事，故虽元灭金、夏，奄有中国，而亦系于宋下，以明天命之未绝。周伯温序之曰："地有偏全，而统无偏全；势有强弱，而分无强弱。"诚哉斯言，可谓得去取之公矣。但其为书乃编年之体，而一代纪载全书，未有厘正之者，且辽、金二史，板帙简省，书坊尚存；《宋史》繁多，板本复毁，散在四方甚少，至有号称为儒，没首不及见者，不亦重可嗟惜哉！夫有大一统文明之盛世，必有千载相遇之群臣，而后制度文为，可以折衷至当一定之论，祛除天下百世之惑，殆亦天启之而待乎其时，畀乎其人，非偶然之故也。洪惟我圣朝混一疆理，振古未有，文明声教比隆唐虞。四圣相承六十余年，其间制度文为多矣，而《宋史》一书独未删定，岂非天之有待于今日乎？……叙愿于此时上启圣听，以三史书因其旧文，重加编纂。以宋为正史，附辽、金于其后，定名而正统，尊夏而外夷，伸前代未惬之论，垂万世史笔之公。……

陈循等修成《勤政要典》。

焦竑《国朝献徵录》卷一三，《前大学士陈循》：循，字德遵，江西泰和县人。永乐乙未廷试第一，授翰林院修撰。……仁庙时，进侍讲。宣德初，命与杨溥同直南宫，日乘顾问。……五年，升侍讲学士。……正统初，兼经筵官。七年，升翰林院学士。九年，命入文渊阁，典机务。十年，升户部右侍郎，兼学士。……寻升户部尚书，兼职如故。景泰元年，同知经筵事。二年，升少保，仍兼前二职。三年，兼太子太傅，尝率同官集古帝王行事，名曰《勤政要典》以献。未几，升兼文渊阁大学士。

《明史》卷一六八，《陈循传》：陈循……景帝朝，尝集古帝王行事，名《勤政要典》，上之。

《千顷堂书目》卷一一，儒家类：景皇帝御制《勤政要典》一卷，景泰三年制。

《明仁宗实录》监修之一王通卒。

《明史》卷一五四，《王通传》：景泰三年卒。

公元 1453 年 明景帝景泰四年 癸酉

敕撰《历代君鉴》修成。

明景帝《御制历代君鉴序》（载本书卷首）：朕惟理之寓于天地者，至隐而难名；道之由于圣贤者，至显而易见。故天地者，圣贤之准则；而圣贤者，帝王之模范。始而希圣贤，终而参天地，所谓升高自下，陟遐自迩，古今之通道也。尧、舜人伦之至，所以为法于帝王者，固万世无以加；祖宗典章之备，所以垂宪于子孙者，亦万世莫能外。是以博而求之，于不一之善，则凡帝王一言一行有可师者，不可以约而或废；约而会之，于至一之理，则凡祖宗一政一令无可议者，不可以博而或遗。所谓不愆不妄，率由旧章，帝王之要道也。朕自临御经筵以来，景仰尧、舜以前，下至三代圣神，暨我祖宗谟训，拳拳服膺而弗忘矣。然又以为主善为师，虽一善不可弃，乃采汉、唐以来诸君嘉言善行，并编辑之，揭曰“善可为法”；其前后凡言行有可以警省者，则附于末，揭曰“恶可为戒”。通五十卷，名为《历代君鉴》。固将朝夕观览，以资劝惩，而亦以垂鉴于来世，且颁示廷臣，使因是而知勉辅之方。昔周成王咨君陈曰：“尔有嘉谋嘉猷，则入告尔后于内。”孟轲氏语景丑曰：“我非尧、舜之道，不敢以陈于王前。”观者其尚有感发于斯哉！景泰四年八月十五日。

《千顷堂书目》卷一一，儒家类：《历代君鉴》五十卷。景泰四年御制序。

《四库全书总目》卷一三一，子部杂家类存目八：《君鉴》五十卷，明景皇帝撰。景泰四年成书，有御制序。亦分“善可为法”、“恶可为戒”二类，与宣宗《臣鉴》相同。而自二十九卷及三十五卷，皆纪明祖宗之事，则用范祖禹《帝学》例也。

李晋华《明代敕撰书考》：《历代君鉴》五十卷（见《英宗实录附郕戾王实录》）。景泰帝临御经筵之余，景仰尧舜以前，下至三代圣贤，及祖宗谟训，因命儒臣采辑五帝三王及汉、唐以来诸君之嘉言懿行，汇为一书。自五帝三王以下至明宣宗凡五十六人，分三十五卷，揭曰“善可为法”。其前后凡言行有可以警省者，则附于末，自夏太康以下至元顺帝凡三十四人，分为十五卷，揭曰“恶可为戒”。通五十卷，名曰《历代君鉴》。俾便朝夕观览，以资劝惩，并颁布群臣，使知勉辅之方。景泰四年八月十五日书成，帝亲为序冠之。

案：《明英宗实录附郕戾王实录》无此文，李晋华所注出处有误。

公元 1454 年 明景帝景泰五年 甲戌

命陈循等纂修天下地理志。

《明英宗实录》卷二四三，《废帝郕戾王附录第六一》：景泰五年秋七月……庚申，命少保兼太子太傅户部尚书陈循等率其属纂修天下地理志。礼部奏遣进士王重等二十九员分行各布政司并南北直隶府州县，采录事迹。

李贤著成《鉴古录》。

《明史》卷一七六：李贤，字原德，邓人。举乡试第一，宣德八年成进士。……授验封主事。……迁考功郎中，改文选。……景泰二年二月上正本十策……帝善之。……寻又陈车战火器之利，帝颇采纳。是冬，擢兵部右侍郎，转户部。……转吏部。采古二十二君行事可法者，曰《鉴古录》，上之。

徐学聚《国朝典汇》卷二二，《编辑诸书》：景泰五年七月……诏颁《君鉴录》于群臣。吏部侍郎李贤择其中可为法者二十二君，每君择取最切要者三四事，集为《鉴古录》，上之。奏言："前代圣贤之君，事迹浩漫，难于遍览。今特录尧、舜而下二十二君，每君择取所行之最善者数事，集为一帙。臣于每君之后略为解说数句，欲陛下易于览而行之，兼此二十二君之善而有之，则功德之隆，真比尧、舜而光祖宗矣。"上览此疏，问中官王诚等曰："此奏欲何为？"诚对曰："欲陛下学此数君耳。"乃颔之。

《千顷堂书目》卷一一，儒家类：李贤《鉴古录》，英宗时进呈。取尧舜以下二十三（今案：三为二之误）君所行最善者数十事。

《明史》卷九七，《艺文志二》故事类：李贤《鉴古录》一卷。

公元 1455 年 明景帝景泰六年 乙亥

敕修《宋元通鉴纲目》。

《明英宗实录》卷二五六，《废帝郕戾王附录第七四》：景泰六年秋七月……乙亥……敕谕少保兼太子太保户部尚书文渊阁大学士陈循、少保兼太子太傅工部尚书东阁大学士高谷、少保兼吏部尚书东阁大学士王文、太子少师兼户部右侍郎翰林院学士萧镃、兵部左侍郎翰林院学士兼左春坊大学士商辂曰："朕惟古昔帝王盛德大功，载诸典谟训诰誓命之文；春秋二百四十二年之事，著于孔子褒贬之书，足为鉴者不可尚矣。自周威烈王至梁、唐、晋、汉、周五代事，书于朱文公《通鉴纲目》，亦天下后世之公论所在，不可泯也。朕尝三复，有得于心。独宋、元所纪，窃有歉焉。卿等其仿文公例，编纂官上接《通鉴纲目》，共为一书，以备观览。应编纂官属仍推勤敏有学识者，具官职各以闻，其尚精审勿忽。”循等推举左春坊大学士兼翰林院侍读彭时、右春坊大学士兼翰林院侍讲刘俨、翰林院侍讲学士兼右春坊右中允吕原、翰林院侍讲学士兼左春坊左中允倪谦、司经局洗马翰林院修撰李绍、春坊赞善兼翰林院检讨钱溥、詹事府府丞李侃、李龄、顺天府治中刘实、兵部主事章陬、中书舍人兼司经局正字刘钺、国子监博士陈淮、南京通政司参议丁澄、南京尚宝司司丞宋怀、南京刑部主事张和、南京工部主事刘昌、南京国子监学录萧士高、湖广蕲州知州金铣、浙江仁和县学教谕聂大任，俱堪任编纂。从之。

李晋华《明代敕撰书考》：按：此时陈循等修《寰宇通志》未成，至七年五月《通志》成书，自应赓续，但是年十二月景泰帝有疾，正月一日石亨等以兵迎英宗复辟，循等去位，此书卒未有成。至宪宗成化九年命万安等修《续资治通鉴纲目》，特更其名耳，所修者仍为此书，而商辂亦犹预其事也。

公元1456年 明景帝景泰七年 丙子

官修《寰宇通志》告成。

《明英宗实录》卷二六六，《废帝郕戾王附录第八四》：景泰七年五月……乙亥，少保太子太傅户部尚书文渊阁大学士陈循等官进《寰宇通志》，赐白金彩币有差。御制《寰宇通志序》，文曰：“昔孟轲氏之意，以谓天之高也，星辰之远也，苟求其已然之迹，则其运有常，虽千岁之久，其日至之度可坐而致。朕亦以谓地之大也，山川之邈也，苟求其已然之迹，则其理有定，虽万邦之广，其事物之实可坐而得。故古之人求博于其约，求难于其易，务简以尽烦，务迩以尽远，率由是也。……於戏！《禹贡》不可尚矣，《周礼·职方氏》亦成周致治之书。至于后世，纪胜之类尤多，然皆迷于偏方，成于一手，非详于古则略于今，非失于简便则伤于浩繁，不足以副可坐而得之意。肆朕皇曾祖考太宗文皇帝，尝思广如神之智，贻谋子孙以及天下后世，遣使分行四方，旁求故实之凡有关于舆者，来录以进，付诸编辑。事方伊始而龙驭上宾，因循至今而先志未毕，则所以成夫继述之美者，朕焉得而缓乎？……此朕之于是编，所为惓惓而不敢少缓也。间与二三儒臣商之，使或先后，有一未备，不足以全其美，乃复遣人采足其继，俾辑成编。为卷凡百一十有九，名曰《寰宇通志》，藏之秘府，而颁行于天下。盖不独以广朕一己之知，而使偏方下邑，荒服远夷，素无闻见之人，咸得悉覩而遍知焉，则知之尽，仁之至，庶几乎无间于远迩先后矣。"

焦竑《国朝献徵录》卷一三，《前大学士陈循》：纂修《寰宇通志》，循为总裁。书成，进兼华盖殿大学士。

李贤《工部尚书谨身殿大学士兼东阁大学士致仕高公谷神道碑铭》（见焦竑《国朝献徵录》卷一三）：公讳谷，字世用，姓高氏。……登永乐乙未进士第，选入翰林为庶吉士。辛丑，授中书舍人。甲辰，升左春坊左司直郎。洪熙改元，受敕阶乘务郎。未几……升翰林侍讲。……戊午，预修《宣庙实录》成，进侍讲学士。……乙丑，进工部右侍郎兼侍讲学士，入内阁知制诰。丁卯，进阶通议大夫。己巳……进工部尚书兼翰林学士。……辛未……进少保，仍以尚书兼东阁大学士。壬申，兼太子太傅。……丙子，《寰宇通志》书成，进兼谨身殿大学士。

《明史》第一六八，《陈循传附萧镃传》：萧镃，字孟勤。宣德二年进士，需次于家。八年，帝命杨溥合选三科进士，拔二十八人为庶吉士，镃为首。英宗即位，授编修。正统三年进侍读。久之，代李时勉为国子监祭酒。景泰元年以老疾辞。既得允，监丞鲍相率六馆生连章乞留。帝可其奏。明年以本官兼翰林学士，与侍郎王一宁并入直文渊阁。又明年进户部右侍郎，兼官如故。……加太子少师。《寰宇通志》成，进户部尚书。

《明史》卷一七六，《商辂传》：商辂，字弘载，淳安人。举乡试第一。正统十年，会试、殿试皆第一。终明之世，三试第一者，辂一人而已。除修撰，寻与刘俨等十人进学东阁。辂丰姿瑰伟，帝亲简为展书官。郕王监国，以陈循、高谷荐入内阁，参机务。……其冬，进侍读。景泰元年遣迎上皇于居庸，进学士。……太子既易，进兵部左侍郎，兼左春坊大学士如故。……《寰宇通志》成，加兼太常卿。

《明史》卷一七六，《彭时传》：彭时，字纯道，安福人。正统十三年进士第一，授修撰。明年，郕王监国。令同商辂入阁预机务。……寻进侍读。景泰元年……命供事翰林院，不复与阁事。易储，迁左春坊大学士。《寰宇通志》成，迁太常寺少卿。俱兼侍读。

《明史》卷一六八，《刘吉传》：刘吉，字祐之，博野人。正统十三年进士。改庶吉士，授编修，充经筵官。《寰宇通志》成，进修撰。

《千顷堂书目》卷六，地理类上：《寰宇通志》一百十九卷，景泰七年大学士陈循等奉敕修。

《明史》卷九七，《艺文志二》地理类：《寰宇通志》一百十九卷，景泰中修。

公元1457年 明英宗天顺元年 丁丑

刘定之于本年前著成《否泰录》。

《明史》卷一七六，《刘定之传》：刘定之，字主静，永新人。……举正统元年会试第一，殿试及第，授编修。……十三年……进侍讲。景帝即位，复上言十事。……（景泰）三年，迁洗马。……久之，迁右庶子。天顺改元，调通政司左参议，仍兼侍讲。寻进翰林学士。

《千顷堂书目》卷五，别史类：刘定之《否泰录》一卷。

《明史》卷九七，《艺文志二》杂史类：刘定之《否泰录》一卷。

《四库全书总目》卷五三，史部杂史类存目二：《否泰录》一卷，明刘定之撰。……初，英宗北狩额森（按：额森原作也先，今改正），乞遣报使，景帝不许。定之疏引故事以请，帝下廷议，竟不果遣。天顺改元，定之由右庶子调通政使，历官翰林学士，入直文渊阁，盖以是疏蒙遇也。此书所记，即英宗北狩之事，自言参用杨善《奉使录》及钱博所述《袁彬传》。其曰出征之月，为否卦用事之月；回銮之年，当景泰纪元之年，先以否，继以泰，虽世运而关天数焉。盖所记讫于英宗初归之时，未叙及后来丁丑复辟之事，故其立言如此。其曰身备史官者，正其迁右庶子时，他书引此，或作阁老刘定之撰者，据其所终之官言之耳。

公元1458年 明英宗天顺二年 戊寅

李贤等请重编《诸司职掌》。

《明英宗实录》卷二八八：天顺二年闰二月……丁丑……吏部尚书兼翰林

院学士李贤等言："洪惟祖宗创业垂统，立经定制，为万世法，则久而后备。臣等伏读《诸司职掌》，系洪武年间所修，彼时制度尚未有定，以后渐加增损，与前或异，若不重新编纂刊正，难于考据遵行。乞令各衙门查照洪武、永乐以来更定在京衙门并官员职名等项，逐一备细明白，开报本院。委官数员，仍照旧式类编为书，完备进呈。官为刻印，颁与各衙门遵守施行，是亦皇上继志述事之一端。"上是其言，即命各衙门查报。

敕修《大明一统志》。

《明英宗实录》卷二九四：天顺二年八月……己卯，敕谕吏部尚书兼翰林院学士李贤、太常寺少卿兼翰林院学士彭时、翰林院学士吕原曰："朕惟天下舆地之广，不可无纪载以备观鉴，古昔帝王率留意焉。我太祖、太宗皇帝尝命儒臣修之，未底于成。景泰间虽已成书，而繁简失宜，去取未当。今命卿等折衷群书，务臻精要，继成太祖之初志，用昭我朝一统之盛，以幸天下，以传后世，顾不伟欤！卿等其尽心毋忽。"

公元 1461 年　明英宗天顺五年　辛巳

《大明一统志》修成。

《明英宗实录》卷三二七：天顺五年夏四月……《大明一统志》成。御制序："朕惟我太祖高皇帝受天明命，混一天下，薄海内外，悉入版图，盖自唐虞三代下及汉唐以来，一统之盛，蔑以加矣。顾惟覆载之内，古今已然之迹，精粗巨细，皆所当知。虽历代地志具存可考，然其间简或脱略，详或冗复，甚至得此失彼，舛讹殽杂，往往不能无遗憾也。肆我太宗文皇帝慨然有志于是，遂遣使遍采天下郡邑图籍，特命儒臣大加修纂，必欲成书，贻谋子孙，以嘉惠天下后世，惜乎书未就绪而龙驭宾天。朕念祖宗之志有未成者，谨当继述，乃命文学之臣重加编辑，俾繁简适宜，去取惟当，务臻精要，用底全书，庶可继成太祖之志，用昭我朝一统之盛。而泛求约取，参极群书，三阅寒暑，乃克成编。名曰《大明一统志》，著其实也。朕于万幾之暇，试览阅之，则海宇之广，古今之迹，了然尽在胸中矣。既藏之秘府，复命工锓梓以传。呜呼！是书之传也，不独使我子孙世世相承者，知祖宗开创之功广大如是，思所以保守之惟谨；

而凡天下之士，亦因得以考古求今故实，增其闻见，广其知识，有所感发兴起，出为用世，以辅成雍熙泰和之治，相与维持我国家一统之盛于无穷，虽与天地同其久长可也。于是乎序。”

《明英宗实录》卷三二八：天顺五年五月……辛丑……以《大明一统志》成，赐总裁、纂修等官学士李贤等钞锭有差。

《千顷堂书目》卷六，地理类上：《大明一统志》九十卷，天顺五年四月吏部尚书李贤、学士彭时、吕原等同修。

《明史》卷九七，《艺文志二》地理类：《一统志》九十卷，天顺中李贤等修。

《四库全书总目》卷六八，史部地理类一：《明一统志》九十卷，明吏部尚书兼翰林院学士李贤等奉敕撰。按沈文《圣君初政志》称：“洪武三年，命儒臣魏俊等六人编类天下郡县地理形势，为《大明志》。”今其书不传。后成祖采天下郡县图经，命儒臣纂辑为一书，亦未及成而中辍。至英宗复辟后，乃命贤等重编。天顺五年四月，书成奏进，赐名《大明一统志》，御制序文冠其首，锓版颁行。……其时纂修诸臣，既不出一手，舛讹抵牾，疏谬尤甚。……此书之舛略，本无可采，特是职方图籍，为有国之常经，历朝俱有成编，不容至明而独缺，故仍录存，以备一代之掌故焉。

公元 1462 年 明英宗天顺六年 壬午

《明宣宗实录》总裁之一王直卒。

《明英宗实录》卷三四四：天顺六年九月……甲寅……致仕吏部尚书王直卒。……宣宗嗣位，与修两朝实录。成，升詹事府少詹事，仍兼侍读学士。上即位，与修《宣宗实录》，为总裁。书成，升礼部左侍郎。……正统癸亥，升吏部尚书。……加太子太保。景泰中，升少傅、太子太师。天顺改元，上复位……未几，致仕。至是卒，年八十四。……赠特进荣禄大夫、太保，谥文端。

《明史》卷一六九，《王直传》：在翰林二十余年，稽古代言编纂纪注之事，多出其手。……天顺六年卒，年八十四。赠太保，谥文端。

《大明一统志》总裁之一吕原卒。

《明英宗实录》卷三四六：天顺六年十一月……庚申……翰林院学士吕原卒。

原，字逢原，浙江秀水县人。……正统六年魁乡荐，明年进士第二人，擢翰林编修。八年，与修《五伦书》。……十二年，被进学东阁，入侍经筵。景泰充经筵讲官。……二年，进侍讲。三年夏，以春坊中允兼侍讲。秋，进侍讲学士，仍兼中允。四年，与修《历代君鉴》。……六年，与修《寰宇通志》。明年，进右春坊大学士兼侍讲。……天顺改元，改通政司左参议，仍兼侍讲。……夏，召入内阁知制诰，寻转翰林学士。……六年，丁母忧，扶柩归葬，抵家未及窆而卒。

李贤《吕公原神道碑铭》（见焦竑《国朝献徵录》卷一三）：庚辰春，主礼部会试，寻总裁《大明一统志》。……壬午秋八月，母卒……抵家未及窆，忽以风疾不起，在是岁十一月二十七日。距生永乐戊戌六月十八日，得年四十有五。

《明史》卷一七六，《吕原传》：（天顺）六年遭母丧……抵家甫襄事而卒，年四十五。赠礼部左侍郎，谥文懿。

公元 1463 年　明英宗天顺七年　癸未

《勤政要典》作者、《寰宇通志》总裁陈循卒。

王世贞《弇山堂别集》卷四五，《内阁辅臣年表》：陈循……由永乐乙未状元，正统八年以学士入。天顺元年，以少保、华盖殿学戍。赦归，天顺七年卒，年七十七。

焦竑《国朝献徵录》卷一三，《前大学士陈循》：天顺五年十二月，释辽东铁岭卫军陈循为民。循自军中遣人上疏自陈。……疏入，上曰："循历事朝廷年久，曾效勤劳，而为石亨等挟私诬害。今览其所奏，是非明白，情实可矜，其放回原籍为民。"……抵家一年卒。

《明史》卷一六八，《陈循传》：英宗复位，于谦、王文死；杖循百，戍铁岭卫。……其严谴则石亨辈为之，非帝意也。亨等既败，循自贬所上书自讼。……诏释为民，一年卒。

公元1464年 明英宗天顺八年（本年一月英宗卒，宪宗即位）甲申

张瑄著成《南征录》。

《明史》卷一六〇，《张瑄传》：张瑄，字廷玺，江浦人。正统七年进士。授刑部主事，历郎中，有能声。景泰时，赐敕为吉安知府。……居八年，用荐擢广东右布政使。广西贼莫文章等越境陷连山，瑄击斩之。又破阳山贼周公转、新兴贼邓李保等。

《千顷堂书目》卷五，别史类：张瑄《南征录》三卷。

《四库全书总目》卷五三，史部杂史类存目二：《南征录》一卷，明张瑄撰。……是编乃天顺八年瑄为广西右布政使时，值广西诸峒蛮构广东肇高雷连土寇为乱，遣左参将范信、都指挥徐宁，督官兵四千、土兵一万讨之，以瑄监其军，瑄因述其征剿始末为此书。始于是年正月初二日，止于三月初九日，逐日纪载。所述当日军政，殊无纪律，盖明人积弱，自其盛时已然，非一朝一夕之故也。

敕修《明英宗实录》。

《明宪宗实录》卷八：天顺八年八月……戊戌，上敕谕礼部曰："朕惟古昔帝王功德之实，莫不载诸简册，以昭于后世。我皇考英宗睿皇帝以圣哲之资，文武之德，继承祖宗大业，先后二十余年，仁泽被于四海，功业昭于两间，宜有纪述，垂示无穷。尔礼部宜遵祖宗故事，通行中外，采辑事实，送翰林院修纂实录。其以太保会昌侯孙继宗为监修，少保吏部尚书兼华盖殿大学士李贤、吏部左侍郎兼翰林院学士陈文、吏部右侍郎兼翰林院学士彭时为总裁，礼部右侍郎李绍、太常寺少卿兼翰林院侍读学士刘定之、南京国子监祭酒吴节为副总裁，学士等官柯潜等为纂修等官。所有合行事宜，悉照例举行，钦哉！"以纂修实录，召南京国子监祭酒吴节、南京翰林院侍读周洪谟、起复丁忧修撰刘俊、陈鉴、刘吉、编修徐琼、刘健、检讨邢让、张颐，命驰驿赴京。

《明宪宗实录》卷九：天顺八年九月……癸亥，以纂修英庙实录，起复翰林院修撰刘吉至京。吉上疏乞终制，不允。……甲子，复翰林院修撰岳正官，预纂修实录。以纂修实录，赐监修、总裁、纂修等官太保会昌侯孙继宗、少保吏部尚书兼华盖殿大学士李贤等宴于礼部，命抚宁伯朱永、尚书王翱、姚夔侍宴。

《明宪宗实录》卷一〇：天顺八年冬十月……戊申，升南京国子监祭酒吴节太常寺少卿兼翰林院侍读学士，仍支从三品俸；改注南京翰林院侍读周洪谟

于翰林院。二人俱以纂修实录召至京也。

《明史》卷三〇〇，《孙忠传附子继宗传》：（孙）继宗，字光辅，章皇后兄也。宣德初，授府军前卫指挥使，改锦衣卫。景泰初，进都指挥佥事，寻袭父爵。天顺改元，以夺门功，进侯，加号奉天翊卫推诚宣力武臣，特进光禄大夫、柱国。……五月，命督五军营戎务兼掌后军都督府事。……五年……进太保。……宪宗嗣位，命继宗提督十二团营兼督五军营，知经筵事，监修《英宗实录》。

《明史》卷一七六，《李贤传》：英宗复位，命兼翰林学士，入直文渊阁。……未几，进尚书。……宪宗即位，进少保、华盖殿大学士，知经筵事。

《明史》卷一六八，《陈文传》：陈文，字安简，庐陵人。乡试第一，正统元年进士及第，授编修。十二年，命进学东阁。秩满，迁侍讲。景泰二年……擢云南右布政使。……英宗既复位……召为詹事。……入侍东宫讲读。……（天顺）七年二月，进礼部右侍郎兼学士，入内阁。……英宗崩。……宪宗初立。……改吏部左侍郎，同知经筵事。

《明史》卷一七六，《彭时传》：天顺元年……仍命入阁，兼翰林院学士。……帝爱时风度，选庶吉士。……宪宗即位……进吏部右侍郎，兼学士，同知经筵。

《明史》卷一六三，《邢让传附李绍传》：（李）绍，字克述，安福人。宣德八年进士。改庶吉，授检讨。……累迁翰林学士。……擢礼部侍郎。

《明史》卷一七六，《刘定之传》：宪宗立，进太常少卿，兼侍读学士，直经筵。

《明史》卷一六八，《刘吉传》：天顺四年，侍讲读于东宫，以忧归。宪宗即位，召纂《英宗实录》。至京，上疏乞终制。不允，进侍读。

公元 1465 年　明宪宗成化元年　乙酉

袁彬著成《北征事迹》。

《明史》卷一六七，《袁彬传》：袁彬，字文质，江西新昌人。正统末，以锦衣校尉扈帝北征。土木之变，也先拥帝北去，从官悉奔散，独彬随侍，不离左右。……帝驻跸土城，欲奉书皇太后贻景帝及谕群臣，以彬知书令代草。……帝居漠北期年，视彬犹骨肉也。及帝还京，景帝仅授彬锦衣试百户。天顺复辟，擢指挥佥事。寻进同知。帝眷彬甚，奏请无不从。……其年十二月进指挥使，与都指挥佥事王喜同掌卫事。……喜解职，彬遂掌卫事。五年秋，以平曹钦功，进都指挥佥事。……成化初，进都指挥同知。

《千顷堂书目》卷五，别史类：袁彬《北征事迹》一卷。一作尹宣。

《明史》卷九七，《艺文志二》杂史类：袁彬《北征事迹》一卷。

《四库全书总目》卷五三，史部杂史类存目二：《北征事迹》一卷，明袁彬撰。……是编乃宪宗初年诏询从行事迹，彬具述本末上之，宣付史馆。书中首尾皆用题本之式，末有成化元年七月二十二日所奉谕旨，盖即当时录进本也。所述与刘定之《否泰录》大略相似，然有《否泰录》所载而是书缺者，亦间有互异者。……彬日侍英宗左右，其见闻当独真，而所记与他书辄有异同，岂其书上于成化元年，距从征之年，前后凡十有七载，诸所记忆，或有疑缺欤？《千顷堂书目》载此书云一作尹宣撰，未知何据，似不然也。

杨铭（原名哈铭）约于本年著成《正统临戎录》、《北狩事迹》。

《明史》卷一六七,《袁彬传附哈铭传》:有哈铭者,蒙古人。幼从其父为通事，至是亦侍帝（英宗）。帝宣谕也先及其部下，尝使铭。也先辈有所陈请，亦铭为转达。……哈铭从帝还，赐姓名杨铭，历官锦衣指挥使，数奉使外蕃为通事。

《千顷堂书目》卷五,别史类:杨铭《正统临戎录》一卷,又《北狩事迹》一卷。

《明史》卷九七,《艺文志二》杂史类:杨铭《正统临戎录》一卷,《北狩事迹》一卷。

《四库全书总目》卷五三，史部杂史类存目二：《正统临戎录》一卷，不著撰人名氏，记明英宗北狩始末。考《明史·艺文志》有杨铭《正统临戎录》一卷，此书末专叙铭官职升迁之事，当即铭所述也。铭本名哈铭，蒙古人。幼从其父为通事。至英宗北狩，铭与袁彬俱随侍。及从帝还，赐姓杨，数奉使外蕃为通事。……此书所记,与《北征事迹》略同,而详悉过之。惟首尾俱作通俗语,盖铭未必知书，当时口述，令人书之于册尔。

案：杨铭著成以上二书之年代，无明文记载。据《四库提要》“袁彬《北征事迹》”条云：“宪宗初年诏询从行事迹”，而随从英宗左右者仅袁彬与杨铭二人，袁彬之书既为本年所上，则杨铭之书亦可能成于本年也。故编于此。

公元 1466 年　明宪宗成化二年　丙戌

《鉴古录》等作者、《大明一统志》总裁之一、《明英宗实录》总裁之一李贤卒。

《明宪宗实录》卷三七：成化二年十二月……甲申……少保、吏部尚书兼华盖殿大学士李贤卒。……年五十九。……赠特进光禄大夫、左柱国、太师，谥文达。

《明史》卷一七六，《李贤传》：宪宗即位，进少保、华盖殿大学士，知经筵事。……成化二年三月遭父丧……遣中官护行营葬。还至京……其年冬卒，年五十九。……赠太师，谥文达。

《千顷堂书目》卷五，别史类：李贤《天顺日录》二卷。

《明史》卷九七，《艺文志二》杂史类：李贤《天顺日录》二卷。

《四库全书总目》卷五三，史部杂史类存目二：《天顺日录》一卷，明李贤撰。……是录随手纪载，于天顺时事颇详。

公元 1467 年　明宪宗成化三年　丁亥

《明英宗实录》修成。

《明宪宗实录》卷四五：成化三年八月……丁巳，上御奉天殿，监修官太保会昌侯孙继宗、总裁官礼部尚书兼翰林院学士陈文等，率纂修等官行礼，进《英宗睿皇帝实录》。上起立受之。继宗等上表曰："臣闻往圣在天，盛德必宜垂于后；嗣君御宇，大孝必当显其先。万世攸同，六经可考。是以尧帝之典，舜帝使命史以成篇；文王之诗，武王命臣而秉笔。然后与二仪而并久，共两耀以齐光。钦惟英宗法天立道仁明诚敬昭文宪武至德广孝睿皇帝，绍五祖之宏休，缵三宗之洪庆，一岁而正青宫之位，十年而履紫极之尊。……始自乙卯，终于甲申，享国之福长矣，抚世之功大矣。恭惟皇帝陛下……甫在谅阴，命修实录。敕臣继宗等稽金匮石室之秘载，汇青琐黄门之封章，参以京都百署之所陈，证以寰宇九域之所报，研精覃思千百余日而其事完，自首至尾三十多年而其迹具。书君上之言动得其要，断臣下之善恶以其公。至于附景泰以见先帝居常处变之有道，集宝训以彰先帝贻谋垂统之有规，岂惟仰禀于圣裁，抑且悉遵于旧制。恭成《英宗睿皇帝实录》三百六十一卷，《宝训》十二卷，合《目录》、《凡例》三百七十五册，谨缮写上进。臣继宗等若绘乾坤之覆载，得其园方而生成之，妙岂易言？若纪日月之运行，得其次舍而照临之，大岂易测？伏惟详览乙夜，默契宸衷。龟鉴无穷，岂但取《武成》二三之策；鸿图有永，端期衍皇极万亿之年。臣继宗等无任瞻天仰圣、激切屏营之至，谨奉表随进，以闻。”宣表讫，文武百官英国公张懋等致辞曰：“恭惟英宗睿皇帝神功圣德，纂述成书，光华万世，群臣欢忭，礼当庆贺。”制曰：“英宗睿皇帝功德配天，纪述详实，朕心欢庆，与卿等同之。”礼毕，赐宴礼部。是日，赐监修官太保会昌侯孙继宗、总裁礼部尚书兼翰林院学士陈文、兵部尚书兼翰林院学士彭时，人白金八十两、文绮四表里、罗衣一袭、鞍马一副；副总裁太常寺少卿兼侍读学士刘定之、吴节，人白金八十两、文绮四表里、罗衣一袭；纂修官翰林院学士柯潜、万安、侍讲学士李泰、太常寺少卿兼翰林侍读孙贤、刘珝、左春坊左谕德黎淳、右春坊右谕德童缘、刘宣、翰林院侍讲江朝宗、杨守陈、修撰王一夔、彭教、编修尹直、徐琼、陈秉中、李永通、郑环、刘健、汪谐、张元祯、吴钺、罗璟、检讨耿裕、周经、纂修兼校正官侍读刘吉、陈鉴、侍讲丘濬，编修彭华，人白金三十两、文绮三表里、罗衣一袭；……总裁少保李贤以物故，副总裁侍郎李绍以致仕，纂修修撰岳正以事故，皆不与赏。

《明史》卷三〇〇，《孙忠传附子继宗传》：朝有大议，必继宗为首。……（成化）三年八月，《实录》成，加太傅。

《明史》卷一六八，《陈文传》：成化元年，进礼部尚书。……《英宗实录》成，加太子少保，兼文渊阁大学士。

《明史》卷一七六，《彭时传》：成化改元，进兵部尚书，兼官如故。……《英宗实录》成，加太子少保，兼文渊阁大学士。

《明史》卷一七六，《刘定之传》：宪宗立，进太常少卿，兼侍读学士，直经筵。成化二年十二月以本官入直文渊阁，进工部右侍郎，兼翰林学士。

《明史》卷一五二，《柯潜传》：柯潜，字孟时，莆田人。景泰二年举进士第一。历洗马。天顺初，迁尚宝少卿，兼修撰。宪宗即位，以旧宫僚擢翰林学士。《英宗实录》成，进少詹事。

《明史》卷一六八，《尹直传》：尹直，字正言，泰和人。景泰五年进士。改庶吉士，授编修。成化初，充经筵讲官，与修《英宗实录》。总裁欲革去景泰帝号，引汉昌邑、更始为比。直辨曰：“《实录》中有初为大臣，后为军民者。方居官时，则称某官某，既罢去而后改称。如汉府以谋逆降庶人，其未反时，书王书叔如故也。岂有逆计其反，而即降从庶人之号者哉？且昌邑旋立旋废，景泰帝则为宗庙社稷主七年。更始无所受命，景泰帝则策命于母后。当时定倾危难之中，微帝则京师非国家有。虽易储失德，然能不惑于卢忠、徐振之言，卒全两宫，以至今日。其功过足相准，不宜去帝号。”时不能难。既成，进侍读，历侍读学士。

《明史》卷一八一，《刘健传》：刘健，字希贤，洛阳人。……举天顺四年进士。改庶吉士，授编修。……成化初，修《英宗实录》，起之忧中，固辞，不许。书成，进修撰。

《明史》卷一六八，《刘吉传》：《实录》成，迁侍读学士，直经筵。

《明史》卷一八一，《丘濬传》：丘濬，字仲深，琼山人。……举乡试第一，景泰五年成进士。改庶吉士，授编修。濬既官翰林，见闻益广，尤熟国家典故，以经济自负。成化元年……秩满，进侍讲。与修《英宗实录》，进侍讲学士。……修《英宗实录》，有言于谦之死，当以不轨书者，濬曰："己巳之变，微于公，社稷危矣。事久论定，诬不可不白。"

《明史》卷一六三，《邢让传》：邢让，字逊之，襄陵人。年十八，举于乡，入国子监。……登正统十三年进士。改庶吉士，授检讨。……天顺末，父忧归。未终丧，起修《英宗实录》，进修撰。

《明史》卷一六三，《谢铎传》：谢铎，字鸣治，浙江太平人。天顺末进士。改庶吉士，授编修，预修《英宗实录》。

《千顷堂书目》卷四，国史类：《英宗睿皇帝实录》三百六十一卷。天顺八年□月宪宗即位，敕修《英宗实录》，以太保会昌侯孙继宗为监修，礼部尚书兼翰林院学士陈文、兵部尚书兼翰林学士彭时等为总裁，太常寺少卿兼翰林院侍读学士刘定之、吴节副之，与纂修官柯潜等同纂修。成化三年八月书成进御。起宣德十年正月，迄天顺八年正月，首尾三十年。附景泰帝事实于中，称废帝郕戾王，《附录》凡八十七卷。又《英宗皇帝宝训》十五卷，成化三年修。

《明史》卷九七，《艺文志二》正史类：《英宗实录》三百六十一卷，成化元年陈文等修。起宣德十年正月，讫天顺八年正月，首尾三十年。附景泰帝事迹于中，凡八十七卷。《宝训》十二卷，与《实录》同修。

公元 1468 年 明宪宗成化四年 戊子

《明英宗实录》总裁之一陈文卒。

《明宪宗实录》卷五三：成化四年夏四月……丁巳……太子少保，礼部尚书兼文渊阁大学士陈文卒。文……修《英宗实录》，充总裁官。乙酉，升礼部尚书。丁亥，《实录》成，加太子少保兼文渊阁大学士，尚书如故。至是卒。赠荣禄大夫、少傅，谥曰庄靖。

《明史》卷一六八，《陈文传》：成化……四年卒。赠少傅，谥庄靖。

公元 1469 年 明宪宗成化五年 己丑

《否泰录》等作者、《明英宗实录》副总裁之一刘定之卒。

《明宪宗实录》卷七〇：成化五年八月……辛酉……礼部左侍郎兼翰林院学士刘定之卒。……卒年六十一。赠资善大夫、礼部尚书，谥文安。

《明史》卷一七六，《刘定之传》：（成化）四年，进礼部左侍郎。……五年，卒官。赠礼部尚书，谥文安。

《千顷堂书目》卷五，史学类：刘定之《呆斋宋论》三卷。永新人。侍郎。又别史类：刘定之……《三患传》一卷。

《四库全书总目》卷八九，史部史评类存目一：《宋论》三卷，明刘定之撰。……此书取《宋史》自太祖迄卫王事迹，每条节文提要，各为论于其后，凡二十八篇，持论颇正。

公元 1471 年 明宪宗成化七年 辛卯

《国子监志》作者、《明英宗实录》纂修之一邢让卒。

焦竑《国朝献徵录》卷三五，《礼部左侍郎邢让》：礼部左侍郎邢让、国子监祭酒陈监、司业张业，成化七年三月俱坐罪除名。……论斩，赎为民。……免归，数月卒，年仅四十五。

《明史》卷一六三，《邢让传》：成化二年，超迁国子祭酒。……五年，擢礼部右(左)侍郎。越二年，以在国子监用会馔钱事，与后祭酒陈监、司业张业……等，俱得罪坐死。

《千顷堂书目》卷九，职官类：邢让《国子监志》二十二卷。一作《国子监通志》十卷。

《明史》卷九七，《艺文志二》职官类：邢让《国子监志》二十二卷。

叶盛著成《菉竹堂书目》。

《明史》卷一七七，《叶盛传》：叶盛，字与中，昆山人。正统十年进士，授兵科给事中。师覆土木……也先迫都城……寇退，进都给事中。……寻命出安集陈州流民。景泰元年还朝。……明年……擢右参政，督饷宣府。……英宗复位，盛遭父忧，奔丧。天顺二年召为右佥都御史，巡抚两广。……六年，命吴祯抚广西，而盛专抚广东。宪宗立，议事入都……以韩雍代抚广东。……稍迁左佥都御史，代李秉巡抚宣府。……成化三年秋，入为礼部右侍郎，偕给事毛弘按事南京。还改吏部。

《千顷堂书目》卷一〇，簿录类：叶文庄公（盛）《菉竹堂书目》六卷。

《四库全书总目》卷八七，史部目录类存目：《菉竹堂书目》六卷，明叶盛撰。……此其家藏书之目。中为经、史、子、集各一卷；首卷曰《制》，乃官颁各书及赐书、赐敕之类；末卷曰《后录》，则其家所刊及自著书。前有成化七年自序，谓先之以《制》，尊朝廷也；叶氏书独以为《后录》，是吾一家之书也。其叙列体例，大率本之马端临《经籍考》，然如集部别出《举业类》，而无《诗集》类，亦略有所增损矣。盛之书，凡为册者四千六百有奇，为卷者二万二千七百有奇，在储藏家称极富，故于旧书著录为多。独其不载撰人姓名，颇伤缺略。又别有《新书目》一卷附于后，中载夏言、王守仁诸人集，皆不与盛同时，盖其子孙所续入也。

公元 1473 年　明宪宗成化九年　癸巳

儒臣奉命考订朱熹《资治通鉴纲目》，成。

《明宪宗实录》卷一一三：成化九年二月……丁丑，先是，上命儒臣考订宋儒朱熹《资治通鉴纲目》，尽去后儒所著考异、考证诸书，而以王逢《集览》、尹起莘《发明》附其后，至是上呈。上命刻梓以传，亲制序于卷首，曰："朕惟朱子《通鉴纲目》，实备《春秋》经传之体，明天理，正人伦，褒善贬恶，词严而义精，其有功于天下后世大矣。顾传刻岁久，间有缺讹，甚至书法与所著凡例、提要或有不同，是以后人疑焉，有考异、考证之作，两存其说，终莫能定。朕尝深求其故矣，盖凡例、提要乃朱子亲笔以授门人，使据之以成书。及书既成，再加笔削，则随事立文，时有小异，而大体终不出于劝惩之外，岂可一一致疑其间？昔者五经同异，敕汉宣帝命诸儒讲论于石渠阁，亲称制临决，然后归一。朕于《纲目》斯有意焉，特命儒臣重加考订，集诸善本，证以凡例，缺者补之，羡者去之，事关大义，若未逾年改元者，依例正之。至若汉初纪年首冬，惟景帝中后二年旧史误列冬于岁终，朱子虽以传疑，而吕东莱《大事记》已考正于次年首矣，此则宜从吕氏。其余书法与凡例小异，无大关涉者，悉仍其旧，尽去考异、考证，不使并传，所以免学者之疑，成朱子笔削之志也。考订上呈，具如朕意，《纲目》于是为完书矣。於戏！是书所载，自周秦汉晋历南北朝隋唐以及五季，凡千三百六十二年之间，明君良辅有以昭其功，乱臣贼子无所逃其罪，而疑事悖礼，咸得以折衷焉，俾后世为君为臣者，因之以鉴戒惩劝，而存心施政，胥由正道，图臻于善治，其于名教岂小补哉！然则是书诚足以继先圣之《春秋》，为后人之轨范，不可不广其传也。因命缮录定本，附以凡例，并刻诸梓以传。爰序首简，俾读者知所自云。"

《明史》卷一六三，《谢铎传》：成化九年校勘《通鉴纲目》，（谢铎）上言："《纲目》一书，帝王龟鉴。陛下命重加考定，必将进讲经筵，为致治资也。今天下有太平之形，无太平之实，因仍积习，废实徇名。曰振纲纪，而小人无畏忌；曰励风俗，而缙绅弃廉耻。饬官司，而污暴益甚；恤军民，而罢敝益极。减省有制，而兴作每疲于奔命；蠲免有诏，而征敛每困于追呼。考察非不举，而幸门日开；简练非不行，而私挠日众。赏竭府库之财，而有功者不劝；罚穷谳覆之案，而有罪者不惩。以至修省祈祷之命屡颁，水旱灾伤之来不绝。禁垣被震，城门示灾，不思竦动旋转，以大答天人之望，是则诚可忧也。愿陛下以古证今，兢兢业业，然后可长治久安，而载籍不为无用矣。"帝不能从。

彭时等奉命编纂《宋元资治通鉴纲目》。

《明宪宗实录》卷一二二：成化九年十一月……戊申，上谕大学士彭时等曰："朱文公《通鉴纲目》，可以辅经而行。顾宋、元二代，至今未备。卿等宜遵朱子凡例，编纂宋、元二史，上接《通鉴》，共为一书。”时等因奏太常寺卿兼侍读学士刘珝、学士王献、侍读学士彭华、侍讲学士杨守陈、尹直、左春坊左庶子黎淳、左谕德谢一夔、翰林院修撰郑环、刘健、汪谐、罗璟、编修程敏政、陆简、林瀚，分为七馆编纂。明年，侍讲学士丘濬丁忧起复，时等请令濬同编纂，再加一馆为八馆云。

《明史》卷一五二，《柯潜传附罗璟传》：罗璟，字明仲，泰和人。天顺末，进士及第，授编修。进修撰。预修《宋元通鉴纲目》。

公元 1475 年　明宪宗成化十一年　乙未

《明英宗实录》总裁之一、《宋元资治通鉴纲目》总裁彭时卒。

《明宪宗实录》卷一三九：成化十一年三月……辛未……少保吏部尚书兼文渊阁大学士彭时卒。……年六十。赠太师，谥文宪。

《明史》卷一七六，《彭时传》：（成化）十一年正月，以秩满进少保。逾月卒，年六十。赠太师，谥文宪。

公元 1476 年　明宪宗成化十二年　丙申

《续资治通鉴纲目》（一名《宋元资治通鉴纲目》）修成。

商辂等《进续资治通鉴纲目表》：资德大夫正治上卿太子少保吏部尚书兼文渊阁大学士臣商辂、资政大夫户部尚书兼翰林院学士臣万安等，兹者奉敕以宋、元二史编纂《续资治通鉴纲目》，今已成书，谨用缮写装潢进呈。臣辂等诚惶诚恐，稽首顿首，上言。伏以经以载道，阐万世之文明；史以辅经，昭累朝之鉴戒。东鲁大圣删述于前，考亭大儒祖述于后，此《春秋》为经中之史，而《纲目》实史中之经。嗣是以来，诸家并作。著宋史者讫无定论，撰元书者罔有折衷。或杂于辽、金而昧正统之归，或成于草率而失繁简之制，或善善恶恶之靡实，或是是非非之弗公。况其前后抵牾，予夺乖谬，众说纷纭，卒未有能会于一者，是诚有待于今日也。天启皇明，诞膺景运，我太宗文皇帝崇儒重道，稽古右文，既表章于经书，独未遑于史鉴。恭惟皇帝陛下，睿知聪明，圣神文武，重华协帝，于昭丕显之诚；五福锡民，建用惟皇之极。咨询治道，日御经筵。谓经史垂训虽殊道，并行而不悖；纲目传旧而作词，愈约而益精。爰因书法同异之疑，尝有儒臣校雠之命，锓之文梓，赐诸廷臣，嘉惠及于万年，文教敷于四海。乃者载发九重之诏，俾续二代之编，迹宋元之盛衰，法儒先之衮钺。大开两局，笔札给自尚方；务备一家，史官公于遴选。搜罗剔抉，存其信而传其疑；讨论研磨，详其大而略其细。惟赵宋自建隆之创业，积而为庆历之升平，逭熙丰之纷更，驯以致靖康之祸乱，比偏安于江左，竟讫箓于海南。其中命令之施，纲纪之布，国体安危之系，民生休戚之关，大书特书咸据往牒，正例变例悉本成规。彼契丹出自鲜卑，女真起于渤海，皆以桀黠之虏，割据于邻壤，亦为采摭其事，附见于当时。若胡元之主中华，尤世运之丁极否，冠履倒置，天地晦冥，三纲既沦，九法亦斁，第已成混一之势，矧复延七八之传，故不得已大书其年，亦未尝无外夷之意。末纪天兵之征讨，实彰帝业之辉煌，泛扫腥膻之风，复还礼乐之俗，谟迈三年鬼方之伐，威加六月玁狁之师，此我太祖高皇帝再辟乾坤，肇修人纪，巍巍功德高五帝而冠百王者也。臣辂等才不足以达经权之宜，学不足以尽古今之变，仰承隆命，愧乏良史之三长；俯竭微劳，已见星霜之再易。总以四百余年之事，粹成二十七卷之书，上彻经帏，少尘睿览。伏愿正大纲，举万目，隆世道于亨嘉；兴教化，淑人心，保鸿图于悠久。臣等无任瞻天仰圣，激切屏营之至。谨奉表随进，以闻。成化十二年十一月初九日，资德大夫正治上卿太子少保吏部尚书兼文渊阁大学士臣商辂等谨上表。

《明宪宗实录》卷一五九：成化十二年十一月……乙卯，《续资治通鉴纲目》成，上制序文以冠其首，曰："朕惟天地纲常之道载诸经，古今治乱之迹备诸史，自昔帝王以人文化成天下，未始不资于经史焉。我太宗文皇帝表章五经四书，辑成大全，纲常之道，粲然复明，后有作者，不可尚已。朕祗承丕绪，潜心经训，服膺有年。间阅历代史书，舛杂浩繁，不可殚纪。惟宋儒朱子因司马氏《资治通鉴》，著为《纲目》，权度精切，笔削谨严，自周威烈王至于五季，治乱之迹，了然如视诸掌，盖深有得于孔子《春秋》之心法者也。展玩之余，因命儒臣重加校订，锓梓颁行。顾宋、元二代之史，迄无定本，虽有《长编》、《续编》之作，然采择不精，是非颇谬，概以朱子书法，未能尽合。乃申敕儒臣，发秘阁之载籍，参国史之本文，一遵朱子凡例，编纂二史，俾上接《通鉴纲目》共为一书。始于宋建隆庚申，终于元至正丁未，凡四百有八年，总二十有七卷，名曰《续资治通鉴纲目》。而凡诛乱讨逆，内夏外夷，扶天理而遏人欲，正名分以植纲常，亦庶几得朱子之意，而可羽翼乎圣经。仍命梓行，嘉惠天下。於戏！人不考古无以证今，观是编者，足以鉴前代之是非，知后来之得失，而因以劝于为善，惩于为恶，正道由是而明，风俗以之而厚，所谓以人文化成天下者，有不在兹乎？因述其概冠于篇端，以垂示无穷焉。”

《明史》卷一七六，《商辂传》：成化三年二月召至京，命以故官入阁。……明年……寻进兵部尚书。久之，进户部。《宋元通鉴纲目》成，改兼文渊阁大学士。

《明史》卷一八一，《丘濬传》：《续通鉴纲目》成，擢学士，迁国子祭酒。……寻进礼部右侍郎，掌祭酒事。

《千顷堂书目》卷四，编年类：《续宋元资治通鉴纲目》二十七卷，成化九年敕修。遵朱熹《资治通鉴纲目》例，纂宋、元二史上续其书。总裁大学士彭时、户部尚书商辂、礼部尚书万安。

《明史》卷九七，《艺文志二》正史类：《续宋元资治通鉴纲目》二十七卷，成化中商辂等修。

公元 1478 年　明宪宗成化十四年　戊戌

《复辟录》作者杨瑄卒。

《明史》卷一六二，《杨瑄传》：杨瑄，字廷献，丰城人。景泰五年进士。授御史。……景帝不豫，廷臣请立东宫，帝不允。瑄与同官钱琎、樊英等约疏争，会“夺门”事起，乃已。天顺初，印马畿内。至河间，民诉曹吉祥、石亨夺其田。瑄以闻，并列二人怙宠专权状。帝语大学士李贤、徐有贞曰：“真御史也。”……宪宗即位……瑄寻迁浙江副使。……为副使十余年，政绩卓然，进按察使。

杨守陈《浙江按察司按察使杨公瑄墓志铭》（见焦竑《国朝献徵录》卷八四）：公姓杨，讳瑄，字廷献，南昌丰城县人。……成化戊戌七月朔日卒，年才五十有四耳。

《千顷堂书目》卷五，别史类：《复辟录》一卷，不知撰人。一作丰城杨瑄。

《四库全书总目》卷五三，史部杂史类存目二：《复辟录》一卷，明杨暄撰。……当徐有贞等夺门时，暄官御史，事皆目睹，又尝劾曹吉祥、石亨，坐谴论戍，于二人事迹，知之尤悉。故其辨于谦、王文之被诬，石亨、曹吉祥之恣肆，皆与史合。后附李贤《天顺日录》、祝允明《苏材小纂》、陈循《辨冤疏》、叶盛《水东日记》、王琼《双溪杂记》数条，盖皆同时亲与其事者，故引以为据，明所述之不诬云。

公元1479年 明宪宗成化十五年 己亥

程敏政撰成《宋遗民录》。

《明史》卷二八六，《程敏政传》：程敏政，字克勤，休宁人。……成化二年进士及第，授编修，历左谕德，直讲东宫。

《千顷堂书目》卷一〇，传记类：程敏政《宋遗民录》十五卷。

《明史》卷九七，《艺文志二》传记类：程敏政《宋遗民录》十五卷。

《四库全书总目》卷六一，史部传记类存目三：《宋遗民录》十五卷，明程敏政撰。……此书前列王炎午、谢翱、唐珏三人事迹及其遗文，而后人诗文之为三人作者，并类列焉。七卷以后，则附录张宏毅、方凤、吴思齐、龚开、汪元量、梁栋、郑思肖、林德旸等八人。第十五卷纪元顺帝为宋瀛国公子……说殊妄诞，所引亦自相矛盾。盖文宗时尝下诏书称顺帝非明宗之子，斥居静江，好事者因造为此言，其荒唐本不待辨，敏政乃从而信之，乖谬甚矣。

案：程敏政著《宋遗民录》之年代不详，可能在本年举进士以后，故编于此。

程敏政《宋遗民录序》：予尝读宋王鼎翁、谢皋羽、唐玉潜三子者之事而悲之，且名不载于史，而其平生著述，兵燹以来又多沦丧，独其唱和称述之间见于诸家别集中者，犹可考也。斋居之暇，因裒辑以传，而附以其一时意气相与之人，为十五卷，题曰《宋遗民录》，序而藏之。……编之末，复附以元主为宋裔之说，一本诸故老之传闻。参之史传之登载，卓卓乎可以信后世而无疑，盖又将以慰夫三子者不忘宋之心于地下，而宋贻谋之善之报，亦于是乎见焉。成化己亥春三月上浣，新安程敏政序。

今案：据程敏政本书自序，撰成时间应当是在成化十五年（公元1479年）己亥。今《四库全书存目丛书》本有一字迹模糊的刊刻题识，乃程氏族人捐资刻行此书的说明，属有年月但字已不清，依稀判断为嘉靖二年（公元1523年）。原《资料编年》出版时因未能见到程敏政自序，故编于其举进士之成化二年（公元1466年），今自应更动以使之准确。其余此等调整、修订尚多，不一一说明。

公元 1481 年 明宪宗成化十七年 辛丑

丘濬著成《世史正纲》。

黄佐《大学士丘公濬传》(见焦竑《国朝献徵录》卷一四)：(成化)十三年,《续修宋元纲目》成，升翰林院学士。濬自出己见撰史，略谓朱子《纲目》以正统为主，然秦、隋之末有不可遽夺，汉、唐之初有不可遽予者，乃作《世史正纲》，以著世变之升降，明正统之偏全，有裨世教。是年，祭酒员缺，佥谓非濬不可，乃升祭酒。

《明史》卷一八一,《丘濬传》:《续通鉴纲目》成,擢学士,迁国子祭酒。……寻进礼部右侍郎，掌祭酒事。

丘濬《世史正纲序》:《世史正纲》，曷为而作也？著世变也，纪事始也。其事则记乎其大者，其义则明夫统之正而已。董子曰："正其谊不谋其利，明其道不计其功。"非道非义，功利虽大，弗取也。或曰:"自孔子作《春秋》之后，大事有吕氏之《记》,续之可也;正统有朱子之笔,遵之可也。奚用此为哉？"曰："吕氏之《记》，记其大而或兼其细也。朱子之笔，笔其正而或专其统也。愚惟录其大而已,细小不屑及也;取其正而已,统否不暇计也。""然则有所见乎？"曰："有圣贤之书，婉而正;学者之书，显而直。婉而正，所以待后世之贤人君子也。显而直，所以晓当世之学生小子也。何则？人之生也，禀赋不齐，贤者、知者恒少,而愚者、不肖者恒多。圣贤之书,用意深而立例严,非贤人君子不能知也,是以知之者恒鲜。愚为此书，直述其事，显明其义，使凡有目者所共睹，有耳者所共闻，粗知文义者，不待讲明思索，皆可与知也。苟或因是而驯至夫贤人君子之地，则夫圣贤婉而正之书，亦可由此而得之矣。愚所以作书之意，有在于是，非敢立异以犯不韪之罪也。"

"然则，其宏纲大旨果何在哉？"曰："在严华夷之分，在立君臣之义，在原父子之心。夫华夷之分，其界限在疆域。华华夷夷，正也；华不华，夷不夷，则人类淆，世不可以不正也。君臣之义，其体统在朝廷。君君臣臣，正也；君不君，臣不臣，则人纪隳，国不可以不正也。父子之心，其传序在世及。父父子子，正也；父不父，子不子，则人道乖，家不可以不正也。本家以立国，正国以持世，而一归于人心。道义之正，则人极以立，天地以位，夷狄不敢以乱华，禽兽不敢以侵人。上天所以立君之意，圣人所以立教之心，或其在此乎！”

“请言其详。”“天，位乎上者也；地，位乎下者也。天地之所以生生者，物也。物之动者有三焉：人也，夷狄也，禽兽也。天生人而于人之中，命一人以为君，以为人类主，阐教以立人极，修政以安人生。然必其生安，然后其极可立也。彼其所以为生人害，而使之不得安者谁欤？夷狄也，禽兽也。为生人主，必攘夷狄，必驱猛兽，使吾一世之民，各遂其生，而不罹其害焉。于是乎吾政行而教施，而世底乎雍熙泰和矣。是则君人者之责也。虽然，君之所以为此者，非君之自为也，承天之意也。能承天之意，则能受天之命矣。受天命者，必奉天焉。奉天者，必大报天焉。君秉诚以事天，天垂象以示君。必致夫精禋感格之诚，必谨夫象纬灾祥之故。如是，则天人合一，天不在天，而在君矣。天之心则仁爱人君，君之心则仁爱生民。民之生也，性天之理以为其心，形天之气以为其身。心有不明，君必明之，俾天之理，不为物所蔽。身有不安，君必安之，俾天之气，不为物所戕。故凡其号令之颁，政事之施，教条之布，礼乐制度之具，刑赏征讨之举，无非以为民而已。为乎民，所以承乎天；承乎天，所以安其位也。然君于此，岂能以其独力为之哉？亦由夫小大内外之臣，以为之腹心、股肱、耳目、爪牙焉耳。君总于上，臣分于下，彼此相资，远近相维，阶级相承，气脉相通，各尽职以厘务，毕同心以奉上。君必死其社稷，臣必死其职事。本乎是以持世，由一世而十世，十世而百世，百世而千万世，华必统夫夷，夷决不可干中国之统；君必统夫臣，臣决不可萌非分之望；男必统夫女，女决不可当阳刚之位。臣非有舜、禹之圣，决不可以言禅。君非有桀、纣之暴，决不可以言伐。君虽不及太甲，臣非有伊尹之志，决不可以言放。非为天吏，决不可兴问罪之师。非奉天讨，决不可清君侧之恶。事虽至于无可奈何，非济天经，决不可用权宜之策。天冠地履之分必严，水木本源之心必笃。如是，则大义立矣。虽然，天下之本在国，国之本在家，家必正而后国定。其本乱而末治者，否矣。是故，父有天下，必授之于子；子居大位，必受之于父。父非真尧舜，子非真朱均，必不可以与舜、禹。子非真武王，父非真西伯，必不可以舍伯邑考。隐摄桓位，不可也；宣传缪位，不可也。父之所予，必子心之所安；子之所承，必父心之所愿。非的见夫大义之决，不可以行权；非真有夫必归之诚，不可以言假，授受取与，必原其心。原其本心之初，于序必顺，于理必正，于心必安。以此正名，以此定位。既定其位，必端其本。本之所以端者，身也。身不可以不修。身之所以修者，心也。心不可以不正。知其身心之所以必当修而正者，学也。学不可以不讲。讲学以正心，正心以修身，修身以端其本，则夫妇于焉以有别，昆弟于焉以有序，诸父于焉以有善，诸舅于焉以有义，族人戚属莫不于焉以有礼。将见身正而令行，家和而福生，行乎上而效于下，笃其近而举诸远矣。是则，大而一世，所以纲维之者，国也；中而一国，所以根本之者，家也；家则内和而外顺，国则上令而下从，极乎一世之大，则华夏安乎中，夷狄卫乎边，各止其所而不相侵凌，则人之所以为人者，相生相养，各尽其性，各全其命。而一顺于道义之正，而不徇于功利之私，是则所谓雍熙泰和之世也。人既得其所以为人，物亦得其所以为物。天由是而得以为天，地由是而得以为地，则人君中天地而立，为人物之主者，其责尽矣。上天立君之意，于是乎为无负，而圣贤所以著书立言，谆谆乎垂世立教者，亦于是乎不徒托之空言矣。"

区区一得之愚，偶有所见，而妄为此书。始嬴秦庚辰之岁，灭国讫于齐世，世道之始变也；终皇明戊申之春，彗星出扫于昴，天道之终定也。首尾凡一千五百八十有九年。书成用僭书卷端，以示夫当世之学生小子，而后世之贤人君子，容或有以取之否乎？不敢必也。于是乎书以俟。成化辛丑春二月丁未，琼山丘濬序。

《四库全书总目》卷四八，史部编年类存目：《世史正纲》三十二卷，明丘濬撰。……是书本明方孝孺《释统》之意，专明正统。起秦始皇帝二十六年，讫明洪武元年，以著世变事始之所由。于各条之下，随事附论。然立说多偏驳不经，如纪年干支之下，皆规以一圈，中书国号，至元代则加以黑圈，迨至正十五年明太祖起兵则为白圈。其说以为本之《太极图》之阴阳，至是天运转而阳道复、阴翳消也。率臆妄作，为史家未有之变例，可谓谬诞。王士祯《池北偶谈》称其议论严正，殊为太过。陶辅《桑榆漫志》称其义严理到，括尽幽隐，深得麟经之旨。胡应麟《史学占毕》称《春秋》之后有朱氏，而《纲目》之后有丘氏，更乖舛矣。

公元 1482 年 明宪宗成化十八年 壬寅

《文华大训》修成。

《明宪宗实录》卷二三五：成化十八年十二月……庚午，御制《文华大训》成。序曰："朕惟古昔帝王之有天下，必立言垂训以贻子孙，俾知修身出治之本，听言处世之要，以承基绪于无穷，其豫教属望之意，何所不用其极哉！稽其教法，若唐虞三代之具于《书》，咏于《诗》，见于《礼记》，最详且密，不可尚已。秦汉而下，寖以疏阔，如唐《帝范》之编，宋《承华要略》之集，或举一而遗十，或详末而忘本，视古豫教之意有间矣。肆我太祖高皇帝《储君昭鉴录》、太宗文皇帝《文华宝鉴》及《圣学心法》、宣宗章皇帝《帝训》四书垂示炳若日星、与唐虞三代之意实同一揆。朕嗣统迄今十八九年，仰赖遗训余休，海宇宁谧，宗社奠安，是岂无所自哉！顾念皇太子继承甚重，而身而家而国而天下，事幾甚繁，未可悉以口讲而指示之，乃于万幾之暇，博阅载籍，自孔、孟、濂、洛诸儒之论述，伏羲、神农、黄帝、尧、舜、禹、汤、文、武以及汉、唐、宋诸贤君之蹈覆，与我祖宗之谟烈，皇考之戒饬，凡有切于储副今日之所学，与夫异日之所行，采汇为编，名曰《文华大训》，以授皇太子。其书纲凡四，曰《进学》、曰《养德》、曰《厚伦》、曰《明治》，目二十又四。总论以撮其要，分言以极其详，每编又各有言以发其端而结其终，本末兼该，先后交贯。展卷之间，修齐治平之道，瞭然在目，俾朝夕观览，知所造诣，必问学日以充，德业日以广，帝王之度日以恢弘，夫何患不能承祖宗基绪，传于无穷也哉！……"

《明史》卷一四，《宪宗纪二》：（成化十八年）十二月庚午，御制《文华大训》成。

《千顷堂书目》卷一一，儒家类：宪宗御制《文华大训》二十八卷，成化十八年十二月编以赐皇太子。其书为纲四，目二十有四。

《明史》卷九八，《艺文志三》儒家类：宪宗《文华大训》二十八卷。纲四，目二十有四，成化中编。

公元 1486 年　明宪宗成化二十二年　丙午

《续资治通鉴纲目》总裁商辂卒。

尹直《少保吏部尚书兼谨身殿大学士赠太傅谥文毅商公辂墓志铭》（见焦竑《国朝献徵录》卷一三）：成化丙戌冬，诏起前兵部左侍郎兼翰林院学士商公于淳安山中，至则复职，仍参密务。公辞，不允，乃感激就任。累迁太子少保、吏部尚书兼谨身殿大学士。丁酉，以疾恳休，上察其诚，从之。升少保，兼职如故。……抵家十载始卒，丙午七月十八日也。泝生永乐甲午二月廿五日，寿七十有三。……赠特进荣禄大夫、太傅，谥文毅。

《明史》卷一七六，《商辂传》：皇太子立，加太子少保，进吏部尚书。（成化）十三年，进谨身殿大学士。……中官汪直之督西厂也，数兴大狱。辂率同官条直十一罪。……直虽不视厂事，宠幸如故。……辂遂力求去。诏加少保，赐敕驰传归。……居十年卒，年七十三。赠太傅，谥文毅。

公元 1488 年　明孝宗弘治元年　戊申

敕修《明宪宗实录》。

《明孝宗实录》卷一〇：弘治元年闰正月……戊辰，敕谕礼部臣曰："朕惟自古帝王功德之实，皆有纪述以垂示后世。尧、舜、汤、武之绩见于《书》，汉、唐、宋历代之事见诸史。我皇考宪宗纯皇帝聪明神圣，孝敬宽仁，继体守成二十四载，洪谟伟烈，照布万方，自非载诸简册，用彰盛美，则天下后世何所仰至德而被休光？尔礼部宜循祖宗旧典，通行中外，采辑事实，送翰林院编纂实录。其以太傅兼太子太师英国公张懋为监修，少傅兼太子太师吏部尚书谨身殿大学士刘吉、礼部尚书兼文渊阁大学士徐溥、礼部右侍郎兼翰林院学士刘健为总裁，詹事府掌府事礼部尚书丘濬、吏部右侍郎杨守陈、詹事府少詹事兼翰林院侍讲学士汪谐为副总裁，詹事府少詹事兼翰林院侍讲学士等官程敏政等为纂修官，凡合行事宜，悉照例举行，钦哉！故谕。"以纂修实录，召南京翰林院侍读曾彦、杨守阯、给假左谕德林瀚、侍讲谢铎、编修张元祯、江澜、丁忧侍讲学士李东阳、右谕德陆简、编修梁储、刘忠、邓焲、张天瑞、检讨杨时畅，命驰驿赴京。

张时泰著成《续通鉴纲目广义》。

《明孝宗实录》卷一七，弘治元年八月乙巳：国子监生张时泰进所撰《续资治通鉴纲目广义》十七卷。

《进续通鉴纲目广义疏》（载梁梦龙《史要编》卷五）：臣闻经以载道，史以记事。孔子因鲁史以修《春秋》，朱子法《春秋》以作《纲目》，皆所以正名分，扶世教，盖劝善惩恶之大法所存也。……宋有《宋史》而谬于是非，元有《元书》而昧于得失。国多僭伪之杂，朝无正统之归，孝子忠臣有善有弗表，乱臣贼子有恶而弗诛，褒贬予夺，卒无定论，比之孔子之《春秋》，朱子之《纲目》，大相悬绝矣。所以《纲目》之续，不能无待于今日也。恭惟我宪宗纯皇帝深知其然，遂命儒臣纂修《续资治通鉴纲目》，以颁示天下，一洗前人之陋习，允成昭代之全书，其所以嘉惠臣民者，至矣尽矣。臣尝再拜而伏读之，先味其纲，次详其目，虽无三长之实，愿效一得之愚。谨摘要条，发挥奥旨。理有合于经书者，证之以经书；事有符于前史者，质之以前史。间附己意，惟理是从。或为君子而一行有亏，则不隐其恶；或为小人而一事可取，则不没其善。显者微之，幽者阐之，亦犹尹起莘发明朱子《纲目》之意也。臣于此书，研精覃思，十有余年而始克成编，总廿七卷，名之曰《续资治通鉴纲目广义》。今已缮写完备，谨用进呈。……

《明史》卷七十七，《艺文志二》史钞类：张时泰《续通鉴纲目广义》十七卷。

公元1491年 明孝宗弘治四年 辛亥

娄性著成《皇明政要》。

《明进士题名碑录·成化十七年辛丑科》：娄性，江西广信府上饶县民籍。

娄性《皇明政要后序》：唐臣吴兢纂录《贞观政要》四十篇献之，中宗视为空文。厥后文宗始喜读而笃行之，太和初政灿然可观。自是以来，其书盛传于世。迨我宪宗皇帝御制首序，其略云："太宗济世康民，伟有成烈，卓乎不可及已。所可惜者，正心修身，愧于二帝三王之道，而治未纯也。"诚为至论，万古不易。臣蚤承庭训，知我列圣明良，胥会都俞之言、宽大之政，所以植国体而裕民生者，一本于帝王之心法，圣贤之道学，其视贞观之治奚翅霄壤而已哉！圣子神孙，恪遵前轨，一无所违，则可久之业益彰、可大之功益著矣。因遵臣父所定四十篇目，博采群书，依类编录四百五十二条，亦分为四十篇。盖自正心修身以至于平天下，类编成帙，仿吴兢之意，僭题曰《皇明政要》。质之有道君子，订其字之讹舛，补其阙略，献之明天子，用少效涓埃之报于万一云。弘治辛亥二月丁未，南京兵部郎中臣娄性顿首谨识。

《千顷堂书目》卷五，别史类：娄谅《皇明政要》二十卷。弘治十六年十月，前南京兵部武库司郎中娄性编辑，令义男娄俊才捧赍进呈。仿唐《贞观政要》，凡四十一类。

《四库全书总目》卷五三，史部杂史类存目二：《明政要》二十卷，明娄性撰。性，上饶人，成化辛丑进士，官至南京兵部武库司郎中。《明史·马中锡传》所谓兵部郎中娄性与守备太监蒋琮相讦，坐除名者，即其人也。是书仿《贞观政要》之体，编载明太祖、太宗、仁宗、宣宗、英宗五朝之事，凡四百五十二条，分类四十。弘治十六年表进于朝。自称篇目皆其父谅所定，凡历十余年始纂成书。所录英宗之事，大抵在天顺以后，则以正统初政之不纲也。谅，字克贞，吴与弼之门人，王守仁亦尝从之受业，事迹具《明史·儒林传》。

今案：本书卷首有作者《进书表》，题“弘治十六年十月初一日”，即成书后十二年才进上。今仍编于《后序》所显示之弘治四年辛亥。

《明宪宗实录》修成。

《明孝宗实录》卷五四：弘治四年八月……丁卯，上御奉天殿。监修官太傅兼太子太师英国公张懋、总裁官少傅兼太子太师吏部尚书谨身殿大学士刘吉等率纂修等官，上表进《宪宗纯皇帝实录》，上起立受之。表：“伏以皇图有永，天开六叶之君；文化事成，世守二纪之治。功德之敷遗者既大，典册之纪述者宜详。上广先猷，下垂后训。钦惟宪宗继天凝道诚明仁敬崇文肃武宏德圣孝纯皇帝，茂膺天眷，早握乾符，德广运而文武圣神，道纯粹而刚健中正。承百年之大统，扩五圣之洪规。……法谨循夫三尺，政分理于六卿。重科目以求贤，蠲租赋而裕下。治化所被，民或干纪，旋即革心；威武所加，虏或犯边，俄闻捷报。矧夫崇儒重道，稽古好文，新阙里之庙庭，增大成之礼乐。慈懿安厝，据理合经；康定追崇，因亲广爱。教元良而制《文华大训》，明正统而修《纲目续编》。用底一代之丕平，或彰九庙之耿烈。……恭惟皇帝陛下，孝兼继述，心切显扬，亟谟烈于就编，俨羹墙之在目。乃于弘治元年闰正月，敕臣懋监修，臣吉、臣溥、臣健总裁，臣濬、臣谐副总裁，臣瀚、臣訚、臣杰、臣东阳、臣迁、臣宽、臣简、臣越、臣彦、臣守阯、臣戬、臣鏊、臣杰、臣储、臣元祯、臣机、臣廷和、臣卫、臣芮、臣忠、臣焲、臣珣、臣天瑞、臣澜、臣春、臣瑞、臣时畅纂修。臣懋暨臣吉等弘开馆局，序列文儒，发内府精微之秘藏，采外廷远迩之陈奏。风化攸系，虽微必书；治体所关，有闻必录。详制度则究其因革，原事功则备其始终。贤否决于众论之同，是非公于天定之后。传其信不传其疑，过于文宁过于质。兹以四年八月恭成《宪宗纯皇帝实录》二百九十三卷、《宝训》十卷，合《目录》、《凡例》，总三百五册，谨缮写进呈，允为不朽之传，大著无前之绩。臣等才轻袜线，见小酰鸡，稽五志而不遗，念三长之何有。惟恐孤于任使，幸获覩其告成。计日课功，阅岁深惭于尸素；载言纪事，异时或补于汗青。尚愿特厪乙夜之观，益衍万年之祚。臣等无任瞻天仰圣、激切屏营之至。谨奉表随进，以闻。”

《明史》卷一五四，《张辅传附子懋传》：张辅……进封英国公。……子懋，九岁嗣公。……历掌营府，累加至太师。

《明史》卷一六八，《刘吉传》：累迁礼部左侍郎。成化十一年与刘珝同受命兼翰林学士，入阁预机务，寻进礼部尚书。孝宗出阁，加太子少保兼文渊阁大学士。……《文华大训》成，加太子太保，进武英殿大学士。久之，进户部尚书、谨身殿大学士，寻加少保兼太子太傅。孝宗即位……吉于阁臣居首。……吉自帝初即位进少傅，兼太子太师，吏部尚书。及《宪宗实录》成，又进少师、华盖殿大学士。

《明史》卷一八一，《徐溥传》：徐溥，字时用，宜兴人。……溥，景泰五年进士及第。授编修。宪宗初，擢左庶子，再迁太常卿兼学士。成化十五年拜礼部右侍郎，寻转左，久之改吏部。孝宗嗣位，兼文渊阁大学士，参预机务。旋进礼部尚书。（案：据《明宪宗实录》卷二一二，成化十七年二月庚午命太常寺卿兼翰林院学士徐溥为礼部左侍郎。本传所记有误。）

《明史》卷一八一，《刘健传》：三迁至少詹事，充东宫讲官，受知于孝宗。既即位，进礼部右侍郎兼翰林学士，入内阁参预机务。

《明史》卷一八一，《丘濬传》：孝宗嗣位……特进礼部尚书，掌詹事府事。修《宪宗实录》，充副总裁。弘治四年，书成，加太子太保，寻命兼文渊阁大学士参预机务。尚书入内阁者自濬始，时年七十一矣。

《明史》卷一八四，《杨守陈传》：杨守陈，字维新，鄞人……举景泰二年进士。改庶吉士，授编修。成化初，充经筵讲官，进侍讲。《英宗实录》成，迁洗马。

寻进侍讲学士，同修《宋元通鉴纲目》。……孝宗出阁，为东宫讲官。时编《文华大训》，事涉宦官者皆不录。守陈以为非，备列其善恶得失。书成，进少詹事。孝宗嗣位，宫僚悉迁秩，执政拟守陈南京吏部右侍郎，帝举笔去“南京”字。左右言刘宣见为右侍郎，帝乃改宣左，而以守陈代之。修《宪宗实录》，充副总裁。

《千顷堂书目》卷四，国史类：《宪宗纯皇帝实录》二百九十三卷。弘治元年闰正月敕修，以英国公张懋为监修，大学士刘吉、徐溥、学士刘健为总裁，礼部尚书丘濬、少詹事汪谐为副总裁，少卿兼侍读傅瀚等纂修。弘治四年八月书成进御。又《宪宗皇帝宝训》十卷，弘治四年修。

《明史》卷九七，《艺文志二》正史类：《宪宗实录》二百九十三卷、《宝训》十卷，刘吉等修。

公元 1493 年　明孝宗弘治六年　癸丑

《明宪宗实录》总裁之一刘吉卒。

徐溥《刘公吉神道碑》（见焦竑《国朝献徵录》卷一四）：及《宪宗实录》成，以总裁之劳，加少师兼华盖殿大学士。其冬……加特进兼大学士。……公至是以老数上章求退，上察其恳切，允之。……公还乡。逾年，疾暴作，竟不起，实癸丑十一月癸未也，享年六十有七。……赠太师，谥文穆。

《明史》卷一六八，《刘吉传》：（弘治）五年……上章引退。吉归，逾年卒。赠太师，谥文穆。

公元 1495 年　明孝宗弘治八年　乙卯

《世史正纲》作者、《明宪宗实录》副总裁之一丘濬卒。

《明孝宗实录》卷九七：弘治八年二月……戊午……少保兼太子太保、户部尚书、武英殿大学士丘濬卒。濬……修《宪庙实录》，充副总裁，笔削褒贬多其手出。……至是卒。……赠特进左柱国、太傅。谥文庄。

王世贞《弇山堂别集》卷四五，《内阁辅臣年表》：丘濬……弘治四年以太子太保、文渊阁学入，八年以少保、武英殿学卒，年七十六。

《明史》卷一八一，《丘濬传》："（弘治）八年卒，年七十六。赠太傅，谥文庄。"（案：中华书局点校本校勘记云："上文说丘濬于弘治四年入阁，时年七十一，弘治八年应年七十五，传文前后不符，当有讹误。"）

《千顷堂书目》卷五，别史类：丘濬《定兴王平定交南录》一卷。

《明史》卷九七，《艺文志二》杂史类：丘濬《平定交南录》一卷。

公元 1497 年 明孝宗弘治十年 丁巳

敕修《大明会典》。

《明孝宗实录》卷一二三：弘治十年三月……戊申，敕谕少傅兼太子太傅吏部尚书谨身殿大学士徐溥、太子太保礼部尚书兼武英殿大学士刘健、礼部右侍郎兼翰林院侍读学士李东阳、詹事府詹事兼翰林院侍讲学士谢迁曰："朕嗣承丕绪，以君万邦，远稽古典，近守祖宗成法，夙夜祗惧，罔敢违越。惟我太祖高皇帝创业定制，所以为子孙计者至矣，御制之书，连篇累帙，宏纲众目，极大而精，随制随改，靡有宁岁，后所施行，未尽更定。迨我太宗文皇帝继正大统，益弘远图。列圣相承，至于皇考，皆因时制宜，或损或益，盖有不得不然者，期不失乎圣祖之意而已。顾其条贯散见于简册卷牍之间，凡百有司艰于考据，下至闾里或未悉知。皇祖英宗睿皇帝尝有志纂述，事弗克竟，以遗朕躬，是不可缓。兹欲仰遵圣制，遍稽国史，以本朝官职制度为纲，事物名数、仪文等级为目，一以祖宗旧制为主，而凡损益同异，据事系年，汇列于后，梓而为书，以成一代之典。俾天下臣民咸得披诵，庶几会极归极，底于泰和。尔等其各殚心力，详录而谨书之，务使文质适中，事理兼备，行诸今而无弊，传诸后而可徵，以称朕法祖图治之意。尔等其钦承之，故谕。"遂命溥、健、东阳、迁充总裁官，太常寺卿兼翰林院侍讲学士程敏政、翰林院侍读学士兼左春坊左谕德王鏊、翰林院侍讲学士杨守阯充副总裁官。内阁大学士徐溥等言："臣等奉敕纂修书籍，必须断自宸衷，赐以名目，使中外有司晓然知圣意所在，纂修者有所依据，承行者易于遵奉。"上命书名《大明会典》。

公元 1498 年　明孝宗弘治十一年　戊午

周礼著成《续资治通鉴纲目发明》。

周礼《进续通鉴纲目发明表》（载梁梦龙《史要编》卷五）：……盖《春秋》寓予夺之公，乃经世之典；《纲目》实传心之要，诚诸史之尊。用续尹氏之《发明》，窃附宋元之《纲目》，极知僭踰无所逃。……即五年披阅之勤劬，明二代兴亡之大略，自惭侧陋，讵足敷扬？臣待罪黉宫，潜心有日，考《纲目》四百余年之事，玩《编年》二十七卷之书，探赜其义，详订其文，遵类例而有予有夺，定字义而或贬或褒。幽者显，微者彰，远法文公之笔削；善可法，恶可戒，近循尹氏之准绳。详略相因，巨细毕举。人伦不至错乱，是诚正名分以植纲常；华夷不容混淆，实乃扶天理而遏人欲。此皆悉遵于凡例，何敢少赘乎己私？……谨以所《续资治通鉴纲目发明》一书，随表上进以闻。弘治十一年八月十日。

（嘉庆）《余杭县志》卷三十四《经籍一》：《续资治通鉴纲目发明》二十七卷，明周礼撰。

今案：《史要编》删周礼进表年月，兹据嘉庆《余杭县志》（张吉安主修）卷三十四《经籍一》所录表文补之。

公元 1499 年　明孝宗弘治十二年　己未

《明宪宗实录》、《大明会典》总裁之一徐溥卒。

《明孝宗实录》卷一五四：弘治十二年九月……戊辰，致仕少师兼太子太师吏部尚书华盖殿大学士徐溥卒。……年七十二。

《明史》卷一八一，《徐溥传》：（弘治）十一年，皇太子出阁，加少师兼太子太师，进华盖殿大学士。以目疾乞归。……逾年卒。赠太师，谥文靖。

公元 1502 年　明孝宗弘治十五年　壬戌

《大明会典》修成。

《明孝宗实录》卷一九四：弘治十五年十二月……己酉，纂修《大明会典》成，翰林院进呈，上御奉天殿受之。文武百官各朝服侍班行礼毕，赐总裁等官少傅兼太子太傅户部尚书谨身殿大学士刘健等宴于礼部，命英国公张懋及六部尚书、都察院左都御史侍宴。

明孝宗《明会典序》：朕惟自古帝王君临天下，必有一代之典，以成四海之治。……洪惟我太祖高皇帝以至圣之德，驱胡元而有天下，凡一政之举，一令之行，必集群儒而议之，遵古法，酌时宜，或损或益，灿然天理之敷布，神谟圣断，高出千古，近代积习之陋一洗而尽焉。我太宗文皇帝、仁宗昭皇帝、宣宗章皇帝、英宗睿皇帝、宪宗纯皇帝、圣圣相承，先后一心，虽因时损益，而率由是道，百有余年之太平，端有在矣。朕祗承天序，即位以来，早夜孜孜，欲仰绍先烈，而累朝典制，散见叠出，未会于一。乃敕儒臣发中秘所藏《诸司职掌》等诸书，参以有司之籍册，凡事关礼度者，悉分馆编辑之。百司庶府，以序而列，官各领其属，而事皆归于职，名曰《大明会典》。辑成来进，总一百八十卷。朕间阅之，提纲絜领，分条析目，如日月之丽天而群星随布，我圣祖神宗百有余年之典制，斟酌古今，足法万世者，会萃无遗矣。特命工锓梓，以颁示中外。俾自是而世守之，不迁于异说，不急于近利。由朝廷以及天下，诸凡举措，无巨细精粗，咸当乎理而得其宜。积之既深，持之既久，则我国家博厚高明之业，雍熙泰和之治，可以并唐虞、轶三代而垂之无穷，必将有赖于是焉。遂书以为序。弘治十五年十二月十一日。

《明史》卷一五，《孝宗纪》：（弘治十五年）十二月己酉，《大明会典》成。

《明史》卷一八一，《刘健传》：弘治四年进尚书兼文渊阁大学士，累加太子太保，改武英殿。十一年春，进少傅兼太子太傅，代徐溥为首辅。……《大明会典》成，加少师兼太子太师、吏部尚书、华盖殿大学士。

《明史》卷一八一，《李东阳传》：李东阳，字宾之，茶陵人。……天顺八年，年十八，成进士，选庶吉士，授编修。累迁侍讲学士，充东宫讲官。弘治四年，《宪宗实录》成，由左庶子兼侍讲学士，进太常少卿，兼官如故。五年……乃擢东阳礼部右侍郎兼侍读学士，入内阁专典诰敕。八年，以本官直文渊阁参预机务。

杨一清《李公东阳墓志铭》（见焦竑《国朝献徵录》卷一四）：《大明会典》成，凡议例表奏皆出公手，加太子太保、户部尚书、谨身殿大学士。

《明史》卷一八一，《谢迁传》：谢迁，字于乔，余姚人。成化十年乡试第一。明年举进士，复第一。授修撰，累迁左庶子。弘治元年……进少詹事兼侍讲学士。八年，诏同李东阳入内阁参预机务。……进詹事，兼官如故。

《明史》卷一八四，《杨守陈传附弟守阯传》：守阯，字维立。成化初，乡试第一，入国学。……十四年，进士及第。授编修。秩满……乃以为南京侍读。弘治初，召修《宪宗实录》，直经筵，再迁侍讲学士。……修《会典》，充副总裁。寻迁南京吏部右侍郎。尝署兵部。……改署国子监。考绩入都，《会典》犹未成，仍留为总裁。事竣，迁左侍郎还任，进二秩。

《千顷堂书目》卷九，典故类：《大明会典》一百八十卷。弘治十年十一月，上以累朝典制散见叠出，未会于一，敕大学士徐溥等仿《唐会要》、《元经世大典》、《大元通制》为书。十五年正月，书成。

《四库全书总目》卷八一，史部政书类一：《明会典》一百八十卷，明弘治十年奉敕撰，十五年，书成。……其体例以六部为纲。吏、礼、兵、工四部，诸司各有事例者，则以司分；户、刑二部，诸司但分省而治、共一事例者，则以科分。故一百八十卷中，宗人府自为一卷弁首外，余第二卷至一百六十三卷，皆六部之掌故；一百六十四卷至一百七十八卷，为诸文职；末二卷为诸武职，特附见其职守沿革而已。南京诸曹，则分附北京诸曹末，不别立条目，惟体例与北京异者乃别出焉。……大抵以洪武二十六年《诸司职掌》为主，而参以《祖训》、《大诰》、《大明令》、《大明集礼》、《洪武礼制》、《礼仪定式》、《稽古定制》、《孝慈录》、《教民榜文》、《大明律》、《军法定律》、《宪纲》十二书，于一代典章，最为赅备。凡史志之所未详，此皆具有始末，足以备后来之考证。

公元 1503 年　明孝宗弘治十六年　癸亥

敕修《历代通鉴纂要》。

《明孝宗实录》卷一九九：弘治十六年五月……辛卯……大学士刘健、李东阳、谢迁言："昨二十四日，司礼太监扶安传奉圣旨：《通鉴纲目》并《续编》深切治道，命臣等撮取节要，撰次一本，仍分卷帙陆续进来，以便观览。次日，安又传谕圣意：欲自三王五帝以来历代事迹，通为一书。臣等仰见皇上稽古图治之盛心，宗社之庆，生民之福，端在于此。窃闻经以载道，史以纪事，二者盖相为用，而不可相无者也。恭惟皇上日御经筵，六经之道固已通贯，若历代之治乱兴亡，庶事之得失成败，则存乎史，诚宜广求博览，以资政治。臣等每阅历代史书，愧未能上彻讲幄，仰裨圣化，敢不祗承明命，少副渊衷。切照历代事迹，各有旧史。其会萃成编者，战国以后之事则有《通鉴纲目》，宋元之事则有《纲目续编》，若三王五帝、夏商周之事则有《通鉴节要》、《通鉴前编》等书。上下数千年间，篇帙浩繁，事端分散，万机之外，岂暇周详？信有如圣谕所及者。臣等拟将前项历代史书，摘其尤切治道者，各照原文通加节省，贯穿成编，以便御览。或有宏纲要义，宜用发挥者，间述臣等愚见，附注于后，以代讲说。务令事理明白，鉴戒昭彰，可以补益宸聪，恢张治化，亦臣等辅导启沃，图报于万一者也。合用编纂官员，今推得詹事府掌府事礼部尚书兼翰林院学士吴宽、礼部右侍郎管国子监祭酒事谢铎、南京太常寺卿张元祯、詹事府少詹事兼翰林院学士王华、翰林院学士刘机、江澜、左春坊大学上兼翰林院侍读学士杨廷和、翰林院侍讲学士刘春、白越、左春坊左庶子张天瑞、左谕德兼翰林院侍讲靳贵、左春坊右谕德兼翰林院修撰毛澄、翰林院侍讲张瀿、刘忠、右春坊右中允蒋冕、左春坊左赞善费宏、翰林院编修罗玘、徐穆、王瓒，俱各堪任。其王华等令各分馆整理，吴宽、谢铎、张元祯通行润色，臣等总加详定，陆续进呈。……”从之。

《明孝宗实录》卷二〇四：弘治十六年十月……乙巳，南京太常寺卿张元祯，以修《通鉴纂要》召至，命改太常寺卿兼翰林院学士。

尹直著《南宋名臣言行录》。

《千顷堂书目》卷一〇，传记类：尹直《南宋名臣言行录》十六卷。

《明史》卷九七，《艺文志二》传记类：尹直《南宋名臣言行录》十六卷。

《四库全书总目》卷六一，史部传记类存目：《南宋名臣言行录》十六卷，明尹直撰。此书续朱子《名臣言行录》而作，前有弘治癸亥自序云：“取《宋史》列传自陈俊卿以下，芟繁节冗，撮采其要，得百二十有三人。”然朱子所作《名臣言行录》，原以网罗旧闻，搜载轶事，用备史氏之采择；若徒抄录史文，一无考证，则《宋史》列传具在，亦何必徒烦笔墨乎？

公元 1504 年　明孝宗弘治十七年　甲子

储巏请复置起居注。

《明孝宗实录》卷二一六：弘治十七年九月……癸卯……太仆寺少卿储巏

奏："陛下即位以来，屡垂清问，召见大臣。至于今岁，举行尤数，或讲究典礼，或诹询治道，或综核庶职，或制驭四夷。迩者又亲御午门，谳审大狱。盛德伟绩，垂耀无穷。臣闻尧、舜之德，文、武之政，所以布天下、传后世者，赖有典谟方策之存。使非史官当时记载，则后代君臣何所诵法？故古者设立史官，左史记动，右史记言，大率为此。臣备员班行，每睹陛下宣召群臣登对，多系帷幄之语，造膝之言，近臣不得以闻，史官何由纪录？失今不图，恐岁月绵远，耆日凋谢，或遗失莫存，或传闻各异，事迹无以究其始末，月日无以考其后先，后时之悔，恐不能无，虽悔亦无及已。窃考本朝史职，似与前代稍异。臣愚欲乞陛下特敕在廷臣僚，先后曾蒙召问者，备录当日于何殿门钦奉圣谕及奏对之词，具本进览，宣付史馆。如事干机密不宜宣露者，御览讫仍行封缄，付之谨密之臣，藏诸深严之地，如所谓金匮石室者，以俟将来。庶几圣君言动举无所遗，群臣论说亦以附见。洪武年间尝有起居注，陛下傥采臣言而行之，正合祖宗之典，贻万世之谋。"命下其奏于所司。

《明史》卷二八六，《储巏传》：储巏，字静夫，泰州人。……成化十九年乡试，明年会试，皆第一。授南京考功主事。孝宗嗣位……久之，进郎中。……擢太仆少卿，请命史官记注言动，如古左右史，时不能用。

公元 1505 年　明孝宗弘治十八年（本年五月孝宗卒，武宗即位，未改元）乙丑

邵宝撰成《学史》初稿。

《明史》卷二八二，《邵宝传》：邵宝，字国贤，无锡人。……成化二十年举进士，授许州知州。……弘治七年入为户部员外郎，历郎中，迁江西提学副使。……迁浙江按察使，再迁右布政使。……进湖广布政使。……所著《学史》、《简端》二《录》，巡抚吴廷举上于朝。……学者称二泉先生。

《千顷堂书目》卷五，史学类：邵宝《学史》十三卷。弘治乙巳序（原注：卢校改乙巳为己未）。嘉靖四年巡按都御史吴廷举进呈。

《明史》卷九七，《艺文志二》史抄类：邵宝《学史》十三卷。

《四库全书总目》卷八八，史部史评类：《学史》十三卷，明邵宝撰。……宝尝为江西提学副使，是书其提学时所作。为卷十有二以象月，又余其一以象闰。

每卷或三十条，或二十九条，以象月之有大小，尽取程子"今日格一物，明日格一物"之义，名之曰日格子。巡抚吴廷举尝上于朝。书中取自周迄元史事分条论列，词简意该，笔力颇遒健。其间如记《后汉书》谯元用弟服去官，戴封用伯父丧去官事，以为辟世与人，不知后汉人情淳朴，其以期功丧解官持丧者见于史册，不一而足，宝疑为托故而逃，未免失之不考；又论荀彧以为志似管仲，心似召忽，非扬雄之比，亦为失当。然宝平生湛深经术，持论平正，究非胡寅辈之刻深、尹起莘辈之肤浅所可拟也。

王重民《中国善本书提要》史部史评类：《学史》十三卷，二册，明崇祯间刻本，明邵宝撰。……自序（弘治十八年）。又（正德十三年）。

案：关于《学史》作序之年代，《千顷堂书目》原为"弘治乙巳序"，而弘治无乙巳，乙巳为成化二十一年，又注云"卢（文弨）校改乙巳为己未，"己未为弘治十二年。今依王重民《中国善本书提要》所记崇祯间刻本自序作于弘治十八年，编列于此。

今案：本书四库本删序文。钱茂伟《明代史学编年考》（中国文联出版社2000年版）揭示本书明刻本有作者邵宝弘治十八年序与正德十三年两序，是本年所成乃为初稿，故于标题明示"初稿"二字。

何瑭奏请令史官在史馆记录时事。

《明武宗实录》卷八：弘治十八年十二月……甲寅……翰林院编修何瑭奏："古者王朝列国，皆有史官，掌记时事。国初设修撰、编修、检讨，谓之史官，俾司纪录，法古意也。故刘基条答天象之问，太祖命悉付史馆。太宗时，王直以右春坊右庶子兼记注。今史职旷废，靡考所自，竟未修举。乞敕令史官番直史馆，凡君上之起居及臣工之论列、政事之因革、官僚之黜陟，皆据事直书，仍署名纸尾，藏之匮椟，以待纂述。庶圣君贤相之谋猷，无所遗坠；而憸夫小人惧贻讥于百世，将有所惩；且因纪录而习知政务，可以备他日之用，是于修职之中实寓养才之意也。"疏上，命所司知之。

《明史》卷二八二，《何瑭传》：何瑭，字粹夫，武陟人。……弘治十五年成进士，选庶吉士。

敕修《明孝宗实录》。

《明武宗实录》卷八：弘治十八年十二月……丁巳，上速谕礼部曰："朕惟帝王功德在天下，必有典则贻子孙，简册传后世，此古今通义也。我朝列圣，代有实录，藏之天府。皇考孝宗敬皇帝临朝莅政十有九年，圣德大孝，弘谟伟烈，薄海内外，罔不闻知，不可无所纂述，以昭示万代。尔礼部宜稽据旧典，通行中外，采辑事实，送翰林院编纂实录。其以太师兼太子太师英国公张懋为监修，少师兼太子太师吏部尚书华盖殿大学士刘健、少傅兼太子太傅户部尚书谨身殿大学士李东阳、少傅兼太子太傅礼部尚书武英殿大学士谢迁为总裁，詹事府掌府事吏部左侍郎兼翰林院学士张元祯、吏部左侍郎焦芳、右侍郎王鏊、礼部左侍郎李杰为副总裁，詹事府少詹事兼翰林院学士等官刘机等为纂修官。凡合行事宜，悉照例举行，钦哉！”

徐纮《皇明名臣琬琰录》、《续录》刊刻。

张诩《皇明名臣琬琰录序》：皇明启运百三十年于此矣。……自洪武至弘治，其间人材拔茅连茹而起，蔚为一代名臣者，不可胜数。是故开国、靖难之勋，制礼作乐之具，化民成俗之绩，救世华国之文，载在国史，散之四方志及诸名臣家乘，天下所欲一一见之，而不可得焉者也。佥广东按察司事晋陵徐君朝文，自为诸生时，即有志于采辑。及登高第，官法曹，公余遍访之诸名臣后，或士大夫藏书家，得一碑一铭、一状一传之类，辄手自钞录。积二十余年，而九朝诸名臣之事迹，视前此之为赞、为言行录者，搜罗几无遗矣。录成，厘为若干卷，计几百几十有几人焉。其嗣得之者，则别为《续录》以尽之，名曰《皇明名臣琬琰录》。……昔人尝有为此者矣，而文公晦庵先生复有《名臣言行录》焉。兹不欲显然自附于古之名儒之著述，而若姑为后之秉笔削之任者张本云尔。录成，俾诩序之，诩未暇也。未几，君擢云南宪副，洞阳冯君廷伯来佥广宪，复订正而辑之以请，义不敢辞，乃为之论撰。……弘治十八年乙丑春二月上澣，南海病夫张诩撰。

薛应旂《重刊皇明名臣琬琰录序》：《皇明琬琰录》，弘治间尝有是书矣。有之而未备，而后来者尚阙焉。于是吾郡诸生王道端公，取并观会萃而刻之。刻成，诣余山中问叙。……曰：“然则子之为是也，何居？”曰：“元也不敏，有私虑焉。自科举制兴，而士人之业举者，其习日趋于陋。唐及宋人，唯类书帖括是务。欧、苏诸公，固已病之。及观其应制之文，犹知本朝故实，故其立朝议论行事，多师法前辈，往往有所建立。乃今目前数年，业举者束书不观，转相传习，唯记诵坊间套语，以猎取科第。及其施之政事，形之章奏，盖亦有难言者在矣。当是时也，骤以古人语之，不以为迂，必以为难。唯语以时之前辈，则矩矱尚存，事迹可据，庶其或有触而兴起者乎！此区区杞忧嫠恤之微意也。”余不觉懼然起曰：“昔人谓范文正公自做秀才时，便志在天下国家，故其出而用世，遂卓然为一代殊绝人物。学者人人有道端之虑，则人才不患其不多，而天下之事其幾矣。”因次其语，以为之叙。嘉靖辛酉秋七月朔，武进薛应旂叙。

《明进士题名碑录·弘治三年庚戌科》：徐纮，直隶常州府武进县民籍。

《千顷堂书目》卷一〇，传记类：徐纮《国朝名臣琬琰录》五十四卷。字朝文，武进人。弘治庚戌进士，云南按察司副使。按：一作四十六卷。

《明史》卷九七，《艺文志二》传记类：徐纮《名臣琬琰录》五十四卷。

《四库全书总目》卷五十八，史部传记类二：《明名臣琬炎录》（今案：“炎”应为“琰”，因讳改）二十四卷，《续录》二十二卷。明徐纮编，纮字朝文，武进人，宏治（今案：应为“弘治”，因讳改）庚戌进士，以刑部郎中出为广东按察司佥事分巡岭东，终于云南按察使副使。是书乃仿宋杜大珪《名臣碑传琬琰集》而作，所辑自洪武迄宏治九朝诸臣事迹，前录所载一百十有七人，续录所载九十五人，凡碑铭志传以及地志言行录之类悉具焉。……然明自成、宏以前，风会淳厚，士大夫之秉笔者类多质直不支，无缘饰夸大之词，尚属可以取信，且其中如郁新、吴寿昌等凡数十人，皆史传所不详，考献徵文，亦足以资证据，固非小说家言掇拾传闻、构虚无据者比也。

胡玉缙《四库未收书目提要续编》卷二史部（载《续四库提要三种》，吴格整理，上海书店出版社2002年版）：《皇明名臣琬琰录续集》八卷，明徐弦编。案：是录《四库》载二十四卷，《续录》二十二卷。此本《续录》为《后录》，又有《续录》八卷。为江南图书馆所藏，与《明史·艺文志》所载五十四卷合。《提要》所见盖别一本，或误以《后录》为《续录》也，《续录》凡六十九人，前有嘉靖辛酉薛应旂序，今别出而补登之。

今案：据胡玉缙所考，是书似有二种刻本：弘治十八年（公元1505年）初刻本，前录二十四卷，续录二十二卷。嘉靖四十年（公元1561年）刻本，前录二十四卷，后录二十二卷，续录八卷。

公元 1506 年　明武宗正德元年　丙寅

戴铣著成《朱子实纪》。

《明史》卷一八八，《戴铣传》：戴铣，字宝之，婺源人。弘治九年进士，改庶吉士，授兵科给事中，数有建白。久之，以便养调南京户科。武宗嗣位，偕同官请敕六科检详弘治间所行进贤、退奸、节财、训兵、重祀、慎刑、救灾、恤困诸大政，备录进览，凡裁决机务悉以为准。报闻。逾月，言四方岁办多非土产，劳费滋甚，宜蠲其所无。又请勤御经筵，俾密勿大臣从容献纳。

戴铣《朱子实纪序》：《朱子实纪》，纪朱子之始末，与夫今昔尊崇之实也。旧名年谱，今更曰"实纪"何也？谓之年谱则绍乎前，彰乎后者不足以该，必曰实纪然后并包而无遗……同志君子，幸原其僭而加订之，使读之者有以睹朱子德业之全而兴起焉，得有所据以为希贤希圣之阶，则其为助似当不小尔。正德丙寅岁十月朔旦后学婺源戴铣谨书。

《千顷堂书目》卷一〇，传记类：戴铣《朱子实纪》十二卷。

《明史》卷九七，《艺文志二》传记类：戴铣《朱子实纪》十二卷。

《四库全书总目》卷六〇，史部传记类存目二：《朱子实纪》十二卷，明戴铣编。……是书详述朱子始末，首曰道统源流、世系源流，次年谱，次行状本传，次庙宅，次门人，次褒典，次赞述，次纪题。其书本因年谱而作，其标曰《实纪》者，铣自序称："谓之《年谱》，则绍乎前、彰乎后者不足谈，必曰《实纪》，然后并包而无遗。"盖《年谱》主于明朱子学问之序，出处之道，而铣是书则主于以推崇褒赠，夸耀世俗为荣，其立意本各有取也。

王重民《中国善本书提要》史部传记类：《朱子实纪》十二卷，八册，明正德间刻本，明戴铣编。汪愈后序云："《朱子实纪》凡十二卷，前南京户科给事中戴翀峰先生所编也。先生自幼有志朱夫子之学，谓《年谱》出于果斋者，于今脱略，即欲编《实纪》。及入翰苑，官给舍，益广搜辑。正德丙寅编成，自为序。越二年而先生卒。又五年，乃今正德癸酉，歙鲍雄以道氏始板行焉。"……自序（正德元年）。

公元1507年 明武宗正德二年 丁卯

《历代通鉴纂要》修成。

《明武宗实录》卷二七：正德二年六月……丁酉，修《历代通鉴纂要》成。少师兼太子太师、吏部尚书、华盖殿大学士李东阳等于文华殿进呈。赐东阳等宴于礼部。

李东阳等《进历代通鉴纂要表》：光禄大夫柱国少师兼太子太师吏部尚书华盖殿大学士臣李东阳、光禄大夫柱国太子太保吏部尚书兼武英殿大学士臣焦芳、资德大夫正治上卿户部尚书兼文渊阁大学士臣王鏊等，恭承先帝敕旨，纂修《历代通鉴纂要》。今已成书，谨奉表上进者。臣东阳等诚惶诚恐，稽首顿首，上言：伏以世有古今，史册监兴衰之迹；圣无先后，文章昭作述之光。事或因旧以为新，体则似轻而实重。司存纂辑，道切规箴。宁辞寸晷之多，图效万分之一。洪惟孝宗建天明道，诚纯中正，圣文神武，至仁大德。敬皇帝陛下德运尧文，圣跻汤敬。求多闻于古训，发涣命于群臣。谓先儒《纲目》之书，本明正统，顾上古帝王之世，未萃成编，下逮宋元，尤多卷帙。盈箱充栋，实繁四库之藏；旰食宵衣，岂有三余之暇。亲分义例，预锡名称。寒暄阅二载之期，朱墨更数人之手。……实录方修于金匮，余功载绩于汗青。非徒撮要以删繁，抑亦要终而原始。政必稽其得失，行必著其忠邪。词虽省而事已该，人既往而言独在。博采诸家之断，略致商评；间臣一得之愚，代为讲说。法多从旧，理贵折衷。不求敝力于难知，务期开卷而有益。肇呈首帙，进读经帷，渐底终篇，告成寝庙。臣等或躬承神授，或续奉宸音，心微河岳之涓尘，识陋海天之蠡管。《治鉴》开英皇馆局，而成于神宗之朝；《政要》本贞观君臣，乃辑于开元之世。矧兹庸劣，讵免稽违。幸惟往责之粗偿，敢诧前时之未有。伏愿圣不自圣，益弘作圣之功；新又日新，茂著知新之效。考治乱存亡之故，为赏刑黜陟之规。主善为师，岂谓借才于异代；建中制事，用能垂裕于后昆。臣等无任瞻天仰圣，激切屏营之至，谨以所修《历代通鉴纂要》九十二卷，《目录》、《凡例》一卷，共六十册，随表上进以闻。正德二年六月二十五日，光禄大夫柱国少师兼太子太师吏部尚书华盖殿大学士臣李东阳等谨上表。

《御制历代通鉴纂要序》：惟我皇考孝宗敬皇帝，万幾之暇，游览史籍。每好《通鉴纲目》，患其繁多，特敕翰林儒臣，撮其要略。既又谓周威烈王以上溯于三皇，宋以下讫于元季，欲通为一书，以便检阅，赐名曰《历代通鉴纂要》。

功未告就，而龙驭上宾。朕昔进学东宫，预闻是举。乃弘治乙丑冬，翰林以首帙备讲读；又明年丁卯夏，始克成编。凡九十有二卷，朕谨受之，献诸寝庙而告成焉。朕惟帝王之学，凡以明理道，达政事。经主道，史主事，皆不可缺。顾道约而事繁，自有文字以来，上下数千年之迹，势不能尽阅，而治乱兴亡、善恶得失之大者，不可以不知也。我皇考圣学夙成，施于教化十有八年，海宇宁谧，厥亦有由，然犹考究制作，汲汲若不暇，盖非独以为治，抑将以立教垂训也。予冲人，嗣守先绪，惟遗大投艰是惧，方与诸儒论说经史，为化理之原。是书所载，既得其概矣。兹当次第披阅，式监往事，以为后规，期于刑赏得中，举错咸当，底文明之治，越汉、唐、宋，以溯唐虞三代之盛，庶于先帝之训，无负耳矣！是庸书诸简端，著朕志焉。正德二年六月二十五日。

《千顷堂书目》卷四，编年类：《历代通鉴纂要》九十二卷。弘治十八（今案：八为六之误）年，谕内阁李东阳等纂辑《纲目》及《续编》切于治道者，以备观览。正德□年书成。

《明史》卷九七，《艺文志二》正史类：《历代通鉴纂要》九十二卷。弘治中，李东阳等修。

公元 1509 年　明武宗正德四年　己巳

《明孝宗实录》修成。

《明武宗实录》卷四九：正德四年夏四月……壬午，上御奉天殿。监修官后军都督府掌府事特进光禄大夫左柱国太师兼太子太师英国公张懋、总裁官光禄大夫柱国少师兼太子太师吏部尚书华盖殿大学士李东阳等，率纂修等官上表进《孝宗敬皇帝实录》，上起立受之。表曰：“臣懋等诚惶诚恐，稽首顿首，上言：伏以君明臣良，极一代治功之盛；父作子述，垂万年简策之光。行道者必待其人，观政者则存乎史。春秋世远，变纪传以编年；实录书存，在祖宗为故事。粤自起居罢注，编撰设官，九建岁元，五开史局。尧言如见，具瞻典册之可尊；夏礼足徵，岂但和钧之则有。钦惟孝宗建天明道诚纯中正圣文神武至仁大德敬皇帝，道通三极，行备五伦，玄默躬修，诚明内蕴。礼隆郊庙，尤严祧祫之仪；养极宫闱，每谨晨昏之节。爱人才不轻于废弃，恤民情恒切于咨询。讲筵勤经史之功，苑囿绝畋游之好。翼翼文心之不已，巍巍舜德以难名。虎步龙行，识太平之天子；河清海晏，知中国有圣人。方当善治之将更，尚有遗恩之未尽。一朝厌代，万国伤心。恭惟皇帝陛下，刚健体乾，聪明首物，得圣功于豫教，昭文命于诞敷。谓孝在显亲，必有扬名之时；谓人惟建事，可无师古之规？乃命臣懋为监修官，臣东阳、臣芳、臣廷和为总裁官，臣储为副总裁官，臣纪、臣珪、臣希周、臣熙……为纂修官，臣柟、臣铣、臣若水、臣鎏……为稽考参对官。臣懋暨臣东阳等发秘府之缄縢，给尚方之笔札，曹分类析，纲举目张。于凡礼乐刑政之施，以及名物度数之等，经因革者详而弗厌，关劝惩者细亦不遗。是曰是，非曰非，岂敢专于独见？疑传疑，信传信，庶以备于将来。恭成《孝宗皇帝敬皇帝实录》二百二十四卷、《宝训》十卷，合《目录》、《凡例》，总二百三十六册。臣懋等学愧三长，力穷寸晷。管窥虽小，随所向以皆天；勺量诚劳，亦何由而尽海。义例勉遵于指授，勋华莫罄于揄扬。伏愿继体守文，任贤图治。监于成宪，确乎家国之蓍龟；贻厥孙谋，远矣河山之带砺。无任瞻天仰圣，激切屏营之至。谨奉表随进以闻。”总裁大学士焦芳，人品庸劣，不为士论所重，弘治间垂涎台鼎，久不得进，每以为恨。至是附（刘）瑾获柄用，与操史笔，凡其所褒贬，一任己私以好恶定之，如叶盛、何乔新、彭韶、谢迁，皆天下所称许，以为端人正士，而芳肆其诋诬，不恤公论。同官李东阳等畏避其恶，皆不敢为异同，故表中有“传疑传信，庶以备于将来”之语云。

《明史》卷一八一，《李东阳传》：武宗立，屡加少傅兼太子太傅。……先是，东阳奉命编《通鉴纂要》。既成，（刘）瑾令人摘笔画小疵，除誊录官数人名，欲因以及东阳。东阳大窘，属（焦）芳与张彩为解，乃已。……东阳前已加少师兼太子太师，后（刘）瑾欲加（焦）芳官，诏东阳食正一品禄。（正德）四年五月，《孝宗实录》成，编纂诸臣当序迁，所司援《会典》故事。诏以刘健等前纂修《会典》多糜费，皆夺升职，东阳亦坐降俸。居数日，乃以《实录》功复之。

《明史》卷三〇六，《焦芳传》：焦芳，泌阳人。天顺八年进士。大学士李贤以同乡故，引为庶吉士，授编修，进侍讲。满九年考，当迁学士……乃进芳侍讲学士。……弘治初，移霍州知州，擢四川提学副使，调湖广。未几，迁南京右通政，以忧归。服阕，授太常少卿兼侍讲学士，寻擢礼部右侍郎。……俄改吏部，转左侍郎。……正德初……遂擢为吏部尚书。……其总裁《孝宗实录》，若何乔新、彭韶、谢迁皆肆诬诋，自喜曰：“今朝廷之上，谁如我直者。”

《明史》卷一九〇，《杨廷和传》：杨廷和，字介夫，新都人。……廷和年十二举于乡。成化十四年，年十九，先其父成进士。改庶吉士，告归娶，还朝授检讨。……弘治二年进修撰。《宪宗实录》成，以预纂修进侍读。改左春坊左中允，侍皇太子讲读。修《会典》成，超拜左春坊大学士，充日讲官。正德二年由詹事入东阁，专典诰敕。以讲筵指斥佞幸，忤刘瑾，传旨改南京吏部左侍郎。五月迁南京户部尚书。又三月召还，进兼文渊阁大学士，参预机务。明年加少保兼太子太保。瑾摘《会典》小误，夺廷和与大学士李东阳等俸二级。寻以成《孝宗实录》功还之。

《明史》卷一九〇，《梁储传》：梁储，字叔厚，广东顺德人。……举成化十四年会试第一，选庶吉士，授编修，寻兼司经局校书。弘治四年进侍讲。改洗马，侍武宗于东宫。……久之，擢翰林学士，同修《会典》，迁少詹事，拜吏部右侍郎。正德初，改左，进尚书，专典诰敕，掌詹事府。刘瑾摘《会典》小疵，储坐降右侍郎。《孝宗实录》成，复尚书，寻加太子少保，调南京吏部。

《千顷堂书目》卷四，国史类：《孝宗敬皇帝实录》二百二十四卷。正德元年十二月敕修，命少师刘健、李东阳、少傅谢迁总裁，吏部侍郎张元祯、詹事杨廷和、学士刘忠副之。未几，健、迁去位，再命少傅焦芳、王鏊、少保廷和同东阳总裁，而以尚书梁储为副。至四年五月书成。时焦芳秉笔，褒贬任情，天下正人，皆肆诋诬。嘉靖二年御史卢琼请改正，不允。

《明史》卷九七，《艺文志二》正史类：《孝宗实录》二百二十四卷。正德元年，刘健、谢迁等修。未几，健、迁皆去位，焦芳等续修。《宝训》十卷，与《实录》同修。

重校刊行《大明会典》。

明武宗《明会典序》：朕惟古之君天下者，或创业立法，或因时制宜，皆有册籍，以垂久远。其见于《书》，若唐、虞之世，则有《典》、《谟》，夏有《典》、《则》，商有《谟》、《言》；周之礼制，号称大备。下及汉、唐、宋，皆有《会要》，而唐之《六典》，尤详且悉。我太祖高皇帝，稽古创制，分任六卿，著为《诸司职掌》，提挈纲领，布列条贯，诚可为亿万年之大法也。顾其为书，作于洪武之中岁，晚年续定者，虽官署名职，间有更易，列圣相承，随时与事，因革损益，代各不同，而皆不失乎皇祖之意。是以政化旁行，重熙累洽，有前代所不及。然岁月既积，簿籍愈繁，分曹列署，或不能遍观尽识，下至暇方僻壤、闾阎草野之名，盖有由之而不知者。迨我英宗睿皇帝复辟之时，尝命内阁儒臣，纂辑条格，以续《职掌》之后，未底于成。皇考孝宗敬皇帝，继志述事，命官开局，纂辑成编，厘为百八十卷。其义一以职掌为主，类以颁降群书，附以历年事例，使官领其事，事归于职，以备一代之制。仍会府部院寺、大小诸司，面相质订，登进于廷，将欲布之天下，未几而龙驭上宾矣。朕嗣位之四年，为正德己巳，检阅前帙，不能无鲁鱼亥豕之误，复命内阁，重加参校，补正遗缺，又数月而成。仰惟圣祖神宗，鸿猷盛烈，不能尽述，其大而可见者，略在此书。国是所存，治化所著，皆于此乎系。比方励精新政，乙览之余，特敕司礼监，命工刻梓，俾内而诸司，外而群服，考古者有所依据，建事者有所师法。由是而纲举目张，政成化洽，保斯世丁无疆，大岂曰小补之哉！爰序始末，标之简端，以列于皇考御制之次，亦庶以成先志云尔。正德四年十二月十九日。

《千顷堂书目》卷九，典故类：《大明会典》一百八十卷，弘治……十五年正月书成，未及颁行。正德四年复命大学士李东阳、焦芳、杨廷和等勘定，补正遗缺，成书刊布，两朝皆有御制序。其书止于弘治十五年。

《四库全书总目》卷八一，史部政书类一：《明会典》一百八十卷，明弘治十年奉敕撰，十五年书成。正德四年重校刊行，故卷端有孝宗、武宗两序。其总裁官为大学士李东阳、焦芳、杨廷和，副总裁官为吏部尚书梁储，纂修官为翰林院学士毛纪、侍讲学士傅珪，侍读毛澄、朱希周、编修潘辰，并列衔卷首，然皆武宗时重校诸臣，其原修之大学士徐溥等，竟不列名，未详当日何意也。

邵宝著《漕政举要录》。

《明史》卷二八二，《邵宝传》：邵宝，字国贤，无锡人。……正德四年，擢右副都御史，总督漕运。

《千顷堂书目》卷九，典故类：邵宝《漕政举要录》十八卷。

《明史》卷九七，《艺文志二》故事类：邵宝《漕政录》十八卷。

《四库全书总目》卷八四，史部政书类存目二：《漕政举要录》十八卷，明邵宝撰。……是编乃正德己巳宝官副都御史总漕江北时所作。卷一至卷六为河渠之政，卷七为舟楫之政，卷八为仓廒之政，卷九为卒伍之政，卷十、卷十一为转输之政，卷十二为统领之政，卷十三至卷十五为纪载之政，卷十六为稽古之政，卷十七为准今之政，卷十八以杂录终焉。

王鏊约于本年后著成《史余》。

《明史》卷一八一，《王鏊传》：王鏊，字济之，吴人。……成化十年乡试，明年会试，俱第一。廷试第三，授编修。……弘治初，迁侍讲学士，充讲官。……东宫出阁，大臣请选正人为宫僚，鏊以本官兼谕德。寻转少詹事，擢吏部右侍郎。……寻以父忧归。正德元年四月起左侍郎。……逾月，进户部尚书文渊阁大学士。明年加少傅兼太子太傅。……时中外大权悉归（刘）瑾……瑾横弥甚，祸流缙绅。鏊不能救，力求去。四年，疏三上，许之。……家居十四年，廷臣交荐不起。

《四库全书总目》卷五三，史部杂史类存目二：《史余》一卷，不著撰人名氏，相传为明王鏊撰。……是编纪明代朝廷典故，凡四十九条，中多及正德初年事，或其致政以后所作。

公元 1510 年　明武宗正德五年　庚午

《西征石城记》、《抚安东夷记》、《兴复哈密记》作者马文升卒。

《明武宗实录》卷六四：正德五年六月……壬辰……致仕少师兼太子太师、吏部尚书马文升卒。……年八十五。……谥端肃。

《明史》卷一八二，《马文升传》：马文升，字负图，钧州人。……登景泰二年进士，授御史。……超迁福建按察使。成化初，召为南京大理卿，以父丧归。满四之乱，陕西巡抚陈价下吏，即家起文升右副都御史代价。驰至军，与总督项忠讨平之。……录功进左副都御史，巡抚如故。……十一年春，代（王）越总制三边军务，寻入为兵部右侍郎。明年八月整饬辽东军务。……（二十年）为左副都御史巡抚辽东。……二十一年进右都御史，总督漕运。……孝宗即位，召拜左都御史。弘治元年……寻命提督十二团营。明年，代余子俊为兵部尚书，督团营如故。……文升为兵部十三年。……自太子太保屡加至少保兼太子太傅。……吏部尚书屠滽罢，廷推文升。御史魏英等言兵部非文升不可，帝亦以为然。乃命倪岳代滽，而加文升少傅以慰之。岳卒，以文升代。……一品九载满，加少师兼太子太师。……迨为吏部，年已八十。……正德元年……文升连疏求去，许之。……五年六月卒，年八十五。……谥端肃。

《千顷堂书目》卷五，别史类：马文升《西征石城记》一卷，又《抚安东夷记》

一卷，又《兴复哈密记》。

《明史》卷九七，《艺文志二》杂史类：马文升《西征石城记》一卷、《兴复哈密记》一卷。

《四库全书总目》卷五三，史部杂史类存目二：《马端肃三记》三卷，明马文升撰。……此三篇皆所自述：一曰《西征石城记》，纪成化初为陕西巡抚，与项忠平满四之乱事；一曰《抚安辽东记》，纪成化十四年辽东巡抚陈钺冒功激变，而文升奉命抚定之事；一曰《兴复哈密记》，纪弘治初土鲁番袭执哈密忠顺王，而文升持议用兵，遣许进等讨平之事。三记本在文升所著集中，此其析出别行之本也。

《国朝名臣事略》、《伊洛渊源续录》等作者、《明英宗实录》、《明宪宗实录》、《历代通鉴纂要》纂修之一谢铎卒。

《明史》卷一六三，《谢铎传》：弘治初……召修《宪宗实录》。三年，擢南京国子祭酒。……明年，谢病去。家居将十年。……会国子缺祭酒，部议起之。……擢礼部右侍郎，管祭酒事。……居五年，引疾归。……正德五年卒。赠礼部尚书，谥文肃。

《千顷堂书目》卷四，编年类：谢铎《元史本末》。又卷九职官类：谢铎《国子监续志》十一卷。又，谢铎《宰辅沿革》。又卷一〇传记类：谢铎《国朝名臣事略》二十卷。《前集》洪武时人，《别集》永乐时人，《后集》洪熙、宣德以至成化时人。又，谢铎《尊乡录详节》十卷，又《尊乡节录》四卷，又《尊乡录节要》五卷。

《明史》卷九七，《艺文志二》职官类：谢铎《国子监续志》十一卷。又传记类：谢铎《名臣事略》二十卷。洪武至成化时人。又，谢铎《尊乡录》十卷。

《四库全书总目》卷六一，传记类存目三：《伊洛渊源续录》六卷，明谢铎撰。……是书所录凡二十一人，盖继朱子《伊洛渊源录》而作。以朱子为宗主，始于罗从彦、李侗，朱子之学所自来也；佐以张栻、吕祖谦，朱子友也；自黄幹而下，终于何基、王柏，皆传朱子之学者也。然所载张栻等七人，则全录《宋史道学传》；吕祖谦等七人，则全录《宋史·儒林传》；李侗等六人，略采行状、志铭、遗事，其辅广一人，则但载姓名里居，仅数十字而止，尤为疏略。

公元 1512 年　明武宗正德七年　壬申

都穆编成《壬午功臣爵赏录》、《壬午功臣别录》。

胡缵宗《太仆寺少卿都公穆墓志铭》(见焦竑《国朝献徵录》卷七二)：公讳穆，字玄敬，仕为礼部主客司郎中。年五十有四，即上书乞骸骨归，许之，加太仆寺少卿致仕。

《千顷堂书目》卷五，别史类：都穆《壬午功臣爵赏录》一卷，又《壬午功臣别录》一卷。穆即成前录，又得指挥而下功赏之数，仍次序之。

《明史》卷九七，《艺文志二》杂史类：都穆《壬午功臣爵赏录》一卷、《别录》一卷。

《四库全书总目》卷五三，史部杂史类存目二：《壬午功臣爵赏录》一卷，《壬午功臣别录》一卷，明都穆撰。穆……吴县人，弘治己未进士。……燕王篡立以后，封赏功臣，藏其籍于有司。正德壬申九月，穆官礼部，简视故牍，得其名数，而缮写失次，因略加修整，编成《爵赏录》一卷，凡三十三人。后二月，复得指挥而下功赏之数，又次第为《别录》一卷，以补前录之缺。建文五年，岁在壬午，革除以后称洪武三十五年，次年乃改元永乐云。

公元 1513 年　明武宗正德八年　癸酉

傅浚著《铁冶志》。

《明进士题名碑录·弘治十二年己未科》：傅浚，福建泉州府南安县军籍。

《千顷堂书目》卷九，食货类：傅浚《铁冶志》二卷。福建南安人，弘治己未进士。工部郎中，督理遵化铁冶。

《明史》卷九七，《艺文志二》故事类：傅浚《铁冶志》二卷。

《四库全书总目》卷八四，史部政书类存目二：《铁冶志》二卷，明傅浚撰。浚字汝源，南安人，弘治己未进士，官至工部郎中。正德癸酉，浚督理遵化铁厂，创为此志。自《建置山场》，迄于《杂职》，凡二十三目，冠以《公署》、《铁厂》二图。所纪皆岁办出入之数，颇琐屑无裨考证。案《明史·职官志》载工部分司，只有提督易州山厂柴炭一员，而浚所志遵化分司，始委主事，弘治中改用郎中，奉敕董理，列历官姓名甚悉。不知史志何以遗之？殆其后又经裁汰耶！

梅鷟约于本年后著成《尚书考异》、《尚书谱》。

（嘉庆）《旌德县志》卷八《人物·文苑》：梅鷟，号致斋，鹗之弟。正德癸酉举人。幼与伯兄鹗同学，博闻强记，研析经义，所著有《尚书谱》、《尚书集莹》、《尚书考异》、《春秋指要》、《周易集莹》、《古易考原》、《仪礼翼经》、《大元圜注》、《童子问》等书。其旨多本于伯氏云。（见万历《志》）

梅鷟《尚书考异序》：《尚书》二十八篇，并序一篇，共二十九篇。秦博士伏生所传，乃圣经之本真也。因暴秦焚书，藏于壁中，遭乱遗失，所存者止有此耳。伏生即以教于齐、鲁之间，因为《大传》三篇。汉文时，求治《尚书》者，无过于伏生，使太常掌故晁错往受传之。盖传其文义讲说，以发明正经云耳。景帝时，所传者亦不过如此。至武帝时，孔安国等专治古文《尚书》，滋多于此矣。故孔臧与孔安国书曰："《尚书》二十八篇，儒者以为上应二十八宿，不知又有古文《尚书》也。"可见武帝以前，原无古文《尚书》明矣。自安国古文未出之先，《尚书》正经单行于世，如日月之丽于天，无一蔽亏。及安国古文既出之后，分《尧典》"慎徽"以下为《舜典》，分《皋陶谟》"帝曰来禹"以下为《弃稷》，分《盘庚》为三篇，分《顾命》"王若曰"以下为《康王之诰》。凡复出者五篇，又于其间离逖改削、窜易穿穴之变多，而《尚书》无完经矣。至其所治古文一十六篇者，多怪异之说，及经书所引皆不在其内。以故当时老师宿儒，尊信正经，不肯置对苟从，据理辨难，不肯奏立学官，虽以刘歆移书之勤，犹哗攻不已。其间或灭或兴，信之者或一二，不信者恒千百，其书遂不显行于世，然其递递相承，盖可考也。此先汉真孔安国之伪书，其颠末大略如此。

至东晋时，善为模仿窥窃之士，见其以讹见疑于世，遂蒐括群书，掇拾嘉言，装缀编排，日锻月炼，会萃成书，必求无一字之不本于古语，无一言之不当于人心，无一篇之不可垂训戒，凡为《书》者二十五篇。见训诂之难通，遂改易其字；见意义之丁宁，遂刊落其语；见弃稷之不可以名篇，遂更为《益稷》；见《盘庚》之上中下可以便已，《大甲》、《说命》、《泰誓》之上中下，遂仍为三篇；见报告之词不可以离逖也，遂合"王出以下"为《康王之诰》；又见"慎徽五典"不可以突起为《舜典》也，遂增"曰若以下"二十有八字。则愈巧矣，愈近理矣，无可得而渗漏矣，无可得而掎摭矣。虽英材间气，亦尊信服膺之不暇矣，然不知自明者视之，则如泥中之斗兽，踪迹显然，卒亦莫之掩也，甚者至于不怡怿哉！采政忽之类，直改易之，无复置疑；曰明都弗肯构，弗肯获，厥考翼之经，直刊落之，而无复忌惮。顾使圣人之正经，反附丽伪书以行于世。……此东晋伪孔安国之伪书，其颠末大略如此。

愚每读书至此，未尝不叹息痛恨于先儒也。夫所贵乎儒者之释，在能除圣经之蔽翳，使秕稗不得以杂嘉谷，鱼目不得以混明珠，华丹不得以乱窈窕焉耳。今反崇信伪书，以囚奴正经，予畏圣人之言，故不得不是而正之，特作《考异》。使学者焕然知蔽塞之由，然后知余之恢复圣经，盖有不得已焉，而非苟为好辨者也。

孙星衍《尚书考异序》：明梅氏鷟创为《考异》，就伪书本文究其捃摭错误之处，条举件系，加总论于前，存旧文于后。于是阎氏若璩推广为疏证，惠氏栋、宋氏鉴皆相继辨驳，世儒方言二十五篇《孔传》之不可杂于二十九篇矣。……明人性灵为举业所汩，一代通经之士甚少，惟以词章传世。如梅氏之守经据古，有功圣学，足称一代名儒，不可使后学不见其书。今为流布，以广其传。

梅鷟《尚书谱序》：《原道》曰："甚矣，人之好怪也。不考其端，不讯其末，惟怪之欲闻。"余亦曰：甚矣，儒之好怪也。不论其世，不稽其人，惟怪之欲闻。何则？行悖常谓之怪，书残经谓之怪。职掌圣人之经，有难则知藏，难定则知发其失亡也。如日月之食，人皆见之。其求得经廿有八篇，序一篇，共二十九篇，即以教于齐、鲁之间也。如日月之行天，人皆仰之。其心青天而白日，其事正大而光明，是谓中庸之行，是谓圣经之正。若乃经值时恶，家被操切，畏难不敢藏，难定不知发。历高祖过鲁，祀孔子时，不言古文。惠帝除挟书令时，不言古文。文帝求能治《尚书》时，不言古文。虽景帝时，亦无一人言孔氏有古文者。至孝武世，延七八十年间，圣孙名安国者，专治古文，造为伪书，自谓以今文读之，因以起其家，《泰誓》十六篇显行于世。然革成周之籀篆，友仓颉之科斗，污厥先祖父以不从周之罪，此岂近于人情？且辞陋而诸所引悉不在，故伪败而《书》废，此一怪也。

底东晋时，延四五百年间，称高士曰皇甫谧者，见安国《书》摧弃，人不省惜，造《书》二十五篇、《大序》及传，冒称安国古文，以授外弟梁柳，柳授臧曹，曹授梅赜，遂献上而施行焉。蒐奇摘异，著于篇，诸引无遗，人遂信为真安国《书》。前此诸儒如王肃、杜预，晋初人；郑冲、何晏、韦昭，三国人；郑玄、赵岐、马融、班固，后汉人；刘向、歆、张霸，前汉人；皆未见。不曰逸书，则曰今亡。《史》、《汉》所载，惟《泰誓》十六篇递传，绝无二十五篇影响。其曰郑冲、苏愉，皆污之耳。此二怪也。

然《舜典》篇首，"慎徽"突出，读者终不免疑，故好事者造为"南齐建武四年，吴兴姚方兴于金陵大航头，偶见二十八字伏法来上。隋开皇时，始购求得之。”此三怪也。

……朱子曰："古文东晋时方出，前此诸儒皆未之见。”岂不痛切而明快哉！……秦火至汉定十余年耳，亲发所藏，已亡三分之二。安国时已远，反增十六篇。谧时綦远，反增二十五篇。假令共王王淮阳不徙，虽徙不于鲁，虽鲁不好治宫室，虽治室鉴祖，不忍坏圣宅；又汉法严，畏不敢，则所云藏书，宁不与孔壁之泥同归腐烂，孔氏终不知自发《书》矣。无而为有，将以谁欺？安国不言，《史记》不载，纯盗刘歆，冒称安国序，散各篇，私增伪《序》，搴后出之《泰誓》，足廿九之篇日，使圣人正经反附伪书以行。隋唐以来千余年，出吴先生《纂言》之外，曾无一人为圣经之忠臣义士者，岂不痛哉！

予在严陵时，已作此谱，草创未备，今加修饰，使古文废兴之由，先后义僭之辨，如指诸掌，庶几裨《纂言》之所未备，以承吴先生之志，尽复圣经之旧云。

《千顷堂书目》卷一，《书》类：梅鷟《尚书谱》五卷，又《尚书考异》。旌德人。正德癸酉举人。南京国子监助教，复官盐课司提举。力攻古人之伪。

《四库全书总目》卷一二，经部《书》类二：《尚书考异》五卷，明梅鷟撰。……是编辨正《古文尚书》，其谓二十五篇为皇甫谧所作，盖据孔颖达《疏》引《晋书皇甫谧传》（按：颖达作《正义》时，今本《晋书》尚未成，此盖臧荣绪《晋书》之文），称谧姑子外弟梁柳得《古文尚书》，故作《帝王世纪》，往往载《孔传》五十八篇之书云云。然其文未明，未可据为谧作之证。至谓孔安国序并增多之二十五篇，悉杂取传记中语以成文，则指摘皆有依据。……《明史艺文志》不著录。朱彝尊《经义考》作一卷。此本为范懋柱家天一阁所藏，不题撰人姓名，而书中自称“鷟按”，则出鷟手无疑。原稿未分卷数，而实不止于一卷。今约略篇页，厘为五卷。鷟又别有《尚书谱》，大旨略同，而持论多涉武断。故今别存其目，不复录焉。

《四库全书总目》卷一三，经部《书》类存目一：《尚书谱》五卷，明梅鷟撰。……鷟因宋吴棫、朱子及元吴澄之说，作《尚书考异》及此书。《考异》引据颇精核，此则徒以空言诋斥，无所依据。如谓孔壁之十六篇出于孔安国所为，实以臆断之，别无确证；又谓东晋之二十五篇出于皇甫谧所为，则但据孔颖达引《晋书谧传》，从其姑子外弟梁柳得古文一语，其说亦在影响之间，且辞气叫嚣，动辄丑詈，亦非著书之体。故录其《考异》，而是书仅存目焉。

案：梅鷟著成《尚年谱》、《尚书考异》之年代不详，据《千顷堂书目》

云梅氏为正德癸酉举人，则其著二书可能在是年之后，故暂编于此。

今案：梅鷟生卒年无考。姜广辉《梅鷟〈尚书考异〉考辨方法的检讨——兼谈考辨〈古文尚书〉的逻辑基点》（载《历史研究》2007年第5期）一文，据相关资料估算“梅鷟生于明弘治三年（公元1490年）或稍后”，并疑“《尚书考异》一书有可能是梅鹗、梅鷟兄弟两人共同的作品”。可参阅。

公元1514年 明武宗正德九年 甲戌

秦金著《安楚录》。

《明史》卷一九四，《秦金传》：秦金，字国声，无锡人。弘治六年进士。授户部主事，历郎中。正德初，迁河南提学副使，改右参政。守开封，破赵鐩于陈桥。历山东左、右布政使。……九年，擢右副都御史，巡抚湖广。诸王府所据山场湖荡，皆奏还之官。降盗贺璋、罗大洪复叛，讨平之。郴州桂阳瑶龚福全称王，金先后破砦八十余，斩首二千级，擒福全及其党刘福兴等。录功……入为户部右侍郎。

《四库全书总目》卷五三，史部杂史类存目二：《安楚录》十卷，明秦金撰。……是书乃其以副都御史巡抚湖广时，讨平瑶寇所作也。卷一为敕谕，卷二卷三为奏疏，卷四卷五为檄文，卷六至卷九为题赠诗文，卷十附录封丘遗事。盖金曾任河南左参政，御流寇有功，士人为立生祠，并辑其诗为《天成集》，以纪金之战绩，故以类附见焉。

公元1516年 明武宗正德十一年 丙子

《大明会典》总裁、《历代通鉴纂要》总裁、《明孝宗实录》总裁、《燕对录》作者李东阳卒。

《明武宗实录》卷一三九：正德十一年秋七月……己亥……致仕特进光禄大夫左柱国少师兼太子太师吏部尚书华盖殿大学士李东阳卒。……赠太师，谥文正。

杨一清《李公东阳墓志铭》（见《国朝献徵录》卷一四）：公既致仕，非展墓不出。……丙子年七月，公卿大夫士奉觞献寿者弥月不止，积劳与热，病卧不能兴，至七月二十日终于正寝。

《明史》卷一八一，《李东阳传》：李东阳，字宾之，茶陵人。以成籍居京师。四岁能作径尺书，景帝召试之，甚喜，抱置膝上，赐果钞。后两召讲《尚书》大义，称旨，命入京学。天顺八年，年十八成进士，选庶吉士，授编修，累迁侍讲学士，充东宫讲官。弘治四年，《宪宗实录》成，由左庶子兼侍讲学士进太常少卿，兼官如故……八年，以本官直文渊阁，参预机务，与谢迁同日登用。久之，进太子少保礼部尚书，兼文渊阁大学士……东阳工古文，阁中疏草多属之，疏出，天下传诵。明年，与刘健、谢迁同受顾命。武宗立，屡加少傅、兼太子太傅。刘瑾入司礼，东阳与健、迁即日辞位，中旨去健、迁，而东阳独留。耻之，再疏恳请，不许。初健、迁持议欲诛瑾，词甚厉，惟东阳少缓，故独留。……瑾既得志，务摧抑缙绅，而焦芳入阁助之，虐老臣，忠直士放逐殆尽。东阳悒悒不得志，亦委蛇避祸，而焦芳嫉其位己上，日夕构于瑾。先是，东阳奉命编《通鉴纂要》。既成，瑾令人摘笔画小疵，除誊录官数人名，欲因以及东阳。东阳大窘，属芳与张彩为解，乃已。瑾凶暴日甚，无所不讪侮，于东阳犹阳礼敬，凡瑾所为乱政，东阳弥缝其间，亦多所补救。……其潜移默夺，保全善类，天下阴受其庇，而气节之士多非之。侍郎罗玘，上书劝其早退，至请削门生籍，东阳得书，俛首长叹而已。焦芳既与中人为一，王鏊虽持正，不能与瑾抗，东阳乃援杨廷和共事，差倚以自强。……（正德七年），东阳以老疾乞休，前后章数上，至是始许。赐敕，给廪隶如故事。又四年卒，年七十，赠太师、谥文正。

《千顷堂书目》卷五，别史类：李东阳《燕对录》二卷。

《明史》卷九七，《艺文志二》杂史类：李东阳《燕对录》二卷。

《四库全书总目》卷五三，史部杂史类存目二：《燕对录》一卷，明李东阳撰。……是书自弘治十年三月，至正德六年八月，凡召见奏对之词，悉著于编。

《四库全书总目》卷八九，史部史评类存目一：《新旧唐书杂论》一卷，明李东阳撰。……是编摘唐史事迹，辨其是非，所论太宗、明皇之事为多，持论亦皆平允。

张芹著成《备遗录》。

《明史》卷二〇八，《张芹传》：张芹，字文林，峡江人。弘治十五年进士。授福州推官。正德中，召为南京御史。

《千顷堂书目》卷一〇，《传记类》：张芹《备遗录》一卷。

《明史》卷九七，《艺文志二》杂史类：张芹《建文备遗录》二卷。又传记类：张芹《备遗录》一卷。

《四库全书总目》卷六一，史部传记类存目三：《备遗录》一卷，明张芹撰。芹，新淦人。《明史》作峡江人，盖新淦其试籍也。……是书纪建文殉节诸臣姓名，前有自序，题正德丙子五月。目列四十六人，卷中有事实者二十人，无事实者二十六人。按林塾《拾遗书》云："近见南院御史张芹增入江右数人，共五十四人。"塾所见题正德乙亥，正此录前一年，而此录乃转止于四十六人。又《学海类编》有张芹《建文忠节录》一卷，其序与此同，亦正德丙子所撰，而目次乃与此不同，且有七十人之多。《明·艺文志》既有张芹《建文备遗录》二卷，又有张芹《备遗录》一卷。考芹序称录中四十六人名氏，皆闽中宋君端仪尝采辑为录而未成者。疑芹初据宋氏原本而作，后又随时续有增益，原非一本，传录者各据所见，遂两存之耳。

公元 1517 年　明武宗正德十二年　丁丑

《明孝宗实录》总裁之一焦芳卒。

《明武宗实录》卷一四七：正德十二年三月……丁酉，焦芳卒。……芳为《孝宗实录》总裁官，笔削任意，尤恶江西人士。一时先正名卿，无不肆丑诋，以快其私忿。所书多矫诬不根，往往授意所厚若段炅辈，使笔之，挟（刘）瑾威以钳众口，同官避祸，皆莫敢窜定一字。

王世贞《弇山堂别集》卷四五，《内阁辅臣年表》：正德元年以吏书、文渊阁学入，正德五年以少师、华盖殿学致仕。后削官，卒，年八十二。

公元 1520 年　明武宗正德十五年　庚辰

黄省曾著成《西洋朝贡典录》。

《明史》卷二八七，《文徵明传附黄省曾传》：黄省曾，字勉之。举乡试。从王守仁、湛若水游，又学诗于李梦阳。所著有《五岳山人集》。

黄省曾《西洋朝贡典录自序》（谢方校注《西洋朝贡典录校注》，中华书局2000年版）：西洋之迹，著自郑和。郑和，永乐初为内侍。是时太宗皇帝入缵丕绪，将长驭远驾，通道于乖蛮革夷，乃大赉西洋，贸采琛异。命和为使，贰以侯显，妙择译人马欢辈从之行，总率巨鯮百艘。发自福州五虎门，维艄挂席，际天而行。自是雷波岳涛，奔檣踔楫，掣掣泄泄，浮历数万里，往复几三十年，而身所至者，仅二十余国云。

自占城西南，通国以十数，苏门最远；自苏门而往，通国以六七数，柯枝最远；自柯枝而往，通国以六七数，天方最远，盖去中国数万余里矣。故惟天方至宣德始通焉。由是明月之珠，鸦鹘之石，沉南龙速之香，麟狮孔翠之奇，梅脑薇露之珍，珊瑚瑶琨之美，皆充舶而归。凡穷岛日域，纷如来宾，而天堂印度之国，亦得附于职方。虽曰天子威灵致然，而二三中臣，捧数行之诏，蹈邈绝之境，百尺所至，靡不柔慑，东向而稽首，其殆不辱君命而善于怀诱者，亦贤矣哉！

愚尝读秦、汉以来册记，诸国见者颇鲜。至前元号为广拓，而占城、爪哇亦称密迩，乃坚不一屈内款，至勤兵越斗者数年，竟不得其要领，至今遗笑于海上。入我圣代，联数十国，翕然而归拱，可谓盛矣。不有记述，恐其事湮坠，后来无闻焉。余乃摭拾译人之言，若《星槎》、《瀛涯》、《针位》诸编，一约之典要，文之法言，徵之父老，稽之宝训。始自占城，而终于天方，得朝贡之国甚著者，凡二十有三，别为三卷，名曰《西洋朝贡典录》云。正德庚辰夏六月二十九日，吴郡黄省曾撰。

祝允明《怀星堂集》卷二五，《西洋朝贡典录序》（《四库全书》本）：《西洋朝贡典录》者，所以叙海表列国之事。辨方域、列山川、计道里、陈土风、纪产育，述朝贡以阐王化，录建设以美使才，备国典之实录，寄通览之遐志者也。……黄子勉之，生乎华文之区，而遥揽恢诡之观；隐乎一尺之幾，而虑经六宇之阔；游乎熙安之代，而慕驰奔奏之辰。间气庞博，时而出之，握椠随襟，是有此作。其为书也，法班、马，叙国境所在，风俗所殊；法《周官》，叙田蓄；法《山海经》，叙山水、鸟兽、草木；法《禹贡》，叙贡物。每一岛末，复著论以该未尽。事事有徵，言言非臆。刚柔错布，譬繁星之丽紫霄；纲纲有条，烂瑢珠之缀藻冕。信乎逐南、左之良匠，追卿、云而我仪者矣。嗟乎！斯今之世，作者寂寥。或辨性较礼，附丽经师；或猎琐浮尖，依稀文苑。以子之器，何不高谭五经，富眩千轴，岂其熹役于裔荒恢奇之形，而甘似于齐谐志怪之见也哉？吾又悲夫得黄子之心者寡也！将其明发有怀，思辅明王，以弘际天盘地之治也；

思效使能，以达居中驭外之策也；思豁耳目，以抒笼山络海之气也。……阅七龙，易七稿而编始成。前史异今，置而弗溷，或涉疑舛，时议及之。以于西洋特详，故题目云尔。……曩时太傅太原文恪公尝谓黄子：中秘亦无诸国风土之书，春官所掌，不过朝聘表章方物。闻有此撰，爱赏良深，而未瞩其就。黄子不妄比人，上唯王公，下猥及我。今王公既没，我当叙之。是故望英主，艳伟功，爱才猷，乘桴非愿，放海皆准。近绎宣尼之麟管，退飏子长之辔丝，则《典录》之用，是黄子之志也。

《千顷堂书目》卷八，地理类下：黄省曾《西洋朝贡典录》二卷。

《明史》卷九七，《艺文志二》地理类：黄省曾《西洋朝贡典录》二卷。

钱曾《读书敏求记》卷二，《地理舆图》：黄省曾《西洋朝贡典录》三卷。东川居士孙允伽跋云："此书序见黄公《五岳集》久矣，往来于胸中者三十年。岁己未，钱受之搜秘册于郡城故家，得黄公手稿，归以贻予，遂命童子录之。此书初未入梓，自稿本外，只此册耳。"

《四库全书总目》卷七八，史部地理类存目七：《西洋朝贡典录》三卷，明黄省曾撰。省曾，字勉之，吴县人。嘉靖辛卯举人。……是编纪西洋诸国朝贡之事，自占城以迄天方，为国二十有三，国各一篇，篇各有论。凡道里远近、风俗美恶、物产器用之殊，言语、衣服之异，靡不详载。考《明史·外国传》，其时通职贡者，尚不尽于此录，省曾止就内侍郑和所历之国，编次成书，余固未暇及也。末有二跋，一为东川居士孙允伽，一为清常道人赵开美。允伽称此书初未付梓，得其手稿录之。开美谓其章法句法，颇学《山海经》，信为奇书。钱曾《读书敏求记》亦载之。然其精华已采入正史，余亦无他异闻也。

今案：黄省曾著《西洋朝贡典录》之年代，据其《自序》题署，当在正德十五年庚辰(公元 1520 年)。但刊刻较晚，但早以传抄本流行。钱曾《读书敏求记》称此书除稿本外只有一册抄本，非是，如《四库全书存目丛书》所收载者，即为曾钊于嘉靖元年抄录之本，见其书卷首题记。据雍正《河南通志》，曾钊，江南太和人，举人，明嘉靖年间曾任孟津县知县。陈麦青《关于〈西洋朝贡典录〉的成书年代》（载《文史》第 30 辑）别有新说，认为至嘉靖三年（公元 1524 年）三月前，其书尚未定稿，至祝允明辞世前，即嘉靖五年（公元 1526 年）十二月全书完成。此说非是。据作者正德十五年自序，所云卷数等内容，与今本完全一致，可见作序之时，全稿已成，刊刻之前或有修订而已。祝允明之序，亦载《祝氏集略》（与

《怀星堂集》实为一书）卷二五。《西洋朝贡典录》三卷，《千顷堂书目》、《明史·艺文志》记为二卷，误。

公元1521年 明武宗正德十六年（本年三月武宗卒，四月世宗即位，未改元）辛巳

黎贯请复设起居注之职。

《明史》卷二〇八，《黎贯传》：黎贯，字一卿，从化人。正德十二年进士。改庶吉士，授御史。……世宗入继，贯请复起居注之制，命词臣编类章奏备纂述。从之。

《明世宗实录》卷六：正德十六年九月……戊寅……御史黎贯奏："乞复国初设起居注之职，命修撰等官日直史馆，凡有章奏，悉下览阅，使之随见辄书，类此成编，岁终进之内阁，以备纂述。"……上皆命所司知之。

敕修《明武宗实录》。

《明世宗实录》卷八：正德十六年十一月己酉朔，敕谕礼部："朕惟我朝列圣，代有实录，藏之天府，传诸后世，此亦古今之通义也。我皇兄武宗毅皇帝，以英睿之资，继承祖宗大业十有七年。政事之兴章，臣下之建白，人才之用舍，凡关系国家事体者，俱宜有纪述，以备一代之制。尔礼部宜遵祖宗故事，通行中外采辑事实，送翰林院编纂实录。其以太傅定国公徐光祚为监修，少师兼太子太师吏部尚书华盖殿大学士杨廷和、少傅兼太子太傅户部尚书谨身殿大学士蒋冕、少保兼太子太保户部尚书武英殿大学士毛纪、太子太保户部尚书兼武英殿大学士费宏为总裁，掌詹事府事吏部尚书兼翰林院学士石珤、礼部尚书毛澄、吏部侍郎罗钦顺为副总裁，詹事府、翰林院等衙门少詹事兼侍读周诏、侍讲学士刘龙等为纂修官，所有合行事宜，悉照例举行，钦哉！"故谕。……戊辰……以纂修毅皇帝实录，发正德间留中不报疏八百六十余本，付史局。

《明史》卷一二五，《徐达传》：徐达……子四：辉祖、添福、膺福、增寿。……增寿以父任仕至左都督。……进封定国公。……以其子景昌嗣。……三传至玄孙光祚，累典军府。

《明史》卷一九〇，《杨廷和传》：修《武宗实录》，充总裁。廷和先已加特

进……至是加左柱国。

《明史》卷一九〇，《蒋冕传》：蒋冕，字敬之，全州人。……冕举成化二十三年进士，选庶吉士，授编修。弘治十三年，太子出阁，兼司经局校书。正德中，累官吏部左侍郎，改掌詹事府，典诰敕，进礼部尚书，仍掌府事。……十一年命兼文渊阁大学士，预机务。明年改武英殿，加太子太傅。……十四年扈帝南征还，加少傅兼太子太傅、户部尚书、谨身殿大学士。

《明史》卷一九三，《费宏传》：费宏，字子充，铅山人。甫冠，举成化二十三年进士第一，授修撰。弘治中，迁左赞善，直讲东宫，进左谕德。武宗立，擢太常少卿，兼侍讲读。预修《孝宗实录》。充日讲官。正德二年拜礼部右侍郎，寻转左。五年，进尚书。……明年冬十二月，命宏兼文渊阁大学士参预机务。寻加太子太保、武英殿大学士，进户部尚书。

《明史》卷一九〇，《毛纪传》：毛纪，字维之，掖县人。成化末，举乡试第一，登进士，选庶吉士。弘治初，授检讨，进修撰，充经筵讲官，简侍东宫讲读。《会典》成，迁侍读。武宗立，改左谕德，坐《会典》小误，降侍读。《孝宗实录》成，擢侍讲学士，为讲官。正德五年进学士，迁户部右侍郎。十年，由吏部左侍郎拜礼部尚书。……寻改理诰敕，掌詹事府。十二年，兼东阁大学士入预机务。其秋加太子太保，改文渊阁。帝南征，纪佐杨廷和居守。驾旋，晋少保、户部尚书、武英殿大学士。

公元 1522 年　明世宗嘉靖元年　壬午

开馆纂修《明武宗实录》。

《明世宗实录》卷一〇：嘉靖元年正月……甲子（十六日），开馆纂修《武宗毅皇帝实录》。

马纪请设起居注官。

《明世宗实录》卷一〇：嘉靖元年正月……癸酉（二十五日）……云南道御史马纪请如国初之制，设起居注官，使随时记载，以备纂修。下所司知之。

卢琼建议改修明景帝、孝宗两朝实录。

《明史》卷二〇六，《卢琼传》：卢琼，字献卿，浮梁人。正德六年进士。由固始知县入为御史。嘉靖改元，上言："景皇帝有拨乱大功，而实录犹称郕戾王。敬皇帝深仁厚泽，而实录成于焦芳手，是非颠倒。乞诏儒臣改撰。"帝惟命史官正《孝宗实录》之不当者，然亦未有所正也。

《明世宗实录》卷一四：嘉靖元年五月……癸酉……御史卢琼言："史笔之公，取信万世。窃观景皇帝当也先犯顺之时，为正位守国之计，危疑以定，国体以全，而修实录止称《郕戾王附》。孝宗敬皇帝以始终典学之圣，为太平守文令主，深仁厚泽，浸渍人心，而实录成于焦芳之手，未免贤否混淆，是非颠倒，恐将来无所据以为信。乞乘今纂修，令儒臣改撰。"上曰："景皇帝事已附载《英庙实录》。《孝宗敬皇帝实录》虽出自焦芳，间有笔削任情，不足取信处，但当时朝廷大政大议，及人才忠邪枉直，天下自有公论，后世亦不可欺，不必改修。其余系一人一事者，令今纂修官因事辩白之。"

廖世昭约于本年前著成《大明一统志略》（一名《志略》）。

《明进士题名碑录·正德十二年丁丑科》：廖世昭，福建福州府怀安县匠籍。

《千顷堂书目》卷六，地理类上：廖世昭《大明一统志略》十六卷。字师贤，怀安人，正德丁丑进士，海州知府，以病改国子监博士。好读书，有文名。

《四库全书总目》卷七二，史部地理类存目一：《志略》十六卷，明廖世昭撰。世昭，福建怀安人，正德丁丑进士，官国子监博士。是书首题南京兵部武库司刊行，盖当时官本。前载《周礼·职方氏》九州全文，其后每省为一图，而终以四裔。各略载其沿革、山川、人物、古迹、土产。舛讹缺略，殊无可观。其《四裔》一卷，传闻附会，尤多失真，地志中之最劣者也。

王重民《中国善本书提要》史部地理类：《皇舆志略》十六卷，四册，明刻本。是书不著撰人姓氏。无书题，亦无刻书人牌记。全书凡十六卷：卷一北京（北直隶），卷二南京（南直隶），卷三山西，卷四山东，卷五河南，卷六陕西，卷七浙江，卷八江西，卷九湖广，卷十四川，卷十一福建，卷十二广东，卷十三广西，卷十四云南，卷十五贵州，卷十六外夷，次序与陆应阳《广舆记》同。图亦不画方，惟文字较简略。人物亦止于宋，元代惟载赵孟頫，刘因、虞集等数人。然《外夷》一卷则独详，且历记始通中国与朝贡年月。余初疑是书为与《广舆记》同出一源，及见张天复《皇舆考》，其文字相同者竟有百分之九十五，遂断定实与《皇舆考》同出一源也。张天复《皇舆考自序》云:“因取闽本《志略》，稍加详定。首引杜氏古九州之文，然后次序郡国图志，参据前说，各冠篇端，而以边夷终焉。夫《志略》虽简，亦足见区域之大都，而诸家著述，又能明国体，综世务，而时张理之，则夫治平修攘之谋，固了然视诸掌矣！”盖张氏所称闽本《志略》即是书也。《皇舆考》因是书“稍加详定”，故其文相同者有百分之九十五。是书刻于闽，仍不知其原来书名何作;余因张天复书，暂定为“《皇舆志略》”。至其成书年月，则《外夷》一卷，其贵州都匀长官司有注云：“国初永乐中为军民指挥使司，弘治七年改军民府”，为书内最晚年月。又持校两书，汝宁府是书有县十三，《皇舆考》作十二县，十二县者有真阳，考《明史地理志》云：“真阳，洪武四年入汝阳县，景泰四年置真阳镇巡检司于此，弘治十八年十二月仍置县”，则是书应成于弘治十八年十二月以后，盖在正德间或嘉靖初年。其版式亦颇似正、嘉间所刻者。

案：据上引《千顷堂书目》及《四库提要》之文，《大明一统志略》与《志略》同为十六卷，廖世昭撰，当是一书无疑。而王重民《中国善本书提要》所著录之《皇舆志略》十六卷，则谓“是书不著撰人姓氏”，且未提及廖世昭所著之书，但在文中述及张天复《皇舆考》时，则说明与闽本《志略》之继承关系，与《四库提要》卷七二著录张天复《皇舆考》（见本书嘉靖三十六年）文中所言“是书取闽本《志略》，稍加润饰”者相同。疑王书所著录之《皇舆志略》，即廖世昭所著之书。至于廖书之著成年代，即依王书所云，编于本年。是否有当，尚祈方家指教。

公元 1523 年 明世宗嘉靖二年 癸未

谢蕡著《后鉴录》。

《明进士题名碑录 · 正德十六年辛巳科》：谢蕡，福建福州府闽县匠籍。

（乾隆）《福州府志》卷四九：谢蕡，字维盛，福建闽县人。正德辛巳进士，擢拔为礼科给事中。嘉靖初，疏谏乳媪刘氏及宫人孙氏滥封，因劝世宗节恩泽，戢内侍。又论救翰林吕柟，悉见嘉纳。……复陈科举三弊，乞崇经术以去邪说，革宿弊以求实学，严约束以节民财。又请正体统，戒聪察，宽三公诘责，略九卿诖误，复谏官，体庶职，戒近习，禁报复。诸所建白，皆关国体。……寻转右给事中。……为当路者所忌，出知直隶太平府。

谢蕡《后鉴录自序》:《后鉴录》者，录其前人之情罪，以为后人所当鉴也。皇治之世，上下相安，罔有犯顺干纪之徒，以为时蠹。朝纲失驭，群狡并兴……于是有强藩、有逆竖、有乱贼、有奸党、有叛将、有梗化之夷焉。……呜呼！一治一乱，反复相寻，此人事之或然而天意之不可必者。惟能致治于未乱，保邦于未危，在上者无偏听之私，在下者鉴覆辙之祸……各守其分，时雍迓冲之治可复见于今。否则，前人不知鉴而使后人哀之，后人不知鉴而使后人复哀后人也，惜哉！（嘉靖二年作）

《千顷堂书目》卷五，别史类：谢蕡《后鉴录》二卷。闽县人，正德辛巳进士，官礼科给事中。以争大礼劾张（孚敬）、桂（萼），出知直隶太平府。录皆正德时诸叛逆爰书也。

《明史》卷九七，《艺文志二》杂史类：谢蕡《后鉴录》三卷。

案：武新立《谢蕡的〈后鉴录〉及其史料价值》（见《中国史研究》1980 年第 1 期）云："中国社科院历史研究所图书馆藏谢蕡的明抄本《后鉴录》，是一部极为难得的海内孤本，……全书分上中下三卷，三册装订。书前有作者于嘉靖二年（公元 1523 年）中秋所写自序。"今据以编于本年。

姜清约于本年后撰《姜氏秘史》。

《明进士题名碑录·正德辛未科》：姜清，江西广信府弋阳县民籍。

信天缘生《姜氏秘史跋》（载《四库全书存目丛书》史部第 46 册所收本书清初钞本）：姜氏不知何名何里，所著《秘史》，但历数建文君仁厚好古，死难诸臣视死如归，则知当时亦无难可靖，金川门诚为失守矣。抑郁不平之情见乎言外，与郑端简《逊国记》大都相似者欤！野人之见，不约而同，乃喜而藏之，并识数语。时为万历乙未四月一日也。信天缘生。

《千顷堂书目》卷五，别史类：姜清《姜氏秘史》一卷。弋阳人，正德辛未进士，由考功郎历尚宝少卿。仿实录编年法记建文事，诸臣附见焉。

《明史》卷九七，《艺文志二》杂史类：姜清《秘史》一卷。

《四库全书总目》卷五三，史部杂史类存目二：《姜氏秘史》一卷，明姜清撰。清，弋阳人，正德辛未进士，官至尚宝司少卿。自靖难之后，建文一朝事迹大抵遗失，是书于故案文集，搜辑遗闻，编年纪载。至于地道出亡等事，则未尝载及。纪录颇见精核。

今案：是书钞本或题一卷，或不分卷。胡思敬《豫章丛书》本，析为五卷。据吴德义《〈姜氏秘史〉考辨及其史料价值》（载《故宫博物院院刊》2010年第3期）一文揭示，书中提及嘉靖二年提学副使邵锐祭祀建文忠臣之事，是此书必编纂于是年之后。又，吴文认为时有《革除编年》一书，实为本书另一抄本，亦颇有据。

公元1524年　明世宗嘉靖三年　甲申

《明孝宗实录》总裁之一、《史余》、《震泽纪闻》等作者王鏊卒。

《明世宗实录》卷三九：嘉靖三年五月……己巳，赐故致仕少傅兼太子太傅武英殿大学士王鏊斋粮麻布五十匹石，赠太傅，谥文恪。……鏊，苏州吴县人。……正德元年召入内阁典机务，进户部尚书文渊阁大学士，寻加少傅，改武英殿。……鏊独言（刘）瑾等乱本，不可不亟除。瑾以是憾鏊，鏊亦自度不能乂于位，遂力求去。居间十余年。……嘉靖初，特遣使存问。……至是卒，年七十五。

《明史》卷一八一，《王鏊传》：家居十四年，廷臣交荐不起。世宗即位，遣行人存问。……嘉靖三年复诏有司存问。未及卒，年七十五。赠太傅，谥文恪。

《千顷堂书目》卷五，别史类：王鏊《震泽纪闻》一卷、《续震泽纪闻》一卷，又《震泽长语》二卷，又《守溪笔记》二卷。又卷八，地理类下：王鏊《震泽编》八卷。

《明史》卷九七，《艺文志二》杂史类：王鏊《震泽纪闻》一卷、《续纪闻》一卷、《震泽长语》二卷、《守溪笔记》二卷。又地理类：王鏊《震泽编》八卷。

《四库全书总目》卷一二二，子部杂家类六：《震泽长语》二卷，明王鏊撰。……此本乃其退休归里时，随笔录记之书。分经传、国猷、官制、食货、象纬、文章、音律、音韵、字学、姓氏、杂论、仙释、梦兆十三类。鏊文词醇正，又生当明之盛时，士大夫犹崇实学，不似隆庆、万历以后，聚徒植党，务以心性相标榜，故持论颇有根据。

王重民《中国善本书提要》史部杂史类：《震泽纪闻》二卷，一册，明嘉靖间刻本。原题："王鏊济之。"按《四库全书·杂家类》著录鏊所撰《震泽长语》二卷，不及是书。然《提要》称鏊玄孙永熙梓《长语》、《纪闻》等编为《震泽先生别集》云云，则馆臣固已知有是书矣。此本似刻于嘉靖间，殆非《别集》零本，前有魏良贵序云："公起家编修，仕至大学士，专领史职者四十余年。尝预修宪、孝二庙《实录》，此编乃其监修之暇，述所见闻以备笔削。盖自洪、永迄于弘、德，凡忠贤之遗行，奸佞之隐情，靡不毕载；而列圣圣政之大者，亦多附见"云。……魏良贵序（嘉靖三十年）。

陈讲著《茶马志》（一名《马政志》）。

《明进士题名碑录·正德十六年辛巳科》：陈讲，四川潼川州遂宁县民籍。

《千顷堂书日》卷九，典故类：陈讲《茶马志》四卷。遂宁人，正德辛巳进士。山西提学副使。

《明史》卷九七，《艺文志二》故事类：陈讲《茶马志》四卷。

《四库全书总目》卷八四，史部政书类存目二：《马政志》四卷，明陈讲撰。讲，字子学，遂宁人。正德辛巳进士。官至山西提学副使。此书乃其嘉靖三年以御史巡视陕西马政时所作。凡《茶马》一卷，为目九，纪以茶易番马之制；《盐马》一卷，为目七，纪纳马中盐之制；《牧马》一卷，为目八，纪各寺苑监畜牧之制；《点马》一卷，为目三，纪行太仆寺各军卫稽核马匹之制。摭叙原委颇详。《明史食货志》载讲尝以商茶低伪，乃第茶为上中二品，印烙篦上，书商名而考之，盖亦勤于为政者。

公元1525年　明世宗嘉靖四年　乙酉

郑岳著成《莆阳文献》。

《明史》卷二〇三，《郑岳传》：郑岳，字汝华，莆田人。弘治六年进士。授户部主事，改刑部主事。……寻进员外郎。……迁湖广佥事。……正德初，擢广西副使。……寻改广东。迁江西按察使，就迁左布政使。……世宗初，擢右副都御史，巡抚江西。甫两月，召为大理卿。嘉靖元年冬……出按甘肃乱卒事。……寻迁兵部右侍郎。……转左侍郎。……宁夏总兵官仲勋行贿京师，御史聂豹以风闻论岳。岳自白，因乞休。归十五年而卒。

郑岳《莆阳文献后序》：莆之地，始辟于秦。至汉武帝，以其阻险易变也，尽徙其民而墟之。晋乱中原，衣冠避地而南，于是有所谓八姓入莆者。自后徙居日益众，修养衍庶，遂齿上国，然当其时，人犹未知学也。吾祖南湖露公，始以其学倡之，历唐而宋，遂有海滨邹鲁之称。浸淫至于今日，盛亦极矣！历代既久，遗文散落，顾未有蒐掇而荟萃之，用备一郡之典，岂非大缺事欤！乡望见素林公、松厓方公，暨后峰伯，固尝相与闵惜，因授役于予，俾从事焉。……爰考郡乘所列诸家著述甚多，求之今，惟忠惠、艾轩、后村三四遗集在。其散见《文萃》、《文鉴》诸书者，仅数篇。虽当代近裔，亦或并其先世手泽而亡之，可叹也已。立斋宋公尝手录先辈遗文六册，得以为据。若藏庵所编《冈凤集》，则又病其太滥。于是更加延访采择，阅数岁，始克成编。凡诗赋、铭赞、序记、题跋，若杂著、奏议之类，列为若干卷，庶几其可传者。既又仰而叹曰：文以载道也，文不本于道艺焉尔矣。而深于道者，固不屑于文也。文可独传乎哉？乃复取郡乘所载人物事迹，略加芟润，且为补遗。参用班、马氏义例，类编为传，若勋德，若文学，若忠孝、廉惠之类，列为若干卷。其家庭之济美，师友之渊源，或寒畯而特起，班班可考，以是而参校夫文，上下数百年间，山川宇宙之精英，庶于是乎具。……嘉靖四年岁在乙酉夏四月朔，乡后学山斋郑岳谨书。

黄起龙《重刻莆阳文献后序》：……吾乡郑司马山斋公，辑郡内梁、陈至今著作，凡十三卷，又取名公事迹为列传七十四卷，名曰《莆阳文献》。……是书遭嘉靖壬戌兵燹，仅存一部。龙思历代人文之盛，惧郑公手泽之湮，遂付剞劂，以广其传。……万历四十四年岁次丙辰孟秋下澣，乡后学黄起龙书于印水之恬养轩。

《千顷堂书目》卷七，地理类中：郑岳《莆阳文献志》七十五卷。弘治中修。注：吴（骞）校云："《遗书目》云：诗文杂著十三卷，列传七十四篇。"疑所谓七十五卷者，误也。

《明史》卷九七，《艺文志二》地理类：郑岳《莆阳文献志》七十五卷。

《四库全书总目》卷六一，传记类存目三：《莆阳文献》十三卷、《列传》七十五卷，明郑岳编。……是书取莆田、仙游二县自梁、陈迄明著作诗文，辑为十三卷；又取名人事迹，成《列传》七十四卷。文以体分，传则不分门目。……岳书采摭繁富，义例颇仿史裁。

王重民《中国善本书提要》史部传记类：《莆阳文献》十三卷、《列传》七十五卷，六册，明万历间重刻本。原题："兵部左侍郎山斋郑岳编定，南京吏科给事中后学黄起龙重校梓。"……林俊序（嘉靖三年）。自序（嘉靖四年）。

今案：是书前十三卷为诗文，后七十五卷为列传，前者为"文"，后者为“献”，故书名应如黄起龙所云，即为《莆阳文献》。《千顷堂书目》、《明史·艺文志》记为《莆阳文献志》，《四库提要》分列《莆阳文献》、《列传》，俱欠妥帖。黄起龙重订是书，事见万历四十四年（公元1616年）条。

费宏等请修《恭穆献皇帝实录》。

《明世宗实录》卷四八：嘉靖四年二月……丙申，大学士费宏、石珤、贾咏言：“兹者恭修《武宗毅皇帝实录》将成，仰惟皇考恭穆献皇帝以正德十四年薨逝，例得特书，其平生嘉言善行亦当备载，但臣等未能悉知。乞命当时藩府内外臣僚，备述皇考自之国以来，一言一动可为谟训者，以类丌写，付臣等纂录，庶几圣子神孙万万世有所观法。”从之。……戊申……太常寺少卿赵铭、吴大田等、光禄寺署丞陈壁等，各录皇考献皇帝嘉言善行以上，诏宣付史局。复命即故大学士张景明家，取所撰皇考日录。

敕修《恭穆献皇帝实录》。

《明世宗实录》卷四九：嘉靖四年三月……甲戌，命修《献皇帝实录》。敕谕礼部曰：“朕惟自古帝王之有功德者，史臣必为实录，以藏诸金匮，传之于子孙，其来非一日矣。我皇考恭穆献皇帝，聪明睿智，卓冠群伦。自奉藩以来，有河间好古之风，慕东平为善之乐，缉熙圣学，遵守祖训，嘉言善行可以大书特书者，不止一端，宜有纪述以垂宪于万世。尔礼部其通行当时藩府内外臣僚，悉心采辑，送翰林院编纂实录。其以太傅兼太子太傅定国公徐光祚、吏部尚书廖纪、礼部尚书席书为监修官，少保兼太子太保吏部尚书谨身殿大学士费宏、吏部尚书兼文渊阁大学士石珤、礼部尚书兼文渊阁大学士贾咏为总裁，吏部右侍郎温仁和、礼部右侍郎李时为副总裁，翰林院侍讲学士董玘、侍读翟銮、太仆寺卿高嵩、太常寺少卿赵铭、吴大田、光禄寺少卿蔡亨、寺丞叶廷芳为纂修。所有合行事宜，俱照例行。钦哉！”故谕。……辛巳，大学士费宏等疏言：“献皇帝享国长久，嘉言善行，旧邸承奉、长史等官必有成书，堪备采择。宜遣官取付史馆，并促张元恕亟进长史张景明原撰日录。”诏曰：“可”。乃命太常寺寺丞周壁诣旧邸访取事实。……乙酉，礼部以纂修《献皇帝实录》，请行内外诸司，采辑事宜得旨不必行，候周壁、张元恕查取文书到日修纂。

《明武宗实录》修成。

《明世宗实录》卷五二：嘉靖四年六月……庚子，进《武宗毅皇帝实录》。上具冕服，御奉天殿受之。百官朝服，行庆贺礼。……丙午，以《武宗实录》成，赐监修官定国公徐光祚、总裁官大学士费宏、石珤、贾咏人白金八十两、文绮四表里、罗衣一袭、鞍马一副，副总裁官礼部左侍郎兼翰林院学士吴一鹏、侍讲学士董玘人白金八十两、文绮四表里、罗衣一袭，纂修官侍读徐缙、翟銮、许成名、侍讲穆孔晖人白金五十两、文绮二表里、罗衣一袭，誊录官尚宝司少卿方英、徐富人白金二十两、文绮二表里、罗衣一袭，收掌官尚宝司少卿汪麟白金十两、文绮一表里，誊录监生秀才十六人及续添誊录官十五人各银五两、纻丝一表里，吏校人匠钞、绢、布匹有差。……辛亥，《武宗实录》修完，敕吏部：监修官徐光祚加兼太子太师；总裁官费宏加少师兼太子太师，尚书、大学士如故；石珤、贾咏俱太子太保、武英殿大学士，尚书如故；副总裁吴一鹏礼部尚书，学士如故；董玘詹事兼翰林院学士。升纂修官……催纂官……誊录官……收掌官……监生、秀才及办事吏各授职有差。

徐光祚等《进武宗毅皇帝实录表》：中军都督府掌府事、太傅兼太子太傅、定国公臣徐光祚等诚惶诚恐，稽首顿首，上言：伏以唐虞揖逊，道皆见于典谟；文武弛张，政亦布诸方策。惟帝王之相继，有文献之可徵，岂徒备述乎当时，亦欲昭垂于永久。古人可鉴，实为今世之仪刑；前事不忘，用作后人之师法。钦惟武宗承天达道英肃睿哲昭德显功宏文思孝毅皇帝，聪明神授，英迈夙成，天资远绍乎睿皇，圣学亲承乎孝考。……恭惟皇帝陛下……文欲化成，事惟鉴古。乃嘉靖元年正月，命臣光祚为监修官，臣宏、臣珤、臣咏为总裁官，臣一鹏、臣玘为副总裁官，臣缙、臣銮、臣成名、臣孔晖……为纂修官。臣光祚暨臣宏等发金匮之秘藏，萃皇华之咨度，义例准乎前史，笔札给于尚方。十馆星分，礼乐政刑之不紊；百家川会，要荒绥甸之攸同。机祥则微著必书，用舍则是非互见。总十有七年之功绪，纲举目张；为百年万世之劝惩，衮褒斧伐。兹以四年六月恭成《武宗毅皇帝实录》一百九十七卷、《宝训》十卷，合《目录》、《凡例》，总为二百九册，谨缮写进呈。臣等躬际昌明，职司纪述，惟勉摅于忠赤，幸粗就于汗青。书不尽言，愧三长之无取；志存补缺，庶一得之有裨。伏愿彰往察来，成雍熙之至治；慎终惟始，垂赫奕之鸿名。臣光祚等无任瞻天仰圣，激切屏营之至。谨奉表随进以闻。嘉靖四年六月十二日，中军都督府掌府事、太傅兼太子太傅、定国公臣徐光祚等谨上表。

明世宗《大明武宗毅皇帝实录序》：朕惟国必有史，以记载一代为治之迹。若唐虞之典谟，孔子之《春秋》，其体裁虽不同，而其义主于明君道、叙臣事、昭治制、示劝惩，则未尝或异也。后世纪传拟典谟，编年拟《春秋》，而实录兼之，自唐以来相沿纂述，盖有莫之能废者矣。洪惟我祖宗列圣，前创后继，具有成书，藏之金匮，副在有司，懋德骏功，垂宪万世。至我皇兄武宗承天达道英肃睿哲昭德显功宏文思孝毅皇帝，君临天下者十有七年，其左言右动，设施于朝廷，推行于海宇，时记日历，自有不容泯者。朕嗣统之初，爰命儒臣开局分曹，取其有关于治体者，谨书而备录之。起弘治十八年五月，讫正德十六年三月，总一百九十七卷。……大理乱之机，得失之故，存诸汗竹，昭如日星，既往之迹，实将来之鉴也。朕方鉴古为治，于是乎有感焉，故因书之而序诸其端。嘉靖四年六月十二日。

《明史》卷一九三，《费宏传》：世宗即位，遣行人即家起宏，加少保，入辅政。……与杨廷和、蒋冕、毛纪同心协赞。……及廷和等去位，宏为首辅。加少师兼太子太师、吏部尚书、谨身殿大学士，委任甚至。

《明史》卷一九〇，《石珤传》：石珤，字邦彦，藁城人。……珤与兄玠同举成化末年进士，改庶吉士，授检讨，数谢病居家。孝宗末，始进修撰。正德改元，擢南京侍读学士。历两京祭酒，迁南京吏部右侍郎。召改礼部，进左侍郎。……改掌翰林院事。……十六年拜礼部尚书，掌詹事府。世宗立，代王琼为吏部尚书。……甫二月，复改掌詹事府，典诰敕。嘉靖元年遣祀阙里及东岳。……三年五月诏以吏部尚书兼文渊阁大学士入参机务。（案：据《明世宗实录》卷三九：嘉靖三年五月戊子，命大学士石珤为纂修实录总裁官。）

李濂《贾公咏行状》（见焦竑《献徵录》卷一五）：公讳咏，字鸣和，姓贾氏，别号南坞，其先中山人也。……元季兵乱，始徙临颍之商城。……丙辰登进士第，改庶吉士。……戊午冬十月，授翰林院编修。……正德九年丙寅，充经筵讲官。……辛未夏五月，迁左春坊左中允兼翰林院修撰。……甲戌……冬十一月，迁南京翰林院侍读学士。丙子冬十月，迁南京国子祭酒。……戊寅秋七月，转北监祭酒。……辛巳……夏五月，迁礼部左侍郎。明年嘉靖改元壬午。……甲申秋八月，改吏部左侍郎。乙酉夏五月，简命公以吏部左侍郎兼翰林院学士，入内阁，专管诰敕，仍掌詹事府事。……会修《武庙实录》，充副总裁。……晋礼部尚书兼文渊阁大学士，参预机务。……《实录》成，加太子太保、武英殿大学士，尚书如故。

《明史》卷一九一，《吴一鹏传》：吴一鹏，字南夫，长洲人。弘治六年进士。选庶吉士，授编修。……正德初，进侍讲，充经筵讲官。刘瑾出诸翰林为部曹，一鹏得南京刑部员外郎。迁礼部郎中。瑾诛，复为侍讲。进侍讲学士，历国子祭酒、太常卿。并在南京。……世宗践祚，召拜礼部右侍郎。寻转左。……《武宗实录》成，进尚书。

徐阶《董公玘墓志铭》（见焦竑《国朝献徵录》卷二六）：公讳玘，字文玉，其先汴人。宋之南，有讳康者来家会稽之东小江，遂为会稽人。……弘治乙丑，举会试第一，廷试第一甲第二，授翰林院编修。……召修《孝宗实录》，及成，升俸一级。当是时，逆瑾欲摧抑天下士……出公知成安，稍迁刑部主事。……改吏部考功主事。……会瑾诛，还公翰林。……甲戌，满九载，迁侍读。乙亥，充经筵讲官。寻迁左春坊左谕德，兼侍读。……今皇帝登极……与修《武宗实录》，充日讲官。……甲寅，升侍讲学士，寻充副总裁官。先是，《孝宗实录》焦芳多以意毁誉其间，而武宗朝大奸相继乱政，其事庞杂，诸史官相顾不能书。公于纪载详而不冗，简而能尽，又因以正前录之讹谬，归之至公，其有功于国史甚大，少师费公每举以语人。迁詹事府詹事，兼翰林院学士。

《千顷堂书目》卷四，国史类：《武宗毅皇帝实录》一百九十七卷，正德十六年六月敕修。先命杨廷和、蒋冕、毛纪、费宏为总裁，其后廷和、冕、纪三人去位，申命宏与杨一清、石珤、贾咏、毛澄、罗钦顺为正副总裁，复增以侍郎吴一鹏，至嘉靖四年六月书成。

《明史》卷九七，《艺文志二》正史类：《武宗实录》一百九十七卷、《宝训》十卷，费宏等修。

官修《大礼集议》编成。

《明世宗实录》卷五八：嘉靖四年十二月……戊戌（今案：据校勘记，应为“辛丑”）……《大礼集议》成，于承天门奏进。原编是书，一卷为《奏议》，二卷为《会议》，学士方献夫所纂辑者也。后又增侍郎胡世宁所奏，及前人议论有关典礼者为第三卷，再增《特建世庙议》为第四卷。已而学士张璁等复请依《春秋》编年法，系以年月，始正德辛巳，迄嘉靖乙酉，大书其纲，细书其目，间附己意于下，为《纂要》上下二卷。附录遗议数篇、古今考证数篇、《集议》四卷，通为六卷上进。诏颁布于中外。

《明史》卷一七，《世宗本纪一》：嘉靖……四年……十二月辛丑，《大礼集议》成，颁示天下。

《千顷堂书目》卷五，别史类：《世宗大礼集议》六卷，一作四卷。又《大礼纂要》二卷。

《明史》卷九七，《艺文志二》杂史类：《世宗大礼集议》四卷、《纂要》二卷。

公元 1526 年 明世宗嘉靖五年 丙戌

《恭穆献皇帝实录》修成。

《明世宗实录》卷六五：嘉靖五年六月……丙子，定国公徐光祚、大学士费宏等，以纂修《皇考恭穆献皇帝实录》成，进呈。上御奉天殿受之。群臣称贺。赐监修、总裁、纂修等官百金、文绮有差。

沈德符《万历野获编》（中华书局 1959 年版）卷二，《实录难据》：兴献帝以藩邸追崇，亦修实录，何为者哉？其时总裁费文宪（宏）等苦无措手，至假借承奉、长史等所撰实录为张本。……今学士大夫，有肯于秘阁中借录其册、一展其书者乎？止与无只字同。

《千顷堂书目》卷四，国史类：《献皇帝实录》五十卷。嘉靖四年三月甲戌，敕修《献皇帝实录》，命藩府内外臣僚将当日嘉言善行辑送翰林院编纂。于是以定国公徐光祚、尚书廖纪、席书为监修官，大学士费宏、石珤、贾咏为总裁，侍郎温仁和、李时副之，侍讲学士董玘等七人纂修。明年六月书成，赏赉升职有差。先是，费宏疏言“献皇帝享国长久，嘉言懿行，旧邸承奉、长史等官必有成书，宜遣官取付史馆，并促张元恕速进长史张景明原撰日录。”诏从之。

《明史》卷九七，《艺文志二》正史类：《睿宗实录》五十卷、《宝训》十卷。嘉靖四年，大学士费宏言：“献皇帝嘉言懿行，旧邸必有成书，宜取付史馆纂修。”从之。

龙文彬《明会要》卷三六：（嘉靖）四年三月，大学士费宏言：“献皇帝嘉言懿行，旧邸必有成书，宜付史馆纂修《实录》。”从之。明年六月丙子，《实录》成，凡五十卷。文彬按：“有明一代缺典，如建文、景泰二帝，君临天下数年，不得入庙，并不得修实录。世宗以制作自任，未议及此，独徇私恩于兴献，不但称宗祔庙，乱一朝之祀典，且纂修实录，紊千秋之史体。费宏之请，徒欲阿徇上意，不顾贻讥千秋。而廷臣惩议礼之祸，无复规谏，殊可叹也！”

《明宪宗实录》总裁之一刘健卒。

贾咏《刘公健墓志铭》（见《国朝献徵录》卷一四）：嘉靖丙戌冬十一月六日，特进光禄大夫左柱国少师兼太子太师吏部尚书华盖殿大学士致仕晦庵刘公，寿九十有四考，终于家。……赠太师，谥文靖。

《明史》卷一八一，《刘健传》：嘉靖五年卒，年九十四。……赠太师，谥文靖。

案：《明世宗实录》卷七四，记刘健卒于嘉靖六年三月壬午，误。

《苏材小纂》、《九朝野记》、《江海歼渠记》等作者祝允明卒。

陆粲《祝京兆允明墓志铭》（见焦竑《国朝献徵录》卷七五）：先生讳允明，字希哲，苏之长洲人也。……岁壬子举于乡。……初仕兴宁令。……稍迁通判应天府。亡何乞归，又五年卒，春秋六十有七。……先生没以嘉靖丙戌冬十有二月二十七日。所著有……《苏材小纂》若干卷，《野记》若干卷……《江海歼渠记》一卷。

《明史》卷二八六，《徐祯卿传附祝允明传》：祝允明，字希哲，长洲人。……允明以弘治五年举于乡，久之不第，授广东兴宁知县。捕戮盗魁三十余，邑以无警。稍迁应天通判，谢病归。嘉靖五年卒。允明生而枝指，故自号枝山，又号枝指生。

《千顷堂书目》卷五，别史类：祝允明《江海歼渠记》一卷，记刘六、刘七、赵风子事。又《九朝野记》四卷。又卷一〇，传记类：祝允明《苏材小纂》六卷。

《明史》卷九七，《艺文志二》杂史类：祝允明《九朝野记》四卷；《江海歼渠记》一卷，纪刘六、刘七、赵风子事。又传记类：祝允明《苏材小纂》六卷。

《四库全书总目》卷六一，史部传记类存目三：《苏材小纂》六卷，明祝允明撰。……是书记天顺以后苏州人物。前有自序，称弘治改元，诏中外诸司撰集事迹，上史馆为实录，简允明等数弟子员司其事，因私纂纪为此书。第一曰《簪缨纂》，徐有贞以下十九人；第二曰《丘壑纂》，杜琼以下五人；第三曰《孝德纂》，朱灏一人；第四曰《女宪纂》，王妙凤以下三人；第五曰《方术纂》，张豫等二人。大约本之碑志行状，而稍为考据异同，注于本文之下。

《四库全书总目》卷一四三，子部小说家类存目一：《野记》四卷，明祝允明撰。……是书所记多委巷之谈。

公元1527年 明世宗嘉靖六年 丁亥

纂修《大礼全书》，更名《明伦大典》。

《明世宗实录》卷七二：嘉靖六年正月……辛卯，兵部左侍郎张璁言："恭穆献皇帝尊号已定，世庙已成。前者，翰林院侍讲学士方献夫集诸臣奏议，礼部尚书席书为之纂要，上请颁布矣。今特敕馆阁纂为全书。……宜仿《通鉴》凡例，以年月日为纲，事关大礼者必书，每书必实；诸臣奏议，如礼者必采其精，不必如礼者必存其概；备载圣裁，见非天子不议礼也。臣谨自建议以来，备录所识为要略以献，时詹事府詹事兼翰林院学士桂萼亦且上条例。……"上曰："纂修凡例务宜审定，萼所条并璁录，俱付史馆采焉。"……庚子，诏开馆纂修《大礼全书》，赐少师兼太子太师吏部尚书华盖殿大学士费宏等敕曰："朕自继承大统即位以来，朝夕之间，惟我皇考皇母尊亲未定，命诸礼官考详大礼，辄引后世继祠之说，名实不称，废坏纲常。尚赖天赐良哲正直之士，力赞朕一人正厥大伦，尊尊亲亲，各当其宜，位号已定，庙祀已成，岂可无一全书以示后世？虽前命礼官席书纂成《集议》，其中或有未备，朕心慊焉。今特命尔宏与少师兼太子太师吏部尚书谨身殿大学士杨一清、少保兼太子太保吏部尚书武英殿大学士石珤、少保兼太子太保礼部尚书武英殿大学士贾咏、少保兼太子太保礼部尚书席书为总裁官，兵部左侍郎张璁、詹事府詹事兼翰林院学士桂萼为副总裁官，詹事府少詹事兼翰林院侍讲学士方献夫、霍韬……为纂修官，于正月二十二日开馆。尔宏等宜勉尽忠爱，深体朕心，上稽古人之训，近削弊陋之说，参酌诸臣奏论，汇为全书。前《集议》所编，不得更改，可略加润色，以成永久不刊之典。其尚同心协虑，称朕正名崇孝至意，钦哉！故谕。"赐宏等宴于礼部，命英国公张崙侍。至是，上御文华殿，面谕总裁等官，各赐金币有差。

同上，卷七九：嘉靖六年八月……庚申……初，上命学士张璁、桂萼等纂修《大礼全书》，至是以初稿六册呈览。上曰："朕览稿，具见编摩至意。尚书席书前所著论，犹似缺略，纪载欠详。宜通查详定其先儒所论，并汉、魏、宋事。果于礼合，褒进之，使后人有所守；谬而否者，贬斥之，亦使后人无所惑。且斯礼也，不但创行于今日，实欲垂法于万世，以明人伦，正纪纲。《大礼全书》四字未尽其义，宜更名曰《明伦大典》。"璁等乃入席书注论四条。上复命增录古人欧阳修诸儒之论，于父子君臣大伦有所发明者。于是璁等先撰稿进呈。上曰："览所撰，具见尔等尽心。典礼，纲常所系，但诸臣所奏，或自疏，或连名，或会官，或奉旨议，或渎乱破礼，宜皆一一直书，以明是非邪正之辨，尔等仍会总裁官详议，用心纂修。”璁等疏请该科奏缴内本，凡关系大礼者，逐一查出，发付采录，庶便考据。上命查送史馆。

张璁（即张孚敬）编成《敕谕录》、《谕对录》等。

《明史》卷一九六，《张璁传》：张璁，字秉用，永嘉人。举于乡，七试不第。……正德十六年登第，年四十七矣。……（嘉靖）四年冬，《大礼集议》成，进詹事兼翰林学士。……五年七月，璁以省墓请。既辞朝，帝复用为兵部右侍郎，兼官如故。……寻进璁左侍郎。……十年二月，璁以名嫌御讳请更。乃赐名孚敬，字茂恭，御书四大字赐焉。

《千顷堂书目》卷五，别史类：张孚敬《敕谕录》三卷，又《谕对录》三十四卷，又《大礼要略》二卷，嘉靖六年编进。又《灵雪编》一卷，又《钦明大狱录》二卷，嘉靖六年九月署都察院事侍郎张璁，以张寅先后狱词及上所裁定并所赐敕谕，辑录成书。

《明史》卷九七，《艺文志二》杂史类：张孚敬《敕谕录》三卷、《谕对录》三十四卷、《大礼要略》二卷、《钦明大狱录》二卷。

《四库全书总目》卷五六，史部诏令奏议类存目：《谕对录》三十四卷，明张孚敬所奉世宗密谕及其奏草也。孚敬初名璁，字秉用。……孚敬以议礼被遇，六年而秉大政，甚为世所诟病。而世宗始终眷礼不衰，每称“少师萝山”而不名。尝谕孚敬“朕有密谕毋泄”、“朕有御笔悉亲书”。又仿杨士奇故事，赐孚敬银章二，以便封奏。前后所奉手敕，凡三百八十一道，因汇为一书，并奏对札子皆随事附之于后。

《明孝宗实录》副总裁梁储卒。

《明世宗实录》卷八〇：嘉靖六年九月……壬午……致仕特进光禄大夫、左柱国、少师兼太子太师、吏部尚书、华盖殿大学士梁储卒。……特命赠太师，谥文康。

《明史》卷一九〇，《梁储传》：（刘）瑾诛，以吏部尚书兼文渊阁大学士，入参机务。屡加少傅、太子太傅，进建极殿。（正德）十年，杨廷和遭丧去，储为首辅。进少师、太子太师、华盖殿大学士。……卒……特赠太师，谥文康。

桂萼进上《禹迹九州图》。

《明世宗实录》卷八三：嘉靖六年十二月……丁巳……吏部尚书桂萼绘《禹迹九州图》以进。言："古人之学，左图右书，未尝偏废。后世书籍浸繁，而图书不传。顷者陛下命礼部侍郎刘龙、徐缙撰成《禹贡直解》，以供圣览，用意勤矣。臣谓《禹贡》大旨，分叙九州以经之，总叙山川以纬之。每州之下，奠山川、潴薮泽，而后继之物土宜、定田制、经赋法、通朝贡。其总叙于后，则列山川、叙源委、总成功、定封建、别限制、同教化，是大禹先后经理之本末也。皇上盖将因《禹贡》以考地里之远近，见贡赋之难易，为施教之次第，而求所以祗台德先者，非若经生学士徒为考索记问而已。臣辄与龙、缙取前代方舆形制，合今日一统地图，重为四幅。其一，别禹九州之限，而《禹贡》导山导水之略书焉；其一，列山川源委，而《禹贡》田制贡赋之略书焉；其一，载《禹贡》九州之域；其一，列《禹贡》五服之制。经理分明，本末具备。皇上试于清闲之燕一展玩之，则不烦训诂，而所以法象《禹贡》之意者，举在目前矣。"上曰："览所绘图，具知忠爱，以是开发朕学，深有裨益。"因命左右揭之御夷屏，以便省览。

《明史》卷一九六，《桂萼传》：萼所论奏……及进《禹贡图》、《舆地图说》，皆有裨君德时政。

《千顷堂书目》卷六，地理类上：桂萼《历代地理指掌》四卷，又《大明舆地指掌图》一卷。嘉靖六年十二月萼为吏部尚书进呈。

《明史》卷九七，《艺文志二》地理类：桂萼《历代地理指掌》四卷、《明舆地指掌图》一卷。

公元 1528 年　明世宗嘉靖七年　戊子

诏重校补正《大明会典》。

《明世宗实录》卷八六：嘉靖七年三月……己卯……诏儒臣重校《大明会典》，订正谬误，增入续定事例。先是，上谕内阁："朕昨观《大明会典》，太祖所制冠服遂至冠礼，有成化十四年谒谢奉先、奉慈殿之文。夫奉慈殿乃成化二十三年孝伯考即位始建，而云十四年谒谢，何也？"大学士杨一清等对言："《会典》所载乃孝宗皇帝在东宫时冠礼，当时奉慈殿未建，良属谬误。然臣等尝阅《会典》，其误盖不止此。以此书乃弘治十年孝庙始命官开局，彼时草创纂集，茫无端绪。至十三年，大学士李东阳等始定凡例，以《诸司职掌》乃圣祖旧制开具于前，而以累朝节年因革事例序载于后，盖亦尽发金匮石室之藏，又皆徵诸两京百司之籍，期在事理兼备。然而编简浩穰，条贯繁琐，诸司所辑或未精详，史官不及质正，中间记载失真、文辞抵牾者，比比有之。武宗皇帝即位之初，又命儒臣参校颁行，顾其间舛漏，犹未尽正。夫以一代通典，百司所遵，若不及时修改，无以信今传后。乞令诸司各将所载事例，详细校勘，如有差误，明注其旁。自初修书以后，典礼因革，事例增损，亦令检明纂集，俱送史馆润色改正。正德以后事例，亦宜续修附入，以成完典。”上曰：“《会典》乃我朝一代之制，岂应有此谬误？卿等所奏俱允行，用成两朝遗命，副朕继述之心。其未尽事宜，礼部拟奏行之。”

《明伦大典》修成。

《明世宗实录》卷八九：嘉靖七年六月辛丑朔，《明伦大典》书成，进呈。上亲制序文，命宣付史馆，刊布天下。加恩纂述效劳诸臣：少师兼太子太师、吏部尚书、华盖殿大学士杨一清，加正一品俸，荫一子为尚宝司司丞；少保、礼部尚书兼文渊阁大学士张璁，加少傅兼太子太傅，升吏部尚书、谨身殿大学士，荫一子为中书舍人；吏部左侍郎兼翰林院学士翟銮，升礼部尚书兼文渊阁大学士；太子太保、吏部尚书、翰林院学士桂萼，加少保兼太子太傅，荫一子为中书舍人；礼部尚书兼翰林院学士方献夫，加太子太保，尚书、兼官如故，俱照旧办事，各给与诰命。都察院右副都御使熊浃，升左副都御史；詹事府詹事兼翰林院学士霍韬，升礼部尚书，仍兼学士；掌詹事府事少詹事兼翰林院侍讲学士黄绾，升詹事，兼官如故。

《明史》卷一七，《世宗本纪一》：嘉靖……七年……六月辛丑，《明伦大典》成，颁示天下。

《明史》卷一九八，《杨一清传》：杨一清，字应宁，其先云南安宁人。……少能文，以奇童荐为翰林秀才。……年十四举乡试，登成化八年进士。父丧葬丹徒，遂家焉。服除，授中书舍人。久之，迁山西按察佥事，以副使督学陕西。……入为太常寺少卿，进南京太常寺卿。弘治十五年用刘大夏荐，擢都察院左副都御史，督理陕西马政。……武宗初立……寻进右都御史。……而刘瑾憾一清不附己，一清遂引疾归。……安化王寘鐇反，诏起一清总制军务……中官张永监其军。……知永与瑾有隙……竟如一清策诛瑾。……得召还，拜户部尚书。论功，加太子少保。……寻改吏部。……加少保、太子太保。……进一清少傅、太子太傅。……大学士杨廷和忧去，命一清兼武英殿大学士入参机务。……嘉靖三年十二月戊午诏一清以少傅、太子太傅改兵部尚书、左都御史，总制陕西三边军务。……召一清为吏部尚书、武英殿大学士。既入见，加少师，仍兼太子太傅。……加太子太师、谨身殿大学士。……加特进左柱国、华盖殿大学士。费宏已去，一清遂为首辅。……《明伦大典》成，加正一品俸。

《明史》卷一九六，《张璁传》：世宗初践阼，议追崇所生父兴献王。廷臣持之，议三上三却。璁时在部观政，以是年七月朔上疏曰："孝子之至，莫大乎尊亲。尊亲之至，莫大乎以天下养。陛下嗣登大宝，即议追尊圣考以正其号，奉迎圣母以致其养，诚大孝也。……臣窃谓今日之礼，宜别立圣考庙于京师，使得隆尊亲之孝，且使母以子贵，尊与父同，则圣考不失其为父，圣母不失其为母矣。"帝方扼廷议，得璁疏大喜……亟下廷臣议。廷臣大怪骇，交起击之，礼官毛澄等执如初。……璁亦除南京刑部主事以去，追崇议且寝。至嘉靖三年正月，帝得桂萼疏心动，复下廷议。……其年九月卒用其议定尊称。帝益眷倚璁、萼，璁、萼益恃宠仇廷臣，举朝士大夫咸切齿此数人矣。四年冬，《大礼集议》成，进詹事兼翰林学士。……五年七月，璁以省墓请。既辞朝，帝复用为兵部右侍郎，兼官如故。……寻进璁左侍郎。……明年二月兴王邦奇狱，构陷杨廷和等。……其年冬，遂拜礼部尚书兼文渊阁大学士入参机务，去释褐六年耳。……七年正月……乃更加少保兼太子太保。《明伦大典》成，复进少傅兼太子太傅、吏部尚书、谨身殿大学士。

《明史》卷一九三，《翟銮传》：翟銮，字仲鸣，其先诸城人。曾祖为锦衣卫校尉，因家京师。举弘治十八年进士，改庶吉士。正德初，授编修。刘瑾改翰林于他曹，以銮为刑部主事。旋复官，进侍读。嘉靖中，累迁礼部右侍郎。六年春，廷推阁臣。……中贵人多誉銮者，帝遂逾次用之……命銮以吏部左侍郎兼学士入直文渊阁。

《明史》卷一九六，《桂萼传》：桂萼，字子实，安仁人。正德六年进士。除丹徒知县。……嘉靖初，由成安知县迁南京刑部主事。世宗欲尊崇所生，廷臣力持……萼与张璁同官，乃以二年十一月上疏曰："臣闻帝王事父孝，故事天明；事母孝，故事地察。未闻废父子之伦，而能事天地主百神者也。……愿速发明诏，称孝宗曰皇伯考，兴献帝皇考，别立庙大内，正兴国太后之礼，定称圣母，庶协事天事地之道。……臣久欲以请，乃者复得席书、方献夫二疏。伏望奋然裁断，将臣与二臣疏并付礼官，令臣等面质。”帝大喜，明年正月手批议行。三月，萼复上疏……与璁疏并上。帝益大喜，召赴京。……萼复偕璁论列不已，遂召为翰林学士，卒用其言。萼自是受知特深。四年春……寻进詹事兼翰林学士。……六年三月进礼部右侍郎，兼官如故。……其年九月改吏部左侍郎。是月拜礼部尚书，兼翰林学士。故事，尚书无兼学士者，自萼始。……甫逾月，迁吏部尚书。……七年正月，手敕加太子太保。《明伦大典》成，加少保兼太子太傅。

《明史》卷一九六，《方献夫传》：方献夫，字叔贤，南海人。……弱冠举弘治十八年进士，改庶吉士。……正德中，授礼部主事，调吏部，进员外郎。……寻谢病归，读书西樵山中者十年。嘉靖改元，夏还朝，道闻“大礼”议未定，草疏曰：“先王制礼，本缘人情。君子论事，当究名实。……伏乞宣示朝臣，复称孝宗曰皇伯，兴献帝曰皇考，别立庙祀之。夫然后合于人情，当乎名实，非唯得先王制礼之意，抑亦遂陛下纯孝之心矣。”疏具，见廷臣方抵排异议，惧不敢上。为桂萼所见，与席书疏并表上之。帝大喜，立下廷议。……时已召张璁、桂萼于南京，至即用为翰林学士，而用献夫为侍讲学士。……帝卒用诸人议定“大礼”，由是荷帝眷与璁、萼埒。四年冬进少詹事。献夫终不自安，谢病归。六年召修《明伦大典》。献夫与霍韬同里，以议礼相亲善，又同赴召。……还朝未几，命署大理寺事。……其年九月拜礼部右侍郎，仍兼学士，直经筵日讲。寻代萼为吏部左侍郎，复代为礼部尚书。《明伦大典》成，加太子太保。

《千顷堂书目》卷四，国史类：《明伦大典》二十四卷。嘉靖六年正月敕修，以大学士费宏、杨一清、石珤、贾咏及礼部尚书席书为总裁，兵部右侍郎张璁、詹事桂萼副之。十一月改命谢迁、张璁、翟銮，而以桂萼、方献夫为之副。明年七月书成，惟一清、璁、銮、萼、献夫列名，余皆去位；其纂修官则熊浃、霍韬、黄绾、席春、孙承恩、廖道南、王用宾、张治八人。始名《大礼全书》，复更定曰《明伦大典》，上自制序，仍命一清等五人序于后。

《明史》卷九七，《艺文志二》杂史类：《明伦大典》二十四卷。

许诰著成《通鉴纲目前编》。

《明史》卷一八六，《许进传附子诰传》：许进，字季升，灵宝人。……诰，字廷纶，进次子也。弘治十二年进士。授户科给事中。……进刑科右给事中。

正德元年，父进为兵部尚书。故事，大臣子不得居言职，遂改翰林检讨。及进忤刘瑾削籍，并谪诰全州判官。父丧归。久之荐起尚宝丞，复引疾归，家居授徒讲学。嘉靖初，起南京通政参议，改侍讲学士，直经筵，迁太常卿掌国子监。

《明世宗实录》卷八九：嘉靖七年六月……己巳，翰林院侍讲学士许诰上所撰《通鉴纲目前编》，《图书管见》、《太极图论》，诏留览。

《千顷堂书目》卷四，编年类：许诰《纲目前编》三卷。称涵谷居士。

《明史》卷九七，《艺文志二》正史类：许诰《纲目前编》三卷。

《四库全书总目》卷四八，史部编年类存目：《通鉴纲目前编》三卷，明许诰撰。诰自号函谷山人。……是书以司马光《通鉴》、朱子《纲目》，皆不直接《春秋》，中间缺七十余年之事；金履祥《通鉴前编》，书法又多舛。乃重辑是编，以订讹补缺……亦小有考证。而摹仿《春秋》过甚，拘文牵义，往往画虎不成，又或生例于《春秋》之外。……至于《春秋》无事必书时，例也；于春特书王正月，明正朔也。诰于无事之年，既不备书，又不书王正月，必于年下别标一春字，自序谓行夏时、重岁首也，亦不善于学步矣。

公元 1529 年　明世宗嘉靖八年　乙丑

《明武宗实录》总裁之一石珤卒。

《明世宗实录》卷九七：嘉靖八年正月……丁巳，致仕少保兼太子太保吏部尚书武英殿大学士石珤卒。……谥文隐。

《明史》卷一九〇，《石珤传》：（嘉靖）七年冬卒，谥文隐。隆庆初，改谥文介。

案：《明实录》与《明史》所记石珤卒年不同，今从《明实录》。

重修《大明会典》。

《明世宗实录》卷一〇〇：嘉靖八年四月……戊辰……大学士杨一清等言："《大明会典》一书，诚国家典礼所系，昨已奉旨令诸司纂集，近来条例送翰林院重订，仍乞赐敕命官开馆纂修，以成盛典。"上从之，乃降敕曰："朕恭承天命，入继祖宗大统，君临天下，凡致治保邦之道，远稽古典，近守祖宗成法，夙夜祇慎，罔敢违越。仰惟我皇伯考孝宗皇帝，命儒臣纂修《大明会典》一书，我圣祖神宗累朝以来创业垂统，守成致治，凡官职制度、事物名数、仪文等级，宏纲众目，本末备书；因时修正，损益具载。大要以祖宗旧制为主，节年事例附书于后。我皇兄武宗皇帝，又命儒臣再加参校重进，然后刊印颁行。朕万幾之暇，时取展阅，或因裁决政务，检寻事始，每见其间纪载失真、文辞抵牾者，比比有之。朕惟此一代通典，百司之所遵行，后世以之为据，岂宜有此错误？彼时纂修者既失于精详，总裁者又不能订正，均难辞责。然亦因举行稍迟，先朝之事，故老凋丧，案卷磨灭，典籍无考，致有前失。及今修改，犹或可及，不然，岁复一岁，逾远逾忘，终难考订。且自弘治十五年纂修之后，至今二十有八年，典礼之因革，事例之增损，又复烦多，恐数十年之后，卷册浩穰，条贯烦琐失真之弊，又或如前。已纳卿等之言，先令六部、都察院、通政使司、大理寺等衙门，各委属官，将所载各司事例再行检查校勘，若有差错，备细贴注明白，送史馆改正；仍将弘治十五年以后至嘉靖七年续定事例，照前例查出，纂集校勘停当，写成上进，续修附入。今闻纂集将完，特命卿等择日开馆，仍催促各该衙门责限完进。卿等分俵各馆，命官纂修，其体例一遵旧典，不必立异更张，但要正其差讹，补其脱漏。其修书后二十八年之事，务要悉心考究，凡损益同异，具事系年，条分类列，通前萃为一书，以成一代完典，使天下臣民知所趋向，同归皇极。卿等其督率各官供职勤事所责，文质得中，事理兼备，失之前者得正之于后，行诸后者可质之于今。期副朕法祖图治之意，毋或承讹就简，以蹈前愆，又或玩时愒日，以招后议，皆非朕所望焉。其总裁、副总裁、纂修等官职名并合行事宜，陆续开具来闻尔等。钦哉！钦哉！”遂命一清及大学士张璁、桂萼、翟銮、吏部尚书兼翰林院学士方献夫为总裁官，詹事府詹事兼翰林院学士霍韬、顾鼎臣为副总裁官，太常寺少卿兼侍读谢丕、左春坊左庶子兼侍讲学士穆孔晖、右春坊右庶子兼修撰方鹏、侍读学士许成名……为纂修官，太常寺卿刘棨、中书舍人凌楫为催纂官，尚宝司卿邵文恩、尚宝司卿兼侍书徐富、司丞张天保、林应禧……为誊录官，大理寺左评事郭晟、翰林院孔目朱福为收掌文书官。

《明世宗实录》卷一〇一：嘉靖八年五月……乙巳……以纂修《大明会典》，赐总裁等官宴于礼部。……癸丑，纂修《大明会典》副总裁詹事霍韬等辞修书酒饭，以节冗费。上褒谕从之。

《明世宗实录》卷一〇二：嘉靖八年六月……癸酉，詹事霍韬等言："臣等奉命修《大明会典》，各该衙门未见送到册籍，未及编纂。臣等先于私家将旧典各书翻阅。……乞敕户部考求洪武初年额田原数，备查弘治十五年失额田数及今日额田实数，送馆稽纂。……乞再敕户部核实洪武、弘治递年户口原数及今日户口实数，送馆稽纂。……乞敕礼部备查洪武初年各省藩封位数几何、今日位数几何，户部备查禄米总数初年几何、今日几何，核实送馆稽纂。……乞敕兵部备查洪武间武职大数几何、今日大数几何，类为册帙，送馆稽纂。……乞敕吏部详查洪武年间文职几何、今日冗职几何、裁革几何、通文武职员几何，送馆稽纂。……乞敕礼部行司礼监备查洪武年间各监局职掌何如、员数何如、列圣以来钦差事例何如、今日员数何如，送馆稽纂。……”得旨，令各衙门备核沿革定数，送付史馆。

桂萼进《舆地图》。

《明世宗实录》卷一〇二：嘉靖八年六月……戊辰（五日），大学士桂萼进《舆地图》十有七，各有叙纪。上曰：“览图叙，明白切要，具见体国经济至意。图本留览，还写副存留内阁。”

《四库全书总目》卷七二，史部地理类存目一：《舆地记叙》二卷，明桂萼撰。……是编即嘉靖八年为大学士时所上，首为总图，次则两京十三省，各为一图，附以四夷图。但略具兵马钱粮之总数，并府州县卫之名亦不具列，所述利病亦皆敷衍之词。其奏进疏，乃称“披此图如祖宗之亲历地方者然”，而世宗批答亦称其“明白要切，具见体国经济”，皆不可解也。

《明孝宗实录》总裁之一杨廷和卒。

赵贞吉《杨文忠公廷和墓祠碑》（见焦竑《国朝献徵录》卷一五）：公……以天顺己卯九月十九日生。……以嘉靖己丑六月二十一日卒于正寝。

《明史》一九〇，《杨廷和传》：（嘉靖）七年，《明伦大典》成，诏定议礼诸臣罪。言廷和谬主《濮议》，自诡门生天子、定策国老，法当僇市，姑削职为民。明年六月卒，年七十一。……（穆宗）隆庆初……赠太保，谥文忠。

《明武宗实录》兼修徐光祚卒。

《明世宗实录》卷一〇三：嘉靖八年七月……辛酉，太师兼太子太师定国公徐光祚卒。……谥荣僖。光祚，永宁之子，弘治十七年袭父爵。正德五年提督营务，掌前军都督府印。录宁夏平逆功，加太傅。正德十五年调中府掌印，奉敕知经筵、监修国史，加兼太子太傅。《武庙实录》成，加兼太子太师。《恭穆献皇帝实录》成，加太师兼太子太师。至是卒。

朱廷立著《盐政志》。

胡直《礼部右侍郎朱公廷立传》（见焦竑《国朝献徵录》卷三五）：朱廷立，字子礼，其先徽之婺源人，高祖志先始著通山居焉。登癸未进士，授诸暨县令。……治称第一。晋拜河南道御史。……己丑，巡两淮盐政，作《商诫》九以谕商，《御史诫》九以自厉，又条陈盐法宜行事。

《千顷堂书目》卷九，食货类：朱廷立《盐政志》十卷。

《明史》卷九七，《艺文志二》故事类：朱廷立《盐政志》十卷。

《四库全书总目》卷八四，史部政书类存目二：《盐政志》十卷，明朱廷立撰。廷立，通山人。嘉靖癸未进士。官至礼部右侍郎。嘉靖八年，廷立以河南道监察御史奉使清理两淮盐政，因博考古今盐制，以成此书。凡分七门，曰出产，曰建立，曰制度，曰制诏，曰疏议，曰盐官，曰禁令。每门各分子目，凡三百九十有四。盖制诏、疏议，每一篇立一目，故其繁至是也。

王蓂撰成《历代忠义录》。

《明进士题名碑录·正德六年辛未科》：王蓂，江西抚州府金谿县民籍。

王蓂《历代忠义录序》（台湾汉学研究中心藏明嘉靖刻本，《四库全书存目丛书补编》第93册）：忠义者，天下之大闲也。事君之尽己合宜，皆忠也、义也。而以死忠义者为大，何也？天下之事，不难于常，而难于变。死忠义者，变之大者也，臣道之极致也。斯不亦难乎？故古今天下以忠义归之死节者，难之也。予于古之死节之士，窃景慕之，尚论其事，未尝不三喟焉。遂考之《纲目》，仅表其尤，全史各立之传，而所遗尚多。复蒐子集、百家、天下志乘，合而纂之，庶几备矣！……总为卷十有四。凡四阅岁、三易稿而后成，名之曰《历代忠义录》。自夏迄元，三千二百年间忠臣义士一开卷而指诸掌矣。……嘉靖八年己丑夏六月既望，赐进士出身中顺大夫、浙江等处提刑按察司提学副使、金溪东召王蓂时祯书。

《千顷堂书目》卷十，传记类：王蓂《历代忠义录》十八卷。

《明史》卷九七，《艺文志二》传记类：王蓂《历代忠义录》十八卷。

《四库全书总目》卷六一，史部传记类存目三：《忠义录》十四卷，明王蓂撰。蓂字时祯，金谿人。……是书取史传忠义之事，分类编辑。以伯夷以下五百九十七人为上，张良以下五百七人次之，各节录事实，有祠墓可考者，并详其地。孟达等八十七人，或失节于前，或死不足赎；解文卿以下十人，或事非其主，或言非其时，皆不以忠义与之，持论颇正。其王充以下一百四人，始终一姓，忠义皎然，乃以其为辽金元之臣，私意区分，曲相排抑，则悖谬甚矣。又自谓此书旁搜诸子百家，庶几全备，而唐宋间如成三朗、苏安恒、韩通、张旦辈，俱未及载，则亦未能无所遗漏也。

今案：王蒉自序谓其书有十四卷，《四库提要》同。《千顷堂书目》、《明史·艺文志》作十八卷，误。

公元 1530 年 明世宗嘉靖九年 庚寅

周禈请复置起居注之职。

《明世宗实录》卷一一〇：嘉靖九年二月……辛未（十日）……江西道监察御史周禈条陈五事：一、明史职。我朝设立史官，虽有编摩纂述之事，而无侍直纪载之举，非古者置左右史兼起居注之意。宜以常日朝会、便殿斋居及车驾出入郊祀、临幸太学，咸侍从左右，以备纪述。于凡诏令典章、封除废置、灾祥赏罚、百司奏启之类，皆得次第直书，而藏之史局。俟年终汇辑成书，以备实录之考。……疏入，上以其言可采，命所司看详以闻。

许诰进上其父许进所著《平番始末》。

许诰《进平番始末疏》：太常寺卿管国子监祭酒事臣许诰谨奏，为进书事。臣惟今之甘肃一镇，即汉所开西域以断匈奴右臂之地。我太宗文皇帝经略西域，又置哈密国、蒙古、赤斤、罕东等卫，招降士人，羁縻臣属，互为唇齿，以为甘肃藩篱，以传报西域虚实向背，以通诸国朝贡之路，诚为西北保障重地。因岁久无备有隙，边臣外抚乖方，以致土番侵夺哈密，失守不支，衰微难振。臣故父先臣许进于弘治八年以左佥都御史巡抚地方，奉敕经略前事，曾具奏招辑诸夷，亲率土汉官兵直至哈密地方，克其城池，逐其渠恶，扬其遗众，兴复故城，诸藩通贡。盖自成化九年土番犯顺，至弘治八年几三十年，振中国之威，慑丑夷之心，有此一举，自后二十年西方无事。先臣致仕之日，曾检阅奏稿，著成《平番始末》一书。臣收藏岁久，未敢上进。惟哈密自正德十三年又复失守。皇上德威所及，四夷咸宾。今哈密经略有绪，边方底定，土番纳贡，又皆仰仗皇上德威之所及也。臣恐岁月既远，人不知当时用兵始末，虽兵部有卷可查，卒难检阅，亦难广布，谨用誊写封进，上呈御览。伏望皇上宣付史馆，亦足以见当时用兵之盛，亦足以见我朝德威之远及也。臣不胜恐悚之至，为此具本并书一册，随本封进，伏候敕旨。（嘉靖九年二月十一日奉圣旨送史馆采录）

景旸《许公进墓志铭》（见焦竑《国朝献徵录》卷二四）：公讳进，字季升，号东崖，姓许氏，河南灵宝人。……成化丙戌举进士，授监察御史，按治甘肃。……壬寅，擢山东按察副使。……弘治戊申，迁广西按察使。未几，擢右佥都御史，巡抚大同。……甲寅，迁陕西按察使。时北虏大寇甘、凉，以公为左佥都御史，巡抚甘肃。……丙辰，迁右副都御使，巡抚陕西。丁巳，召为户部右侍郎，进左侍郎。……正德乙丑……改兵部左侍郎……寻进兵部尚书。……改吏部尚书……加太子少保，阶资德大夫、正治上卿。贼（刘）瑾秉政……令致仕，久之，又令冠带闲住。庚午八月十八日卒于正寝……享年七十有四。……赠太子太保。……所著有……《平番始末》诸作。

《千顷堂书目》卷五，别史类：许进《平番始末》一卷。

《明史》卷九七，《艺文志二》杂史类：许进《平番始末》一卷。

《四库全书总目》卷五三，史部杂史类存目二：《平番始末》一卷，明许进撰。……初，弘治七年，土鲁番阿黑麻攻陷哈密，执忠顺王陕巴去。进为甘肃巡抚，潜师袭复其城。致仕后，因检阅奏稿案牍，编为此书。嘉靖九年，其子诰疏进于朝，诏付史馆。其述用兵始末及西番情事颇详，今《明史》土鲁番、哈密诸传，大略本之于此。

《明伦大典》总裁、《关中奏议》作者杨一清卒。

谢纯《特进光禄大夫左柱国少师兼太子太师吏部尚书华盖殿大学士赠太保谥文襄杨公一清行状》（见焦竑《国朝献徵录》卷一五）：杨公一清，字应宁，号邃庵。……公赋性燥热，又多饮醇酒，故每病热毒。……卒之期，为嘉靖九年八月十四日，夜四鼓矣。

《四库全书总目》卷五五，诏令奏议类：《关中奏议》十卷，明杨一清撰。……此编以其生平章疏，分为五类。卷一卷二曰《马政类》，卷三曰《茶马类》，弘治十五年以副都督御史督理陕西马政时所上；卷四卷五卷六曰《巡抚类》，则寇入花马池，命巡抚陕西时所上；卷七卷八卷九曰《总制类》，则正德初寇犯固原、隆德，一清以延绥、甘肃、宁夏有警不相援，患所无统摄，请遣大臣领之，即命一清总制时所上；第十卷曰《后总制类》，则其忤刘瑾致仕后，以安化王寘鐇反，复起时所上也。以所陈多陕甘边事，故以《关中》为名。嘉靖初，始刊行于南京。其间所载，不尽皆一清奏稿，凡当时部臣复疏及前后所奉谕旨，悉编入之，故于时事本末，颇为详尽。史称一清官陕西提学副使时，即详究边情利弊，尝当羽书旁午，一夕草十疏，悉中机宜，其才一时无两，或比之姚崇云。

公元 1532 年 明世宗嘉靖十一年 壬辰

廖道南建议复史职、储史官。

《明世宗实录》卷一四一：嘉靖十一年八月……乙未……翰林院侍讲学士廖道南，以上祭历代帝王礼成，上《景德崇圣颂》，且陈二议：一曰复史职。谓左史记事，右史记言，古制皆然。惟我太祖之设起居注，仁宗之开弘文馆，亦并师此意。自宣德后，相权重，史职轻，而起居注寖废矣。皇上法古帝王，言动为世则，虽常命官编纂御札，而职非专设，事未责成。今宜复圣祖旧制，选翰林官中学行才识优卓者，俾其职兼起居，日记言动，以至邦有大政，民有大贵，皆令书之，以徵时政，则史职不为虚设矣。二曰储史官。昔太祖开文华堂，选诸进士读书中秘，以学士教之，当时如解缙辈并为名臣，有裨治体。太宗谕曾棨等以立志须远大之语，而是科得人最盛。近来多因考选未公，以致得人遂寡。迩乃废而不讲，遂使翰院空虚，匪人备员，其失职尤甚矣。今宜申令九卿科道官各举所知，凡有蕴学闳博，负英俊之才，敦行孝友，具渊懿之资者，如古召试馆职例，务加精核，勿滥勿徇，如此则史官不至缺人矣。上嘉其意忠，《颂》留览，余下所司知之。

公元 1534 年 明世宗嘉靖十三年 甲午

《通鉴纲目前编》作者许诰卒。

王廷相《许公诰墓志铭》（见焦竑《国朝献徵录》卷三一）：嘉靖十三年正月乙卯，资政大夫、南京户部尚书许公卒于位。……享年六十有四。

《明世宗实录》卷一六三：嘉靖十三年五月……癸未……南京户部尚书许诰卒。……赠太子太保，谥庄敏。诰，河南灵宝县人，前吏部尚书进之子也。……其所著述，虽未臻理要，而人称其笃志好学，能益振其家声云。

《明史》卷一八六，《许进传附子诰传》：（嘉靖）十一年，擢吏部右侍郎。其冬，拜南京户部尚书。……卒官。赠太子太保，谥庄敏。

案：王廷相《许公诰墓志铭》与《明世宗实录》所记许诰卒年之月份不同，今从《墓志铭》。

重新书写累朝宝训、实录，建阁尊藏。

《明世宗实录》卷一六五：嘉靖十三年七月……丁丑，重书累朝及恭睿献皇帝宝训、实录。敕太子太傅武定侯郭勋为监录官，少师兼太子太师吏部尚书华盖殿大学士张孚敬、少保兼太子太保吏部尚书武英殿大学士李时为总视经理官，太子太保吏部尚书汪鋐、少保兼太子太保礼部尚书翰林院学士夏言、吏部左侍郎兼翰林院学士顾鼎臣为同经理官，太常寺少卿兼翰林院侍读谢丕、侍读学士吴惠、张璧、侍讲学士廖道南为管录官。遂命左春坊左谕德姚涞、翰林院侍读张衮、修撰王汝孝、华察、编修童承叙、杨惟杰、欧阳衢、唐顺之、陈束、杨瀹、卢淮、陈节之、胡经、周文烛、侍书刘锐、待诏叶幼学为校录官，以太常寺少卿兼侍书徐富等三十四人充誊录官，掌典籍事、评事凌揖等五人充收掌官。寻命吏、礼二部会选儒士张电等三十五人送史馆誊录。先是，上谕内阁："祖宗神御像、宝训、实录，宜有尊崇之所，训、录宜再以坚楮书一，总作石匮藏之。"乃议建阁尊藏，以郊建罢。至是，辅臣张孚敬申前议，请重书训、录。上乃命内阁同在工诸臣，视建造神御阁地于南内，上亲临定命，制如南京斋宫，内外用砖石团瓮，阁上奉御容，阁下藏训、录。又以石匮夏月发润，改制铜匣。其重书训、录，书帙大小，依《通鉴纲目》，规不拘每月一册旧制，第取厚薄适匀。异日收藏，每朝自为一匮。议定，礼部乃请以是月十七日开馆，如纂修例。从之。

陈侃著成《使琉球录》。

《明进士题名碑录·嘉靖五年丙戌科》：陈侃，浙江宁波府鄞县民籍。

陈侃《使琉球录序》：皇明德化诞敷，际天所覆，声教咸暨。琉球越在海表，世奉正朔唯谨。每易代航章乞封，则遣近臣将事。嘉靖壬辰，世子尚清以嗣国，请皇上仁覆无外，聿修旧章。时侃待罪左省，俾充正使往，而以行人高君副之。

衔命南下，历询往迹，则自成化己亥清父真袭封时，距今五十余祀，献亡文逸，伥伥莫知所之。考《一统志》、《星槎胜览》等书，登载互异，罔可据依，乃甲午仲夏解缆闽江。赖天子威灵，海若效顺，再旬达其国。宣诏敕、锡章服如仪，尚清率国人稽首踊跃欢呼，称职贡匪懈。已事遄迈，十月朔还闽，可以卜日斋沐而见上矣。惟前辈使外国，率有纪录或赋咏，非以炫词华也。穷荒绝裔，亦造物者之所陶镕，而风声旷邈，品藻弗及。若道途之险易，山川之怪奇，风俗之媺恶，人物之丑好，以至昆虫草木之变，安居和味宜服利用备器之不齐，非特探奇好事者所欲知，而使事之周爰咨诹自不可少也。因与高君日纪闻见，凡道途山川风俗人物之实，起居日用饮食之细，皆得诸耳目之所亲究，乃知旧存纪载殆郢书燕说之类；志其略，辨其异，此录之所以不容已也。君子之饱道腴者，或寓目焉，其大烹之筵荐以海错，庶几一下箸乎！不然，言之无文，行之不远，覆瓿之具尔。若继今使者，取以为擿埴索涂之助，容可乎！嘉靖甲午阳月望日，四明陈侃书于闽之长春堂。

高澄《使琉球录后序》：天下事履之而后知，及之而后喻，未有不身试之而知其然者。壬辰岁，陈给舍暨余被使琉球命，人皆曰："航海之役危矣哉！盍访诸前使而稽其所录耶？"越旬，获睹诏敕琉球旧草，始知前为给舍董君旻、司副张君祥，于时二君已不禄矣，而锓诸梓者复遗失而莫之可稽，良用忧惧！乃取载琉球诸书而参考之，见其为说颇异，臆纯夷或有是也。及今夏五月至其国，立冬风便始归，其间得于见闻之久、询访之真者，似与诸所载少不同，是非独疑讹之故，或者风以化移，俗因时易，月异而岁不同耳。故因纪使事，而复质之诸书，以见今日声教之大同而蛮夷之丕变也。虽不足续《王会》之图，成风土之记，然于后之奉使者，则未必无小补云。嘉靖甲午十月乙亥，古燕高澄序。

《千顷堂书目》卷八，地理类下：陈侃《使琉球录》二卷。四明人。左给事中。嘉靖中修。

安都著成《十九史节定》。

《千顷堂书目》卷四，通史类：安都《十九史节定》一百七十卷。太原人，愤诸史书法不公，改正为是书，嘉靖十三年上于朝。世宗以诸史已有定论，都妄肆赘疣，命毁而谴之。

《明史》卷九七，《艺文志二》正史类：安都《十九史节定》一百七十卷。

皇史宬建立。

孙承泽《春明梦余录》卷一三：皇史宬在重华殿西，建于嘉靖十三年。……中贮列朝《实录》及《宝训》。每一帝山陵则开局纂修，告成，焚稿椒园，正本贮此。

公元 1535 年 明世宗嘉靖十四年 乙未

金江著成《义乌人物记》。

金江《义乌人物记引》：记者何？纪实也。纪实者何？昭世则也。世则昭而记义尽矣。洪与刘尝志郡县以及人物矣，曷为著之？病二子也。二子不其纪实乎？曷为病之？顾其晦弗彰，淆弗别，善弗旌，是以病之。然而名爵史编固尝显矣，奚俟于著？特沉微者为泯泯焉尔。是故删其所不必录者，参吾之所必录者矣。考索而著定，著定而记成，记成而实纪。于是晦焉用彰，淆焉用别，善焉用旌，故曰世则昭而记义尽矣。嘉靖十四年仲冬既望，绸东金江书。

《千顷堂书目》卷一〇，传记类：金江《义乌人物志》二卷。

《明史》卷九七，《艺文志二》传记类：金江《义乌人物志》二卷。

《四库全书总目》卷六一，史部传记类存目三：《义乌人物志》二卷，明金江撰。江，字孔殷，义乌人。是书成于嘉靖乙未。取史传、地志及诸家文集中所载义乌名人，各为之传赞。所载凡四十七人，分忠义、孝友、政事、文学四类。盖全仿宋濂《浦阳人物记》例，而叙述过于简略，不及濂书博赡也。

公元 1536 年 明世宗嘉靖十五年 丙申

朱纨于本年后著成《茂边纪事》。

《明史》卷二〇五，《朱纨传》：朱纨，字子纯，长洲人。正德十六年进士。除景州知州，调开州。嘉靖初，迁南京刑部员外郎。历四川兵备副使。与副总兵何卿共平深沟诸砦番。五迁至广东左布政使。

《千顷堂书目》卷五，别史类：朱纨《茂边纪事》一卷。

《明史》卷九七，《艺文志二》杂史类：朱纨《茂边纪事》一卷。

《四库全书总目》卷五三，史部杂史类存目二：《茂边纪事》一卷，明朱纨撰。……此书乃嘉靖十五年纨官四川兵备副使时，与副总兵何卿共平深沟诸砦番，因述其措置始末。作四六文一篇，而各以崖略分注其下，又附以纪事诗五十章，及李凤翔《靖柔编》、王元正《平蛮》、《或问》各一首，彭汝实等诗二十一首，末有自跋。

公元 1538 年　明世宗嘉靖十七年　戊戌

许论著成《九边图论》。

《明史》卷一八六，《许进传附子论传》：（许）论，字廷议，进少子也。嘉靖五年进士。授顺德推官，入为兵部主事，改礼部。好谈兵。幼从父历边境，尽知阨塞险易，因著《九边图论》，上之。帝喜，颁边臣议行，自是以知兵闻。

许论《九边图论引》：先襄毅公白首边陲，勋在王国，贻谋绪论，论自髫年犹及闻之。既束发，颇厌章句，见大人遗弓敝幕，则欣然有怀，故疆场之事，多所讨论。当时气盛，谓宣力国家，持戈建功名，无不可者。日月不居，倏尔四十，引弓试马，精力顿减，自分无闻久矣，不复言天下之事矣。去岁，移官职方，复涉戎务，每及利害可否之际，不容中默。闲中，乃摭拾旧闻，参以时宜，著《边论》九篇。虽不足以当经济之业，亦可以广机权之变。卷而藏之，用纾壮年之志。顾封疆延袤，山川险易，道里迂直，城堠疏密，据形审势，计利制胜，非图莫见也。于是乎，复作《九边图》。

《千顷堂书目》卷八，地理类下：许论《九边图论》三卷。

《明史》卷九七，《艺文志二》地理类：许论《九边图论》三卷。

钱曾《读书敏求记》卷二，《地理舆图》：《九边图论》一卷。许论进《九边图论》，图留览，边论经兵部看详，极奖与之。

王重民《中国善本书提要》，史部政书类：《九边图论》一卷，一册，《修攘通考》零本。明许论撰。论，字廷议，灵宝人。……幼从父历边境，尽知阨塞险易，因著《九边图论》，上之。帝喜，颁边臣议行，自是以知兵闻。……嗣后边事日亟，其书遂大行于世，嘉、万以来所有著述，遂鲜有不道及是书者矣。是书《明史·艺文志》作三卷，《万卷堂书目》不著卷数，且误撰人为谢少南，然注明二册，则当亦是三卷本。盖三卷本为嘉靖间原刻，此则万历间何镗辑刻《修攘通考》所合并，《读书敏求记》作一卷，疑亦为此本。《四库存目》卷七十五载《修攘通考》四卷，《提要》云："此编以伪苏轼《地理指掌图》与许论《九边图》等三书，合而刊之，别立此名，更无一字之论著。"按馆臣所据为残本，北京图书馆藏《修攘通考》全书，凡四种，六卷。谢少南序（嘉靖十七年）。马从谦后序（嘉靖十七年）。宋宜跋（嘉靖十七年）。刘希简书后（嘉靖十七年）。

李纪著《标题详注史略补遗大成》。

《四库全书总目》卷五〇，史部别史类存目：《史略详注补遗大成》十卷，明李纪撰。纪，字大正，金溪人。初，元庐陵曾先之撰《十八史略》，至宋而止；明初临川梁孟寅益以元事，名《十九史略》。嘉靖戊戌，纪复以旧注未备，为增补以成是编。然弇陋亦甚。据所列引用书目，仅十余种：曰万氏《史略筌蹄》，曰郭氏《帝王世纪》，曰朱子《四书》，曰倪氏《四书辑释》，曰蔡氏《书传》，曰邹氏《音释》，曰陈氏《礼记集说》，曰朱子《诗传》，曰《资治通鉴》，曰吕氏《集注》，曰刘氏《翰墨全书》，曰《左氏春秋传》，曰林朱《音训》，曰李氏、刘氏《宋鉴》，是恶足以谈史乎！

闻人诠重刻《旧唐书》成。

《明进士题名碑录·嘉靖五年丙戌科》：闻人诠，浙江绍兴府余姚县民籍。

闻人诠《重刻旧唐书序》：书以纪事，謏闻为聩；事以著代，间逸则遗。是故史氏之书，与天地相为始终，《六经》相为表里，疑信并传，阙文不饰，以纪事实，以昭世代，故《六经》道明，万世宗仰，非徒文艺之夸诞而已也。《尚书》壁存，典训不斁；《鲁史》麟绝，杞宋失徵。继而有作，其惟司马氏及小司马，以追班、范诸家。八书十志，经纬天人；八志十典，纮维政事。藏山刊石，繁绍圣经；历汉跻隋，炳发灵宪。是故王教之要，国典之源，代有徵考，若覩蓍蔡。李唐嗣兴，万目毕举，其经画之精详，维持之慎密，虽未上蹑周轨，亦足并骤汉疆。晋史臣刘昫氏者，爰集馆寮，博稽载典。纂修二十一本纪，首高祖以迄哀帝，而汶哲具昭。旁修十一志，始《礼仪》以终《刑法》，而巨细毕举。列传一千一百八十有奇，内以纪后妃之淑慝，外以悉文武之臧否。《宗室》族属，互以时叙；《外戚》、《宦官》，各以类别。《良吏》、《酷吏》，鉴戒具昭；《忠义》、《孝友》，褒论悉当。《儒学》、《文苑》，表以著达；《方伎》、《隐逸》，兼以察微。

详传《列女》以彰妇顺，分传蛮狄以立大防。卷凡二百一十有四，统名之曰《唐书》。识博学宏，才优义正，真有唐一代之良史，秦、隋以下，罕有其俪，固后世之刑鉴具在也。有宋迭兴，分职书局，载辑《唐鉴》于祖禹，继纂《唐书》于昌朝，王、宋诸贤，相继汇辑，复成一代之新书，遂亡刘氏之旧帙。诠谬司文学，遍历辅畿，爰校《六经》，兼雠诸史，始知汉、晋以迄宋、元，皆有监本，司成甬川张公，尝奉旨校勘，总为《二十一史》，刊证谬讹，粲然明备。惟刘氏《唐书》，郁绝不传，无所考觅。积集再期，酷志刊复，苦无善本，莫可继志。窃惟古人有云："层台云构，所缺过乎榱桷；为山霞高，不终踰乎一壝。"悯哉斯言，益用惶怵。乃旁谋学属，博访诸司，间礼儒贤，以探往籍，更历三载，竟莫有成。末复弭节姑苏，穷搜力索，吴令朱子遂得列传于光禄张氏，长洲贺子随得纪志于守溪公，遗籍俱出宋时模板。旬月之间，二美璧合，古训有获，私喜无涯。乃督同苏庠，严为校刻，司训沈子，独肩斯任，效勤四载，书幸成编。匮直千金，刻未竟业。石江欧阳公闻而助以厚镒，午山冯子、西郭陈子以追郡邑诸长贰，咸力辅以终事。数百年之阙典，于是乎始有可稽矣。物之成毁，信各有数，是书之成，夫岂偶哉！肇工于嘉靖乙未，卒刻于嘉靖戊戌。珠玑璀璨，亥豕尽刊；玉蕤精严，尘叶罔翳。焕新一代之旧文，遐续百王之训典，追配诸史，允备全书。因布多方，以惠多士。余姚闻人诠序。

文徵明《重刻旧唐书叙》：嘉靖己亥，吴郡重刊《唐书》成。书凡二百卷：本纪卷二十，志三十，列传百有五十，石晋宰相涿人刘昫撰。初，御史绍兴闻人公诠视学南畿，以是书世无梓本，他日按吴，遂命郡学训导沈桐刊置学宫，工未竟而公以忧去。及是书成，以书来属徵明为叙。按唐兴，令狐德棻等始撰武德、贞观两朝国史八十卷，至吴兢合前后为书百卷。而柳芳、韦述嗣缉之，起义宁，讫开元，仅仅百余年。而于休烈、令狐峘以次增缉，讫于建中而止，而大历、元和以后，则成于崔龟从。厥后韦澳诸人又增缉之，凡为书百四十有六卷。而芳等又有《唐历》四十卷，《续历》二十二篇，皆当时纪载之言，非成书也。晋革唐命，昫等始因旧史，续成此书，然《五代史》昫传不载此事，岂其书出一时史馆，而昫特以宰相领其事邪？然不可考也。或谓五代抢攘，文气卑弱，而是书纪次无法，详略失中，不足传远。宋庆历中，诏翰林儒臣刊修之。自庆历甲申至嘉祐庚子，历十有七年，成《新书》二百二十五卷。视旧史削六十一传，而增传三百三十有一；续撰《仪卫》及《选举》及《兵》及《艺文》四志；别撰《宰相》、《方镇》及《宗室世系》、《宰相世系》四表。所谓"其事则增于前，其文则省于旧”，实当时表奏之语，而第赏制词亦谓“闳博精核，度越诸子”。良以宋景文、欧阳文忠皆当时大手笔，而是书实更二公之手，故朝野尊信，而旧书遂废不行。然议者则以用字奇涩为失体，刊削诏令为太略，固不若《旧书》之为愈也。司马氏修《通鉴》，悉据旧史而于《新书》无取焉。惟周益公称其删繁为简，变今以古，有合于所谓“文省于旧”之论。而刘元城顾谓“事增文省，正新书之失”。唐庚氏尤深斥之，乃极言《旧书》之佳，其所引“决海救焚、引鸩止渴”之语，岂直工俪而已，自是一代名言也。然则是书也，其可以无传乎？虽然，不能无可议者。段秀实请辞郭晞有“吾戴吾头”之语，《新书》省一“吾”字，议者以为失实，是矣。而旧史《秀实传》乃都不书。夫秀实大节固不以此，而此事亦卓诡可喜。柳宗元叙事，尤号奇警，且郑重致词上于史馆，若是不得登载，则其所遗亦多矣。甚者，诋韩愈文章为纰谬，谓《顺宗实录》繁简不当、拙于取舍。异哉！岂晁氏所谓多所阙漏，是非失实者邪？甚矣，作史之难也。心术有邪正，词理有工拙，识见有浅深，而史随以异，要在传信传著，不失其实而已。今二书具在，其工拙繁简、是非得失，莫之有掩焉。彼斥《新书》为乱道，诚为过论，而或缘此遂废旧史，又岂可哉？此闻人公所为梓行之意也。是书旧尝刻于越州，卷后有教授朱倬名。倬忤秦桧，出为越州教授，当是绍兴初年，抵今四百年矣。其书复行，而公又出于越，其事岂偶然哉！先是，书久不行，世无善本，沈君仅得旧刻数册，较全书才十之六七；于是遍访藏书之家，残篇断简，悉取以从事校阅，惟审一字或数易，历三暑寒乃克就绪，其勤诚有可嘉者，因附著之。是岁三月望，前翰林待诏长洲文徵明叙。

案：关于重刻《旧唐书》完成之年代，闻人诠自序谓在嘉靖戊戌，而文徵明序则谓在嘉靖己亥，今依闻人诠序。

公元 1539 年 明世宗嘉靖十八年 己亥

陆深著成《圣驾南巡录》、《北还录》。

《明史》卷二八六，《陆深传》：陆深，字子渊，上海人。弘治十八年进士，二甲第一。选庶吉士，授编修。刘瑾嫉翰林官亢己，悉改外，深得南京主事。瑾诛，复职，历国子司业、祭酒，充经筵讲官。奏讲官撰进讲章，阁臣不宜改窜。忤辅臣，谪延平同知。晋山西提学副使，改浙江。累官四川左布政使。……嘉靖十六年召为太常卿兼侍读学士。世宗南巡，深掌行在翰林院印，御笔删侍读二字，进詹事府詹事。

《千顷堂书目》卷五，别史类：陆深《圣驾南巡录》一卷，又《大驾北还录》一卷。

《明史》卷九七，《艺文志二》杂史类：陆深《圣驾南巡录》一卷、《北还录》一卷。

《四库全书总目》卷五三，史部杂史类存目二：《南巡日录》一卷、《北还录》一卷，明陆深撰。……世宗嘉靖十八年，南幸承天，相度显陵。深时官学士，命掌行在翰林院印扈行。是编乃纪其往返程顿，自二月癸丑，至四月壬子，凡六十日之事。《南巡日录》中，载有永乐后内阁诸老历官年月一篇，乃得之于孙元者。深最留心史学，故随所见而录之云。

傅凤翱辑《皇明诏令》。

《明进士题名碑录·嘉靖二年癸未科》：傅凤翱，湖广德安府随州应山县民籍。

何迁《傅公凤翔墓志铭》（见焦竑《国朝献徵录》卷四一）：公姓傅氏，字德辉，家县应台山下。……正德甲子举于乡，嘉靖改元癸未登进士，授知河南上蔡县。吏部察知其才，戊子取至部，以为山东道监察御史。庚寅，出按江西清军伍。逾三年壬辰……谪直隶徽州府推官。……丙申……复为御史。……寻出按浙江。逾二年己亥，擢福建按察司副使。……癸卯，起复仍为副使，备陕西洮岷兵。逾年甲辰，擢山东布政司右参政，未至，会虏番交侵甘肃……乃进右佥都御史，抚甘肃。逾年，甘肃夷靖，改抚江西。逾二年……进右副都御史。……居一年……为都御使。至此凡五迁。

《四库全书总目》卷五六，诏令奏议类存目：《明诏令》二十一卷，不著编辑者名氏。所载自太祖至嘉靖十八年止，盖嘉靖时人所为也。

王重民《中国善本书提要》史部政书类：《皇明诏令》二十一卷，十二册，明嘉靖间刻本。明傅凤翔辑。……按此本有黄臣序，称“应山傅子，按治将代，克遵宪纲，用贞百度，敬锓诸梓。”检《应山县志》：“傅凤翱，字德辉，嘉靖二年进士。”时代适相值。焦竑《献徵录》卷四十一载何迁撰《傅公墓志铭》作凤翔，然则是书即凤翔所辑刻也。据何《志》，嘉靖十八年凤翔以御史出按浙江，即擢福建按察司副使，故黄序谓“按治将代”也。黄序作于嘉靖十八年，《目录》所载亦止于是年，而卷内诏令实至嘉靖二十八年。其原刻、续刻，殊不易分别。……黄臣序（嘉靖十八年）。又：《皇明诏令》二十七卷，十二册，明嘉靖间刻本。北京图书馆藏本，黄序完全，作“浙之傅监司曰凤翱者”，正与《应山县志》相合。然焦氏《献徵录》卷四十一载何迁所撰《傅公墓志铭》作凤翔，又与《浙江通志》作凤翔者相合。兹更检雷氏《国朝列卿记》卷一百二十七及一百三十，《兰台法鉴录》卷十五，又并作凤翱，而过氏《分省人物考》卷七十八又作凤翔。以情理断之：《例卿记》、《法鉴录》、《应山县志》皆据当时档册，不应有误。且是书黄臣序明作凤翱，则当以作凤翱者为是。……黄臣序（嘉靖十八年）。

公元 1540 年　明世宗嘉靖十九年　庚子

李文凤著成《越峤书》。

《明进士题名碑录·嘉靖十一年壬辰科》：李文凤，广西庆远卫官籍。

李文凤《越峤书序》：正德末，安南黎氏政衰乱者相继。嘉靖初，其臣莫登庸篡而有之。已而传其子方瀛，退居海东，以与方瀛为犄角。屡叩关求封，守者绝弗与通。丙申冬，上欲遣使诏谕其国，下有司择所遣。廷臣以其国久不庭，不宜遽遣使，乃议征讨。会黎氏故臣郑惟憭航海赴京告变，廷臣复疏登庸之罪，请讨之。命将出师，行有日矣，未几大臣有谏者，复缓师期，而遴选文武大臣临边以廉察之。自始议迄今，数年矣。顾安南建置兴废之由，散在载籍，议者或病于考焉。凤因政暇，乃取而诠次之，得二十卷。始之以舆地、风俗、物产者，原民生也。继之以书、诏、制、敕者，重王言也。继之以编年立国始末、制度者，纪其实也。继之以书疏、移文者，尽其详也。继之以表笺者，见服役于中国也。继之以文赋、诗词及其国臣妾，凡有一善亦得备录者，见一方之风俗好尚美恶也。合而名之曰《越峤书》。夫安南，越之荒峤也。……登庸父子在黎氏虽有篡国之罪，在中国则有讨贼之功。忘其功而录其罪，是詈猎师以哭虎也，何以服其心哉？曰：然则莫氏可恕乎？曰：不可！登庸父子僭号改元，又僭拟中国官名，尤而效之，益又甚焉。声罪致讨，以长缨系其父子之颈，献之阙下可也。曰：莫氏悔罪，去帝号、改官名，率吏民待于境上而听断于中国，则将若之何？曰：逆而讨，服而舍，哲士之典也。嘉靖庚子夏六月既望，宜山李文凤序。

《千顷堂书目》卷八，地理类下：李凤《越峤书》二十卷。纪安南事。宜山人。（案："李凤"应作"李文凤"。）

《明史》卷九七，《艺文志二》地理类：李文凤《粤峤书》二十卷。纪安南事。

《四库全书总目》卷六六，载记类存目：《越峤书》二十卷，明李文凤撰。文凤，字廷仪，宜山人。嘉靖壬辰进士。官至云南按察司佥事。是书皆记安南事迹。朱彝尊《曝书亭集》有《越峤书跋》，称为有伦有要，于彼国山川、郡邑、风俗、制度、物产，以及书诏、制敕、移文、表奏之属，无不备载；而建置兴废之故，亦皆编次详明。然大致以黎崱《安南志略》为蓝本，益以洪武至嘉靖间事耳。

公元 1541 年 明世宗嘉靖二十年 辛丑

魏焕著成《九边通考》。

过庭训《本朝分省人物考》卷八十一，《湖广长沙府》：魏焕，字原德，长沙卫人。嘉靖己丑进士，授嘉兴府推官，历兵部员外郎，擢四川佥事。贞夷简温，不以才智自见，明习当世之务，所在毅然身任之，留心边防，能言胜败之故。至四川，力振风裁，无何卒。所著有《九边图考》、《蜀东抚夷录》、《皇明拱卫录》诸书。

魏焕《皇明九边考引》：谨按：兵部职方清吏司，掌天下地图、城隍、镇戍、烽堠之政。其要害重大者，莫如九边，而事之不可臆度者，亦莫如九边。……焕不敏，承乏是司，窃用惧焉，乃拣集堂稿，博采边疏，询诸边将、译使，有所闻，遂书之册。积久，编次成书，分类备考。惧夫夷险之弗辨也，于是有《疆域考》。惧夫防守之弗严也，于是有《保障考》。惧夫将领之弗职也，于是有《责任考》。惧夫骑射之弗精也，于是有《军马考》。惧夫刍糒之弗充也，于是有《钱粮考》。惧夫寇虏之莫知所从来也，于是有《外夷考》。惧夫筹画之弗审而无以为应变之地，于是有《经略考》。各虚其后，以俟日有所闻，而续集焉。至于通乎九边者，仍撮其要于首，以为《九边通考》，庶乎时异地远者，一展卷可知其概矣。噫！此亦书生之见耳，长于经济者胡用乎此？

董策《九边考叙》：余少时获游我东洲先生门下旧矣，尝见其涉猎经史，博洽见闻，凡有益于家国天下者，靡不究竟。故其仕也而惠敷于浙，迄今称之不衰。逮擢为兵部郎时，余幸捷南宫，又见其殚心悉虑，宪度经政，故于司马氏之所掌，职方氏之所隶者，采摭群言，参互斟酌，爰集成书，名曰《九边考》。分纲析目，有曰疆域，曰保障，曰责任，曰军马，曰钱粮，曰边夷，曰经略。其词详而有要，其事核而不浮，以理邦政则不惑，以经戎务则有稽，实关天下之大计也。……嘉靖二十年辛丑岁冬十月，赐进士试兵部政长沙门生董策拜手谨书。

《千顷堂书目》卷八，地理类下：魏焕《皇明九边通考》十卷。……字原德，长沙卫人。嘉靖乙丑进士。四川按察司佥事。

《四库全书总目》卷七五，史部地理类存目四：《九边考》十卷，明魏焕编。焕，字东洲，长沙人。嘉靖乙丑进士。官兵部职方司主事。是书作于嘉靖辛丑。第一卷为《镇戍经略》，以下分九边为九卷，而各边之中，又分疆域、保障、责任、军马、钱粮诸目。所采多奏章案牍，大抵纸上之谈也。

今案：《本朝分省人物考》、《千顷堂书目》谓魏焕"字原德"。是书前有一跋（张环）、二序（蔡缵、董策），称其为"魏君东洲"、"东洲魏君"、"东洲先生"，"东洲"应为号。《四库全书总目》谓其"字东洲"，误。又《本朝分省人物考》谓其"嘉靖己丑进士"，而《千顷堂书目》、《四库提要》俱作"嘉靖乙丑进士"。己丑为嘉靖八年（公元1529年），乙丑为嘉靖四十四年（公元1556年），应以"己丑"为是。

许相卿著成《革朝五忠列传》（一名《革朝志》）。

《明史》卷二〇八，《许相卿传》：许相卿，字伯台，海宁人。正德十二年进士。世宗立，授兵科给事中。……为给事三年，所言皆不听，遂谢病归。八年，诏养病三年以上不赴都者，悉落职闲住，相卿遂废。夏言故与同僚相善，既秉政，招之，谢弗应。

许相卿《叙革朝五忠列传》：于乎！建文之末，诸臣忠于所事者众矣。遭时多故，处死亦非一途，要之自尽其心，以不负其君，则同归云尔。仰稽我文皇帝秉钺靖难之际，一时文武才智，知幾达权，决择所事，去故就新，策勋佐命，勒鼎彝而誓河山，惟良丕显哉！乃有固怀主私，罔识天授，悍抗愤攖，上干赫怒，前既灰骨沉宗，后罔或惩，而继之弥厉，参夷武属，犹若兢慕而劝趋焉。於乎！其愚不可及也夫。然而，天常人极赖以之存，终古世道攸系也。顾不大欤！嗟夫！是或一道也已。夫旷世相感，百世犹兴，尚德之衷，古今一也。壬午内难，逮兹百四十年。诸先正徇国之烈，故老私载，时时慨于见闻，毅色危辞，凛犹并世。予未尝不三复流涕也，感兴云尔乎。是故沐浴文武之泽，而不能不义夷齐云。往者纪录不伦，遂将紊遗失实，爰类裒而序述之，然不可以无徵也。……于乎盛哉！夫国运废兴，事之所必有也，而以死殉国之臣，一时累百，三代革命，罕前闻矣，两汉以还，勿论也。殆自天地剖判、肇有君臣以来而创见于斯焉。于乎盛哉！其皆天地精英之萃，圣祖功化之神，书之足以树贞风、光信史，震耀奇伟于宇宙间，屹为千万世委质臣人而怀二心者防，诚不可以莫之传已。于是人为之撰，卷类为五：难作而死于中、死于外者曰死难；任事不幸而以身自靖者曰死事；不与难、不与事，而其心必不苟生而死者曰死志；义不变面易辞，而甘流离屏远、艰迹苦身之死而不贰者曰死遁；于时未即引决而知生之不若死之为安也，而卒死之，其与死难、死事、死志、死遁似有间矣，然亦可谓有耻，而庶几不远之复者曰死终。论次为《五忠传》，具列于篇，志义之士得以考徵焉。……

《四库全书总目》卷五三，史部杂史类存目二：《革朝志》十卷，明许相卿撰。……是编记建文一朝君臣始末，仍用记传之体，而以门目分褒贬。一曰《君纪》；二曰《阃宫传》，记后妃、诸王；三曰《死难列传》，记方孝孺等四十八人；四曰《死事列传》，记铁铉等四十人；五曰《死志列传》，记黄钺等八人；六曰《死遁列传》，记彭与明等十六人；七曰《死终列传》，记王度等三人；八曰《传疑列传》，记王琎等十二人；九曰《别传》，记沐春等六人；十曰《外传》，记李景隆等二十五人。其说仍主出亡为僧，故有“死遁”一传。其持论非不正，然“革除”年号，当时格于祖宗之所废，不敢遽复，相卿不奏论于朝廷之上，而私著一书以复之，于义反有所未安矣。

今案：是书原名为《革朝五忠列传》。《叙革朝五忠列传》亦载四库本许氏《云村集》卷七，更名为《革朝志序》，文字亦有较多删略。《叙革朝五忠列传》中有云：“壬午内难，逮兹百四十年。”壬午为明惠帝建文四年（公元1402年），故是书当成于明世宗嘉靖二十年（公元1541年）。

《漕运志》作者杨宏卒。

焦竑《国朝献徵录》卷一〇七，《杨公宏墓志铭》：嘉靖辛丑十一月二十六日，南京中军都督府都督同知致仕公卒。……公讳宏，字希仁，容堂其自谓云，淮安海州人也。……十有二岁，入西安郡痒，逾数载，精通书史……以科第可唾手取也。然荫叙及之，乃袭为西安左卫指挥使云。成化乙巳……擢掌卫事。……

弘治己未，以公守红城。庚申，守备固原。……升都指挥，仍守固原。……正德己巳，掌陕西都司事。……庚午，充右参将，备小河。辛未，充总兵官，镇松潘。……乙亥，以大臣论荐，召至京，迁南京右军都督府都督。……辛巳，改南京后府。……其年，上用大臣议，以公充总兵官，受制敕节镇淮扬，总督漕运。……嘉靖壬午，今上皇帝即位。……诏升公都督同知，仍掌漕事。……庚寅，诏回南京中府。……先是，公尝累疏乞归，逾留之。在南京三年，夏具疏恳。上重其雅志，许之。武臣都督致仕，自公始。……寿七十有九岁。……所著有《漕运志》、《容堂杂稿》、《容堂奏议》、《自考录》藏于家。

《千顷堂书目》卷九，典故类：杨宏《漕运志》十卷，字希仁，大河卫人。嘉靖中漕运总兵官。

《明史》卷九七，《艺文志二》故事类：杨宏《漕运志》四卷。

《四库全书总目》卷八四，史部政书类存目二：《漕运通志》十卷，明杨宏撰。宏，字希仁，海州大河卫人。嘉靖中，以指挥使署都督同知，总运江北。旧有《漕运志》，宏病其未备，乃捃摭群书，手自记录。延瓯宁谢纯考古今沿革，作表六卷，首漕渠，次漕职，次漕卒，次漕船，次漕仓，次漕数；作略三卷，首漕例，次漕议，次漕文。序谓表立则经见，略辑则纬彰。书凡十卷，而序云九卷者，盖漕渠文繁，分为二卷故也。

罗洪先约于本年著成《广舆图》。

《明史》卷二八三，《罗洪先传》：罗洪先，字达夫，吉水人。……嘉靖八年举进士第一，授修撰，即请告归。……十八年简宫僚，召拜春坊左赞善。明年冬，与司谏唐顺之、校书赵时春疏请来岁朝正后，皇太子出御文华殿，受群臣朝贺。时帝数称疾不视朝，讳言储贰临朝事，见洪先等疏……降手诏百余言切责之，遂除三人名。洪先归……考图观史，自天文、地志、礼乐、典章、河渠、边塞、战阵攻守，下逮阴阳、算数，靡不精究。至人才、吏事、国计、民情，悉加意咨访。

《千顷堂书目》卷六，地理类上：罗洪先增补朱思本《广舆图》四卷。注：卢（文弨）校改书名及卷数为《增补朱思本〈广舆图〉》二卷。

《明史》卷九七，《艺文志二》地理类：罗洪先《增补朱思本〈广舆图〉》二卷。

王重民《中国善本书提要》史部地理类：《广舆图》二卷，二折叶册，明嘉靖间刻本，明罗洪先撰。……是书自序云："得元人朱思本图。其图有计里画方之法，而形实自是可据，从而分合，东西相侔，不至背舛。于是悉所见闻，增其未备，因广其图，至于数十。”《明史·艺文志》有“罗洪先《增补朱思本〈广舆图〉》二卷，”即是书也。洪先凡为图四十，副图六十有八，俱详自序。……卷末题“嘉靖戊午南京十三道监察御史重刊。”按戊午为嘉靖三十七年，为是书较早之刻本。洪先自序不署年月，考胡松校刻是书序，称洪先成书二十年后，以稿本付松，松为补倭及琉球两图，于嘉靖四十年付之梓，则是书原稿似应成于嘉靖二十年，而胡松刻本亦应为最早之本。

胡彦于本年后著成《茶马类考》。

《明进士题名碑录·嘉靖二十年辛丑科》：胡彦，湖广沔阳卫中千户所官籍。

《千顷堂书目》卷九，典故类：胡彦《茶马类考》六卷。

《明史》卷九七，《艺文志二》故事类：胡彦《茶马类考》六卷。

《四库全书总目》卷八四，史部政书类存目二：《茶马类考》六卷，明胡彦撰。彦，沔阳人。嘉靖辛丑进士。官巡察茶马御史，因历考典故及时事利弊，作为此书。明制，茶马御史兼理宁夏盐务，故第三卷并记盐政云。

案：胡彦著《茶马类考》之年代不详，据《四库提要》所述，必在本年举进士后官巡察茶马御史之时，故编于此。

公元 1542 年 明世宗嘉靖二十一年 壬寅

符验著《西台杂记》（一作《留台杂记》）。

《明进士题名碑录·嘉靖十七年戊戌科》：符验，浙江台州府黄岩县民籍。

《千顷堂书目》卷九，职官类：符验《西台杂记》八卷，凡九类：曰天文，曰院址，曰院台，曰官制，曰职守，曰俸秩，曰廨宇，曰表，曰文。嘉靖壬寅序。黄岩人，时官直隶巡按。

《明史》卷九七，《艺文志二》职官类：符验《西台杂记》八卷。

《四库全书总目》卷八〇，史部职官类存目：《留台杂记》八卷，明符验撰。……是编乃其为巡按南直隶御史时所作，专记南京御史台故事，因以上溯列朝设官命职之由。分为十类：曰天文，曰院址，曰院台，曰官制，曰职守，曰俸秩，曰廨宇，曰职官表，曰宸翰，曰碑记。验自为序，述其凡例。然舆地之书，动陈星野，已属影响之谈，一官一署而首志天文，其亦迂而鲜要矣。

案：据上引资料，该书分类有九类、十类之异，盖因版本不同，其分十类者，当系以九类之“文”分为“宸翰”、“碑记”二类也。

《治河通考》作者吴山卒。

屠应埈《尚书吴公山传》（见焦竑《国朝献徵录》卷四五）：吴氏者，吴江世家也。……公……讳山，字静之，号讱庵。……弘治乙卯，举应天乡荐。戊辰，与弟岩同登进士。除刑部主事，历升员外郎中。……正德丙子，奉命录囚江右。……庚辰，擢山东副使。……居无何，擢陕西右参政。嘉靖甲辰，改浙江道。……丁亥……授福建按察使。……己丑，擢江西左布政使。……辛卯，有巡抚河南之命。……公以河南惟河患为甚，遂根极利害，著《治河通考》十卷，行于世。……左迁浙江参议。……乙未，擢江西参政。……寻擢南府丞。丁酉，以佥都御史巡抚四川。……明年，晋右副都御史，提督南赣。……擢刑部右侍郎。……既又晋左侍郎。居侍郎越二年，辛丑，遂拜尚书。……诏免官去朝……于是市车陆走……行未至彭城七十里，公体惫……遂逝，时壬寅冬十一月七日也，公盖寿七十有三年矣。

《千顷堂书目》卷八，地理类下：吴山《治河通考》十卷。吴江人。字静之。河南巡抚。历刑部尚书。

《明史》卷九七，《艺文志二》地理类：吴山《治河通考》十卷。

《四库全书总目》卷七五，史部地理类存目四：《河治通考》十卷，明吴山撰。……是书大旨谓河虽经数省，而自龙门下趋，则梁地当其冲，故河患为甚。前有自序云：“近日所刻《治河总考》，疏漏混复，乃重加校辑，汇分序次。一卷曰《河源考》，二卷曰《河决考》，三卷至九卷曰《议河治河考》，末卷曰《理河职官考》。上泝夏、周，下迄明代，总为十卷。”前有崇祯戊寅其曾孙士颜序略，盖重刊时所作也。

公元 1543 年　明世宗嘉靖二十二年　癸卯

黄佐著成《南雍志》。

《明史》卷二八七，《黄佐传》：黄佐，字才伯，香山人。……正德中，佐举乡试第一。世宗嗣位，始成进士，选庶吉士。嘉靖初，授编修。……会出诸翰林为外僚，除江西佥事。旋改督广西学校，闻母病，引疾乞休……乃令致仕。家居九年，简宫僚，命以编修兼司谏，寻进侍读，掌南京翰林院。召为右谕德，擢南京国子祭酒。母忧除服，起少詹事。

《千顷堂书目》卷九，职官类：黄佐《南雍志》二十四卷，又《南雍条约》一卷。

《明史》卷九七，《艺文志二》职官类：黄佐《南雍志》二十四卷。

《四库全书总目》卷八〇，史部职官类存目：《南雍志》二十四卷，明黄佐撰。……南都太学，建于明太祖吴元年。景泰中，祭酒吴节尝撰《志》一十八卷。嘉靖初，祭酒崔铣重纂未就。佐得其遗牍，因复加修订，以吴《志》为本，而增损成之。凡《事纪》四，《职官表》二，《杂考》十二，《列传》六。书法一准史例，颇为详备。惟《音乐考》一门，多泛论古乐，皆佐一己之见，于太学制度无涉，殊失限断。其第十八卷《经籍考》，当时以委助教梅鷟成之。鷟学问淹贯，故叙述亦具有本末。书成于嘉靖二十二年，而中有万历中事，盖后人随时续添者也。

公元 1544 年 明世宗嘉靖二十三年 甲辰

李濂先后著成《祥符乡贤传》、《祥符文献志》。

《明史》卷二八六，《李濂传》：李濂，字川父，祥符人。举正德八年乡试第一，明年成进士。授沔阳知州，稍迁宁波同知，擢山西佥事。嘉靖五年以大计免归，年才三十有八。……既罢归，益肆力于学，遂以古文名于时。……里居四十余年，著述甚富。

《千顷堂书目》卷一〇，传记类：李濂《祥符乡贤传》八卷。又卷六，地理类上：李濂《祥符文献志》十七卷。

《明史》卷九七，《艺文志二》地理类：李濂……《祥符文献志》十七卷。

《四库全书总目》卷六一，史部传记类存目三：《祥符乡贤传》八卷，明李濂撰。濂，字川父，祥符人，正德甲戌进士，官至山西按察司佥事。……是编以《祥符县志》所载人物，仅有名氏，而行实未详，乃一一稽考，自明初至于嘉靖，得二十九人，撰其事迹，附以论赞。又安然、马昂、张泰三人，自祥符移籍他方者，并附列焉，从《唐书》所载士大夫迁徙四方者俱标其旧贯之例也。

又：《祥符文献志》十七卷，明李濂撰。濂于嘉靖壬寅尝辑《祥符乡贤传》，其后二年甲辰，又推广前所未载，及其人之履历梗概略存者，辑为此书。每人每条之下，皆注出某碑某传某集，盖仿《名臣言行录》之例。每传之后，或偶附录诗文，则濂之变例也。所录皆明一代之人，而至于盈十七卷，时弥近则易详，亦时太近则易滥，固志乘之通病耳。

吴朴著成《龙飞纪略》。

林希元《龙飞纪略序》：《龙飞纪略》何？纪我太祖、成祖创业继统之事也。略何？事或弗尽，姑纪其大略也。纪之者何？诏安吴子华甫也。……顾其当日行事之迹，藏之金匮石室，不惟草莱书生目不及见，庙堂缙绅之士亦有不及知者。吴子生长遐荒，糟糠不厌，乃能旁搜穷讨为是纪，良亦难矣，不亦贤乎！初名《圣朝征伐礼乐书》，予弗善也，为易今名，因为之序。纪凡八卷。……华甫名朴，性善记，书过目辄不忘，于天文地理、古今事变、四夷、山川道路远近险易，无不在其胸中。所著有《医齿问难》……诸书，又校补《三国志》，当道见之无不珍爱，乃不能推毂使流落不偶，予甚怜焉！故尝方之史迁云。噫！若吴子者，其将不遇也耶！嘉靖甲辰季秋之朔，武夷散人林希元书于凤山之退修堂。

《千顷堂书目》卷四，编年类：吴朴《龙飞纪略》十卷。……字华甫，诏安人。嘉靖中布衣。

《四库全书总目》卷四八，编年类存目：《龙飞纪略》八卷，明吴朴撰。……是编仿《纲目》体例，纪明太祖事迹。初名《征伐礼乐书》，后改今名。自壬辰至壬午，共五十一年，盖据《元史》及明初武胄贴黄列传则例纪载，旁搜博采而成。前有嘉靖甲辰林希元序及朴自编通例。是时建文年号未复，故于己卯以后四年仍以洪武纪年，旁注建文于下，自属当时功令，未足为讥。若自壬辰至丙午，明号未建，顺帝俨存，犹是元之天下，乃削去至正年号，惟书甲子，则偏僻太甚，于公议为不协矣。

《圣驾南巡录》、《史通会要》等作者陆深卒。

许讃《陆公深墓表》（见焦竑《国朝献徵录》卷一八）：公讳深，字子渊，号俨山。……弘治辛酉，领南畿乡荐第一人。乙丑，会试第九，廷试二甲第八。入翰林，为庶吉士。正德丁卯，授国史编修。逾年……改为南京主事。……戊寅，命于内书堂教习中官。……八月，升国子监司业，署监事。……辛巳三月，丁父忧。……戊子二月，诏起为国子祭酒。……八月，充经筵讲官。……己丑……谪延平府同知。……升山西按察司提学副使。……壬辰九月，公补浙江副使督学。……升江西右参政。……寻升陕西右布政，道转四川左使。……丙申十一月，升光禄寺卿。……丁酉二月……升太常寺卿兼侍读学士。……己亥……改公詹事府詹事兼学士。……辛丑……四月……上疏力求罢归，得旨致仕。七月抵家。……甲辰……七月二十五日卒，享年六十有八。……赠礼部右侍郎，谥文裕。所著有《俨山文集》一百卷，《传疑录》二卷，《书辑》三卷，《史通会要》三卷，《同异录》二卷，《金台纪闻》二卷……《圣驾南巡日录》、《大驾北还录》……各一卷……凡二十余种。

《千顷堂书目》卷五，史学类：陆深《史通会要》四卷。

《四库全书总目》卷八九，史部史评类存目一：《史通会要》三卷，明陆深撰。……深尝以唐刘知幾《史通》刊本多误，为校定之，凡补残刓谬若干言。又以其《因习》上篇缺佚，乃订正《曲笔》、《鉴识》二篇错简，类为一篇以还之。复采其中精粹者，别纂为《会要》三卷，而附以后人论史之语，时亦以己见参之。深集中别载《史通》二跋，大略言知幾是非任情，往往掊摭圣贤，是其所短；至于评骘文体，亦可谓当。又言知幾尝谓国史叙事以简为主，而其书之冗长乃不少。观其议论，可以见其去取之旨矣。

公元 1545 年 明世宗嘉靖二十四年 乙巳

廖道南著成《殿阁词林记》。

廖道南《殿阁词林记序》：夫词林奚始也？《周官》太史掌六典以辨法，内史掌八柄以诏治。凡学世子及学士，必时上下交修，内外交养，所以为国本记者，重且大也。汉置太史令，凡供奉承明、待诏金马者，胥丽焉。唐设学士兼讲读，弘文辟馆，丽正创院，集贤挥翰，延英召对，厥仪始背。至宋则彬彬然盛矣。祥符则建龙图阁，天禧则建天章阁，嘉祐则建宝文阁，元符则建显谟阁，大观则建徽猷阁，绍兴则建敷文阁，淳熙则建焕章阁，庆元则建华文阁，嘉泰则建宝谟阁，宝庆则建宝章阁。咸设学士，以典宸章、代王言，可不谓重且大乎！

我高皇帝法周建官，仿宋建阁。初创翰林院，以陶安、宋濂为学士；建华盖诸殿，以刘仲质、全思诚为大学士；又增设弘文馆学士，以刘基等为之；左右春坊大学士，以董伦等为之。肆我成祖开文渊阁，以解缙、胡广、杨士奇等七人预机务。仁宗复弘文馆，以杨溥、陈继、王琎等五人备顾问。纂修实录，即右史纪动；表章宝训，即左史纪言也；撰拟制诰，演润丝纶，抡材秘省，校艺礼闱，即太史掌典、内史掌柄也。上而启沃经筵，赞襄圣神，夹辅储宫，弼亮元良，其所系者至重且大，非诸司俪也。凡遇御殿庆成，则令列坐于殿上，御门视朝，则令侍立于金床，是故大学士、学士之官，尤重且大焉。……

臣道南自弱冠登第，首被简注，纾据入馆，荐荷宠渥，编摩史垣，献纳讲幄，几二十年。……昔李肇撰《翰林志》，只载唐事。周必大撰《玉堂记》，亦系宋典。臣道南尝读中秘书，与泰泉黄君佐纂《翰林杂记》六册。暨屏居楚野，恭撰《兴都通纪》之暇，乃列华盖、武英诸殿，名曰殿学；文渊、东阁，名曰阁学；其兼六馆者，名曰馆学；晋詹事者，名曰宫学；长春坊者，名曰坊学；属弘文者，名曰馆学；典成均者，名曰雍学；由寺署者，名曰卿学；死节义者，名曰赠学；擅翰书者，名曰艺学；而终始本院者，则名之曰院学。夫士知所以自重，然后任天下之重，矧兹秩至重且大矣乎！自周以来，上下数千载，宅兹者又数百十，其上不负天子，下不负所学者，一代不数人而已。若夫知幾三长，泰和四断，袁崧五难，荀悦五志，阙一匪通儒也。故曰宰相须用读书人，翰林当以宿儒处。图政本者，允宜深长思焉！嘉靖乙巳秋九月菊日，廖道南序。

《四库全书总目》卷五十八，史部传记类二：《殿阁词林记》二十二卷，明廖道南撰。……道南自正德辛巳改庶吉士，由编修历官侍讲学士。在词垣最久，娴习掌故。因集词林殿阁宫坊台省诸臣旧事，分类记载，以成是编。其例，凡仕至华盖、武英诸殿者曰殿学，文渊、东阁者曰阁学，兼六馆者曰馆学，晋詹事者曰宫学，属春坊者曰坊学，属弘文者亦曰馆学，典成均者曰雍学，升本院者曰卿学，有节义者曰赠学，擅书翰者曰艺学，终始本院者曰院学。大概仿列传之例，悉载其官阶恩遇，而事实亦附见焉。自卷九以下，标题皆作“国子监祭酒黄佐、侍讲学士廖道南同编”。盖道南采掇黄佐《翰林记》之文，不没所自，犹有前辈笃实之遗。今亦仍从旧本，并存其名焉。

公元1546年 明世宗嘉靖二十五年 丙午

王洙著成《史质》(一名《宋史质》)。

(康熙)《临海县志》卷五《选举志上·进士》：正德十六年辛巳杨维聪榜：王洙，字崇教，号一江，镐之子。任行人，升广东参议。有文名，著有《宋史质》一百卷。

王洙《史质自序》(附于《史质》卷一百后)：王洙氏生天台之灵江，耕牧于巾帻之野。七岁侍家君宰武宁。十岁诵古书。十二群庠序。十六观文场屋。上会稽，探禹穴，复于天姥。十八食廪饩，乃字崇教。后此十年，继遭大故。癸酉，观光上国，渡江涉淮，访金陵，往来太学。庚辰，复与天下士人会于春官，中一十二名。辛巳，今天子亲策问之，赐同进士出身，授行人司行人。一年使辽，一年使岷。窥九疑，浮沅、湘，极于洞庭、彭蠡之际。所纪有《山川别录》(刊板在湘潭县)。三年，升司副，再升刑部尚书郎，主本科事。所著有《诘奸录》(书藏赵清溪尚书家)。丁亥二月，外补河南佥事，兼汝、洛兵备。登龙门，望伊阙，以观文、武、周、召遗化。维时河洛大祲，盗作路梗，为之作保甲、作备荒事宜各一十条(刊本在河南府)。戊子秋八月，监河南试事。己丑，复于大梁。冬十月，乃有东广之役。由河望浙，由浙望台，展自坟墓，修理室庐，将终老焉，乃缉家乘。庚寅岁暮，复为时禁所逼，振策以行，情非得已。作《南征行》，盖感且悼也。辛卯，承乏岭南。先是治岭南者，率简节疏目，法弊而民玩，为之作条约一十六条(刊板在广州府)。秋八月，复提调广东试事，得士为盛。九月，为吴柱史具权奸草。明年壬辰春三月，得归报，怡然就道，望阙拜曰：平生上负国恩，莫知所报。遂仰天叹曰：昔马迁废放，作《史记》。……洙沐浴圣化，效法古人，殆非一日。尚幸未衰，不敢自弃，乃取元臣脱脱所修《宋史》，考究颠末，参极群书，试折衷焉。删其繁，存其简；去其枝叶，存其本根。始于天王正纪，终于道统，凡如干卷。始于嘉靖壬辰，迄于丙午，凡十六年，九脱稿乃就。书成，名曰《史质》，以示不文。……大要辟夷狄，尊中国，发挥祖宗及我皇上治政休明，卓绝千古，覃绥万方，或一得焉。中间君子、小人之进退，权奸、降叛之倚伏，览者诚能因文而得意，思旧而图新，则保治于未乱，求安于未危，未必无少补云。……

秦鸣夏《史质序》：或问史贵详乎？曰："夫史，昭往诏来者也。是故述废兴，正统纪，审沿革，明功罪，上下数百年间，于简册焉尽之，夫恶得弗详乎！"

然则病简乎？曰："天下殊途而同归，百虑而一致。是故事不提其要，虽该洽，其何裨？言不钩其元，徒猥冗而可厌。上下数百年间，于简册焉尽之，夫恶得弗简！"

予尝爱班固书，叙汉二百四十年事，仅仅八十万言，其间人聚物丛，巨昨细吙，至今一展卷间，赫赫若前日事，此其故何哉？及观范晔赞曰："赡而不秽，详而有体。"乃知作者之难，而史固未可以易言也。《宋史》成于元臣之手，其间有纪、有传、有志、有表，烨然称一代成书，顾其为卷，凡四百九十有奇，其为言殆不下数百万，岂纪宋事者独宜详欤？抑所谓不秽而有体者未之尽也？一江王子，溺志典坟，盖尝有慨乎是。比致政家食，则悉取而芟夷翦裁之，逾十载而书成。计其简帙，存旧十二，而典章文献靡不具存。乃若《明帝纪》之正闰，志道统之断续，则又超然独得，可以俟后圣而不惑者。信哉，其为良史也！一日出以视夏，命为序之。……书凡一百卷，曰《史质》者，著不浮也。是为叙。嘉靖庚戌岁春王正月，赐进士出身右春坊右中允兼翰林院修撰经筵国史官临海秦鸣夏谨序。

王洙《史质叙略》：史质曰：史者，《春秋》之教也。治《春秋》者曰：明三王之道，辨人事之纪，别嫌疑，定是非，善善恶恶，贤贤贱不肖，斟酌二百四十二年之中，以为天下仪表。天子而贬之，诸侯而退之，大夫而讨之，归于达王事，尊周室而已。是故晦而或扬，微而或彰，散而或聚，赡而不使之泛，约而不使之遗，隐而不使之失，合而不使之离，核而实，精而详，公而正，辨而类，训而不易，论而警世。不敢文焉，故曰质。其为书也，上稽天地之始，下尽民物之繁，中及治乱之数，人事之消长，君子小人之进退，中国夷狄之盛衰，极于我昭代受命之祥。论统则远宗宋、唐、汉、周，语道则近属关、闽、濂、洛，祖宗创业之功，与皇上中兴之德，大略见矣。凡曰史质者，一得之愚也。盖一岁之功，加闰十三，经天之辰，二十有八，朔而望，望而晦，为月一周，大衍之数，倍而为百，天道也。《史质》所以尊天王，故正闰纪以象岁，条款以象辰，目录以象月，始终以象数，法天道也。假宋人行事之实，明《春秋》一统之义，视诸迁、固、欧、苏文质异矣。……

《四库全书总目》卷五〇，别史类存目：《宋史质》一百卷，明王洙撰。洙，字一江，临海人。正德辛巳进士。其仕履未详。是编因《宋史》而重修之，自以臆见别创义例。大旨欲以明继宋，非惟辽、金两朝皆列于外国，即元一代年号亦尽削之，而于宋益王之末，即以明太祖之高祖、追称德祖元皇帝者承宋统。大德三年，以太祖之曾祖、追称懿祖恒皇帝者继之。延祐四年，以太祖之祖、追称熙祖裕皇帝者继之。后至元五年，以太祖之父、追称仁祖淳皇帝者继之。至正十一年，即以为明之元年，且于瀛国公降元以后，岁岁书帝在某地云云，仿《春秋》书"公在乾侯"、《纲自》书"帝在房州"之例。荒唐悖谬，缕指难穷，自有史籍以来，未有病狂丧心如此人者。其书可焚，其版可斧，其目本不宜存。然自明以来，印本已多，恐其或存于世，荧无识者之听，为世道人心之害，故辞而辟之，俾人人知此书为狂吠，庶邪说不至于诬民焉。

今案：嘉靖刻本题为《史质》，王洙、秦鸣夏所作之序，皆同一律，此应为作者自定之书名。清以来，题名有二：一为《宋史质》（康熙《临海县志》、《四库全书总目》），此殆因该书为元官修《宋史》之改编本。一为《宋元史质》（《千顷堂书目》卷五史学类、《明史·艺文志二》史钞类、《浙江通志·经籍三》史钞类等）。柳诒徵《述宋史质》（《史学杂志》一卷一期）一文认为，题《宋元史质》者，或因将此书与王宗沐《宋元资治通鉴》、陆挺之《宋元史发微》诸书等同，"然按之洙书，乃深恶元之覆宋，削其统系，以明接宋，不应自定书名仍以元与宋并列。"所论甚是。据王洙《史质自序》，是书之撰写，"始于嘉靖壬辰，迄于丙午"，即嘉靖十一年（公元1532年）至二十五年（公元1546年）。王洙，字崇教，号一江。《四库全书总目》谓其"字一江"，误。至其仕履，《史质自序》言之颇详。

公元1547年 明世宗嘉靖二十六年 丁未

《殿阁词林记》、《楚纪》作者廖道南卒。

胡直《廖中允道南传》（见焦竑《国朝献徵录》卷一九）：廖道南，字鸣吾，蒲圻人。登正德辛巳进士。嘉靖改元，赐进士出身二甲第一名。改庶吉士，授翰林院编修。四年，纂修《明伦大典》成，升中允。六年……充日讲官。……十二年，坐不代讲，谪徽州府通判。十三年，取回复职。……二十六年，卒于家。

《千顷堂书目》卷七，地理类中：廖道南《楚纪》六十卷。

《明史》卷九七，《艺文志二》地理类：廖道南《楚纪》六十卷。

《四库全书总目》卷五三，史部杂史类存目二：《楚纪》六十卷，明廖道南撰。……此书乃道南归田以后，为世宗而作也。世宗以兴王继统，实受封于楚之安陆府。道南大旨，以为太祖平陈理于武昌，实开定鼎之基；世宗复由安陆履帝位，更启中兴之业，故以楚地为受命之符，天心所属。博采古今，铺张润色，为纪十有五：曰《皇运》、曰《国基》、曰《徵献》、曰《懋庸》、曰《崇道》、曰《昭文》、曰《孚谏》、曰《稽谋》、曰《树节》、曰《经变》、曰《考履》、曰《阐幽》、曰《登绩》、曰《穆风》、曰《景则》，每纪分内、外，内、外中又分前、后，凡一人一事，与楚稍有所涉者，亦必牵引以入焉。道南于当时颇负文名，此书亦殚十余年精力。其末卷《景则纪》中有《原胄》、《叙宗》、《感遇》等篇，详述己之世系出处，仿《太史公自叙》，盖隐然自以其书比于《史记》。然其体例芜杂，援引附会，殊不足观也。

公元 1548 年　明世宗嘉靖二十七年　戊申

袁褧编成《奉天刑赏录》。

袁褧《奉天刑赏录自序》：国家壬午之役，天也，故曰“奉天靖难”。先辈都太仆官主客，录于故牍，得当时受爵赏者自李景隆而下凡三十三人，及有续著别录功赏。后有官祠祭者，亦于教坊文移关涉壬午岁发送者约若干事，曰《教坊录》。夏日闲居，于说中记附见者，亦摘猎其文。因各述其原笔，合为一录，名之曰《奉天行赏录》。夫爵赏，天也；诛戮，亦天也，人不得而与焉。嘉靖戊申立秋二日，懒生袁子私记。

《千顷堂书目》卷五，别史类：袁褧《奉天刑赏录》一卷……嘉兴人。

《明史》卷九七，《艺文志二》杂史类：袁褧《奉天刑赏录》一卷。

《四库全书总目》卷五三，史部杂史类存目二：《奉天刑赏录》一卷，自题“懒生袁子”，不著其名，以《千顷堂书目》考之，盖袁褧所撰也。其书皆纪成祖靖难时爵赏诛戮之事，多本都穆《壬午功臣录》、无名氏《教坊录》，复杂采《客座新闻》、《震泽纪闻》、《立斋闲录》诸书以附益之。所载建文死事诸臣家属被祸惨毒，殆非人理，称皆得于官府故牍，似不尽诬。成祖毒虐之政，至于此极，亦可证史书所载，尚未能得其什一矣。

公元 1549 年 明世宗嘉靖二十八年 己酉

方民悦著《交黎抚剿事略》。

《明进士题名碑录·嘉靖十四年乙未》：方民悦，湖广黄州府麻城县军籍。

《四库全书总目》卷五三，史部杂史类存目二：《交黎抚剿事略》五卷，明方民悦撰。民悦，麻城人。嘉靖乙未进士。官至广东按察司副使。嘉靖二十八年，安南范子仪及琼州黎那燕入寇，时欧阳必进方总督两广，檄都指挥俞大猷等讨平之。民悦述其始末为此书。卷一为地图，卷二至卷四为奏疏，卷五为公移。案《明史·俞大猷传》，是役皆大猷之力，以严嵩薄其赏不得叙。民悦专归功于督府，亦非事实也。

公元 1550 年 明世宗嘉靖二十九年 庚戌

俞宪辑成《皇明进士登科考》。

《明进士题名碑录·嘉靖十七年戊戌科》：俞宪，直隶常州府无锡县民籍。

《千顷堂书目》卷九，典故类：俞宪《皇明进士登科考》十二卷。

王重民《中国善本书提要》史部政书类：《皇明进士登科考》十二卷，六册，明嘉靖间刻本。明俞宪辑。按是书，宪为嘉靖十七年二甲第四十一名进士，官湖广按察使，时嘉靖二十七年，是年为是书第一次付印。全书凡十一卷。卷一为令典，载洪武元年至弘治间颁发有关考试制度之诏谕；卷二至十一为历科进士题名，始洪武，迄嘉靖二十六年李春芳榜。嘉靖二十九年，据范氏天一阁藏补洪武间所亡三科，又补该年（二十九年）一科为卷第十二，是为是书第一次补版，即此本是也。其自记云："是录参考湖、闽诸本而成，至是三易梓矣。戊申予谪楚，梓于楚；己酉谪移越，梓于越。顾洪武间所亡三科，犹为缺典，览者有余憾焉。今年秋明人章贞叔过予曰：'予有是本，而今逸矣！当为君移札范尧卿氏，可得也。'已而果如约。予乃取校入梓，悉补厥亡，并续庚戌榜三百二十人，另起为卷，于是录始大备矣。於戏！二君拾遗之功，讵可掩哉？庸书以识，时庚戌冬日宪在慧南读书园。"

公元 1551 年　明世宗嘉靖三十年　辛亥

黄训于本年前编成《皇明名臣经济录》。

《明进士题名碑录·嘉靖八年己丑科》：黄训，直隶徽州府歙县民籍。

《四库全书总目》卷五五，史部诏令奏议类：《名臣经济录》五十三卷，明黄训编。训，歙县人，嘉靖己丑进士，官至副都御史。是书辑洪武至嘉靖九朝名臣经世之言，中缺建文一朝，以革除讳之也。分十门，凡开国一卷，保治十卷，内阁四卷，吏部四卷，户部五卷，礼部七卷，兵部十三卷，刑部三卷，工部五卷，都察院、通政司、大理寺共一卷。每门各有子目，开国、保治二门以时代为序，吏、礼、兵、工四部各以所属四司分四类，户部分图志、田土、赋役、给赐、黄册、屯田、婚姻、粮运、禄俸、盐法、茶法、课程、赈恤十三类，刑部分律例、论奏、题奏、杂论四类，以二部诸司皆以省分，无专掌一事者故也。内阁无子目，百司之总，无不该也。都察院、通政司、大理寺亦无子目，篇帙寡也。明永乐间敕黄淮等编《历代名臣奏议》，至元而止，虽门目浩繁，不无冗杂，而二千年訏谟硕画，历历可徵。是编所载，如《陶安传》、《刘基行状》、《蹇义墓志》、《李东阳年谱》诸篇，兼纪言行；汉府、赵府、石亨、曹吉祥之变，诸篇并录时事；以及谢铎《焉用彼相说》、何依《休庵诗序》之类，采及杂文；邱濬《大学衍义补》之类，至节取所著之书，不纯为奏议之体，故但以《经济录》为名。其实奏议居十之九，与淮等所编，时代相接，颇足以资考镜，今附之奏议类中。

王重民《中国善本书提要》史部政书类：《皇明名臣经济录》五十三卷，四十八册，明嘉靖间刻本。原题："新安黄训集，新安汪云程校。"汪云程序（嘉靖三十年）。

罗汝鉴著《群忠备遗录》。

《四库全书总目》卷六一，史部传记类存目三：《群忠备遗录》二卷，明罗汝鉴撰。汝鉴，字明夫，新喻人。是书记建文殉节诸臣事迹，大致本张芹《备遗录》、郑禧《群忠事略》，而稍附益之，遂合两书以为名。所录凡八十有四人，每传后附尹直、谢铎、何孟春、敖英、陈建诸论，其称"外史氏"者，则汝鉴所自作也。其书初刻于楚雄，前有嘉靖辛亥自序。后十年庚申，以校雠未精，复增入数人而重刊之，见卷末自识中。

公元1553年 明世宗嘉靖三十二年 癸丑

张时彻著成《善行录》。

余有丁《张司马先生时彻传》(见焦竑《国朝献徵录》卷四二):先生讳时彻,字惟静。……二十举于乡,二十四举进士。筮官南都主膳司事为郎司武铨司仪曹,稍迁副使,督江右学备兵临清,参知福建政事,长云南臬,既辖山东藩为右使,改湖广,转河南左,以御史大夫开府四川,改江右,迁南少司寇,改少司马,以尚书赞南都军兴事……先生归时年五十五,归二十余年甚健饭,然卒无能用之者。

《明史》卷二〇一,《张邦奇传附族父时彻传》:张邦奇,字常甫,鄞人。……族父时彻,少邦奇二十岁,受业于邦奇。仕至南京兵部尚书。有文名。

王世贞《弇山堂别集》卷五〇,《南京兵部尚书表》:张时彻,浙江鄞县人。嘉靖癸未进士,三十四年任,本年闲住。

《善行录序》(通议大夫兵部左侍郎明州张时彻撰):《易大传》曰:"天地之大德,曰生又曰覆,其见天地之心乎!"邹孟氏曰:"人皆有不忍之心。"又曰:"无恻隐之心,非人也。"是故二仪高厚,匪仁弗位,兆庶蕃滋,匪仁弗育。凝命滕休,靡有他繇矣。……余先大夫性禀冲醇,恺弟质行,自童至耄,与物盖无忤也。平生不践生草,不杀生虫,鸟雀啄于场,戒儿竖以弗逐。顾时时称说善恶祥祸事,以辟引俗人。乃俗人咸誉称长者,而家鲜蹛积,罔所竟其志意,盖终其身歉矣。不肖习闻庭训,则肺腑识之。比幸仕有官,得闻四方之政,凡所理民辄加志困穷,兢兢于狴犴之故,冀地少流王泽,绍述前闻,而性灵或蚀,和戾互宣。伏自循念,其可悔者多矣。绾绶纡朱,迄今踰三十年,颠毛且种种矣,而未有博大之施、表见亢伟之节,斯日夜所为㢓㢓也。簿书之隙,猎采史传,取先哲行谊之高者,萃次成编,名曰《善行录》。录凡八卷,凡二百九十人,坐起览睹,聊以代书绅之义云。……富善祸淫,明若观火,贻安贻危,炯戒昭焉。仲颖、季伦之徒,盖非裒之不厚,其所以自计者,非其道故也。嗟夫!饮药不辞苦,为其足以活命也;祷祀不爱牺,为其足以祈福也。而况利有什百此者乎!世之人倘有味于余言,则慈惠之心油然以生,而贪鄙忮厉之私远矣。贪鄙忮厉之私远,而天地生物之德全,孰将蜂虿与枭獍哉?则是编也,其殆稼艺之良耜,行路之指南矣乎!皇明嘉靖三十二年岁次癸丑春王正月十有二日。

《千顷堂书目》卷一〇,传记类:张时彻《善行录》八卷。

《四库全书总目》卷六一，史部传记类存目三：《善行录》八卷、《续录》二卷，明张时彻编。时彻，字维静，鄞县人。嘉靖癸未进士。官至南京兵部尚书。……此书猎采史传，取先哲行谊之高者，萃次成编。正编起春秋至明代，凡二百九十人。续编起汉迄宋，凡一百四十五人。

今案：张时彻《善行录》一书，国内未见保存，幸日本内阁文库尚藏有明刻本，乃为精湛楷体字刻本，印制清晰，洵为善本。上引《善行录序》，即节录于此日本藏本。

沈应魁著成《皇明名臣言行录新编》。

《明进士题名碑录·嘉靖二十九年庚戌科》：沈应魁，直隶苏州府常熟县民籍。

沈应魁《皇明名臣言行录新编自序》：国朝彦俊云兴，二祖六宗之所葆植，祥星乔岳之所炳灵，或以节行标，或以勋业显，或以理学称，或以忠烈著，或以文章鸣。济济乎，皇皇乎，即九宫、十乱、四科诸贤，莫得而让也。二百年来诸所记载，……嘻其备乎！然史罕实录，大都取信于志传、碑文、家乘、野记之书云尔已矣。余自弱冠攻文，羹墙往哲，疑殆良多，仰思一校雠之，未暇也。乃承乏闲曹，讨论是习，时从耆老先达相与质难，厥义多所发明。稍为搜辑补逸，芟繁举要，稽厥年代，详厥履历，因文润色，以便观览。佥同者总为三集，而各异者亦存之，别为外集，以备载笔者考焉。旧录之外，无增入焉，明不敢专也。……嘉靖癸丑闰三月，吴郡后学沈应魁撰。

《千顷堂书目》卷一〇，传记类：沈应奎《名臣言行录新编》三十四卷。字仲文，号冲玄，一作钧玄，常熟人。海孙，应元弟，嘉靖庚戌进士。广西按察佥事。（案：沈应奎另为一人，此应为沈应魁之误。）

《明史》卷九七，《艺文志二》传记类：沈庭奎《名臣言行录新编》三十四卷。（案：沈庭奎为沈应魁之误。）

朱当㴐、东吴逸史先后辑成《国朝典故》、《典故辑遗》。

《四库全书总目》卷一四三，子部小说家类存目一：《明朝典故辑遗》二十卷，不著撰人名氏。杂记洪武至正德十朝事。前有自序，作于嘉靖三十二年，自称东吴逸史。又附载鲁宗人当㴐序一首。按当㴐本辑有《国朝典故》，疑此即从当㴐书采掇而成。大抵丛脞庞杂，全无义例。其纪明太祖微行为巡军所拘诸事，已属不经，至以明宣宗为建文之子，更为荒诞也。

王重民《中国善本书提要》史部杂史类：《国朝谟烈辑遗》二十卷，六册，明嘉靖间刻本，明朱当㴐辑。按卷端有嘉靖二十一年序，末署"鲁宗臣当㴐"。……当㴐号望洋子。……当㴐当是鲁王疏属，故《明史·诸王世表》不著其事迹。《总目》卷六十一有《靖难功臣录》一卷，《提要》云："此本为明嘉靖中鲁藩宗人当㴐编入《明朝典故》者。"《明朝典故》一书，《总目》不载，而卷一百四十三有《明朝典故辑遗》二十卷，《提要》云"……按当㴐本辑有《国朝典故》，疑此即从当㴐书采缀而成"，所记正与是书相合。此本间有补版，当就《明朝典故辑遗》改换而成；而《明朝典故辑遗》，或为《国朝典故》之补编，或就《国朝典故》残版辑缀而成。因刻本《国朝典故》不传，疑当㴐仅有抄辑之本，未及付梓，其所谓《典故辑遗》或《谟烈辑遗》者，皆为坊贾据抄本梓刻，然非本来面目矣。……朱当㴐序（嘉靖二十一年）。东吴逸史后序（嘉靖三十二年）。

公元1554年 明世宗嘉靖三十三年 甲寅

欧大任著成《百越先贤志》。

《明史》卷二八七，《黄佐传附欧大任传》：欧大任，字桢柏，顺德人。由岁贡生历官南京工部郎中。

欧大任《百越先贤志自序》：综史牒，捃遗佚，自周迄汉百二十人，荒逖辽邈，大贤小贤，故备录焉。章武、黄初，下逮唐、宋，别为纪载，不揣漏略。此则志百越先贤云。嘉靖三十三年十一月长至日，岭南欧大任序。

《千顷堂书目》卷一〇，传记类：欧大任《百粤先贤志》四卷。

《明史》卷九七，《艺文志二》传记类：欧大任《百粤先贤志》四卷。

《四库全书总目》卷五八，史部传记类二：《百越先贤志》四卷，明区大任撰。大任，字桢伯，广东顺德人。嘉靖壬戌，以岁贡除江都训导，迁光州学正，又迁国子监博士，官至南京户部郎中。……大任家于南越，因搜辑百越先贤，断自东汉，得一百二十人，各为之传，所收兼及会稽，以勾践旧疆自南越北尽会稽故也。惟秦会稽郡跨有吴地者不载，以非越之旧也。书中所载，如赵煜以著述见收，而作《越纽录》之袁康、吴平，事出王充《论衡》，而不见载；方技收徐登、赵炳、董奉、介象，而作《参同契》之魏伯阳，亦上虞人，名见葛洪《神仙传》，复不见载。盖大任多凭史传，而不甚采录杂书，其间有遗漏在此，其体例谨严胜于地志之冗蔓，亦即在此。至于引用史文，刊除不尽，如《梅福传》称“语见《成纪》，”此自《汉书》之文，此书无《成帝本纪》，何得有此语？亦未免失之因仍。而每传之末，必注所据某书，又据其书参修，一句一字必有所本，尤胜于他家之杜撰，均未可以一眚议之。

今案：《百越先贤志》作者，《明史》、《千顷堂书目》作“欧大任”，而《四库全书总目》作“区大任”，误。是书收入《欧虞部集》（《北京图书馆古籍珍本丛刊》第81，书目文献出版社1988年版），前有杨瑞云《虞部公行状》、欧必元《家虞部公传》，及《广东通志》、《顺德县志》欧氏传记，述其生平著述颇详。

崔旦著《海运编》。

崔旦《海运编序》：甲寅岁，黄河溃决，工役数万，靡费不赀。廷议海运以代漕饷，熙泉何先生首建大策，直任其事。天子下玺书便宜开疏，乃搜剔岩穴，将欲延国家之祚，开生民财利之源。福山张君知予嗜海，荐于先生。辱先生爱，相与筹之。是时倭寇猖獗，大司农告匮阻于浮议，而漕河寻复，海运之事遂寝。予家世居海上，自儿时性嗜泉石，游成均归，栖隐敝庐，依岩旁壑，分泉凿流为娱。……是故耳濡目染于海，独惓惓也。因综核古迹，缮写成帙，贻之将来，俾有考焉。若夫逆睹鲸波，权度输挽，特简编陈迹耳，兹集不录。嘉靖甲寅季冬嘉平之吉，溪东佚老园胶莱渔父崔旦伯东甫识。

《千顷堂书目》卷九，典故类：崔旦《海运编》二卷。

《明史》卷九七，《艺文志二》故事类：崔旦《海运编》二卷。

《四库全书总目》卷八四，史部政书类存目二：《海运编》二卷，明崔旦撰。旦，字伯东，平度人。是书成于嘉靖甲寅。时因运道艰阻，议者欲开胶莱河，以复海运。由淮安清江浦口，历新坝马家壕，至海仓口，径抵直沽，止循海套，可避大洋之险。旦居海滨，习知利害，地方大吏咨以开浚之策，旦亦以为必可行，惟欲改马家壕道从麻湾口。所条上工役之法、堤闸之制，甚具。嗣以遣官勘视，言水多沙碛，其事遂寝。旦因检所作议考诸篇，录而存之。

公元 1555 年 明世宗嘉靖三十四年 乙卯

陈建著成《皇明通纪》。

《民国东莞县志》卷五八，《人物略五》：陈建，字廷肇，号清澜，亦号清澜钓叟。……弘治十年丁巳八月二十日，诞于南安之学署。……年二十三，补邑弟子员，试辄居首。……嘉靖戊子，领乡荐，两上春官，皆中乙榜。年三十六，选授侯官教谕。……七载，迁临江府教授。……然不汲汲仕进，闻有引荐，则力辞。循资升阳信令。……以母老乞养，邑民攀留，三详力请，乃得归，时年四十八。建貌寒素，人望而轻之，然性缜密，博闻强记，究心学术邪正之分及国家因革治乱之故。归后构草堂于郭北，益锐志著述。丙午，母卒，遂隐不出。……建又以本朝之法，积久弊滋，著《治安要议》六卷。……初著《皇明启运录》，香山黄佐见之，谓汉中叶有荀悦《汉纪》，宋中叶有李焘《长编》，我朝自太祖开基垂二百祀，而未有纪者，宜纂述以成昭代不刊之典。乃裒辑洪武以来，迄于正德，为《皇明通纪》三十四卷。其书载录信是非公，文义简畅，号称直笔。乙卯，书成，遂为海内宗宝。庚申，湖南瞿九思得是书，自譬为国家聋瞽，至是始有目有耳。……他著有《古今至鉴》、《经世宏词》、《明朝捷录》、《陈氏文献录》等书。

陈建《皇明通纪序》（钱茂伟点校，中华书局 2008 年版）：臣建往既为《皇明启运录》，述我太祖高皇帝俊德成功始终次第之详矣。宫端泰泉黄先生见之，谂建曰："昔汉中叶，有司马迁《史记》，有班固《汉书》，有荀悦《汉纪》；宋中叶，有李焘《长编》，皆搜载当时累朝制治之迹，以昭示天下。我朝自太祖开基，圣子神孙重光继照，垂二百祀矣，而未有纪者。子纂述是志，盍并图之，以成昭代不刊之典也。"建初辞焉。愧乏三长，何敢僭逾及此！然窃自念，素性有癖焉。自少壮时，癖好博览多识。解组归山林，日长，每翻阅我朝制书，洎迩来诸名公所撰次诸书，凡数十余种，积于胸中。久之，不能自制，乃时时拈笔书之。取其有资于治、可通为鉴者，编年次之，参互考订，正其舛疑。又久之，不觉盈帙。虽乏三长，续貂荀、李，汗颜班、马，不计也。夫自古国家，莫不有创业垂统焉，亦莫不有持盈守成焉。我朝洪武开国四十余年之事，无非所谓创业垂统也，《启运》一录备矣。继自永乐，下迨正德，凡八朝一百二十四年之事，无非所谓持盈守成也，则今《通纪》具焉。《纪》成，就梓，非敢自谓昭代成史，乃为后之秉史笔君子属稿云尔。《启运录》旧已梓完，难于再编改刻，然二之又不是，故今并冠以《通纪》之名，而版刻姑仍旧，合前后共为一书云。抑尝因此阅历世变，尤有感焉。祖宗时士马精强，边烽少警，而后来则胡骑往往深入无忌也。祖宗时风俗淳美，真才辈出，而迩来则渐浇漓也。祖宗时财用有余，而迩来则度支恒忧匮乏也。祖宗时法度昭明，而迩来则变易废弛比比也。推之天下，莫不皆然。是果世变成江河之趋而不可挽欤？抑人事之得失有以致之也？愚间因次录，阅事变，不能自已于怀，辄僭著评议，或采时贤确言，诚欲为当世借箸之筹，以挽回祖宗之盛，所深愿焉，而力莫之能与也。有志于世道者，尚相与商之。嘉靖岁在乙卯仲夏之吉，东莞清澜居士臣建拜手稽首谨书。

《千顷堂书目》卷四，编年类：陈建《明通纪》二十七卷，又《续通纪》十卷。

《明史》卷九七，《艺文志二》正史类：陈建《皇明通纪》二十七卷、《续通纪》十卷。

柯维骐约于本年著成《宋史新编》。

《明史》卷二八七，《柯维骐传》：柯维骐，字奇纯，莆田人。……维骐举嘉靖二年进士，授南京户部主事，未赴，辄引疾归。张孚敬用事，创新制，京朝官病满三年者，概罢免，维骐亦在罢中。自是谢宾客，专心读书。久之，门人日进，先后四百余人，维骐引掖靡倦。慨近世学者乐径易而惮积累，窃二氏之说以文其固陋也，作左右二铭，训学者务实。以辨心术、端趋向为实志，以存敬畏、密操履为实功，而其极则以宰理人物、成能天地为实用，作讲义二卷。《宋史》与《辽》、《金》二史，旧分三书，维骐乃合之为一，以辽、金附之，而列二王于本纪。褒贬去取，义例严整，阅二十年而始成，名之曰《宋史新编》。

焦竑《国朝献徵录》卷三二，《柯希斋维骐传》：莆阳文献甲于天下，缙绅之士斐英而振采者，项背相望也。……乃若柯公奇纯，具臻众美。……已而注南户部主事，以非其好，不禄也，而移疾请告归。……宋旧史，契丹、女直与宋并帝，时号《宋》、《辽》、《金》三史。盖出于元儒所修，冠屦莫辨，褒贬不公。公乃著《宋史新编》二百卷，会三史为一，而以宋为正统，辽、金列于《外国传》，以尊中国；瀛国、二王升于帝纪，以存宋统；正亡国诸叛臣之名，以明伦；升道学于循吏，以重道。厘复补漏，击异订讹，阅二十寒暑始克成书。泰泉黄公佐序谓西汉之书不得专美于前，是编行，则三史废；稽天运，陈人纪，莫之或先矣。又作《史记考要》十卷，凡班氏之讥评爽实，《汉书》之增损乖义，少孙之补缀乱真，诸儒之纪载异同，胥辨正之；而天文、历律发明尤详。

《千顷堂书目》卷四，正史类：柯维骐《宋史新编》二百卷。会宋、辽、金三史为一，以宋为正统，辽、金列于外国传。瀛国、二王升于帝纪，以存宋统；正亡国诸叛臣之名，以明伦；升《道学》于《循吏》之前，以重道。厘复补漏，击异订讹，阅二十寒暑始成。其后祥符王惟俭、吉水刘同升皆有删定《宋史》，咸未行世。

《明史》卷九七，《艺文志二》正史类：柯维骐《宋史新编》二百卷。

《四库全书总目》卷五〇，史部别史类存目：《宋史新编》二百卷，明柯维骐撰。……史称其家居三十载，乃成是书。沈德符《敝帚轩剩语》称其作是书时，至于发愤自宫，以专思虑，可谓精勤之至。凡成本纪十四卷，志四十卷，表四卷，列传一百四十二卷。纠谬补遗，亦颇有所考订。然托克托等作《宋史》，其最无理者，莫过于道学、儒林之分传。其最有理者，莫过于本纪终瀛国公而不录二王，及辽、金两朝各自为史，而不用岛夷、索虏互相附录之例。……元人三史并修，诚定论也。而维骐强援蜀汉、增以景炎、祥兴；又以辽、金二朝置之外国，与西夏、高丽同列，又岂公论乎？大纲之谬如是，则区区补苴之功，其亦不足道也已。

王重民《中国善本书提要》史部纪传类：《宋史新编》二百卷，四十二册，明嘉靖间刻本，原题："明南京户部主事莆田柯维骐编。"按元托托等所修《宋史》，"舛谬不能殚述"，诚如《提要》所评。明人尊信朱熹《纲目》，益以种族之见，故屡有改作，约当以是编为最善。后有成书，如王惟俭，如陈黄中，能仲而不能伯。朱彝尊、钱大昕作跋，于是书采取未宏，稍致歉意；至于体例，无不谓胜于旧史也。《提要》痛诋是书，一则曰："最无理者，莫过于道学、儒林之分传"；再则曰："强援蜀汉，增以景炎、祥兴。又以辽、金二朝置之外国，与西夏、高丽同列，又岂公论乎？"兹按馆臣实恶道学，其诋为道学立传，尚有可原；至于金、元正统之争，在史学上虽亦有可讨论，然出之馆臣之口，仅是为满清张目，则完全失去客观地位矣。平心而论，是书诚不能比于叶隆礼、宇文懋昭，然方之萧常、郝经，未始不足为读《宋史》者之助。乾隆假修书之名，作禁毁之实，馆臣益张其焰，故余于馆臣之痛诋王洙，黜存维骐，并深致遗憾焉。……黄佐序（嘉靖三十四年）。康大和后序（嘉靖三十六年）。

公元 1556 年　明世宗嘉靖三十五年　丙辰

邵经邦著成《弘简录》。

《明史》二〇六，《邵经邦传》：邵经邦，字仲德，仁和人。正德十六年进士。授工部主事。……进员外郎。嘉靖八年冬十月，日有食之。经邦时官刑部，上疏曰：……帝大怒，立下镇抚司拷讯。狱上，请送法司拟罪。帝曰："此非常犯，不必下法司。"遂谪戍福建镇海卫。十六年，皇子生，大赦，惟经邦与丰熙等八人不在赦例。经邦之戍所，闭户读书。与熙及同戍陈九川，时相讨论。居镇海三十七年卒。……隆庆初复官。

邵经邦《弘简录原序》……有宋郑夹漈先生，感会同之义，总合班、马、陈、范之书，《晋》、《隋》、《南北》之史，作为《通志》，以正断代之偏，救各书之失。其立例可谓勤矣。愚得而纵观之，则犹夫故也。何则？所经历数千百有余年，若彼其辽廓也；中更皇、王、帝、伯、圣哲、贤否，若彼其浩繁也。一人一手，安能委曲详尽？其至大者，三皇，太古初也。有为神农之言者，依托附会于其间，而一切不遗。孔子，大圣人也。有为齐东之语者，祗刊"野合"二字，而他无所改。颜、曾、思、孟，大贤人也。仍于旧贯，不能创道统之目。皋陶、伊、傅，元圣之辅也。胶于旧闻，不能正《稽古》之辞。自秦以下，一例相仍，不为闰附。他如货殖、刺客、滑稽、游侠，何关治乱，一一存之，祗见烦冗，要亦未成之书耳。

至于《唐书》，尤有可议者。宋祁，一代名流，校修多历年所，出入内外，辄以稿随。今详谛而观，以为"事增于前者"，乃十五表也，而《宰相世系》居其十一。其称上世苗裔，纵可凭信，一家之史耳。况又出于吕夏卿，非谀则滥，不可辞矣。"文省于旧者"，乃削各传父祖名系并制诰之语也。夫制词靡滥，或可刊去，至于父祖天亲，水源木本，关切伦理，何以宰相独详，诸人独略？又其甚者，尽删助语，至不能读。矫枉过正，亦不可辞矣。韩愈、柳宗元不居文学，段秀实、颜真卿不列忠义，李淳风、吕才不归方技。欧阳修于志、传各自列撰著姓名，厥有故哉。

《宋史》本无凡例，徒应故事而作，未有一人据《春秋》之义，持笔削之任者。故其立例，一切蹈袭，如循吏、独行、佞幸、酷吏，皆因袭两汉。至《周三臣》则仿《五代史·唐六臣传》例，不知修作《唐六臣传》，正以愧其人耳。如此，当置宋祖何地耶？若曰美之，又自矛盾，辄称筠与重进为叛。他如道学、儒林，重叠互出。有父子异传、兄弟各分者。正为成非一手，先后不伦；作非一人，彼此异见。至《忠义》等传，亦概以例视，漫不加考。嗟呼！忠义者，乃天壤间亘古不死之名。求欲入此，万不易得。今舍褒赠，如韩通不能摭以为首，公论如信国，不能据以为终。……或者以为当时所忌，姑为避讳，殊非弘简之义。愚故断然增补其显著，略去其微末，以为将来之劝。唐孝友全无可录，宋如李璘、甄婆儿等，又一时血气之勇，或为亲报仇，或刲股投死，皆非中道，圣人所不取。至于列女，举二代言，止此数十人呜呼冤哉。愚不揣固陋，悉与更定，所歉者见闻无多，诚乏书史可补。诸凡遗漏，阙之而已，后之君子，或有裨焉。若夫创立奸臣之名，几同骂詈，史之考见得失，正不在此，甚失夫子《春秋》之意。

愚绍《通志》之后，起唐、五代，迄宋、辽、金。其立例必先关治乱，以为天王者，至尊无上；宰辅者，兼理不遗。凡天下安危，生民休戚，世道盛衰，政治得失，举此攸系，不必更加褒贬，祇于各从其类，开卷了然自见。其次曰功臣。自开国至中兴，虽有不同，其为翊运，则一也。侍从本启沃之职，台谏实献替之官，君相藉以裨益，机会藉以转移。下大臣一等，其最要欤。庶官本非一汇，大而方岳洵宣，次而郡县循吏，皆在其中。闺门乃王化之本，后与主，唐、宋大相悬也，而主阴教则一；系属为一本之谊，盛与衰，国势常相倚也，而分亲疏则殊。道学有宋特尚，文翰唐世所同，故仍唐之儒学，去宋之儒林，庶不相悖。旌德有国，其由杂行，无微不录。斯忠节、孝友、义烈，与夫逸民、方技、外戚、宦者、佞幸、酷吏、藩镇、叛逆，悉以该之载记者，附国也。五代、辽、金，比一统则不足，载一乘则有余。附载者，诸伪国及四裔入焉。至《元史》乃本朝敕修，愚生不敢轻议。今自天王，迄附载，合二百五十四卷，并著于篇。时嘉靖三十六年丁巳春王正月，仁和弘斋邵经邦仲德识。

邵远平《重刻弘简录序》：重刻弘斋先生所辑《弘简录》既成，曾孙远平敬为之序曰：闻之史以载事，《尚书》、《诗》、《春秋》，即唐、虞、三代史也。司马迁作《史记》，班固因之断代成书，自是世有著述，皆不易其体，号为正史。凡夫理乱兴衰之故，行事之得失，善恶之鉴戒，以及天官地理、典章经制、礼乐沿革之详悉，悉于是焉载。而前代好学深思之士，若裴骃、徐广之于《史记》，颜师古、刘昭之于《前、后汉书》，辄贯串钩穴，字释句解，各自名家。史之为学，重矣哉！

近世后生小儒，日趋卤莽，有叩以廿一史名目，而指不能屈。间有一二读书嗜古，亦桧腐焉止耳，扶风焉止耳。求其能读《后汉》、《三国》、《南》、《北》、

《五代》者，盖什伯之一焉，能读《新唐书》者百未必得一，至《宋》、《辽》、《金》诸史尘束高阁，直可蜡以覆车。原其所以，虽由帖括之学日陋，空疏剽窃，士不知古；而亦以诸史卷帙繁重，浩如烟海，购既不易，读之益难。史学榛芜，职是之故。

有宋郑夹漈先生，合班、马、范、陈、《晋》、《隋》、《南》、《北史》，提纲挈要，成《通志》一书，识者称之。顾唐以后，阙如也。先弘斋公绍《通志》之后，起唐、五代，迄宋、辽、金，上下六百六十四年，为《弘简录》，约二百五十四卷。其间纲领宏大，条目详悉，愚不知视《通志》何似。要其芟芜就简，会通裁定，使六百六十四年事迹展卷瞭然，学者不至苦其繁猥，尘之高阁，则是书之裨补，讵浅尠欤！……

今案：邵远平《重刻弘简录序》后附载邵经邦《读史笔记》（七条），内第六条有云："记修书起嘉靖壬寅，迄于丙辰，阅十五年，凡四易稿。刊书起丁巳，迄于辛酉。"即起撰于嘉靖二十一年（公元1542年），完稿于嘉靖三十五年（公元1556年）。邵经邦自序署嘉靖三十六年，则为刊刻年份。

公元1557年 明世宗嘉靖三十六年 丁巳

高岱著成《鸿猷录》。

《明进士题名碑录·嘉靖二十九年庚戌科》：高岱，湖广承天府京山县军籍，锺祥县人。

《明人小传》卷三，《高岱》：岱，字伯宗，锺祥人。嘉靖庚戌进士。除刑部主事，出为景府长史。

高岱《鸿猷录序》：余官西曹时，吏务希简，性复寡交游，更不喜饮酒，长日索居无事。他日欲取读古书，乃宦邸苦乏书，时时从所知借读，不多得。顾自思曰："孔子不说夏殷之礼，而愿学宗周，遵时也。岂有身通仕籍，而不知时政者乎？"则取国朝往牒纵观之，其历代实录藏诸石渠、天禄者秘不可得见，惟是诸先臣之纪述传志暨诸书疏案牍，无不参质考订。后稍稍得要领，于是我太祖之开创丕基，我成祖之肃清内难，下及历代之戮诛权奸、剪除盗贼、讨伐蛮夷，隐括二百年间，得其可纪者凡六十余事，皆国家之重务、经略之伟绩也。

第撰述非一人手，文辞不尽雅驯，或间见错出，事始末不备；其载在刑书者，又皆法家语，学士大夫不便览观也。乃以暇日稍论次，属事比离，薙荒饰陋，勒成一家之言，命胥吏录而为帙。录既成，窃有感而言曰：天生五材，谁能去兵？我皇祖之开创，劳心金革者二十余年，而后大业底定。及天下一统，可谓宅中图大，长治久安，古今所希覩也。而承平之世，衅孽易萌，奸宄草窃，时或有之，盖未有十年不试兵革者。乃知黄帝蚩尤之战，高宗鬼方之伐，虽古帝王，岂能偃兵甲于不用哉？虽然，多难兴邦，殷忧启圣，前事之得失，后世之明鉴也。故思创业之艰难，则必严保太之训；睹守成之功烈，则必慎防患之图。赫赫鸿猷，诚万世定保之谟也，录之岂独为识往已哉！遂名之曰《鸿猷录》。其闻见之寡陋，诠次之谬讹，则有俟于博雅君子云。嘉靖丁巳冬仲月望日，京山高岱撰。

《千顷堂书目》卷五，别史类：高岱《鸿猷录》八卷。一作十六卷。

《明史》卷九七，《艺文志二》杂史类：高岱《鸿猷录》十六卷。

《四库全书总目》卷四九，史部纪事本末类存目：《鸿猷录》十六卷，明高岱撰。岱，字伯宗，京山人。嘉靖庚戌进士，官至景王府长史。是书乃岱官刑部主事时作。仿纪事本末之体，所录凡六十事，每事标四字为题，前叙后论，起于《龙飞淮甸》，终于《追戮仇鸾》，皆事之关于用兵者也。

薛应旂著成《四书人物考》。

《明进士题名碑录·嘉靖十四年乙未科》：薛应旂，直隶常州府武进县民籍。

薛应旂《四书人物考序》：迩来，命世之英固多，而驰鹜场屋者惟事速化，岂直子史束阁，虽四书所载名氏，已大都不省。……余尝董浙学政，每于课试间抚卷感怀，深为此惧。既罢归，避寇钟山，而故庐所尝读书尽为寇毁，惟兹四书，每携以自随。杜门无事，遂将平生手录古人形迹各注于名氏之端者，编为纪传，总四十卷，名之曰《四书人物考》云。

《千顷堂书目》卷三，四书类：薛应旂《四书人物考》四十卷。

《四库全书总目》卷三七，经部四书类存目：《四书人物考》四十卷……明薛应旂撰。应旂，字仲常，武进人。嘉靖乙未进士，官至陕西按察司副使。是编于四书所载人物，援引诸书，详其事迹。凡《记》三卷，《传》三十七卷，《记》、《传》之末，各系以论赞，盖仿宋王当《春秋臣传》之体。中间多采杂说，而不著所出。

王重民《中国善本书提要》经部四书类：《四书人物考》四十卷，八册，明嘉靖间刻本。原题"明武进薛应旂仲常采辑。"按是书增补本颇多，原本已少见；此犹是原本，惟间有补叶耳。自序（嘉靖三十六年）。

张天复著成《皇舆考》。

《明进士题名碑录·嘉靖二十六年丁未科》：张天复，浙江绍兴府山阴县民籍。

《明史》卷二八三，《张元忭传》：张元忭……绍兴山阴人。……父天复，官云南副使。

《千顷堂书目》卷六，地理类上：张天复《皇舆考》十二卷。嘉靖间辑。

《明史》卷九七，《艺文志二》地理类：张天复《皇舆考》十二卷。

《四库全书总目》卷七二，史部地理类存目一：《皇舆考》十二卷，明张天复撰。天复，号内山，山阴人，嘉靖丁未进士，官至云南按察司副使。……是书取闽本《志略》，稍加润饰。其自序云："文襄桂公《舆地图志》、宫谕念庵罗公《广舆图》、司马许公《九边论》，词约而事该，故往往引三家之说，冠于篇端。"文襄桂公者，桂萼。念庵罗公者，罗洪先。司马许公者，许论也。其大意在规《明一统志》之失，但贪列人物，依然挂一漏万。至若四至八到、郡县沿革，皆略而不详，未为善本。

王重民《中国善本书提要》史部地理类：《皇舆考》十卷，八册，明嘉靖间刻本，明张天复撰。余所见是书刻本，有万历五、六年朱琏翻本，有万历十六年张象贤翻本，张本今又有《玄览堂丛书》影印本，殊以未见原刻本为憾。此本目录末题"武昌府学教授廖恕、学生李元敬校正"，然无刻书年月，而廖恕为武昌教授年月又不可考。兹按朱、张两本，并题天复官衔为"提督学校湖广副使"，又并有袁福徵序，序云："书始播于武昌，而檄锓于齐安。"则此本为武昌原刻本审矣。……自序（嘉靖三十六年）。

郭鎜著成《皇明太学志》。

王重民《中国善本书提要》史部政书类：《皇明太学志》十二卷，十六册，（国会）明嘉靖间刻本。明郭鎜撰。按是书自序，鎜于嘉靖三十四年春为国子监祭酒，修残复缺，因有重修监志之意。八月，司业王公自南京来，相与讨论，王公以裁定为己任。乃将南北两志并而考之，又搜索于文移制度之间，未载者增之，已载者酌之，成书一十二卷。厅堂合属，各出柴薪俸金，以补其费，甫三月而遂告成功。然卷内有三十六年以后至万历九年纪事，则为后来补版。又本书卷十一《职官题名》有司业王材，当即鏊所谓王公其人者。《题名》云："王材，江西新城县人，由进士历检讨，南监司业，嘉靖三十四年改任。历南京太常寺卿，管南京国子监事。"自序（嘉靖三十六年）。

公元1558年 明世宗嘉靖三十七年 戊午

应廷育著《金华先民传》。

《明进士题名碑录·嘉靖二年癸未科》：应廷育，浙江金华府永康县民籍。

应廷育《金华先民传自序》：吴礼部……辑《敬乡录》，然仅止宋季，且本因文以著其人，其诸嘉言善行崇德茂勋无文可托者，或未之详。胜国以及创业之初，郑清逸《贤达传》彬彬具矣，惜乎偏徇目前而往事多漏。成化间太守周公所辑《郡志》，大率袭郑旧耳，其于铨量之予夺、科条之前后、记载之详略，观者均不能无遗憾焉。矧阅今逾七十年，亦未有嗣而辑之者。居闲论古，慨思有述，辄本三公遗编，参以历代史传及诸大家文集，并采近世名贤家状碑志而附益之。于是因人而详著其事，因事而核定其人，分为道学、名儒、名臣、忠义、孝友、政事、文学、武功、隐逸、杂传十类，胪而列焉，总之曰《先民传》。其记载之体，一节著称者虽数语不为简，群行兼备者则累牍不为繁，要以一览悉其人品大小之实。至于旧存历衔而事行无徵，及行事仅存而无取于观法者，则皆辍而弗书，以从实录。非敢谬司监定人物之权，亦卿以摅景行之私焉耳，肖友君子或将有取于斯云。嘉靖戊午春二月朔，后学永康应廷育仁卿书。

《千顷堂书目》卷一〇，传记类：应廷育《永康先民传》十卷。永康人。福建佥事。

案：《永康先民传》当为《金华先民传》之误。

《四库全书总目》卷六一，史部传记类存目三：《金华先民传》十卷，明应廷育撰。廷育，字仁卿，永康人。嘉靖癸未进士。官至按察司佥事。是书取金华历代人物，自汉迄明，各为之传，分道学、名儒、名臣、忠义、孝友、政事、文学、武功、隐逸、杂传为十类。自正史外，并参以诸家文集及家状碑记，于每传之下，各注明用某书，盖仿金履祥《通鉴前编》之例。所据旧籍，共四十余种，而其大概，则本诸《敬乡录》、《贤达传》、《金华府志》三书云。

顾应祥著成《人代纪要》。

徐中行《顾公应祥行状》（见焦竑《国朝献徵录》卷四八）：顾公讳应祥，字惟贤，号箬溪。……弘治……乙丑登进士。丙寅，毅皇帝即位，诏充輶轩使者。纂《孝庙实录》于南畿。明年戊辰事竣，授江西饶州府推官。……辛未，以台谏徵至京师，以年少不应格，补锦衣卫经历。……得广东佥事。……己卯……擢公江西副使，分巡南昌道。……丙戌……移陕西苑马寺卿。明年……迁山东右参政，连擢按察使、右布政。……超拜都察院右副都御史，巡抚云南。……迁南京兵部侍郎。……庚戌，升刑部尚书。

顾应祥《人代纪要序》：天位乎上，地位乎下，而人生其间，人也者，天地之心也。欲知天地之终始者，必以人。君也者，人之主也，欲知人代之兴替者，必以君。上古之时，茫乎远矣，不可得而知矣，自夫书契既立，人文日开，于是乎始有简策以纪之。唐虞有典，三代有书，以其载道而言则谓之经，以其纪事而言则谓之史，其实一也。《春秋》者，鲁国之史也，孔子取而笔削之，遂得与经并传，其余弗传者多矣。……应祥幼好读史，而苦于浩瀚，尝效《皇极经世》，起自唐尧甲辰，画为编年图，专纪人代，以便观览。既而病其太简，未及改也。乃今谢事家居，闭门杜客，每叹余生无几，不敢愒玩，复取前书重复增定。秦汉以前，则证之于子由《古史》，秦汉以后，则证之于二十一史、《通鉴纂要》、《世史正纲》、诸家杂史、伪史，至于稗官小说、释老之书，咸取而参订之。大率以纪人代为主，故于人君之创业、继统、篡弑之事，必求其实而详书之。虽僭伪之主、夷狄之君，亦必具其颠末。而政事之有关于治乱兴亡之大者，则隐括其语而明白书之。使善者知其为善，恶者知其为恶，篡弑者知其为篡弑，中国知其为中国，夷狄知其为夷狄。穷乡下邑之士无书可考者，一览而得其概矣。祥也学不足以博古，又无邺侯三万轴之蓄，挂一漏万之诮知不能免，岂敢附于作者之末？聊以便初学云尔。嘉靖三十七年岁在著雍敦牂端阳日，吴兴林下七十六翁顾应祥序。

《千顷堂书目》卷四，编年类：顾应祥《人代纪要》三十卷，又《人代纪略》三卷。

《四库全书总目》卷四八，编年类存目：《人代纪要》三十卷，明顾应祥撰。应祥字惟贤，号箬溪，长兴人。宏治乙丑进士，官至南京刑部尚书。是书以编年纪事，虽无事必书其年，盖合《甲子会纪》、《大事记》而一之。然繁简失伦，多未尽当，其中无年可编者，亦往往随意科配，如荀悦著《汉纪》、《申鉴》，皆强系之献帝乙酉年，恐必不然也。

田汝成著成《炎徼纪闻》。

《明史》卷二八七，《田汝成传》：田汝成，字叔禾，钱塘人。嘉靖五年进士。授南京刑部主事，寻召改礼部。……屡迁祠祭郎中，广东佥事，谪知滁州。复擢贵州佥事，改广西右参议，分守右江。……迁福建提学副使。……汝成博学工古文，尤善叙述。历官西南，谙晓先朝遗事，撰《炎徼纪闻》。

田汝成《炎徼纪闻序》：余承乏藩臬者十余年，而宦履所经半涉炎徼。……自余涉炎徼，而所闻若干事皆起于抚绥缺状，赏罚无章。不肖者以墨守败绩，贤者以避嫌儌名，二事殊辙而同敝，卒致干戈相寻，蔓延荼毒，下竭生民之膏血，上贻廷议之轸忧，良可叹也。间述所闻，著为此书，凡一十四篇。大方伯希斋陈公见而喜之曰："其事核，其言详，不虚美，不隐恶，是可梓也。"……嘉靖三十七年夏五月，钱塘田汝成撰。

《千顷堂书目》卷七，地理类中：田汝成《炎徼纪闻》四卷。

《明史》卷九七，《艺文志二》地理类：田汝成《炎徼纪闻》四卷。

《四库全书总目》卷四九，史部纪事本末类：《炎徼纪闻》四卷，明田汝成撰。……书凡十四篇：首纪王守仁征岑猛事，次纪岑璋助擒岑猛事，次纪赵楷、李寰事，次纪黄竑请立东宫事，次纪征大藤峡事，次纪奢香事，次纪安贵荣事，次纪田琛事，次纪杨辉事，次纪阿溪事，次纪阿向事，次纪云南诸夷，次纪猛密、孟养，次杂纪诸蛮夷。每篇各系以论，所载较史为详。……汝成于边地情形，得诸身历。是书据所见闻而记之，固与讲学迂儒贸贸而谈兵事者，迥乎殊矣。

郭汝霖著《使琉球录》。

《明进士题名碑录·嘉靖三十二年癸丑科》：郭汝霖，江西吉安府永丰县民籍。

《千顷堂书目》卷八，地理类下：许士霖《琉球录》二卷。永丰人。吏科给事中。嘉靖戊午，士霖偕行人李际春使琉球，既还，因取陈侃言增修成志。（案：许士霖系郭汝霖之误）

《四库全书总目》卷五三，史部杂史类存目二：《使琉球录》二卷，明郭世霖撰。据《浙江遗书目录》称"世霖，永丰人，官吏科给事中"，而《类姓登科考》载"嘉靖癸丑进士郭汝霖，永丰人，官至南京太仆寺少卿"，当即其人，特讹世为汝耳。万历中萧崇业《使琉球录》称"陈侃、郭世霖二录"，其明证也。

初，嘉靖十一年命吏科左给事中陈侃、行人高澄册封中山王尚清，侃述其事为《琉球录》，自为之序；至嘉靖三十七年，又遣世霖与行人司行人李际春册封中山王尚元，世霖因取侃旧本，缀续成编，所言大略与《明史·琉球传》合。惟每条列原《录》于前，而附所续于后，皆以“霖按”二字冠之，似乎考订旧闻，实则铺叙新事，于体例殊未协也。

案：据《明进士题名碑录》及《类姓登科考》，均作郭汝霖而非郭世霖；又据《明世宗实录》卷四六四：“嘉靖三十七年九月……壬辰，升刑科右给事中郭汝霖……俱左给事中……汝霖……俱吏科。”又据《明史》卷三二三《外国·琉球传》：“命给事中郭汝霖、行人李际春封尚元为王。”卷九九《艺文志》四《别集类》：“郭汝霖《石泉山房集》十二卷。”均作郭汝霖，则《使琉球录》之作者姓名应为郭汝霖无疑，《千顷堂书目》及《四库提要》皆大误。

公元 1559 年 明世宗嘉靖三十八年 己未

薛应旂著成《甲子会纪》。

许谷《甲子会纪序》：予览方山薛子所编《甲子会纪》，其殆洞观天人之运而有补于经世之猷者乎！薛子本豪杰之士，夙禀异资，于书无所不读。中年归卧山中，俯仰玄黄，错综今古，谓黄帝以上世既辽廓，事亦茫渺，遵仲尼之训不以立论，乃博观诸儒异同之说，而折衷于《皇极经世》一书。其编年唯以甲子为准，断自黄帝八年，以迄于今，凡为甲子七十有一，虚其后以待万世。又于甲子之下，各系以人事大端。自今观之，时代迭运，虽远近不同，其间主德之醇疵，相道之修废，政事之得失，制度之繁简，君子小人之进退，中国夷狄之盛衰，分见于六十年者，既举目可见，即见于四千三百年之间者，亦不待遍历群史，而居然在吾掌上矣。由博以归约，彰往而察来，何其简要也欤！……予于薛子幸忝同进，顾浅陋拘虚，每承高论，无所阐发，兹辱授简，不能多逊，谨叙其述作之概，以俟经世者考焉。……嘉靖己未秋七月既望，南京太常寺少卿、江西提督学校佥事上元石城许谷撰。

《千顷堂书目》卷四，编年类：薛应旂《甲子会纪》五卷。

《明史》卷九七，《艺文志二》正史类：薛应旂……《甲子会纪》五卷。

《四库全书总目》卷四八，史部编年类存目：《甲子会纪》五卷，明薛应旂撰。前四卷以六十甲子纪年，上自黄帝八年，下至嘉靖四十二年，为七十二甲子。又每年之下，亦略纪大事，以备检阅。第五卷则取邵子“以元经会”之语，略论洪荒以来，而以邵子《观化诗》附焉。

公元 1560 年 明世宗嘉靖三十九年 庚申

《史纂左编》等作者唐顺之卒。

《明进士题名碑录·嘉靖八年己丑科》：唐顺之，直隶常州府武进县民籍。

李开先《荆川唐都御史传》（见焦竑《国朝献徵录》卷六三）：顺之，字应德，号荆川。……戊子，乡试第六名。己丑，会试第一名，廷试二甲第一名。……选庶吉士。……试政吏部，选除兵部主事。……（为翰林）入则陪侍讲筵，出则校雠东观。……为右春坊右司谏。……历升职方司郎中。……升右通政。……又升佥都御史。……嘉靖庚申四月一日，以蛊胀旧疾卒于扬州……年五十四。……所著《荆川集》十二卷，所辑名贤策论及《左编》等数百卷，俱行于世。

《明史》卷二〇五，《唐顺之传》：唐顺之，字应德，武进人。……年三十二，举嘉靖八年会试第一，改庶吉士。……调兵部主事。引疾归。久之，除吏部。十二年秋，诏选朝官为翰林，乃改顺之编修，校累朝实录。事将竣，复以疾告。……以吏部主事罢归。……至十八年选宫僚，乃起故官兼春坊右司谏。……复削籍归。卜筑阳羡山中，读书十余年。……起南京兵部主事。父忧未终，不果出。免丧，召为职方员外郎，进郎中。……擢太仆少卿。……加右通政。……擢顺之右佥都御史。……三十九年春，汛期至。力疾泛海，度焦山，至通州卒，年五十四。……顺之于学无所不窥。自天文、乐律、地理、兵法、弧矢、勾股、壬奇、禽乙，莫不究极原委。尽取古今载籍，剖裂补缀，区分部居，为《左》、《右》、《文》、《武》、《儒》、《稗》六编传于世，学者不能测其奥也。

唐顺之《历代史纂左编自序》：《左编》者，为治法而纂也，非关于治者勿录也。关于治者，则妃后、外戚、储宗、宦幸、奸篡、方镇、夷狄、草莽之乱而总之，将与相而总之君，亦云备矣。然《周官》治典所职，曰师、曰儒，师、儒何与于治典也？君与相与将行之，师、儒讲而明之，故云师道立则善人多而朝廷正，言师、儒之系乎治者重也，故纂前史儒林、道学诸传为《诸儒传》。经生训诂、文词、笔札，儒之别也，故次之诸儒之后。隐士不事王侯而志可则，深处岩壑而龙光于朝，英主亦往往尊礼其人以风世，所谓以无用为用也，故纂《隐逸传》。至于前史有《方技传》，盖巫史宗祝所以左右人君，而星历、医药、百工皆有国者之不可缺……故纂《方技传》。三代而下，儒术与二氏相盛衰，亦世道之变也。马迁传老子，范史始纪西域沙门，夫二氏之书各五千余卷，其说侈矣，则其人宜不可以无纪也，且以观儒术之盛衰焉，纂《二氏传》，而总之为《左编》附云。

胡松《历代史纂左编后序》：荆川……他日读史，病今昔将相经营之迹错出散见，罔以徵稽考镜，乃取汉史而下诸书，旁及稗官野乘，若诸大家文集，百氏传记，网罗搜猎，贯穿属比，人以类分，事从人系，直迄金、元而止。盖宇宙上下数千百年成败利钝、治乱兴衰、是非得失之迹，烂然目睫，无烦泛览。戊申冬，余东游吴越，访之荆渚，出以相论，劝令脱稿。已，又重念师儒、隐逸、方技、巫史与夫二氏者流，亦皆所以羽翼左右，为有国者之不可缺，则毕采录焉。积久成帙，为卷百四十有二。……嘉靖辛酉（四十年）秋，浙江右布政使滁上友人胡松序。

《千顷堂书目》卷四，通史类：唐顺之《史纂左编》一百四十二卷。又卷一五，类书类：唐顺之《荆川稗编》一百二十卷。

《明史》卷九七，《艺文志二》正史类：唐顺之《史纂左编》一百四十二卷、《右编》四十卷。又卷九八，儒家类：唐顺之《儒编》六十卷。又，兵书类：唐顺之《武编》十二卷、《兵垣四编》五卷。又，类书类：唐顺之《稗编》一百二十卷。又卷九九，总集类：唐顺之《策海正传》十二卷。

《四库全书总目》卷五三，史部杂史类存目二：《广右战功录》一卷，明唐顺之撰。……此录述右江参将都督同知沈希仪讨平广西诸蛮事。顺之工于古文，故叙事具有法度。《明史》希仪本传全采用之。惟录称希仪为临淮人，而史称贵县人，稍有不同。盖希仪世官指挥，史据其卫籍言之，而录则仍书本贯也。其书已载《荆川集》中，此为袁褧摘出，录入《金声玉振集》者也。

《四库全书总目》卷五六，史部诏令奏议类存目：《右编》四十卷，明唐顺之编。……是编所录，皆历代名臣论事之文，凡分二十一门、九十子目。古来崇论宏议，切于事情，可资法戒者，菁华略备。其曰《右编》者，取右史记言之义也。然其稿未定而顺之没。后万历中焦竑得其残本，南京国子监祭酒刘日宁、司业朱国桢仿《左编》义例，为定其部分，且补其遗轶，付之梓。然其中所补之文，如……多以词藻见收，恐非顺之本意。

《四库全书总目》卷六五，史部史钞类存目：《史纂左编》一百二十四卷，明唐顺之撰。……是书以历代正史所载君臣事迹，纂集成编，别立义例，分君、相、名臣、谋臣、后、公主、戚、储、宗、宦、幸、奸、篡、乱、莽、镇、夷、儒、隐逸、独行、烈妇、方技、释、道，凡二十四门。其意欲取千古兴衰治乱之大者，切著其所以然，故其体与他史稍异。然其间详略去取，实有不可解者。如《君》纪只列汉、唐、宋三朝，偏安者皆不得与，而隗嚣、公孙述、李锜、李重进诸人乃反附入。于列代宦官、酷吏叙之极详，固将以垂鉴戒，而唐之杨复恭、来俊臣、周兴等，尤为元恶巨憝，乃反见遗。又以房琯为中兴之相、高骈为平乱之将，褒贬既已失平；以纥石烈为人名，姓氏几于莫辨。其他妄为升降，颠倒乖错之处，不可胜言。

王重民《中国善本书提要》史部史钞类：《历代史纂左编》一百四十二卷，八十册，明万历间翻刻本。原题"明都察院右佥都御史武进唐顺之编辑，浙江布政使司布政使桐城吴用先、参政高安陈邦瞻、庐陵萧近高同校。"吴用先序云：是书"刻于嘉靖辛酉，迄今凡五十一年，读者苦其字画漶漫，而枣且垂蚀矣。向与寮友陈匡左、萧九生二公商之，重加翻校，共梓以广厥传。"知此本为吴用先等用嘉靖本翻刻，时为万历四十年也。《存目》作一百二十四卷，著录卷数有误，则所据应是残本。

《四库全书总目》卷一三六，子部类书类二：《荆川稗编》一百二十卷，明唐顺之编。……是编义例，略仿章如愚《山堂考索》，荟萃群言，区分类聚。其大旨欲使万事万物，毕贯通于一书，故巨细兼陈，门目浩博。始之以六经，终之以六官。六经所不能尽，则条次以九流诸家之学术，凡为类二十有七；六官所不能尽，则赅括以历代之史传，凡为类二十有五。其门人左烝，先为之考校付梓。烝没而书多残缺，茅一相复加厘正刊行，所引书名人名，原本错互不合者，一相亦为订正。然卷帙既繁，检校难遍，抵牾舛驳，尚往往而有。……特以其网罗本富，涉猎攸资，当语录盛行之时，尚不失为徵实之学，录备多识之一助，固亦无不可焉。

徐咸著成《皇明名臣言行录》。

《明进士题名碑录·正德六年辛未科》：徐咸，浙江海宁卫军籍，海盐县人。

《千顷堂书目》卷一〇，传记类：徐咸《皇明名臣言行录》前集十二卷、后集十二卷。海盐人，正德辛未进士。襄阳知府。

《明史》卷九七，《艺文志二》传记类：徐咸《名臣言行录》前集十二卷、后集十二卷。

《四库全书总目》卷六一，史部传记类存目三：《名臣言行录》前集十二卷、后集十二卷，明徐咸撰。咸，海盐人，正德辛未进士。官至襄阳知府。先是，丰城杨廉本彭韶《名臣录赞》撰《名臣言行录》四卷，所载凡五十五人；咸亦纂近代诸臣《言行录》，凡四十八人。余姚魏有本官河南巡抚时，尝合刻之。及咸归里之后，病其未备，重为纂辑，于杨录增十六人，于己所录者亦增二十五人，分为前、后二集，自为序记其始末，而仍以魏有本初刻之序弁于书首云。

王重民《中国善本书提要》史部传记类：《皇明名臣言行录》后集十二卷、续集八卷，八册，明嘉靖间刻本。后集原题："海盐徐咸重纂，海盐郑晓校正，无锡施渐校刊"；续集题："海滨逸老徐咸编集，海盐逸史仇俊卿校正。"《存目》著录本缺续集，而此本佚去前集。续集始杨廷和，终马永，凡四十八人，皆宦于正德、嘉靖间。成书时咸已八十有二矣。郡侯侯东莱刊行之。侯东莱序（嘉靖三十九年）。何思跋（嘉靖三十九年）。自跋（嘉靖三十九年）。

公元1561年　明世宗嘉靖四十年　辛酉

郑若曾著成《万里海防图说》。

《千顷堂书目》卷八，地理类下：郑若曾《万里海防图说》二卷。……昆山人，字伯鲁。嘉靖辛酉序。

《明史》卷九七，《艺文志二》地理类：郑若曾《万里海防图论》二卷。

《四库全书总目》卷七五，史部地理类存目四：《海防图论》一卷，明郑若曾撰。……是图乃若曾与唐顺之所共定，凡十二幅。其式以海居上，地居下，乃画家远近之法，若曾具为之辨。胡宗宪所题为《海防一览》者，即此书也。其书成于《万里海防图》之先，盖草创未详之本。又：《万里海防图说》二卷，明郑若曾撰。是书乃若曾入胡宗宪幕府以后，与同事邵芳取旧撰《海防图论》，复加考定。起广东，历福建、浙江、南直、山东、辽东，计程八千五百余里。

杂图七十五，各为之论，若曾自序，以为许默斋《九边图论》详于西北，此独详于东南云。

《皇明大纪》作者夏浚卒。

（同治）《广信府志》卷九之二《人物·宦业》：夏浚，字惟明，玉山人。嘉靖进士，授海盐令。……迁祠部郎……升福建提学副使，造士有声。寻转温处兵备。……擢广西参政，致仕。居家著有《月川类草》、《怀玉书院志》。博取昭代典章，仿朱子《纲目》，勒成野史三十六卷，题曰《皇明大纪》。

《明进士题名碑录·嘉靖八年己丑科》：夏浚，江西广信府玉山县民籍。

《千顷堂书目》卷四，编年类：夏浚《皇明大纪》三十六卷。字惟明，玉山人。嘉靖中进士。广东布政司参议。因朱子《纲目》为此书。

《明史》卷九七，《艺文志二》正史类：夏浚《皇明大纪》三十六卷。

今案：据江西省博物馆《江西玉山、临川和永修县明墓》（《考古》1973年第5期）一文所载，1962年，在玉山县发现夏浚墓，在靠近墓门处，有一正方形地券，字迹多不清，仅能辨明“惟大明嘉靖四十年十月初一日□越广信府”等字。据此，夏浚应卒于嘉靖四十年。

公元1564年 明世宗嘉靖四十三年 甲子

杨应诏著成《闽南道学源流》。

《明儒学案》卷八《河东学案下·举人杨天游先生应诏》：杨应诏，号天游，闽之建安人。嘉靖辛卯举于乡，卒业南雍。时甘泉、泾野诸公皆讲学，先生独契于泾野，出其门下。归作道宗堂于华阳山中，祀濂溪以及泾野，动止必焚香禀命。当世讲学者，无不与往复，而于心斋、龙溪为阳明之学者，皆有微訾。先生之学，以寡欲正心为主，本不愧天为归的，一切清虚玄远之言，皆所不喜。然其言多自夸大，而雌黄过场，亦非有道气象。……

杨应诏《闽南道学源流序》：夫道统与天地并，自唐、虞、三代来至周东迁，孔子生而孔子会其盛；自洙泗、伊洛来至宋南渡，朱子生而朱子会其盛。今世之说者曰：颜子没而圣人之学亡。又曰：洙泗之传至孟子而熄。呜呼！是岂其然乎？夫从古圣贤，相传授受惟一理，故吾闽之学即伊洛之学，伊洛之学即孔门颜孟之学。程子尝谓“涵养须用敬，进学则在致知”，又云“未有致知而不在敬者”。故“敬”之一字，千古圣学、心学之渊源；“涵养致知”四字，千古希圣为学之涂辙，而做人则不过自此心敬中涵养致知做去耳。……颜、孟工夫，不在人情物理外玄虚处做，而在性分、视听、言动、志与气存心寡欲处做；不以超悟先觉顿诣处为高，而以平居日用常行切近处为事。呜呼！观夫是，则夫伊洛吾闽之学可知矣。

晦庵尝曰：“伊洛二先生拈出‘敬’之一字，于学者最有力。”然世之言学者，类以涵养致知、尊德性道问学分作两门户，而不知学之所以学为人只是一事。故能涵养则所知益精，而涵养以培道问学之源者，此心此学也。能致知则所养益固，而致知以全尊德性之功者，亦此心此学也。彼世儒不悟，顾乃执著一心，便启然自矜自大。妄意一超直入为真机，易简放开为天德。然则其谓颜孟之学亡且熄者，是果孰亡之、孰熄之也耶？古之圣贤，战战兢兢过了一生，只谓有这些子“敬”在。今之学者，只是不知个“敬”字耳。

吾闽之学总摄处，在躬行“敬”字上著力，盖敬则收敛，不敬则放肆。随处戒慎恐惧，则随处天理；随处清修笃行，则随处至乐；随处涵养，则随处皆所以尊德性；随处穷理，则随处皆所以道问学。才觉警省，便与天地相似，真有觉天地圣贤之在我者。盖能如此著已用功则为正学，不如此则为异端小道矣。能如此检身践迪则为真儒，不如此则为伪徒怪民矣。能从此上去，处则善家善俗，出则善治善化。不然，恣睢率意而行，只做一场话说，则虽嚣然谓能自立，非惟无益于身心、于世，而所谓吾儒明德新民之实学，恐亦不如此。千古圣贤本来指诀，只一涂辙，有二涂辙也耶？

诏，闽产也。不揣生长晦庵之里，从游关中泾野吕先生之门。蚤岁不知学，年三十始发愤，寻上一着浩无下手处。岁乙未，自从吕师南都归，乃闭门潜心苦力，积久，稍见儒者路头血脉，因搜集平生所宗，晦庵及上自龟山、豫章、延平，下及西山私淑诸门人言行，博摭群书，凡精诣卓履、圣谟懿榘可以作戒作劝者，类次为一书。凡十六卷，名之曰《闽南道学源流》。…… 以见吾晦庵得洙泗、伊洛之嫡传，勉斋、西山诸先哲得吾晦庵之嫡传。吾闽所以为学如此，盖有不徒言者，故复序而梓之，以告天下，使反求诸内，并以俟后之君子其必有兴焉者。嘉靖四十三年闰二月朔旦。

《四库全书总目》卷六十一，史部传记类存目三：《闽学源流》十六卷，明杨应诏撰。应诏，建安人，嘉靖辛卯举人。是书历载杨时以后诸儒，终于蔡清。

各志其言行，详其传授，凡百九十五人。

公元1565年 明世宗嘉靖四十四年 乙丑

归有光约于本年前后著《读史纂言》、《三吴水利录》等。

《明进士题名碑录·嘉靖四十四年乙丑科》：归有光，直隶苏州府昆山县军籍。

《明史》卷二八七，《归有光传》：归有光，字熙甫，昆山人。……弱冠尽通五经、三史诸书，师事同邑魏校。嘉靖十九年举乡试，八上春官不第。徙居嘉定安亭江上，读书谈道。学徒常数百人，称为震川先生。四十四年始成进士，授长兴知县。……调顺德通判，专辖马政。

《千顷堂书目》卷五，史抄类：归有光《读史纂言》十卷。

《明史》卷九六，《艺文志一》《书》类：归有光《洪范传》一卷、《考定武成》一卷。又卷九七，《艺文志二》史抄类：归有光《读史纂言》十卷。

《四库全书总目》卷六九，史部地理类二：《三吴水利录》四卷，明归有光撰。……是书大旨，以治吴中之水，宜专力于松江，松江既治，则太湖之水东下，而他水不劳余力。当时堤防废坏，涨沙几与崖平，水旱俱受其病。因采集前人水议之尤善者七篇，而自作《水利论》二篇以发明之。又以《三江图》附于其后。……言苏松水利者，是书固未尝不可备考核也。

案：归有光著《读史纂言》、《三吴水利录》之年代，据《明史》本传所述，可能在本年举进士前后，故编于此。

《筹海图编》作者胡宗宪卒。

《明史》卷二〇五，《胡宗宪传》：胡宗宪，字汝贞，绩溪人。嘉靖十七年进士。历知益都、余姚二县。擢御史，巡按宣、大。……三十三年出按浙江。……超擢宗宪右佥都御史。……为兵部右侍郎。……加宗宪右都御史。……三十六年正月……命宗宪兼浙江巡抚事。……（三十九年）加太子太保。……明年……又兼制江西。……加少保。……久之……会御史汪汝正籍罗龙文家，上宗宪手书……遂逮下狱。……宗宪竟瘐死。

沈明臣《少保胡公诔（并序）》（见焦竑《国朝献徵录》卷五七）：维嘉靖四十有四年仲冬日，明故光禄大夫、少保兼太子太保、兵部尚书兼都察院右都御史、奉敕总督浙直江福四省军务新安胡公，以逮诣，卒于京师。

《千顷堂书目》卷八，地理类下：胡宗宪《筹海图编》八卷。一本十三卷。

《明史》卷九七，《艺文志二》地理类：胡宗宪《筹海图编》十三卷。

《四库全书总目》卷六九，史部地理类二：《筹海图编》十三卷，明胡宗宪撰。……是书首载《舆地全图》、《沿海沙山图》，次载《王官使倭略》、《倭国入贡事略》、《倭国事略》，次载《广东福建浙江直隶登莱五省沿海郡县图》、《倭变图》、《兵防官考及事宜》，次载《倭患总编年表》，次载《寇迹分合图谱》，次载《大捷考》，次载《遇难殉节考》，次载《经略考》。《明史》称赵文华督察浙江军务，宗宪深附之，总督张经破倭于王江泾，文华尽掩经功归宗宪，经遂得罪。……书中载胡松撰《王江泾捷事略》，专述宗宪之功，不及张经，与本传符合，是其攘功之实证。然其它若载嘉靖三十四年五月平望之捷、陆泾坝之捷，十一月后屯之捷、清风岭之捷，三十五年仙居之捷，七月乍浦之捷，十一月龛山之捷及金塘、淮阳、宁台温之捷，又纪剿徐海及擒王直始末，大端与《明史》纪传均相符合，则宗宪之保障东南，尚不为无功。《经略考》三卷，内凡会哨、邻援、招抚、城守、团结、保甲、宣谕、间谍、贡道、互市，及一切海船、兵仗、戎器、火器，无不周密。又若唐顺之、张时彻、俞大猷、茅坤、戚继光诸条议，是书亦靡不具载，于明代海防，亦云详备。盖其人虽不醇，其才固一世之雄也。

张之象《太史史例》刊行。

李绍文《云间人物志》卷四（载刘永翔等整理《明清上海稀见文献五种》，人民文学出版社 2006 年版）：张王屋，公名之象，字玄超，别号王屋山人，上海龙华里人。……由诸生卒业国子，屡试不第，乃下帷发愤，攻古文词。诗尔雅冲淡，兴寄寥远。文出入东西京，不作晚近语。晚从禄仕，赞浙藩。性偃蹇，不能脂韦，投劾归。闭门却扫，务著述，纵群籍几案间，分目研讨，至不能布席。……年八十余卒。所著有《剪彩》、《翔鸿》、《听莺》、《避暑》、《题桥》、《倚兰》、《击辕》、《佩剑》、《林栖》等集，所纂辑有《太史史例》、《史记发微》、《唐诗类苑》、《诗纪类林》、《新旧注盐铁论》、《唐雅》、《回文类聚》等编。他如《叩头虫赋》，讥谄嫉邪，尤关世教。……

（光绪）《重修华亭县志》卷一四，《人物三》：张之象，字符超，号月麓。少颖异，博综群籍，诗文高绝。由国学谒选，时宰欲其撰青词以进，拒不应。就浙江按察司知事，以吏隐自命。同郡某官签事为其长，屡檄作文，不能得，投劾归。益务撰著，晚居细林山，卒年八十一。……

张之象《太史史例序》：……大抵著书立言者，述之易，作之难。易编年而为纪传，盖自子长发之，前未有比，后可为法，六经之下，仅睹此作，非豪杰特起之士不能也。故谓周公之后五百岁而有孔子，后孔子又五百岁而在斯乎！比之于《春秋》之义，其所自任不浅。世固未与之，而良史之才若是亦伟甚矣！……于是敢竭不才，稍加纂理，胪分区别，较然可寻，凡为二百八十七类，总一百卷，名曰《太史史例》。以便检阅，以备遗忘。……浙江等处提刑按察司经历司知事云间张之象序。

《四库全书总目》卷九十，史部史评类存目二：《太史史例》一百卷，明张之象撰。之象，字玄超，华亭人。嘉靖中，官浙江按察司知事，《明史·文苑传》附载《文徵明传》中。是编取《史记》所书，分类标列为二百八十九例，摘其文系于各类之后，名目皆极琐屑。夫文字详略，势无定体，本不可以例言，况太史公成一家言，往往意在文外，尤不得尽以定法拘之。而之象乃毛举细微，以为事事有例，此又以说《春秋》家之窠臼移而论史矣。

今案：是书初刻有牌记："嘉靖乙丑孟夏长水书院刊行"，即刻于嘉靖四十四年（公元1564年）。

公元1566年 明世宗嘉靖四十五年 丙寅

《吾学编》、《今言》等作者郑晓卒。

戚元佐《刑部尚书端简公晓传》（见焦竑《国朝献徵录》卷四五）：端简公郑氏，海盐人，名晓，窒甫其字，小字阿文。……嘉靖壬午，举乡试第一。明年，举进士。……授兵部职方主事。日就省中罗九朝故牍阅之，凡天下扼塞、士马虚实强弱之数，尽考核而得其故。大司马金公素重公，属之曰："子好学，幸为我著《九边图》。"公于是属稿，为撰次《图志》三十卷，士林争传之。……起考功主事，寻转考功郎中。……癸卯，转文选郎中。……贬和州判官。……转太仆丞，又回翔南卿寺者几十年。而癸丑迁刑部右侍郎，甲寅改兵部兼佥都御史，出抚凤阳。……迁吏部左侍郎，南京吏部尚书。世宗以公素知兵，出之南都非宜，留为右都御史，协理戎政。……戊午，改刑部尚书兼兵部事。……还刑部。……落职还。……居家。……丙寅秋，病卒，年六十八岁。……所著有《吾学编》、《古言》、《今言》、奏议、文集行于世。

《明史》卷一九九，《郑晓传》：郑晓，字窒甫，海盐人。嘉靖元年举乡试第一。明年成进士，授职方主事。日披故牍，尽知天下扼塞、士马虚实强弱之数。尚书金献民属撰《九边图志》，人争传写之。……父忧归，久之不起。许讃为吏部尚书，调之吏部。历考功郎中。……调文选。……贬晓和州同知。稍迁太仆丞，历南京太常卿。召拜刑部右侍郎。俄改兵部，兼副都御史总督漕运。……寻召为吏部左侍郎，迁南京吏部尚书。帝以晓知兵，改右都御史协理戎政。寻拜刑部尚书。……以晓摄兵部。……寻还视刑部事。严嵩势益炽。晓素不善嵩。……遂落晓职。……既归，角巾布衣与乡里父老游处，见者不知其贵人也。既卒，子履淳等讼晓御倭功于朝，诏复职。隆庆初，赠太子少保，谥端简。

张萱《西园闻见录》卷八，《著述》：郑端简公晓，初登第，授兵部职方主事，日就省中罗九朝故牍阅之。……撰次《图志》三十卷。……少壮入仕，益谙典故，耳目见闻，咸类记之。博古则约其精，徵今则核其实，备人文渊薮，国是蓍龟，以博洽伏宇内。著作极多，因丙辰李太宰为赵文华所讦奏论死，公曰："古以言杀身，况成书乎？"悉畀火，只遗《吾学》一编，《徵言》、《古今言》数册。

雷礼《吾学编序》：闻太子少保澹泉郑端简公崛起盐官，以博洽伏宇内，心切识之。及缴天幸，与公同在铨司。每政暇，彼此辄以所撰相质。见公所编《吾学编》总目，叙自戊申年太祖混一区夏、握符御极、改元洪武，历永乐、洪熙、宣德、正统、景泰、天顺、成化、弘治、正德，凡关系大政者，仿朱子《纲目》，以岁系月，各为一记。建文四年，虽革除残缺，亦搜集遗文，拆为《逊国记》。至于同姓诸王、分封列藩及开国靖难、御胡剿寇、并戚畹佞幸列爵三等者，各为表、传，别功罪，为万世劝惩。又表内阁以崇政本，表太宰以重铨衡，纪文武名臣以垂景范，纪逊国者辨经略，述三礼、百官以秩祀典、别职掌、考四夷、北虏以通正朔、饬边备，俱原始本、核事情，于予心若相契者。时全书未成，期日后彼此考订，以竟初志。及公任大司寇，南归，予犹久掌邦土，无缘质公于盐官故里。乃公忽先予逝。

《千顷堂书目》卷一，《书》类：郑晓《禹贡图说》一卷。又卷四正史类：郑晓《吾学编》六十九卷：《大政记》一卷（一作十卷），《逊国记》一卷，《同姓诸侯表》二卷、《传》三卷，《异姓诸侯表》一卷，《传》二卷，《直文渊阁诸臣表》一卷，《两京典铨表》一卷，《名臣记》三十卷，《逊国臣记》八卷，《天文述》一卷，《地理述》二卷，《三礼述》二卷，《百官述》二卷，《四裔考》二卷，《北卤考》一卷，外《吾学编余》一卷。余无。又卷五别史类：郑晓《今言》四卷，又《徵吾录》二卷，《吾学编余》一卷。又，史学类：郑晓《删改史论》十卷。又卷九职官类：郑晓《直文渊阁年表》一卷。又，郑晓《典铨表》一卷。

《明史》卷九六，《艺文志一》《书》类：郑晓《尚书考》二卷、《禹贡图说》一卷。又卷九七，《艺文志二》正史类：郑晓《吾学编》六十九卷。又，杂史类：郑晓《今言》四卷、《徵吾录》二卷、《吾学余编》一卷。又，史抄类：郑晓《删改史论》十卷。又，职官类：郑晓《直文渊阁表》一卷、《典铨表》一卷。

《四库全书总目》卷一三，经部书类存目一：《禹贡图说》一卷，明郑晓撰。……是书自总图以下，分图者凡三十，旁缀以说，仍载《禹贡》经文丁后。其中精核可从者，胡渭《禹贡锥指》每徵引之。然核其全书，实多疏舛，渭未及一一辨也。《禹贡说》一卷，明郑晓撰。是篇诠释《禹贡》之文，其中如……皆为阎若璩《潜邱札记》所取，然大致多随文演义，辞旨浅近。其门人徐允锡跋称受业于晓数月，因出此帙授之，曰“子能了此，《禹贡》无难矣。”盖本为举业讲授而设，允锡尊其师说，遂从而刊行，非晓意也。

《四库全书总目》卷五〇，史部别史类存目：《徵吾录》二卷，明郑晓撰。……晓初撰《吾学编》，记当时之事；又缕分条析，为《今言》三百四十余条。复刊汰二书，撮其指要，以成是编，体例略与纪事本末相近，凡三十一篇。然事迹本繁，而篇帙太简。荀悦删班固之书，尚不能不至三十卷，而欲以寥寥两卷，包括一朝，此虽左氏、司马之史才，恐亦不能综括也。

《四库全书总目》卷五三，史部杂史类存目二：《今言》四卷，明郑晓撰。……此书补《吾学编》所未备，首有薛三省序，称此书之辅《吾学编》而行，犹汉史之外有《西京杂记》与《东观汉记》。凡三百四十四条，其中为《宪言》者十之四，为《世言》者十之二，为《事言》、《品言》者十之三，为《证言》、《术言》者十之一。盖据所见闻，随笔记录，古杂史之支流也。

《四库全书总目》卷一二五，子部杂家类存目二：《古言》二卷，明郑晓撰。……晓清直端谅，号为名臣，其人足以自传。此编则随笔成文，议论时有偏僻，引据亦不免疏舛。如谓公孙宏胜司马光，谓王安石远过韩、范、富、欧，谓王通胜董仲舒，谓柳宗元胜韩愈，谓张子胜程子，甚至谓尧、舜非生知安行，皆务为高论而不近理。又谓佛言空，道家言虚，儒言太极，只一个空圈，为学只要还此本体；谓吾儒格致诚正工夫，与佛、老无甚异，但二家不归于修身；谓老、佛莫可系绊，天理完固；又欲以老子、周子、文中子，别为三子；其它如前劫后劫，无不毁之天地，岂有不亡之国、不败之家、不死之身云云。提倡二氏之说，不一而足，尤不可为训。至于以《竹书》纪伊尹事误为《逸周书》、以《大禹谟》为《今文尚书》之类，小小笔误，又不足言矣。

王重民《中国善本书提要》史部纪传类：《吾学编》六十九卷，三十册，明隆庆间刻本。原题："海盐郑晓。"按是书见《违碍书目》，故《四库全书总目》不载。然所谓违碍者，惟《四夷考》一卷书耳。《军机处奏准抽毁书目》云："查此书系明郑晓撰。晓长于史学，此书乃述明九朝事迹，略仿正史之体，分记、表、述、考，凡十四篇，六十九卷，当时颇称其简当。其所载皆在嘉靖以前，尚无干碍。惟《四夷考》内《女直传》一篇，有诬罔失实之处。其余纪载，间有偏谬，俱应删节抽毁外，其全书应请勿庸销毁。"按抽毁之意，在保存其余部分，而馆臣遂摈弃不为著录，仅于别史类载《徵吾录》二卷，《徵吾录》者撮略《吾学编》而成，即不顾是非之公，亦当计书之轻重；遗其重而采其轻，乃馆臣之过也。

薛应旂著成《宋元资治通鉴》。

薛应旂《宋元通鉴序》：……旂俛思蚤岁涉猎子史，则溺意词章，依傍经典则高谈性命，俱无裨实用。晚虽稍知反约，庶几会归于一，而不能附丽，未及一二见诸行事……是用黾勉以毕初志。其于学问文章，知史事虽未可妄议，而心术则不敢不正。但一得之愚，上下于宋元四百八十二年之间，成兹一百五十七卷之书，僭踰之罪，知不能免矣。倘假我数年，尚当再加参校，献之阙下，以舒芹曝之忱。兹惧率易，姑以藏之家塾，未敢上渎也。皇明嘉靖丙寅十二月朔旦，前浙江按察司提学副使武进薛应旂序。

《千顷堂书目》卷四，编年类：薛应旂著《宋元资治通鉴》一百五十七卷。

《明史》卷九七，《艺文志二》正史类：薛应旂《宋元资治通鉴》一百五十七卷。

《四库全书总目》卷四八，史部编年类存目：《宋元资治通鉴》一百五十七卷，明薛应旂撰。……是编续司马光《资治通鉴》而作。朱彝尊《静志居诗话》尝讥其孤陋寡闻，如王偁、李焘、杨仲良、徐梦莘、刘时举、彭百川、李心传、叶绍翁、陈均、徐自明诸家之书，多未寓目，并辽、金二史亦削而不书，唯道学宗派特详尔。今核其书，大抵以商辂等《通鉴纲目续编》为蓝本，而稍摭他书附益之。于宋、元二史，未尝参考其表、志，故于元丰之更官制，至元之定赋法，一切制度，语多闇略；于本纪、列传，亦未条贯，凡一人两传、一事互见者，异同详略，无所考证，往往文繁而事复。……所纪元事，尤为疏漏。惟所载道学诸人，颇能采据诸家文集，多出于正史之外。然杂列制诰、赠言、寄札、祭文，铺叙连篇，有同家牒，律以史法，于例殊乖。至于引用说部，以补正史之缺者，又不辩虚实，徒求新异。……虽多亦奚以为！此之谓矣。

王重民《中国善本书提要》史部编年类：《宋元通鉴》一百五十七卷，三十二册，明隆、万间刻本。原题："明赐进士前中宪大夫浙江按察司提学副使两京吏礼郎中武进薛应旂编集……。"……自序（嘉靖四十五年）。

雷礼于本年后著成《国朝列卿记》。

《明进士题名碑录·嘉靖十一年壬辰科》：雷礼，江西南昌府丰城县民籍。

潘季驯《少傅工部尚书雷礼传》（见焦竑《国朝献徵录》卷五〇）：少傅雷公者，讳礼，豫章之丰城人。……弱冠举于乡，继成进士，授兴化司理。……寻以制归，复补宁国司理。……以异等入铨曹。……出公大名通判。未几，以宪副督两浙学政。……俄升南太仆少卿。……寻转太常卿，推尹顺天。……升工部侍郎。……以公晋部事，司营造。……（升）尚书。……授柱国，加少保。……加少傅。

尹守衡《明史窃》卷六四：雷礼者，字必进，丰城人也。嘉靖十一年进士。好学洽闻。初在铨司与（郑）晓同官，每政暇，辄以彼此所撰述相质证。时人为之语曰："雷礼博古，郑晓通今。"

王世贞《弇山堂别集》卷四一，《公孤表》：少傅……雷礼，江西丰城人。嘉靖四十五年以少保、太子太傅、工部尚书加，隆庆元年致仕。

顾起元《国朝列卿记序》（见黄宗羲《明文海》卷二一四）：国朝设官分职，在内莫重于列卿之署。二百年来，名公巨儒所以矢谟陈力、图事揆策、佐上总览万幾、昆赞六典者，不可胜纪。夷考其人，有以刻厉而永终誉，有以建白而奏肤功，修诸己奉为典刑，守诸府存为故事，又或得失一时，是非千载，音徽未往，法戒具存，诚举其遗事而胪列之，固考政者之枢机，当官者之蓍蔡也。第金匮之藏，焚草禁林，秘不传外，而官之志录析在列署，家之谱牒散在四方，遽未易睹。即吾学宪章诸书，网罗云备，其于列卿之业，沿革创承，迁代首尾，固未详也。若野史稗官，雌黄冯肊，昂抑失真，尽信不如无书矣。士大夫欲咨故实以为法戒，其何由哉？丰城司空雷公，在肃皇帝朝与海盐郑公同以练习掌故，著声一代，垂意典述。既总本朝因革用舍之大政次而为记，又取开国以来中书省辅臣六曹诸司以下其人与事，论而列之。取材于志录，稽世于谱牒，日月披寻，排缵成集，系牵绳贯，比事属词。正纂而外，旁及群书，凡有所关，悉从采掇，其或事无可考，亦具存其姓名，名曰《国朝列卿记》。于是渐鸿振鹭，依日月而近星辰者，履历犁然如与身遇。煌煌哉！真昭代之巨观也。隆庆而后，公谢政家居，所记第书名目，以俟后之君子，而公亦寻逝矣。顾编摹虽完，厘校未终。就中一人一事迭见，则重复宜删；传信传疑两存，则冗蔓宜汰；以至鲁鱼帝虎之字，讹舛宜纠；叠床架屋之书，参伍宜备。侍御徐公，公同邑人也，视学南畿，志先景行，念此《纪》仅有抄本，未普流传，图所以表章之者，乃删汰正补反复校梓行之。自是雷公之盛事，得侍御公而愈彰，此《纪》所著，真有揭曦曜而不刊，垂琬琰以不朽者矣。刻成，侍御公以序委余，敢僭为论次若此。

《千顷堂书目》卷九，职官类：雷礼《国朝列卿年表》一百三十九卷。起明初至隆庆。又卷一〇，传记类：雷礼《国朝列卿记》一百六十五卷。始洪武迄嘉靖，隆庆一朝则子映渫所补。又《阁臣行实》八卷。

《明史》卷九七，《艺文志二》职官类：雷礼《列卿表》一百三十九卷。又，传记类：雷礼《内阁行实》八卷、《列卿记》一百六十五卷，起洪武，迄嘉靖。礼子映补隆庆一朝。

《四库全书总目》卷六一，史部传记类存目三：《列卿纪》一百六十五卷，明雷礼撰。……是书胪列明代职官姓名，起自洪武初，终于嘉靖四十五年。凡内而内阁部院，以至府、司、寺、监长官，外而总督、巡抚，皆以拜罢年月为次，上标人名，而各著其出身里籍于下为《年表》；又于《年表》之后，附载其居官事迹为《行实》。《年表》但以次题名，不用旁行斜上之例；《行实》略仿各史列传，而又不详具始末，止书其事之大者而已。惟第八卷至十三卷，为《内阁行实》，颇为详备，论断亦多持公道。

王重民《中国善本书提要》史部传记类：《国朝列卿记》一百六十五卷，九十六册，明万历间刻本。原题："柱国少傅兼太子太傅工部尚书丰城雷礼纂辑，提督应安等府学校监察御史同邑徐鉴校梓。"《(四库）提要》云："是书胪列明代职官姓名，起自洪武初，终于嘉靖四十五年"，然卷内有记隆、万间事者，即《凡例》所云："隆庆及万历初年，系其子濙、瀛，孙条补入"也。

公元 1567 年 明穆宗隆庆元年 丁卯

敕修《明世宗实录》。

《明穆宗实录》卷六：隆庆元年三月……甲申，敕谕礼部："朕闻自昔帝王履中兴之运者，其德必崇；启昌隆之祚者，其业必广，所从来远矣。至于阐述鸿休，敷扬骏烈，以流播无穷者，则后人事也。洪惟我皇考世宗肃皇帝，以至神至圣之资，缵二祖七宗之绪，明伦更制，振教敷仁，内殄奸欺，外平倭虏，盛德大业，照耀古今，真足以追二祖而超百王，宜有纪述，以备一代之制。尔礼部其遵祖宗故事，通行中外，采辑事实，送翰林院纂修实录。其以太师兼太子太师成国公朱希忠为监修官，少师兼太子太师吏部尚书建极殿大学士徐阶、少保兼太子太保吏部尚书武英殿大学士李春芳、郭朴、少保兼太子太保礼部尚书武英殿大学士高拱、礼部尚书兼文渊阁大学士陈以勤、吏部左侍郎兼东阁大学士张居正为总裁，礼部尚书兼翰林院学士高仪、詹事府掌府事吏部左侍郎兼翰林院学士赵贞吉、吏部左侍郎兼翰林院学士林树声、礼部左侍郎兼翰林院学士掌院事潘晟、礼部右侍郎兼翰林院学士殷士儋为副总裁，左春坊左谕德兼翰林院侍读姜金和等为纂修官，一应合行事宜，悉照例举行。钦哉！"

《明穆宗实录》卷八：隆庆元年五月……丁卯……礼部奏："纂修《世宗实录》事迹，令各省提学官采辑编汇，赍送史馆。免差官采访。"从之。……庚辰，敕谕太师兼太子太师成国公朱希忠等曰："兹者恭修皇考肃皇帝实录，已敕礼部采取事迹，命尔希忠为监修官，大学士阶、春芳、朴、以勤、居正为总裁官，礼部尚书兼翰林院学士高仪等为副总裁官，左春坊左谕德兼翰林院侍读姜金和等纂修官，于隆庆元年六月初一日开馆。朕惟我皇考临御天下四十有五年，功德巍巍，如天之大，固未易以名言。然其政令赏罚之施，制作文章之盛，言为典谟，动成规范，其事布之天下，其文具在有司，可得而称述也。兹命尔等稽古义例，纂辑成编，以祐启后人，贻法万世。其一时史职之称否，臣下之美恶，亦得附见，以垂鉴戒。尔等宜悉心综理，夙夜勤事；毋忽以致遗，毋夸以失实，毋偏以废公，毋怠以玩岁。殚乃心力，用一代之令典，以觐扬我皇考之耿光，称朕意焉。钦哉！"……癸未，以纂修实录，赐监修、总裁、纂修等官宴于礼部。命英国公张溶、尚书杨博、高仪侍宴。

《明穆宗实录》卷九，隆庆元年六月甲申朔：始开史馆纂修《世宗肃皇帝实录》。

王宗沐著成《宋元资治通鉴》。

《明史》卷二二三,《王宗沐传》:王宗沐,字新甫,临海人。嘉靖二十三年进士。授刑部主事。与同官李攀龙、王世贞辈，以诗文相友善。宗沐尤习吏治。历江西提学副使。修白鹿洞书院，引诸生讲习其中。三迁山西右布政使。……寻改广西左布政使，再补山东。

《千顷堂书目》卷四，编年类：王宗沐《宋元资治通鉴》六十四卷。

《明史》卷九七,《艺文志二》正史类:王宗沐《宋元资治通鉴》六十四卷。

王重民《中国善本书提要》史部编年类:《续资治通鉴》六十四卷,二十四册,明隆庆间刻本。原题:"皇明中奉大夫山东等处布政司左布政使临海王宗沐编。"是书《义例》云:"自宋受命，始于建隆庚申，迄于祥兴己卯，共三百二十年。元一天下，始于至元庚辰，迄于至正丁未，共八十八年。合辽、金、夏三姓，其兴亡乱治，有足纪者，不应独缺。是以辄忘固陋，编而次之，始于嘉靖乙卯，成于隆庆丁卯，以备全史之要略云。"……此隆庆五年历下重刻本，时官山东左布政使，在未起官前，曾有家塾刻本也。梁梦龙序（隆庆五年）。

王之垣著成《承天大志基命纪录事实》。

《明进士题名碑录·嘉靖四十一年壬戌科》：王之垣，山东济南府新城县匠籍。

《千顷堂书目》卷五，别史类：王之垣《承天大志基命纪录事实》三十卷，隆庆元年编进。山东新城人。嘉靖壬戌进士。

《明史》卷九七,《艺文志二》杂史类:王之垣《承天大志纪录事实》三十卷。

傅维鳞《明书·经籍志》:隆庆元年……给事中王之垣进《承天基命纪录事实》三十卷，上留览。

《明通纪》作者陈建卒。

《民国东莞县志》卷五八，《人物略五》：陈建……隆庆元年丁卯，以上书终于南都之留城，年七十一。建学识温醇，议论纯正，至于崇正黜邪，则毅然贲育莫之夺。……其所著述，盖为天下万世虑也。巡抚陈联芳、侍郎万士和、恭顺侯吴继爵、都御史李义壮，均称建明体达用，可以开古今未决之疑，立百王不易之法。其为时所重如此。……学者称清澜先生。

公元1568年 明穆宗隆庆二年 戊辰

孙应鳌建言续修《大明会典》。

《明进士题名碑录·嘉靖三十二年癸丑科》：孙应鳌，贵州清平卫官籍，直隶扬州府泰州如皋县人。

《明穆宗实录》卷二一：隆庆二年六月……庚子……郧阳巡抚都御史孙应鳌言："及今纂修实录，宜敕六部将嘉靖四十五年间见行事例，详加采辑，送史馆编汇，以续《大明会典》之后。"礼部复言："《会典》已经续修至嘉靖二十八年，进呈先帝，未蒙刊布。宜命辅臣俟实录完日，将嘉靖二十八年以后事例，汇辑成书，以垂一代之典。"上是之。

吕调阳为《明世宗实录》副总裁。

《明进士题名碑录·嘉靖二十九年庚戌科》：吕调阳，广西桂林中卫军籍，临桂县人。

吴国伦《吕公调阳行状》（见焦竑《国朝献徵录》卷一七）：公姓吕，名调阳，字和卿，别号豫所。……庚戌，举进士，廷试一甲第二人。授翰林编修。……癸亥，稍迁国子司业。乙丑，擢春坊谕德，典内制。隆庆改元，擢南京国子祭酒，寻改国子祭酒。是冬，擢南京礼部侍郎。……戊辰，改礼部。

《明穆宗实录》卷二七：隆庆二年十二月……丙子，命礼部右侍郎兼翰林院学士吕调阳充纂修《世宗肃皇帝实录》副总裁官。

黄光升于本年后著《昭代典则》。

《明进士题名碑录·嘉靖八年己丑科》：黄光升，福建泉州府晋江县民籍。

祝世禄《昭代典则序》：夫史难言哉，学者宏辨典记，考摭曩古，然于当代之故，靡幾焉……闽中恭肃黄公，起端简之后，故有史材……祖左氏而祢司马，撰述成一家言，命曰《昭代典则》。其用心良勤且笃矣。吾乡周氏见而悦焉，属之剞劂，介武车驾朱职方，问序不佞。不佞非知史者，而知难于史。迹黄公所撰著述，明圣之休光，次功臣、贤哲之余烈，摭载礼乐、征伐，损益、建置之际章矣。……方之汉世，不庶几马、班乎哉！余故从周氏之请，为恭肃直序直之，以附于三代之遗，聊以志而已。时万历庚子岁中秋日，赐进士第南京吏科给事中兼署户礼兵刑工五科事，钦差巡视京营九库督理后湖黄册豫章祝世禄撰。

《明史》卷九七，《艺文志二》故事类：黄光升《昭代典则》二十八卷。

《四库全书总目》卷四八，史部编年类存目：《昭代典则》二十八卷，明黄光升撰。光升，字明举，晋江人，嘉靖乙丑进士，官至刑部尚书。是书起元至正壬辰明太祖起兵，至穆宗隆庆二年而止，编年纪事，每条皆提纲列目。其前四卷，自至正壬辰迄洪武建元以前，以明纪年，而元事则随年附见。虽当时臣子之词，然顺帝北行以后，以明纪年可也；若至正戊申以前，非惟元祚未移，俨然其主，即韩林儿龙凤纪年，明主亦自奉其朔，乃于其初起兵时即削元号，究非万世之公论也。

案：黄光升著《昭代典则》之年代不详，因其记事止于本年，故暂编于此。

邓球著成《皇明泳化类编》，后二年又著成《皇明泳化续编》。

《明进士题名碑录·嘉靖三十八年己未科》：邓球，湖广永州府祁阳县民籍。

（同治）《祁阳县志》卷十四，《人物·儒林》：邓球，字应鸣。沈酣典籍，佗无嗜好。……遂于嘉靖己未登进士第。历宜兴、弋阳知县，迁户部主事，历员外郎、郎中。以凝峭忤时，出守铜仁，不数月解绶归。怡情山水，培植枌榆人才，不遗余力。纂集经史，所著有《皇明泳化类编》一百三十六卷，《杂记》二卷，《续泳化编》十七卷，《理学宗旨》二卷，又《闲适剧谭》及县志等书行世。自号“寄漫子”。当事争购其书，人称“来溪先生”。……

邓球《皇明泳化类编序》：□□主我华夏，污我衣冠礼乐之俗，振古未有之变也，皇天讵无意于斯民乎？……二百余年以来，治化之隆，日临月照，灿然闾阎，兆民赖之，可泳而服也。顾懿章纪载，藏之秘阁，非草茅寒贱所得睹其盛美。臣读书，见宋儒邵雍以生治世为大幸，臣自分此生其幸多矣。性懒交纳，遂为书癖，因得《大明一统志》、《大明会典》、《五伦书》、《为善阴隲书》、《圣政纪》、《皇明诏制》、《皇明文衡》、《名臣经济录》等书而诵之，未几又得《皇明通纪》、《金声玉振》、《今献汇言》、《功臣录》、《名臣言行录》、《理学名臣录》、《内阁词林记》以及诸名公传集奏议，不下数十家，益刻心展玩。……辄手录分类，久而成帙，遂分为卷若干。以其情生于皞皞也，名之曰《泳化类编》。虽然，亦窃有芹曝之私焉。自祖宗朝以至今日，其化不可谓不盛矣。自戊申启运，以至今日，民之泳乎化者，不可谓不深矣。承其盛也，而思以藉之，则上益泰；及其深也，而危以临之，则下不偷。察消息盈虚之数，怀兢业危微之幾，懋树德广威之实，以永贻万世之太平，将斯世民物游息化养与日斯徵而月斯迈，固其耿耿之微欤。岂直资博而已哉！（时隆庆戊辰八月中秋也。尝诵先贤诗："日月光天德，山河壮帝居。太平无以报，愿上万年书。"以纪分门云。）明进士祁阳邓球谨序。

邓球《皇明咏化续编序》：《续编》者，曷始也？始于隆庆己巳秋八月也。时余在告家居，偶一二相知者过余，谈及当代文人，余时未有述也。遂检阅诸集中名笔，因有当于心者若干篇，皆发挥于性理而关纲常、系世教，不啻文焉已，是或可与天下后世共卜心也。乃不忍散置，辄以次录之。又以涉其余皆一代之政在是也，次曰屯政；曰贞逸；曰使命；曰冠服之制；曰丧服之制。随有所得，各成一帙，庶观者亦万分而补一云。明年庚午中秋球谨諴（今案："諴"应为"识"，涉下误）。（取《书》义"敬所諴民，用祈永命"，以分门云。）

《千顷堂书目》卷五，别史类：邓球《皇明泳化类编》一百三十六卷。祁阳人。嘉靖己未进士。编于隆庆中。又《泳化类编杂记》三卷。又卷九，典故类：邓球《泳化续编》十七卷。

《明史》卷九七，《艺文志二》杂史类：邓球《泳化类编》一百三十六卷、《杂记》二卷。又，故事类：邓球《续泳化编》十七卷。

王重民《中国善本书提要》史部政书类：《皇明泳化类编》一百三十六卷、《续编》十七卷，一百册，（国会）明万历间刻本。原题"明进士祁阳邓球谨编"。按《祁阳县志》："球，字应明，嘉靖己未进士。历宜兴、弋阳知县，迁户部主事，历员外郎、郎中。以凝峭忤时，出守铜仁，不数月解绶归。怡情山水，培植人才，不遗余力，人称来溪先生。"是书以"日月光天德，山河壮帝居，太平无以报，愿上万年书"二十字，分为二十集，凡五十八类。于有明一代朝章典制，重要史迹，分类编述。《续编》则取《书经》"敬所针民，用祈永命"八字，分为八集，凡《文翰》、《屯政》、《贞逸》、《使命》、《冠服》、《丧服》六门，多取诸当代文集。故《明史·艺文志》以《正编》入《杂史类》，《续编》入《故事类》，因体例与内容前后稍异，故分别著录也。《自序》（隆庆二年）。……《续编自序》（隆庆四年）。

公元1569年 明穆宗隆庆三年 己巳

霍冀著成《九边图说》。

《明进士题名碑录·嘉靖二十三年甲辰科》：霍冀，山西汾州府孝义县军籍。

王崇古《霍公冀墓表》（见焦竑《国朝献徵录》卷三九）：公姓霍氏，讳冀，字尧封，世籍汾之孝义县。……弱冠偕予同荐乡书，继登甲第，授畿府节推。……拜中台御史。……继按中州。……擢大理丞。当肃皇帝朝，边域多事，需才最急，乃擢公佥都御史，出抚宁夏。……召辅中台。……暂改南曹。……寻佐南枢务，再兼台佥，出抚山东。……虏犯延边……边烽告急……乃进兵部左侍郎兼台佥，总督四镇兵务。……召进本兵总机务。

王世贞《弇山堂别集》卷五〇，《兵部尚书表》：霍冀，山西孝义人。嘉靖甲辰进士。隆庆元年任，四年闲住。

《千顷堂书目》卷八，地理类下：霍冀《九边图说》一卷。

《明史》卷九七，《艺文志二》地理类：霍冀《九边图说》一卷。

王重民《中国善本书提要》史部政书类：《九边图说》一卷，四册，明隆庆间刻本。明霍冀等撰。冀，字尧封，山西孝义人。嘉靖二十二年进士，官至兵部尚书。……冀久历边疆，谙悉险要，隆庆元年入为兵部尚书，适诏品第州县，以便量才授官。冀因继许伦、魏焕之后，续纂是书，以述各镇地利险夷，各边兵马多寡。三年书成，进之于朝。《进书表》末题："兵部尚书霍，左侍郎曹，职方清吏司郎中孙应元、赵宋，署员外郎事司务王凭，主事石磬、刘寅、朱润身、桂天祥、赵慎修。"霍即霍冀也。……《进书表》（隆庆三年）。

《永乐大典》总校、《古今史学得失论》作者瞿景淳卒。

《明史》卷二一六，《瞿景淳传》：瞿景淳，字师道，常熟人。……嘉靖二十三年，举会试第一，殿试第二，授编修。郑王厚烷以言事废，徙凤阳。景淳奉敕封其子载堉为世子，摄国事。……满九载，迁侍读。……历侍读学士，掌院事。改太常卿，领南京祭酒事，就迁吏部右侍郎。隆庆元年，召为礼部左侍郎。用总校《永乐大典》劳，兼翰林院学士，支二品俸，侍经筵，修《嘉靖实录》。疾作，累疏乞骸骨归。逾年卒。赠礼部尚书，谥文懿。

瞿景淳《古今史学得失论》：《史记》，司马迁所作也。辨而不华，质而不俚，杨子云以良史目之，似矣。然伏羲之画卦，万世文字之大原也。知考信者，宁忍弃耶？迁乃忽略圣经，遗编不录，安能逃朱子之所短哉？《西汉书》，班固所成也。瞻而不秽，详而有体，吕伯恭以《左传》拟之，似矣。然人生之节义，万古名教之大原也。知所重者，宁弗尚欤？顾乃轻贱民彝，非斥不与，宁能逭范氏之所病哉？范晔《东汉书》，论窦武、何进之诛中官为违天理，论张骞、马勇之使西域为遗佛书，抑节义之董宣于酷吏，升忍耻之蔡琰于烈女，志王乔之凫履，记左慈之羊鸣，而货殖、艺文志又阙焉。或者议其言多迂诞，事多诡越，信哉！其后荀悦省班固之烦，作《西汉纪》，而体制近古。袁宠（今案：应为袁宏）剪范晔之秽，作《东汉纪》，尽得去取，而词约事详，可谓嘉史矣。然中外一概，夷夏皆均，体无轻重，而是东都之事，入西京之传，纪载安在哉？

陈寿《三国志》，以父髡之憾，而遂短诸葛之将才；以索米之故，而不立丁仪之列传。甚者蜀以寇书之，魏以帝系之。使非习凿齿尊昭烈以正统，辨曹操为篡贼，则寿之失何日而可裁乎？《晋史》起于晋之诸臣，终于唐之房、褚，然文骋骈丽。唐太宗亲撰四赞，盖欲掠其美以传后也。《宋书》据承天之纪传，因采摭以成书，然事杂魏、晋。沈约增志符瑞，盖欲专其功以夺人也。萧子显因江淹事齐有文名，初创《南齐志》，而为《齐书》卒之。才本卑弱，徒事乎雕镌藻绘，则子显之罪也。姚思廉因父察事梁为史官，祖窦《梁、齐书》，而毕父志，卒之将祖父扬名，而言多不实，则思廉之过也。

《后魏书》始于邓彦海，而终于魏收也。收以恩怨之曲笔，快报复之私情，毁誉不公，而"秽史"之号立。《北齐书》作于李德林，而终于百药也。百药避唐朝世民之讳，而略世宗、世祖之号，迁就弗端，而曲学之迹见。终于崔师仁（今案：应为崔仁师）者，《后周》一书也。先修于牛宏，而所务非清言；再经于德棻，而所图非因实，宜晁氏以非实录讥之。

作于李延寿者，《南》、《北》二史也。删略繁芜，编摩简径，宜温公以佳史许之，但不作书志，制度弗彰，恨其未备，非过当焉。《隋书》则魏徵总其事，而同修述者非颜师古与孔颖达乎？书兼众善，而集故伦理有序，而典故不遗，本末兼举，而事迹详备。史而若此，诚可嘉矣。故郑夹漈曰："迁、固以来，皆莫能及。"岂虚语哉？

以《旧唐书》言之，唐之府兵近古，而制屡变更，其末也则坏而为禁军，此乱之所由也，可以弗志乎？藩镇专地而力相并吞，其甚也则起而弱王室，此变之最大者，可以无表乎？悉心奉国如长孙无忌，当代之功臣也，顾与奸谀之敬宗并书；起衰济弱如韩退之，振古之豪杰也，顾与浮诞之禹锡同传。以文苑目刘蕡，是略其鲠直之操。以外戚例吴溆，似没其卓异之行。此皆其失之较著者也。曾公亮之言曰:“叙次无法，详略失中，文采不著，事实零落。”诚确论矣。

欧阳修、宋祁相与讨论旧文，厘正义例，续成而志撰，立四表，删其传六十有一，而益之以三百三十有一。所谓“事则增于前，文则省于旧”，盖言有大，而非夸也。故伊川曰：“三代以后，无此议论。”然削去诏令，使一代王言之无徵；好用奇字，使后世读者之易厌。魏謩之相，志以为十一年，传以为十五年。景洪之将，纪以为丽洪景，传以为晏丽洪。县公之号可疑，则见于吴缜之《纠缪》；死囚之数可疑，则见于温公之《考异》，焉能以无失耶？故元城讥其叙事好简略其辞，故其事多郁而不明，不诚然哉？

师《春秋》之意，以治法而正乱邦，此欧阳修之《五代史》也。观其立传之例，曰梁臣，曰唐臣，所以暴忠贞之一节。曰死节，曰死事，所以愧奸回之二心。罪背唐附梁之人，而六臣之传以彰；诛更事历代之徒，而杂传之名以立。文简而发，事详而核，诚可以比良迁、固，而下视诸史也。但出帝之论，亦有类濮园之讥；韩通之死，不得沾节义之荣，亦不能不起识者之议也。

司马文正公本《春秋》之法，始自周威烈王，终于五季，集为《资治通鉴》。既又摄其精要之语，别为《目录》。观其首书三晋大夫为诸侯，所以明君臣之分。力辨四皓为惠帝之党，所以明父子之义。阙鲁仲连之射书聊城，讥曹操之分香卖履，辨遂良无赞刘洎之语，谓陆贽无报窦参之心，存苏、张之纵横游说，欲见当时辨说之覆邦家也。辨啬夫之佞给驰骋，欲使知小人之利口无益也。故其言曰:“臣今所述，盖叙国家之兴衰，著生民之休戚，使观之者自择其善恶得失，以为劝戒。”惜乎进曹魏而抑昭烈，帝朱梁而寇河东，记牝晨之年，阙中宗之号，削《离骚》而不录，书孔明以入寇，何舛耶？故论其删述，固有大功，而考其去取，不能无憾。虽以胡文定《举要补遗》之作，亦何以救其失哉？至若刘恕之《通鉴外纪》，始于黄帝，以踵司马之失；终于威烈王，以补温公之阙。然疑经传而信子书，则无以为作史之法，而服温公之心矣。金履祥之《通鉴前编》，始于唐虞，以明君道之盛；终于九鼎震，以著天道之极。其所议论，深得朱子之意，而有功于斯道者也。但其文皆典谟所载，《春秋》所记，则亦赘矣。

若夫继麟经而为诸史之折衷者，其唯朱子《纲目》乎？纲仿《春秋》而兼采群史之长，目仿《左氏》而纠合诸儒之粹。表岁以首年，则岁周于上，而天道明矣；因年以著统，则统著于下，而人道定矣。大书以提要，则大纲毕举，而鉴戒昭矣；分注以备言，则众目毕举，而幾微著矣。秦、楚、韩、魏之僭王则别之，使天下知僭伪之不得其正，亦《春秋》诛吴、楚之法。宋、齐、梁、陈之分治则卑之，使天下知传授之不得其统，亦《春秋》黜五伯之意。《春秋》曰“公在乾侯”，《纲目》则曰“帝在房州”。《春秋》曰“王出居郑”，《纲目》则曰“帝出奔蜀”。《春秋》尝书“立炀宫”、“辛丑用郊”矣，皆所以讥其失礼也;《纲目》则原庙以立书，五帝以始郊书焉。《春秋》尝书“有年于桓公”，“大有年于宣公”矣；《纲目》则“有年”书于萧梁后，“唐大有年”书于永平、贞观、开元焉。四皓之安惠帝，从首止之与；吕后之立少帝，得分注之例。削曹魏之窃位，明昭烈之正统，所以示天下之大分也。去则天之僭号，存中宗之纪年，所以正天下之公论也。大夫杨雄系于莽，非诛奸雄于既死乎？处士陶潜系于晋，非发潜德之幽光乎？其间微言奥义，不可悉数；而大旨之所在，要皆在于明正统之归也。

《宋史》之作，不一其人。李焘有《通鉴长编》，陈仲微有《二王本纪》，陈桱（今案：应为陈桱）有《通鉴续编》，欧阳玄、揭傒斯有《宋》、《辽》、《金》三史。窃尝考之《宋史》，其本纪所以述天子之大经大法也，而乃委曲泛滥，兼收细行，甚或下及于臣事。列传所以录臣子之嘉谋嘉猷也，而乃缀缉丛委，夸诩爵宠，遂使猥同于家乘。纪典礼而拜俯之胪赞屡书，载仪卫而名物之琐细迭见。道学、儒林一途也，而别为两目，未必人物之皆当。忠孝、隐逸、殊行也，而采及百人，未必名实之相符。此皆其失之尤大者。若其间烦章冗句，不知所裁，又未易遍举也。阿鲁图之言有曰:“先理致而后文词，崇道德而黜功利，书法以之而式矜，彝伦赖是而匡扶”，殆虚语耳。

窃史莫良迁、固，然《史记》叙三千年事，五十万言;《汉书》叙二百四十年事，八十万言。而张辅著《论》，优迁劣固，则作史之烦省得失可知矣。愚以为：作史者上之任夫人也，贵行乎四事；而下之任其职也，贵稽乎五志，而参之以三科。何谓四事？曰重委任，不以他务乱其心思也。曰假岁月，不以速成致其率略也。曰专职业，虽有选擢不令辄去也。曰访遗书，凡有著述无不搜罗也。举是以课史职，则意向笃而在上之道尽矣。何谓五志？曰达道义，曰彰法戒，曰通古今，曰著功勋，曰表贤能。此荀彧（今案：应为荀悦）之论也。而干宝释之，以为若体国经野之言也，用兵征伐之权也，忠孝贞烈之节也，文告专对之词也，才力技艺之殊异也，则书之。何谓三科？曰叙沿革，曰明罪恶，曰旌怪异。

此刘知幾之论也。而知幾释之，以为若礼仪用舍、节文升降也，君臣邪僻、国家丧乱也，幽明感应、祸福萌兆也，则书之。执是以例史法，则笔削严而在下之道尽矣。上、下道尽，斯史书之成，美善可必也。（文懿公又有言：修起居之废，以慎言动；录留中之疏，以阐幽忠。此二语，史职尤不可不知。）

今案：是文未收入《瞿文懿公集》，载林德谋《古今议论参》卷二十五（《四库禁毁书丛刊》集部第21册）。

公元1570年 明穆宗隆庆四年 庚午

张昶著成《吴中人物志》。

皇甫汸《吴中人物志序》：昔魏刘邵撰《人物志》，由性原以导情流，而材理晰焉。至宋刘义庆因著《世说》，而品类加详。……然国史不详，郡乘亦略，于是乎始求之野矣。张隐君者，抱逸民之雅致，晞良贾之深藏，葺西园以屏居，仿东都以著论，人称曰西园公云。博综前史，旁询今献，上自成周，下迄我明，岁以千数，代经屡革，有闻必书，为类十有三，为卷十有二，共得若干人，题曰《吴中人物志》。展卷之余，恍若神对，旷世相感，实为美谈。夫自固、晔叙列，曾不数人。子政之传《列仙》，玄晏之传《高士》，胡讷之录《孝行》，费枢之撰《廉吏》，或纂名士于闽川，或纪耆旧于益部，贤媛贞女惟述房中，法羽神僧止辑方外，奚若隐君考载之全乎？近观祝京兆之《往哲》，顾司寇之《新编》，阐微扬陋，兹为宗镜矣。又若计然著书，端木习道，隐君岂徒修业而息之者乎？是编也，隐君之孙天台吏旁收而蕴诸箧，季孙冲之子太学生献翼更为删次，系以论赞，辞丽而著者之意益彰矣。若灵运著述德之篇，姚班广绍训之志，家风罔坠，世业攸徽。韩子亦曰："莫为之后，虽盛弗传"，其斯之谓乎！余既快睹，爰识简端。隆庆庚午孟冬朔，赐进士、奉政大夫、吏部司勋郎、敕佥云南宪使郡人皇甫汸子循撰。

《千顷堂书目》卷一〇，传记类：张昶《吴中人物志》十三卷。字景春，长洲人。曾孙献翼论赞。

《明史》卷九七，《艺文志二》传记类：张昶《吴中人物志》十三卷。

《四库全书总目》卷六二，史部传记类存目四：《吴中人物志》十二卷，明张昶撰。昶，字景春，长洲人。是编成于隆庆庚午。所辑吴中人物，上自成周，迄于明代，分孝友、忠义、吏治、荐举、宦迹、儒林、文苑、闺秀、逸民、流寓、列仙、方外十二门，各系以论赞。同郡皇甫汸为之序。吴中人物，自王宾、杨循吉、祝允明、朱存理等递有撰述，此本因而广之，较诸家稍备。然事皆不著出典，未免无徵不信也。

赵汝谦著成《平黔三记》。

《千顷堂书目》卷五，别史类：赵汝谦《平黔三记》一卷。自号点苍山人。

《明史》卷九七，《艺文志二》杂史类：赵汝谦《平黔三记》一卷。

《四库全书总目》卷五三，史部杂史类存目二：《平黔三记》一卷，不著撰人名氏。记明洪武中傅友德等平云南，暨正统中王骥平麓川，嘉靖中吕光洵平武定三事，末署隆庆庚午十月点苍山人书于玉屏精舍，盖云南人所为。其题曰平黔者，以云南亦黔中地，故称之耳。三记虽并列，而意则在于表彰吕光洵之功。光洵，字信卿，浙江新昌人，嘉靖间巡抚云南，其诛凤继祖事在嘉靖四十五年，《明史》及《云南通志》载之甚详。此书前有张元忭、邬琏二序。张元忭之父与邬琏，皆尝在军中，亲赞其策，所言不容有误。而元忭序作于辛未，邬琏序作于壬申，正当书成之时，序中亦言不知出谁手。盖当时光洵以人言去位，同事者相继褫谪，其功抑而不扬，是书独纪实不讳，故有所避而不敢言也。考《明史艺文志》、《千顷堂书目》俱载赵汝谦《平黔三记》一卷，则是书实汝谦所著，而隐其名者尔。

郭应聘于本年后著成《西南纪事》。

《明史》卷二二一，《郭应聘传》：郭应聘，字君宾，莆田人。嘉靖二十九年进士。授户部主事。历郎中，出为南宁知府。迁威茂兵备副使，转广东参政。……迁广西按察使，历左、右布政使。隆庆四年大破古田贼，斩获七千有奇。已，从巡抚殷正茂平古田，再进秩。正茂迁总督，遂擢应聘右副都御史代之。

《千顷堂书目》卷五，别史类：郭应聘《西南纪事》二卷。

《四库全书总目》卷五三，史部杂史类存目二：《西南纪事》六卷，明郭应聘撰。……粤西府江上起阳朔，下达昭平，亘三百余里，诸猺夹江而居，怙险剽窃。隆庆四年，攻围荔浦、永安府。应聘代殷正茂为巡抚，集汉、土兵六万征之，三阅月悉定。又讨平怀远、阳朔、洛容、上油、边山五叛猺。寻以忧归，因录其攻取之略，以成是书。

公元 1571 年　明穆宗隆庆五年　辛未

邓元锡著成《函史》下编，后二年又著成上编。

邓元锡《潜学编》卷六《函史下编序》:《易》六爻，体天地之撰;《范》九畴，尽经世之务。古圣后先民，诸应天抚世、弘道觉民之业，亹彰彰具上、中编矣。乃其天经地义、民彝物曲，有伦脊可循沿，不于时变革者则有之。天官之分九野也，方域之奠九州也，人官之列九品也；是三极之道，历万世而同条贯者也。故首天官，次方域，次人官。天官莫大于时令，历数以纪之，灾祥以验之，而天人之际大备。故次时令，次历数，次灾祥。方域莫大于土田。土田，生德之本也，有土田而后有贡赋、漕河通焉。故次土田，次贡赋，又次漕河。人官莫大于封建。封建，政之根也，封建废而任官，任官有统，而后九德服在位也，乃学校其本已。故次封建，次任官，次学校。有学校而后有经籍。经籍者，天文、地理、人事之纪也。礼理天地之序，乐宣天地之和，而后人道成焉。故次经籍，次礼仪，次乐律。嗟乎，利诚乱之始也。夫子罕言利，常防其源也，长国家而务货贿，乃其来久矣，于是乎小刑、明刑、大刑、制兵。故次货贿，次刑法，兵制殿焉。《春秋》谨严，莫谨于华夷之辨矣。故次边防，次夷狄。异教为常道裂也。自道术之散始也，当防乎其防，故受之以异教终焉。《易》二象以尽意，《畴》五行以成务。《书》不尽言，史何敢当焉！然三而九，又九而大备，而天下之故亦略具矣。……（明隆庆辛未古盱郡后学邓元锡撰。）

邓元锡《潜学编》卷六《函史上编序》:……总之，三代而上，可考见于《诗》、《书》、《礼》、《易》者，为世表，素王有年表。汉而下，各以记、谟、训、述、传，志次世代，科条其文，为世若年表。标兴亡之统纪，先焉；而天人古今之故，续备。文取材于史，义禀质于经。去其猥重，存其典正。其申治也，详其危乱也确，其褒善也周，其惩恶也隐。详以周，故尽其辞，备论其行事，以著法;隐而确，故严其断，抉其志。不尽其辞，俾惩省深痛，识早反力，无使狎机事，萌逸志，而滋乱焉。盖黜其不经者，取其近经者，道其可道者，不道其不可道者，为史学要删，乃其详则正史存焉。

於戏！法象卫陈于上，晦明否泰通塞，万变而不失其常者，天也。九域分布于下，神明粪土隆污，回易而不失其方者，地也。五性参两于中，治乱废兴、进退存亡、纷纶纠错而不失其正者，人也。故消息者，时当否者，位卷舒者，道贞一者，志得全者，全天心天而道不得全，全人畏义而节，帝者之所纪，相者之所谟，圣者之所作，明者之所述，志士之所裁，仁人之所安，达贤之所通，节士之所完，下至幽人贞士庶妇季女，介乎不欺其志也焉，往而不可见天地之性哉。烛幾者，昌处极，致亡敬明，惟理逸，豫以荒，故明君窒未萌之欲，而圣人谨未然之防，有以也。夫用归于毋逆天道，毋绝地理，毋乱人纪，俾物各得其极而已矣。《诗》曰:“风雨如晦,鸡鸣不已。”语处世之有恒度也。《诗》曰:“我心匪石，不可转也;我心匪席，不可卷也。”语吉人之有恒心也。《诗》曰:“匪且有且，匪令斯令。”振古如兹，感往者之不可及，俟来者于无穷期也。述《函史上编》，需明哲训定焉。（明万历初元春，晚学邓元锡撰。）

尹守衡《史窃》卷七七，《邓元锡传》:邓元锡，字汝极，江右新城人。……自号潜谷，绝意功名，杜门山中三十余年，研穷经史，作《经绎》，作《函史》上下篇。……《史》依洪荒而来，迄于胜国，考观天人贞一之统，察古今迮合之变，王路隆污道术善败之故，为上编，有表、有记、有谟、有训、有述、有传、有志，体裁各异。其材取诸史，其义禀诸经。下编总三才之撰，观会通之极，由上古迄当代，各纪一事本末终始，胪列为二十一书，首天官，次方域，次人官，次时令，次历数，次灾祥，次土田，次贡赋，次漕河，次封建，次任官，次学校，次经籍，次礼仪，次乐律，次货贿，次刑法，次兵制，次边防，次夷狄，而以异教终焉。

《四库全书总目》卷五〇，史部别史类存目 :《函史》上编八十一卷、下编二十一卷，明邓元锡撰。……是编盖仿郑樵《通志》而作，上编即其纪传，下编即其二十略也。然樵之纪传病于因，故体例各随旧史，不能画一 ; 其二十略病于创，故多夸大不根之论。元锡是编，则又纪传病于太创，诸志病于太因。如纪传分立多名，以古初至商为表，自周以下正统谓之纪，偏霸列国谓之志，后妃谓之内纪，宰相谓之谟，儒者谓之述，大儒谓之训，尊如孔子则别名曰表，次则西汉经学及王通则并称训，余则总名曰列传。列传之中，又分大臣、贞臣、良臣、争臣、忠节、名将、循吏、独行诸子目，又以经学、行义、文学、笃行、道学、儒学、循良各别立一传，分附历代之末 ; 以隐逸、方技、货殖、列女各合立一传，总附全编之末，已为糅杂。至物性一志，或归之下编之中，尚为有例，而缀于上编与人并列，更属不伦。其尤诞者，南北史中南朝全载吴、晋、宋、齐、梁、陈，而北朝但有北魏，其北齐、周、隋俱削其君臣不录，惟隋录王通一人;宋、辽、金、元四史中，惟录宋、元，亦不涉辽、金一字，而十六国乃得立志，舛谬颠倒，殆难仆数。下编凡天官、方域、人官、时令、历数、灾祥、土田、赋役、漕河、封建、任官、学校、经籍、礼仪、乐律、财贿、刑法、兵制、边防、戎狄、异教二十一门，而名书者三，名考者八，名志者八，名记者二，亦芜杂可厌。其所叙述，亦仅类书策略之陈言，毫无所发明。

今案：《四库全书存目丛书》史部第25—28册收《函史》上下编（陕西师范大学图书馆藏明活字本），序有缺页，且文字漫漶不清。二序又收入邓元锡《潜学编》卷六（重庆市图书馆藏明万历三十五年左宗郢刻本，《四库全书存目丛书》集部第130册），文字清晰，故据以摘录。《潜学编》删作序时间，兹据《函史》原序补之。

禁毁陈建所著《明通纪》。

《明穆宗实录》卷六一：隆庆五年九月……辛巳……广东东莞人陈建私辑《皇明资治通纪》，具载国初至正德间事，梓行四方，内多传闻失真者。工科给事中李贵和言："我朝列圣实录，皆经儒臣奉旨纂修，藏在秘府。建以草莽之臣，越职僭拟，已犯自用自专之罪矣。况时更二百年，地隔万余里，乃欲以一人闻见，臧否时贤，荧惑众听，若不早加禁绝，恐将来讹以传讹，为国是之累，非浅浅也。"疏下礼部复议："请焚毁原板，仍谕史馆毋得采用。"从之。

沈德符《万历野获编》卷二五，《焚〈通纪〉》：《皇明资治通纪》，嘉靖间广东东莞县人陈建所纂，载国初以至正德事迹，皆采掇野史及四方传闻，往往失实。至隆庆间，给事中李贵和上言："我朝列圣实录，皆经儒臣纂修，藏在秘府。建以草莽僭拟，已犯自用自专之罪，况时更二百年，地隔万余里，乃以一人闻见，荧惑众听，臧否时贤。若不禁绝，为国是害非浅。乞下礼部追焚原板，仍谕史馆勿得采用。"上从之。按此书俚浅舛讹，不一而足，但板行已久，向来俗儒浅学，多剽其略，以夸博洽，至是始命焚毁，而海内之传诵如故也。近日复有重刻行世者，其精工数倍于前，乃知芜陋之谈，易入人如此。……杨升庵云："《皇明通纪》为梁文康弟梁亿所撰。"其言必有据。岂亿创之而嫁名于陈建耶？况梁亦广州之南海人。

《千顷堂书目》卷四，编年类：陈建《明通纪》二十七卷，又《续通纪》十卷。隆庆间，给事中李贵和言："建以草莽之臣，越职僭拟，请毁其板。"从之。或云，梁储弟亿讬名建作。

公元1572年 明穆宗隆庆六年（本年五月穆宗卒，六月神宗即位）壬申

吴时来、王篆先后著成《江防考》。

《明史》卷二一〇，《吴时来传》：吴时来，字惟修，仙居人。嘉靖三十二年进士。授松江推官，摄府事。……擢刑科给事中。……三十七年三月，时来抗章劾（严）嵩。……时张翀、董传策与时来同日劾嵩。……遂下三人诏狱。……诏皆戍烟瘴，时来得横州。隆庆初，召复故官。进工科给事中。……抚治郧阳。……寻擢顺天府丞。隆庆二年，拜南京右佥都御史提督操江。移巡抚广东。

《千顷堂书目》卷八，地理类下：吴时来《江防考》六卷。

《明史》卷九七，《艺文志二》地理类：吴时来《江防考》六卷。

《四库全书总目》卷七五，史部地理类存目四：《江防考》六卷，明吴时来撰，王篆增补。……篆，夷陵人，嘉靖壬戌进士，官至吏部左侍郎。隆庆二年，时来以南京佥都御史提督操江，创为此考。六年，篆奉命继其任，以时来书度之，形势微有不同，因仍其体例，增损重订。盖明代以南京为根本重地，专设操江都御史，与勋臣一人同领其事。所辖水操军以万计，上自九江，下抵苏、松、通、泰，缓急咸责成之。是考于形胜营制、官兵沿革，颇为详备。盖当时积习废弛，其立法特密云。

王宗沐著《海运志》、《海运详考》。

《明史》卷二二三，《王宗沐传》：隆庆五年……拜右副都御史，总督漕运兼巡抚凤阳。……又以河决无常，运道终梗，欲复海运，上疏曰：……因条上便宜七事。明年三月，遂运米十二万石自淮入海，五月抵天津。

《千顷堂书目》卷九，典故类：王宗沐《海运志》二卷，又《海运详考》一册。

《明史》卷九七，《艺文志二》故事类：王宗沐《海运志》二卷。

《四库全书总目》卷八四，史部政书类存目二：《海运详考》一卷、《海运志》二卷，明王宗沐撰。……是编乃隆庆六年二月宗沐任山东布政使时，议开海运而作，所载皆其议事呈文。是年七月，复锓《海运志》，于《详考》之外，增入《海运图》，并海运路程、奏疏事宜。考宗沐官右副都御史总督漕运时，请复海运，其疏载所著《敬所文集》中，本传亦载其略。然史载宗沐运米十二万石，自淮入海抵天津，南京给事中张焕言“比闻八舟漂没，失米三千二百石”……未几

海运至即墨，飓风大作，覆七舟。都给事中贾三近、御史鲍希颜及山东巡抚傅希挚，俱言不便，遂寝。……宗沐盖掇拾邱濬《大学衍义补》之陈言，以侥幸功名，不知儒生纸上之经济，言之无不成理，行之百不一效也。观于宗沐，可以为妄谈海运之炯戒矣。

梁梦龙著《海运新考》。

《明史》卷二二五，《梁梦龙传》：梁梦龙，字乾吉，真定人。嘉靖三十二年进士。改庶吉士。授兵科给事中。……出核陕西军储。……历吏科都给事中。……擢顺天府丞。……出为河南副使。……三迁河南右布政使。隆庆四年擢右佥都御史，巡抚山东。……朝议通海运，以属梦龙。……部议海运久废，猝难尽复，请令漕司量拨粮十二万石，自淮入海以达天津。……明年冬，迁右副都御史，移抚河南。

《千顷堂书目》卷九，典故类：梁梦龙《海运新考》三卷。

《明史》卷九七，《艺文志二》故事类：梁梦龙《海运新考》三卷。

《四库全书总目》卷八四，史部政书类存目二：《海运新考》三卷，明梁梦龙撰。……隆庆末，梦龙巡抚山东，适徐、邳间漕河淤塞。漕运总督王宗沐请复海运，下梦龙任其事，檄青州道潘允端等履勘试行之。南自淮安至胶州，北自海仓口至天津，三千三百余里，运米三千石，舟行无碍。因为条具以奏，并取前后疏议、奏记、考说，辑为一编。……其论海道曲折，颇为详备。自邱濬为《大学衍义补》，极言海运之利，然海运再遭飘溺，宗沐亦叠被弹劾，事竟不行。此云既而运通报后，梦龙亦迁秩去，其议遂寝者，亦文饰之词耳。

敕修《明穆宗实录》。

《明神宗实录》卷六：隆庆六年十月……庚申，敕谕礼部曰："朕惟帝王继世而兴，缵承大业，莫不有功德之实敷布于天下，亦莫不有纪载之书垂示于后世；典谟传记，班班可考已。我祖宗列圣，代有实录，藏之天府。洪惟我皇考穆宗庄皇帝，渊毅夙成，宽仁内植，动符天意，德洽民心，北虏南夷，款关献馘，外宁内戢，远至迩安。虽临御仅止六载，而功烈迈轶百王，非有纪述，不足以彰盛美而播休光。尔礼部其遵祖宗故事，通行诸司采辑事宜，送翰林院纂修实录。一应合行事宜，悉照例举行，钦哉！故谕。"……癸酉，谕成国公朱希忠，大学士张居正、吕调阳各专敕一通，敕曰："兹者恭修皇考穆宗庄皇帝实录，已敕礼部采取事迹，于隆庆六年十月二十六日开馆。朕惟皇考躬神圣之资，抚盈成之运，恭己宪天，垂拱致治，德业盛大，与造化同流，固未易以窥测名言者。然六载之间，号令赏罚，训诰仪章，奉行宣布，各有司存，灿然可得而称举也。兹命尔等稽古义例，修辑成编，以为万世法程；至于一时吏治臧否，人臣忠邪，亦用附见，以示鉴戒。尔等受兹委托，其悉心经理，毋忽以致遗，毋夸以失实，毋偏以废公，毋怠以玩岁，祇勤夙夜，殚尽心力，以亟成一代之令典，称朕意焉。钦哉！故谕。”……己卯……监修实录官朱希忠、总裁官张居正等言：“敕谕纂修穆宗皇帝实录，已该礼部奉敕通行诸司采辑事件，其传奉旨意并旨意奏题本经六科者，及锦衣卫镇抚司奉行者，俱该各衙门官员查计年月数目明白，陆续送赴史馆，以凭编纂。”从之。

张居正等进《帝鉴图说》。

《明神宗实录》卷八：隆庆六年十二月……己巳，上御文华殿讲读毕，大学士张居正率讲官进《帝鉴图说》。先是，居正属讲官马自强等考究历代之事，撮其善可为法者八十一事，从阳数；恶可为戒者三十六事，从阴数。每一事为一图，后录传记本文，取唐太宗以古为鉴之意，名曰《帝鉴图说》。是日，具疏进。上展疏，朗诵数十语，顾谓居正等曰：“先生每起。”于是居正前进御案，为竟读已，奉图册前。上遽起立，目左右展册，居正一一指陈大义，上应如响；其不待指陈，能自言其义者，十居四五。次日报曰：“览卿等奏，具见忠爱恳至。朕方法古图治，深用嘉纳。图册留览，还宣付史馆，以昭我君臣交修之义。”已又手谕嘉奖，赐金币有差。自是，日置图册于座右，每讲辄命居正解说数事，以为常。

张居正等《进图疏》：少师兼太子太师吏部尚书建极殿大学士臣张居正等谨题为恭进《帝鉴图说》，以仰裨圣治事。臣等闻商之贤臣伊尹告其君曰：德惟治，否为乱，与治同道，罔不兴；与乱同事，罔不亡……仰惟皇上天纵英资，光膺鸿宝。孜孜诵习，懋殷宗典学之勤；事事讲求，迈周成访落之轨。海内臣民，莫不翘首跂足，想望太平。臣等备员辅导，学术空疏，夙夜兢兢，思所以佐下风、效启沃者，其道无繇。窃以人求多闻，事必师古，顾史家者流，亡虑千百，虽儒生皓首，尚不能穷，岂人主一日万机所能遍览？乃属讲官臣马自强等，略仿伊尹之言，考究历代之事，除唐虞以上皇风玄邈，纪载未详者不敢采录，谨自尧舜以来有天下之君，撮其善可为法者八十一事，恶可为戒者三十六事。善为阳、为吉，故用九九，从阳数也。恶为阴、为凶，故用六六，从阴数也。每一事前，各绘为一图，后录传记本文，而为之直解，附于其后。分为二册，以辨淑慝。仍取唐太宗以古为鉴之意，僭名曰《帝鉴图说》，上呈睿览。……臣等无任惓惓恳切之至。谨以所辑《图说》装潢成册，随本上进以闻。伏候敕旨。隆庆六年十二月十八日，少师兼太子太师吏部尚书建极殿大学士臣张居正、太子少保礼部尚书兼武英殿大学士臣吕调阳。

王希烈《帝鉴图说后序》：今元辅少师张公既辑《帝鉴图说》奏御，刻其副以传，间示烈使叙诸后。烈尝考载籍，究观古大臣之义，则叹公之所为虑至远也。……公以顾命元辅，受上眷倚，襄赞密勿，孳孳夙夜。居常持议，与宫保吕公言国家大体，必以辅养君德为急。其绘图陈说，皆意所指授，手所疏列，精思极虑，而后成之。时时被顾问质所疑，及圣哲之际，未尝不反复诵之也。至覆亡已事，未尝不愤惋为上深陈之也。斯已勤矣。……於戏！使当世士大夫知今日所亟在君德，不在政事，一切省谈说而除文苛，知公辅养之深意，益务励翼以佐下风，人人各举其职，则主必益圣，治必益隆，太平可期日而望，是亦公刻以传之意也。《图说》大指具公所进《疏》及大宗伯陆公《叙》中，故不著，著公之心如此。万历元年孟夏之吉，吏部左侍郎兼翰林院侍读学士掌詹事府事豫章王希烈撰。

《千顷堂书目》卷一一，儒家类：张居正《帝鉴图说》六卷，隆庆六年八月进呈。取历代人君善可为法者八十一事，恶可为戒者三十六事，每一事为一图。

《明史》卷九七，《艺文志二》故事类：张居正《帝鉴图说》六卷。

《四库全书总目》卷九〇，史部史评类存目二：《帝鉴图说》（无卷数，内府藏本），明张居正、吕调阳同撰。居正有《书经直解》，已著录。调阳，临桂人，嘉靖庚戌进士，官至建极殿大学士，谥文简，事迹具《明史》本传。是编乃二人奏御之书，取尧、舜以来善可为法者八十一事，恶可为戒者三十六事，每事前绘一图，后录传记本文而为之直解。前有隆庆六年十二月进疏一篇，盖当神宗谅闇时也。疏云："善为阳为吉，故数用九九；恶为阴为凶，故数用六六。取唐太宗以古为鉴之语名之。"书中所载，皆史册所有，神宗方在冲龄，语取易晓，不免于俚俗。

王重民《中国善本书提要》史部史评类：《帝鉴图说》不分卷，残二册，明万历间刻本，明张居正、吕调阳同撰。按全书凡载善可为法者八十一事，恶可为戒者三十六事。此残本，仅存恶可为戒者三十六事。又：《帝鉴图说》不分卷，六册，明万历间刻本，明张居正、吕调阳撰。版心无字，而记页数于左耳。其恶可为戒者三十六事，均于页数著一“后”字，盖原分二册，而刻本不仅二册，故以前后分别之。……张居正、吕调阳进表(隆庆六年)。王希烈后序(万历元年)。

今案：张居正等《帝鉴图说》不分卷，然“善为可法”与“恶为可戒”两部分内容，各于书口和绘图上标明“前”、“后”以区分之。王重民未见全本，故其说未尽安也。今《四库全书存目丛书》所收该书，乃清代后期刻本，书后删去王希烈《后序》而加以《四库提要》之文。今据日本国会图书馆藏明万历刻本，摘录王希烈《后序》，知张居正进献本书后，次年即将之刊行于世。查日本国会图书馆所藏之本，并无宫廷印鉴，且书册不大，其中间有讹字，必非内府之本，乃为明万历时刻行于民间者。

公元1573年 明神宗万历元年 癸酉

薛应旂著成《宪章录》。

薛应旂《宪章录自序》：旂不类，虽少知诵法孔子，而生于二千一百余年之后，固不及揖让于颜、曾、闵、冉之列，且不及如互乡阙党，犹得以望见门墙。然而一念天假之灵，则终不能泯没，故自鼓箧以至入仕，凡我昭代之成宪典章，或纪载于馆阁，或传报于邸舍，见辄手录。历有岁年，几于充栋。妄意当可为之际，或可以备参考。竟以迂愚抵牾当路，归卧穷山。而平生之欲监观率由，将斟酌以见之献纳者，遂置为虚器，恒窃悲之。迩来见《通纪》仿编年而芜鄙，《吾学编》效纪传而断落，遂不辞衰惫，尽出旧所录者，摘什一于千百，汇为斯编，与经世者共之。题曰《宪章录》者，窃附于从周之义也。……万历元年春正月人日。

《千顷堂书目》卷四，编年类：薛应旂《宪章录》四十六卷。

《明史》卷九七，《艺文志二》正史类：薛应旂《宪章录》四十六卷。

《四库全书总目》卷四八，编年类存目：《宪章录》四十七卷，明薛应旂撰。所载上起洪武，下迄正德，用编年之体，盖以续所作《宋元通鉴》。然采摭杂书，颇失甄别。如惠帝逊国，事本传疑，应旂乃于正统五年十二月书思恩州土知州岑瑛送建文帝入京，号为老佛，岂史氏阙文之义耶？

王重民《中国善本书提要》史部编年类：《宪章录》四十七卷，八册，明万历间刻本。原题："赐进士中宪大夫陕西按察司副使，奉诏致仕前提督浙江学校臣薛应旂编述。"始洪武元年，迄正德十六年。按此本作四十七卷，与《存目》著录本相同。……自序（万历元年）。陆光宅跋（万历二年）。

张位建议修起居注。

《明史》卷二一九，《张位传》：张位，字明成，新建人。隆庆二年进士。改庶吉士。授编修，预修《世宗实录》。万历元年，位以前代皆有起居注，而本朝独无，疏言："臣备员纂修，窃见先朝政事，自非出于诏令，形诸章疏，悉湮没无考。鸿猷茂烈，郁而未章，徒使野史流传，用伪乱真。今史官充位，无以自效。宜日分数人入直，凡诏旨起居，朝端政务，皆据见闻书之，待内阁裁定，为他年实录之助。"张居正善其议，奏行焉。

高拱著成《边略》。

《明史》卷二一三，《高拱传》：高拱，字肃卿，新郑人。嘉靖二十年进士。选庶吉士。逾年，授编修。穆宗居裕邸，出阁讲读，拱与检讨陈以勤并为侍讲。世宗讳言立太子，而景王未之国，中外危疑。拱侍裕邸九年，启王益敦孝谨，敷陈剀切。王甚重之。……累迁侍讲学士。……拜太常卿，掌国子监祭酒事。四十一年，擢礼部左侍郎。寻改吏部，兼学士，掌詹事府事。进礼部尚书，召入直庐。……四十五年，拜文渊阁大学士，与郭朴同入阁。……穆宗即位，进少保兼太子太保。（徐）阶虽为首辅，而拱自以帝旧臣，数与之抗，朴复助之，阶渐不能堪。……应嘉掌吏科，佐部院考察，事将竣，忽有所论救。帝责其抵牾，下阁臣议罚。……言路谓拱以私怨逐应嘉，交章劾之。……拱不自安，乞归，遂以少傅兼太子太傅、尚书、大学士养病去。隆庆元年五月也。……既而阶亦乞归。三年冬，帝召拱以大学士兼掌吏部事。拱乃尽反阶所为，凡先朝得罪诸臣以遗诏录用赠恤者，一切报罢。……

拱练习政体，负经济才，所建白皆可行。……又以时方忧边事，请增置兵部侍郎，以储总督之选。由侍郎而总督，由总督而本兵，中外更番，边材自裕。又以兵者专门之学，非素习不可应卒。储养本兵，当自兵部司属始。宜慎选司属，多得智谋才力晓畅军旅者，久而任之，勿迁他曹。他日边方兵备督抚之选，皆于是取之。更各取边地之人以备司属，如铨司分省故事，则题覆情形可无扞格，并重其赏罚以鼓励之。凡边地有司，其责颇重，不宜付杂流及迁谪者。皆报可，著为令。拱又奏请科贡与进士并用，勿循资格。其在部考察，多所参伍，不尽凭文书为黜陟，亦不拘人数多寡，黜者必告以故，使众咸服。古田瑶贼乱，用殷正茂总督两广。曰："是虽贪，可以集事。"贵州抚臣奏土司安国亨将叛，命阮文中代为巡抚。临行语之曰："国亨必不叛，若往，无激变也。"既而如其言。以广东有司多贪黩，特请旌廉能知府侯必登，以厉其余。……拱所经画，皆此类也。

俺答孙把汉那吉来降，总督王崇古受之，请于朝，乞授以官。朝议多以为不可，拱与居正力主之。遂排众议请于上，而封贡以成。……进拱少师兼太子太师、尚书、大学士，改建极殿。拱以边境稍宁，恐将士惰玩，复请敕边臣及时闲暇，严为整顿，仍时遣大臣阅视。帝皆从之。辽东奏捷，进柱国、中极殿大学士。……六年春，帝得疾，大渐，召拱与居正、高仪受顾命而崩。初，帝意专属阁臣，而中官矫遗诏命与冯保共事。神宗即位，拱以主上幼冲，惩中官专政，条奏请诎司礼权，还之内阁。……拱使人报居正，居正阳诺之，而私以语保。保诉于太后，谓拱擅权，不可容。太后颔之。……拱既去……居家数年，卒。……久之，廷议论拱功，赠太师，谥文襄。……

高拱《边略序》：史称赵充国破羌还，所善浩星赐说曰："将军即见上，宜归功于二将军出击，非愚臣所及。如此，将军计亦未失也。"充国曰："吾年老矣，岂嫌伐一时事欺明主哉？兵势，国之大事，当为后法。老臣不以余生，一为陛下明言兵之利害，卒死，谁当复言之者？"卒以其意对。予每读至此，辄废卷叹息，以为老臣为国之心乃如此，固非窭浅之夫务为形迹者所能识也。昔余还政府仅二年余，值边缴多故，予乃竭力励勤为固圉计。赖天祐圣明，西虏稽颡称臣，东虏投戈授首，贵夷詟服，岭寇底宁，计幸屡效。而予已归且老矣。窃伏自念诸所条画利害，关国事甚大，乃不以此时一明其意，将何以示后世者，遂追忆略述其概。嗟乎，予岂伐一时事哉？亦姑存往迹。傥后经略者考焉，有裨一二，亦老臣为国之心也，而何嫌自言哉？书凡五卷。万历癸酉十月日，中玄山人高拱自序。

今案：是书凡五卷：卷一《防边纪事》，卷二《伏戎纪事》，卷三《挞虏纪事》，卷四《靖夷纪事》，卷五《绥广纪事》。

张居正进《通鉴直解》。

《明神宗实录》卷二〇：万历元年十二月……乙丑，大学士张居正等题："义理必时习而后能悦，学问必温故而后知新。皇上睿明日开，若将讲过经书，再加寻绎，则其融会悟入，必又有出旧闻之外者。臣等谨将今岁所进讲章，重复校阅，训解未莹者增改数语，支蔓不切者即行删除，编成《大学》一本、《虞书》一本、《通鉴》四本，装潢进呈。伏望皇上万幾有暇，时加温习，庶旧闻不至遗忘，新知日益开豁，其于圣躬实为有补。”上留览，仍命接续编进，刊校流传。

《千顷堂书目》卷四，编年类：张居正《通鉴直解》二十五卷，万历元年十二月讲筵所编进。一作二十八卷。

顾充撰《皇明一统纪要》刊行。

《大明一统纪要叙》，太史云峤刘曰宁幼安父题：尝谓天下极幅员之广，虽一人可以统，而四海大一统之盛，非一人可以理。必裂土分司，设官分理而后可。故我太祖高皇帝起布衣，提三尺剑，迅扫胡元，统一海内而抚四夷。是故东抵辽左，西极流沙，南越海表，北抵沙溪。而疆里之制，以京畿、府州、直隶、六部，而分天下十三布政司，以诸府、州、县、都司、卫所错置，以为防御。盖亦沿诸上古黄帝画野分州，尧分十二州，禹分九州岛，而列五服，商亦缵之。周为九畿，职方氏掌天下之地图，表其山川，辨其民人与其财用，九谷六畜之数之余意也。君子按斯舆图，索斯疆理，不必兴司马博览之思，发尧夫遍游之迹，而华夷土宇、物产人文之盛，可合一而详识焉。谨序。时万历禩在新科菊月谷旦。

书坊刊印者题词：《一统志》固我朝设官分理，纪经制、舆图、形胜、风俗、土产及历代事迹、人物，亦所以鸣一统之盛者也。第其书浩富，非人人所易窥。兹集纂各省所属名山、大川、胜境、人材、土产及大明官制，分为数卷，使一统之盛、舆图之广，不出户庭，天下事悉在目睫间矣，观者得无称为简便也欤！书林叶近山谨识。

（光绪）《上虞县志校续》卷一〇，《顾充传》：顾充，字仲达，一字回澜。父吉，诸生，笃学善文，和易端亮，恒以不愧形影为训。充好古绩学，尤邃于史。隆庆丁卯荐于乡，任镇海教谕，兼摄定海，弟子多乐其教。万历戊戌，大司寇萧大亨摄枢筦，以充总司厅务，相见恨晚，声望愈蔚，名流推服。终南京都水司郎中。著有《字义总略》、《古隽考略》、《历朝捷录大成》行世。

今案：顾充撰《皇明一统纪要》十五卷，国内已经久佚，唯日本早稻田大学图书馆尚存孤本，乃叶氏书坊于明万历元年刊印，然顾充撰成此书，必早于此，谨姑且编于本年而已。本书分三栏，中间一栏为顾充此书内容，而上下两栏均为纷杂内容，书坊混刻，藉以吸引不同层次读者购买。而纷杂内容中，亦具宝贵社会史资料。详见乔治忠《日本现藏孤本〈新锲纂辑皇明一统纪要〉及其反映的明代社会》，载《中国社会历史评论》第三卷（中华书局2001年版）。

顾充曾撰有史论著述《历朝捷录大成》。

钟惺《历朝捷录大成·原序》：作史之义，昭往训来，美恶具列，不劝不惩，不之述也。其文贵约而该，约则览者易遍，该则首末弗遗。古史莫如《春秋》，自孔子修之，篇寡而字严，游夏弗能赞，不可尚矣。马迁、班固，博采多闻。简帙省缩，读之刻日可了。然《史记》一书，每每于疏卤处著奇思，描划曲尽，形神毕出，览者踊跃，卓如见之。《汉书》词义精详，步骤整整，不爽尺寸，可谓史之指南，第无他珍怪处。范晔《后汉》，亦知史不贵繁，然剜精铲采，著力字句，文近于削。欧阳《五代史》足成一家言，而少模写之长，所谓“古史如画”则无之也。虽俱得重名，马公高矣。

今所见者，为回澜顾君，君蚤聪颖绝伦，博极群书，尤邃史学。慨然叹史帙浩繁，观者莫知端倪，乃作《历朝捷录》，撮其大旨，融以己见，断义成篇，汇可二卷。而自周迄宋，数千载世代之兴亡，君臣之美恶，政事之臧否，风俗之盛衰，较若指掌，约而不削，该而不迂，直可凌跨以前诸史。使马公可作，亦必有起予之叹。语曰：才难，史才尤难。君顷也较捷南宫、入史馆，计所著述，当不止此。昭代有贺良史才者，必屈指君也、必屈指君也！余故预书之为券。竟陵钟惺伯敬父题叙。

今案：顾充《历朝捷录大成》二卷，择要论述西周至宋代的历史，为明季颇享盛名的史论之书。一经刊行，立即广为传布，更由此衍生出许多注释、评议、补编、续作之书，故版本异常多样和复杂。今国内明确可知的最早刻本为万历六年本，存天一阁文物管理处，然而已是增补重刻的四卷本，所以顾充撰成此书，恐在万历初或更早。既无确切年代可考，谨系于本年《皇明一统纪要》之后。以上所录钟惺《原序》，取自明季钟惺增补、陈继儒批点之陈长卿刻本，该书存日本东洋文库，国内未见同一版本。

公元 1574 年　明神宗万历二年　甲戌

《明穆宗实录》修成。

《明神宗实录》卷二七：万历二年七月……甲申……翰林院进《穆宗皇帝实录》，百官朝服庆贺。……乙酉，恭进《穆宗庄皇帝实录、宝训》，上御文华殿受之，百官致辞称贺。……丙戌，以《穆宗庄皇帝实录》成，加监修公张溶少保；总裁辅臣张居正兼支尚书俸、荫一子中书舍人，吕调阳加少保，给与应得诰命。居正等再疏辞免，特准辞荫。升副总裁申时行少詹事、王锡爵侍读学士，仍与四品服色，王希烈等各升俸一级；纂修官罗万化等各升一级，范应期等各升俸一级；催纂等官吴自成等各升级、升俸有差。

张溶等《进实录表》（见《明穆宗实录》卷首）：后军都督府掌府事、太子太保、英国公臣张溶等，诚惶诚恐，稽首顿首，上言："……钦惟穆宗契天隆道渊懿宽仁显文光武纯德弘孝庄皇帝，乾纲独运，离照重明，渊微妙不测之神，宽裕得有容之体。……朝廷既极其清明，夷夏咸归于靖谧。……恭惟皇帝陛下，天纵睿资，性钟纯孝。……念皇考之神灵如在，遗恩尚结于寰区，而国家之彝典具存，惇史并藏于石室。特廑明诏，俾辑旧章。乃于隆庆六年十月，命臣溶为监修官，臣居正、臣调阳为总裁官，臣希烈、臣士美、臣镗、臣时行、臣锡爵为副总裁官，臣应期、臣经邦、臣洛文、臣国、臣万化……为纂修官。臣溶暨臣居正等发内府之缄縢，参累朝之义例。明徵简牍，无烦辄度于风谣；取信见闻，不必网罗于放失。爰分曹而析类，仍计日而程功。庶务之因革弛张，无微弗载；一人之命令政教，有举必书。事既核而非浮，言故详而不厌。俯仰六年之近，庶几如见于羹墙；是非百世之公，敢谓遂同于衮钺。兹以二年七月，恭成《穆宗庄皇帝实录》七十卷、《宝训》八卷，合《目录》、《凡例》八十册，谨缮写进呈。臣溶等职滥编摩，才疏论著。窥天测海，高深莫罄于形容；载笔操觚，意义粗陈于梗概。聊以备汗青之录，傥可逃尸素之讥。伏愿逊志缉熙，留神继述。道德风烈，丕扬祖考之闳休；训诰典谟，远绍帝王之盛治。臣溶等无任瞻天仰圣，激切屏营之至。谨奉表随进以闻。万历二年七月十三日，后军都督府掌府事、太子太保、英国公臣张溶等谨上表。"

明神宗《穆宗庄皇帝实录序》（见《明穆宗实录》卷首）：朕惟自昔英君哲辟历世久远，而德业之美传之无穷者，实赖载籍存焉。自《尚书》以来，可考镜已。我祖宗列圣俱有实录，藏诸天府。朕兹嗣服惟新，追念我皇考穆宗庄皇帝鸿德显功，增光列祖，有前古帝王所不能及者。而临御六年，奄弃天下，桥山弓履之慕，朕实与群臣百姓同之。夫日表既沦，瞻言弥远，惟不忘者在人心，而不朽者在典籍。乃命儒臣开局分曹，参综故籍，勒成《实录》七十卷，起嘉靖四十五年十二月，终隆庆六年五月。凡昭为成功，发为文章，巍然焕然，靡不具述。其臣下之所论建，四方之所奏报，欲以考见事原，亦附载焉。朕既亲裁其文，谨序诸卷首。惟我皇考自冲龄岐嶷，天人之望已归，及出居藩邸，韬光养晦者十有余年。……既即大位，承世祖精核之后，务在和宁寓内，宽赋省刑，以佐元元之急，故一时注措，往往先惇大、后操切，守画一、戒纷更，天下宴然……可谓龙德正中，张弛并用者矣。……虽享国日浅，而弘远之谋，光大之业，皆诸臣耳目所见闻，据事属辞，庶几不失其真焉。於戏！文献足徵，羹墙如睹，我皇考于是乎不亡矣，而后之为子若孙者，三复是编，其尚思葆配而宪章之哉！是为序。万历二年七月十三日。

《明史》卷一〇六，《功臣世表二》：英国公……（张）溶，嘉靖十四年十一月甲申袭。四十四年十二月领左府，加太子太保。万历二年加少保。

王世贞《弇山堂别集》卷三八，《永乐以后功臣公侯伯年表》：英国公张辅，河南祥符人。……正统十四年，从驾北征，阵亡。幼子懋嗣……正德十年薨。孙仑嗣，嘉靖十九年薨。子溶嗣，知经筵，监修实录。

王世贞《弇山堂别集》卷四二，《太子太保》：……张溶……嘉靖中加。

《明史》卷二一三，《张居正传》：张居正，字叔大，江陵人。……嘉靖二十六年，居正成进士，改庶吉士。日讨求国家典故。……授编修，请急归，亡何还职。……迁右中允，领国子司业事。……寻还理坊事，迁侍裕邸讲读。……寻迁右谕德兼侍读，进侍讲学士，领院事。……世宗崩……寻迁礼部右侍郎兼翰林院学士。月余，与裕邸故讲官陈以勤俱入阁，而居正为吏部左侍郎兼东阁大学士。寻充《世宗实录》总裁，进礼部尚书兼武英殿大学士，加少保兼太子太保。……加柱国、太子太傅。六年满，加少傅、吏部尚书、建极殿大学士。……加太子太师。……加少师。……穆宗不豫，居正与（冯）保密处分后事。……神宗即位……居正遂代（高）拱为首辅。

吴国伦《吕公调阳行状》（见焦竑《国朝献徵录》卷一七）：修《穆庙实录》成，上加恩晋武英殿大学士、少保兼太子太保，仍礼部尚书。

《明史》卷二一八，《申时行传》：申时行，字汝默，长洲人。嘉靖四十一年进士第一。授修撰。历左庶子，掌翰林院事。

《明史》卷二一八，《王锡爵传》：王锡爵，字元驭，太仓人。嘉靖四十一年举会士第试第一，廷试第二，授编修。累迁至祭酒。

《千顷堂书目》卷四，国史类:《穆宗庄皇帝实录》七十卷，隆庆六年十月敕修。总裁张居正、吕调阳，副总裁王希烈、丁士美、汪镗、申时行、王锡爵，纂修官范应期等二十四人。（万历）二年七月书成进御。又《穆宗皇帝宝训》八卷。

《明史》卷九七，《艺文志二》正史类:《穆宗实录》七十卷、《宝训》八卷，张居正等修。

朱睦㮮著成《革除逸史》。

朱睦㮮《革除逸史序》：革除间，史臣远嫌，不纪建文之事，以致四年政令阙而不传。自仁、宣以后，山林之士，稍稍出逸文、谈往事，于是有撰《靖难录》者、有撰《革除录》者。余尝观二《录》，其辞或抑或扬，俱失太过。而《革除录》失实尤多。……一倡群和，至今百余年，疑者半，信者半。即海盐、玉山、东莞皆称博雅之儒，而不能辨诸说之误，可慨也已。今上嗣统，首诏有司表彰逊国诸臣。余感其事，乃取诸家论述，参以所闻，为书一编，略具四年之事，名曰《革除逸史》。……万历二年秋七月既望，汴上睦㮮撰。

《千顷堂书目》卷五，别史类：周藩宗正睦㮮《逊国记》（案：即朱睦㮮《革除逸史》）二卷。

《明史》卷九七，《艺文志二》杂史类：朱睦㮮《逊国记》二卷。

《四库全书总目》卷五一，史部杂史类:《革除逸史》二卷，明朱睦㮮撰。……是书以建文帝一朝事迹，编年叙之。《明史·艺文志》载睦㮮《逊国记》二卷，不载此名，然不容同记一事乃分著两书，卷数又复相同，殆即此书之别名也。革除一事，其初格于文禁，记载罕传，在当日已无根据；迨公论大明，人人以表章忠义为事，撰述日伙，而《从亡》、《致身》诸录，遂相续而出，真伪相半，疑信互争，遂成一聚讼之案，纠结靡休。符验、黄佐稍有辨正，尚未能确断。睦㮮《自序》，独辨建文帝髡缁遁去及正统间迎入大内之说，乃好事者为之，故载建文四年六月事，只以“宫中火起，帝逊位”为传疑之词，亦可谓善持两家之平矣。

《宋史新编》等作者柯维骐卒。

焦竑《国朝献徵录》卷三二，《柯希斋维骐传》：又作《史记考要》十卷，凡班氏之讥评爽实，《汉书》之增损乖异，少孙之补缀乱真，诸儒之纪载异同，胥辨正之，而天文、历律发明尤详。又以莆阳文献，自嘉靖以来屡经兵火，惧其遂湮也，乃撰次为二十卷，以接山斋郑公岳之笔，曰《续莆阳文献志》。是书也，与《宋史新编》俱以三品论人，谓求道德之士于三代之下，必欲如古圣贤，难矣！但能忠信廉洁，以礼义为进退，以名节自砥砺，此其根本也。根本既立，虽乏功业文章，不足为病；根本一丧，即富贵功名，鄙庸人耳，何足取哉！……书一入诵，终身不忘，至耄犹不释卷，虽博极《坟》、《索》，而下问孳孳，盖不自满假如此。……公名维骐，奇纯其字，别号希斋，莆阳望族。……公生于弘治丁巳，卒于万历甲戌，享年七十有八。

《明史》卷二八七，《柯维骐传》：又著《史记考要》、《续莆阳文献志》，及所作诗文集并行于世。维骐登第五十载，未尝一日服官。……世味无所嗜，惟嗜读书。抚按监司时有论荐，不复起。隆庆初，廷臣复荐。所司以维骐年高，但授承德郎致仕。卒年七十有八。

《千顷堂书目》卷五，史学类：柯维骐《史记考要》十卷，又《史解》六卷。卷七，地理类中：柯维骐《续莆阳文献志》二十四卷。

《明史》卷九七，《艺文志二》史抄类：柯维骐《史记考要》十卷。

公元 1575 年 明神宗万历三年 乙亥

张居正议处史职。

《明神宗实录》卷三五：万历三年二月……丙申……先是，翰林院编修张位疏饬史职以充新政，礼部复议裁定史职依阁臣题请。于是，大学士张居正议："国初设起居注官，日侍左右，记录言动，实古者左史记事、右史记言之制。迨后定官制，乃设翰林院修撰、编修、检讨等官。盖以记载事重，故设官加详，原非有所罢废。但自职名更定之后，遂失朝夕记注之规，以致累朝以来，史文缺略。昔世宗皇帝尝谕大学士张璁曰：'古者有左史、右史之官，历代因之。我圣祖创翰林院之制，亦有编修之名，但未见居此职者尽乃事耳。'是纪录之职，本自备官，旷废之由，实在臣下。即如迩者纂修《世宗皇考实录》，臣等祗事总裁，凡所编辑，不过总集诸司章奏，稍加删润，檃括成编。至于仗前柱下之语，章疏所不及者，即有见闻，无凭增入；与夫稗官野史之书，海内所流传者，欲事采录，又恐失真，是以两朝之大经大法，虽罔敢或遗，而二圣之嘉谟嘉猷，实多所未备，凡此皆由史臣之职废而不讲之所致也。矧我皇上聪明天启，渊哲性成，践祚以来，善政鸿猷，班班可述，类非章疏所能尽见，若不及时纪录，奚以章阐盛美，垂法无极？所据申明史职，光复祖制，以备一代令典，在于今日，委不可缺。臣等祗奉明命，仰瞻成宪，参酌时宜，谨将一应合行事宜，逐条详列于后。一议分管责成：照得史臣之职，以纪录起居为重，顾宫禁邃严，流传少实，堂廉远隔，听睹非真，则何以据事直书，传信垂后？看得日讲官密迩天颜，见闻真的，又每从阁臣之后，出入便殿，即有密切谋议，非禁密不可宣露，阁臣皆得告语之。合今日讲官日轮一员，专记注起居，兼录圣谕、诏敕、册文等项及内阁题稿；其朝廷政事见于诸司章奏者，另选年深文学素优史官六员，专管编纂，事分六曹，以吏、户、礼、兵、刑、工为次，每人专纂一曹，俱常川在馆供事，不许别求差遣及托故告假等项，致妨公务。一议史臣侍直：谨按礼仪定式，凡遇常朝，记事官居文武官第一班之后。近上便于观听，即古螭头载笔之意。洪武二十四年定召见臣下仪，以修撰、编修充侍班官，即古随仗入直纪事之意。今宜遵照祖制，除升殿例用史官侍班外，凡常朝御皇极门，即轮该日记注起居，并文官共四员，列于东班各科给事中之上；午朝御会极门，列于御座西稍南，专一记注言动；凡郊祀、耕籍、幸学、大阅诸大典礼，亦令侍班随从记录；至于不时宣召及大臣秘殿独对者，恐有机密，不必用史官侍班，但令入对大臣自纪圣谕及奏对始末，封送史馆诠次；其经筵日讲，则讲官即记注起居，亦不必另用侍班。一议纂辑章奏：照得时政所寄，全在各衙门章奏，今除内阁题稿并所藏圣谕诏敕等项，该阁臣令两房官录送史馆，其各衙门章奏该科奉有旨意发抄到部，即全抄一通，送阁转发史馆；至于钦天监天文祥异、太常寺祭祀日期，各令按月开报，其抄本不必如题奏揭帖格式，但用常行白纸密行楷书，不论本数多寡，并作一封送入。一议纪录体例：照得今次纪录，祗以备异日之考求，俟后人之删述，所贵详核，不尚文词，宜定著体式。凡有宣谕直书天语、圣谕、诏敕等项，备录本文，若诸司奏报一应事体，除琐屑无用、文义难通者稍加删削润色外，其余事有关系，不妨尽载原本，语涉文移，不必改易他字。至于事由颠末，日月先后，务使明白，无致混淆。其间事迹可垂劝诫者，但据事直书，美恶自见，不得别以己意及轻信传闻，妄为褒贬。一议开设馆局：照得东西十馆，原系史臣校编之所，密迩朝堂，纪述为便。今合用东馆近上四所，令史臣分直其中，一起居，二吏户，三礼兵，四刑工，除典守誊录人役随同供事外，一应闲杂人等不许擅入。其合用纸札、笔墨、酒饭等项，俱照纂修例给。一议收藏处所：照得国史古称为金匮石室之书，盖欲收藏谨严，流传永久。今宜稍仿此意，月置一小匮，岁置一大匮，俱安放东阁左右房内。每月史官编完草稿，装为七册，一册为起居，六册为六曹事迹，仍于册面各记年月、史官姓名，送内阁验讫，即投入小匮，用文渊阁印封锁。岁终内阁同各文官开取各月草稿，收入大柜，用印封锁如前，永不开视。一议誊录掌管：照得史馆纪录所用誊录典守官吏，今纂修实录，即可通融选用。合将各馆誊录官选取勤慎善书二员，专誊秘密文字；行吏部选拔善书者贴写办事吏十二名，专写各衙门章牍；拨当该吏四名专写文册及朝夕启闭馆门，常川供事，满日各照常送部拔补，不给恩典。一议补修记注：伏覩圣明践祚之始，即召见辅臣于平台，二年之春，召见计吏廉能卓异者，面赐奖谕。迩者以吏兵二部奏除文武职官，又亲临铨选，皆古帝之盛节，三年之间，鸿猷善政不可缕数。兹者旷典修复，亦合将二年以前事迹追书谨录，用传万世。拟令各官除每日照前供事外，兼将二年以前起居初政，亦照月分曹以次纂修，其诏敕等项内阁查付；各衙门章奏行六科照月类抄一册，送内阁转发。”奉旨：“史臣纪录时政，我祖宗成宪俱存。但近年任此职者，因循旷废，遂成缺典。今宜及时修举。卿等既议处停当，都依拟行。”

公元1576年 明神宗万历四年 丙子

凌稚隆于本年前著成《史记评林》。

《千顷堂书目》卷五，史学类：凌稚隆《史记百家评林》一百三十卷。

王重民《中国善本书提要》史部纪传类：《史记评林》一百三十卷附《史记短长说》一卷，六十册，明万历间刻本，原题：“吴兴凌稚隆辑校，温陵李光缙增补。”按《乌程县志》卷十四：“稚隆，字以栋，号磊泉。博览群书，蹇修自好，雌黄铅椠，未尝一日去手。父约言，以史学著；稚隆追本世业，以成先志。于《左氏传》，班、马二史，自取注释评论。”又《泉州府志》卷四十四：“光缙，字宗谦，号衷一，晋江人。万历乙酉乡荐第一。日研经史，及朝章民隐，以备经济。或劝之仕，则曰：昔人以二千石不逮缝掖，拥书万卷，何假南面百城为也？益潜心大业。卒年七十五岁。”此本为光缙补凌书，然益滥矣。……茅坤序（万历四年）。又，《史记评林》一百三十卷、卷首一卷，二十四册，明万历间刻本，原题吴兴凌稚隆辑校。又是书自识云："古歙汪氏、维扬张氏，咸称好事，遂各捐赀付梓。肇于万历甲戌，迄于今丙子冬。"甲戌为万历二年，丙子则四年也。则是编刻成，在《汉书评林》之前。余见别本茅坤序署万历四年，此本反不著年月，何也？茅坤序。王世贞序。

重修《大明会典》。

《明神宗实录》卷五一：万历四年六月……壬午，大学士张居正等请重修《大明会典》，从之。是日诏曰："朕仰承祖宗列圣之鸿庥，获绩丕绪，夙夜祗惧，图维治理，则亦惟我祖宗之旧章成宪，是守是遵。仰惟皇曾伯祖孝宗皇帝，命儒臣所纂《大明会典》一书，其于我祖宗列圣创业垂统典章法度之详，通变宜民因革损益之迹，固已纲目具存，足垂彝宪。第简编浩穰，精核实难，我皇祖世宗皇帝尝见其一二舛误，申命儒臣重加校辑，比及进览，迄未颁行。似于圣心犹有未当，仰成先志，有待后人。且自嘉靖己酉以来，又历二十余载，中间事体亦复繁多，好事者喜于纷更，建议者拗谙国体，法令数易，条例纷纭，甲乙互乖，援附靡准，我祖宗良法美意，几于沦失矣。今特命卿等查照弘治年间创修及我皇祖敕谕重修事理，择日开馆分局纂修，校订差讹，补辑缺漏。其近年六部等衙门见行事例，各令遵照体例，审订折衷，开具送馆。卿等督率各官，悉心考究，务令诸司一体，前后相贯，以成一代画一经常之典，昭示无极，庶副朕法祖图治至意。其总裁、副总裁及纂修等官职名，并合行事宜，陆续开具以闻。"……癸未，命大学士张居正等充纂修《大明会典》总裁。……乙酉，大学士张居正等请以礼部尚书兼学士马自强、礼部左右侍郎兼侍读学士汪镗、林士章、少詹事兼侍读学士申时行、王锡爵充修辑《会典》副总裁官，左右中允兼编修陈经邦、何洛文、右赞善兼检讨许国、陈思育、修撰赵志皋、田一儁、徐显卿、张位、韩世能、于慎行、朱赓、李长春、孙继皋、编修沈渊、习孔教、范谦、黄凤翔、刘瑊、盛讷、黄洪宪、刘虞夔、刘元震……充纂修官……上报可。时马自强等方纂修《世宗实录》，诏不妨以原务兼修。

郑汝璧著成《功臣封爵考》。

《明进士题名碑录·隆庆二年戊辰科》：浙江处州府缙云县军籍。

《千顷堂书目》卷九，典故类：郑汝璧《功臣封爵考》八卷。

《明史》卷九七，《艺文志二》故事类：郑汝璧《功臣封考》八卷。

《四库全书总目》卷八〇，史部职官类存目：《明功臣封爵考》八卷，明郑汝璧撰。……是编成于万历丙子，乃其为吏部验封郎中时所辑。纪明代诸臣封爵，凡分类二十：曰开国，曰靖难，曰征西，曰征交趾，曰征南，曰征北，曰征蛮，曰征番，曰御寇，曰捕反，曰备倭，曰战胜，曰战殁，曰归附，曰推戴，曰海运，曰营建，曰迎立，曰夺门，曰外戚。其以恩泽、恩幸、方术及追赠封者，并附录之，分世封、除封为二类，而采《卷文宗图》及郑晓《吾学编》本传附入，间以所见闻补其缺略。起于洪武，迄于隆庆。据其自序，盖以验封司旧有功臣底簿，病其弗全，因续为补缀，成此帙云。

公元 1577 年 明神宗万历五年 丁丑

《明世宗实录》修成。

《明神宗实录》卷六五：万历五年八月……丙寅……钦天监择本月甲戌进《世宗肃皇帝实录》。……甲戌，《世宗肃皇帝宝训、实录》成，进呈，会是日大雨，上免御殿，监修、总裁英国公张溶等于会极门奏进，行礼。……乙亥，尊藏《世宗肃皇帝宝训、实录》于皇史宬。命辅臣撰敕，加恩监修、总裁等官。大学士张居正拟敕，止以英国公张溶及二辅上进。传旨："皇祖实录皆经先生看改，恩宜首加，而何独辞？其改敕行。"于是居正疏言："皇祖实录实无一字不经臣删润，无一事不经臣讨论，第此乃臣子分所当为，臣盟心矢报，不敢觊恩谋利，以背初志。改敕一节，万不敢拟。"得旨："览奏，真忠大义，深激朕怀。特允所辞，以成劳谦之美，风励臣工。仍宣付史馆。"……丙子，敕吏部加恩实录监修、总裁官：英国公张溶加少傅兼太子太傅，辅臣吕调阳加少傅兼支大学士俸，张四维加太子太保兼文渊阁大学士。于是溶、调阳、四维各疏辞，调阳再辞，上皆不允。……己卯……赐实录监修等官宴赏如例。……升叙实录副总裁、纂修等官：吏部左侍郎汪镗升礼部尚书，少詹事王锡爵升詹事，礼部尚书马自强加太子少保，礼部右侍郎申时行加太子宾客，右春坊右赞善陈思育升右中允，与左春坊左中允戴洵俱从五品俸级服色，翰林院修撰赵志皋、田一儁、徐显卿俱升侍读，韩世能、张一桂、朱赓、李长春俱升侍讲，编修高启愚、习孔教、范谦、黄凤翔俱升修撰，检讨王弘诲升编修，左春坊左谕德陈经邦、右春坊右谕德何洛文、司经局洗马许国、翰林院侍读张位、侍讲于慎行、左春坊左赞善沈鲤、翰林院侍读罗万化、修撰王家屏、陈于陛、沈懋学、编修沈一贯，各升俸一级。叙内阁催纂等官吏升除各有差。

张溶等《进明世宗实录表》（见《明世宗实录》卷首）：后军都督府掌府事、少保兼太子太保、英国公臣张溶等诚惶诚恐，稽首顿首，上言。伏以典则贻谋，式笃文孙之祜；简编垂信，诞扬烈祖之休。成功独盛于中兴，遗训可传于后世。昭兹绳武，焕乎有章。洪惟世宗钦天履道英毅圣神宣文广武洪仁大孝肃皇帝，刚健粹精，神明宣哲。河清云见，出当上圣之符；天与人归，入应大横之兆。自绍庭于初服，即锐意乎太平。张化瑟以更新，妙乾转坤旋之用；握政枢而独运，合阳舒阴惨之宜。志在忧勤，治光明作。应天以实，善承仁爱之心；视民如伤，每厉贪残之禁。未言而声疾于震，有令则化行如驰。虽端居垂拱之年，无旁落下移之柄。至于仪礼制度，尤多考古宪经。……既隆文教，载缵武功。训旅诘戎，修复三营之制；执讯获丑，张皇九伐之威。天戈南指而交人伏辜，月羽东驰而岛夷就殄。络绎梯航之贡，纷纶图牒之陈。内顺外宁，迈周家之再造；民安吏称，轶汉业以重辉。荡乎难名，炳焉可述。属放勋殂落，祇深遏密之思；乃穆考亮阴，即有纂修之命。顾岁月久远，而章牍浩繁，操觚每废于因循，充栋或艰于雠校。方稽汗简，遂恸遗弓，追继照以龙飞，始萃篇于麟复。兹盖伏遇皇帝陛下躬应历数，念切羹墙。于赫汤孙；监先王之成宪；其承武志，觐文祖之耿光。爰霈纶音，俾终绪业于记事纂言之职，寓省成责实之规，乃申命臣溶为监修官，臣居正、臣调阳、臣四维为总裁官，臣自强、臣镗、臣时行、臣锡爵为副总裁官，臣经邦、臣洛文、臣国、臣洵、臣位、臣慎行、臣思育、臣志皋、臣一隽、臣显卿、臣世能、臣一桂、臣赓、臣长春、臣启愚、臣孔教、臣谦、臣凤翔、臣弘诲为纂修官。臣溶暨臣居正等仰体宸衷，俯殚管见。按诸司之掌故，网罗旧闻；探内府之秘藏，铺张盛美。事务阙疑而核实，词皆举要以删烦。至大经大法之所存，则特书屡书而不一，参互考订，三易稿而成编；润色讨论，十逾年而竣事。俾四十六载之盛治，粲如日星；将百千万世之鸿名，亘乎天壤。恭成《世宗肃皇帝实录》五百六十六卷、《宝训》二十四卷，进呈。臣溶等愧乏良史之才，久窃大官之饩，杀青甫就，惊岁序之屡更，副墨虽存，知化工之莫测，非能当华衮斧钺之任，聊以备金匮石室之储。伏愿恢阐皇猷，作求世德，庶几风烈，衍重熙累洽之图，尚有典刑，建长治久安之策。臣溶等无任瞻天仰圣，激切屏营之至。谨奉表随进以闻。万历五年八月十九日，后军都督府掌府事、少保兼太子太保、英国公臣张溶等谨上表。

明神宗《大明世宗肃皇帝实录序》（见《明世宗实录》卷首）：我皇祖世宗肃皇帝御历凡四十有五年，视我祖宗列圣享国最久。丰功伟绩，炳耀铿鍧，充满天地，不可殚述。自我穆考初祀，即命儒臣纂修实录，绪业未竟。至予冲人嗣大历服，又五年始克成之，盖其纪载之不易如此。……洪惟皇祖躬秉圣资，出抚兴运，划奸剔蠹，丕举王纲，立极建中，肇修人纪。凡诸大政令之因革，大典礼之制作，咸稽谋于天，会通古今、经画自心、毅然独断，一洗俗吏牵迹、经生守文之陋，执之不疑，用能廓清垢氛，兴建废坠，五礼式叙，百度惟贞，群工奔走以受成，万姓倾心而向化，卒之幽明协顺，中外敉宁，声教暨于交南，威灵慑于穷朔。盖举我太祖、成祖丕造之光烈而觐扬之，巍巍乎盛矣！临御滋久，虽垂衣深拱，而宵旰几康之儆不忘于心。诸边奏报，臣下建言，手批立决，无滞晷刻。万幾稍暇，则又翻经史，问农桑，即文王日昃不遑，何以加焉。……深惟眇眇之身，早赐鸿业，未烛理道，仰藉我皇祖忧勤所诏，数年以来，时和人康，边圉宁泰，灾沴盗贼之忧不作。昭庭虽远，余泽弘深，其敢忘所自乎？盖文王之后，有武王缵绪，而受命日浅；至于成王，始克追扬盛美，纪于竹书。顾朕虽德弗类，而所乘之时与地，亦有不得而辞者。用以史臣所辑《实录》五百六十六卷、《宝训》二十四卷，敬荐祖庙，并告成事于皇考，以上慰二后在天之灵，附于周家咏歌勤苦、慎始如终之义。乃若体裁义例，一遵累朝旧章，兹不复赘云。谨序。万历五年八月十九日。

《千顷堂书目》卷四，国史类：《世宗肃皇帝实录》五百六十六卷。隆庆元年五月命徐阶等总裁，纂修未及成。神宗登极，再命张居正、吕调阳、张四维为总裁，马自强、汪镗、申时行、王锡爵副之。五年八月书成，进御。又《世宗皇帝宝训》二十四卷。万历五年修。

《明史》卷九七，《艺文志二》正史类：《世宗实录》五百六十六卷、《宝训》二十四卷。隆庆中，徐阶等修，未竣。万历五年，张居正等续修成之。

卜大有辑《史学要义》刊刻。

（万历）《秀水县志》卷六《人物志·宦迹》：卜大同，字吉夫，嘉靖戊戌进士。……弟大有、大顺，皆举进士。大有，令无锡，执法不扰，权贵称强项。中忌者，调潜山。历南仪曹郎，以忤时宰，出为寻甸守，致仕。……

盛枫《嘉禾徵献录》卷三二，《卜大同附大有传》：大有，字谦夫，号益泉。嘉靖癸卯举人，丁未进士。知县无锡，剔蠹搜奸，执法不挠。忌者中之，调简潜山，严明益著(《潜山志》有传)。入为南都水主事，督龙江关。升南刑部江西司员外、广西司郎中，改南精膳。出知寻甸府，不赴。归著《经、史要义》(《经学要义》五卷，见《经义考》)、《益泉集》。

徐栻《史学要义叙》：载籍博矣，而义有要焉；得其要义，则会通有机。是学史者，要义尚矣！嗟夫，事以代殊，文缘人异，纷纭述作，迷目瞀心，自非精明博雅之士，恶足以与于斯。檇李益泉卜大夫，究心史事，既得其旨趣，间尝采辑古今论著，有切于史学者若干卷，题其端曰《史学要义》。予得读之，见其陈叙事之义例，原载笔之职司，析编年、纪传之同异，以暨辨正杂，别良秽，罔弗备焉。乃叹曰：勤哉，大夫之志乎！精哉，大夫之取裁乎！夫溟渤汪洋，人可得而通之者，以舟楫具也；医师之视疾，岂能一一究其医格哉？惟于轩岐相传之奥旨，掇而蓄焉，则可以起尫羸而无滞。藉令舍舟楫而浮海，泛滥于方技之书而欲以神其术，胡可得哉？是书之作，真学海之舟楫、文艺之要旨也。当世贤豪励志三长者，固幸得指南，而仅取谀闻之士，执此以往，亦免面墙之叹，为益岂浅哉！虽然，通海要于舟楫，而舵其尤要者也；良医要于轩岐，而恒其尤要者也；孔子以圣神之心，而窃取鲁史之义，则心其史学之尤要乎！是故公其心以定予夺，明其心以辨正雅，大其心以尽人物之变，斯无负于《要义》之作也。卜大夫有《经学要义》，予为序之矣；乃更以是集谒予序，予谢不敏。顾谓史者，羽翼乎经者也。固以请予归诸心学，以为史学者勖焉。万历五年岁次丁丑十月吉旦，赐同进士出身、通议大夫、奉敕提督军务巡抚浙江等处地方兵部右侍郎兼都察院右佥都御史、前工部侍郎巡抚江西右副都御史湖广提督学校副使监察御史姑苏徐栻撰。

今案：卜大有生卒年不详，(万历)《秀水县志》卷七，《艺文志·典籍》载其著作有：《史学要义》四卷，《经学要义》四卷。《嘉禾徵献录》谓《经学要义》有五卷。《史学要义》万历刻本，后世迄未重刻，今有影印本传世，题为《明刻珍本史学要义》(中华全国图书馆文献缩微复制中心 1999 年)。据瞿林东《影印明刻珍本〈史学要义〉序》一文介绍，是书四卷，补卷一卷，凡五卷。“卷一至卷四，卷首各有目录；补卷卷首无目录，其目视所补内容分别列于上述各卷目录之后，并冠以‘补集’二字，以示区分。《史学要义》所辑之文，是历代学人讨论史学之作，上起西汉，下迄明代。”大有又著有《皇明续纪》三卷，仿陈建《皇明通纪》之例，续以嘉靖元年(公元 1522 年)至隆庆六年(公元 1572 年)，凡五十一年史事。

公元 1579 年 明神宗万历七年 己卯

萧崇业、谢杰著《使琉球录》。

《千顷堂书目》卷八，地理类下：萧崇业《使琉球录》二卷。临安人，给事中，万历中修。又，谢杰《使琉球录》六卷。

《明史》卷九七，《艺文志二》地理类：谢杰《使琉球录》六卷。

《四库全书总目》卷五四，史部杂史类存目三：《使琉球录》二卷，明萧崇业、谢杰同撰。崇业，云南临安卫人，隆庆辛未进士，官至右佥都御史提督操江。杰，长乐人，万历甲戌进士，官至户部尚书总督仓场。万历七年，崇业为户科给事中，杰为行人司行人，奉使往封琉球国世子尚永为中山王。是年六月渡海，抵其国。十月还闽，因记其行事、仪节及琉球山川风俗为此书。大抵本嘉靖十三年陈侃、四十年郭世霖二《录》而稍润益之。《明史·艺文志》载谢杰《使琉球录》六卷，此本止分上下二卷，检勘并无缺佚，殆"六"字为传写之误欤？

杜思著《考信编》刊行。

《明进士题名碑录·嘉靖三十五年丙辰科》：杜思，浙江宁波府鄞县军籍。

蔡文范《考信编序》：……杜君少以经术为东越大师，历守青州、南宁二郡，惧以高第闻，而独覃思大古，锐然以搜整遗放铨述□□□□，上自摄提，迄于皇[黄]帝，作《考信》一编。于是结绳、迹鸟之政、穴居栋宇之俗，灿然星布。而一切《外纪》、《路史》、百家恢诡之说，悉弃不用，盖非徒以夸多识、资渔猎而已。顾名山虽藏，假阅难周，于是中丞楚侗耿公见其书，叹曰："是可以正人心矣！"而侍御南滇敖公亦曰："良公心独苦如此，可弗传？"咸亟命布之梓，属同寅卢□□君共襄厥事。刻既成，公命不肖序诸首简……渊乎博大哉！诚莫能窥其厓略矣，"考信"云乎哉！万历己卯仲秋之吉豫章蔡文范谨书。

《千顷堂书目》卷四，编年类：杜思《考信编》七卷。四明人。

《四库全书总目》卷四八，史部编年类存目：《考信编》七卷，明杜思撰。思，字子睿，鄞县人。嘉靖丙辰进士。官至青州府知府。是书皆载上古之事，其目有二：曰《原始考》，始自盘古氏迄于燧人氏；曰《读坟考》，始自庖犧氏，迄于帝魁。编年纪月，记动记言，全作策书之体，如珥笔其侧，亲注起居，又不言其何所据，乃题曰"考信"，名实可谓舛迕矣。

公元 1580 年　明神宗万历八年　庚辰

张居正请令余有丁、许国专任重修《大明会典》事。

《明神宗实录》卷一〇四：万历八年九月……癸酉，大学士张居正等奏称："前奉敕谕令臣等重修《大明会典》，已经开馆纂修。近该副总裁等官呈送草稿，止将旧《会典》并嘉靖二十九年续修旧稿誊写一遍，稍益以近年事例，中间体例尚有未当，纪载颇多缺遗，良由诸臣各有部事相妨，无暇讨论讲究。夫事必专任，乃可责成，力不他分，乃能就绪。臣等看得吏部左侍郎余有丁、詹事府詹事许国，文学素优，年力方富，属以此事，似可责成，宜将余有丁暂解部事，以本官仍掌詹事府事许国协管府事，俱充副总裁，各暂停升转，将《会典》新旧原本令其专心考究。至原题副总裁官，唯以部务稍暇，相与讨论，不必限以章程，致令两误。"上是之。……戊寅，命翰林院修撰沈懋孝、范谦、编修邓以赞、王懋德充《大明会典》纂修官。

公元 1581 年　明神宗万历九年　辛巳

凌稚隆于本年前著成《汉书评林》。

《千顷堂书目》卷五，史学类：凌稚隆……《汉书百家评林》一百卷。

王重民《中国善本书提要》史部纪传类：《汉书评林》一百卷、卷首一卷，二十四册，明刻本，原题："吴兴后学凌稚隆辑校。"卷一下书口记"长州顾檈书"，卷一百之末，记："后学熊体信、叶正华较，书户余彰德刊。"余不详熊、叶、余三君年代，其翻刻是书亦不自记年月。然"凌稚隆辑校"之校不作较，因疑盖翻刻在万历间，此本则崇祯间修板后所刷印者。王世贞序（万历九年）。王宗沐序（万历九年）。何洛文序（万历九年）。茅坤序（万历九年）。陈文烛序（万历十一年）。自序（万历九年）。

《大政记》、《内阁行实》、《列卿记》等作者雷礼卒。

潘季驯《少傅工部尚书雷礼传》（见焦竑《国朝献徵录》卷五〇）：少傅雷公者，讳礼，豫章之丰城人。……弱冠举于乡，继成进士。授兴化司理。……复补宁国司理。……以异等入铨曹。……出公大名通判。未几，以宪副督两浙学政。……升南太仆少卿。……转太常卿，推尹顺天。……升工部侍郎。……以公晋部事。……授柱国，加少保。……加少傅。……奉旨准致仕。……著书如《大政记》、《内阁行实》、《列卿年表》……行世。家居十三年为辛巳，小恙……遂不起。

《明史》卷一一二，《七卿年表二》：工部尚书雷礼，嘉靖四十一年三月加太子太保。十月加太子傅。嘉靖四十五年三月晋少保。十月晋太傅柱国。隆庆二年九月致仕。

《千顷堂书目》卷四，编年类：雷礼《大政记》三十六卷。又卷九，职官类：雷礼《国朝列卿年表》一百三十九卷，起明初至隆庆。……雷礼《南京太仆寺志》十六卷。又卷一〇，传记类：雷礼《国朝列卿记》一百六十五卷。始洪武迄嘉靖，隆庆一朝则子映滦所补。又《阁臣行实》八卷。

《明史》卷九七，《艺文志二》正史类：雷礼《大政记》三十六卷。又，职官类：雷礼《列卿表》一百三十九卷。……雷礼《南京太仆寺志》十六卷。又，传记类：雷礼《阁臣行实》八卷、《列卿记》一百六十五卷，起洪武，迄嘉靖。礼子映补隆庆一朝。

《四库全书总目》卷四八，史部编年类存目：《明大政记》二十五卷，明雷礼撰。礼，字必进，丰城人，嘉靖壬辰进士，官至工部尚书。《明史·艺文志》载礼《大政记》三十六卷。此本为万历中应天周时泰所刊，其中礼所辑者，至武宗而止，仅二十卷；其世宗四卷，即范守己之《肃皇外史》；穆宗一卷，则谭希曾所续编。卷目与史志不符，盖时泰已有所合并也。礼明习朝典，以史学自任，而所记多采撮实录，详略未能得中，异同亦尠能考据。

王重民《中国善本书提要》史部编年类：《皇明大政记》二十五卷、三十二册，明万历间刻本。按《存目》即据此本著录。

公元1582年 明神宗万历十年 壬午

范守己著成《肃皇外史》。

《明进士题名碑录·万历二年甲戌科》：范守己，河南开封府洧川县民籍。

范守己《肃皇外史序》：自髫岁志存典坟，至于昭代故实，尤所悉心。居常念陈氏《通纪》草次亡文，采摭虽云不苟，而芜俚可厌，步王君懋之故武。

郑公之《大政记》笔削率意，巨细不伦，比之孟坚帝纪，似为整洁，以方麟笔，难免捧心之媸矣。薛子《宪章录》广掇群言，自衒博综，而拾唾余以当珠玑，宝武夫而充秘帑，是刻仲毅之鹄而失焉者也。高氏《鸿猷录》目取纪事，义殊编年，事必核夫始末，而高帝初年诸条则分析琐屑；动必系之岁时，而奏诏往复、诛赏铨进则月日未审，求之于古，盖自我作故，不有范模者矣。每思兼采诸长，勒成一家，然职累纷挐，抽衷不暇。已而移主都官，曹事讼牒颇简，得以其隙肆力丹铅，欲蹈初谋，终苦绵阔。念有四家之绪言，姑作缓图，乃聚群札创撰肃谟。事巨者稍挈其领，用为标识，非敢自附于窃取；关治者备徵其详，匪为鸡肋，聊以厕之臑臛也。材虽足于识小，说或异于稗官，虽于圣神治化之隆，未能仰赞其什一，而视于眉睫，庶几不殊百步耳。……万历壬午夏六月，洧川范守己书于建康之九二轩。

《千顷堂书目》卷四，编年类：范守己《肃皇外史》四十六卷。一名《肃皇大谟》。

《四库全书总目》卷五四，史部杂史类存目三：《肃皇外史》四十六卷，明范守己撰。守己，字介儒，洧川人，万历甲戌进士，官至按察司佥事。是编记明世宗一代朝政，编年系月，立纲分目，颇见详备，而词近琐碎，不合史体。当时南京书坊，尝刻其节本，附雷礼《大政记》以行，此则其全书也。

王重民《中国善本书提要》史部杂史类：《皇明肃皇外史》四十六卷，八册，明抄本。卷四以后题："洧川范守己辑。"……《提要》云："当时南京书坊，尝刻其书本，附雷礼《大政记》以行，此则其全书也。"余持《大政记》与此本相较，文句有增、有删、有改，则所刻并非节本，实为修订本，馆臣盖未详校也。……是书成于万历十年。……自序（万历十年）。

黄洪宪著《輶轩录》(一名《朝鲜国纪》)。

王锡爵《黄公洪宪神道碑》（见焦竑《国朝献徵录》卷一八）：公讳洪宪，号葵阳，嘉兴人。举丁卯浙江乡试第一，辛未会试第二，赐二甲进士。寻改庶吉士，授翰林院编修。乙亥，与修《大明会典》。壬午，以皇长子生，使朝鲜，颁赐玉带麒麟服以行。……使朝鲜，曰"此区区者而间于倭虏，其君臣恬嬉文事，不知戒严，吾为肩臂虑矣。"尽封还赠金，而备次其国都形势成一编，曰《輶轩录》。

《明神宗实录》卷一二八：万历十年九月……乙亥……命翰林院编修黄洪宪、工科右给事中王敬民使朝鲜，颁皇子诞生诏敕，仍赐国王并妃锦币有差。

《千顷堂书目》卷八，地理类下：黄洪宪《輶轩录》四卷。

《四库全书总目》卷六六，史部载记类存目：《朝鲜国纪》一卷，明黄洪宪撰。洪宪，字懋中，秀水人，隆庆辛未进士，官至少詹事，掌翰林院事。尝奉使朝鲜，获睹其国先世实纪，因次其传受次序及兴废大要为此书。然所录甚略，不及史传之详备也。

公元 1584 年 明神宗万历十二年 甲申

胡应麟著成《三坟补逸》。

《明史》卷二八七，《王世贞传附胡应麟传》：胡应麟，幼能诗。万历四年举于乡，久不第，筑室山中构书四万余卷，手自编次，多所撰著。

胡应麟《三坟补逸引》(《少室山房笔丛》戊部，凡二卷，中华书局 1958 年版)：《三坟》，太上之典也。自仲尼赞《易》、叙《书》删《诗》，而《三坟》不经见，则《春秋》倚相所尝读，固可疑矣。况乎隋刘炫氏所上也，宋毛渐氏所传也，浅陋弗根，恶睹所谓《三坟》者乎！夫书出于三代者，时有先后，文无古今，义有精粗，文无踳粹。晋《纪年》、周《逸书》、《穆天子传》，皆三代典也，作于春秋、战国，烬于秦，逸于汉，显于晋之太康。其书竹简，其文科斗，其出丘墓。经而参之，史而伍之，燕郢而说之，凡以强之于坟，亡弗协也。质诸倚相所尝读，吾弗敢知，以较隋、宋之伪书，匪什伯而千万矣。夫祈招数言，不足当《穆天子传》之一简，而楚臣且以穷倚相，矧汲冢其斐然若是也。吾举而跻之于坟，以补其亡者，而革其伪者，奚不可也。夫三书之文，世亡有弗伟之，而三书之事，世亡有弗悖之，顾余之所概于三书，则弗惟其文，惟其事也。因稍辑其略，俟好古之士商焉。甲申夏五识。

郭大有所撰《评史心见》刊行

《评史心见凡例》：一、评史以《通鉴》为主，参以《纲目》、《史记》、《春秋左传》……以己意参酌可否而评之，微显阐幽，则是非得失昭然可见，非敢蹈袭前哲以为己能也。寒窗草创，数年始克成编，读史君子幸有教焉。

一、鉴者乃后人之龟鉴也，古人之得失，以为己之从违。诸史所载古人言行，固有以为鉴者，亦有不可以为鉴者，如汉文帝好黄老，因吴王不朝，赐以几杖；南越谋反，卑词厚礼以诱之。朱子乃称其善用，殊不知养成骄横，肆无畏惮，遂至兵连祸结，延及七国之变而不可救。此所当戒，不可法也。至于直不疑偿金、娄师德唾面不拭自干之类，矫情要誉，欺世媚俗，恐后人信以为美而效之，不可不辩。此评之本意也。

一、评史诸题，凡可以为策论者，学者任意择取，以备观览，利于举业，盖遴今时之制也。……

《四库全书总目》卷九〇，史部史评类存目二：《评史心见》十二卷，明郭大有撰，大有字用亨，江宁人。是书取古人事迹标题，每事为论。其《凡例》云：凡可以为策论者，择取以利于举业。则其书不必更问矣。

今案：郭大有《评史心见》十二卷，成书时间未详，而今存最早刻本为万历十二年《新刻官版大字评史心见》，姑且编于本年。又《四库全书总目》未查看本书内容，仅据其《凡例》内一言而否定之，未免轻率。实则该书论史颇有见解，可备参考。

公元 1585 年 明神宗万历十三年 乙酉

罗日褧著成《咸宾录》。

刘一焜《〈咸宾录〉序》：《咸宾录》者，录四夷之事也。曷取乎四夷之事？胪列众卑以承一尊而已。经之以天仪，陈之以地纪，建之以帝制，揆之以圣符，而六合之尊不分，四夷时叙，则是录之成也，淳维逖矣。汉高、文实为兵主，攘夷之威，隆于建元。晋、唐不戒，蘖芽于内，宋剥而南，攘肌及骨。崖山之事，方之永嘉、天宝蔑矣。爰有大圣，奋发其雄，大都、应昌，至于捕鱼之海，莫我敢承。龟食庚庚，夏启以光，其三犁之烈乎？九世柔服，越成顺义，河湟蠢蠢，是仅小毖。作《鞑靼志》。东胡之族，慕容为枭，代兴者耶律，卵翼石晋，以有河北，厥州十六。阴始凝矣，驯致其道，金、元出焉。兀良哈载其忠顺，帝割三卫界之而不疑，予之贡卫百而不贰，惟我实制其命，降是之代，利用金机。作《兀良哈志》。鸭绿并海，维朝鲜用，夏变夷时，维父师通道于颛，闭关于桂，治以不治，嵎夷攸服，奄有三韩，遂苌东国。作《朝鲜志》。肃慎苦窳，勇于公斗。开皇观武而有戒心，耶律安得而虐用之。爰考杀机，自观鱼之役，仰天嫈面，以怒武士，而东封辽。遂东封宋，二帝不台，不世所怀，亦殷鉴也。大圣起之，厥贡惟砮矢。作《女直志》。倭崄而骄，以桀诈尧，闽、越、登、莱五十九城，东瓯之营在焉。今罔修先臣之勋，而令富都贾竖，乘其奇赢，以私海市，政吏骈恶，驱群失职之民，以为羽翼，一旦引蔓，安得独咎岛夷也？曰商是常，琉球有焉。作《日本、琉球志》。汉通西域，匈奴争车师、伊吾庐。国初西封，亦有七卫，高昌、柳城，是称属国。黑麻之乱，以勤祈父而弗克，遂师老财匮，弃之何以示远人，令称汉兵若日月哉？今天子西顾而重右地，安得定远之臣，无替旧勋，以北踦胡，西通大夏、罽宾，绝远贡其珍兽，旅獒戒焉。作《哈密诸属国志》。西方之圣，见自由余，穆王与化人神游，何异今之言浮屠者。自金人见梦于明皇，老胡世容于乐府，而迦维之教，靡然海隅，至梁武甘心于佛家奴，唐宪屈万乘之尊以迎枯骨，则傅奕、韩愈之论，未为失之。真君建德，推波助澜，从风止燎，亦有昧乎其言之也。我德西畅，贡其嘉瑞，有麟仪仪，君子之态。作《天竺、默德那志》。骞虽凿空，而不睹昆仑，河源星宿，信而有徵，阆风层城，金母居之。其华山之博乎，厥土惟膏，厥产惟饶。采珠于秦，贡玉于阗，献鸟于夏，驱马于宛，其余犀、象、羽毛、齿革，涉于流沙，同于玉门，观于《王会》，九宾祈祈，有殷于庭，我德则可谓允怀矣。作《佛菻、于阗三十一属国志》。汉苦四姓，筑令居之塞，充国留屯金城，诸羌瓦解。唐实不竞，宗女再辱，金城之降汤沐，何为诱以近塞，啖以美地荐草，而责之无忘甥舅，奉香火，遵约束，亡具甚矣！我守其键而持其镡，蒙须其茶马之利乎！作《吐蕃志》。南交曰旸谷，羲叔所宅。神宗赫怒，命征孰与。文皇之师，二十五将扶义而南。新城之威，三致伪主。不以此时鞭弭使之，至天子葆塞休吏士，丞相袭富民之号，而万里之外，数仆数起，宜其不以介鳞易冠裳也。莫氏之乱，不顿一戟，非庙算何在臻兹。作《安南志》。王者虽不治衺服，而天实全付所覆，梯航所至，悉主悉臣。越裳九译，以海波知中国之圣，大邦九、小邦十四，贡其珍馐。三国之君，去夷即华，精英留于侯甸，帝有悼焉。作《占城三十三属国志》。夜郎不知有汉，而汉兵至于境；梁王戮我介使，而虎螭之师四面而集，勘定于颍，安集于黔。二百余年，以不震惊，都望邑属，营如内地。麓川之勋，以大武而涉远宅，缅酋匪茹，不以边陲而令寇焉，亦封疆之过也。作《南中诸夷志》。蜀之南陲，滇之北际，中央曰罗鬼，不合如砺。高皇谬権于幽，不爱信臣，以全一方之命。二田交戟，自遗败灭。溪、剌、香炉、普安、蜡尔，剿抚之政，参而由焉。作《贵南诸夷志》。盘瓠之裔，散于五溪，淫于三江。伏波而降，有彬、桂之征，有大藤之师。其余黎、獞之族，鼋鼍与居，鸲鹊与栖，鸟夷兽夷，以劳王师，我国家不为也。作《五溪、三江七种夷志》。

为卷凡八，为篇凡百有奇。其山川背负长城，堑山堙谷，西有崇山，限蛮隔夷，东南际海，谨守二汛，此其大者。其土物胡弓粤镈，是称用物。东鹣西鲸，南矛北黍，王者之嘉祥在焉。其遐撖珍怪，则百家九流稗官野史之所自出。圣不语怪，而九牧之金，百物而为之备，使民知神奸山泽川林不逢，不若于传载之。其义则稽统者观其常，防微者观其变，怀柔者观其仁，驾驭者观其智，宾贡者观其礼，文告者观其信，兵戎者观其武。此罗尚之氏所为，成文数万，以自当于不朽之事矣。《录》之创造，岁在实沈，成在寿星，在大火阏伯之辰而授之剞劂，传之博雅君子。万历辛卯仲夏月，豫章刘一焜元丙父撰。

《千顷堂书目》卷八，地理类下：罗曰褧《咸宾录》八卷。豫章人。

《明史》卷九七，《艺文志二》地理类：罗曰褧《咸宾录》八卷。

《四库全书总目》卷七八，史部地理类存目七：《咸宾录》八卷，明罗曰褧撰。曰褧，字尚之，江西人。是编刊于万历中。分列诸国之事，以东西南北为分，欲夸明代声教之远，故曰《咸宾》。其实多非朝贡之国。又叙事古今糅杂，标题人地混淆，亦颇无体例。

魏元旷《〈咸宾录〉书后》（《豫章丛书》本）：是书得之旧抄本，历经故家收藏，朱记重叠，以其赅备四裔，总其颠末，搜考宏富，故足贵也。《总目》谓其“叙事古今糅杂，标题人地混淆，颇无体例”，又言其“欲夸明代声教之远，其实多非朝贡之国”，语殊不然。……曰“咸宾”者，以尝通于朝廷者为之制限，不得以国史《四裔列传》例之，而讥其古今糅杂。至于标题人地略有淆混，尤其末疵，何遂言无体例？……尚之为万历乙酉举人，父文博亦以孝廉官怀庆通判。邑志皆无传，所著犹有《雅余集》，并见邑志艺文目，亦无传本。……戊午（民国七年）十二月，南昌魏元旷跋并校。

案：罗曰褧《咸宾录》之著作年代，刘一焜序称“《录》之创造，岁在实沈，成在寿星。”据刘坦《中国古代之星岁纪年》（科学出版社 1957 年版）推算，实沈当为万历九年辛巳，寿星当为万历十三年乙酉，故编于此。

许相卿《史汉方驾》刊刻。

许闻造《史汉方驾凡例引》：许闻造曰：《文献通考》云《班马异同》三十五卷，撰自倪思。夫班仍马旧，中多删改，务趋简严，而删或遗其事实，改或失其本意，著异同而辨优劣，思之用心，盖其勤哉！乃思以标识巨细，分别同异，家大人以为不便疾读，撰为此书，义取并驾，旨若列眉，斯家大人所自谓奇绝者乎！

万历乙酉岁，爰副剞劂。……

《四库全书总目》卷四六，史部正史类存目：《史汉方驾》三十五卷，明许相卿编。……是编因倪思原本（案：指倪思《班马异同》）稍为厘订，改题此名。陈胜、英布二传，思书偶遗，此补缀所缺。他如卫青、霍去病传附录诸将，《汉书》别自立传，与《史记》文不相袭者，思书删去，此皆掇拾所遗。其先后次第，改从司马贞《索隐》，亦稍更其序，然所益不及百分之一。惟思书《史记》大书，《汉书》细书，文相连属，但以字形广狭为分，颇易混淆，又字旁钩勒，传写尤舛误。相卿变其体例，以《史》、《汉》相同者直书行中，不同者分行夹注。凡《史记》有而《汉书》无者，偏列于右；《汉书》有而《史记》无者，偏列于左。条理井然，较思书为胜。所列评语，亦因刘辰翁之本（案：指刘辰翁《班马异同评》）稍为损益，颇不及旧文。又旧文皆标置简端，相卿意取便览，或移附句旁，如批点时文之例，反参错难观，则未免于不善变矣。

公元 1586 年 明神宗万历十四年 丙戌

王圻著成《续文献通考》。

《明史》卷二八六，《陆深传附王圻传》：陆深，字子渊，上海人。……同邑有王圻者，字元翰。嘉靖四十四年进士。除清江知县，调万安。擢御史，忤时相，出为福建按察佥事，谪邛州判官。两知进贤、曹县，迁开州知州。历官陕西布政参议，乞养归，筑室淞江之滨，种梅万树，目曰梅花源。以著书为事，年踰耄耋，犹篝灯帐中，丙夜不辍。所撰《续文献通考》诸书行世。

朱彝尊《静志居诗话》卷一三，《王圻》：王圻，字元翰，上海人。嘉靖乙丑进士。除清江知县，调万安。擢云南道御史，出为福建按察佥事，谪邛州判官。两知进贤、曹县，迁开州知州。历官湖广提学佥事，升陕西布政司参议。……所撰《续文献通考》、《谥法通考》、《两浙盐志》、《海防志》、《三吴水利考》、《稗史汇编》，虽舛漏尚多，体例未当，要亦留心有用之学者。

王圻《续文献通考引》：余之续《通考》也，盖有感于宣圣之说礼也。夫宣圣生知，而其说二代之礼，犹以文献不足为歉，则文与献皆历朝典章所寄，可缺一也与哉？贵与氏之作《通考》，穷搜典籍，以言乎文则备矣。而上下数千年忠臣孝子节义之流，及理学名儒，类皆不载，则详于文而献则略，后之说礼者，能无杞、宋之悲哉？余既辑辽、金、元暨国朝典故，以续其后，而又增节义、书院、氏族、六书、谥法、道统、方外诸考，以补其遗，俾往昔贤哲举得因事以见姓名，而援古据今之士，不至溟涬无稽。故总名之曰《续文献通考》，而其详则备志于《凡例》云。王圻谨识。

《续文献通考凡例》：一、马贵与所著《通考》，绝笔于宋，然自嘉定以后什不得一矣，胡元典故缺焉未备。余用搜辑史乘及名家文集诸书，悉依贵与目录编次成帙。第恨藏书未广，遗漏尚多，方有望于同志者。一、宋真以后辽、金事迹，十居六七旧《考》削而不入。岂贵与乃宋相廷鸾子，故不乐叙其事；抑宋末播迁之际，二国文献不足故偶缺耶？然舆图之沿革，祥异之昭垂，及政事美恶之可为戒法者，恶可尽弃弗录？余故摭其大节，补入各目下，事则取之史乘，序则附之宋末。一、唐虞三代以及宋元文献，几乎备矣。国朝礼乐制度，轶唐虞而陋宋元，可独缺乎？金匮石室藏，虽或不能尽睹；余尝从台臣之后，凡六曹文牒及诸先贤奏牍，咸口诵手录，得什一于千百。遂即贵与款，以类附入，俾考古者得以证今，幸成一代完书。……一、忠孝节义，纲常所关，史家亦往往为立传，而旧《考》未载。余故别创《节义》一目，附《学校考》之后，非止为往者扬其芳，亦欲令来者继其躅。忠止录其处变者，死生之际犹难言耳。一、书院义塾，原《考》不载，此乃道学渊源所系，故增附《学校考》之末。或朝廷额设，或先贤创置，凡有功于讲习者，悉为搜入。一、氏族有志，古人用以别生分类，实维世大端也，旧《考》未载。今摭取经史诸书及《尚书类氏》等书，作《氏族考》，以附《封建考》之末。一、六书之制，前代列于学官，专置博士，盖以察官方而稽民治，不可一日弗讲者。故摭拾群籍，作《六书考》，附《经籍考》后，以补贵与氏之未备。一、谥法肇自成周，迄于累代，遵行罔缺，盖定褒贬于身后，垂劝戒于方来，亦国家至巨典也，前《考》未及。今搜辑遗书，作《谥法考》，附《王礼考》末，庶足为彰善瘅恶之一助。……一、道统有关于世教大矣，前《考》未载。而后有述者，在上则止于尧、舜、禹、汤、文、武，在下则以宋儒直接汉代诸儒，而汉、唐以降全无及焉。然或为表章于上以兴起斯文，或为讲论于下以驳正同异，则汉、唐君臣似亦未可尽泯，余因作《道统考》以附《帝系考》之后。一、原《考》不载仙释，意在黜异端也，然如栾大文成五利诸事，具见往牒，非取其足垂监戒耶？余故增创《仙释》一目，附《四裔考》之末。一、《目录》条内注“续”字者，前《考》已著，今续编也；注“增”字者，前《考》

全无，今增创也。……一、当代典故，祇据往牒及奏疏等书据事节录，并不敢以己意褒贬一字；其野史稗说亦不敢混入，以至失真。故挂一漏万之罪，知不免焉。万历岁次丙戌春正月朔，上海王圻书。

《千顷堂书目》卷九，典故类：王圻《续文献通考》二百五十四卷。

《明史》卷九七，《艺文志二》故事类：王圻《续文献通考》二百五十四卷。

《四库全书总目》卷一三八，子部类书类存目二：《续文献通考》二百五十四卷，明王圻撰。……是编续马端临之书，而稍更其门目，大旨欲于《通考》之外，兼擅《通志》之长，遂致牵于多岐，转成踳驳。尽《通考》踵《通典》而作，数典之书也；《通志》具列朝为纪传，其略即志，其谱即表，通史之属也，其体裁本不相同。圻既兼用郑例，遂收及人物，已为泛滥，而分条标目，又复治丝而棼。如各史有不臣二姓之人，不过统以忠义，圻则别立忠隐一门。各史于忠孝节烈之妇女，不过统以列女，圻则别立忠妇、孝妇、节妇、烈妇诸门；各史于笃行畸节，不过统以孝义，圻则别立顺孙、义夫、义女、义徒、义母、义妾、义仆诸门，均乖史法；至于义物一门、孝释一门，尤为创见罕闻；各史但有儒林，《宋史》别出《道学传》，已为门户之私。圻更立《道统考》，而所收如楚元王之类，不过性喜聚书，范平、王接之类，不过隐居高尚，去取更为不伦。此皆牵于《通志》纪传之故也。……《国用考》内漕运门载金天兴元年运饷汝州兵，此乃用兵转饷，非漕运也；又海运已自列一门，而杂出于漕运之内，所载海道远近，尤为不详；……《学校考》内所载州县书院，元制官置山长，犹属学校之支流，明则处处私置，志书尚不能悉登，此书乃泛载之，殊为冗滥；《职官考》内载元职官仅本《元史》，其上京分署，载于《析津志》诸书甚详，见元人集者尤伙，乃皆漏略；《谥法考》只引《史记》，余多挂漏，即朱谋玮所辑诸篇，万历初尚存，不容嘉靖末不见，亦为挂漏；《经籍考》内所载南宋诸人文集，尚不及《文渊阁书目》之半，金人文集载于《中州集》小传者百有余家，所载仅十之一二，而《琵琶记》、《水浒传》乃俱著录，空为后来论者之所讥。……自明以来，以马氏书止于宋嘉定中，嘉定后事迹典故，未有汇为一编者，故多存圻书以备检阅。……按此书虽续《文献通考》，而体例迥殊，故《文献通考》入《故事》，此则改隶类书。

今案：王圻于本书《凡例》已将全书内容细致总结，落款日期为万历十四年，是此书撰成于是年。但日后又有添加内容，今仍系于撰写初就之年。

胡应麟著成《四部正讹》。

胡应麟《四部正讹引》（《少室山房笔丛》丁部，凡三卷）：赝书之昉，昉于西京乎！六籍既禁，众言淆乱，悬疣附赘，假托实繁。今其目存于刘氏《七略》、班氏“九流”者，亡虑什之六七，嘻其甚矣，然率弗传于世，世故莫得名之。唐宋以还，赝书代作，作者日传，大方之家，第以挥之一笑；乃衒奇之夫，往往骤揭而深信之，至或点圣经、厕贤撰、矫前哲、溺后流，厥系非眇浅也。余不敏，大为此惧，辄取其彰明较著，抉诬摘伪，列为一编。后之君子，欲考正百家，统宗六籍，庶几嚆矢。即我知我罪，匪所计云。丙戌春仲月晦识。

《逊国记》、《中州文献志》、《中州人物志》等作者朱睦㮮卒。

张一桂《明周藩宗正镇国中尉西亭公神道碑》（见焦竑《国朝献徵录》卷一）：万历丙戌秋七月戊午，宗正西亭公以疾卒于邸第，年七十矣。……公生贵，年十五封镇国中尉，受世禄。……被服如儒生。海内藏书家推江都葛氏、章丘李氏，公尽购得之，起万卷堂，日讽诵其中。……初，宗学建，诏博求可为宗人师表者，中外咸推毂公，遂拜宗正之命。……公所著，经学有《五经稽疑》、《授经图》，杂著则《陂上集》、《中州人物志》、《忠臣烈女传》、《大明帝系》、《周国世系》、《逊国记》，纂《中州文献志》……共若干卷，行于世。……公字灌甫，学者称西亭先生。晚筑精舍城东陂上，又自号东陂居士。

《明史》卷一一六，《诸王·镇国中尉睦㮮传》：镇国中尉睦㮮，字灌甫，镇平王诸孙。……睦㮮幼端颖，郡人李梦阳奇之。及长，被服儒素，覃精经学，从河、洛间宿儒游。年二十通五经，尤邃于《易》、《春秋》。……益访购古书图籍，得江都葛氏、章丘李氏书万卷，丹铅历然，论者以方汉之刘向。……万历五年举文行卓异，为周藩宗正，领宗学。……所撰有《五经稽疑》六卷、《授经图传》四卷、《韵谱》五卷，又作《明帝世表》、《周国世系表》、《建文逊国褒忠录》、《河南通志》、《开封郡志》诸书。……卒，年七十。……学者称为西亭先生。

《千顷堂书目》卷三，经解类：周藩宗正睦㮮《授经图》四卷，本《崇文总目》中《授经图》之意，著五经授受诸儒同异及古今经解目录成编。又《五经稽疑》六卷，又《经序录》五卷，录汉唐宋元诸儒经解序。又卷五，别史类：周藩宗正朱睦㮮《圣典》三十四卷。……周藩宗正睦㮮《逊国记》二卷。又卷六，地理类上：朱睦㮮《中州文献志》四十卷。

《千顷堂书目》卷一〇，传记类：朱睦㮮《中州人物志》十六卷。又谱系类：

朱睦㮮《大明帝系世表》一卷，又《周国世系表》一卷，又《周乘》一卷。

《明史》卷九六，《艺文志一》《春秋》类：朱睦㮮《春秋诸传辨疑》四卷。又诸经类：朱睦㮮《授经图》二十卷，《五经稽疑》六卷，《经序录》五卷。又卷九七，《艺文志二》正史类：朱睦㮮《圣典》三十四卷。又杂史类：朱睦㮮《逊国记》二卷。又传记类：朱睦㮮《中州人物志》十六卷。又地理类：朱睦㮮《中州文献志》四十卷。又谱牒类：朱睦㮮《帝系世表》一卷、《周国世系表》一卷、《周乘》一卷、《镇平世系录》二卷。

《四库全书总目》卷三〇，经部《春秋》类存目一：《春秋诸传辨疑》四卷，明朱睦㮮撰。……是编凡一百八十八条。《明史·艺文志》著录，卷数与此本相合。然与睦㮮所撰《五经稽疑》中说《春秋》者，文并相同。据睦㮮《五经稽疑》自序，盖此书先成别本行世，后乃编入《五经稽疑》中。

《四库全书总目》卷三三，经部五经总义类：《五经稽疑》六卷，明朱睦㮮撰。……据《明史·朱睦㮮传》……所撰有《五经稽疑》六卷；《艺文志》载睦㮮《五经稽疑》六卷，外又载睦㮮《春秋经传辨疑》四卷。……睦㮮自序称"少靡所好，游心六经，尝作《春秋稽疑》，余未及为也。癸未四月，杜门谢客，乃取四经，时披阅焉。或有疑者，参订诸家而折衷之，且述且作，得若干卷"云云。据其所言，绝不及《春秋经传辨疑》一字，殆初注《春秋》四卷，名以《经传辨疑》先行于世，后乃足成五经，并为一帙，统改今名。著录家各据所见之本，遂析而为二耳。《明史·朱睦㮮传》但称作《五经稽疑》六卷，不及《春秋经传辨疑》，从其最后之定本也。

《四库全书总目》卷五四，史部杂史类存目三：《圣典》二十四卷，明朱睦㮮撰。……是书纪太祖开国事迹，分八十一目，仿《贞观政要》之体。视宋濂《洪武圣政记》所载较详。

《四库全书总目》卷六二，史部传记类存目四：《镇平世系记》二卷，明朱睦㮮撰。……永乐元年，封周定王第八子有爌为镇平王，睦㮮其六世孙也。以明代《玉牒》于正德以后多略，遂纂述有爌以下八世支派，以成此书。前曰例义，次世系，次世传，次内传，次述训。

《今献备疑》等作者项笃寿卒。

董份《广东布政使司左参议少溪项公笃寿墓志》（见焦竑《国朝献徵录》卷九九）：大夫生而颖异。……举壬戌进士。……授刑部主事。……转南考功郎。……转职方郎，补广东参议。……大夫名笃寿，字子长，别号少溪。生正德辛巳五月癸亥，卒万历丙戌九月癸丑，享年六十有六。

《明进士题名碑录·嘉靖四十一年壬戌科》：项笃寿，浙江嘉兴府嘉善县民籍，秀水县人。

《千顷堂书目》卷一〇，传记类：项笃寿《今献备疑》四十二卷。字子长，嘉兴人，嘉靖壬戌进士。

《明史》卷九七，《艺文志二》传记类：项笃寿《今献备疑》四十二卷。

《四库全书总目》卷五六，史部诏令奏议类存目：《小司马奏草》六卷，明项笃寿撰。笃寿，字子长，秀水人，嘉靖壬戌进士，官至兵部郎中。是编即笃寿官兵部时议复内外陈奏之文，凡《驾部稿》一卷，《职方稿》五卷。其曰小司马者，盖取《周礼》夏官之属，然明无此职，以古名题后世之奏牍，似有据而实不典也。

《四库全书总目》卷五八，史部传记类二：《今献备遗》四十二卷，明项笃寿撰。……是编采明代名臣事迹，编为列传，起洪武，讫弘治，计二百四人，盖本袁袠所著而稍增损之。《明史艺文志》亦载其目。其曰备遗者，自序谓“姑备遗忘”，盖谦不以作史自任耳。明人学无根柢，而最好著书，尤好作私史。其以累朝人物汇辑成编者，如雷礼之《列卿记》、杨豫孙之《名臣琬炎录》、焦竑之《国史献徵录》，卷帙最为浩博，而冗杂汜滥，不免多所抵牾。惟笃寿此书，颇简明有法。其中所载，如刘基饮西湖上，见西北云气，谓是“天子气在金陵，我当辅之”，此术家附会悠谬之谈，笃寿之著之基传中，殊失别择。又如徐有贞之悍鸷、李东阳之模棱，张孚敬之偏愎，皆未可称一代完人，而笃寿推尊过甚，其进退亦为寡识。然叙述详赡，凡年月先后，事迹异同，皆可为博考参稽之助，于史学亦未尝无裨焉。

公元1587年　明神宗万历十五年　丁亥

重修《大明会典》成。

《明神宗实录》卷一八二：万历十五年正月……甲辰，大学士申时行等进重修《大明会典》。

《明神宗实录》卷一八三：万历十五年二月……丁卯……《大明会典》成，

宴总裁、纂修官于礼部，命定国公徐文璧等待之。……戊寅，《大典》告成，礼部尚书沈鲤加太子少保，吏部左侍郎沈一贯、朱赓、礼部左侍郎王弘诲俱太子宾客，礼部右侍郎张位、于慎行、徐显卿、南京国子监祭酒赵用贤各升俸一级……谕德刘虞夔、刘元震升左庶子，孙继皋、黄洪宪右庶子，修撰刘楚先、张应元各洗马，编修陆可教、冯琦各侍讲，杨起元、庄履丰、萧良有、王应登、检讨余继登，沈自邠各修撰，周子义准与赠官恤典，其余升赏有差。次日，加恩元辅申时行兼支大学士俸，次辅国进兼吏部尚书、建极殿大学士，余官如故。次辅锡爵加太子太保兼武英殿大学士，尚书如故。

明神宗《御制重修〈明会典〉序》：朕惟自古帝王之兴，必创制立法，以贻万世；而继体守文之主，骏惠先业，润色太平，时或变通，以适于治。故前主所是著为律，后主所是疏为令，虽各因时制宜，而与治同道，则较若画一焉。朕践祚以来，夙兴夜寐，思绍休圣绪，惟祖宗成宪是鉴是式。盖我孝宗皇帝，尝命儒臣纂述《大明会典》，辑累朝之法令，定一代之章程，鸿纲纤目，灿然具备。逮我世宗皇帝，入承天序，时历四纪，而因革损益，代有异同，乃复下诏重修，续自弘治壬戌，迄嘉靖己酉，载在秘府，未及颁行，盖至于今，又三十八年矣。岁历绵远，条例益繁，好事者喜纷更，建议者昧体要，甚则弄智舞文，奇请他比。自明习者，莫知所从，小吏浅闻，何由究宣？朕甚闵焉。赖天之灵，社稷之福，国家闲暇，得及时而明政刑，乃命儒臣，重加修辑，芟繁正讹，益以见行事例而折衷之，盖阅十有二载，其书始成。于戏！礼乐百年而后兴，制作累世而大备。《书》不云乎："丕显哉文王谟，丕承哉武王烈，祐启我后人，咸以正罔缺。"夫文谟武烈，既显且承矣，必历成及康，觐光扬烈，至穆王之世，乃称咸正罔缺，盖制作若斯之难也。国朝二祖开基，烈圣绍述，历百五十年，而我肃宗中兴，享国长久，礼文制度于斯大备。上自郊庙宫朝，下及车旗服色，靡不创自神衷，卓越千古，焕然与周道并隆，岂非万世一时哉！朕陟降祖考，寤寐羹墙，凡一政一令，罔敢厌纵其耳目心志，以乱法度。惟是内外臣工，展采错事，务一禀于成宪。执此之政，坚如金石；行此之令，信如四时。庶几哉我百度惟贞，四方丕式，俾万世子孙皆得蒙业而安，祚流罔极，可不谓善始善终哉！因序简端，以明祖烈，且令后世有考焉。万历十五年二月十六日。

沈德符《万历野获编》卷一，《重修会典》：《会典》一书，盖昉《唐六典》而加详焉。太祖初著《诸司职掌》，至英宗复辟，复命词臣纂修《条格》，以续《职掌》之后，盖《会典》已权舆于此，但未及成帙耳。至弘治十年丁巳始创立，此书成于弘治十五年，赐名《大明会典》。进呈之日，上御奉天殿受之，宴总裁刘健等于礼部，命英国公张辅侍宴，典极隆重，即日孝宗御制序序之，但未及刊行。至正德四年，删润而登之板。又至嘉靖八年，世宗再命诸词臣重修之，已有绪矣。二十四年春，阁臣严嵩等又请续添新例，以成全书，上允之，至嘉靖二十八年而始成。初则张永嘉、桂安仁，夏贵溪等为政，以故知宗献王、如分郊、如四禘、如改制冠服，俱详载新制，而旧仪反略焉。又礼部仪司所列大行皇太后丧礼一款，则兴献王之章圣蒋后，反居太祖孝慈马后之前。至其后又皆严分宜总裁，徒知取媚主上，而紊礼踰法则极矣。进呈御览之后，世宗留之禁中，不制序，不发刊，圣意深矣。至今上（万历）四年，又命辅臣张江陵等偕史臣重修，至十五年始竣事，今刊行者是也。盖此书虽四修，而人间传行板本，止正德与万历两部而已。

《千顷堂书目》卷九，典故类：《重修大明会典》二百二十八卷。万历四年命阁臣续修嘉靖以来事例，迄万历十四年成书为止。

《明史》卷九七，《艺文志二》故事类：万历中重修《大明会典》二百二十八卷、《条例全文》三十卷、《增修条例备考》二十六卷。

《四库全书总目》卷八一，史部政书类一：《明会典》一百八十卷，明弘治十年奉敕撰，十五年书成。正德四年重校刊行。……其后，嘉靖八年复命阁臣续修《会典》五十三卷，万历四年又续修《会典》二百二十八卷，今皆未见，其本莫知存佚。殆以嘉靖时祀典太滥，万历时秕政孔多，不足为训，故世不甚传欤？

案：李晋华《明代敕撰书考》记现存《大明会典》万历刊本共有五部，并云："不知何故，《四库》纂修时竟未见万历本也。"

王重民《中国善本书提要》史部政书类：《大明会典》二百二十八卷，四十二册，明万历间司礼监刻本，明申时行等奉敕撰。《提要》云："万历四年又续修《会典》二百二十八卷，今未见其本，莫知存佚。"沈家本《枕碧楼偶存稿》亦有此本跋，谓"流传甚稀"。余检（清）光、宣间藏书家目录，几于人有其书，可见前人得书之难，与图书消息之不灵通。又：《大明会典》二百二十八卷，卷首一卷，五十四册，明万历间刻本，明万历十五年申时行等奉敕重修。卷首有历次纂修敕谕、进表、凡例等，记是书续修始末颇详。此本重修凡例云："重修《会典》稿成于万历乙酉，以后复有建设者，俱不载。"乙酉为万历十三年。又申时行进表末署万历十五年二月十六日，则稿成于万历十三年，而进呈于万历十五年也。《四库》馆中未有此本，藏书家偶得是编，遂亦惊为罕见，而不知明代刻本非一，后来收藏者亦不少也。

栗在庭撰成《九边破虏方略》。

栗在庭《刻九边破虏方略序》：余少尝考镜轩辕、风后所著《奇门遁甲》及《武经七书》，大指取威，不轨昭文德。凡简将厉兵，饬亭障、明赏罚，复有“武侯”、“将苑”诸集，犂然皆炯鉴矣。顾兵法浩繁，间且多谭中华险易，故群雄观窃绪余，如七雄、三国、六朝、五代，类夸诩相甬东汉、曹魏、晋、隋之间。羌胡虽渐徙内地，而比权絜势，犹袭华人交击之故习也。独汉霍去病为将，频出塞，则曰顾方略何如尔，至学古兵法。宋岳武穆好野战破金人，则曰阵而后战，兵家之常，运用之妙，存于一心。岂挞伐羌胡，果无藉此兵法为哉？盖胡虏犷黠，骤若风雨，不羞败走，寻骋剽掠。将兵者欲尽按《武经》而驱剿之，譬则文公种米、曾子驾羊，智短愚长，诚格斗莫知向往矣。我明二祖，迅扫犂庭，二百二十余年以来，西戎北狄多稽首称藩，疆圉宁谧，乃西慑东叛，旦款暮渝，固经略君子躬焦劳而不辞也。高皇帝训曰：胡戎与西北边境，互相密迩，累世战争，必选将练兵，时谨备之。

余生长西陲，洎通籍，役三晋与辽左，历览周游，马蹄几九边遍矣。居常庄诵圣训，暇取大司马灵宝许恭襄公《九边图绘》之座右，每披阅，有慨于中，辄搜检古今将相制御戎虏方略，如剿抚、攻守、兵食悉具，稍为裁定成编，妄加品评，参之睹记，不计工拙。窃忆方今宇内乂安，无烦兵革，独胡虏为我仇敌。蚤夜蒿目，思逞一剑筹安攘，相与同事诸裨将，仰遵当路指授石画，拮据决策，共期殄灭胡虏而后朝食。殊愧朴樕，无奇秘计佐前著，倘握虎符亢塞上者，间师其意而采试之，无为刻舟济河、揭竿求海，则不能伸威万里，树勋百世，余不敢信。万历十五年岁次丁亥孟冬吉，赐进士第大中大夫奉敕整饬辽海东宁道边备兼理屯田山东布政司右参政、前户科右给事中陇西栗在庭书。

今案：《九边破虏方略》五卷，今存日本内阁文库，国内恐已久佚。明代嘉靖以降，守边军事之书大兴，“南倭北虏”乃边患之巨者。此书为诸多同类撰述中较有见解者。全书五卷，由兵备副使鲍希颜、备御康元吉、知州曹刚等人协从编纂，内有相当多的地图、阵图，其中《九边图》承袭许论的《九边图说》而有所改进。内容包括考述历代夷夏关系和制夷策略，但重点在于当代。作者强调使用炮、铳等火器，军事思想亦较先进。

公元 1588 年 明神宗万历十六年 戊子

王祖嫡请复建文年号、改正景泰实录。

《明神宗实录》卷一九五：万历十六年二月……丁丑，国子监司业王祖嫡奏修缺典以隆继述，谓建文之革除未复、景泰之附录未正也。略曰：“臣之疑革除何也？高皇帝艰难百战，奄有天下，挈神器而付之建文，立嫡之大，经也。文皇帝际时艰危，兴兵靖难，挈神器而完之高庙，济变之微，权也。……臣之疑附录何也？睿皇帝赫怒振旅，虽曰失计，然非游猎也。景皇帝监国正位，虽曰权宜，然为社稷也。……今宜复建文位号，仍付史馆，将四年事迹修辑为《录》，尽废野史不经之说；其景泰自为一《录》，削郕戾旧名，与正统、天顺承接弗紊，其于善继善述之大孝，所关非眇小也。”疏下礼部。

《明神宗实录》卷一九六：万历十六年三月……壬辰，大学士申时行奏：“礼部复司业王祖嫡请复建文年号、改正景皇帝实录。窃惟建文年号，因成祖靖难之日诏今年仍以洪武三十五年为纪，其建文年号相传以为革除，及考靖难事迹，亦称少主，称元年二年三年四年，则是未尝革除也，但不称建文耳。《英宗实录》修于成化初年，在景皇帝未复位号之先，故仍称郕戾王，而景泰七年事遂附《英宗实录》之内，部复极为详明。第事体重大，年岁久远，如欲更定，须自圣裁。今景皇帝位号已复，不过于《实录》内改正，其理顺而事亦易。惟建文年号，自靖难以来未有请复位号修《实录》者，事繇创举，未经会议，臣等擅难定拟，伏乞圣断施行。”上谕：“景皇帝位号已复，《实录》候纂修改正，建文年号仍已之。”

《明史》卷二〇，《神宗本纪一》：万历十六年春三月壬辰，诏改《景皇帝实录》，去郕戾王号，不果行。

陆可教《王公祖嫡行状》（见焦竑《国朝献徵录》卷一九）：公讳祖嫡，字胤昌，别号师竹，其先德州人也。……以隆庆辛未举进士。……改翰林院庶吉士。……授翰林院检讨。……与修《会典》。……复以革除旧疏为劝。《革除疏》者，言建文君及景皇帝实录事。公初入史馆时，私念国朝史事之阙，无大于此，因具疏请及时厘正。……迁国子司业，遂以前疏上。得旨，许重录景皇帝事，而建文君事姑止毋议，盖终以事关成祖云。

《明史》卷二一七，《沈鲤传》：沈鲤，字仲化，归德人。…… 鲤，嘉靖中举乡试。…… 四十四年成进士，改庶吉士，授检讨。……神宗在东宫，鲤为讲官……比即位，用宫寮恩，进编修。旋进左赞善。……连遭父母丧。……万历九年还朝。……明年秋，擢侍讲学士，再迁礼部右侍郎。寻改吏部，进左侍郎。……十二年冬，拜礼部尚书。……久之，《会典》成，加太子少保。……又请复建文年号，重定《景帝实录》，勿称郕戾王。

龙文彬《明会要》卷三六，《修国史》：（万历）十六年，司业王祖嫡请复建文位号，修辑四年事迹，尽废野史不经之说；其景泰宜自为一录，削郕戾旧名。疏下群臣议。于是礼部尚书沈鲤奏言："建文以革除而称洪武，景泰以分附而并系英宗，皆为我朝缺典所据。司业王祖嫡有循史职、修缺典之奏，臣等不敢为更张之议，惟将《英庙实录》中间七年事迹名曰《恭仁康定景皇帝实录》，无相混淆。至于建文位号，诏书中原无降削之文，今亦无凭议复，亦惟于《高庙实录》之末摘出四年事迹，复称建文年号，如斯而已。"诏从之，然卒不果行。

公元 1589 年 明神宗万历十七年 己丑

胡应麟著成《经籍会通》。

胡应麟《经籍会通引》（《少室山房笔丛》甲部，凡四卷）：凡前代校综坟典之书，汉有略，晋有部，唐有录，宋有目，元有考，志则诸史共之。肇自西京，迄于胜国，纪列纂修，彬彬备矣。夫其渊源六籍，薮泽九流，细绎百家，溯洄千古，固文明之盛集，鸿硕之大观也。昭代綦隆，巨儒辈出，诸所撰造，比迹黄虞。惟是经籍一涂，编摩尚缺，概以义非要切，体实迂繁，笔研靡资，岁月徒旷耳。夫以霸闰之朝，草莽之士，犹或拮据坟素，忝窃雌黄。矧大明日揭，万象维新，岂其独盛述鸿裁，彪炳宇宙，而脞谈冗辑，阔略曩时哉？辄不自揆，掇拾补苴，间以管窥，加之棁藻，稍铨梗概，命曰《会通》。匪直寄大方之嚬笑，抑以为博雅之前驱云。万历己丑孟秋朔，应麟识。

胡应麟著成《史书占毕》。

胡应麟《史书占毕引》（《少室山房笔丛》乙部，凡六卷）：余少而好史，占毕之暇，有概于心，辄书片楮投箧中，旷日弥月，骎骎数十百条。己丑北还，养疴溪上，稍以余日，检括诸故书，顾向箧中，尘壒满焉，亟取拂拭之，积楮宛然，而强半蠹啮鼠侵，不可句矣。因念昔之好事，有什袭碔砆，千金敝帚者，而窃慨余之有类乎是也。辄稍铨择，离为四篇。内以辨体，外以辨时，冗以辨诬，杂以辨惑，于前人弗求异也，亦弗能同也。或曰：“子舆氏之辩，弗得已也；子是之辩，其得已与？其弗得已与？毋亦得已而弗已与？”余无以答，因题曰《史书占毕》而藏之。秋望，应麟识。

冯从吾约于本年后著《元儒考略》。

《明史》卷二四三，《冯从吾传》：冯从吾，字仲好，长安人。万历十七年进士。改庶吉士，授御史。……从吾生而纯悫，长志濂、洛之学，受业许孚远。

《千顷堂书目》卷一一，儒家类：冯从吾《元儒考略》四卷。

《明史》卷九八，《艺文志三》儒家类：冯从吾《元儒考略》四卷。

《四库全书总目》卷五八，传记类二：《元儒考略》四卷，明冯从吾撰。……是编乃集元代诸儒事实，各为小传。大抵以《元史·儒学传》为主，而旁采志乘附益之，中有大书特传者，亦有细书附传者，皆据其学术之高下以为进退，体例颇为丛碎。又名姓往往乖舛，如欧阳元别号圭斋，今乃竟题作欧阳圭，既以号作名，又删去一字，校雠亦未免太疏。然宋儒好附门墙，于渊源最悉；明儒喜争同异，于宗派尤详，语录、学案，动辄灾梨，不啻汗牛充栋。惟元儒笃实，不甚近名，故讲学之书，传世者绝少，亦无汇合诸家，勒为一帙，以著相传之系者。从吾掇拾残剩，补辑此编，以略见一代儒林之梗概，存之亦足资考证。物有以少见珍者，此之谓欤！

公元 1590 年　明神宗万历十八年　庚寅

申时行著《召见纪事》（一名《召对录》）。

《明史》卷二一八，《申时行传》：申时行，字汝默，长洲人。嘉靖四十一年进士第一。授修撰。历左庶子，掌翰林院事。万历五年由礼部右侍郎改吏部。时行以文字受知张居正，蕴藉不立崖异，居正安之。六年三月，居正将归葬父，请广阁臣，遂以左侍郎兼东阁大学士入预机务。已，进礼部尚书兼文渊阁，累进少傅兼太子太傅、吏部尚书、建极殿。……及居正卒，张四维、时行相继秉政。……四维忧归，时行为首辅。……十四年正月，光宗年五岁……时行率同列再请建储，不听。……时行连请建储。十八年，帝召皇长子、皇三子，令时行入见毓德宫。

《千顷堂书目》卷五，别史类：申时行《毓德宫召见纪事》一卷，又《升储汇录》二卷。《明史》卷九七，《艺文志二》杂史类：申时行《召见纪事》一卷。

《四库全书总目》卷五三，史部杂史类存目二：《召对录》一卷，明申时行撰。……此书乃记万历十三年五月迄十八年七月召对之语，时行时为首辅，六年中凡召对九次。当神宗怠政之际，君臣否隔，万事丛脞，时行不能匡救，乃反谓孝宗后此典久废不举，至是复行，沾沾夸为盛事，过矣。

谢国桢《增订晚明史籍考》卷二：《召对录》一卷，明长洲申时行撰。自序略云："……臣忝非据，渥荷上恩，九年之中，对郊坛，对山陵感思殿、对浑河、对毓德宫者各一，对朝门御幄者三，大抵敬大勤民、宝元良、容直谏、饬边备诸政事，史官记注，贮之东阁。三殿灾，皆毁于火。臣曩从阁中录得数条，藏之家，乃仿先正遗意，辑而存之为《召对录》，以示子孙。大学士申时行。"按：是书实为始于万历十三年五月七日至十八年七月二十六日，六年之中，以时行首揆之职，召对者仅此数次，则神宗之怠于政事可知矣。《明史·艺文志》作《召见纪事》，当即是书。

申时行奉敕誊抄历朝《宝训》、《实录》，成御览小型本。

《明神宗实录》卷二百三十：万历十八年十二月……庚寅，列朝《训》、《录》誊写成。先是，上谕时行等曰："前者卿等所进圣祖御笔，朕恭睹其睿藻弘谟，真乃天授，非纯神至圣而何。因思祖宗《训》、《录》，乃今朝之史鉴，岂可不得而知之。其令誊写，装成书帙，以便朝夕览观，庶可以知我祖宗治国家之法，修身勤政之要，非图亵玩别意也。"……至是大学士申时行等进呈共一千九百二十八卷。

今案：万历朝抄录《宝训》、《实录》，先由大学士申时行主持，从万历十六年三月至十八年十二月完成，计一千九百二十八卷，藏于乾清宫。万历二十四年四月，因乾清宫失火被毁。又命大学士赵志皋主持，照申时行所定款式重录，迄于二十六年八月完成。详参黄彰健《明末实录书成誊写四份说》（载《明清史研究丛稿》，台湾商务印书馆 1977 年版）；谢贵安《明实录研究》（湖北人民出版社 2003 年版，第 405—408 页）。

《弇山堂别集》等作者王世贞卒。

王锡爵《王公世贞神道碑》（见焦竑《国朝献徵录》卷四五）：公名世贞，

字元美，凤洲其号。系出琅玡王氏，自晋丞相始公导渡江而南，世为浙人。后有昆山学正讳梦声者，因家于官，而太仓之王自梦生始。……公幼称为圣童……十八举于乡，丁未成进士。……除刑部主事。……补青州兵备使。……起补大名。……寻迁浙江参政。……再迁山西按察使。……以荐补楚，旋辖广西一月，入为太仆卿，复自太仆擢都察院右副都御使。……稍迁南大理，寻以人言改应天府尹，拂衣归。……公初起南京刑部侍郎……寻改南京兵部侍郎……迁刑部尚书。……公自此归志益决，凡三疏乞休，始允归，归九月而卒。……公所著有《四部稿》，世已刻行。《四部》有后集未刻，有别稿未删定，藏于家。古今著述之富，公为第一，其所搜猎百家子史，皆以意镕炼，翕然为一家。……公享年六十有五。

《明神宗实录》卷二二一：万历十八年三月……壬子……南京刑部尚书王世贞再疏乞休，许之。

茅维《大司寇王元美先生诔》（见《十赉堂集》文部卷五）：岁在庚寅，大司寇娄东元美王公卒于寝，迄今乙未而葬。

《明史》卷二八七，《王世贞传》：王世贞，字元美，太仓人。……年十九，举嘉靖二十六年进士。授刑部主事。……屡迁员外郎、郎中。……为青州兵备副使。……隆庆元年八月…… 会诏求直言，疏陈法祖宗、正殿名、广恩义、宽禁例、修典章、推德意、昭爵赏、练兵实八事，以应诏。无何，吏部用言官荐，令以副使莅大名。迁浙江右参政，山西按察使。母忧归，服除，补湖广，旋改广西右布政使、入为太仆卿。万历二年九月，以右副都御史抚治郧阳。……张居正枋国，以世贞同年生，有意引之，世贞不甚亲附。……居正积不能堪，会迁南京大理卿，为给事中杨节所劾，即取旨罢之。后起应天府尹，复被劾罢。居正殁，起南京刑部右侍郎，辞疾不赴。久之，所善王锡爵秉政，起南京兵部右侍郎。先是，世贞为副都御史及大理卿、应天尹与侍郎，品皆正三。世贞通理前俸，得考满荫子。比擢南京刑部尚书，御史黄仁荣言世贞先被劾，不当计俸，据故事力争。世贞乃三疏移疾归。二十一年卒于家。……世贞自号凤洲，又号弇州山人。其所与游者，大抵见其集中，各为标目。

案：王世贞卒于万历十八年，此云“二十一年卒于家”，误。

王世贞《弇山堂别集小序》：《弇山堂别集》者何？王子所自纂也。名之别集者何？内之无当于经术政体，即雕虫之技亦弗与焉，故曰别集也。王子弱冠登朝，即好访问朝家故典与阀阅琬琰之详，盖三十年如一日矣。晚而从故相徐公所得尽窥金匮石室之藏，窃亦欲藉薛萝之日，一从事于龙门、兰台遗响，庶几昭代之盛，不至忞忞尔。甫欲命管，而病妒之。既而自惟材力绵浅，一不称也；所睹章奏竿尺赋颂之类，鲜足裒者，二不称也；是非小有不当，流祸后世，三不称也。而是时倡道者谓王子毋受役于笔研以凿性灵，自是绝意不复作。其它有所闻见，偶书之赫蹏，以数甓贮藏。寻得间出之，编次成帙，凡一百卷，携来金陵署中。乃好事者见而异之，固请付剞劂。是书行，异日有裨于国史者，十不能二；耆儒掌故取以考证，十不能三；宾幙酒次以资谈谑，参之十或可得四。其用如是而已。秋官尚书吴郡王世贞撰。

陈文烛《弇山堂别集序》：《弇山堂别集》者，人司寇王元美先生著也。其称别集者，盖元美诗文有《弇山堂正集》，而此则国朝典故，比一代实录云。……余读而叹曰：天地剖判以来，有兴衰则有理乱，有理乱则有劝戒，必得其所托而后传信，此史之所以作也。苟非其人，则或失其意，或乱其实，或析理之不通，或设辞之不善，故虽有殊功懋德非常之迹，将闇而不章，郁而不发，而梼杌嵬琐奸回凶慝之形，可幸而掩也。……元美起而更张之，其义隐而直，其文谐而庄，其志似推而实任。夫元美千秋轶才，而不得一登史馆，目击朝家掌故，犁然而有慨于心，不容不置一喙。乃又以流祸隐忧，故自斧扆以至貂珰，孅丑悉陈，无所衮钺，以俟夫后世君子。同心者易寻，吹毛者难见，顾其中藏三尺之严，毫不可夺，不亦隐而直乎？一典之异，今人色飞，一事之奇，令人颐解，幕中噘笑，辇下滑稽，间一有之，而殿阁岩廊公卿将相之事则居多焉。含法旨于恢词，寓正言于谑语，莞尔麈谈，毅然狐史，斯不亦谐而庄乎？元美之言曰："子长不绝也，《史记》绝矣，即后世而有子长，亦不能成《史记》。近代官师郡邑，其名不雅驯，章奏竿牍赋颂之类，鲜足裒者。"元美推而不居，以为自有主者。我以其才为所欲为，纵横自放，于史例之外，别立一体，其于子长，以意师之，不可称龙门之大宗乎？乃曰"才力绵浅"，所谓"赤也为之小"矣，谁则信之？是元美之志，似推而实任也。余反其言曰：异日有裨于国史者最其大也，耆儒考证其次也，宾筵以资谈谑特其余耳。余习元美，尝窃窥其青箱，则尚有《弇园识小录》、《三朝首辅录》、《觚不觚录》、《权幸录》、《朝野异闻》，此枕中之秘，尚不以示人也。夫孔子学周礼而作《春秋》，司马迁叙《高帝本纪》，谓得天统而承三代，皆重昭代也。元美之才之学，驾陵千古，以国朝而有元美，在元美何可无兹集哉！昔王大司马公谓元美与汪伯玉皆良史才，当修国朝史书，不佞可从两公之后。元美闻而言曰："此指阔疏不敢望万一。有之，其为希世之大业无疑也哉！”今元美业为之矣。异日尽出其秘，发酰鸡之覆，而睹天地之全，则我明有良史矣，奚必待诏金马门，细天禄、石渠之书而后成哉！藏之名山，传之其人，通邑大都，此不刊之书也。不佞乐为之序，兼请质于元美云。万历庚寅冬日，五岳山人沔阳陈文烛撰。

王世贞《觚不觚录自序》：孔子有言：“觚不觚？觚哉！觚哉！”盖伤觚之不复旧觚也。所谓削方为员，斫朴为雕者，兹之谓矣。又曰：“吾犹及史之阙文也，有马者借人乘之，今亡矣夫。”其作《春秋》，脱左骖而赙，盖皆寓微旨焉。余自舞象而小识人事，蹴冠登朝，数踬数起，以至归田，今垂六十矣。高岸为谷，江河下趋，觚之不为觚，几莫可辨识。闲居无事，偶忆其事而书之，大而朝典，细而乡俗，以至一器一物之微，无不可慨叹。若其今是昔非，不觚而觚者，百固不能二三也。既成，而目之曰《觚不觚录》。

《千顷堂书目》卷五，别史类：王世贞《弇山堂别集》一百卷，又《弇山堂识小录》二十卷。初辑名《丁戊小识》，始嘉靖丁未年，迄戊午，后多所增益，更今名。又《少阳丛谈》二十卷，在青州作，故曰少阳，皆国典也。凡十五类，谈国故、谈异典、谈盛际、谈国是、谈西省、谈死事、谈壬午、谈英略、谈史砭、谈杂艺、谈武成、谈宗变、谈盗乱、谈夷狄、谈考释。又《明野史汇》一百卷，又《觚不觚录》一卷，又《权幸录》□卷，又《朝野异闻》□卷，又《国朝丛记》六卷，又《皇明异典述》五卷，又《盛事述》三卷，又《异事述》一卷。又卷九，职官类：王世贞《国朝公卿年表》二十四卷。又卷一〇，传记类：王世贞、杨豫孙补辑《名臣琬琰录》一百十册。……王世贞《嘉靖以来首辅传》八卷，又名《名卿续纪》六卷。

《明史》卷九七，《艺文志二》正史类：王世贞《国朝纪要》十卷，《天言汇录》十卷。又杂史类：王世贞《弇山堂别集》一百卷、《识小录》二十卷、《少阳丛谈》二十卷、《明野史汇》一百卷。万历中，董复表汇纂诸集为《弇州史料》，凡一百卷。又职官类：王世贞《公卿表》二十四卷。又传记类：王世贞《嘉靖以来首辅传》八卷、《名卿纪迹》六卷。

《四库全书总目》卷五一，史部杂史类：《弇山堂别集》一百卷，明王世贞撰。……是书载明代典故，凡《盛事述》五卷；《异典述》十卷；《奇事述》四卷；《史乘考误》十一卷；《表》三十四卷，分六十七目；《考》三十六卷，分十六目。世贞自序云：“是书出，异日有裨于国史者，十不能二；耆儒掌故，取以考证，十不能三；宾幙酒筵，以资谈谑，参之十或可得四，其用如是而已。”然其间如《史乘考误》及《诸侯王百官表》、《亲征》、《命将》、《谥法》、《兵制》、《市马》、《中官》诸考，皆能辨析精核，有裨考证。盖明自永乐间改修《太祖实录》，诬妄尤甚，其后累朝所修实录，类皆缺漏疏芜，而民间野史竞出，又多凭私心好恶，诞妄失伦，史愈繁而是非同异之迹愈颠倒而失其实。世贞承世家文献，熟悉朝章，复能博览群书，多识于前言往行，故其所述颇为详洽。虽徵事既多，不无小误，又所为各《表》，多不依旁行斜上之体，所失正与雷礼相同，其《盛事》、《奇事》诸述，颇涉诙谐，亦非史体，然其大端可信，此固不足以为病矣。

《四库全书总目》卷五八，史部传记类二：《嘉靖以来首辅传》八卷，明王世贞撰。……是编乃纪世宗、穆宗、神宗三朝阁臣事迹。按明自太祖罢设丞相，分其事权于六部，至成祖，始命儒臣入直文渊阁，参预机务，但称阁臣，而不以相名。其后阉幸干政，阁臣多碌碌充位。至嘉靖间，始委政内阁，而居首揆者，责任尤专，凡一时政治得失，皆视其人为轻重。故世贞作此书，断自嘉靖为始，以明积渐所由来。前有总序，称阁臣沿革始末已具年表者，即指《弇山堂别集》中之《百官表》也。其所载始杨廷和，讫申时行，皆以首辅为主，而间以他人事迹附之。于当时国事是非，及贤奸进退之故，序次详悉，颇得史法。惟世贞与王锡爵同乡，锡爵家尝妄言其女得道仙去，世贞据为作传，当时劾锡爵者或并及世贞，世贞作此书时，仍载入昙阳子事，不免文过遂非。其余所纪，则大抵近实，可与正史相参证，不以一节之谬弃其全书也。

《四库全书总目》卷一四一，子部小说家类二：《觚不觚录》一卷，明王世贞撰。……是书专记明代典章制度，于今昔沿革尤详。自序谓伤觚之不复旧觚，盖感一代风气之升降也。虽多纪世故，颇涉琐屑，而朝野轶闻，往往可资考据。若徐学谟博物典汇，载高拱考察科道，被劾者二十七人，并载名氏，说者谓其谙于故事；而是书并详及诸人所以被劾之故，为学谟所不及载，于情事首尾尤为完具。盖世贞弱冠入仕，晚成是书，阅历既深，见闻皆确，非他人之稗贩耳食者可比。故所叙录，有足备史家甄择者焉。

今案：王世贞治史，注重当代史之批评与考证。学界多有论述。如姜胜利《王世贞与〈史乘考误〉》（载《海南大学学报》1997年第2期）一文，孙卫国《王世贞史学研究》一书（人民文学出版社2006年版），可资参阅。

魏显国《历代史书大全》活字版排印。

郭子章《史书大全序》：尝读扬子曰：虞夏之书浑浑尔，商书灏灏尔，周书噩噩尔，下周者其书憔悴乎！则《春秋》之谓也。春秋之时，弑逆国有，淫慝肩比。孔子惧，作《春秋》。孔子之心至于惧而憔悴，盖亦有万不获已矣。故《春秋》之体与《尚书》殊。《尚书》所载典谟、训诰、誓命之文，治史也，无烦作者，故曰述而不作。《春秋》所载者褒贬、予夺之辞，乱史也，不可以无作。故曰《诗》亡然后《春秋》作。窃意《尚书》之体率仍旧文，《春秋》之体断自孔笔，则王伯之降而治乱之辨也。后世史臣畴能外此二体，而未达圣人所以扬治拨乱之意。《史记》、汉晋隋唐诸书，率模《尚书》，而《史记》为上。顾秦余汉始，何异春秋，太史公整齐故事，绝口褒贬，猥云继麟，未免续组。《汉纪》、《通鉴》、《长编》、《续编》、《纲目》，率法《春秋》而《纲目》为正。顾汉唐受命，仿佛三代，文公立例稍严，典故不录，虽云张目，未称包笼。夫以治史体书乱世事，辟之结绳于叔季也；以乱史体书治世事，辟之清庙明堂而斗击，金馈玉版而戈楯也，其失埒矣。此予友人魏华容《史书大全》所由作也。华容负逸才、持正论，与邓太史汝益同举于乡，汝益推高而严事之。华容娄蹶南宫，往蹇郢都，归而发三酉之藏，读三坟之秘，稽考溯于绿字丹书，搜罗极于鲁壁、汲冢，谘诹下于琐语街谈，而取裁史氏之二体，融洽为数千载全史。其言曰：编年详一国之治乱，纪传详一人之善恶。史为国而作，故首法《春秋》编年，次法《尚书》作纪传。又曰：史，三才之书，故司天有天道焉，舆地有地道焉。纪传、封建、职官有人道焉。史迁所未褒贬者明注贤佞，文公所未包笼者悉为采撷，上自黄初，下及胡元，故全矣。书几就而华容目瞖，亡几何盲。汝益怜之，为致书于予曰：吾辈双眸炯炯，视古今事如秦越，魏君不惜一官，无爱两目，惴惴焉惧奸雄高张、贤哲堙圬，此其气甚壮而其志可悲也。君其为编次而付之梓。时予有事苕溪，乃谋之郡守沈叔顺，郡丞吕世华、司理周尚之，归乌二令任用予、袁元让。剞劂则举赢而力诎，缮写则事庞而日费，无若捐俸醵金，合铜板、枣字印若干部，姑以卒华容之志。而就其书，已乃闻之御使大夫高安傅公、雩都李公，胥怜而助之。或谓左丘失明，事出偶然，华容再瞽，韩岂无稽。予反复推之，古之作史者率才张而精疲，才张则众口铄而谮生，精疲则四肢脆而病生。谮则祸、病则刑，天与人曷与焉。圣人才轶而不张，精用而不疲，故卒老于东鲁。其次若永叔、君实、元晦，终亦无恙。故作史而盲者，欲用其精而疲者也。呜呼！孟子予瞑臣之聪，张太祝不盲于心，昌黎引为后交。华容是编成，异日为华容孟、韩者，独汝益与予已哉！万历庚寅九月九日庐陵郭子章谨撰。

许孚远《史书大全序》:《史书大全》者，预章魏古渠学博显国之所著也。称大全者何？上自羲皇、下讫胜国，书法仿于《春秋》、《纲目》，叙事取于迁、固诸家，既详编年，复兼纪传，故称大全也。其一曰帝纪，祖史迁之本纪，而特提纲挈领，详于国家之大政。自典谟、训诰而下，凡历代之制命、奏议、谟谋、制作，有关制体者，靡不采辑而书之，一展卷而兴衰理乱之故灿然可知也。故纪，其史之首也。其二曰列传，帝纪之外，总命为传，凡一代之开国守成文武将吏，其功德有不可泯没者则传之，其道学、儒林、隐逸、贞烈，诸所关涉世教者有则传，无则否。若游侠、货殖、刺客、日者、龟策、方伎、佞幸之类，并削而不存，古今人物之权衡于是乎定。故传，其纪之次也。有纪有传，复著"封建"何也？三代而上，以封建为治，重矣。秦罢侯置守，后世因之，然汉晋唐宋而来，封建代有势轻势重，利害悬殊，根本丰硕则枝叶蕃茂，邦之屏翰，厥在宗亲，王者不可以不审其所以处之之道也，故著封建也。著"司天"何也？上有天象，下有人事，自昔圣王所为钦若而敬授者，恒兢兢焉。天官、律历、五行、灾祥，其传旧矣，虽事应难以尽泥，而观文察变，时不可忽，故著司天也。著舆地何也？中国盖古帝王所自立之地，画野分州，任土作贡，不可无法，而势有偏混，地有广狭，居有险易，国之所以统御得失、守防难易存焉。故著舆地也。著职官何也？天工人代，惟治乱在庶官，古者设官分职、因事命名，厥有深意。秦不师古而轻乱之，汉及晋隋多仍陋轨，其后惟《大唐六典》稍为合于周官之法。人才盛衰、吏治臧否，固所由非一端，经制不可以不善，故著职官也。或曰六者其体等乎？曰帝纪者，一代一主之史也，系年系月系日，所谓编年之体也，《春秋传》、《纲目》是也。列传者，一人之史也，重其人则详其事，使贻没世名，所谓纪传之体也，马班而下，代有列传是也。封建、司天、舆地、职官四者，一事之史也，一事之因革损益，非历证古今而参讨之则不明，亦所谓纪传之体也，八书十志之类是也。曰：事尽于四者而已乎？曰：学博自叙有云：国史大端，节目繁多，故为之区分类聚，其郊庙、兵刑、财赋、考课、选举、学校诸制创置变革，大都合而载于帝纪之中矣。左氏纪事总在编年，迁固书志或议其阙，著作繁简存乎其人，未可具论也。曰：史果若是，全乎？曰：宇宙广远、书史浩瀚，若深山大海，未易穷其颠委而涉其津涯。学博于此殚一生之精力，罗千古之见闻，取裁先哲，手勒成书，其有裨于后学匪细。若夫删述垂宪，著为不刊之典，则大圣人之事，学博亦俟之耳矣。先是己丑之腊，学博抱其史草，不远千里而叩余山斋，属之订正。余甫庐居，尤惭寡昧，不能任役，间有所评骘，学博虚衷取之，无一毫成心也。已而去之苕上，及往来钱塘、姑苏，阅岁之半而其书以枣版活字摹印而行，凡为卷五百一十有二，约为费若千余金。先后为学博提携赞助其事者，御使大夫傅公孟春、李公涞、参知浙省事郭公子章、刘公孟雷、都转运盐使贡公靖国、郡刺史沈公孟化、胡公士鳌、刘公庭芥、方公亮、工丞吕公文峰、赵公坮、徐公文奎、判吴公嘉言、龚公先进、司理周公著、吴公烔、刘公文卿、夏公子阳、张公似渠、州牧梅君守极、邑令任君道学、袁君先宇、宋君兴祖、徐君存德、尤君应鲁、毛君寿南、王君述古、林君梅、黄君兆熊泊，吾乡缙绅先生顾君尔行、王君豫。而参定全书，则学博之伯子一鹏、仲子一鹗、季子一鹤，分校则其从子一贤、一贵、一善，余门人姚生三才、沈生一愚、沈生谦。姚生于唐虞三代帝纪，尝有所扬榷，能赞一词，尤学博所重。其以枣版助成摹印纪传者，则卓生显卿尔昌也。四考则付之书坊别梓，因论次而为之序。万历辛卯春正月德清许孚远书。

魏显国《史书总论》（载本书卷首）：一、《史体论》：显国谨按：史书系国家大典，无体则杂，何以记治乱而传久远也！考之史体有二，曰纪传、曰编年。纪传昉于《尚书》，二帝三王治世之大经大法，俱在经中，史也。编年昉《春秋》，列侯五霸，褒贬之微词奥义，具存史中，经也。诚万代史体之宗也。厥后史家如《左氏传春秋》，专用编年体，而汉之荀悦、袁宏，晋之习凿齿、干宝，六朝之宋孝王、裴子野，唐之柳芳、孙甫，宋之司马温公、李焘、陈子桱，其所著或谓“纪”、或谓“春秋”、或谓“略”、或谓“志”、或谓通鉴、长编、续编，皆规模《左史》者也。然合传志书表为一纪，亦太繁矣，司马迁作《史记》，专用纪传体，而两汉班、范，三国陈寿，晋王隐、何法盛，南北朝李延寿，隋唐房、魏，欧、范与宋元史臣，其所著或为书、或为志、或为史，皆步趋迁“记”者也。然略帝纪而详传、志，尤失所重矣。要之，二体不可偏废，编年详一国之治乱，纪传详一人之善恶。史为国而作，当以编年为先，而纪传次之。惟朱子法《春秋》以定其纲，仿《左氏》释经而著其目，盖用编年体而重于作纪，可谓善救诸史之失。然不著传、志，人物、典故未尽其详，则马迁列传诸书之体，亦不可省也。愚故兼法左、马、《纲目》，参较诸家，集为《史书大全》。一曰帝纪、二曰列传、三曰封建、四曰司天、五曰舆地、六曰职官。数者系国史大端，节目繁多，故为之区分类聚。其郊庙、兵刑、财赋、考课、选举、学校诸制，或开基、或守成、或中兴，创置变革，不下数条，则合而载于帝纪，而历代典籍粗备矣，庶几其无杂乎。述史体。

一、《史法论》：谨按：史书系万世鉴戒，无法则乱，何以辩邪正而儆将来也。考之史法有二，曰劝、曰惩。《尚书》、《春秋》二经，体虽不同而意同。《尚书》记治世之事，以谟训为告诫，圣君贤相，令名无穷，见者悦而效之，此作劝意也。至如书汤武而兼桀纣，非所以示戒乎！《春秋》记乱世之事，以褒贬代赏罚，使乱臣贼子遗臭万年，见者惧而防之，此作戒意也。至如书庆父而贤季友，非所以示劝乎！诚万代史法之宗也。马迁以后，诸史尚文昧道，或误而谬书、或怯而阿世，或贪而曲笔，书法大坏矣。莽、丕辈纷纷篡弑，皆书受禅，新君膺九锡之命，旧主受三恪之礼。嗟夫！三代而下，何尧舜之多也。名分大变，假借至此，矧其次者乎！如《春秋》之南、董，吴之韦昭，晋之习凿齿，宋之宋孝王，元魏之崔浩，唐之刘子玄、吴兢，宋之范祖禹、黄庭坚，皆称良史，直笔而未有全编。惟朱子准《春秋》作《纲目》，有正例、有变例，要在尊君父而讨乱贼，崇正统而抑僭伪，褒名节而黜邪佞，贵中国而贱夷狄，《尚书》、《春秋》之法灿然复明，尤足以正诸史之失也。虽然，三代以前神圣相继，每述其事必提其纲，或重其创始，或括其大概，以便观省，不拘以书法。后世记治平事类，多仿此。历代变乱之先幾、奸伪之隐恶，一绳以《纲目》书法，复增以《世史正纲》与正续《大事》二记，皆从其正、变二例，补其所未备也。凡诸史谬误、谀曲者，详为改订，而历代鉴戒仅明矣，庶几其无乱乎！述史法。

…………

一、《列传论》：……嗟夫！自班马以来，获书于国史者多矣，其间则有生无令闻、死无遗迹，而虚传班史，妄占篇目，若斯人者何可胜纪哉！古人以没而不朽为难，盖为此也。然两汉列传犹简，三国以下则滥载矣。故倍削之，庶几可为人物之权衡乎！述列传。……

…………

今案：魏显国字汝忠，号古渠，江西豫章人。明隆庆年间举人，且曾任湖南华容县教谕，故亦被时人称“华容”、称“学博”。其主要著述《历代史书大全》五百一十二卷，今中国全境之内已无全本。清《四库全书》仅于存目著录魏显国《历代相臣传》等几种后纂之书，而只字未言及《历代史书大全》。查《中国古籍善本书目》史部，该书残本存于国家图书馆与北京市文物局两处，除去重复，共有二百七十八卷，即稍过半数，但所存内容之最前者为《南齐本纪》。缺失《凡例》、《目录》与魏显国的许多议论。而日本内阁文库藏有《历代史书大全》全本，木活字版，装订为六十册。其中有郭子章、许孚远两篇序言，置于第23册宋帝纪之前，乃装订之误也。

该书卷首有《凡例》、《目录》，以及《史书总论》、《史书述略》各一卷。《史书总论》包括《史体论》、《史法论》、《帝纪论》、《列传论》、《封建论》、《司天论》、《舆地论》、《职官论》几个部分；《史书述略》分若干阶段和分朝代地论述各种史书的史料价值、可信程度以及撰著、流传等方面的特点。据郭子章《史书大全序》之内容以及签署日期，知万历十八年（公元1590年）本书已在排印中，故编于本年。关于魏显国编纂本书详细情况，参见钱茂伟《明代史学编年考》（中国文联出版社2000年版，第209页）、乔治忠《魏显国的通史著述与史学思想——日本藏本〈历代史书大全〉书后》（《史学史研究》2004年第3期）一文。

魏显国后来撰《历代相臣传》、《历代守令传》等多种传记之书，著录于《四库全书总目》（存目），乃在《历代史书大全》基础上的重新组合，属史抄之类，限于篇幅，此不具录。

公元1592年　明神宗万历二十年　壬辰

张世则著成《貂珰史鉴》。

《明进士题名碑录·万历二年甲戌科》：张世则，山东青州府诸城县民籍。

张世则《进〈貂珰史鉴〉奏》：整饬安绵兵备四川按察司佥事臣张世则谨奏：为感恩倾藿述事效忠，恭进所纂《貂珰史鉴》，上尘御览，以清内治，以杜邪萌事。……臣自早年当怀此志，每苦于见闻之寡，继夺于案牍之烦。幸而南游礼部司署之清闲，因遍访都人士家藏之史籍，遂而精心校阅，殚力考订，爰掇实以撷英，兼出经而入史。……上下古今之间，窃取笔削之旨，草创属于四易，殷勤积有六年。曰评、曰考、曰论，非徒托诸空文；为箴、为诗，均有切于内侍。……书虽鄙俚，而其道有益于貂珰也多矣。……谨以所纂《貂珰史鉴》四卷，随本上进以闻，伏候敕旨。万历二十年六月二十四日。

《千顷堂书目》卷九，典故类：张世则《貂珰史鉴》四卷。按察司佥事。

《四库全书总目》卷六二，史部传纪类存目四：《貂珰史鉴》四卷，明张世则撰。

世则，诸城人，万历甲戌进士，官至四川安绵兵备副使。是书尝于万历二十年进呈。……书凡六条：一曰主君，首载明太祖禁抑内臣不得干预外事，然后叙历代宠阉之弊。二曰弼臣，载历朝相臣与宦寺离合之迹。三曰妍范，载阉之贤者。四曰媸戒，载阉之恶者。五曰国祚，载秦汉以来寺人之尤能乱国者。六曰沿革，则阉宦职官志也。宦寺贤者，万中不得一二，世则方指陈炯戒，将以启迪君心。而所列妍范一条，如勃鞮之斩袪、缪贤之荐士、裴寂之宫人私侍、高力士之赞立太子，皆目为佳事，殊多谬戾。又列及明代寺人，而以阮安预其间，益不可训矣。

萧彦著《掖垣人鉴》。

《明进士题名碑录·隆庆五年辛未科》：萧彦，直隶宁国府泾县民籍。

《千顷堂书目》卷九，职官类：萧彦《掖垣人鉴》十七卷。含经堂作十八卷。万历甲申杨巍序。

《明史》卷九七，《艺文志二》职官类：萧彦《掖垣人鉴》十七卷。

《四库全书总目》卷八〇，史部职官类存目：《掖垣人鉴》十七卷，《附录》一卷，明萧彦撰。彦，字思学，泾县人。隆庆辛未进士，官至湖广总督。是书乃万历二十年彦为兵科给事中时，与同官王致祥等同辑明代六科名姓乡贯出处始末，共为一编。以天顺以前为前集，成化以后迄万历为后集。首冠以官制沿革及两朝谟训各一卷，而以题名碑记诸篇附于其末。

吴瑞登著成《明绳武编》。

《千顷堂书目》卷四，编年类：吴瑞登《明绳武编》三十四卷。

《明史》卷九七，《艺文志二》正史类：吴瑞登《明绳武编》三十四卷。

《四库全书总目》卷五四，史部杂史类存目三：《绳武编》三十四卷，明吴瑞登撰。……是编成于万历壬辰。以洪武至隆庆事迹，分类编辑。其例一依真德秀《大学衍义》，凡四大纲：一曰格致，二曰诚正，三曰修身，四曰齐家。为目十有二，又分子目五十。然明自太祖开创之初，已多过举；成祖篡立，虐焰横煽；英宗以下，亦瑕多瑜少；至世宗穆宗，善政不及什之一，稗政逾于十之九矣。瑞登乃胪列虚词，使与古帝王媲美，虽臣子之体宜然，然非事实也。至于法戒并存，在德秀编录前代史书，自无不可；瑞登乃举历朝之失，昌言排击，孔子讳内之谓何，是又并非臣子之体矣，此所谓进退无据也。

公元 1593 年 明神宗万历二十一年 癸巳

《函史》、《皇明书》作者邓元锡卒。

《明史》卷二八三，《邓元锡传》：邓元锡，字汝极，南城人。……嘉靖三十四年举于乡，复从邹守益、刘邦采、刘阳诸宿儒论学。后不复会试，杜门著述，踰三十年，《五经》皆有成书，闳深博奥，学者称潜谷先生。……（万历）二十一年……诏以翰林待诏徵之，有司敦遣上道，甫离家而卒。乡人私谥文统先生。……所著《五经绎》、《函史》上下编、《皇明书》，并行于世。

黄浑《潜谷邓先生元锡行略》（见焦竑《国朝献徵录》卷一一四）：万历癸巳七月十有四日，先师邓子卒于南城之仙山。先师讳元锡，字汝极，别号潜谷。……乙卯……领江西乡荐第三。……辛未，作《函史》下编。……癸酉，作《三礼编注绎》及《函史》上编。……己卯，《五经绎》及《函史》下编成。……时年六旬有五矣，至是《函史》上编成。……四方学者私谥为文统先生。

邹汝光《皇明书序》：《皇明书》者，盱江邓徵君元锡所著也。参知钱公购得，且命梓，适觐圣寿行，以属参知黄公。黄公方以参知董湖西巡事，各蠲俸为倡，于是吉郡守吴公，暨九邑诸长令咸输俸，佐剞劂。既讫工，授简山中，属予序。予读其书，咨咨有感焉。曩袛役史局，时大学士陈公奏言："国家治隆化洽，余二百年，而正史不作，无以彰懿垂范，请诏儒臣开局纂修，宣昭一代典谟文献之盛，亦足斧藻皇猷，恢张圣化。"上报可。业已发金匮石室之藏，令四方各以其轶书进，诸儒臣方搜罗证辨，属事摛辞业有绪。会有所梍格，辄诏罢。乃徵君栖衡门，矻矻焉，殚其独力，以猎以檃，卒就兹编。虽未及杼柚经纬，要亦能考览国故，参以野史家乘。后有修司马、班氏之业者，亦足为之倪矣。夫岂合营不如独匠，承诏不如兴心。嗟乎，兹予所为惋叹也！徵君少魁，荐江右，不仕，已而徵拜待诏，又不赴。独下帷兀兀发藏箧，殉业者若而年，故得以其全力纂组成文，托遗编以不朽。嘻亦伟矣！然徵君非独文士，尝禀学先大父，所克自饬，左绳右矩，毅然有卢植、薛方士之风。昔有手其诗示李于鳞者，于鳞嘉赏甚，属曰："勉自砥行，称若诗。"盖自古人以文重，文亦以人重。徵君之于史，殆所谓交相重者与。万历丙午八月既望，安成邹德溥汝光甫撰。

《千顷堂书目》卷三，经解类：邓元锡《五经绎》十五卷。万历丁丑序。又卷四，正史类：邓元锡《皇明书》四十五卷。辑洪武至嘉靖十一朝君臣事迹。又通史类：邓元锡《函史》上编九十五卷，《函史》下编二十卷。

《明史》卷九六，《艺文志一》《书》类：邓元锡《尚书绎》二卷。又礼类：邓元锡《三礼编绎》二十六卷。又《春秋》类：邓元锡《春秋绎》一卷。又卷九七，《艺文志二》正史类：邓元锡《明书》四十五卷。……邓元锡《函史》上编九十五卷、下编二十卷。

《四库全书总目》卷五〇，史部别史类存目：《明书》四十五卷，明邓元锡撰。是书所纪，起于太祖，终于世宗。凡《帝典》十卷，《后妃内纪》一卷，《外戚传》一卷，《宦官传》一卷，《臣谟》五卷，《名臣》九卷，《循吏》三卷，《能吏》一卷，《忠节》一卷，《将谟》一卷，《名将》一卷，《理学》三卷，《文学》二卷，《笃行》一卷，《孝行》、《义行》、《货殖》、《方技》共一卷，《心学》三卷，《列女》一卷。按二十二史皆列后妃于传，惟《后汉书》以后为纪，为后儒所讥，元锡独尊用之，殊为乖剌，他如分臣谟、名臣、将谟、名将，又别笃行、义行于孝行之外，则皆元锡之创例，繁碎亦甚。至于道学之外，别立心学一门，考元锡之学渊源于王守仁，而不尽宗其说，当心学盛行之时，皆谓学惟求觉，不必致力群书，元锡力排其说，别心学于道学之外，其说固是。然史者纪一代之政事，其他皆在所轻，《宋史》别道学于儒林，已为门户，此更别心学于道学，是学案而非国史矣。若夫史家之例，必列外戚、宦官于各传之后，兹先外戚，次宦者，而臣谟诸传又次之，次序颠倒，尤不可解，至以张璁、桂萼列于臣谟，则曲笔更不免矣。

侯继高编纂《全浙兵制考》。

侯继高《全浙海图总说》（载本书卷一）：按：历来所绘海图，皆以延袤长亘取直而绘之，便于观览耳。殊不知地形生成，有突然而凸出者，有阙然而凹入者，一出一入，则方向易位矣。顾考地理者，每失其真而莫之究也。如全浙地形，惟宁波府伸在海外，坐于申位，台、温则逶迤而坤，转丁则福建矣。直隶则又突然而兑，逶迤转乾则山东矣。登、莱二府亦伸在海外者，以函夏观之，则广东居南，山东居东，以海四包而观则不然也。故东南沿海惟防倭为第一件事，以日本倭国居东北而对西南焉，是彼国之西南，而中国之东南也。浙直外洋有陈钱山者，与日本正对，只用单艮针不数日可达彼地。往往倭奴入犯浙直，必由此山，信风分路，是以陈钱山为二省之要害云。先年尚书胡宗宪论直隶、浙江，名虽异地而实则一家，若不设兵总理，则彼此自分门户。故必共守陈钱，分守马迹、羊山、大衢三道，而后贼无遁情。查兵部原题总兵俞大猷统领战船在海，如陈钱山所当屯泊。又尚书马公坤、通政何公云雁题云：速集太仓、崇明、嘉定、上海沙兵及福苍等船，分哨专守羊山、马迹，又将宁、绍、温、台采捕及福苍等船，分哨专守大衢、普陀。其陈钱山为浙直分路之始，所宜更番共守者，盖彼时胡公总制浙直，而俞总兵奉敕兼统浙直，洞于机宜，便于行事耳。今陈钱山依然为浙直要害，而官不统摄，又远在极险之洋，非惟自分彼此，抑亦置之罔问者久矣。继高受国厚恩，裹革在愿，谓有分土无分民，有分责无分志，乃莅浙之明年，因亲至陈钱诸岛，视果要害。行会院道，将标下中游官兵船只，左哨者原札鼠狼湖，改札陈钱山；右哨者原札长涂，改札花脑。其余各有差改，庶几仰体朝廷任使至意，亦不失诸先名公长虑远图之明见也。今以全浙海图仿其形而衡绘焉，见者以理会心，则思过半矣。

侯继高《造修福船略说》（载本书卷三）：曩者继高备役潮漳，专驻南澳，实兼摄广、福二省之事。潮漳之柘林、玄钟二水寨隶焉，乃为闽粤门户，惟以舟师为扼守计耳。是以继高再四思惟，舟之所以载于兵，兵之所以赖于舟，即谓之水上人家也。舟不坚固，不惟无藉以克敌，而数十之生命攸关。大海澒蒙，风涛霾雨，变幻倏忽而天日改观，掀揭泙湃，人力莫支。虽一具不良，鲜不有误，况于舟乎！是以继高留心其间，每遇造修之时，必躬亲监督，若匠首然。而且命之曰：某也斧、某也凿，某可为艕，某可为底，某当抱极，某当勾拴，自起舱以至竣工，逐舱、逐板、逐缝一一为理。嗣后二水寨舟师颇称雄焉。……如浙中自为成造，必往闽中买料为佳，其价值远近虽有不同，自可酌量增益。至于料物丈尺，件件可得指数，岂不便欤。但从事者以此为伐柯而执视之，其则固不远矣。因为略说。万历二十年岁次壬辰仲夏之吉，钦差镇守浙江等处地方总兵官后军都督府都督佥事侯继高识。

雍正《浙江通志》卷二五四，《经籍》：《两浙兵制考》四卷，万历癸巳将军侯继高撰。

今案：侯继高为明季海防名将，号龙泉。万历十三年后以总兵官镇守浙江沿海，万历十七年颇有剿平倭寇战绩。本书记事最晚至万历二十年，故雍正《浙江通志》著录本书成于万历二十一年癸巳，可以据信，惟书名略有出入。今日本内阁文库藏明万历刻本，附录有《日本风土记》五卷，为抄录郑若曾《筹海图编》、薛俊的《日本考略》等书杂凑纂辑而成，作者是否为侯继高，学界意见分歧，未可遽定。天津市图书馆存另一本《全浙兵制考》，亦录自日本某藏本，则无附录。

李言恭、郝杰《日本考》刊刻。

《四库全书总目》卷七八，史部地理类存目七:《日本考》五卷，明李言恭、都杰（今案：应为郝杰）同撰。言恭字惟寅，岐阳武靖王文忠之裔，以万历二年袭封临淮侯。杰字彦辅，蔚州人。嘉靖丙辰进士，官至南京兵部尚书。方言恭督京营戎政时，杰为右都御史，会倭患方剧，乃共摭所闻为此书。记其山川地理及世次土风，而于字书译语，胪载尤详。后倭陷朝鲜，封贡议起，杰以力争不合，徙南京。而言恭子宗城卒为石星所荐，充正使往封。至釜山而倭情中变，易服逃归，被劾论戍。盖徒恃纸上空言，宜其不能悉知情伪也。

谢国桢《日本考跋》(载国立北平图书馆善本丛书《日本考》):右《日本考》五卷，明李言恭、郝杰同撰。言恭字惟寅，号秀岩，岐阳武靖王文忠之九世裔孙，以万历二年袭封临淮侯。杰字彦辅，蔚州人。言恭生而岐嶷，喜读书，及长工诗，与王凤洲、李沧溟辈称海内十才子，有《贝叶斋》、《青莲阁》二集行世。与胡应麟为友，应麟《少室山房集》与之往还唱和甚繁;通于日本情事，应麟送之诗，有“月支奉旧朔，日本祈新封”之句。督京营戎政，时倭乱方剧，与右都御史杰摭拾旧闻，同撰《日本考》。黄虞稷《千顷堂书目》、《四库全书地理类存目》均著录其书。是书卷一为日本国图、倭国事略;卷二沿革疆域;卷三字书、歌谣;卷四语言、天文、时令、风俗；卷五文辞、诗歌、游艺。……明代于东南沿海边防，隆庆以还，前有倭寇之纷扰，而后有朝鲜之乱。……当时士大夫于日本情事，亦憙研究。载于《千顷堂书目》者，有薛俊《日本考略》三卷，郑若曾《日本图考》二卷，侯继高《日本风土记》四卷，且薛俊、郑若曾二书，均著录《四库存目》。其他关于日本史事者，尚有郑若曾《筹海图编》十三卷，宋应昌《经略复国要编》十四卷，然记日本民物风俗、语言文字，则无逾是书之详者也。

今案：国立北平图书馆影印本书万历刊本，署“总督京营戎政少保兼太子太保临淮侯李言恭，协理京营戎政都察院右都御史兼兵部右侍郎郝杰考梓”(《四库全书存目丛书》史部第255册)。据汪向荣《关于〈日本考〉》(载《日本考》，汪向荣、严大中校注，中华书局1983年版）一文所考，本书刊刻时间“应该是在万历二十年七月至次年十月之间”，故系于此。又该书与《日本风土记》(附于侯继高《两浙兵制考》后）内容雷同，作者谁属？实为疑案。明代图书刊印，普遍存在改头换面、另拟书名者，多为书坊射利之举。然而《日本考》情况特殊，据时培磊博士学位论文《明清日本研究史籍探研》(未刊）考辨，李、郝二人身居军职，刊刻此书是为了提供当时正在进行的援朝御倭战事的需要，乃将《日本风土记》仓促挖改和部分重编而成，书中某些纸页版心还残存“日本风土记”字样。

陈于陛请修本朝正史。

《明神宗实录》卷二六四：万历二十一年九月……乙卯……礼部尚书掌詹事府事陈于陛请敕纂辑本朝正史：“臣考史家之体有二：一曰编年之体，以事系日月而先之年者是已；一曰纪、表、志、传之体，凡君臣事迹朝家大政各自为始终者是已。左、马以来，代有述作，两者并行。而宋世去我朝为近，制度尤彪炳可考。自建隆后，编年之书谓之日历，即所称采百司奏对事实为时政记，取柱下见闻为起居，类次而润色之为日历，修而成之为实录，以备史官之采择者是已。其纪、表、志、传之书谓之正史，如真宗祥符间王旦等撰进《太祖太宗两朝正史》，为纪六卷、志五十五、列传五十九；仁宗天圣间吕夷简等增入真宗朝，名《三朝国史》，为纪十卷、志六十、列传八十者是已。此外，又有辑录祖宗宏谟要政，分门析类，以便御览裨帝学之书，如王曾取三朝圣语政事，分政体、听断、谨灾、资费等类为《宝训》三十卷；范祖禹撰《仁皇训典》六卷，自‘圣孝’至‘爱物’凡三百十七条，以备迩英进读，与国史、实录并行者是已。以上三书，体裁殊致，各有取义，乃有国之不可缺者。我朝兴造功业，建立法制，事事超越，而史书独有列圣实录藏之金匮石室，似只仿宋世编年日历之体，但可谓之备史，未可谓之正史。至于《大明会典》屡修颁布，凡六曹政体因革损益之宜虽已该载，而庙堂之谟谋册诰、臣工之论议文章不与焉，但可谓之国家典制百司遵行之书，而非史家之体。盖本朝纪表志传之正史，经二百余年来学士大夫踵袭因循，缺略不讲，在今日似不可不亟图者，如实录有圣德之总叙，宝训皆列圣之渊猷，此外有御制文集、有圣政记、有皇明诏制及诸家所编如《大政记》、《昭代典则》、《孤树裒谈》、《宪章》、《鸿猷录》之类，参以《三朝圣谕录》、《前后北征录》、《天顺日录》、《燕对》、《宣召》、《视草》、《宸章》等《录》，更加采辑藻润，即可以为列圣大纪。帝系宗谱有《玉牒》，公侯绍封有《兵曹底簿》、《封爵考》，参以《吾学编》同姓、异姓、王侯、内阁、典铨诸表及《列卿表》之类，更加考订增益，即可以为累朝年表。制书如《一统志官制》、《大明令·律例》、《大明集礼》、《洪武礼制》、《明伦大典》之类，诸司刊布者如《宗藩》、《军政条例》、《会计录》、《太仓考》、《漕河图志》、《海运编》太学、马政、盐法志之类，四方形势如《广舆图》、《九边图说》、《星槎胜览》、《瀛涯胜览》、《炎徵纪闻》、《殊域周咨录》之类，折衷以《实录》、《会典》所纪载，参以《衍义补》、《名臣经济录》、《疏议》诸书、《吾学编》中天文、地理、三礼、百官、四夷、北虏诸考述，即可以为国家诸大志。《实录》中有后妃事迹、廷臣三品以上有小传，益以《开国、靖难功臣录》、《群忠备遗录》、《名臣言行录》、《名臣记献实》、《殿阁词林记》、《琬琰录》、《今献备疑》之类，其诸高逸、孝节等目，更采摭于郡国志，即可以为国史之列传。特诸书散佚浩瀚，未经裒聚檃括，茫无统纪，是以昭代久虚之典，必须圣明在上力为表章整辑，然后可以苞举艺文，总一流略，勒成巨编，垂著万世，此真千载一时也。臣惟国之正史，必以列圣实录为主；修正史之序，当以国家诸大志为先。请将郊庙、礼乐、律历、天文、灾祥、五行、藩封、郡国、舆服、学校、选举、职官、经籍、艺文、赋役、食货、漕运、盐法、屯田、兵制、马政、刑法、河渠、四夷之类，量分为二十余目，修辑成书，使朝廷之上，经制典法炳然可考，实为要务。志成之日，即宜恭纂列圣大纪，次之则后妃及诸王公侯之表传，又次之则名臣、良将、循吏、儒林、文学、高行、烈女之传，随修完者即以进呈。大都起于开国之初，至隆庆末年而止，其进读节要之书，查得洪武七年宋濂、詹同等纂日历成，请更辑圣政为书，分四十类，自'敬天'至'制蛮夷'，名曰《皇明宝训》。列圣实录修完之日，各有纂成宝训。近日阁臣得旨，纂《训录类编》，亦分四十类，始'创业艰难'，终'饬武御夷'，已经进呈，恐尚未备，宜仿此例推广成书，不俟正史成日，先以奏御，恭备九重燕闲之览，遇文华临讲日，儒臣得以执帙进读。如此，则本朝史书诸体具备，圣祖神宗之丰功峻德悬日月而无穷，明君良臣之鸿猷嘉谟炳天壤而不朽，岂非我皇明之丕业，万世一巨观哉！”下所司议。

《明史》卷二一七，《陈于陛传》：陈于陛，字元忠，大学士以勤子也。隆庆二年进士。选庶吉士，授编修。万历初，预修世、穆两朝实录，充日讲官。累迁侍讲学士，擢詹事，掌翰林院。……十九年拜礼部右侍郎，领詹事府事。明年改吏部，进左侍郎，教习庶吉士。……又明年进礼部尚书，仍领詹事府事。于陛少从父以勤习国家故实。为史官，益究经世学。以前代皆修国史，疏言："臣考史家之法，纪、表、志、传谓之正史。宋去我朝近，制尤可考。真宗祥符间，王旦等撰进《太祖、太宗两朝正史》。仁宗天圣间，吕夷简等增入真宗朝，名《三朝国史》。此则本朝君臣自修本朝正史之明证也。我朝史籍，止有列圣实录，正史缺焉未讲。伏睹朝野所撰次，可备采择者无虑数百种。倘不及时网罗，岁月浸邈，卷帙散脱，耆旧渐凋，事迹罕据。欲成信史，将不可得。惟陛下立下明诏，设局编辑，使一代经制典章，犁然可考，鸿谟伟烈，光炳天壤，岂非万世不朽盛事哉！”诏从之。

吴瑞登约于本年著成《两朝宪章录》。

《千顷堂书目》卷四，编年类：吴瑞登……《两朝宪章录》二十卷。嘉隆二代。字卿云，武进人，贡生。

《明史》卷九七，《艺文志二》正史类：吴瑞登……《嘉隆宪章录》二十卷。

《四库全书总目》卷四八，史部编年类存目：《两朝宪章录》二十卷，明吴瑞登撰。瑞登，字云卿，武进人，由贡生官光州训导。先是，薛应旂纂洪武至正德九朝事，为《宪章录》。瑞登因辑嘉靖、隆庆两朝，以续应旂之书。大抵抄撮邸报而成。有巡抚河南御史陈登云、李时华二序，一作于万历癸巳，一作于甲午。又有瑞登自序，惟颂世宗初政及遗诏，并费宏调燮之勋、徐阶受顾之迹。盖谓嘉靖中年坏于任用严嵩，而不欲显言也。

公元 1594 年　明神宗万历二十二年　甲午

开馆纂修本朝纪传体正史。

《明神宗实录》卷二七一：万历二十二年三月……庚寅，礼部尚书陈于陛先以纂修本朝正史请，允之。于是阁臣王锡爵等条上事宜；一、请敕，一、开馆，一、设官，一、聚书，一、分任，一、责成。旨下礼部。……癸卯，敕谕大学士王锡爵等曰："朕每览前史，观其治乱得失之故，慨然兴思，若亲见当时行事。后之视今，犹今视昔，乃知史书传信，其所关系于世教者最巨且要矣。洪惟我皇祖开天垂统，贻谋超越千古，列圣相承，重熙累洽太平之治，赫垂二百余年，其茂烈鸿功、典章法度，与夫名贤高节、渺论竑议，有不可胜书。虽实录鸿编藏于金匮石室者炳如日星，然或体袭编年，或事存掌故，一代经纶实迹，尚多缺而未备，何以启祐后人而昭垂千万世哉？兹特命卿等俱充总裁官，查照该部题覆纂修本朝正史事理，择日开馆，博选儒臣，照依古史旧体，分类派撰，刻期完稿，具送卿等商定裁酌。卿等宜督率各官，悉心考究，编辑成书，务求檃括不遗，议论至当，以成一代不刊之典，用副朕法祖右文至意。其副总裁及纂修等官职名并合行事宜，还陆续开具奏闻。”……甲辰，纂修正史，以礼部尚书陈于陛、南京礼部尚书沈一贯、詹事刘虞夔、少詹事冯琦充副总裁官，礼部尚书罗万化、吏部右侍郎盛讷、吏部左侍郎范谦、刘元震、右侍郎孙继皋、少詹事曾朝郎、祭酒陆可教兼充副总裁官，左庶子余继登、右谕德萧良有、洗马李廷机、右中允刘应秋、修撰唐文献、焦竑、编修邹德溥、郭正域、黄汝良、全天叙、吴道南、黄辉、庄天合、董其昌、检讨王图、萧云举、区大相、周如砥、林尧俞充纂修官。

《明神宗实录》卷二七四：万历二十二年六月……癸亥，命礼部左侍郎范谦、左庶子余继登充正史副总裁。继登升少詹事。

《明神宗实录》卷二七五：万历二十二年七月……甲辰，以翰林院修撰翁正春、编修冯有经、史继阶充正史纂修官。

《明神宗实录》卷二七六：万历二十二年八月……丁未……是日开馆纂修本朝正史。……癸酉，礼科左给事中孙羽侯条奏："纂修正史，议本纪则建文、景泰两朝宜详稽故实，创立二纪，勿使孙蒙祖号，弟袭兄年，其德、懿、熙、仁四祖之发祥，故当列高庙纪首，而献皇帝庙貌虽崇、神器未履，宜遵前例冠于世庙本纪，以体追王之心；议列传则贵贱并列，美恶皆书，不得叙达官而遗卑秩，褒高贤而漏巨奸，至如以方正学为乞哀，于肃愍为迎立，是非刺谬，亟当改正；议职官则惟星历、河渠、乐律，宜访专门详加考订，此外承明著作不必借资他曹，其史馆中书冒滥已极，今宜暂停，俟脱稿取用，庶省糜费，更不许富室子弟借经博官；广书籍则故典遗编有中秘所未备者，或购卖成书，或抄录副本，搜罗送馆，以资参考；释嫌忌则勿徇爱憎，勿避恩怨，以公心秉直笔，乃可传信将来；达幽隐则博访民间，凡有关风化者，悉为采录，无令穷乡下邑泯而不彰，节士闺贞幽而不阐。"疏留中。

《明史》卷二〇，《神宗本纪一》：万历二十二年……三月癸卯，诏修国史。

《明史》卷二一七，《陈于陛传》：（万历）二十二年三月遂命词臣分曹类纂，以于陛及尚书沈一贯、少詹事冯琦为副总裁，而阁臣总裁之。

龙文彬《明会要》卷三六：（万历）二十二年三月癸卯，诏修国史。……修撰焦竑言："国朝实录代修，如建文、景泰二朝，向无专纪。景帝位号虽复，而实录附载，未经改正。夫胜国之君，代必为纪，所谓国可灭，史不可灭也。况在本朝，乃使孙蒙祖号，弟袭兄年，名实相违，传信何据？此所当创为者一也。德、懿、熙、仁四祖，本朝发祥之始，列于高庙本纪之首，如汉高之述太公，光武之述长沙，已无可议。至睿宗献皇帝似当一遵此例，不必另纪。盖位终北面，犹人臣之列，事属追王，无编年之体。此所当附见者二也。或当分而不宜合，或当合而不必分，兰台、石室之中自有定论。但须经圣断，乃可遵行。”

朱鹭著成《建文书法儗》。

钦叔阳《建文书法儗序》：万历甲午冬，吴诸生臣朱鹭辑《建文书法儗》成，以属臣序，臣未遑也。明年乙未秋九月，上俞言官请复建文年号，中外欢颂明圣，臣更谂鹭子言信而志行矣。幸当不讳朝，无事名山之藏，书可出乎！鹭唯唯。复从校定。……鹭同郡草莽臣钦叔阳稽首序。

焦竑《建文书法儗序》：尝闻信传信，疑传疑，史体也。疑而信，则非阙文；信而疑，则非实录。于史何当焉！孔子作《春秋》，定、哀多微词。然特微之已耳，未尝并其微词而削之也。夫统系甚明，名义甚正，顺天应人，灼乎古今，大经而奚以传疑为？此朱生鹭《书法儗》之所为作也。……余尝滥史局，观金匮之藏，知《洪武实录》累修于永乐间，当时旧文半从改窜。盖一时翊戴之臣，贬损前人，自为己地，即彭惠安《哀江南诗》可概见也。夫汤、武之济时，夷、齐之殉义，共炳天壤间，何秉笔者自为疑畏，且并为其主而疑畏焉？惑亦甚矣。建文、景泰，南面临民，而本纪不立，只从附载，未是正也。余屡请于当事者，额而未果。鹭以布衣韦带之士，忠义感结，奋而著书，博收约出，宽严得衷，以校往牒，迨无遗憾。藉令鹭遭时遇主，其不为依阿苟容，而以直道自见可知。惜哉！其以山居学道逃隐也。万历乙卯秋日，石渠旧史焦竑撰。

《明史》卷九七，《艺文志二》杂史类：朱鹭《建文书法儗》四卷。

《四库全书总目》卷五四，史部杂史类存目三：《建文书法儗》五卷，明朱鹭撰。鹭，字白民，吴县人。其书作于万历乙未诏复革除年号之时，盖欲上之于朝，以补国史，故称曰儗，而署名自称曰臣。其书《前编》一卷，纪惠帝初生至为太孙时事；《正编》二卷，记惠帝在位四年事，体例全仿朱子《通鉴纲目》；《附编》二卷，则杂录明人之论述。卷首冠以“颂圣德”十条，纪明历朝恕待惠帝君臣之旨；“述公论”六条，纪历朝请复革除年号之奏章；“儗书法”十六条，则叙其纪事之例。其论惠帝之失，惟在削宗藩、变祖制，持论未尝不正，惟行遯从亡尚沿旧说。又成祖未即位以前，削帝称王，于义虽当，然不宜出于明之臣子。至序末“题识”一条，称万历甲午梦明太祖示以“一朝表谱”四金字，次日具奏焚孝陵下，复梦太祖召见，则几于妖言矣。

王士骐撰《皇朝驭倭录》。

《明史》卷二八七，《王世贞传》：世贞子士骐，字冏伯，举乡试第一，登万历十七年进士，终吏部员外郎，亦能文。

《千顷堂书目》卷八，地理类下：王士骐《皇明驭倭录》八卷。

《明史》卷九七，《艺文志二》故事类：王士骐《驭倭录》八卷。

《四库全书总目》卷五四，杂史类存目三：《驭倭录》九卷，明王士骐撰。士骐，字冏伯，太仓人，尚书世贞子，万历己丑进士，官至吏部员外郎，坐妖书逮狱削籍。……是编乃其为兵部主事时，采明一代倭寇事迹，起洪武元年，讫万历二十四年，凡当时所奉诏旨及诸臣章奏，并中外战守方略，按年编纪，本末颇具。自序以为薛浚《考略》、王文光《补遗》、郑若曾《筹海图编》，多取野史为证，往往失真，故所录皆就国史中拈出。然当时奏报亦多掩败为功，欺蔽蒙饰，国史所载，正未必尽为实录也。

王锡爵《皇明御倭录序》：自顷朝鲜中倭，朝廷以大义发师往救，复其王。无何，款议兴倭出入釜山，待报者数年。廷臣至曹起而争，或言此高皇帝祖训中名其为贼，摈不得复通者。余时适在事，独计以为通倭难矣，而倭原未轶我尺寸地，我兵一出为解纷，则有名久绊，为求敌则非计。于是僭为上言，请得以便宜，乘吾胜势翕张而善藏之……既余病免归，而廷议益哗，主款主战，各坚其说，卒汗漫不可收拾，意以至于今，余窃两疑焉。会驾部冏伯王子手辑一编示余曰《皇明御倭录》，余令儿子庄诵而伏听之，喟然曰：嗟乎、嗟乎！此高皇帝之所以屈群力也。观其首谕朝鲜，次谕倭，遣使遣僧，谆谆乎若悯其斗纷而忧其危亡者，是不惟爱我，兼爱朝鲜，且兼爱倭。盖爱倭所以爱朝鲜也，爱朝鲜所以爱我也。即沿海时寇掠，不过随入随御而已，增防设戍而已，却其贡而已，敕使悔过而已，怵以大兵且至而已，终无有遗矢亡簇于三韩之境。……昔者驾部尝戒心于倭矣，毁家饷士，勃然有乘风破浪之思。兹倭氛弥炽，而驾部独闭门却扫，而成是书，驾部宁薾然自悔其雄心，将善易者不謌乎？若曰今日方高皇帝时，户口加多，甲乘加竞，可灭此朝食，无用此呴濡两可为者，夫高皇帝真不能胜乎？抑有不必胜者矣！光禄大夫太子太保吏部尚书兼建极殿大学士王锡爵序。

王士骐《皇明驭倭录小序》：纪倭事者，有薛浚之《考略》，有王文光之《补遗》，而郑若曾之《筹海图编》加详焉。臣不佞读之而叹其用意之勤也已。稍稍参以国史，始恨事略者百不得一，而一且失真。士大夫不考于先朝之故事，而动以野史为证，则所误多矣。乃就国史中一一拈出，自高皇帝以至穆庙，列为编年，谋之钜公，题曰《皇明御倭录》。盖列圣之诏旨，诸臣之章奏，公私创革之始末，中外战守之机宜希在焉。神而明之，可以酌祖训，可以定庙谟，可以广朝士之见，可以正野史之谬。虽胪列故事，而或与今日东征事机颇相发明，述而不作，非僭也。或谓此书非奉敕撰者，称臣可乎？曰：《吾学编》之称臣也，不若《宪章录》之称臣也，窃比于从事而已矣。兵部车驾清吏司主事王士骐谨序。

今案：《皇明驭倭录》九卷，附略二卷，为明万历朝兵部主事王士骐裒辑官方涉及倭国资料编成。其成书后"谋之钜公"，当即奉送王锡爵审视，其间必得王锡爵建议厘定，故可将王锡爵撰序之时作为成书之年。王锡爵《皇明驭倭录序》落款官职为"太子太保吏部尚书兼建极殿大学士"，查《明史·宰辅表一》，王锡爵任此职衔在万历二十二年，当年即免职休致，故将此书编于本年。

《国榷》等作者谈迁生。

案：据谈迁《北游录·纪文·六十自寿序》及《清史稿》卷五〇一，《谈迁传》，知谈迁生于本年。

公元 1595 年　明神宗万历二十三年　乙未

南轩著成《资治通鉴纲目前编》。

《明进士题名碑录·嘉靖三十二年癸丑科》：南轩，陕西西安府渭南县军籍。

《明史》卷二六四，《南居益传》：南居益，字思受，渭南人，尚书企仲族子，师仲从子也。……师仲父轩，吏部郎中，尝著《通鉴纲目前编》。

南轩《资治通鉴纲目前编引》：……唯是史曰《通鉴》，宋司马文正公实创为之，紫阳用作《纲目》，编年缀事，比于《春秋》。爰始命晋取义微乎而隆古阙。然近世若《纲目前编》，独载尧以来，而《诸史会编》，乃昉小司马补史。洎刘氏《外史》溯自盘古，参以三皇，窃尝管窥，殊未足凭，其何能自证于博物君子也！家食数年，陈力具是裒次，起于伏羲，下迄周季，合若干卷。盖非敢与有宋二家齿，唯以直写臆见，俟大方订焉。两孳子曰予往在中秘时，探石室，习掌故，即一日著作之庭并世焉，犹思或失之，况将昭美刺于绵邈，其若之何不几为耳食者流！于乎！当吾世而难，而距古之世，不知其几千万年，乃反易其难，七观五例，实得微辞，《左》、《国》而还，载籍极博，辟之盖橑，是用为翼。予采其可考信者著于篇，又未尝不惕然若有所失云。皇明万历乙未孟春朔，赐进士出身吏部文选司郎中前翰林院庶吉士渭上南轩书。

《千顷堂书目》卷四，编年类：南轩《资治通鉴纲目前编》二十五卷。渭南人。南吏部郎中。起于伏羲，下迄周季。

《明史》卷九七，《艺文志二》正史类：南轩《资治通鉴纲目前编》二十五卷。

《四库全书总目》卷四八，史部编年类存目：《通鉴纲目前编》二十五卷，明南轩撰。轩，字叔后，渭南人。据轩自序，题吏部文选司郎中、前翰林院庶吉士；《明史》附见《南居益传》，亦云官吏部郎中，尝著《纲目前编》。然又有其门人杨光训序，称轩为渭上先生，壮游金马，阅铨曹，历藩臬，是其官不终于郎中。《陕西通志》称其终山东参议，与光训序合，当得其实。……此书以金履祥《通鉴前编》、陈桱《通鉴前编外纪》合并删削，共为一编，起自伏羲，终于周威烈王，然不明提纲分目之法，冗琐糅杂，殊无可取。

议准恢复建文年号。

《明神宗实录》卷二八九：万历二十三年九月……乙酉……礼科给事中杨天民请改正革除建文年号，其言曰："国史纂修，一代之大典。……考成祖登极后，犹称建文为少帝，其葬也以天子礼，臣以此知革除之复正，善体成祖之心也。英宗皇帝常削景皇帝位号，宪宗嗣位，旋为议复，质之人心，垂之青史，不闻有累于英宗，亦不闻少亏宪宗之孝，何独于建文之事而疑之？"疏下所司，御史牛应元复请断在允行，以成祖德，以昭圣孝，以传信天下万世。且言"建文受统于太祖，若竟从革除，是致成祖以子而违父命也。建文历四年，自有四年政事，若竟革除，以附于洪武，不惟历年失实，令建文政有得失，而谓出自洪武，是又致成祖以子而诬父事也。且君之在位，如日之行天，天下万世明知之，虽欲革除不可得者。"礼官范谦等复奏："太祖在位实三十一年，而三十二年以后，安得复蒙洪武之号？建文既已负扆临朝，薄海内外奉有正朔矣，一旦除之，岂所以传信乎？……夫革除云者，今日之闻见已不可涂，何况后世！天下万世自有耳目，稗官野史各有纪载，欲以建文纪年作洪武虚号，得乎？……愿及此纂修之时，命史局于《高庙实录》中，摘洪武三十二年逮三十五年遗事，复称建文年号，辑为少帝本纪。"奏上，诏以建文事迹附太祖高皇帝之末，而存其年号。

《明史》卷二〇，《神宗本纪一》：万历二十三年……秋九月……乙酉，诏复建文年号。

公元 1596 年 明神宗万历二十四年 丙申

支大纶著成《世穆两朝编年史》（一名《永昭二陵编年信史》）。

《明进士题名碑录·万历二年甲戌科》：支大纶，浙江嘉兴府嘉善县民籍，嘉兴县人。

《千顷堂书目》卷四，编年类：支大纶《永昭二陵编年信史》六卷。

《明史》卷九七，《艺文志二》正史类：支大纶《永昭二陵编年信史》六卷。

《四库全书总目》卷四八，史部编年类存目：《世穆两朝编年史》六卷，明支大纶撰。大纶，字华平，嘉善人，万历甲戌进士，由南昌府教授擢泉州府推官，谪江西布政司理问，终于奉新县知县。是编成于万历丙申。所载自嘉靖元年至四十五年，凡四卷；自隆庆元年至六年，凡二卷。前有项维桢序，但称《永陵信史》。据大纶自序，盖先成世宗编年，后续以穆宗云。

王重民《中国善本书提要》史部编年类：《世穆两朝编年史》，残存四卷，十册，明万历间刻本。原题："甲戌进士臣支大纶纂修，沈绍曾、支如玉校。"凡《永陵编年信史》四卷，《昭陵编年信史》二卷，此仅存永陵四卷。自序（万历二十四年）。项德桢序。

吴瑞登约于本年著成《诸儒述概》（天集）。

王重民《中国善本书提要》，史部传记类：《诸儒述概》（天集）二十四卷，八册（国会），明万历间刻本。明吴瑞登撰。按《四库全书总目》载瑞登《两朝宪章录》、《绳武编》二书，不及《述概》。是书体例，颇似后来学案，自董仲舒至李侗，凡五十七人。仅仲舒、王通、韩愈为宋以前人，余均宋人。然不及朱、陆一字。殆以瑞登尊崇二程，因以程氏门徒为"天集"；朱、陆各派，拟别为一集欤？……唐一鹏序［万历二十四年（公元 1596 年）］。

纂修本朝纪传体正史副总裁官陈于陛卒。

《明神宗实录》卷三〇五：万历二十四年十二月……乙亥，太子太保、礼部尚书、文渊阁大学士陈于陛卒。

陈懿典《陈公于陛墓志铭》（见焦竑《国朝献徵录》卷一七）：万历……丙申冬，遂寒疾不起。……赠太保。……谥文宪。……公姓陈，讳于陛，字元忠，别号玉垒，世为四川顺庆府南充县人。……享年五十有二。

《明史》卷二一七，《陈于陛传》：首辅王锡爵谢政，遂命于陛兼东阁大学士入参机务。……加太子少保。……改文渊阁，进太子太保。……（万历）二十四年冬病卒于位，史亦竟罢。赠少保，谥文宪。

公元 1597 年 明神宗万历二十五年 丁酉

官方罢修本朝纪传体正史。

《明神宗实录》卷三一一：万历二十五年六月……癸未……大学士张位等拟暂停正史纂修事务，以皇极门左右两廊被灾故也。

《明史》卷二一，《神宗纪二》：（万历）……夏六月戊寅，皇极、中极、建极三殿灾。癸未，罢修国史。

朱国桢《涌幢小品》卷二：陈文端（于陛）请修正史，分各志二十八，务于详备，一志多至四、五十万余言。未几，文端薨，各志草草了事。丁酉，拟修列传，会三殿灾奏停，盖六月十九日也。时余入史馆方三日，又十日病发，凡三月仅得不死，而馆中无复有谈及者。

黄凤翔著成《嘉靖大政类编》。

李清馥《闽中理学渊源考》卷七三，《文简黄仪庭先生凤翔》：黄凤翔，字鸣周，号仪庭，晚更号止庵。晋江人，少小即警敏绝人，观书沉潜，经目成诵，笥腹不忘。稍长，习胡氏《春秋》学于学博蒋与泉。凤翔习其师说，本经据传，折衷以己意。弱冠即以善《春秋》闻。……隆庆戊辰，成进士，殿试第二人，明泉中及第，自凤翔始。授编修，教习内书堂，亡何，以疾假里居三载。还朝，旋丁外艰，归。万历丙子，补故官，与修《世宗实录》成，进修撰，充经筵官……所著有《嘉靖大政记》、《大政编年录》、《田亭草》等书。

黄凤翔《嘉靖大政类编跋》（见《四库全书存目丛书》本卷末）：兹编始事于癸巳秋，脱稿于丁酉春。词不能工，聊存故实，藏之笥箧，不敢示人。

顷命书史觅之，则已侵蟫蠹，堇未漫灭。属有目眚，弗能再加订正，念数载精神所萃，难忍弃捐，爰口占数语，付诸剞劂之役。万历己酉夏六月望日凤翔谨识。

《四库全书总目》卷五四，杂史类存目三：《嘉靖大政类编》二卷，明茅元仪撰。元仪，字止生，归安人。茅坤之孙，茅国缙之子也。……是编记嘉靖一朝大政，自大礼四郊以下，计十九类。抄本多缺讹。末有万历己酉跋语，记兹编始事于癸巳，脱稿于丁酉。藏之箧笥，已侵蟫蠹。屡有目眚，弗能再加订正，"爰口占数语，付诸剞劂之后"（今案："后"为"役"之误）。然则当时盖别有刻本矣。

今案：据黄凤翔本书跋文，此书编纂始于万历二十一年，成于万历二十五年，刻行于万历三十七年。其线索颇为明晰，唯依例编载于成书之年。《四库其书总目》之提要摘录了黄氏跋文，是乃切实阅览了本书，然而却将作者误为茅元仪，匪夷所思，莫此为甚。

公元 1598 年　明神宗万历二十六年　戊戌

屠叔方编成《建文朝野汇编》。

《明进士题名碑录·万历五年丁丑科》：屠叔方，浙江嘉兴府秀水县民籍，平湖县人。

屠叔方《建文朝野汇编序》：……近者诏修正史，言臣亦以建文为请。皇上许复年号，并缀其事于洪武之末……叔方跧伏田野，无所报称，因隐括建文君臣遗事，以竟初志。凡朝政日系月、月系岁，令次第可考，曰《逊国编年》。臣义绝者削不书，死与去者则书之，而宫闱亦附焉，曰《报国列传》。闻见相沿，而是非真讹复相半者，曰《建文传疑》。列圣之诏旨，与诸臣之章疏，业已凿凿见诸施行，而事始大著白矣，曰《建文定论》。以上虽出鄙臆，而不敢增损一字、进减一辞，总名之曰《建文朝野汇编》。……万历戊戌阳生吉旦原任广东道监察御史臣秀水屠叔方谨撰。

《千顷堂书目》卷五，别史类：屠叔方《建文朝野汇编》二十卷。万历甲申，叔方为监察御史，尝上疏请祠谥建文仗节诸臣，恤录其子孙，免诸姻党之波及谪戍者。得谕旨。归田后，复辑成是书。首为编年，次为列传，而以传疑、定论附之。自为序。

《明史》卷九七，《艺文志二》杂史类：屠叔方《建文朝野汇编》二十卷。

《四库全书总目》卷五四，史部杂史类存目三：《建文朝野汇编》二十卷，明屠叔方撰。叔方，秀水人，万历丁丑进士，官至监察御史。其书分《逊国编年》、《报国列传》、《建文传纪》（今案："纪"为"疑"之误）、《建文定论》诸目，盖杂野史传闻之说，裒合成编，大抵沿袭讹传，不为信史，至摭典故辑遗之谬说，谓宣宗为惠帝之子，尤无忌惮矣。

王重民《中国善本书提要》史部杂史类：《建文朝野汇编》二十卷，十九册，明万历间刻本。原题："原任广东道监察御史秀水屠叔方纂。"……自序（万历二十六年）。

公元1599年 明神宗万历二十七年 己亥

沈越《嘉隆两朝闻见纪》由其子沈朝阳修订完成。

《明进士题名碑录·嘉靖十一年壬辰科》：沈越，南京锦衣卫匠籍。

沈朝阳《皇明嘉隆两朝闻见纪叙》：《两朝闻见纪》者何？先大夫臣越，据世、穆两朝之所闻所见者，纪而存之也。夫稗官野记，自古有之，第事涉猥鄙则大雅之难，词尚藻绘则传信之难。此三长四患，良史所为兢兢也。洪惟我朝高皇启运，列圣绍休，典章制度，彪炳宇宙，忠良贤哲，照耀古今。累朝宝训、实录，藏之秘府，世鲜得窥，即朝野之间，不无私记。然未有萃涣于一编、年纪之者。纪之自东莞陈建始，而以芜秽见黜。嗣是刻传于世者，薛宪副应旂则有《宪章录》、王司寇世贞则有《国朝纪要》。若郑端简公晓之《吾学编》，例从迁、固诸史，乃《大政》一记，仅提纲领而未详节目。高长史岱之《皇明鸿猷纪》，体依《通鉴纪事本末》，各详一事而不记岁年。然率皆起高庙迄武庙止，而世、穆二庙概未有录焉。世载既久，耳目易湮，先大夫志存经史，学勤博洽，自嘉靖乙酉领应天乡荐，壬辰成进士，出作股肱，入司耳目，任怨任劳，清苦自茹，鹄立乌台，已几九载，而直道难容，时宰欲杀，旋而外补，旋而归休，优游林壑，复二十余年。身受国家之恩，官忝柱下之史，目击两朝盛际，凡有听睹，靡不记录，未获成书，赍志而殁。朝生也晚，仅读父书，而不得探金匮石室之藏，及百司掌故之府，每欲编次，无从考信。客岁大比，始于书肆，见光州吴司训瑞登《两朝宪章录》，洧川范守己《肃皇大纪》。于是以先大夫之记录，取徵于二书，又本二书之纪载，旁采于他牒，参互订证，录而藏之箧中。盖将以需异日国史之出，为考正计耳。……时万历己亥秋日，江东草莽臣沈朝阳谨识。

《千顷堂书目》卷四，编年类：沈越《嘉隆闻见纪》十二卷。字中甫，南京锦衣卫人。嘉靖壬辰进士。由知县擢监察御史。忤严嵩坐监试事，出判开州，稍迁卫辉府推官、德安府同知，罢归。

《明史》卷九七，《艺文志二》正史类：沈越《嘉隆闻见纪》十二卷。

《四库全书总目》卷四八，史部编年类存目：《嘉隆两朝闻见纪》十二卷，明沈越撰。越，字韩峰，南京锦衣卫人。嘉靖壬辰进士，官至监察御史。是编以薛应旂《宪章录》、郑晓《吾学编》诸书止载武宗以前事，故续取世、穆两朝政绩，汇次成编。起正德十六年世宗即位，止于隆庆六年。朱之蕃谓其为野史之良。然所采书目，自《明伦大典》以下，仅四十一种，未为赡备，而所附按之文，如五元臣皆不利之类，亦体杂说部。

案：沈越著成《嘉隆两朝闻见纪》之年代不详，因其纪事止于隆庆六年，当在本年之后，故编于此。

今案：本书原编于隆庆六年。今据沈朝阳万历己亥（二十七年）序，本书系依其父沈越遗稿，参稽他书，撰集而成，故调整编于本年。

公元 1600 年　明神宗万历二十八年　庚子

《国朝典故纪闻》等作者余继登卒。

于慎行《余公继登墓志铭》（见焦竑《国朝献徵录》卷三四）：礼部尚书兼翰林院学士河间余公，以万历庚子七月十六日卒于位。……诏赠太子少保，谥文恪。……公讳继登，字世用，别号云衢。……嘉靖甲子以诗举京兆，万历丁丑乃成进士。选庶吉士。……己卯，授翰林院检讨。癸未，分校礼闱。是岁纂修《会典》，越五年书成，进修撰。……己丑，充经筵讲官。旋擢右春坊右中允兼编修简直日讲，与北海冯公同说《通鉴》。……壬辰，升右谕德兼侍读。……癸巳，转左庶子，兼官如故。甲午，进詹事府少詹事兼侍读学士，充正史副总裁。乙未……擢詹事，掌翰林院事。丙申……拜礼部右侍郎，兼官如故。……公在讲筵且十年，皆与冯公共事。……当其时，礼卿阙且二年，廷臣所推举无虑十余，上皆留不下，及再以公名进，名又在后，上竟用焉。……所著文集若干卷、《通鉴进讲录》五十卷、《国朝典故纪闻》十八卷，行于世。生嘉靖甲辰，比卒，得年五十有七。

《明史》卷二一六，《余继登传》：余继登，字世用，交河人。万历五年进士。改庶吉士，授检讨。与修《会典》成，进修撰，直讲经筵。寻进右中允，充日讲官。……继登与同官冯琦共进《通鉴》讲义，傅以时政缺失。历少詹事兼侍读学士，充正史副总裁。已，擢詹事掌翰林院。……进礼部右侍郎。二十六年，以左侍郎摄部事。……旋擢本部尚书。……卒于官。

冯琦《典故纪闻序》：余与世用偕官史局，别僦舍而共处。稍谢造，请取古人已事差次之，世用曰："取法于远，不如近也。"即又取当代事为一编，而世用曰："吾与其繁也，宁简。事可循，言可纪，不必见自己出也。以魏弱翁之才，其大者乃在条上汉家诸名臣故事耳。余以为与其取诸名臣奏牍，不如徵列圣之典谟也。"于是世用视诸故府纪所见闻，久而成帙，属余更定，摘为十八卷。凡关国家大政大本则书，非大事而于世为急则书，非大非急而为异闻见则书，非异而事所以从起则书。……赐进士出身、通议大夫、吏部右侍郎兼翰林院侍读学士、国史玉牒副总裁、前詹事府少詹事掌院事、直起居注、经筵日讲官北海冯琦序。

《千顷堂书目》卷四，编年类：余继登《通鉴进讲录》五十卷。又卷五，别史类：余继登《国朝典故纪闻》十八卷。

《明史》卷九七，《艺文志二》故事类：余继登《皇明典故纪闻》十八卷。

《四库全书总目》卷五四，史部杂史类存目三：《典故纪闻》十八卷，明余继登撰。……是编杂记前明故事，自洪武迄于隆庆。然其"帝曰"云云之属，多属空谈，大抵皆记注实录润色之词。亦颇及琐屑杂事，不尽关乎政要。如太祖攻婺城时，见五色云，无论其事真伪，总不在法戒之列。又如成祖时灵邱氏一产三男，有司议给廪至八岁，成祖命给至十岁，亦细故不足毛举也。

王重民《中国善本书提要》史部杂史类：《皇明典故纪闻》十八卷，十二册，明万历间刻本。原题："交河余继登辑，临朐冯琦订，新城王象乾校。"……冯琦序。

公元 1601 年 明神宗万历二十九年 辛丑

黄汝亨《古奏议》刊刻。

《明进士题名碑录·万历二十六年戊戌科》：黄汝亨，浙江杭州府仁和县，匠籍。

乾隆《大清一统志》卷二一八：黄汝亨，字贞父，仁和人。脑后棱棱有奇骨，目如曙星。万历戊戌进士，授进贤县……暇则与诸生论文，奏最以忌者，左迁。久之，起南京工部主事，升礼部郎中，视学江西。力持风格，进参议，备兵湖西。踰年，谢病归。结庐南屏，著有《寓林集》三十卷，诗六卷。

吴之鲸《刻〈古奏议〉引言》：……奏议，亦史之一斑也。臣子一念忠悫，登对或未能尽，退而肇悦其语，以冀采录。其间兵农钱谷、星纬舆图以及夷狄，不惟洞彻于胸中，亦且洞彻于笔下，而后能徼飞虫之弋获。……余友黄贞父才情超迈，而能沉之以博识，其于史二十一家，靡所不读，间有扬榷，为帐中之秘，未欲示人。兹选特灵鹫课二三子者耳。而吴君德聚业付之梓，甚矣！吴君之嗜贞父也。然天下有未知读史与有意读史，而未能办全书者，此以供其一斑，则德聚与有勋德矣。余因嘉其意而乐为之序如此。万历辛丑夏季朔渤海吴之鲸书于西湖之朗阁。

《四库全书总目》卷五六，史部诏令奏议类存目：《古奏议》（无卷数），明黄汝亨编。汝亨，字贞父，仁和人，万历戊戌进士。官至江西提学佥事，转布政司参议。此书辑古人奏议，自战国迄于唐、宋，共一百一十首，每首系以评论。然若苏秦、范雎、韩非辈，不过辩士功利之谈，论文则当取其工，论奏议则当斥其诡，奈何托始于是也？

李化龙著成《平播全书》。

《明史》卷二二八，《李化龙传》：李化龙，字于田，长垣人。万历二年进士。除嵩县知县。……迁南京工部主事，历右通政使。二十二年夏，擢右佥都御史，巡抚辽东。……进兵部右侍郎。……寻以病去。……二十七年三月，化龙起故官，总督湖广、川、贵军务兼巡抚四川，讨播州叛臣杨应龙。……明年二月分八道进兵。……贵州巡抚郭子章驻贵阳，湖广巡抚支可大移沅州，化龙自将中军策应。……自出师至灭贼，凡百十四日。……以其地置遵义，平越二府，分属川、贵。

《千顷堂书目》卷五，别史类：李化龙《平播全书》十五卷。

《明史》卷九七，《艺文志二》杂史类：李化龙《平播全书》十五卷。

《四库全书总目》卷五四，史部杂史类存目三：《平播全书》十五卷，明李化龙撰。……播州杨氏，自唐乾符中据有其地，历二十九世八百余年。万历时杨应龙为宣慰使，恃险作乱。诏起化龙巡抚四川，寻进总督四川、湖广、贵州军务，进讨平之，以其地置遵义、平越二府。因裒军中前后文牍，编为是书。前五卷为进军时奏疏，六卷为善后事宜奏疏，七卷为咨文，八卷至十一卷为牌票，十二卷至十四卷为书札，十五卷为评批、为祭文。明代用兵，大抵十出而九败，不过苟且以求息事，而粉饰以奏功。惟平播一役，自出师至灭贼，凡百有十四日，成功颇速。史称化龙是役可与韩雍、项宗埒。其出师次第，虽载其大纲，而情形曲折，则不及此书之详具，录存其目，亦足资参考也。末有万历辛丑四川布政使参议王嘉谟后序，称身在军中，备见行事，盖所言犹为实录云。

今案：上引《四库全书总目》提要，出自乾隆四十七年告成之单行本。而后录入文渊阁《四库全书》之《四库全书总目》提要，则删去“十五卷为评批、为祭文”以下文字。今《四库全书存目丛书》收载的《平播全书》，卷末也已残缺，不能得见其书后序题款。但书前有四川按察使张悌《平播全书叙》，落款日期为“万历庚子”，应是其书将成时所撰，因而次年即万历辛丑年（公元1601年）王嘉谟撰《后序》事可信，此即成书之年。

周永春约于本年后著《皇明政纪纂要》等。

《明进士题名碑录·万历二十九年辛丑科》：周永春，山东兖州府金乡县军籍。

《明史》卷二五九，《杨镐传附周永春传》：周永春，金乡人。官礼科都给事中。……寻由太常少卿擢右佥都御史，代维翰为巡抚。……越二年，罢归。天启初，言官追论开原失陷罪，遣戍。

《千顷堂书目》卷四，编年类：周永春《皇明政纪纂要》二卷，又《熙朝政纪纂要》二卷。原注：别本《熙朝政纪纂要》列史部别史类，并有注文云：字毓阳，山东金乡人，万历辛丑进士，□□科给事中。

《明史》卷九七，《艺文志二》正史类：周永春《政纪纂要》四卷。

案：周永春著《皇明政纪纂要》等书之年代不详，可能在本年举进士之后，故编于此。

公元 1602 年 明神宗万历三十年 壬寅

《藏书》、《续藏书》等作者李贽卒。

《明神宗实录》卷三六九：万历三十年闰二月……乙卯，礼科都给事中张问达疏劾："李贽壮岁为官，晚年削发，近又刻《藏书》、《焚书》、《卓吾大德》等书，流行海内，惑乱人心。以吕不韦、李园为智谋，以李斯为才力，以冯道为吏隐，以卓文君为善择佳偶，以司马光论桑弘羊欺武帝为可笑，以秦始皇为千古一帝，以孔子之是非为不足据，狂诞悖戾，未易枚举，大都刺谬不经，不可不毁者也。尤可恨者，寄居麻城，肆行不简，与无良辈游于庵，拉妓女白昼同浴，勾引士人妻女入庵讲法，至有携衾枕而宿庵观者，一境如狂。又作《观音问》一书，所谓观音者，皆士人妻女也。而后生小子，喜其猖狂放肆，相率煽惑，至于明劫人财，强搂人妇，同于禽兽而不足恤。迩来缙绅士大夫，亦有捧咒念佛，奉僧膜拜，手持数珠以为律戒，室悬妙像以为皈依，不知遵孔子家法而溺意于禅教沙门者，往往出矣。近闻贽且移至通州，通州距都下仅四十里，倘一入都门，招致蛊惑，又为麻城之续。望敕礼部檄行通行地方官，将李贽解发原籍治罪；仍檄行两畿各省，将贽刊行诸书并搜简其家未刊者，尽行烧毁，毋令贻乱于世，世道幸甚。"得旨："李贽敢倡乱道，惑世诬民，便令厂卫五城严拿治罪。其书籍已刊未刊者，令所在官司尽搜烧毁，不许存留，如有徒党曲庇私藏，该科及各有司访察奏来，并治罪。"已而贽逮至，惧罪不食，死。

《明史》卷二二一，《耿定向传附李贽传》：尝招晋江李贽于黄安，后渐恶之，贽亦屡短定向。士大夫好禅者往往从贽游。贽小有才，机辨，定向不能胜也。贽为姚安知府，一旦自去其发，冠服坐堂皇，上官勒令解任。居黄安，日引士人讲学，杂以妇女，专崇释氏，卑侮孔、孟。后北游通州，为给事中张问达所劾，逮死狱中。

李贽《藏书·世纪列传总目前论》：人之是非，初无定质；人之是非人也，亦无定论。无定质，则此是彼非并育而不相害；无定论，则是此非彼亦并行而不相悖矣。然则今日之是非，谓予李卓吾一人之是非，可也；谓为千万世大贤大人之公是非，亦可也；谓予颠倒千万世之是非，而复非是予之所非是焉，亦可也。则予之是非，信乎其可矣。前三代，吾无论矣；后三代，汉唐宋是也。中间千百余年，而独无是非者，岂其人无是非哉？咸以孔子之是非为是非，故未尝有是非耳。然则予之是非人也，又安能已？夫是非之争也，如岁时然，昼夜更迭，不相一也。昨日是而今日非矣，今日非而后日又是矣。虽使孔夫子复生于今，又不知作如何非是也，而可遽以定本行罚赏哉？老来无事，爰览前目，起自春秋，迄于宋元，分为纪传，总类别目，用以自怡，名之曰《藏书》。《藏书》者何？言此书但可自怡，不可示人，故名曰《藏书》也。而无奈一二好事友朋，索览不已，予又安能以已邪？但戒曰：览则一任诸君览观，但无以孔夫子之定本行罚赏也，则善矣。

焦竑《藏书序》：卓吾先生隐矣，而其人物之高、著述之富，如珠玉然，山晖川媚，有不得而自掩抑者，盖声名赫赫盈海内矣。或谓先生之为人，与其所为书，疑信者往往相半，何居？余谓此两者皆遥闻声而相思，未见形而吠影者耳。先生高迈肃洁，如泰华崇严，不可昵近，听其言泠泠然，尘土俱尽，而实本人情，切物理，一一当实不虚。盖一被其容接，未有不爽然自失者也。吾慨学者沉锢于俗流，而迷沿于闻见，于人之言，非其所耳熟不以信。先生程量今古，独出胸臆，无所规放，闻者或河汉其言，无足多怪。夫孔翠矜其华采，顾影自耀，人咸惜之，固矣。若蛟龙之兴云雨，雷电皆至，霮霡百里，即震惊者不无而卒赖其用，岂区区露细巧媚世好而足哉？先生之言，何以异是。总之，众人之疑，不胜贤豪者之信；疑者之恍惚，不胜信者之坚决。余知先生之书当必传，久之，学者复耳熟于先生之书，且以为衡鉴，且以为蓍龟，余又知后之学者当无疑。虽然，此非先生之欲也。有能抉肠剔肾，尽翻窠臼，举先生所是非者而非是之，斯先生忻然以为旦暮遇之矣。书三种：一《藏书》、一《焚书》、一《说书》。《焚书》、《说书》刻于亭州。今为《藏书》刻于金陵，凡六十八卷。万历己亥秋日，琅琊焦竑书。

刘东星《藏书序》：予为左辖时，获交卓吾先生于楚。先生手不释卷，终日抄写，自批自点，自歌自赞，不肯出以示人，予因异而问焉。先生曰："吾镇日无事，只与千古人为友，彼其作用，多有妙处，其心多有不可知处，既已觑破，实不与旧时公案同，如何敢以语人也？以故特书而藏之，以俟夫千百世之后尔。"予闻而疑之，试窃取以读之，则见其包罗千古，鉴别众形。古昔哲后硕辅，名儒大将，意念深沉，事功彪炳，以及篡逆不道之伦，伎艺讽谏之类，靡不悉载。中间治乱兴败，贞佞贤奸，一从胸怀点缀以出，品骘区别、据事直书，真可谓断自本心，不随人唇吻者也。非欲以为异也，而何必藏之名山以待后之人乎？但先生孤介峭直，自闽入滇，自滇适楚，寄迹禅林，托心朋辈，畦径稍别，疑谤丛生，即今世之人已无有知者，又何望于后世之人之知也？夫世儒局于成说，胶固胸中，尺寸不失，谁能凝神于寂，以心相印，察其行事之实，而独窥其不传之真邪？予谓先生此书，千百世后，经筵以进读，科场以取士，如所言无疑也。兹游金陵觅旧侣，闻其书已为好事者所梓，业与四方人士共之矣。噫，或庶几即有知先生者哉！时万历己亥秋，赐进士出身、吏部左侍郎、前都察院左副都御史协理院事、翰林院庶吉士沁水刘东星撰。

焦竑《续藏书序》：李宏甫《藏书》一编，余序而传之久矣，而于国朝事未备，因取余家藏名公事迹绪正之，未就而之通州。久之宏甫殁，遗书四出，学者争传诵之。其实真赝相错，非尽出其手也。岁己酉，眉源苏公吊宏甫之墓，而访其遗编于马氏，于是《续藏书》始出。余乡王君维俨梓行之，而属余引其简端。余谓前史有纪、有志、有列传，其体乃具。宏甫前后二编，列传独详，于纪若志缺如也，而列传之中，又独存其美者。昔楚史名《梼杌》《春秋》则乱臣贼子之戒每拳拳焉，岂宏甫意不及此耶？抑有所待耶？先圣学三代之礼，乃于周独宪章之，恐后学者欲明习朝典，追踪先哲，舍是编何之？余谓退可以修身而畜德，进可以尊主而庇民，谋王断国之大端，班班具在，贵善学之而已。近代名卿称黄材伯为博古，郑端简、雷司空为通令，藉令三复宏甫之二编，其可与昔贤相颉颃也夫。建业焦竑弱侯甫撰。

《千顷堂书目》卷五，史抄类：李贽《李氏藏书》六十卷。

《明史》卷九七，《艺文志二》史抄类：李贽《藏书》六十八卷、《续藏书》二十七卷。

《四库全书总目》卷七，经部易类存目一：《九正易因》（无卷数），明李贽撰。贽本名载贽，晋江人，嘉靖壬子举人，官至姚安府知府。

《四库全书总目》卷五〇，别史类存目:《藏书》六十八卷，明李贽撰。……是编上起战国，下迄于元，各采摭事迹，编为纪传，纪传之中，又各立名目。前有自序。……贽书皆狂悖乖谬，非圣无法。惟此书排击孔子，别立褒贬，凡千古相传之善恶，无不颠倒易位，尤为罪不容诛。其书可毁，其名亦不足以污简牍。特以贽大言欺世，同时若焦竑诸人，几推之以为圣人，至今乡曲陋儒震其虚名，犹有尊信不疑者。如置之不论，恐好异者转矜创获，贻害人心。故特存其目，以深暴其罪焉。

《四库全书总目》卷五〇，别史类存目：《续藏书》二十七卷，明李贽撰。贽所著《藏书》，为小人无忌惮之尤。是编又辑明初以来事业较著者若干人，以续前书之未备。其书分开国名臣、开国功臣、逊国名臣、靖难功臣、内阁辅臣、勋封名臣、经济名臣、理学名臣、忠节名臣、孝义名臣、文学名臣、郡县名臣诸目，因自记其本朝之事，故议论背诞之处，比《藏书》为略少。然冗杂颠倒，不可胜举。……种种踳驳，毫无义例，总无一长之可取也。

吕本、陈治本等刊行《明宝训》。

《千顷堂书目》卷四，国史类：《皇明宝训》一百二十二卷。自洪武至隆庆凡十朝。万历初大学士吕本汇刊，一作三十九卷。

《四库全书总目》卷五四，史部杂史类存目三：《明宝训》四十卷，明万历壬寅南京礼部郎中陈治本、工部郎中吕允昌、礼部主事朱锦等所刊，盖裒合历朝官撰之本，以为一编者也。原本洪武六卷，成于永乐十六年；永乐十五卷、洪熙二卷，均成于宣德五年；宣德十二卷，成于正统三年；正统十二卷，成于成化三年；成化十卷，成于弘治四年；弘治十卷，成于正德四年；正德十卷，成于嘉靖四年；嘉靖二十四卷，成于隆庆五年；隆庆八卷，成于万历二年。皆有当时御制序。统计一百一十三卷，此本四十卷，治本等所合并也。建文本无实录；景泰虽有实录，而未修宝训，故所刊止于十朝。英宗一朝，并入天顺年事，总以正统标名，殊乖体例。盖当时官书，本题庙号，而治本等汇刻，改题年号，以从简易，既不可一书两名，遂总题为正统也。其书皆自实录撮出，分类编载，门目大同小异，皆以《贞观政要》为式云。

王重民《中国善本书提要》史部杂史类：《明朝宝训》四十卷，四十册，明万历间刻本。原题："光禄大夫柱国少傅兼太子太傅礼部尚书武英殿大学士臣吕本谨校，南京礼部祠祭清吏司郎中臣陈治本、南京兵部职方清吏司主事臣朱锦、南京工部虞衡清吏司郎中臣吕胤昌谨阅。"凡《洪武宝训》六卷、《永乐》五卷、《洪熙》二卷、《宣德》五卷、《正统》三卷（天顺附）、《成化》三卷、《弘治》三卷、《正德》二卷、《嘉靖》九卷、《隆庆》二卷，都四十卷。《存目》即据此本著录。《提要》称原本一百十三卷。此本作四十卷，为吕本等校刻时所合并者是也。

谢陛著成《季汉书》。

谢陛《季汉书自序》：……然而《三国志》竟与诸列传之史，列在学官。刘知幾之持论，徒托于《史通》；范祖禹、陈亮，欲改而未暇；萧常作《续后汉书》，杨奂然驳正《汉书》，谢翱作《季汉表》，而俱未成。逮昭代，作者如林，云蒸霞蔚，诸集并出，诸体并工，无不家拥连城，人怀履水，而独于史学，大是寥寥。近世如武进唐顺之、南昌魏靖国、建昌邓元锡、钱塘邵经邦，亦尝仿郑樵而合列传之史，以成一书，欲以配涑水、考亭二史。其于三国之时，稍稍裁易，尚未犁然，顾皆未尝独改《国志》为《汉书》也。……窃不自量，乃即其书而宰割之，综其实事，削其诬辞，易其名称，弥其脱落。断自孝献皇帝起，直继以昭烈皇帝、后皇帝。尊汉三朝为帝纪，以汉室诸臣为内传，等魏、吴二国为世家，以魏、吴诸臣为外传，别袁、吕诸雄为载记，以田、陈诸人为杂传，仍订定裴松之注，参传其间，题之曰《季汉书》。盖十余年于兹，易草者数矣。……万历壬寅年长至日。

沈德潜《万历野获编补遗》卷四：近年新安人谢少连名陛者，祖朱子《纲目》，尊刘备为正统，作《季汉书》、附魏、吴于蜀汉之后，尽斥陈延祚《三国志》，自为千古卓识。一时巨公如李本宁，亦为之序，其推许之甚至。间有议者，谓吴中前辈吴尚俭者，已曾为此书。吴为明经，不仕，今大参安国之父也。然不知古人先已编葺成帙。元世祖初年，翰林学士郝经被命使宋，请践鄂州和议，贾似道留之真州，凡十六年，遂买书，作《续汉史》，既成，而叹曰："辛苦十余年，莫不被高头巾已做了也。"经被放还，甫至燕而殁。然南宋初年，庐陵有萧常者，固已修成《续后汉书》，而周必大为之序，惜乎郝又未之见也。……

《千顷堂书目》卷四，正史类：谢陛《季汉书》六十六卷、《正论》五篇、《问答》二十篇。字少连，歙人。

《四库全书总目》卷五〇，别史类存目：《季汉书》五十六卷，明谢陛撰。陛，字少连，歙县人。其书遵朱子《纲目》义例，尊汉昭烈为正统，自献帝迄少帝，为本纪三卷，附以诸臣为内传；吴、魏之君，则别为世家，而以其臣为外传；复以董卓、袁绍、袁术、公孙瓒、公孙度及吕布、张邈、陶谦诸人为载记；凡更事数姓与依附董、袁诸人者，则为杂传。又别作《兵戎始末》、《人物生殁》二表，以括一书之经纬。卷首冠《正论》五条、《答问》二十二条，《凡例》四十四条，以揭一书之宗旨。中间义例既繁，创立名目往往失当。如晋之刘、石、苻、姚，擅号称尊，各为雄长，自当列之载记，董、袁之属，既非其伦；五季更五姓十主，为之臣者不能定以时代，自当编为杂传，董、袁之宾客僚属，亦殊是例。陛乃沿袭旧名，实不免于貌同心异。又西京之祚，迄于建安，续汉之基，开于章武，虽绪延一线，实事判两朝。陛乃于帝纪中兼及山阳，其《后汉书》、《晋书》已有专传者，陛亦概取而附入之，尤为骈拇枝指，伤于繁复。薛冈《天爵堂笔余》称其改蜀为季汉，为今人作事，偶胜古人，然陈寿《季汉辅臣赞》已在其前，未为创例。沈德符《敝帚轩剩语》称世之议陛者，谓吴中吴尚俭已曾为此书，不知元时郝经、宋时萧常，俱先编葺（原注：按《宋史·艺文志》又有李杞《改修三国志》六十七卷，不止萧常，此未详考），不特谢书非出创见，即吴之旧本，亦徒自苦。其言诚当矣。

余嘉锡《四库提要辨证》卷五，史部三，别史类存目（《总目》卷五〇）：《季汉书》五十六卷，明谢陛。……嘉锡按：《北史儒林传》云："梁祚撰并陈寿《三国志》，名《国统》。"祚北魏时人，则改撰《三国志》，自南北朝时已有之。宋刘克庄《后村先生大全集》卷百二十一《答翁仲山礼部书》云："某伏承宠示新修《蜀汉书》四册，读之与考亭大旨合，陈同父有此意，然所见颇疏宕，惟公此书甚精密。"又卷一百七十八《诗话》续集云："《三国志》帝魏而卑吴蜀，翁浦仲山作《蜀汉书》以矫之，游丞相亟称其书，仲山亦求序于余，余观其书大意（缺一字）是，但书后主为安乐公，欲以著其不能负荷之罪。复翁书云：'后主不能负荷，史官贬抑之，可也；岂可因曹氏贬抑之称？'会仲山仙去，其论未竟。后得庐山贡士萧常所作《续后汉》，大纲与仲山同，但萧氏自名其书曰《续后汉》，仲山犹加蜀字耳。"然则宋人修《三国志》者，萧常之外，又有翁浦，不止李杞而已。观《诗话》之言，则其书已修成，不知何以从来不见著录，殆无刻本行世也。浦亦不知何人，俟再考。《元史·隐逸传》云："张枢，字子长，取三国时事，撰汉本纪、列传，附以魏吴载记，为《续后汉书》七十三卷，朝廷取其书，置宣文阁。"是元时作《续后汉书》者，不止郝经矣，其书亦不传。

王重民《中国善本书提要》史部纪传类：《季汉书》六十卷、《正论》一卷、《答问》一卷，二十册，明万历间刻本，原题："歙邑谢陛撰，长兴臧懋循订。"……自序（万历三十年）。

李维桢约于本年后著《史通评释》，其后郭孔延又续为评释。

《明史》卷二八八，《李维桢传》：李维桢，字本宁，京山人。……维桢举隆庆二年进士，由庶吉士授编修。万历时，《穆宗实录》成，进修撰。出为陕西右参议，迁提学副使。浮沉外僚，几三十年。天启初，以布政使家居，年七十余矣。

郭延年《史通评释序》：张睿父先生再刻陆太史校定刘子玄《史通》于豫章。竣，寄家君黔中。张先生手校，为增七百三十余字，去六十余字，而《曲笔》、

《因习》二篇增补缺略，已成全书。家君读而喜，以新刻寄延曰："张先生为观察，而手不释书，犹诸生也。尔曹为诸生，乃不诸生也。予甚有其葸。黔中亡籍，予家有《史通》蜀本、吴本，再校之，刻中如干宝之于、扬雄之杨、王劭之邵、常璩之据、苻坚之符，当是写误。可发旧本细为校定。"延自长安归，循环校阅，再加芟正。篇中史官姓名，如左氏、迁、固，古今共推者，可以无释。自孔衍、荀悦以下，俱为著其爵里，间以己意为之评论。虽未必合作者之意，只承严命，终陆、张二先生功耳。约而言之，考究精核，义例严整，文词简古，议论慷慨，《史通》之长也。薄尧、禹而贷操、丕，惑《春秋》而信《汲冢》，诃马迁而没其长，爱王劭而忘其佞，高自标榜，前无贤哲，《史通》之短也。然则徐坚所云当置座右者，以义例言，良非虚誉；而宋祁所云工诃古人者，以夸诩言，亦非诬善矣。……大明万历甲辰岁夏五日，后学泰和郭延年谨序。

《千顷堂书目》卷五，史学类：郭孔延《史通评释》二十卷。

《四库全书总目》卷八九，史部史评类存目一：《史通评释》二十卷，明李维桢评，郭孔延附评并释。……孔延始末未详。《史通》旧刻，传世者稀。故《永乐大典》网罗繁富，而独遗是书。其后有蜀本、吴本，文句脱略，互有异同。万历中复有张氏刻本，增七百三十余字，删六十余字，复于《曲笔》、《因习》二篇，补其残缺，遂为完书，不知其所增益，果据何本。然自是以后，皆以张本为祖矣。维桢因张氏之本，略为评论；孔延因续为评释，杂引诸书以证之。凡每篇之末，标"评曰"字者，皆维桢语；标"附评"字者，则孔延所补也。维桢所评，不出明人游谈之习，无足置论；孔延所释，较有引据，而所徵故事，率不著其出典，亦颇有舛漏。故王维俭以下，注《史通》者数家皆嫌其未惬，多所纠正焉。

案：张鼎思（字睿甫）校刻本《史通》刊于本年，《四库提要》云："维桢因张氏之本，略为评论；孔延因续为评释，杂引诸书以证之。"则知李、郭二氏所作均在本年之后，故编于此。

公元 1603 年　明神宗万历三十一年　癸卯

《宋史纪事本末》原编者冯琦卒。

《明神宗实录》卷三八一：万历三十一年二月……壬子，礼部尚书冯琦病笃，辅臣代请休致。又卷三八三：万历三十一年四月……丁酉，赐原任礼部尚书兼翰林院学士冯琦祭葬。琦，山东临朐人。万历五年进士，改庶吉士，授编修，与修《会典》。十四年会试同考。十六年主湖广试，充经筵日讲。十九年主顺天试，升詹事，掌翰林院事，充正史总裁官，晋礼部侍郎，与修《玉牒》，改吏部侍郎。二十九年主会试，教习庶吉士，迁礼部尚书。卒于官。

《明史》卷二一六，《冯琦传》：冯琦，字用韫，临朐人。……年十九，举万历五年进士，改庶吉士，授编修。预修《会典》成，进侍讲，充日讲官，历庶子。……进少詹事，掌翰林院事。迁礼部右侍郎，改吏部。……司转左侍郎，拜礼部尚书。……琦明习典故，学有根柢。……卒于官，年仅四十六。……赠太子太保。天启初，谥文敏。

《千顷堂书目》卷四，编年类：冯琦《宋史纪事本末》二十八卷。

《明史》卷九七，《艺文志二》正史类：冯琦《宋史纪事本末》二十八卷。

《四库全书总目》卷四九，史部纪事本末类:《宋史纪事本末》二十六卷。……初，礼部侍郎临朐冯琦欲仿《通鉴纪事本末》例，论次宋事，分类相比，以续袁枢之书，未就而没。

王重民《中国善本书提要》史部纪事本末类:《宋史纪事本末》十卷，十册，明万历间刻本。原题："明北海冯琦原编，高安陈邦瞻纂辑，勾吴徐申、豫章刘曰梧校正，秣陵沈朝阳翻阅。"按此为万历三十四年黄吉士重刻本。据刘曰梧、徐申二序，原书刻于万历三十三年春，相距不过一年。按《四库全书》本凡二十八卷（《总目简目》作二十六卷，此据文津阁本）。《标注》引陈鸿绶说，谓"《宋史纪事本末》原刻单本并为十卷，余家有此书"，卷数正与此合，然此非原本也。

公元 1604 年 明神宗万历三十二年 甲辰

王兆云《皇明词林人物考》刊刻。

焦竑《题词林人物考》：论人之著作，如相家观人得其神，而后形色气骨可得而知也。古之摛词者不在形体结构，在未有形体之先。……友人王赤冈氏躭玩艺文，错综今古，乃取昭代词家人为之传，以为不得其神未可论其法，不知其人未有能得其神者。……然则是编也，固通今学古之津筏，微独修词者所当知而已。万历甲辰夏日，澹园居士焦竑书。

李维桢《皇明词林人物考叙》：夫所谓词林者，不越经、史、子、集四部矣。经自孔子没而称经者，与僭王同罪。史至范、陈，子至杨、王，升降污隆，古今人递不相及。独集代有其人，今不必逊古耳。集之名晚出，而其用视经、子、史为最繁，其体视经、子、史亦无不有。以其用繁也，故不必能为经、子、史者而后作；以其体具也，故非能为经、史、子者，虽有作无得而称焉。非能经、史、子者，不可作，而词人因以自豪，奇之为口代天言，尊之为不朽大业，凌厉一时，而傲睨千古。不必能经、史、子者，辄有作，而词人因以蒙讥，羞之为小技，仇之为绮语障，镂冰画脂，无当于用，色栀泽蜡，巧伪丛生。河汾氏评文人有纤有夸，有鄙有贪，有浅有诡，甚且犯天之大不韪，岂词不足哉？谈之吻莞，笑之齿冷，怒之发指，则奈何词林之不为世诟病也。

友人王元祯之言曰："经、史、子、集外无词，经、子、史外无集，经外无子、史。《易》、《诗》、《书》、《礼》、《乐》、《春秋》，经也，而史与子在焉；《论语》，子也，而经与史在焉。孔子集大成，生民以来未有也。以孔子绳人，其谁可者？然而舍孔子之道，何以上下词林？孔子曰：词达而已矣。理不达，奚以词为？吾读其词，安得不质诸理？孔子曰：修词立其诚，所以居业也。诚不立业，将何居？吾读其词，安得不考其人？孔子曰：词之不可以已也，君子不以人废言。吾知其人，安得而置其词？词有当于经、子、史之理者，亟收之。理不甚醇而似经、子、史之词者，并收之。理与词合，而其人生平与词合，亟收之。生平行事不必如其词，亦收之。"于是采明兴二百余年诸家之集列于词林者，自王公大人以及田野布衣，尽人矣。其集或不传，而残篇断简，片言只字，虽微必录，尽词矣已。复核其生平行实，国史家乘，乡评里谣，参伍求之，瑕瑜不以相掩，论定必以没世，尽人与词矣。以孔子之徵文献而尊周也，故断自明兴，不及他朝，书成而名之曰《词林人物考》。……

《四库全书总目》卷六二，史部传记类存目四：《明词林人物考》十二卷，明王兆云撰。兆云字元桢，麻城人。是编录明一代文士，起于洪武，迄万历。仿《昭明文选》之例，其人见在者不登。每人各详其事迹与所著作，凡四百二十三人。又补遗四十四人，共四百六十七人。其叙述颇无法则。如《刘基》一传至二千言，所记皆望气占梦，委巷流传之事。惟《传》末附所著有《刘诚意伯集》一语，并所著《犁眉公集》亦漏载。此自小说家言，何关文苑。又《凌稚隆传》称其纂辑《五车韵瑞》，大为词林诸公所鉴赏，亦未免滥美矣。

今案：是书卷首载焦竑题词，署日期为“万历甲辰夏日”。万历甲辰，即万历三十二年，故系于本年。

公元1605年 明神宗万历三十三年 乙巳

陈邦瞻于本年前著成《宋史纪事本末》。

《明史》卷二四二,《陈邦瞻传》:陈邦瞻，字德远，高安人。万历二十六年进士。授南京大理寺评事。历南京吏部郎中，出为浙江参政。进福建按察使，迁右布政使。改补河南，分理彰德诸府。开水田千顷，建滏阳书院，集诸生讲习。士民祠祀之。就改左布政使。以右副都御史巡抚广西。

陈邦瞻《宋史纪事本末自序》:《宋史纪事本末》者，论次宋事而比之，以续袁氏《通鉴》之编者也。先是，宗伯冯公，欲为是书而未就，侍御斗阳刘先生，得其遗稿若干帙，以视京兆徐公。徐公以授门下沈生，俾雠正之，因共属不佞续成焉。凡不佞所增辑几十七，大都则侍御之指、而宗伯之志也。编成宜有叙。叙曰：史自纪传而外，益以编年，代有全书，尚矣。事不改于前，词无增于旧，胪列而汇属之，以为讨论者，径斯于述作之体，不已末乎？而非然也！善乎杨氏之言曰:提事之微，以先于其明;搴事之成，以后于其萌。其情匿而泄，其故悉而约，是述本末者旨也。而不佞于宋事，尤重有慨焉……世变未极，则治不得，不相为因。善因者，鉴其所以得与其所以失，有微有明，有成有萌，有先有后，则是编者，夫亦足以观矣。余故不揣而叙之，俾论世之君子，于兹得有考焉。万历乙巳仲春，南京吏部稽勋清吏司郎中高安陈邦瞻书。

张溥《宋史纪事本末叙》:读史至宋，踧乎伤之。代侔汉、唐，而文出夷貉，其书沓冗，不足述也。莆田柯氏，新史肇兴，辽、金二国降列载记，规模反正，卷帙微省，而取材未广，阙如生恨。薛、王《通鉴》，出入陈氏，旁摭曲证，自谓功高，而参观前史，漏万非一。余尝欲取脱脱一书，翦截繁陋，别韩、老同传之非，去琬琰滥收之谬，然后大采遗文，博搜典故，断以己意，成一制作。而家鲜仓乘，畋渔无术，访求几载，国野并存，大者五六，小者十数，巽岩真本，尚叹未见，其它残失，皓首何穷？《元史》速成，众思寡集，卷末论赞，俱从姑舍，岂犬羊冕旒，当付不议，抑方之房、魏，谦让多矣。夫全史定则《通鉴》成，

《通鉴》行则本末出。宋元之际，苟有作者，三书兼举，旦暮可遇，乃积久无闻，悬书不立。北海、高安，勉因旧文，分代次事，题目博设，意在便览，非求必传。余聊从二家，寄以论难，弥纶目前，纲纪有待，不敢即为建安续也。……闲居尚论纪、志、表、传，各有窃取，未几散去，感同云烟。尝念神器禨祥，雏鼠难窃，胡欢汉悲，憾深曷丧，逆取顺守，道固多途，大抵开辟之忧勤，不敌季朝之燕逸，群贤之劳悴，莫救一夫之顽谗，古今尽然，不独两代也。艺祖法慕成周，而祸夷于石晋；鞑靼地广秦隋，而历短于拓跋。中国之所以失，即夷狄之所以得；夷狄之所以失，即中国之所以得也。周书戒王，殷鉴不远；汉臣进规，引秦是喻。人君善监者，必自近始，即宋元未竟之编，亦何不可资金镜，御不若乎！娄东张溥题。

《四库全书总目》卷四九，史部纪事本末类：《宋史纪事本末》二十六卷，明陈邦瞻撰。……初，礼部侍郎临朐冯琦，欲仿《通鉴纪事本末》例，论次宋事，分类相比，以续袁枢之书，未就而没。御史南昌刘曰梧，得其遗稿，因属邦瞻增订成编，大抵本于琦者十之三，出于邦瞻者十之七。自《太祖代周》迄《文谢之死》，凡分一百九目，于一代兴废治乱之迹，梗概略具。袁枢义例最为赅博，其镕铸贯串亦极精密，邦瞻能墨守不变，故铨叙颇有条理。诸史之中，《宋史》最为芜秽，不似《资治通鉴》本有脉络可寻，此书部列区分，使一一就绪，其书虽稍亚于枢，其寻绎之功乃视枢为倍矣。惟是书中纪事，既兼及辽金两朝，当时南北分疆，未能统一，自当称辽金宋三史纪事，方与体例无乖，乃专用宋史标名殊涉偏见。至《元史纪事本末》，邦瞻已别有成书，此内如《蒙古诸帝之立》、《蒙古立国之制》诸篇，皆专纪元初事实，即应析归元纪之中，使其首尾相接，乃以临安未破，一概列在宋编，尤失于限断。此外，因仍《宋史》之旧，舛讹疏漏未及订正者，亦所不免。然于纪载冗杂之内，实有披榛得路之功，读《通鉴》者不可无袁枢之书，读《宋史》者亦不可无此一编也。

王重民《中国善本书提要》史部纪事本末类：《宋史纪事本末》一百九卷，十三册，明张溥校刻本。原题："明北海冯琦原编，高安陈邦瞻纂辑，太仓张溥论正。"张溥序。又，《宋史纪事本末》十卷，十册，明万历间刻本。原题："明北海冯琦原编，高安陈邦瞻纂辑，勾吴徐申、豫章刘曰梧校正，秣陵沈朝阳翻阅。"按此为万历三十四年黄吉士重刻本。据刘曰梧、徐申二序，原书刻于万历三十三年春，相距不过一年。……陈邦瞻序（万历三十三年）。刘曰梧序（万历三十三年）。徐申序（万历三十三年）。

案：据王重民《中国善本书提要》所云“原书刻于万历三十三年春”，则此书之著成，当在本年以前。

卜世昌、屠衡《皇明通纪述遗》刊刻。

冯梦祯《皇明通纪述遗序》：昔班孟坚之作《汉书》也，初草创为私史耳。县官亟褒借之，给笔札兰台，进为公史。嗣后，饮流栖谷之彦，人纪载而家纂修，然气衰而体弱，掇拾断烂，无可采者。惟我二祖列圣，统运二百余年，文教翔洽，海内文章之士，蒸蒸乎两京之遗焉，毋论诸文学侍从之臣，分曹校雠，焕然烂然，他若裒谈琐、缀野记野闻诸种，无虑百家，俱足以觐扬烈光，鼓吹明盛。独其好怪而诞，挟郄而诬，轻听而舛，其识浅，其文不雅驯，缙绅先生多置弗录。及若巴陵之裁练，盐官之宏博，琅琊之精核，固已漂狐、赵而流左、马，荀秘书、袁东阳以下，直夜郎不啻矣。要以纪考传表，门分户列，一事原委，瞭然指掌，于一代政治本末阙如也，冣后而得一氏典则。其文直，其事核，纲举目张，庶几编年正史。然总其书若干万言，章奏竿牍居其强半，令读之者心厌之，以故陈氏《通纪》得执牛耳，而毗陵氏独祖述之，不虚矣。

余通家子卜生世昌者，甫束发，即嗜读班氏书，且时时从长老，考问朝家典故，及诸巨卿琬琰、家乘之详，间与其友屠生衡，暨从弟辈，扬扢今古，因取稗官丛说，伦鸠编次，疑者阙之，芜秽者裁之，鄙陋者文之，为卷一十有二，名曰《通纪述遗》。以补陈氏之未备，任述也，且任删也。自内庭斧扆，迄藩封夷虏，于凡吏治民风、忠魂谀舌、戚畹貂珰，美丑毕录，细大靡遗，含法旨于恢辞，寓正言于片语，微而直，隐而彰，义例立而道法兼，彬又质有其文矣！……万历乙巳孟冬望日，赐进士出身、朝列大夫、南京国子监祭酒、前左春坊左庶子兼翰林院侍读、纂修正史副总裁、侍班官、郡人冯梦祯撰。

卜万祺《皇明通纪述遗叙》：臣不佞，舞象雅慕说朝家典故，以及野史家乘，《庚己》、《褒谈》之类，颇属强记。而先大夫辈剔历中外，臣与臣兄世昌亦多所绍闻，每相与期许龙门遗响，未遑也。臣辄过兄昌，辄见其与友人屠衡，相对危坐，阖扉咿哦。忽一日，手示一编，曰《皇明通纪述遗》，而以叙属臣，谓志所期也。臣惟史职得失，国与野半。修之国而恣恣而真蔽，然其叙典而述宪，秩如也。修之野而臆臆而真失，然其削忌而徵实，侃如也。国家自孝庙以来，天下号称右文极治，而金匮石室之副，往往流传人间，海内文章之士，孰不人终、挚而家赵、狐，用是稗官小乘未易更仆数。然人鲜公平则郄而诬，逞而戾，识乏诠订则讹而舛，怪而诞，以至傅会则眯法于篇，剽窃则眯法于句。野亡史矣！非亡史也，夫人而为史也。起其衰者，毗陵、盐官、弇州三臣乎！毗陵之《宪章》，左氏例也，略而弗具也。盐官之所编与弇州之所集，则司马氏例也。从左氏例者，人或略而尚可徵；从司马氏例者，事易详而于天下大计不可以次第得。此臣兄《述遗》之旨也。曰之毗陵，而遗采者惧不胜采也；之盐官、弇州而纪传表志者愧弗敢赞也。此退而从东莞之后也。……始高皇帝启运，迄庄皇帝升遐，为卷一十有二，得年二百二十有奇。其间列圣耿光大烈、先公卿大夫琬琰所摭，以及礼乐征伐损益建制，亦既灿然，寡所挂漏矣。

乃说者有谓：史之难，在建文、景泰之际，国之大讳存焉。臣谓不然。五尺之童，度能前耳目而举而况。当旷荡之朝，夫又安所避忌？臣所谓难者，史之大纲，在不虚美，不隐恶，人欲公平而识欲诠订。大都古史之得在直，而今史之失在谀也，是则难耳。是编也，异日县官给笔札兰台，如汉班椽故事，两生自足千古。若臣剪陋无状，倘与一探中秘，窥国家之藏，得古终、挚、赵、狐其人者，为之执鞭从事，请尽收天下稗官小乘，别其异同，明其得失，如毗陵、盐官、弇州也者，诏而进之承明著作之庭，以当东观两《记》，备国史羽翼，诸是非谬于圣人而凭臆逞者，既投咸阳之炬，则史权归一，国与野两得其职矣。……万历三十三年岁在乙巳，秀水臣卜万祺谨叙。

《四库全书总目》卷四八，史部编年类存目：《明通纪述遗》十二卷，旧本一卷、二卷、四卷、五卷、八卷、九卷、十卷、十二卷皆题秀水卜世昌校订。三卷、六卷、七卷、十一卷皆题秀水屠衡校订。前有冯梦祯序，惟称世昌。又有卜万祺、屠隆二序，则兼称衡。盖二人合作，仿《新唐书》各署姓名例也。其书补东莞陈建《明通纪》之遗。起元至正十一年，终明隆庆六年。编年纪载，多捃拾稗史之言，冗杂特甚。如首卷多载元顺帝荒淫琐事，与明无关，殊失断限之义。又如以成祖征漠北时太监沐敬进谏之事窜入建文四年之末，则纪载之无法，可以概见矣。

今案：卜世昌另刻《皇明资治通纪全书》，包括陈建《皇明资治通纪》十四卷、卜大有《皇明续纪》三卷，及《皇明通纪述遗》十二卷。参阅中国公共图书馆古籍文献珍本汇刊史部《皇明资治通纪三种》，中华全国图书馆文献缩微复制中心1997年。

公元 1606 年 明神宗万历三十四年 丙午

陈邦瞻著成《元史纪事本末》。

《千顷堂书目》卷四，编年类：陈邦瞻《元史纪事本末》六卷。

《明史》卷九七，《艺文志二》正史类：陈邦瞻《元史纪事本末》六卷。

《四库全书总目》卷四九，史部纪事本末类：《元史纪事本末》四卷，明陈邦瞻撰。凡列目二十有七，其《律令之定》一条，下注一补字，则归安臧懋修所增也。明修《元史》，仅八月而成书，潦草殊甚。后商辂等撰《续纲目》，不能旁徵博采，于元事亦多不详。此书采掇不出二书之外，故未能及宋史纪事之赅博。又于元明间事，皆以为应入明国史，遂于徐达破大都、顺帝驻应昌诸事，皆略而不书。夫元初草创之迹，邦瞻既列于宋编，又以燕京不守，元帝北徂，为当入明史，是一代兴废之大纲，皆没而不著，揆以史例，未见其然。至至正二十六年，韩林儿之死，廖永忠沉之瓜步，洪武中宁王权作《通鉴博论》，已明著其事，不过以太祖尝奉其年号，嫌于项羽义帝之事，归其狱于永忠耳；邦瞻更讳之书卒，尤为曲笔。库库特穆尔自顺帝北迁之后，尚为元尽力，屡用兵以图兴复，故太祖称王保保真男子，以为胜常遇春，后秦王樉妃即纳其女；邦瞻乃以为不知所终，亦不免于失实。特是元代推步之法、科举学校之制以及漕运、河渠诸大政，措置极详；邦瞻于此数端，纪载颇为明晰，其他治乱之迹，亦尚能撮举大概，揽其指要，固未尝不可以资考镜也。

王重民《中国善本书提要》史部纪事本末类:《元史纪事本末》四卷，四册，明万历间刻本。原题:“高安陈邦瞻编，吴兴臧懋循补，勾吴徐申、豫章刘曰梧校。”按陈氏自序及徐申《宋史纪事本末》后序，知是书始纂于万历三十三年仲春，而脱稿于翌年孟秋，其间往复函商，则成书之期，犹促于《元史》。此本亦黄吉士所重刻。考是书纂成于万历三十四年孟秋，黄吉士等当重刻于孟冬也。徐申序（万历三十四年）。陈邦瞻自序（万历三十四年）。

诸葛元声著成《两朝平攘录》。

《千顷堂书目》卷五，别史类：诸葛元声《两朝平攘录》五卷。会稽人。（案：亦作《隆万两朝平攘录》。）

《明史》卷九七，《艺文志二》杂史类：诸葛元声《两朝平攘录》五卷。

《四库全书总目》卷五四，史部杂史类存目三：《两朝平攘录》五卷，明诸葛元声撰。元声，会稽人。是书凡纪五大事。考《明史》载隆庆五年三月己丑，封谙达为顺义王。六月甲寅，顺义王谙达贡马，告庙受贺。丙辰，谙达执赵全余党十三人来献。此书卷一纪其事。又万历元年九月丙戌，四川都掌蛮平。此书卷二纪其事。又万历二十年三月戊辰，宁夏致仕副总兵哱拜杀巡抚党馨、副使石继芳据城反。壬申，总督魏学曾讨宁夏贼。秋七月，以叶梦熊代之。九月壬申，宁夏贼平。十一月壬辰，御午门受宁夏俘。此书第三卷纪其事。又万历二十年五月，倭犯朝鲜。二十一年正月，李如松攻倭于平壤，克之。四月，倭使小西飞纳款。二十四年九月，平秀吉复攻朝鲜。二十六年十二月，总兵官陈璘破倭于乙山，朝鲜平。此书第四卷纪其事。又万历二十五年七月，杨应龙叛，掠合江、綦江。二十八年二月，李化龙帅师分路进讨播州。六月，克海龙囤，杨应龙自缢，播州平。是书第五卷纪其事。卷首有万历丙午商浚序。考丙午为万历三十四年，则元声之成是书，得之目睹为多也。

沈德符著成《万历野获编》。

沈德符《万历野获编序》：余生长京邸，孩时即闻朝家事，家庭间又窃聆父祖绪言，因喜诵说之。比成童，适先人弃养，复从乡邦先达，剽窃一二雅谈，或与陇亩老农，谈说前辈典型，及琐言剩语，娓娓忘倦，久而渐忘之矣。困阨名场，梦寐京国，今年鼓箧游成均，不胜令威化鹤归来之感，即文武衣冠，亦几作杜陵夔府想矣。垂翅南还，舟车多暇，念年将及壮，邅回无成，又无能著述以名世，辄复紬绎故所记忆，间及戏笑不急之事，如欧阳《归田录》例，并录置败簏中，所得仅往日百之一耳。其闻见偶新者，亦附及焉。若郢书燕说，则不敢存也。夫小说家盛于唐而滥于宋，溯其初，则萧梁殷芸始有小说行世。芸字灌蔬，盖有取于退耕之义，谅非朝市人所能参也。余以退耕而谈朝市，非僭则迂，然谋野则获，古人已有之，因以署吾录。若比于野人之献，则美芹十论，当时已置高阁，非吾所甘矣。编中强半述事，故以万历冠之。万历三十四年丙午仲冬日，沈德符题于瓮汲轩。

《千顷堂书目》卷五，别史类：沈德符《野获编》八卷。一名《万历野获编》，以多纪万历事也。别本二十四卷。

《明史》卷九七，《艺文志二》杂史类：沈德符《野获编》八卷。

公元 1607 年 明神宗万历三十五年 丁未

《读史漫录》等作者于慎行卒。

叶向高《于公慎行墓志铭》（见焦竑《国朝献徵录》卷一七）：公讳慎行，字无垢，一字可远，别号谷山。……辛酉举省试第六人。……戊辰第，选庶吉士。……庚午授翰林编修，纂修《肃皇帝实录》。明年请急归。又明年，召修《穆皇帝实录》。甲戌同考礼闱。穆史成，以劳赐金币。晋翰林院修撰，编纂六曹章奏。《会典》重修，公为纂修官。……充日讲官。……公主讲唐史，每至成败得失之际，未尝不反覆论说，上辄为竦听。……丙了进翰林院侍讲。明年，世史成，加俸一级……久之，乃进左谕德。……乙酉典试南畿，晋翰林院侍讲学士。丙戌读廷试卷，晋礼部右侍郎兼侍读学士。……随转左。……己丑……改吏部掌詹事府，甫莅任，即擢礼部尚书兼学士。……至丁未岁，廷推阁臣七人，公为首，乃被命以太子少保，礼部尚书兼东阁大学士入辅政，公再辞，不允。……公生于嘉靖乙巳九月二十九日，卒于万历丁未十一月二十二日，得年六十三。……所著……有《春曹奏议》、《读史漫抄》、《经筵讲章》、《兖州志》、《笔麈》、《史摘》若干种，皆宏博精核，成一家言，当次第传于世。

《明史》卷二一七，《于慎行传》：于慎行，字无垢，东阿人。年十七，举于乡。……隆庆二年成进士。改庶吉士，授编修。万历初，《穆宗实录》成，进修撰，充日讲官。故事，率以翰林大僚直日讲，无及史官者。慎行与张位及王家屏、沈一贯、陈于陛咸以史官得之，异数也。……进左谕德，日讲如故。……由侍讲学士擢礼部右侍郎。转左，改吏部，掌詹事府。寻迁礼部尚书。……十八年正月疏请早建东宫，出阁讲读。……慎行引罪乞休。……家居十余年，中外屡荐，率报寝。三十三年始起掌詹事府。疏辞，复留不下。居二年，廷推阁臣七人，首慎行。诏加太子少保兼东阁大学士，入参机务。再辞不允，乃就道。时慎行已得疾。……数日卒，年六十三。赠太子太保，谥文定。

叶向高《读史漫录·原序》：余赞纶扉实，从文定于公后。亡何，公殁，而余伥伥焉至于今。每独居深念，辄恨不得起公九京而与之提挈也。公少擅誉圣童，博极群书，方操觚即能论叙古今之纪，慨然有志当世。及读中秘，益明习朝家掌故。……作为《史摘》、《笔麈》，借鉴千秋，旁镜当代。……公尝以其《读史漫录》属门人孝廉郭应宠编次，兹孝廉锓以传，而请余弁简端。……福唐叶向高撰。

黄体仁《读史漫录·原序》：余每谓以今论今，不若以古论今。……余雅知公素以天下为己任。……适天子万寿，余以祝厘行道经东阿。公子中舍君俨然廷辱曰："先君子遗言种种，颇流传人间，更有《读史漫录》，微词隐义，不无忌讳。先君子每叹司马子长《史记》为藏山之草，非遇杨恽不传。是《录》也，其在使君乎！"余受而卒业，盖上自混元初辟，下迄余气闰位，悉网罗而衮斧之。……万历甲寅秋七月既望，赐进士出身中宪大夫，山东等处提刑按察司副使兼布政司右参议分守东兖道云间后学黄体仁撰。

谢肇淛《读史漫录·原序》：盖不佞阅《读史漫录》，而叹文定公志业之未竟也。史者，上下数千年间，纸上一陈迹耳。……上下数千年间理乱兴衰之故，未尝不详哉其言之也；天命之去留，人心之淑慝，与夫疆场情形，制度沿革，未尝不反覆道之也。……不佞行部时，尝获侍公谷城园中……于今十五年矣。……吾友郭孝廉既编次是《录》以授梓，而公子中翰君复求不佞言为序。嗟夫！不佞何能赞公之一词，但恐后之学者未能察公之志，而与其占毕浮靡成一家言者，同声而共赏之也。万历甲寅仲秋朔，晋安后学谢肇淛谨序。

《千顷堂书目》卷五，史学类：于慎行《读史漫录》十四卷。又别史类：于慎行《谷山笔麈》十八卷。门人福唐郭应宠编次。

《明史》卷九七，《艺文志二》史抄类：于慎行《读史漫录》十四卷。又杂史类：于慎行《谷山笔麈》十八卷。

《四库全书总目》卷九〇，史部史评类存目二：《读史漫录》十四卷，明于慎行撰。……是书评论历代史事，起伏羲氏，至辽金元，所论无甚乖舛，亦无所阐发。目录后有门人郭应宠题识，称是书先梓于闽，未经雠校，后其子君图与《笔麈》同锓以行，应宠又于慎行遗稿中搜得《读史》五十通补入云。

《四库全书总目》卷一二五，子部·杂家类存目二：《笔麈》十八卷，明于慎行撰。……此编乃其退居谷城山中时所著，凡分三十五类，所纪多明代故典，亦颇及杂记。

公元 1608 年　明神宗万历三十六年　戊申

徐学谟约于本年著成《世庙识余录》。

《明进士题名碑录·嘉靖二十九年庚戌科》："徐学诗（后改名学谟），直隶苏州府嘉定县民籍。"（案：另有名徐学诗者，上虞人，嘉靖二十三年进士，《明史》

卷二一〇有传。)

《千顷堂书目》卷五，别史类：徐学谟《世庙识余录》二十六卷。

《明史》卷九七，《艺文志二》杂史类：徐学谟《世庙识余录》二十六卷。

《四库全书总目》卷二八，《春秋》类三：《春秋亿》六卷，明徐学谟撰。学谟，字叔明，嘉定人，嘉靖庚戌进士，官至礼部尚书。

《四库全书总目》卷五三，杂史类存目二：《世庙识余录》二十六卷，明徐学谟撰。……是书乃其归田以后所作，记嘉靖一代之事。学谟练习典故，于《世宗实录》多所驳正。如谓瑞州知府宋以方为宸濠所杀，而国史误称赴水死；谓汪鋐通李资坤贿曲媚张孚敬，国史以为内行修洁者，不足信；谓仇鸾之戮，由徐阶密揭，作史者不及知；谓杨继盛劾严嵩疏中，显指陆炳，国史以私没其姓名，谓郭希颜虽以邪说取死，亦由严嵩倾陷，史臣评驳稍涉苛刻；谓沈坤以桀骜被劾，国史曲为辨雪，未免党护；谓任环忠义之士，能遇贼直前，国史谓其俘斩甚众，亦为失实；谓抗御史黄廷聘之陈安，乃湘潭知县，国史误记为衡山；谓议礼诸臣，互有得失；谓郭郧专权骄恣，而能不受馈遗，未尝无一节可取。均与史臣所记，互有异同。然学谟在世宗时，尝为礼部祠祭司郎中，第十九卷中载拒王金之赂，及抑咎义金事，所云郎某者，即学谟自谓；又学谟为荆州知府，以拒景王征沙市地租事得罪，第二十四卷中亦具载之，称沙市本不在景王所给庄田之数，王上疏密窜入其中，司农莫之省，独学谟执不肯与云云。皆自述所长，明标简牍。刘知幾《史通叙传篇》谓扬雄以降，其叙也始以夸尚为宗，身兼片善，行有微能，皆剖析具言，一二必载，岂所谓宪章前圣，谦以自牧？绳以是义，殊于体例有乖。又赵文华之攘功卸罪，构陷张经，其事炳然在人耳目，而学谟以为史臣所记，过甚其词，亦不免恩怨之私，未孚公论也。

王重民《中国善本书提要》史部杂史类：《世庙识余录》二十六卷，八册，明万历间刻本。原题："资政大夫、太子少保、礼部尚书臣徐学谟谨辑。"自序。徐无瑕序（万历三十六年）。

公元1609年 明神宗万历三十七年 己酉

《诸儒学案》作者刘元卿卒。

《明史》卷二八三，《儒林二》：（刘）元卿，字调父，安福人。举隆庆四年乡试。明年会试，对策极陈时弊，主者不敢录。张居正闻而大怒，下所司申饬，且令人密诇之，其人反以情告，乃获免。既归，师同邑刘阳，王守仁弟子也。万历二年，会试不第，遂绝意科名，务以求道为事。既累被荐，乃召为国子博士。擢礼部主事，疏请早朝勤政，又请从祀邹守益、王艮于文庙，厘正外蕃朝贡旧仪。寻引疾归，肆力撰述，有《山居草》、《还山续草》、《诸儒学案》、《贤弈编》、《思问编》、《礼律类要》、《大学新编》诸书。

邹元标《愿学集》卷六上《明诏徵承德郎礼部主客司主事泸潇刘公墓志铭》：……公讳元卿，字调父，初号旋宇，既号泸潇。先世为安成南溪人。……生嘉靖甲辰三月，终万历己酉七月，享年六十六。……所著有《山居草》、《还山续草》、《大象观》、《诸儒学案》、《贤弈编》、《六鉴举要》、《国史举凡》、《晤语测言》、《思问编》、《何莫编》、《先正义方》、《礼律类要》、《明贤宗解》、《婺江证学》、《大学新编》行世。……

刘元卿《诸儒学案序》：昔者孔子罕言性，门弟子至以为不可得闻；偶一言之，第谓性相近而习相远。乃辑《鲁论》者，首曰学，曰时习。意殆以“学而时习”为尽性耶？呜呼，何其显也！下迨战国，言性者纷纷矣，孟子独道性善。顾其言性也，言乎恻隐、羞恶、辞让、是非之心，而且明言尽其心者为知性，抑又何其显也！孔孟而后，溺其旨矣，窃有积惑于斯，累结而未尝汰者。尝试妄述之，以证诸有道。今夫性非可见，奚以后之言性者，敝敝焉惟恐其弗可见也者。性非可得闻，奚以后之言性者，呶呶焉务令为可闻也者。有则称“主静”矣。夫人生而静，安所加一“主”为？有则称“识仁”矣。夫仁者人也，何处著一“识”为？其他言定性，言涵养，推以类求之，愈凿愈深，则又有言“自聪自明，本心具是”者。乃当时或疑其堕于禅，于是外索之穷理矣。穷理之学尊而信于域中者，盖三百有余年，乃后稍虞其失之支也，复反而冥契于内，安知他日不又以为堕于枯也，将且更索之外乎？然则是穴中之斗，终无已时耶？乃今知孔孟之学之大也乎！夫不必言性，不必不言性，言外未尝非内，即言内又未尝非外，斯或圣与儒之所由歧者耶？虽然，诸儒固皆求曙于圣路者，世无孔孟，将安取衡？吾姑为数先生具案云尔。若夫判断圣、儒，令予之积惑且汰也，今虽老犹庶几旦暮遇之焉。安福后学刘元卿自序。

《四库全书总目》卷九六，子部儒家类存目二：《诸儒学案》八卷，明刘元卿撰。……是书辑周子、二程子、张子、邵子、谢良佐、杨时、罗从彦、李侗、朱子、陆九渊、杨简、金履祥、许谦、薛瑄、胡居仁、陈献章、罗钦顺、王守仁、王艮、邹守益、王畿、欧阳德、罗洪先、胡直、罗汝芳二十六家语录，而益以耿定向之说。元卿，定向弟子也。其学本出于姚江，程朱一派，特择其近于陆氏者存之耳。

今案：是书收入《续修四库全书》第512册，著录为：《诸儒学案》不分卷，明刘元卿辑，影印中国科学院图书馆及首都图书馆藏明万历刻刘应举补修本。又收入《四库全书存目丛书》集部第12册，著录为：《诸儒学案》二十五卷（存二十二卷），（明）刘元卿辑，首都图书馆中国科学院图书馆藏明万历刻本。所据版本来源相同，然二本相校，却有些许差别。《四库全书存目丛书》收入之书，除刘元卿自序外，另有一不具名之序，版心署“一味序”，末署“万历丙申之仲春”。卷首“周濂溪先生要语”下有“共八本”三字。以上二点，均不见于《续修四库全书》所录之书。细审二本，原书实不分卷，故著录应以《续修四库全书》为是。《四库全书总目》谓是书辑二十六家语录，核以上述二本，多金履祥、许谦二家。然则四库馆臣所见之本，非刘应举补修本，或即初刻本。《总目》谓是书八卷，殆因原书有八本之故耳。“一味序”，语意欠分明，似有脱文。

公元1610年 明神宗万历三十八年 庚戌

《鼎锲赵田了凡袁先生编纂古本历史大方纲鉴补》题为袁黄之名刊行。

朱鹤龄《愚庵小集》卷十五，《赠尚宝少卿袁公傅》：公讳黄，字坤仪。……公少失怙，苦学，善属文。祖赘嘉善殳氏，因补其邑诸生，名藉藉起。……隆庆丁卯，选贡入南雍，举庚午乡试。负笈者云集，指授文规，往往得隽去。万历丙戌，始成进士，时年五十三矣。公学通古今，谈时务凿凿。甫释褐，奉总宪札，与常熟宫坊赵公用贤共议清核苏松钱粮。……戊子，谒选得宝坻知县。……壬辰，以大中丞蹇达荐，特召为兵部职方司主事。适倭躏朝鲜，朝廷大举东征，甫到部，经略蓟辽宋应昌疏请赞画军前，兼督朝鲜兵政。……未几，竟中拾遗疏劾为令时纵民逋赋，革职归田，十余年卒，年七十有四。天启改元，大冢宰赵公南星追叙东征功，得赠尚宝司少卿。生平著书甚富，多散佚，今惟《两行斋集》、《历法新书》、《群书备考》梓行。……公博学尚奇，凡河图、洛书、象纬、律吕、水利、河渠、韬黔（今案：“黔”应作“钤”）、赋役、屯田、马政，以及太乙、奇门、六壬、岐黄、勾股、堪舆、星命之学，莫不洞悉原委。……

题为袁黄《历史纲鉴补引》：自书契之作，即有史书。坟典而上，九丘、八索，荒乎邈矣。迨周中叶，列国有史，周天子不能命太史氏统而一之，孔子乃因鲁史，修《春秋》，纪事挈要，义严一字，直提其纲耳。左氏继为传，以发明之，目益以详。说者谓《春秋》为经中史，信哉！嗣是班、马、蔡、范，卓乎有声，而《晋书》、《唐鉴》、《新、旧唐书》、《日历》、《中兴记》、《五代史》、《十九史》，莫不炳炳烺烺，鼓吹休明，然人擅一局，代成一制，卒未有合其涣，析其衷，裒然集一大成者。于是司马氏《通鉴》作焉，盖继获麟之后，起威烈，迄五代，编年叙事，君经臣纬，代兴亡，政治乱，人邪正，历历如指诸掌。信哉！其成良史之名也。紫阳氏复取温公《通鉴》，著为《纲目》，而诸史所载，悉皆斧斤而绳墨，榱桷而椽桁之益大备矣。彼其纲祖《春秋》以揭义，目宗《左氏》以汇事，程量万品而严片言，挥霍三长而谨只字，正而公，精而核，虽谓《纲目》于麟经有光可也。顾二书俱托始于初命三晋，诚慨周衰秦并之渐，为世道更变之大机括，而于邃古渺茫，则重言之，且又俱止五代，而于宋事独阙如，以俟后之君子，亦《春秋》书鲁事，多微词，以见意之义也。然邃古无载，久则益湮，宋后无纪，远而愈漫。是以仁山金氏据《书》，断自陶唐以下，接于威烈之前，名曰《通鉴前编》。道原刘氏又起，《三皇本纪》止周共和，述为《通鉴外纪》。宋则李仁甫之《通鉴长编》，元则陈子桱之《通鉴续编》，皆以补温公之未备。至我明素庵商公之《续编宋元纲目》，又嗣紫阳而有作之。数公者，虽瑕瑜互存，雌黄时有，然古今乌可无此大纪载也。愚谓《春秋》经圣人笔削，业已尊为经矣，未易以史目之；《史》、《汉》而下，止纪一代事，勒一家言者，无论已。若《纲目》足继获麟绝笔，而《通鉴》实为之前茅，故紫阳，孔氏之素臣，而涑水，朱氏之伯兄，金、刘、李、陈、商诸公，又马、朱二氏之玉友也。臣主弟兄，不合并之一家，可为大方家乎？余是以不揣鄙陋，取诸史而采辑之，以纲标其大义，以目与鉴详其颠末。自周以前，合《编》、《纪》而采其粹；宋元而后，参商、陈而纂其全。如轮辕辐毂之于车，合以成其载；如肤发脏腑之于身，合以成其体。使上可资黼扆之金镜，而下可作衿绅之元龟。又奚啻网罗今古，美鼎脔而饰珠椟为哉！若夫删述之精，文约而事该，法戒之明，词严而义备，其足为诸史功臣与否，则以俟夫千秋万世之知我者，又奚容自张为。时万历三十四年丙午夏四月，赵田逸农了凡袁黄书于游艺塾。

韩敬《叙袁先生纲鉴补》：……涑水修事于《通鉴》，考亭按义于《纲目》，榷往古者宗焉。二书虽体裁各殊，编记稍异，大要相为表里，非若《史》、《汉》二纪，或质而事核，或隐而事详，判然自尔迥异也。袁师了凡，尝取《史》、《汉》之异者，为之定本矣。兹复为《纲鉴补》，汇其编年，次其事绩，词因旧文，条分《纲》、《鉴》，详之乎为后学羽翼也。师之言曰："射策兴于汉，而实行始衰；制义兴于宋，而实用始缺。迄今制科，途虚为实，饰伪为真，一陈之后，刍狗视之，非直刻舟、绣虎已也。今天下名盛而实衰者，经义是也；名有而实无者，史学是也。江河日下，势将安极？"吾师忧焉，为之述古史，徵往事，寄思深而回世远矣。……书历三年后成，而老师亦以是年绝笔。痛哉！闽建余君文台，慷慨豪侠，行义好施，夙与师有通盟谊。其二三伯仲郎，俱以文学名，而长君君及屡试辄冠，翩翩闽中祭酒，束装千里，来购是书，适师大归矣！大孝若思，君不忍读其书，属余订而授之梓，并为序。万历庚戌年仲夏月之吉，归安门人韩敬百拜谨撰。

王重民《中国善本书提要》，史部编年类：《鼎锲赵田了凡袁先生编纂古本历史大方纲鉴补》三十九卷、卷首一卷：十二册（北大），明万历间刻本。原题："宋京兆刘恕《外纪》，兰溪金履祥《前编》，明赵田袁黄编纂，潭阳余象斗刊行。"卷三《周纪》题："宋涑水司马光《通鉴》，考亭朱熹《纲目》，明赵田袁黄编纂，潭阳余象斗刊行。"卷二十八《宋纪》题："元四明陈桱《通鉴》，明淳安商辂《纲目》，赵田袁了凡先生编纂，潭阳余象斗刊行。"卷末有："万历庚戌仲冬月双峰堂余氏梓行"牌记。卷首有《凡例》云："《纲》、《鉴》二书，古未有合编者，合之者自荆川唐老师始。"又云："周烈王以前，宋、元以后，《纲》、《鉴》俱未载，则用金履祥之《前编》，刘恕之《外纪》以开之于首；用陈桱之《续通鉴》，商辂之《续纲目》，以绍之于终。"又有韩敬序云："书历三年后成，而老师[指袁黄]亦以是年绝笔，痛哉！闽建邑余君文台，慷慨豪侠，行义好施，夙与袁有通盟谊。其二三伯仲郎俱以文学名，而长君君及屡试辄冠，翩翩闽中祭酒，束装千里，来购是书，适师大归矣！"按此本当为余象斗第三刻。第一刻托名李廷机，第二刻又改从吉澄校刻本分卷[此本也有在第一刻之前之可能]，此第三刻又全翻第一刻[即托名李廷机之本]，而又改托袁黄，并抬出根源，谓周威烈王以前本之《外纪》、《前编》，宋元则用《续通鉴》、《续纲目》，其实第一刻本来如此，此不过借以阐述袁黄编纂之功耳。其实袁黄、韩敬俱是托名，此第三刻实则翻第一刻耳。所不同者，第一、二卷史文分标"编"、"纪"、"经"，第二卷以后则分标"纲"、"目"、"鉴"耳。余象斗自万历二十八年至三十八年，十年之间，三刻是书，三次更换名目，无非欺骗读者，冀多销售耳。

今案：据章宏伟《袁了凡生卒年考》（载《故宫问学》，紫禁城出版社2009年版）一文详考，袁黄，初名表，字庆远、坤仪、仪甫，号学海，改号了凡。生于嘉靖十二年癸巳（公元1533年）十二月十一日，卒于万历三十四年丙午（公元1606年）七月，享年七十四岁。又据王重民所考，是书为书贾伪托袁黄之赝书，袁黄、韩敬二序俱是托名。明代伪托名士本书刊行，乃书坊牟利之举，甚为普遍。但是否所有名士者皆决不编纂世俗畅行之书？亦难概断。

姚舜牧《史纲要领》刊行。

（乾隆）《乌程县志》卷六《人物》：姚舜牧，字虞佐，乌程人。领万历癸酉乡荐，慕唐一庵、许敬庵之学，自号承庵。所撰《四书五经疑问》，五易稿而成。令新兴，调广昌。……所著《家训》，真切过于颜氏。……年八十有五……逝。……

姚舜牧《裁定史纲要领间出小论序》：盖学者既穷经，则必读史矣。史载天地古今，固与经相出入者。孔子赞《易》，删《诗》、《书》，定礼乐，作《春秋》，人孰不称为经哉！而《易》该天道人事之始终，《书》叙帝王经济之大略，《诗》咏王风、颂至德，《礼》谨仪节、严举废，而一十二公之褒贬，关天常而植人纪，岂非史学之本始哉！知经之兼乎史，则知史之通于经矣，是硕儒所宜究心以经世务者。昭代令士子各占一经，摅制义，而论策诏表则统禀于《史纲》，其培养期待，岂不殷殷厚哉？乃士子往往喜玩《世说》、《稗官》、《耳谭》、《新语》，而《史纲》漫不加视。夫资美肖速者不览，则亦可侥幸矣。若论真儒实学，则必达上下，通古今，庶当机临变，猝应可以不误。盖古者，今之监也；史者，监之徵也。如唐虞三代，具载《诗》、《书》，学者举能道之，然时变日趋，而制度规恢，世有改易，三代之后，孰意有春秋战国哉！斯何等时也？其人习于纵横捭阖，又何等事也？而秦更酷烈，古道几废不存。汉兴，或正大纲，或举万目，垂四百年。而晋魏五代，中国而夷狄，鱼肉胥戕乎人命。唐兴，稍理三百年，而五代又禽搜而草薙。宋兴，苟安四百年，而奄奄弱息，常若履虎尾以虑其咥，而终陷于蒙古，无复世界。非我太祖再辟混沦，焉有人物哉？又焉有经史哉？幸今人物一新，经史具在，学者不玩古史，以考其治乱，将安所凭据以当世变哉？且秦以前无论已，即汉之宦竖、外戚、党锢，晋之风流，唐之闺门、藩镇，宋之新法议论，不有正人君子，不足支大厦之倾。即有正人君子，亦莫能挽已陷之辙，此岂非今之殷鉴哉！而学者可无留心于史学欤？盖今日虽席安承平，而貂铛纵横，习俗乖僻，法令不一，边备废弛，固大可虑矣。所赖维持其间，在俊杰之匡翼，而庙堂之上各主一议，略似乎宋之洛、蜀，山林之下遥执朝权，将几乎汉之标榜。此其可虑又有甚焉者。杞人能无隐忧哉？余杞人也，探讨五经之暇，漫取《史纲》，裁订要领，间出小论，以示儿曹。盖掇其要领，谓可知治乱之概也。偶书一二，谓涉猎之不可虚尔也，敢企涑水、五峰诸君子哉？……时万历庚戌仲夏之吉，乌程后学姚舜牧书于重订五经疑问处。

姚舜牧《来恩堂草》卷二，《史纲要领小论序》：予少读《史纲》，见其篇籍浩繁，穷经诸士子虽终年有不能殚其蕴者。于是辄忘固陋，大为删订，以昭示来学，名曰《史纲要领》。凡天下国家之大体，理乱兴衰之大幾，若春秋战国之争，暴秦之横，汉之党锢，唐之藩镇，宋之夷狄，宏纲大节，朱子、温公及胡五峰、致堂、双湖、苏老泉父子、吕东莱、真西山、尹起莘、邱琼山诸公，各有论断，不啻详且确矣。乃其中有情事之相戾，忠佞之相左。或关于道学之大者，而忽于表扬；或系于清议之正者，而略于评品；或明知其人之恶也，却因其子之贤而曲为之庇；或欲扬其后之美也，却以其臣之谏而曲以为谀。诸如此类，余辄笔数行其下，用以垂示来学。今年春夏之交，老闲无事，又读一过，见有史词之过其实，行谊之掩其真，谀悦反以为贤，忠良未蒙见录，或肩任忠义，大有益于时者，而遇非其主，或力维圣学，可有益于世者，而生非其时。又辄笔数行其下，为暴白而表扬之，并前所刻，名曰《史纲要领小论》。非敢望朱子、温公也，若生宋之时，与五峰、致堂、老泉、西山诸君子上下其议论，未审有一言之幾乎道否？

今案：据王重民考订，姚舜牧于公元1609年纂成是书，次年刊行。公元1613年，吴从先袭用本书的史文、注文，冒用李贽的名义，刊刻《史纲评要》一书。此桩公案，详参王重民《〈史纲评要〉与〈史纲要领〉》、《关于吴从先》（二文皆载《冷庐文薮》，上海古籍出版社1992年版）；崔文印《谈〈史纲评要〉的真伪问题》（载曾贻芬、崔文印《籍海零拾》，中华书局2010年版）。

《明大政纂要》作者谭希思卒。

《明进士题名碑录·万历二年甲戌科》：谭希思，湖广长沙府茶陵州军籍。

《明史》卷二二一，《袁洪愈传附谭希思传》：（谭）希思，茶陵人。历右副都御史，巡抚四川。

《千顷堂书目》卷四，编年类：谭希思《皇明大政纂要》六十三卷。字子诚，号岳南，茶陵人。万历甲戌进士，官御史。

《明史》卷九七，《艺文志二》正史类：谭希思《皇明大政纂要》六十三卷。

《四库全书总目》卷四八，史部编年类存目：《明大政纂要》六十卷，明谭希思撰。希思，茶陵人，万历甲戌进士，官至四川巡抚。是书所记，自洪武元年至隆庆六年，凡大事皆编年记载，每帝皆有论赞。

案：据《明人传记资料索引》（台湾“中央”图书馆编），谭希思卒于本年，年六十九。

《明儒学案》、《明史案》等作者黄宗羲生。

案：据《清史列传》卷六八，《儒林传下一·黄宗羲传》，黄宗羲卒于清康熙三十四年（公元1695年），年八十六，逆推之，知生于本年。

公元1611年 明神宗万历三十九年 辛亥

张铨著成《国史纪闻》。

《明史》卷二九一，《张铨传》：张铨，字宇衡，沁水人。万历三十二年进士。授保定推官，擢御史，巡视陕西茶马。以忧归，起按江西。

张铨《国史纪闻序》：臣生长僻乡，目不覩金匮石室之藏，耳不聆鸿儒耆硕之论，徵文徵献，无所取衷。庚戌岁，以上谷理官被徵，候命阙下。闲居无事，因得讨论国朝旧章，悉取诸书置之几案，参校异同，披沙拣金，聚狐择腋，更历寒暑始竣。虽识鉴未当，謭浅少文，而是是非非不敢违匹夫匹妇之公。……名之曰《国史纪闻》者，盖得之传述而不敢据以为信也。……万历四十八祺孟夏中旬，巡按江西监察御史臣张铨谨识。

案：据张铨自序，此书于“庚戌岁”始修，“更历寒暑始竣”，可知修成于万历辛亥，即万历三十九年。而《千顷堂书目》以张铨撰写自序之年代为著书年代，《四库提要》则以始修年代为成书年代，均误。

《千顷堂书目》卷四，编年类：张铨《国史纪闻》十二卷。万历四十八年巡按江西时辑。

案：此所云著书年代有误。

《明史》卷九七，《艺文志二》正史类：张铨《国史纪闻》十二卷。

《四库全书总目》卷四八，史部编年类存目：《国史纪闻》十二卷，明张铨撰。……是编起元至正十二年明太祖起兵濠州，迄于武宗之末，编年纪载，有纲有目。名曰《纪闻》者，铨自以职非史官，不得见实录记注，仅取各家之书，讨论异同，编次成帙，所谓得之传闻，而不敢据以为信也。书成于万历庚戌。至天启甲子，始刊行之。

案：此所云成书年代有误。

俞焕章、管一骖著成《读史图纂》。

《四库全书总目》卷五〇，史部别史类存目：《读史图纂》一卷，明俞焕章撰，管一骖删正。焕章，字文伯；一骖，字左仲，并宣城人。是书成于万历辛亥。凡列图五十有七，上起三皇，下迄明之神宗，各以世系、地域列而为图，其割据僭伪之国亦依各代附见，而历年甲子附焉。金、元二代无地图，疑长城以外考之未详。然辽代则有地图，其义例殊不可解。明代帝系之外，又增一世系图，叙所自出，亦《春秋》详内之意。惟自明太祖以下庙讳及神宗御名，一一明注于下，非惟不避，亦并不缺笔，则于礼殊为悖谬矣。

公元1612年 明神宗万历四十年 壬子

瞿九思著成《万历武功录》。

《明史》卷二八八，《瞿九思传》：瞿九思，字睿夫，黄梅人。……举万历元年乡试。……三十七年，以巡按疏荐，授翰林待诏，力辞不受。……乃撰《乐章》及《万历武功录》，遣（子）罕诣阙上之。

《千顷堂书目》卷五，别史类：瞿九思《万历武功录》十四卷。万历四十年八月神宗圣诞，九思以原授翰林院待诏诏进是书，及圣诞五衮《乐章》二十五篇。

《明史》卷九七，《艺文志二》杂史类：瞿九思《万历武功录》十四卷。

谢国桢《增订晚明史籍考》卷二：《万历武功录》十四卷，原题翰林院添注待诏瞿九思著。……据其自序云："方今水旱频仍，闾阎空竭，有司一不戒，诸群不逞。若楚刘汝国、吴罗朝广（今案：据瞿九思自序，脱“越丁仕卿”）、闽柯守岳、粤东林道乾、西杨秀、大梁车从（今案：应为“车宗孔”）、蜀九丝、秦杨戬、晋王汉臣、鲁侯沐封、滇（今案：脱“缅甸”）、夜郎安国亨等率往往陆梁鼓噪，如猬毛而起。岛夷播州之役，天戈凡再指，而后仅能定之，不无事矣，正虞书铺张舞两阶甯三危时也。九思识虑诚浅小，第所见仅及此，以故作兹录，为上五十寿。”就此序已可见万历间时局抢攘之情状。是书卷一至卷六，为北直隶、山东、山西、宣大镇、河南、陕西、宁夏、南直隶、浙江、江西、湖广、福建、广东、广西、四川、贵州、云南各地农民、矿徒、饥民、叛卒、白莲教、各少数民族之起义，卷七至卷十四为中三边、东三边、西三边鞑靼、瓦剌北方各民族之事迹，为研究明万历以来之农民起义及各族事迹，最足参考之书，不能因其文字驳杂而遽忽之。

公元 1613 年　明神宗万历四十一年　癸丑

《日知录》、《天下郡国利病书》等作者顾炎武生。

案：据《清史列传》卷六八，《儒林传下一·顾炎武传》，顾炎武卒于清康熙二十一年（公元 1682 年），年七十，逆推之，知生于本年。

王在晋《海防纂要》刊行。

王在晋《海防纂要序》：……今所为防倭要书，曰《筹海图编》，再缉为《筹海重编》，迩又纂为《海防类考》，谟略具载，而近事或有所遗佚。又其书漶漫，间出于书生之腹笥，而未亲质于矢石锋镝之场。余惟东南所最急者，无愈防海之一筹。环海生齿，日益蕃糜，而年来民不知兵，习于燕安窳隋，而武备多所阔略。辛丑之岁，晋甫受事闽南，倏忽警至。……顷者，于役于浙，大中丞淄川高公，时进小子晋抵掌以谈军旅。会城水陆军民兵十六营屯哨队，时奉军令，指麾调度，筹画机宜，间常窃取载籍，旁搜统括，并述中丞公所为诹咨计议有关海务紧要者，汇为一书，分十有三帙，名曰《海防纂要》。……万历岁次癸丑孟秋之吉，赐同进士出身嘉议大夫、浙江等处提刑按察司按察使、前以倭功升级、奉敕提督湖广学校、黎阳王在晋撰。

王在晋《海防纂要凡例》：一、自少保梅林胡公徵昆山郑若曾辑《筹海图编》，制府萧公命晋江邓钟辑《筹海重编》，督抚刘公命海道范公涞辑《海防类考》，凡御侮机宜有成书之可按矣。然其间冗而非要者，存之旧编，以备考略，而未详者收之新刻以补遗。是编也，合三书而寓目焉。海防要务，庶可穷其梗概矣。……

公元 1614 年 明神宗万历四十二年 甲寅

董复表于本年前编成《弇州史料》。

董复表《纂弇州史料引》：伏睹王弇州先生好言史，自入仕以至三事，撰构种种，当代史学之富，无踰先生，而不及成史一二。梓行之者，漫置诗文集中，卒为诗文所掩。海内拱璧先生之诗文，而莫举其史笔，其它传录又以避忌秘之，遂使先生一代大业若存若亡，一生苦心几为乌有。爰不自揆，特揭而出之，与先生诸秘录汇为此纂。噫！以先生未竟之志，此纂者可传神以异日，自有绍明先生之业者，则此纂终当蛇足矣。董复表谨识。

《千顷堂书目》卷五，别史类：董复表汇次《弇州史料》前集三十卷、后集七十卷。字章甫，华亭人。

《明史》卷九七，《艺文志二》杂史类：万历中，董复表汇纂诸集为《弇州史料》，凡一百卷。

《四库全书总目》卷六二，史部传记类存目四：《弇州史料》三十卷，明董复表编。复表，字章甫，华亭人。是书皆采掇王世贞文集、说部中有关朝野记载者，裒合成书，无所考正。非集非史，《四库》中无类可归，约略近似，姑存其目于传记中，实则古无此例也。然世贞本不为史，强尊为史，实复表之意。胡维霖《墨池浪语》称《弇州史料》，“凡请弇州作传志者，虽中材亦得附名；未请传志，虽盖代勋名节义，亦所不载。后之耳食，未可以此为定案”云云，是又误以为出世贞之意，非其实矣。

王重民《中国善本书提要》史部传记类：《弇州史料》前集三十卷、后集七十卷，七十九册，明万历间刻本。原题：“琅琊王世贞纂撰，华亭后学董复表汇次。”陈继儒序云：“予雅辱先生后死之托，少思诠次，而仆仆无清暇。吾友董章甫则汇而成之，私署曰《弇州史料》。其前载年表、志考、世家、列传，公皆为史而史者也；其后撮志、状、碑、表为故实，而以丛记记录附之，公虽不史而可以入史者也。”今按前集所采多自别集，后集则半自《四部稿》，半自别集。他如《笔记》、《觚不觚录》，亦多所采摭。又按《存目》仅载前集。杨鹤序。李维桢序。陈继儒序（万历四十二年）。又，《弇州史料》前集三十卷、后集七十卷，三十册，明万历间刻本。原题："琅琊王世贞纂撰，华亭后学董复表汇次。"按《存目》仅著录前集三十卷，非全本。余检阅是书诸序，又照以《明史》卷二百六十《杨鹤传》，知是书为万历四十二年所刻。此本则刷印稍后。杨鹤序。李维桢序。陈继儒序（万历四十二年）。董复表序。

案：按王重民先生所云"是书为万历四十二年所刻"，则其编成当在本年以前，故编于此。

周永春辑成《万历丝纶录》。

王重民《中国善本书提要》史部政书类：《万历丝纶录》六卷，十二册，明万历间刻本。原题："礼科都给事中东鲁周永春辑。"永春，金乡人。……永春官礼垣时，抄辑敕谕六曹圣旨，依曹编辑，始万历元年，迄四十二年，六曹各自起叶数，故当为六卷。《礼记》："王言如丝，其义如纶。"命名之义本此。……张问达序（万历四十二年）。自序（万历四十一年）。

公元 1615 年　明神宗万历四十三年　乙卯

黄汝亨纂成《廉吏传》。

黄汝亨《廉吏传序》：闻夫大道无名，至德不称。廉者，道之一隅，非通士所贵，贤圣所尊异也……尚论者独绳督于人吏，而表著其廉，所以扬清风、惩败类，使夷、跖分途，治乱澄象，泾渭画然，为世劝戒，此《廉吏传》之所以作也。故曰：举世混浊，清士乃见……然廉不同种，各有分予不同，略各有建树，又不同量，各有广狭。余乃搜集正史，考其行事，核其情性，纠其归宿，列为上、中、下三等，各著于篇。其小廉大害、似廉真蠹，为世教戮辱者附见之。即有钜公高贤，史不兼载，行无实迹，不敢漫录，俟后之君子讨论而嗣广焉。万历乙卯春三月，武林黄汝亨撰并书。

《千顷堂书目》卷一〇，传记类：黄汝亨《廉吏传》。仁和人，参议。

《四库全书总目》卷六二，史部传记类存目四：《廉吏传》（无卷数），明黄汝亨撰。……是书以宋费枢所作《廉吏传》，自春秋迄五季止，百十有四人，尚为缺略。因搜采诸史五季以前，增入三十三人；又考宋、元二史，续载六十四人，各以时代为序。复以旧传不分优劣，乃定为三等，于传首姓名之上，各署上、中、下字以别之。正编之外，又有《廉蠹》一编，所载为郅都、张汤等十人，亦有评语。姓名之上，则署以酷、谲、陋、忍、赃、奸诸字，体例颇为杜撰。传末附评一二语，亦皆肤浅。且汝亨既因费枢旧本增辑成编，自当以孰为原书，孰为续补，分别标识，乃混而为一，但署己名，尤不免于掠美矣。

今案：黄汝亨曾编纂《古奏议》，事略见万历二十九年条。

建州女真首领努尔哈赤，指示其诸子学习历史知识。

《满文老档》太祖朝第四册，乙卯年十一月记载：……汗又谓诸子曰："凡明国、朝鲜、倭子、蒙古等诸大国帝王，累世持善修德而得势之例，或居心邪恶，重财贱德而失败之例，以及各种道统我皆闻知也。虽闻知此良典善语，尚未觉慊，仍欲再问、再闻也！尔等诸子之所闻所知，岂多于为父我耶？至良典善语，尔等纵有闻知，亦应勤加闻之记之。"

今案：以上引文据中华书局1990年3月版汉泽《满文老档》节录，这段记载体现了努尔哈赤对历史知识的强烈求知欲，并且要求其子重视历史知识。

公元1616年 明神宗万历四十四年 清太祖天命元年 丙辰

焦竑于本年前著成《国朝献徵录》（一名《国史献徵录》）。

《明史》卷二八八，《焦竑传》：焦竑，字弱侯，江宁人。为诸生，有盛名。从督学御史耿定向学，复质疑于罗汝芳。举嘉靖四十三年乡试，下第还。定向遴十四郡名士读书崇正书院，以竑为之长。及定向里居，复往从之。万历十七年，始以殿试第一人官翰林修撰，益讨习国朝典章。二十二年，大学士陈于陛建议修国史，欲竑专领其事，竑逊谢，乃先撰《经籍志》，其它率无所撰，馆亦竟罢。……皇长子出阁，竑为讲官。……竑尝采古储君事可为法戒者为《养正图说》，拟进之。同官郭正棫辈恶其不相闻，目为贾誉，竑遂止。竑既负重名，性复疏直，时事有不可，辄形之言论，政府亦恶之，张位尤甚。二十五年主顺天乡试，举子曹蕃等九人文多险诞语，竑被劾，谪福宁州同知。岁余大计，复镌秩，竑遂不出。

竑博极群书，自经史至稗官、杂说，无不淹贯。善古文，典正驯雅，卓然名家。集名澹园，竑所自号也。

顾起元《献徵录序》：古之良史，欲纪一代之事，必先储其材以待之。……若举一代王侯将相贤士大夫山林瓢衲之迹，巨细毕收，毋患湮蔓，实未有若澹园先生之《献徵录》者。先生天授异才，几邻殆庶，知通圣统，上比素臣，自首廷对领史官，毅然思有以自举其职。含毫相视，薄而不为，诚所谓业传二正，才擅三长者矣。会陈文宪公议修国朝正史，与王文肃公共欲以此事专畀先生，先生谓盖众独贤，固辞不可，遂与词臣分纪其事。然而先生胸中实具有成书，即文宪所建议规画，大抵皆发端于先生者也。于是取累朝训录、方国纪志与家乘野史，门分类别，采而缉之。自禁中之副，名山之藏，通都大邑之传，毕登于简，一代史材，犁然大备，兹录固其一尔。当是时，使先生从容禁林，次第笔削，日月不刊，唾手可冀。而为时所忌，归卧东山，广内之储匮而在笥。岂不惜哉！然先生意不忍忘，时为雠校，绪成其业，多至百二十卷。盖其目广于《列卿》者什五，其人多于《琬琰》者什七。至折衷是非，综校名实，阙疑而传其信，斥似而采其真，所谓"其义则某窃取之"，先生于此实有独鉴，异乎徒事网罗，靡所澄汰，爱奇好异，或滥情实者矣。学士大夫向往此书借观，至于简渝传写为之纸贵，乃从友人茅生之请，取畀之梓。然每类间为梓者有所裁避，先生意虽任之，而成书具存，异日发其大全，固可俟也。此录出，而一代之人材政事如指诸掌，览者资之为政鉴，作者资之为史材，如先生自谓者，所裨岂其微哉！……余诚愿上一日大开金匮石室，徵先生典之，绪成正史，垂诸万世，执此以往，先生得无意乎？即不然，而诏赐笔札，录副禁中、私家所藏，褒进为公史，如班书故事，固东汉以来作者之殊遘也。昔刘子玄手著《史通》，掎摭古人，不遗余力，至身为史官，以作非一人，诒书僚长，徒抱汗青无日之叹。如先生与众共业退矣，而犹思储一代之史材，以信今传后，人之度量相越，不亦远哉！天下事何不可为也，于是乃益信贤者之有益于人国矣。万历丙辰，同里晚学顾起元撰。

《千顷堂书目》卷一〇，传记类：焦竑《国史献徵录》一百二十卷。

《明史》卷九七，《艺文志二》传记类：焦竑《国史献徵录》一百二十卷。

《四库全书总目》卷六二，史部传记类存目四：《献徵录》一百二十卷，明焦竑撰。……是书采明一代名人事迹，其体例以宗室、戚畹、勋爵、内阁、六卿以下各官，分类标目；其无官者，则以孝子、义人、儒林、艺苑等目分载之。

自洪武迄于嘉靖，搜采极博。然文颇泛滥，不皆可据。又于引据之书，或注或不注，亦不免疏略。考竑在万历中尝应陈于陛聘，同修国史，既而罢去，此书殆即当时所辑录欤？

努尔哈赤于本年年初建立后金政权，号称“天任恩养众国英明汗”，并且开始以满文记录记事性的“汗的档子”。

《旧满洲档》“荒”字档乙卯年（1615）之记事中的插话：“sure a mba genggiyen han i ilibuha eiten hacin i sain doro be erdeni baksiejeme bitheleme gaiha an i bithe ere inu”，意思是：“额尔德尼巴克什把聪睿人英明汗所建立的一切善政取来予以记录，这是经常的书。”

今案：“汗的档子”是清入关前的满文史籍，即后来所称《旧满洲档》（或称“老档”），大体按时间顺序记录期政权及统治者之事，体现为一种具有本民族特色史学的萌发。上引资料声称将努尔哈赤的“一切善政”予以记录，并且是“经常的书”，表明记录“汗的档子”已经定为制度。而这样的制度应当与后金只是建立政权有关。在今存《旧满洲档》及依此抄写的《满文老档》中，天命元年前一年即乙卯年（公元1615年），记述内容丰富，且多为年代不明事务，是对无法确定年代的主要史事总结性追记，而自天命元年（公元1616年）开始显现为按时间进程记录的特征。额尔德尼的插话写在乙卯年（公元1615年），但大英明汗的称谓却是天命元年（公元1616年）才确定的，故此段插话实际写于天命元年（公元1616年），应是追述完此前史事之后书写。可知后金记录满文档册始于本年。详见乔治忠《后金满文档册的产生及其史学意义》，（载《社会科学战线》1994年第3期）。

黄起龙重订《莆阳文献》。

《四库全书总目》卷六一，传记类存目三：《莆阳文献》十三卷、《列传》七十五卷，明郑岳编，黄起龙重订。岳，字汝华，弘治癸丑进士。……起龙，万历戊戌进士。并莆田人。是书取莆田、仙游二县自梁、陈迄明著作诗文，辑为十三卷；又取名人事迹，成列传七十四卷。……后倭变书毁，起龙为之重锓，并附柯维骐所作岳传一首，为卷第七十五。岳书采摭繁富，义例颇仿史裁。然起龙讥其文内不载杨琅、林诚两御史之奏疏及黄仲元之《郭孝子祠记、墓表》；

传内载仕梁之徐寅《翁承赞》及永乐初梯荣献策之林环，而于《林光朝传》但纪其文集，而不及所著之《易解》、《尚书解》、《语录》、《说诗》等书，去留不无遗憾，则固确论也。

王重民《中国善本书提要》史部传记类：《莆阳文献》十三卷、《列传》七十五卷，六册，明万历间重刻本。原题："兵部左侍郎山斋郑岳编定，南京吏科给事中后学黄起龙重校梓。"侯清序（万历四十四年）。黄起龙序（万历四十四年）。

公元 1617 年 明神宗万历四十五年 丁巳

张燮著成《东西洋考》。

王起宗《东西洋考序》：昔輶轩使者握椠怀铅，采四方之方言谣俗，以备掌故，然皆震旦以内事耳。岛屿夐隔，波臣间之，自非躬履其地，未易辨悉。即履其地矣，自非深心远综，安能使万方千门指画无爽也。余备员清漳，谬司榷饷之役。盖漳，海国也。其民毕力汗邪，不足供数口，岁张艅艎，赴远夷为外市，而诸夷遂如漳窔奥间物云。同寅如城萧公署郡篆，每与余蒿目相将，图维舶政。间进商民，细询其疾苦。暇则粗及岛外事，时有新语，霏霏不绝。惜乎莫有善画者莫能图，而又窃讶诸国罗峙涨海外，大率尽此。据舶人所称引，何以从来多未通中国？乃先代贡夷由闽粤来朝者，又何以贾舶不至者多？意必传呼之讹，乃纪载阙然，良以增慨。谁为合之，又谁为分之乎？萧公谓余曰："子其图之。"已，稍稍闻前令陶君尝礼聘孝廉张绍和，载笔从事，功未及竣。时孝廉方灭景山栖，余强出之，俾竟斯局。自秋杪至冬终，凡四阅月，《考》既成而锲劂亦随就。……万历戊午人日，金陵王起宗书于三事余思轩。

萧基《东西洋考小引》：澄，水国也，农贾杂半，走洋如适市，朝夕之皆海供，酬酢之皆夷产。闾左儿艰声切而惯译通，罢袯畚而善风占，殊足异也。往岁，商苦珰苦胥，余条十三议上之，稍见苏。时诣予引核，间进而问徼外风土诸种种异。因介司饷金陵王君谋曰："是不可以无纪，并郡志所逸也。"于是，孝廉张绍和父博物善属辞，延之参咨搜稽。阅月，《二洋考》成，授梓。……时万历丁巳嘉平月之廿日，西昌萧基书于李署水心堂。

张燮《东西洋考凡例》：一、岛外诸国，惟交址、占城、暹罗、彭亨、吕宋、苏禄，舶人所称，尚沿故号。若下港之为爪哇，柬埔寨之为真腊，大泥之为渤泥，旧港之为三佛齐，马六甲之为蒲剌加，哑齐之为苏门答剌，思吉港之为苏吉丹，迟闷之为吉里地闷，文莱之为婆罗，猫里务之为合猫里，往往讹璞为朴，认鲁成鱼。是必质之方言，参之邻壤，验之谣俗、方物，始能得其主名，用心良苦。今于属掇，辄书古号。若标题某国，则仍依舶人给引之旧，使俗眼易于披阅，而里耳可以不惊也。

一、占城之先为林邑，在唐为环王；暹罗之先为赤土、婆罗刹，后又为暹与罗斛二国；爪哇之先为阇婆，亦曰社婆；三佛齐之先为干陀利；满剌加之先为哥罗富沙；苏门答剌之先为大食；即宿学不能综其变而名其源。欧阳永叔作《五代史》，尚误称占城前代不入中国，况竖儒哉！自非穷搜千卷，鲜不迷乱。余所称引，俱本于先正所论次而折衷之，非敢臆见，妄为牵合也。

一、诸国前代之事，史籍倍详，而明兴以来为略。即国初之事，掌故粗备，而嘉、隆以后为尤略。每见近代作者叙次外夷，于近事无可缕指，辄用“此后朝贡不绝”一语唐塞。譬之为人作家传，叙先代门阀甚都，至后来结束殊萧索，岂非缺陷，余每恨之。间采于邸报所抄传，与故老所诵述，下及估客舟人，亦多借资，庶见大全，要归传信。

一、列国各立一传，如史体。其后附载山川、方物，如《一统志》体。以其为舶政而设，故交易终焉。

一、集中所载，皆贾舶所之。若琉球、朝鲜，虽我天朝属国，然贾人所未尝往，亦不掇入。或曰日本、红夷，何以特书？书其梗贾舶者也。

一、司关者其人强半见在，不便立传。第贤者又不宜泯没，聊于各名下为志数语。其有碑可采者，亦附载名下，以见系思。倘碑出溢情，与本宦名实不相肖，则削不录。

一、纪税珰者何？曰：史不有《宦者传》乎？间一展卷，如久病暂苏，追念呻吟尝药之候，悲喜交集，乃国医之功，不可诬也。即附逐珰疏于后，如谱良剂焉。

一、舶人旧有航海《针经》，皆俚俗未易辨说，余为稍译而文之。其有故实可书者，为铺饰之。渠原载针路，每国各自为障子，不胜破碎，且参错不相联，余为熔成一片。沿途直叙，中有迂路入某港者，则书从此分途轧入某国。其后又从正路提头，直叙向前，其再值迂路亦如之。庶几尺幅具有全海，稍便披阅。若谓新丰之鸡犬识路，穆满之台榭积苏，则吾岂敢。

一、艺文、逸事，不载者尚多，无论搜剔所未及，即余自能睹记者，亦仅行其一脔，聊待后人之补入。张燮绍和识。

《四库全书总目》卷七一，史部地理类四：《东西洋考》十二卷，明张燮撰。燮，字绍和，龙溪人，万历甲午举人。……是书成于万历丁巳。仿宋赵汝适《诸蕃志》例，惟载海国之通互市者。首《西洋考》，凡十五国，又附录者四；次《东洋考》，凡七国，又附录者十二；次《外纪考》，为日本及红毛番，不通市，故别著之；次《税饷考》，分水编、陆编、职官、公署四子目；次《舟师考》，分内港水程、二洋针路、祭祀占验、水醒、水忌、定日恶风、潮汐七子目；次《税珰考》，纪神宗时内官高寀，通番蠹国劫官扰民始末最详；次《艺文》；次《逸事考》。其例，于交址、占城、暹罗、彭亨、吕宋、苏禄名与古同者，仍用古名；他若瓜哇之为下港，柬埔塞之为真腊，大泥之为勃泥，旧港之为三佛齐，麻六甲之为满剌加，哑齐之为苏门答剌，思吉港之为苏吉丹，迟闷之为吉里地间，文莱之为婆罗，猫里务之为合猫里，则并从今名，使通俗易检。每国先列沿革事迹，多与诸史相出入，如占城即古林邑，而《五代史》以为自古未通之类，亦颇有改正。大致与《明一统志》略同，而稍益以诸书，如闽部疏之误记燕窝菜，及小葛罗误称吉兰丹之类，咸附辨之。次列海船交易之例，则皆采自海师贾客之口，为传记之所未详。其《税珰》一篇，言利弊最悉；《水程》、《针路》诸篇，尤切于实用。惟明代控制外番，至为无术，无事则百计以渔利，有变则委曲以苟安，事事可为炯戒。而篇末诸论，乃称功颂德，曲笔实多，盖当时臣子之词，置而不论可矣。

今案：据薛澄清《明张燮及其著述考》（《岭南学报》第四卷第二期，1935年）一文考订，张燮字绍和，福建龙溪人，万历甲午举人。生于万历二年（公元1574年），卒于崇祯十三年（公元1640年），寿享六十七岁。又此书之成书日期，上引王《序》、萧《引》，虽貌似隔年，实际仅相差十余日而已，是书成于丁巳年末，而王《序》撰成稍有稽延也。

公元1618年　明神宗万历四十六年　戊午

《黔中平播始末》、《郡县释名》等作者郭子章卒。

《明神宗实录》卷五七二：万历四十六年七月……辛亥……原任贵州抚郭

子章卒。子章，江西泰和人，登隆庆辛未进士。由礼部官历郡守，镇抚黔中。复以平播功加大司马，袭金吾。文章勋业，亦灿然可观矣。

《明进士题名碑录·隆庆五年辛未科》：郭子章，江西吉安府泰和县民籍。

《千顷堂书目》卷五，别史类：郭子章《圣旨日记》五卷。……郭子章《黔中止榷记》一卷。……郭子章《西南三征记》一卷。……郭子章《黔中平播始末》三卷。又卷六，地理类上：郭子章《郡县释名》十六卷，又《古今郡国名类》三卷。又卷七，地理类中：郭子章《豫章大记》一百六十卷，又《注豫章古今记》一卷，又《豫章杂记》八卷，又《广豫章灾祥记》六卷。……郭子章《吉志补》二十卷。……郭子章《潮中杂记》十二卷，又《四贤潮语》四卷。……郭子章《黔记》六十卷，即《贵州通志》，万历甲寅著。又《黔小志》一卷，巡抚。又卷九，职官类：郭子章《官释》十卷。又食货类：《泉史》十二卷。……郭子章《剑记》一卷。……郭子章《马记》一卷。又卷一〇，传记类：郭子章《兴国县四贤传》一卷。又簿录类：郭子章《蠙衣生书目》二卷。

《明史》卷九七，《艺文志二》杂史类：郭子章《黔中止榷记》一卷、《西南三征记》一卷、《黔中平播始末》三卷。又职官类：郭子章《官释》十卷。又地理类：郭子章《郡县释名》十六卷、《古今郡国名类》三卷。……郭子章《注豫章古今记》一卷、《豫章杂记》八卷、《广豫章灾祥记》六卷。……郭子章《吉志补》二十卷。……郭子章《潮中杂记》十二卷。……郭子章《黔记》六十卷、《黔小志》一卷。

《四库全书总目》卷七，经部易类存目一：《蠙衣生易解》十四卷，明郭子章撰。子章，字相奎，号青螺，又自号曰蠙衣生，泰和人，隆庆辛未进士，官至兵部尚书。

《四库全书总目》卷五四，史部杂史类存目三：《平播始末》二卷，明郭子章撰。……万历间，播州宣慰使杨应龙叛，子章方巡抚贵州，被命与李化龙同讨平之。化龙有《平播全书》，备录前后进剿机宜。子章亦尝有《黔记》，颇载其事。晚年退休家居，闻一二武弁造作平话（原注：按《永乐大典》有“平话”一门，所收至伙，皆优人以前代轶事敷衍成文，而口说之），左袒化龙，饰张功绩，多乖事实，乃仿纪事本末之例，以诸奏疏稍加诠次，复为此书，以辨其诬。

《四库全书总目》卷六二，史部传记类存目四：《豫章书》一百二十二卷，明郭子章撰。是书盖江西之总志，全用史体为之。分大记二十卷，志二十二卷，表十卷，事纪二卷，列传六十八卷。前无序而有总目，其总目以为列传六十六卷，刊本误也。其体例盖本诸《华阳国志》，然冗杂太甚，去常璩所撰远矣。

《四库全书总目》卷七二，史部地理类存目一：《郡县释名》二十六卷，明郭子章撰。……其书以郡县地名，一一诠释其文义，文义可通，则略为训诂。如福州则云取百顺之名，永清则云取边境永清之类，皆固陋之甚。至不可解者则置而不言，亦何取于释名乎？

公元 1619 年　明神宗万历四十七年　己未

沈德符著成《万历野获编续编》。

沈德符《万历野获编续编小引》：今上御极已垂五十年。德符幸生尧舜之世，虽困出菰庐，然咏歌太平，无非圣朝佳话，间有稍关时事者，其泾渭自明，藿食者但能粗忆梗概而已。至于风气之转移，俗尚之改革，又渐与往年稍不同。盖自丙午、丁未间，有《万历野获编》共三十卷，弃置废簏中，且辍笔已十余年而往矣。壮岁已去，记性日颓，诸所见闻，又有出往事外者。胸臆旧贮，遗忘未尽，恐久而并未尽者失之，遂不问新旧，辄随意录写，亦复成帙，绪成前稿，名曰《续编》。仍冠以“万历”，其事亦有不尽属今上时者，然耳剽目覩，皆德符有生来所亲得也。昔吾家存中，身处北扉，淹该绝世，故《笔谈》一书，传诵至今。吾家石田，虽高逸出存中上，终以布衣老死吴下，故所著《客座新闻》，时有抵牾。德符少生京国，长游辟雍，较存中甚贱，而所交士大夫及四方名流，聚辇下者，或稍过石田，因妄为泚笔。总之，书生语言，疵误不少，姑存之以待后人之斥正，或比于《玄怪》、《潇湘》诸《录》，差为不妄。今圣人在宥，当如纪年所称万数，与天罔极，野之所获，正不胜书也。万历四十七年己未岁新秋，题于敝帚斋。

钟惺著成《史怀》。

《明史》卷二八八，《文苑传四》：（钟）惺，字伯敬，竟陵人。万历三十八年进士。授行人，稍迁工部主事，寻改南京礼部，进郎中。擢福建提学佥事，以父忧归，卒于家。……官南都，僦秦淮水阁读史，恒至丙夜，有所见即笔之，名曰《史怀》。晚逃于禅以卒。自宏道矫王、李诗之弊，倡以清真，惺复矫其弊，变而为幽深孤峭。与同里谭元春评选唐人之诗为《唐诗归》，又评选隋以前诗为《古诗归》。钟、谭之名满天下，谓之竟陵体。然两人学不甚富，其识解多僻，大为通人所讥。

钟惺《隐秀轩集》卷一六，《二十一史撮奇序》：……余比多暇，尝叹士大夫处君臣朋友之间，多不得其道者，半由不读书。又睹古之小人，无不读书，而今之所号为君子，有不识正史时代者。以此不敢自虚岁月，流览《二十一史》，欲节录其正文，附注己意，作《诸史详略》一书。心力未遑，约之为《史怀》若干卷，仅标己意而已。……

陶珽《史怀序》（丛书集成本卷首）：《史怀》者，吾友钟伯敬经世之书也。檃括正史而论断之，自云取谢康乐怀抱古今之意。盖伯敬一官闲散，不操经世之权，而生平之慧心明眼，高才大识，无所用之，耻以文人自了，特向寤寐中，借古人之天下而发其蕴，上下数百年，扫理障，决群疑，洗沉冤，诛既死，是是非非，唯唯否否，一裁之道义经权，而各成其是，此岂口耳坐谭者所可辩哉！观其《寄林少严座主书》云："三年中，将正史自《左》、《国》起，至宋、元，流览泛观，勒成一书，名曰《史怀》。于古人经世之旨，颇有所窥。"又《答韩晋之书》云："《史怀》一书，至《三国》而止。此书虽不工，而差不同文人之见。"夫曰经世之旨有所窥，又曰差不同文人之见，则伯敬所自负者，不待予之诵其美也。第恨绝笔于季汉，不令天下睹其全，为可惜耳。然其答韩书末又云："《三国》以后史，无识无体，真不堪读，止是一种《世说》口角入史，可厌。"观此则一言蔽之，欲求其全，亦可不必，犹夫《诗归》之不及宋、元也。世之服膺伯敬者，大都在《诗归》一书，不知《诗归》鬯风雅，而《史怀》吐经济。经济之于风雅，何啻过之！譬之经，《诗归》刺美恶，得之《诗》；而《史怀》则道政事，得之《书》。公好恶，寓褒贬，又取之《春秋》矣。于义《史怀》二，而《诗归》一，二何逊于一？……兹刻成，将见世之服膺伯敬者，不独《诗归》、《诗归》云尔，有繇风雅而进求之经世者矣。故序其略如此。陶珽稚圭甫题。

《四库全书总目》卷九〇，史部史评类存目二：《史怀》十七卷，明钟惺撰。……是书上自《左传》、《国语》，下及《三国志》，随事摘录，断以己见。《明史·文苑传》称，惺官南都，僦秦淮水阁读史，恒至丙夜。有所见，即笔之，名曰《史怀》，即是编也。其说虽间有创获，而偏驳者多。盖评史者精核义理之事，非掉弄聪明之事也。

今案：据陈广宏《钟惺年谱》万历四十七年条（复旦大学出版社1993年版，第194—195页）所考，万历四十四年（丙辰），钟惺迁居南京，历时三载，于本年著成《史怀》，并刻九卷。全稿则刻于崇祯九年（丙子）。

《读通鉴论》、《宋论》等作者王夫之生。

案：据《清史列传》卷六六，《儒林传上一·王夫之传》，王夫之卒于清康熙三十一年（公元1692年），年七十四，逆推之，知生于本年。

公元1620年 明神宗万历四十八年（七月神宗卒，八月光宗即位。九月光宗卒，熹宗即位，改万历四十八年八月后为泰昌元年）庚申

林之盛约于本年前著成《皇明应谥名臣备考录》。

陈继儒《皇明应谥名臣备考录序》（文海出版社1984年影印万历刻本）：武林林贞伯先生，博综古今，而尤留心国朝史学。每当簿书之暇，辄翻讨朝家掌故，以及郡牒家乘、稗官野史之书，无不裒集而删纂之，其富垂及三百卷，秘不视人。今所刻《皇明应谥名臣录》，特其史函之一耳。……是录也，一以发名公之潜，一以伸孝子之志，一以补金匮之遗，一以听斧扆之断。倘有宏览博物君子，相与确订而广搜之，诸公可以不死矣。若夫革除名贤各卷，贞伯已备列史函中。盖夫人而皆节义也，则夫人而皆谥也。不具书。华亭陈继儒撰并书。

虞淳熙《皇明应谥名臣备考录序》：国朝诸臣之易名者，穆宗时已五百八十三人矣。今上壬辰，予为礼官，问词曹籍，复得五十八人已，年各益数人。兹复下所司，博议数十人者。而岁乙卯，浙以策士，士近五千人，皆披丹沥浀，抉所闻以对，详哉其言之也。当是时，主司标宏议为程，而王明初公在臬，收舆论立传，见《西湖集》中。即有良史翰卿，度无敢衙官一切，而擅素王之华衮者矣。何意更有林贞伯氏之月旦在耶？……贞伯偕予游泮宫，而试南宫，往来几四十年，若愚若虚，若不知世法之有衡有鉴而操之者。一夕书成，便传副墨，运斤成风，剞劂立就，俄顷而遍词林。……友弟虞淳熙撰，京口沈一翀书。

林之盛《刻应谥名臣备考录凡例》：一、锡谥自圣天子，议谥自贤执事，山民岩居，何敢妄参末论？伏见年来请锡有疏，咨访有册，下不胜其请，而上不决于。予聊录为传，以备考证，敢曰美芹之献！

一、兹录专为应谥者设。自万历三十一年至今，题谥无虑三百余人。三十七年，礼部会议，止二十九人。……

一、名公芳行，今略分为四门。理学则严身范，节义则重死事，次死谏，

次廷杖，次廉退。人以事类，所以备一事之始末。传或单行，品无轩轾。功业则有品格，有军功，有清望，有循良，以次叙焉。文章虽宗匠，必兼节概及经济则录。武功谥于国初，今何仅仅，并及之。

……

一、管见虽隘，其在录中者，则衷之国史诸书，外参之家状，参之郡邑乘，参之先正文集。万不敢附会一字，以蹈欺罔。

一、是录仅睹壬寅以前《臣谥钞》。万历三十一年以后，傥有部题补谥，或已得请而犹是溷入者，草野虚册，总蕲有道裁鉴。

一、传后间有附论，或补本传所未备，不则采名硕之格言，抒草茅之鄙见。言在事中，旨在事外，非敢拟乎罪言，要亦备考之本意。

……

《明史》卷九十七，《艺文志二》传记类：林之盛《应谥名臣传》十二卷。

王惟俭约于本年前著成《史通训故》。

《明史》卷二八八，《王惟俭传》：王惟俭，字损仲，祥符人。万历二十三年进士。授潍县知县，迁兵部职方主事。三十年春，辽东总兵官马林以忤税使高淮被逮，兵部尚书田乐等救之。帝怒，责职方不推代者，空司而逐，惟俭亦削籍归。家居二十年。光宗立，起光禄丞。三迁大理少卿。

王惟俭《史通训故序》：余既注《文心雕龙》毕，因念黄太史有云："论文则《文心雕龙》，评史则《史通》，二书不可不观，实有益于后学。"复欲取《史通》注之。中牟张林宗年兄，以江右郭氏《史通评释》相示，读之，与余意多不合，乃以向注《文心雕龙》之例注焉。历八月讫功。然此二书讹处甚多，嗣从信阳王思延得华亭张玄超本，其《文心》不能加他本，《史通》本大善，有数处极快人者，故书之校视《文心》为愈。往见李济翁《资暇录》云："李善注《文选》，有初注、再注，以至四五注者。苏子由注《老子》，亦自言晚年于旧注多所改定。"今余此书，曷敢以为尽是，聊以备遗忘，为他日削稿之资耳。河南王惟检序。

《千顷堂书目》卷五，史学类：王惟俭《史通训故》二十卷。

《四库全书总目》卷八九，史部史评类存目一：《史通训故》二十卷，明王维俭撰。……是编因郭孔延所释，重为厘正，又以华亭张之象藏本，参校刊定。卷端有维俭题识，称除增《因习》一篇及更定《直书》、《曲笔》二篇外，共校正一千一百四十二字，然以二本相校，惟《曲笔》篇增入一百一十九字，其《因习》、

《直书》二篇，并与郭本相同，无增入之语，不知何以云然也。孔延注本，漏略实甚，维俭所补，引证较详。然黄叔琳、浦起龙续注是书，尚多所驳正。盖刘知幾博极史籍，于斯事为专门，又唐以前书，今不尽见，后人捃摭残剩，比附推求，实非一二人之耳目所能遍考，辗转相承，乃能赅备，固亦势所必然耳。

案：王惟俭著书之年代不详。《明史》本传云在本年之前。惟俭曾家居二十年，其著书可能在此期间，故编于此。

今案：《四库提要》题作者“王维检”，误。应为“王惟检”。

《国朝献徵录》、《国史经籍志》等作者焦竑卒。

《明史》卷二八八，《焦竑传》：万历四十八年卒。熹宗时，以先朝讲读恩，复官，赠谕德，赐祭荫子。福王时，追谥文端。

《千顷堂书目》卷五，别史类：焦竑《玉堂丛语》八卷。又卷九，职官类：焦竑《词林历官表》三卷。……焦竑《京学志》八卷。又卷一〇，传记类：焦竑《逊国忠节录》四卷。又簿录类：焦竑《国史经籍志》六卷，《纠谬》一卷。……《焦氏藏书目》二卷。又卷一五，类书类：焦竑《焦氏类林》八卷。

《明史》》卷九七，《艺文志二》故事类：焦竑《养正图解》二卷。又职官类：焦竑《词林历官表》三卷。又传记类：焦竑……《逊国忠节录》八卷。又卷九八，《艺文志三》类书类：焦竑《类林》八卷。

《四库全书总目》卷八七，史部目录类存目：《国史经籍志》六卷，明焦竑撰。……是书首列《制书类》，凡御制及中宫著作、记注时政、敕修诸书，皆附焉。余分经史子集四部，末附《纠谬》一卷，则驳正《汉书》、《隋书》、《唐书》、《宋史》诸《艺文志》及《四库书目》、《崇文总目》、郑樵《艺文略》、马端临《经籍考》、晁公武《读书志》诸家分门之误。盖万历间陈于陛议修国史，引竑专领其事，书未成而罢，仅成此志，故仍以国史为名。顾其书丛抄旧目，无所考核，不论存亡，率尔滥载，古来目录，惟是书最不足凭。世以竑负博物之名，莫之敢诘，往往贻误后生，其谲词炫世，又甚于杨慎之《丹铅录》矣。

《四库全书总目》卷六二，史部传记类存目四：《熙朝名臣实录》二十七卷，明焦竑撰。此书《明史艺文志》不著录。前有自序，谓明代诸帝有实录，而诸臣之事不详，因撰此书。自王侯将相及士庶人方外缁黄、僮仆妾伎，无不备载，人各为传，盖宋人实录之体。凡书诸臣之卒，必附列本传，以纪其始末。而明代实录则废此例，故竑补修之。其书郭子兴诸子之死，及书靖难诸臣之事，皆略无忌讳。又如纪明初有通晓四书等科，皆《明史·选举志》及《明会典》所未载。韩文劾刘瑾事，有太监徐智等数人为之内应，亦史传所未详。颇足以资考证。然各传中多引《寓圃杂说》及《琐缀录》诸书，皆稗官小说，未可徵信。又或自序事，或仅列旧文，标其书目，于体裁亦乖。所附李贽评语，尤多妄诞，不足据为定论也。

沈国元著成《皇明从信录》。

《千顷堂书目》卷四，编年类：沈国元《皇明从信录》四十卷。

谢国桢《增订晚明史籍考》卷一：《皇明从信录》四十卷（北京图书馆藏明万历四十八年刊本），原题："东莞陈建辑，沈国元订。"《总例》略云："《通纪》创于东莞陈建，自洪、永迄弘、正，《续纪》补嘉、隆两朝，贤者以其编年叙事，文顺义明，遂推为本朝典故权舆。然名贤辈出，博洽代兴，《宪章》、《吾学》、《大政》、《续编》、《典则》、《统宗》、《纪闻》、《汇编》、《史料》之类，当圣明不讳之朝，百家纷纷竞胜，于是取《通纪》折衷之，删芜纳新，削荒引实，参核之详，编摩之精，允称精简。神庙嘉言台政，彰彰在人耳目，然无成书，无以慰海内士民觐扬切念。今广为搜讨，无虑千卷，连章只字，罔不酌录，然必详注所出，不敢掠前人之美也。黄阁总揆，凡政令议论，当以此为推准，故《录》中必详，其余则以职掌之所在，定一是而条隶之，不复不滥。凡无关大政，不裨实典，讦奏而秽毒相攻，徇私而毁誉交舛，亵渎君听，淆乱人情，虽工弗录。至灾祲、变异，备载以验占考，玄鸟履武，商周不遗，神语石言，盲史毕纪，意盖深矣。万历岁庚申秋日，秀水沈国元识。"按：……《通纪》一书，自洪、永迄弘、正，《续纪》则记嘉、隆两朝。沈氏之书，乃合并原书，并补万历朝，为《皇明从信录》。

过庭训《本朝分省人物考》刊行。

（光绪）《平湖县志》卷一五，《人物》：过庭训，字尔韬，号成山。万历甲辰进士，授湖广江陵县知县。……升云南道御史。……天启辛酉，督学南畿。……转湖广参政、福建按察使。……升应天府丞，未任，卒。……著有《直省分郡人物考》一百十五卷，《圣学嫡派》，《性理翼》，明行世。

过庭训《本朝分省人物考序》：……余家世修诗书之业。自先孝子以来，多购简册贻子孙，先王父明经龙滨公，益恢弘之。嘉靖中年，沿海诸邑受倭夷焚掠之惨，余家亦被焚掠，而二伯年来所积遗书尽为煨烬。余少受经于先侍御九山公，专督课以性理学，不旁及他编。余年十八，先侍御早世，家日益落，借舌耕以供先太孺人菽水。乙酉、丙戌间，馆于南大司寇孙简肃公家，因得读郑端简《吾学编》与《古今言》，从中探讨本朝人物，择其德业闻誉之彪炳者，手录而心识之。壬辰后，则余馆于给谏祐山冯公家，故多藏书，余得宏肆其耳目，与其孙孝廉铭忠朝夕切磨者十余年。而余友榜首赵若无、给谏陆开仲时为过从，尽出己见，以商榷人物。初各不相下，后复相合。而其中去取，自信亦不甚舛谬矣。癸卯，余登贤书。甲辰，捷南宫。乙巳，绾符江陵。江陵，故岩邑，又冲衢。抚循应酬，几无暇晷，何暇旁搜远览，止余丙午本房士、今治兵苏松熊君雨亭，为余季儿铭篚西席，乘公余之暇间，与考究人物，或举朝夕所纾，与昔年所手录者，时为质正云尔，尚未有所增入也。庚戌春，选入西台，值神祖慎重言路，不轻下旨，余乘此余闲，得寻究本朝故典，而其中所载人物，不敢不广为收而严为择，因辑有《名臣类纂》，列为内外篇。内篇则学术、行谊、著述等门，外篇则经济、推毂、忠烈等门，似亦再三考核而始定者。未几，考选得旨，余因巡视南城，得镌《性理翼》、《圣学嫡派》两书。随欲并梓《名臣类纂》，俄有出赈东省之命，拮据荒政，几废寝食，因不果梓。而余旋以假归，未逾年，遭先太孺人之戚矣。戊午、己未间，读礼有暇，时检阅《本朝名臣纪》，窃服其抡选之精，而收罗未必广；又检阅《列卿传》，窃叹其收罗之广，而抡选未必精。且人之地位，随其性之所近，与其学之所到而分；人之树立，又随其时之所值，与其势之所遭而异。矧大道本自玄同，胡得妄为分内而分外？全材世所时有，又胡得限之此拙而彼工？始悟向者《类纂》一编，幸未发梓，而犹虑其见闻之有限也。

余观近世《进士履历》一书，分省分府分县，开卷了然。岂国初以来，列圣所敷求，二伯余年德泽教化，所培植而可无以志其盛乎！若曰名臣，则必曾登仕籍，赫然较著，斯得与其选耳。惟概称人物，则遇不必显晦，惟其人；人不拘门类，惟其行。孔门四科，首列德行。古称三不朽，首曰立德。则总之不愧于德行，即不愧于人物矣。近世所称人物，要以事功、节义、理学、文章为大端。夫理学即德行别名也。余窃以为：事功不本于德行，淮阴、布、越之流耳；文章不本于德行，卢、骆、王、杨之流耳；节义不本于德行，亦匹夫匹妇之谅耳。故总人物而计之，要以无忝德行为主。而德行非高远畸人事也，孩提赤子之良，扩而充之；平旦清之气，培而养之，便是真德行，亦便是真理学。故其人无忝于德行，即布衣寒士、武夫杂流，不敢概弃；其人有忝于德行，即名公巨卿、才人文士，不敢混收。取其长，非不搜其短，而长处居多，宁舍短而取长。要其终，非不原其始，而晚节能盖，宁略始而取终。宣尼不云乎：多闻，择其善者而从之。是编之成，或录自金匮石室之藏，或辑自稗官野史之记。亦既殚竭心力，广为搜索矣。……赐进士第文林郎、奉敕提督学政巡按直隶应安等府、监察御史、前奉敕督理屯马巡按北直山东河南等处，特奉专敕督理荒政巡按山东过庭训撰。

《千顷堂书目》卷十，传记类：过庭训《国朝直省分郡人物考》一百十五卷。平湖人，赠顺天府尹。

《明史》卷九七，《艺文志二》史部传记类：《直省分郡人物考》一百十五卷。

周中孚《郑堂读书记》卷二十三：《京省人物考》一百十五卷（明刊本）。明过庭训撰。（庭训字尔韬，上海籍，平湖人。万历甲辰进士，官至应天府府丞。）版心作《本朝分省人物考》，《明史·艺文志》作《直省分郡人物考》。专辑明一代人物小传，而分省分郡以系之。始于洪武，以至万历初元，业经物故，见闻有据者，始为采入。但主褒善，宁恕无苛，全收节取，期于赅博。凡北直十卷，南直三十一卷，浙江十五卷，江西十三卷，福建六卷，湖广八卷，河南十卷，山东五卷，山西、陕西各四卷，四川、广东各三卷，广西、云南、贵州各一卷。或采之实录，或采之家乘野史，或从《吾学编》、《列卿纪》、《名臣言行录》、《献徵录》，与各省通志等书。每传详者至十万言，略者不过数十行、数行，大都因其旧文，稍加润色，间有事不尽核，人不尽惬，俱沿袭之误，未及改正者。前有自序、凡例、总目，每卷各有目录，又有毛一鹭、熊膏二序。

武新立《明清稀见史籍叙录》（金陵书画社 1983 年版）：《本朝京省人物考》七十七卷，刻本。明过庭训纂集，门人熊膏参阅，男过铭盘等订正，天启二年刻本。四十册。每半页十行，每行二十字，白口，单鱼尾，四周单边，书口下有陶见、陈士儒等刻工名，竹纸。《西谛书目》载有此书，仅四十八卷。《千顷堂书目》也载有此书，曰《国朝直省分郡人物考》。北大图书馆也藏有一部，题曰《明朝分省人物考》，都是一百一十五卷。《增订四库简明目录标注》及《郑堂读书记》中，记此书为一百五十卷。……

今案：是书通行本为一百十五卷。据武新立所云，另有七十七卷本。考本书《凡例》有云："不佞辑有《名臣类编》，未及发梓。是集则从读礼之余，考核裁定，自揣阔疏亡当。辛酉，视学南畿，正值宾兴届期，仓猝无暇。壬戌春，始于句容发梓。会有岁试之役，不获时时属目。案发后，一取阅之，所误漏重复颇多。夏仲请告，得旨，习静山中，且订且补，故即于原稿中加补遗二字，其未及补与未及改者，故俟异日。”天启二年（壬戌）春，作者初刻是书，以未能躬自校雠，颇不惬意。仲夏，重加订补。七十七卷本，或即初刻本，而一百十五卷本则为订补本。又武新立云：“《增订四库简明目录标注》及《郑堂读书记》中，记此书为一百五十卷。”《郑堂读书记》记此书实为一百十五卷，而《增订四库简明目录标注》所记“一百五十卷”应为“一百十五卷”之误。北京大学图书馆所藏天启刊本，《四库禁毁书丛刊》史部第60—63册、《续修四库全书》史部第533—536册皆有影印，书名著录略异。是本前有自序一篇，毛一鹭、熊膏、陈继儒序三篇。自序称《本朝分省人物考》、毛、熊、陈三序则呼之为《京省人物考》。目录页题《国朝京省分郡人物考》，版心题为《本朝分省人物考》。足证《本朝分省人物考》、《本朝京省人物考》（即目录题名之省称）二名，当时即混用不分。清人著录时，则又易“京省”为“直省”。

公元1621年 明熹宗天启元年 清太祖天命六年 辛酉

敕修《明神宗实录》、《明光宗实录》。

《明熹宗实录》卷八：天启元年三月……丁卯，敕谕礼部：“朕惟帝王抚运膺图，绥猷建极，有一代功烈之盛，必有一代典则之贻。盖累朝列圣纪载其存而奕世子孙觐扬首务也。恭惟我皇祖考神宗显皇帝圣神文武仁和恭勤法祖天任人立政，爰自励精初服而解纽尽张，迨夫端拱垂衣而乾纲在握，修内攘外，长治久安，御历四十八年，善政靡可殚纪，非有缵述，何以扬盛美而传无穷？尔礼部其遵祖宗故事，通行中外，采辑事实，送翰林院纂修实录。其以少师兼太子太师英国公张惟贤为监修官，少师兼太子太师、吏部尚书、建极殿大学士叶向高、太子太保、户部尚书兼文渊阁大学士刘一燝、韩爌、礼部尚书兼东阁大学士史继偕、沈㴶、何宗彦、朱国祚为总裁官，礼部尚书兼翰林院学士孙惟行、詹事府掌府事、吏部左侍郎兼翰林院侍读学士顾秉谦、吏部右侍郎兼翰林院侍读学士盛以弘、礼部左侍郎兼翰林院侍读学士周道登、右侍郎兼翰林院侍读学士郑以伟、李腾芳、詹事府詹事兼翰林院侍读学士、教习庶吉士公鼒、詹事府詹事兼翰林院侍读学士署院事钱象坤、少詹事兼翰林院侍读学士孟时芳、周如磐、国子监祭酒吴宗达、左春坊左庶子兼翰林院侍读孙承宗为副总裁官，右春坊右庶子兼翰林院侍读掌司经局事骆从宇等为纂修官。一应合行事宜，悉照例举行，钦哉！”故谕。又谕礼部：“朕惟帝王昭受丕图维新治理懿德休烈，有举必书。我祖宗圣圣相承，贻谋启祐，代有纪述，垂信万年，所从来久矣。洪惟我皇考光宗贞皇帝，绍庭初服，锐意太平，推诚任人，布德惠下，臣民欣戴，中外谧宁。盖临御甫浃三旬，而德泽毕敷四海，洵足以光缵前谟，昭垂后范已。宜有鸿篇藏之天府，以备一代之典。尔部其遵祖宗故事，通行中外，采辑事实，送翰林院纂修实录。其监牧、总裁、纂修等官，仍用英国公张惟贤等。一应合行事宜，悉照例举行，钦哉！”故谕。

史继偕起用入阁，将《皇明兵制考》三卷付刻。

（乾隆）《泉州府志》卷四四，《明列传十》：史继偕，字世程，号莲岳。晋江人。……万历乙酉，领乡荐。壬辰，登进士第，殿试一甲二名，授编修。……开史局，领《兵制志》。……戊戌，充会试同考官，奉诏使粤西……秩满，升侍读，转中允。丁内艰，归。……服阕，升左谕德，兼侍读。戊申乞休，三上疏，俱留中。明年，擢南祭酒，旋推南吏部侍郎，摄尚书事，署户、礼、工三部。……（壬子），以户部主事贺世寿风闻指摘，乞致仕。……时神宗已升遐，至家朝夕于月台寺哭临。十二月，以宅揆重任，量力难胜，疏辞；天启元年三月，又辞。六月，差官促就道。……办事甫月，以延绥捷，加太子太保，兼文渊阁大学士。……（天启三年七月）……疏谢出京。……抵家，刻父、叔《栖云》、《巢云》诗草，而以己所咏《怡云》、弟世稷《淡云》编并梓之，题曰《太史一家言》。又裒《八闽人物》四卷，曰《越章录》，又刊自著《云台藏稿》十六卷，《奏议》四卷。崇祯二年，以奢酋荡平，加少师兼太子太师。年七十五，卒。加赠少师，兼太子太师，谥文简。……（《通志》参年谱）

《闽中理学渊源考》卷七三，《文简史联岳先生继偕》：史继偕，字世程，号联岳，晋江人。万历壬辰进士，殿试第二人，授翰林院编修。率同官请册立东宫，开馆讲学，不报。诏使两粤，尽蠲军兴诸赋，还，升侍读，转中允。未几由南司业迁南少宰，兼署户、礼、工三部，力请盘库盗帑积弊，改詹事。疏请致仕，家居一年，起为吏部侍郎、东阁大学士。时神宗深居不出，继偕每会廷臣，请视朝，并力陈备兵措饷，不报。旋致政归。熹宗即位，屡遣行人，促入朝视事。甫阅月，以延绥捷，加太子太保兼文渊阁大学士。为阮大铖所忌，

从中挤之，引年疏十八上，乃得归，卒于家。（新郡志）

《皇明兵制考·序》：传曰：天生五材，民并用之，谁能去兵。兵者，圣人以除暴乱、夷险阻、归之于治，而有国之不可以已也。然其畜养之政，控置之方，可得而言焉，故于制尤所重。夫兵，火也，火易焚亦易熄，制之乃以戢之，使威不焚；制之乃以蓄之，使锐不熄。不焚且（不）熄，夫然动而无不冲，静而无不坚。黄虞以前尚已，其仅存而未泯者，具在《周礼》。当时夏官之所职，伍两卒旅之法，今概可见，顾自井田既废，而时变日更，则古法之不可尽行于今，亦势也。世儒曰法后王，岂非以近哉！汉有南北二军，俱调诸农，兵民未分，而南军掌宫城，卫尉主之；北军掌京城，中尉主之。有变足以相抗，无事足以相成。收太阿之重于宫府之间，是最为有制。唐制置军府，贞观中增为六百三十四，而在关中者五百，俨然居重驭轻之势。民授之田亩，二十为兵，器用衣粮，咸所自出，六十而免，盖犹有寓兵于农之遗意焉。至宋去古远，则置军多而制益密矣，大抵有四，曰禁兵，曰厢兵，曰乡兵、蕃兵，中外星罗，亦足以互相弹压。而调发日广，卒以供馈繁兴，民不胜兵而滋扰扰也。铺观三代，虽强弱势殊，安危相反，然多顺时而制法，要以有制而治，更制而乱，失其制而亡，自古及今未有能违者矣。明兴，太祖以神武之资，提一剑之任，再造区宇，牢笼前王之法而轻重布之，故其为制，昉汉规唐，远轶赵宋，兵不尽还为农而自为农，农不至蓦为兵而常给夫兵，至其表里之互参，本末之兼控，大能调、合能分，廓大于文皇，缵承光烈，品式枢机，人尽其利，器械工用，天赞其能。列圣绳绳能责之以实，使始终不背作者之初意。毋矜而震，毋驰而窳，皇祖之赫灵万年常新，则建威储锐之上略也。

杨锡璜《兵制考小跋》（载本书卷末）：大学士史老夫子，官史局时编摩是书，备昭代圣史之录，名曰《兵制考》，藏起本，未易以示人。兹且出而应天子筦枢之命，适辽左用兵之时，思所以寝虏氛、振军实，释九重拊髀之忧。故授之镌以公人人，使知祖制蓄威养锐之本，准其初设诚行之，甚盛心也。窃伏读之，高皇帝之所以取天下，文皇帝之所以靖天下，与列圣相传之所以守天下，兵制尽在是矣。圣人受命而兴，以一剑成帝业，亲冒矢石行阵之间，于战胜攻取之事最所周详。及天下既定，防患思危，为宗社千万世计，设大营、卫，分内外军布之，各以京师为根本，其居重驭轻之意则一，而时势不同，要害遂别，沿革因之，递更递变，亟重者先，其势然也。高皇帝定鼎金陵，何尝不制虏定边，江淮乃其门户，于倭患急而虏患宽，故楼船之设特详。文皇帝定鼎幽燕，何尝废海禁备倭，九边政其肩背，于虏患急而倭患宽，故云屯之垒独重。后虽两都并建，陪京次之，宵旰之所经营，军政之所废置，自京营守卫军而外，靡不在边。于是中国之转输粮饷，岁出司农金钱，亡不竭之于边矣。夫制之不能久而无更也，更之不能无得失也，是圣人所不能如之何也。独其制变易更置之权，不可不操自朝廷。如五军府之更为三大营，三大营之更为戎政府，或分或合，或统以文臣，后或兼以文臣。又如中涓典禁兵之重，班军充营作之役，或罢或不罢，或已而复仍，皆廷臣议之，天子独断行之，则何更而不可，即失而易于更。惟是名似美而酿祸深，边将不以闻，廷臣不敢议。以中国朝廷之尊，不得行其更革予夺之命，纵之不可，制之不能，姑隐忍以殉其请，彼豢而益骄，我朘而日削，则今之款虏市是也。九塞之兵，欲不衰耗虚惫，日就脆弱，不可得矣。司马子长负良史才，网罗千古旧闻而作《史记》，特详汉事，独缺兵制一书，但于《律书》附见之，曰吹律听声，兵械犹所重云。班孟坚因之作《汉书》，亦不详汉南北军之制，而但于《刑法志》见其微。岂汉当幕南空庭、韩邪请塞之后，人主广大气已竭，太史公预识其凌迟衰微之渐，当不在边境之不知兵也欤！老夫子当神宗朝兵衅甲销之世，烽火不惊、边陲晏然，朝野恬嬉，可谓和乐，而老夫子之所隐忧独在，于此详考是制以为世鉴。不待今日辽左无兵，丧师失地而后见也。子长、孟坚削而不书，老夫子详而不略，作史者良有深意，其于识微远见均耳。呜呼！款不绝则边备终不可振，即日取兵制而训讨之，未见易为力也。此老夫子所欲言未尽而微寓其旨者，老夫子之虑远矣。杨锡璜谨跋。

苏兆先《兵制考小跋》（载本书卷末）：盖兵事至今日而坏极矣，额兵窳、客兵骄，按饷半属隐占，核籍几成乌有，见卒隶伍者，奄奄惫疲，不堪荷戈。一下情查之令，又辄鼓噪以恫愒，郡国边徼，所在俱然，而京营为甚。岂真桀骜不可训？制久而坏、人习而玩，所以振刷之者非也。我高皇帝提三尺、扫胡元，分五府以隶军。文皇帝三犁虏庭，定鼎幽燕，分三营而列卒，训练之方无岁不兢申饬，盖绸缪桑土，昭宣圣武，俨然执太阿而独运者乎。列圣相承，制度间不无变更，而递废递振，犹有可考。迨至金缯縻虏，幸偷无事，人不知兵，兵不习器，浸寻至今，而奴酋乃敢肆蛇豕以乘，我师丧地失势，不得不召募征调，以筹防御。然祖宗成规何至烟灭？不可问哉。今之兵制俱在，试问占役而隐者属之何人？问输钱而脱更者始自何年？问总督协理而主戎事者又何官之署也？赫赫皇灵，煌煌祖制，奉以周旋，有敢不服勾核者，以三尺从事，空伍可实，疲卒亦可鼓也。夫汉制有南北军，唐制有府兵，当其盛也，可以治七国，空王庭，混中原，降颉利。兵权一移，而阉官、藩镇遂乘衅而起，制度得失，岂细故哉！史夫子洞见古今成败，当编摩史局时即留心兵制，捃摭以成是书。一披阅而我朝经国石画，斑斑指掌，固方虎之胜略，师尚父之煌烈也。虽然，运用在乎一心，神而明之，则存乎其人。苏兆先谨跋。

庄际昌《读兵制考》：我国家以神武定天下，犁庭扫穴，一洗腥膻胡运已，缪绸桑土，创兵制宣威蓄锐，以慎固吾圉。自省直郡邑迄沿边绝塞，及江淮河海之防，设卫布营，隶以军兵。军有屯，兵有饷，墩寨台堡，所在棋置星罗，而于京畿防御，制独周详。合内外卫军兵列三大营：曰五军营，营兼骑步队；曰三千营，队皆骑；曰神机营，队皆兵。计宿军不下数十万人，凛凛有居重驭轻，太阿独握之势。更番训练，董以专官，总以重臣，而选将赏功之典，兢兢为谨。诸凡刀枪弓弩铳炮舟车，制多犁犁，具如神机枪炮、弗郎机等器及独辕车、全胜车、偏厢车、独轮小车等制，皆擅中国长技，可遏胡骑冲突，经试验行，置局颁式，下所司守之。煌煌圣制，布昭神武，视汉制南北军、唐制府兵，不古今同符哉！迩来积玩成窳，制度颓废，东南海禁日弛，勾引滋繁；西北虏患日剧，市款徒縻，营卫旧制率坏于隐占脱更之弊。兵，毋论疲也，且伍空无人矣。器，毋论钝也，且格不相习矣。今东事大坏，征调不前，召募难继，议者泄泄束手无奈何。又或恫愒支吾，希幸于不经试之拔。试取祖制一读之，昔何以三犁九伐，烂焉鼎勒，今何以丧师蹙地，败不可支，其故可思矣。夫制无久而不坏，亦无坏而不堪整者。先臣于谦立团操法，分置团营，一时军伍顿然改观。刘大夏令班军归所在团操，更番迭上，占役顿减而禁旅强。即今营政之耗，亦谓混淆莫能问耳。有如同心振刷，分隶而抽稽之，设法参伍，依次挑选，隐占者借何名、脱更者冒何人？汰其弱，补其缺，而选帅将，时训练，俾肄习火器，饬造战车，毋失前人已试成规。自京营以及郡国、诸边，处处申饬、处处修明，将转弱为强。边患可纾，海氛可靖，何忧么么奴哉。不宁惟是，兵食、民信，缺一不可，屯田之规、征派之条，训廉惩贪之令，祖制班班可考。夫欲使兵与食两足，军与民交利，亦惟遵国初制，而设诚力行之矣。旨哉！吾师氏之言也，有制而治，更治而乱，失其制而亡，讵可忽诸！读是考者，祖宗立国规模，灿然在目，而大臣经济深心与夫识微长虑，亦概可睹矣。庄际昌跋。

今案：据上引乾隆《泉州府志》以及乾隆《晋江县志》卷九、道光《晋江县志》卷三十八之史继偕传略，皆记其卒于崇祯二年（公元 1629 年），年七十五。则其当生于嘉靖三十四年（公元 1555 年）。所撰《皇明兵制考》，明刻本现存日本内阁文库，清初《皇明修文备史》丛书内亦有抄录，然删弃杨锡璜、苏兆先、庄际昌三篇跋文，书名亦有小误。至于此书刊印时间，查无明文，亦须考证。杨锡璜《兵制考小跋》称史继偕“兹且出而应天子笼枢之命，适辽左用兵之时，思所以寝虏氛、振军实，释九重拊髀之忧，故授之镌以公人人”，即付刻是书。考《泉州府志》所载，天启元年（公元1621年）六月，史继偕进京入阁，故本书付刻，应在本年六月前后。按本年三月，后金努尔哈赤攻陷沈阳，占领辽东，是明朝军事一大失败，史继偕入阁而迅即刻行此书，有深意也，正与杨锡璜跋文所言契合。又，史继偕于万历朝曾参与纂修纪传体国史，执笔《兵制志》。既而纂修国史之事废辍，而史继偕私藏手稿，故《皇明兵制考》自然多存国史《兵制志》稿本之旧，读其序、跋，即可确知。但此书刻行之际，无论名实，毕竟已为私家撰著，此又无可争议。是乃官方史学与夫私家史学间，互动、互补而互有消长之一例也已。

茅元仪著成《武备志》。

茅元仪《武备志自序》：国家自受命以来，承平者二百五十载，士大夫无所寄其精神，杂出于理学、声歌、工文、博物之场，而布衣在下，不得显于时，亦就士大夫之所喜而为之，不如此，则不得附青云而声施也。至介弁之流，亦舍其所当业，而学士大夫之步。何也？人不能以己不知者知人，而喜以同己所知者为贤，故朝野之间莫或知兵。又古者文武之途合，故仕者亦迭为之，迭为自不得不兼工其学。自本朝始判焉若水火，而洪、宣以来，文帅之权又日重，是以不知者制所知，限其学而责其效也。故干戈一日起，士大夫相顾惶骇，文士投袂而言者，武弁能介而驰者，即以为可将。上以此求，下以此应，计无所之，则腼颜而曰：神而明之，存乎其人。嗟乎！一人之身，聪明无两具也。使士大夫游塾就傅，目未窥书之日，父不以教，师不以传，而能握笔纵横，屈伸如意乎？今日之纵横屈伸者，未必皆所教所传也。而非教、传又不得，故窃愿朝野之士，及时而习之，犹可作三年之艾，无徒高其气而自欺为也。

今士大夫不习之故，大约有五：一曰易而不玩。……一曰狭而自用。……一曰震而自弃。……一曰惰而自窘。……一曰昧而自陷。……

余窃悲之，为作《兵诀评》。兵诀无过于六家，为疏其滞而又删旧注之烦，标其要而又明旧解之误。若《卫公问答》、《太白虎钤》二经，所以注疏六家者也，并表而出之。曾宣靖以为深而难究，马端肃以为隐而莫穷，庶其免矣。为作《战略考》。古之战略，见于史传，或汇之成书，而患于疏略，或署之以目，而患于锁割。今循时而谱之，固有一事而备数法，亦有倚古而绎新，心者皆可得也。一曰《阵练制》。古之阵图，散在方册，举而合之，而又陈异同之说，使明者之自索，其进退赏罚之法，古今异制而同意，皆所以习耳目也。搏击驰射之法，雅俗异说而同情，皆所以习手足也。合之而教战有方矣，为之作《军资乘》。军资不出八端：一曰营，一曰战，一曰攻，一曰守，一曰水，一曰火，一曰饷，一曰马。并罗其法，使用者无缺，则疲卒可以当锐师矣。一曰《占度载》。占之言甚杂，杂则简其明中者；度之事烦，烦则措其条著者。立谭之顷，而可以尽阴阳之变，指掌之中，而可以料四海之形，则变而化之，不可测矣。合五者而名曰《武备志》。夫有文事者，必有武备，此三代之所以为有道之长也。……时天启辛酉夏日，防风茅元仪撰。

今案：据任道斌《明末学者茅元仪生平与著述初探》（载《明史研究论丛》第三辑，1985年）一文考订，茅元仪，字止生，号石民，湖州府武康县人。生于万历二十二年（公元1594年），卒于崇祯十三年（公元1640年），享年四十七岁。全书二百四十卷，分《兵诀评》、《战略考》、《阵练制》、《军资乘》、《占度载》五门，凡一百八十万言，被誉为明末军事学的百科全书。

茅瑞徵著《万历三大征考》。

东园老人《万历三大征考叙》：余友茅伯符以循良异等，诏入中枢，与谋军国事。伯符亦留意阸塞险要，陈诸指掌，诸所擘划，动中机宜。会有浮言侵之，竟拂衣苕水上，阖户著书。居恒伏思显皇帝临御久而武烈扬，其最巨者，在东西三大征。因捃摭其事，累累如贯珠，间出以观。……天启改元中秋日，东园老人书于武林舟中。

《千顷堂书目》卷五，别史类：茅瑞徵《万历三大征考》五卷。《图说》一卷、《哱氏》一卷、《关白》二卷、《杨应龙》一卷。

《明史》卷九七，《艺文志二》杂史类：茅瑞徵《万历三大征考》五卷。哱氏、关白、杨应龙。

陆化熙著成《目营小辑》。

陆化熙《目营小辑引》：《周礼》职方所掌九州，沿及汉、唐、宋，而荆、杨之境日辟，幽、并之境日促，故李淳风不能用古分野配唐州郡。要以职方氏取胪列山镇泽薮，辨其民用谷畜，使人周知利害，固百代舆图之祖也。……余以为志方舆者，势不能如志一郡一邑，务极该详，但得循昭代之建置，以沿革之变者，合山川之不变者，附见其险易、肥硗、烦简、登耗，使海内形势了然开卷间足矣。其资选胜吊古与操觚染翰者，自不妨徐检之陈编也。万历己亥，读书婺州公署，取《一统志》参对当代郡县，多不相蒙。且积县为郡为省直，合省直成天下，所系匪细，而列款仅侪于古迹、物产、亦似本末无辨。乃创立义例，取府州县提头序列，如仕籍然，而摘志所载沿革、山川，填注其下。志所未及者，参考补之。并考文录、奏议关切边防、河防大计者，随地附见之，庶几不失职方氏以州统镇，若浸若薮，辨其利害之义。而随时通变，亦间有成迹可考。予为舆地之学如是而已。……癸丑，观政之隙，督小史缮写成编，归而失之。庚申，服阕，以西曹郎赴铨司候补。发留邸废簏，幸原稿尚在，复写此本，聊识纂辑初意如此。题曰《目营小辑》，取宣尼学文王，操目若营四海之意也。辛酉仲夏，海虞陆化熙识于器皿公署。

《四库全书总目》卷七二，史部地理类存目一：《目营小辑》四卷，明陆化熙撰。……是书以十三省布政司为纲，系以所属府州县卫所。凡土贡之宜、盐课之增损、屯田之税钞，悉随地诠叙。至太仆寺、行太仆寺并各苑马寺监马数增耗，及边关堡寨之废置、武弁员额驻屯之处，多有《明会典》所未载者。前有自序，题辛酉仲夏。辛酉为天启元年，而书中永平府条下有“天启五年八月现在官兵十一万七千八十六员名，马骡驼牛五万三千八百五十二匹只”，及所支月饷数。则序作于辛酉，书成又在乙丑后矣。其曰“目营”者，自序谓取“目若营四海”之意。盖亦有志时务者也。

今案：据陆化熙《目营小辑引》所述，是书于辛酉（天启元年）据原稿写定，而《四库提要》检该书有天启五年一条，谓成书当在乙丑（天启五年）之后。此盖因成稿后，作者有所补辑，故仍系是书于本年。

范景文约于本年后著成《大臣谱》。

《明进士题名碑录·万历四十一年癸卯科》：范景文，直隶河间府景州吴桥县民籍。

《明史》卷二六五：范景文，字梦章，吴桥人。……登万历四十一年进士，授东昌推官。……擢吏部稽勋主事，历文选员外郎，署选事。泰昌时，群贤登进，景文力为多，寻乞假去。天启五年二月起文选郎中。……视事未弥月，谢病去。

《千顷堂书目》卷九，职官类：范景文《国朝大臣谱》十六卷。自吴王元年至泰昌元年，编年类次内阁、六部、都察院迁除卒官，事实皆具。

《明史》卷九七，《艺文志二》职官类：范景文《大臣谱》十六卷。

《四库全书总目》卷六二，史部传记类存目四：《大臣谱》十六卷（内府藏本），明范景文撰。景文，字梦章，一字质公，号思仁，吴桥人，万历癸丑进士，官至东阁大学士。……其书皆纪明代大臣内阁、七卿，各为二卷。起自洪武，迄于泰昌，皆用编年之体，而不分列传。《凡例》称一凭实录，不置褒贬。其铨除去就，国史有佚者，则采传志补之，或人非大臣，而章奏事与大臣相关者，亦附见焉。此本世罕流传，前后无序跋，而有"景文"二私印，中多墨笔添改之处，盖即其家初印复校之稿本也。

案：范景文著成《大臣谱》之年代不详，因其记事止于泰昌元年（1620），成书必在本年以后，故编于此。

后金政权发布对明朝的檄文，其中总结历史上政权兴亡事例十九项，且刊刻发布。

国家图书馆现有题为《后金檄明万历皇帝文》的善本藏书，其文略曰：

……自古以来，岂有一姓之中常为帝王，一君之身寿延千万？乃天地循环也。秦王吕政不等古时帝王，旬称为始皇帝，子为二世，以至千万世，与天地同久。因其想念不正，上天致怒，父子十五年而失天□矣。万历皇帝不由天命，不论事之是非，是者反欲杀之，非者反□□之，以致天怒，不数年间□□□□而亡。若依人心，秦皇□□□□□□□□□以□□也，□□□□□□□历代帝王，□有从□□□从地生出，大抵是人之□□使之无衣无食，受苦受难，险阻备尝而后为天子者，往□□之。

闻舜父顽，听后母与象之言，尝欲杀舜，使之浚井，从而掩之。天悯其孝，从旁出之。困穷不遇乃躬耕于历山，后天命归之，遂有天下。天不论其贫贱孤独，惟论其德，默祐为帝，此其一也。可见由天□由人矣。若依瞽瞍之心，舜□□□□能保，况有天下乎？□□□□鉴古事，不顺天意□□□□□□多大言欺人，天岂遂尔之□□□□。

又闻□宣王时，市中有民谣云：月将升，日将没，檿弧箕服，实亡周国。宣王闻之大惊，问曰："此谣主何吉凶？"大臣召穆奏曰："檿弧箕服，主国有弓矢之祸。"宣王曰："尽杀造弓矢之人，烧藏弓矢之库，何如？"太史令伯阳父曰：

“臣观天象，祸在宫中，非干弓矢之事。况谣云月将升，日将没，日者人君之□，没者不祥之兆，月者后妃之□，□者当有女主以乱天下。□□□杀无罪之人，烧弓矢之□。”□□后王崩，子幽王立，听信□□□□以亡天下，天兆不违，终□败亡，此其二也。克抚顺之年，尔南京出一石碑有云：“阴不阴，阳不阳。”岂非大明将亡之兆也，天意如此，人岂能违乎！

又闻秦始皇巡北边，卢生入海还，因奏录图书曰：“亡秦者胡也。”始皇曰：“胡乃边外之国也”，遂筑长城万里以避胡。后胡无事，其子胡亥无道，遂失天下。天兆不违，终必败亡，此其三也。推背图云：一□□弓立，岂非夷字耶？不知或夷人入主中国，或中国别有夷姓名者以乱天下也，天预示兆，□□有验，终不能违矣。

又闻刘邦初为泗上亭长，见秦皇无道，以布衣起兵，后天命有归而成帝业。天不论其贫贱孤独，惟论其德，默昤为帝，此其四也。若论国之大小，势之众寡，秦何以失，刘邦何以得天下？凡事必在天意者此也。尔南朝昏迷，智不及此，所以国家受祸也。

又闻曹操领兵百万伐吴，大兵压境，遗书于吴，令其来降。吴主孙权□□于群臣，时文臣进曰：“曹兵百万，我兵三万，势必不敌，不如早降，保全生灵。”武臣进曰：“文臣□□皆各为妻子，不为国家，若一投降，官自为官，民自为民，将置主上于何地？且人未有长生不死之理，况两军交战，只在天意，不在众寡，今日不如与之决一死战。”吴王然之，乃拔刀砍案曰：“有人敢言降者，与此案同。”于是以三万兵与曹兵百万相战，大败之，遂雄据江东，成鼎足之业。天不论势之众寡，只论事之是非公断，此其五也。尔南朝不□□之是非，只恃国大兵众，逆理谬行，以致天怪也。

……

又观我国史书，章宗皇帝时，有孟古部长铁木真，忠顺进贡。见其状貌奇异，无故欲杀之，以致两国兵争，天下失于铁木真，铁木真遂称大元。天不论国之大小，只论事之是非公断，此其十二也。尔南朝岂不知之？尔南朝改变公正之心，天心怪之，故削大为小，减众为寡，尔尚不知觉悟，仍恃国大兵众，以太山自比，以鸡卵比我，妄言如太山压鸡卵，还是尔死数未尽，故由不得尔言也。辽东地方横十日，直十日，满山遍地白骨暴露，是尔太山压的卵壳耶！尔那时兵马岂少乎？论众岂如天众，论力岂如天力，天之所怪，众力难支，如将聚虫抹杀一样，有何难也。

又闻元顺宗皇帝时，秦州山崩地裂，又汴京雨血，人衣皆赤。又京师地震，鸡鸣山崩，地陷方百里成池，人多没死。天如此屡降灾异，不能改过自新，听信奸人，不用忠臣，干戈蜂起，遂失天下。天预示兆，终不能逃，以失天下，此其十三也。尔南朝岂不知之，辽阳城井中出血，辽阳即破。北京城两年玉河流血，大风刮倒各衙内老树及石牌楼，天示大灾。今尔南朝国大兵众，岂能违天而移之乎，终必应矣。

又闻南朝朱元龙者，幼失父母兄弟，孤身为僧，乞食至濠州，门军欲执而杀之，城主郭光卿释而收养之，后天命归之，遂为天子。天不论其贫贱孤独，惟论其德，默昤为帝，此其十四也。若依人心，元顺帝天下何以失？朱元龙乞食之人何以得天下？可见由天不由人也。

又观我国史书，自大金以后，虽未统诸国，而本国之中常为君长，有属部人贾胡者生子七人，俱有大力，能披甲连跳九中，恃其有力，将我祖之儿妇抢去，我祖怒之，发兵征剿，尽诛其宗族。贾胡氏恃其兄弟豪强有力，无故自起祸衅，天心怪之，一族尽死，此其十五也。

……

朕虽屡获天祐，志气未骄，在人上不敢分毫生事。公正之人，尔南朝偏护边外他国，要杀之，方昭告皇天而起兵，不想天怪南朝而祐我。于是南朝又说我何敢举兵抗拒，中国发兵四十万，四路齐进，意欲剪灭除根。天又怪尔祐我。不在众寡，只在天意，此其十九也。躬耕大舜，亭长刘邦，乞食元龙，天命有归，尚为帝王。我本大金之裔，曷尝受制于人，或天命有归，即国之寡小勿论，天自扶而成之也。

自古以来，大国数尽，必君臣昏迷，行事逆理乱常，不知其过，骄泰以失之。或小国天命将归，动念行事，天必启翼之，风雨霜雪各以时至，默助以成也。尔南朝大国，若存心如海之宽，如山不动，公正无私，天何败尔天下。存心不正，无天无地，边上常来插书，复说国大兵众，如太山压卵等言，岂非天怪尔南朝之甚，故使尔口不由尔说，做鬼怪之口而言也。况太山者天之生成也，即天无有举太山压人之理，尔怎能举动太山而压卵，如此乱言积罪，国家受祸矣。玄谈宝藏云:“拙智口伏冤，遥观施恶语，至敌惶跪途，到家说大言”，正尔之谓也。苍天怪之，失其土地，百万兵马，皆被杀死，尚说大言，何不自羞，何不畏天也。但自天子以至庶人，凡有过愆，能自知其过，即认不是，自悔自责，赎其罪过，乃上等好人，天也爱之，人亦喜之。若知其过，不能自举，只待人言，乃中等人。不认其过，强以自非为是，乃下等人，天也怪之，人亦恶之，是自然之理也，请详之。

南关之亡也，先于戊戌年河流血水，天兆不违，遂致国亡。北关之亡也，先于辛丑年雨各色种，戊申年雨血，天兆不违，终致国亡。今你南朝北京玉河两年流血，天降此兆，终须至矣。我国中丙申及丙辰两年，天降蜜雨，岂非天示甘露之瑞，而默祐我乎。天怪你南朝，屡降灾异，兵将败死，地土失守，而不知自咎，复说国大兵众，大言大语，是乃抗天也。

今案：此书为汉文刻本，多有损毁脱落之字，以“□”占位标示。曾全文刊载于中国人民大学出版社 1984 年版《清入关前史料选辑》第一辑。原件今存国家图书馆善本部，为刻本，有残缺，无页码、不分卷，亦未标明作者、写作及刻印年代。刻印字体不规整，多俗体字，笔画欠缺、增衍及错位者随处可见。文中以“朕”为第一人称，表明乃以努尔哈赤名义撰述，时间在后金攻占辽东之后、进攻辽西之前，即天命六年（公元 1621 年），其时明万历帝已死，文中所攻讦的也是“南朝”即整个明朝。因此，国家图书馆将之命名“后金檄明万历皇帝文”是不确切的。关于文献形成时间和前后原委，乔治忠《“后金檄明万历皇帝文”考析》（载《清史研究》1992 年第 3 期）有综合考订，可资参阅。

公元 1622 年 明熹宗天启二年 壬戌

董其昌著《万历事实纂要》、《留中奏议笔断》。

《明史》卷二八八，《董其昌传》：董其昌，字玄宰，松江华亭人。举万历十七年进士，改庶吉士。……授编修。……坐失执政意，出为湖广副使，移疾归。起故官，督湖广学政，不徇请嘱，为势家所怨。……其昌即拜疏求去，帝不许……其昌卒谢事归。起山东副使、登莱兵备、河南参政，并不赴。光宗立……乃召为太常少卿，掌国子司业事。天启二年擢本寺卿，兼侍读学士。时修《神宗实录》，命往南方采辑先朝章疏及遗事，其昌广搜博徵，录成三百本。又采留中之疏切于国本、藩封、人才、风俗、河渠、食货、吏治、边防者，别为四十卷。仿史赞之例，每篇系以笔断。书成表进，有诏褒美，宣付史馆。

《千顷堂书目》卷五，别史类：董其昌《万历事实纂要》三百卷；又《留中奏议笔断》四十卷。

《明史》卷九七，《艺文志二》杂史类：董其昌《万历事实纂要》三百卷。

公元 1623 年　明熹宗天启三年　癸亥

《明光宗实录》修成。

《明熹宗实录》卷三五：天启三年六月……乙亥……《光宗贞皇帝实录、宝训》成，大学士叶向高等以副本进呈御览。得旨："览卿等撰述皇考《实录》、《宝训》，具见详慎，著誊写正本进呈。"……戊子，上视朝。先是，大学士叶向高等以《光宗贞皇帝实录、宝训》将完，恭请御制序文，以冠篇首。得旨："著撰拟来看。"至是，拟序文二篇进呈。上览之，嘉其恭述详慎。

明熹宗《大明光宗贞皇帝实录序》：朕闻唐虞之迹，纪于典谟，文武之政，布在方册，所以昭垂百代，启祐后人，夐乎尚矣。我二祖列宗，创守同道，著令史官，簪笔丹陛，一言一动，大书特书，既乎因革巨典，臣下章奏，莫不综而载之，以备一朝之史。今所藏《实录》，圣德神功，大较可睹已。维我皇考光宗贞皇帝，聪明天纵，岐嶷夙成，出阁早近乎师儒，讲读不废乎寒暑。青宫养德，为日弥深，闾阎之疾苦既所周知，边塞之艰危靡不洞悉。神皇厌代，宝位初登，凡前此未沛之屯膏，久郁之士气，一皆遵奉遗诏，涣发推行，德音始播，海内欣然，相庆为不世出之圣主也。惟是天性笃孝，哀怛摧伤，万幾丛于裁决，三礼瘁于躬亲，金縢无圭璧之祈，灵药寡瞑眩之效，才及匝月，而龙驭遽上升矣。朕痛音容之莫追，念盛美之当述，爰命儒臣分曹纂辑，勒为《实录》；卷凡有八，起万历十年命哲之初，迄泰昌元年鼎成之后。……於戏！帝典皇猷，并垂蓍蔡，文谟武烈，敢后觐扬。凡我孙子，其尚鉴兹成宪，永率循于无愆，奉若河图，期紬绎于勿替，庶列圣之绪益光，而国家灵长之运千万年未艾，于皇考之遗命，亦克副哉！谨序。天启三年六月十五日。

张惟贤等《进明光宗实录表》：后军都督府掌府事、少师兼太子太师、英国公张惟贤等，诚惶诚恐，稽首顿首，上言："伏以骏烈昭垂，开万年之景祚；鸿编纪述，备一代之彝章。维神化浃乎垓埏，宜声光被于天壤，永言懿铄，未罄揄扬。恭惟光宗崇天契道英睿恭纯宪文景武渊仁懿孝贞皇帝，德茂中和，道兼述作，元良震器，占星晖海润之详，养正蒙功，懋日就月将之学，乃承华久于潜邸，嗣践祚迨于中身。……虽临御仅浃三旬，而德教已加四海。……凡行政用人，尽鼓舞弛张之道。粤稽昭代，遹溯前猷，历二祖十宗以来……未有乾纲甫握，成不介之王孚，泰运方新，奏如驰之玄化，历年少，施泽多，如我皇考者也。恭惟皇帝陛下，大孝尊亲，重华协帝。……皇纶申谕，史局弘开，乃命臣张惟贤为监修官，臣叶向高、臣韩爌、臣何宗彦、臣史继偕、臣孙承宗、臣朱国桢、臣顾秉谦、臣朱延禧为总裁官，臣林尧俞、臣郑以伟、臣周如盘、臣钱象坤为副总裁官，臣周炳谟、臣来宗道、臣汪辉、臣张鼐、臣董其昌、臣蔡毅中、臣成基命、臣李康先、臣姜逢元、臣罗喻义、臣孟绍虞、臣王祚远、臣曾楚卿、臣庄际昌、臣张翀、臣侯恪、臣傅冠、臣丁乾学为纂修官。臣惟贤暨臣向高等仰体宸衷，恪循诏命，发秘藏于内府，搜职掌于诸曹。自华渚虹流之辰，迨鼎湖龙驭之日，于凡起居言动，政令批裁，以至事涉宫闱，计关宗社，书宁详而毋略，言必信而有徵。务使乾旋坤转之功，垂千秋而不泯，直令帝骤王弛之略，并列圣以无穷。恭成《光宗贞皇帝实录》八卷、《宝训》四卷，缮写进呈。臣惟贤等才乏三长，愚惭一得，极思扬榷，形容未拟其神明，勉效编摩，义例祗遵夫睿断。……臣惟贤等无任瞻天仰圣，激切屏营之至，谨奉表随进以闻。天启三年七月十六日，后军都督府掌府事、少师兼太子太师、英国公张惟贤等谨上表。”

《明熹宗实录》卷三六：天启三年七月……甲辰，监修等官少师兼太子太师、英国公张惟贤等进《光宗贞皇帝实录、宝训》，上具衮冕服御皇极门内殿立受。上复座，受文武百官朝贺。

《明史》卷一〇六，《功臣世表二》：英国公……（张）惟贤，万历二十六年十一月甲辰袭。三十七年十一月丁未领后府，累加少傅兼太子太保。天启三年七月加太保。

《明史》卷二四〇，《叶向高传》：叶向高，字进卿，福清人。……举万历十一年进士，授庶吉士，进编修。迁南京国子司业，改左中允，仍视司业事。二十六年召为左庶子。……寻擢南京礼部右侍郎。久之，改吏部。……三十五年五月，擢向高礼部尚书兼东阁大学士，与王锡爵、于慎行、李廷机并命。……明年……向高遂独相。……四十二年……三月……向高乞归益数，章十余上。至八月，允其去。向高以三载考绩，进太子太保、文渊阁大学士……加少保兼太子太保，改户部尚书、武英殿。……加少傅兼太子太傅，改吏部尚书、建极殿。至是，命加少师兼太子太师……遣行人护归。……向高归六年，光宗立，特诏召还。未几，熹宗立。……天启元年十月还朝，复为首辅。

《千顷堂书目》卷四，国史类：《光宗贞皇帝实录》八卷。总裁、大学士叶向高等修……天启三年七月书成。熹宗御制序。……《光宗皇帝宝训》四卷。

《明史》卷九七，《艺文志二》正史类：《光宗实录》八卷。天启三年，叶向高等修成，有熹宗御制序。

《宋史纪事本末》、《元史纪事本末》等作者陈邦瞻卒。

《明史》卷二四二，《陈邦瞻传》：光宗嗣位，即擢邦瞻兵部右侍郎，总督两广军务兼巡抚广东。……召拜工部右侍郎。未上，改兵部，进左。天启二年五月，疏陈四事。……寻兼户、工二部侍郎，专理军需。明年，卒官。诏赠尚书。邦瞻好学，敦风节。服官三十年，吏议不及。

公元 1624 年　明熹宗天启四年　甲子

解学龙请修正史。

《明史》卷二七五，《解学龙传》：解学龙，字石帆，扬州兴化人。万历四十一年进士。历金华、东昌二府推官。天启二年，擢刑科给事中。

《明熹宗实录》（梁本）卷三八：天启四年春正月……戊寅……刑科给事中解学龙请修正史，言“史家之体，有编年，祖之《春秋》；纪传，本之三传。我朝列圣实录，祇昉编年，而事之首尾不相贯，人之本末不可知。况乎革除、土木，至今公案未定。其间一姓递承，委裘无恙，况操觚者拘其忌讳，致令参稽尚仍夫蠹简，祗为袭舛，何以传信？至家乘野书，皆得以肆其私笔，宁非圣朝一大缺事哉！今宜开局纂修正史，刻期告成。顾所以成之者有三：曰搜其人，曰萃其书，曰督其程。”上命实录成议之。

徐象梅著成《两浙名贤录》。

黄汝亨《两浙名贤录序》：余门人徐生仲和，高才负奇，困顿诸生间，不耐为比偶之业，踰壮及即弃去。雅意不朽，乃取浙贤而遍搜之。远溯唐、虞，近讫世、穆，上下四千年，网罗十一郡，为门二十有二，为卷五十有四，首“儒硕”，终“寓贤”，而浙之为浙，灿乎备矣。《录》成，题之曰《两浙名贤》。……

天启甲子秋，寓生黄汝亭撰并书。

《千顷堂书目》卷一〇，传记类：徐象梅《两浙名贤录》五十四卷，又《外录》八卷。象梅字仲和，钱塘人。

《明史》卷九七，《艺文志二》传记类：徐学聚《两浙名贤录》五十四卷，《外录》八卷。

案：该书作者为徐象梅，此误。

《四库全书总目》卷六二，史部传记类存目四：《两浙名贤录》五十四卷、《外录》八卷，明徐象梅撰。象梅，字仲和，钱塘人。其书取两浙先贤，自唐、虞迄明隆庆，别为二十二门；又《外录》"玄玄"、"空空"二门，以载释、道二家。名目既多，体遂冗杂，如"辅弼"、"经济"，无故区分；"文苑"、"儒硕"，过加轩轾；又诸传皆标题官爵，独"道学"一门，称先生而不书其官，于体例亦未画一。至所列之人，本正史者十仅二三，本地志者乃十至六七，以乡闾粉饰之语，依据成书，殆亦未尽核实矣。

徐学聚《国朝典汇》经后嗣订补成书。徐另著有《历朝珰鉴》。

《明进士题名碑录·万历十一年癸未科》：徐学聚，浙江金华府兰溪县民籍。

周应宾《国朝典汇序》：夫一代之兴，必有一代之史。虞夏以来，若帝典臣谟，殷盘周诰，下逮汉魏，以讫宋、元，诸家纪载备矣。我明高皇帝应天受命，制作一新，成祖丕承大统，谟烈重光，列圣相传，圣德大业，超轶往代，第史臣编纂，守在金匮，而稗官野乘，撰述多门，漫无统纪，阅者苦于望洋。而余同籍徐敬舆氏，世承家学，于书无所不读，而尤博综本朝典故。尝督学山东，同官有论及古今类书，本朝未有集其成者。公遂因各家之成书，删繁就简，校雠鱼亥，上自开国，至于庆、历，分门叙事，囊括群籍，一代掌故，灿若日星，乃此书几就绪，而公竟厌世去。以二子与稽、与参虑此书之散失也，悉心翻阅，勒为成书，共得二百卷，可谓克继先志而有功于史氏者矣。……赐进士出身资政大夫、詹事府掌府事、吏部尚书兼翰林院学士、国史副总裁、知制诰经筵日讲官周应宾撰。

徐与参《凡例》：国朝纪载不啻数百十家，然或以识一时之见闻，或以纪一事之颠末，传记则步趋乎班、马，编年则仿佛于《史纲》，要期传信千秋，用俾阐扬一代。若夫比伦汇次，逐事条分，披览者原始以要终，考镜者寻端以究委，有是书在，余不必观。

一、先中丞衡文东土时，汉阳尹中丞以《宪章类编》一书，属先中丞补辑世、穆二庙。先中丞遂与临朐冯宗伯往复商榷，补所阙遗，芟厥繁琐。宗伯因出所藏两朝《实录》，以备采录，遂成全书。

一、是书搜集既广，编摩备艰，或一人而臧否异辞，或一事而烦简互出，取裁固由独匠，润饰实采众长。故订正之劳，多资寮寀，备录姓氏，以志一时共事之谊。然编纂虽成于当日，杀青才竣于今时，故衔立今官，而序仍昔爵。至若迩者司道郡邑，或经就正，或叨助梓，有裨斯集，例得并书。

一、国朝诸书，多止于弘、正，逌世、穆两朝，阙焉未备。夫时近则易徵，事近则可守。肃皇帝制作聿新，历年最久，神谟伟烈，炳耀史册，洵为中兴盛事，是以特加详备，多诸书所未悉载。若夫神、光二庙，时事更近，尤昭人听睹，以《实录》未成，犹成阙典，后有作者，尚有待焉。

一、先中丞性无它嗜，独有书淫，自筮仕以逮悬车，手未尝一日释卷，生平著述不下数十余种。是书纂辑最劳，经济备见。每睹手泽，不觉潸然。特倾赀以付剞劂，盖不忍以先中丞数载苦心徒饱蠹鱼云尔。至若银根帝虎之讹，政如落叶之不易尽扫，尚期同志不吝指裁。天启甲子春仲之吉，不孝男与参谨识。

《千顷堂书目》卷九，典故类：徐学聚《国朝典汇》二百卷。兰溪人，都察院右佥都御史。学聚督学山东日编辑典故为此书。始于开国，迄于隆庆。

《明史》卷九七，《艺文志二》故事类：徐学聚《国朝典汇》二百卷。

《四库全书总目》卷八三，史部政书类存目：《明朝典汇》二百卷，明徐学聚撰。……是书采录明代典故，自洪武讫隆庆，分类编纂。上自实录，下讫稗乘，条分类萃，凡二百门。卷一至三十三卷为朝政大端，三十四卷以下则以六部分标，记载颇为繁富。然分隶不无错杂，如明制六部与卿、寺、院、监不相统摄，此书则以宗人府、都察院以下皆归入吏部；又如庙号、尊谥、陵寝、巡幸、郊祀、祈祷、祠醮，皆礼部职也；较阅，兵部职也；耕蚕、庄田、勋戚、田土，皆户部职也，此书则一切归入朝政大端中，于体例皆为未协。又采摭浩博，而皆不著其出典，亦未免无徵不信。李焘《续通鉴长编》，凡所引证，必著书名，不如是之莫知所本也。

《千顷堂书目》卷九，典故类：徐学聚《历朝珰鉴》四卷。

《四库全书总目》卷六二，传记类存目四：《历朝珰鉴》四卷，明徐学聚撰。学聚，字敬舆，兰溪人，万历癸未进士，官至副都御史巡抚福建。是编辑录历代宦官事迹，自周秦以迄于明，分善可为法、恶可为戒二种，而于明代纪载尤详。

第所录仅至世宗朝而止，则仍不免有所避忌。

今案：据姜纬堂《〈国朝典汇〉及其编者徐学聚》（载《国家图书馆出版社古籍影印图书序跋精选》，北京图书馆出版社2009年）一文所考，万历二十六年（公元1598年），徐学聚应山东巡抚尹应元之嘱，补辑《宪章类编》，徐借得冯琦所藏嘉靖、隆庆两朝实录，始编纂本书。嗣后，屡经修葺，迄于辞世，尚未定稿，后由其子“勒为成书”。又《凡例》末署“天启甲子仲春”，即天启四年（公元1624年），应为成书之年，故编于此。而姜文另有推断，曰“书之刻成，甚至付刻，当必在天启五年”。《历朝珰鉴》成书年代不详，暂系于此。

赵维寰撰成《雪庐读史快编》。

（光绪）《平湖县志》卷十五《人物》：赵维寰，字无声。举万历庚子顺天乡试第一。署海宁教谕，升南国子监丞，擢刑曹，转郎中，归。……杜门著书以终。《檇李诗系》云：……年八十一卒。

董其昌《雪庐读史快编序》：甚矣，古人读史之难也。……今二十一史板行域中，虽寒士垂涎，而富家巨室往往充栋连床，非指触如新，则尘凝如故，徒饱蠹鱼硕鼠之腹而已。间有好事家，其读之而能解，解之而能竟，竟之而能手舞足蹈，心开目明者几人哉！吾友赵无声，天下快士也。曩与结社当湖，谈论古来治乱兴亡，贤不肖之故，神采飞扬，议论英伟，而笔力胆力亦足副之。遂以制科发解，一时辇下诸君子，咄咄号称得人，屡蹶南宫，无声文益豪，而日益翻史不去手，破砚浊醪，错置左右，饮且读，读且饮。……盖无声之言曰：“作史者描写之精神，全在帝纪列传。书志年表，牵联繁复，不快也。琐语丛说、编记小部之属，朱紫苗莠，溷为一区，蹐驳而矫诬，不快也。作刊误，作辨证，作指暇，作纠谬，意在弹射先贤，而未必真见古人流露之面目，不快也。”大约网罗检镜，率取正史为纲，中有标新领异，角怪斗奇者，随读而随录之。前迨两汉，下迨宋、元，比之吕氏《十七史详节》，较为典瞻，上可参庙断军书，次可资骚坛艺圃，即诙笑谐谑亦可。……赐进士出身嘉议大夫、詹事府协理府事、礼部右侍郎兼翰林院侍读学士、奉敕纂两朝实录、诰敕讲读官友弟董其昌撰。

陈熙昌《读史快编序》：……无声先生腹有经笥，而尤究心史学。自言庚戌之役，得监本二十一史，载之以南。癸丑后，沉酣泛滥其中者，殆余十稔。于是，数千年来种种瑰异，足快人心目者，咸精核而节取之，署曰《快编》，志其所自得也。间出示余，未尝不合而不入葺，未尝不分而不袭类。瑕瑜好丑，一一献状，以听当世之取材，而绝不以己见锢之。於乎！快哉！……余昔受事当湖，每见无声孤踪落落，心窃讶之。已读是编，而始得其兴会所钟，风期良远。夫读《通鉴》者，知温公之相业，无声雪庐玄赏，何减抱膝隆中，夫宁直自快焉而已乎！时天启壬戌之秋七月既望，赐进士第文林郎、吏科给事中、前知平湖县事、南海陈熙昌书于长安邸舍。

顾国宝《读史快编序》：千古快意之事，无如独行其是，非俯仰当世。拊心扪舌，何如取古来兴亡理乱之机关、贤奸忠佞之消长，以及财赋兵刑之盈缩、礼乐制度之张弛，虽使烦言不忌，而直道犹行，凭以直抒其胸臆，不犹一大愉快也乎！……先生以我读史者，所谓罗百代于胸臆，以独行其是非者耶！编以“快”名，微独读者快，为有史快也。甲子仲夏日，广陵友弟顾国宝漫题于当湖官署。

赵维寰《读史七快》：

一、编中节比条分，记事则事自为本末，记言则言自为终始。读之觉眼明口迅，葛藤瓜蔓，一切刊除。快一。

一、古来大豪杰、大奸雄、大痴愚、大制作，编中种种描摹，肤髓毕具，恣吾考览，读之若古人不死，身历当年。快二。

一、玄雅可以证风流，诙谐可以博逸趣。读之虽热闹之境，如沃清凉，虽礼法之场，不禁狂舞。快三。

一、诸夏文薮，学士词人，佳什名篇，自堪嗟赏。若乃闺英掞藻，殊域吐奇，读之灿然，觉我才尽。快四。

一、是编所载，凡人世应用已无不有，即恒理决无不必全无。读之真觉眼界贫寒，乾坤寥廓。快五。

一、批评圈点，止可欺给孩孺，眩惑盲人。若夫玄览达观，那肯傍他唾吻？是编独存本色，惟吾具眼。快六。

一、余廿载孝廉，一生坎壈。挥金有癖，积粪无能，青简甫成，遗产略尽。以表章旧业弃基，不孝可原于先子；以拮据传书，垂绪寡慈，奚负于后贤？快七。

《四库全书总目》卷六五，史部史钞类存目：《读史快编》四十四卷，明赵维寰撰。维寰字无声，平湖人。万历庚子举人。是书于诸史之中摘录其新异之事。始于《史记》，迄《新唐书》，割裂剪裁，漫无义例。

今案：卷首有董其昌、施凤来、陈熙昌、顾天峻、顾国宝五序、作者《读史七快》、作者之子赵韩《凡例》。五序中，惟陈序署“天启壬戌”（天启二年），顾国宝序署“甲子”（天启四年），余皆阙如。而本书《凡例》署“岁在甲子清和月朔”，亦为天启四年。依此判断，天启四年似当为成书之年。然陈序何以早出二年？查陈序中有赵书“间出示余”之言，是陈氏不待其书之成，早已随时阅览矣，故序言可能提前撰就。

公元1625年 明熹宗天启五年 乙丑

谕史官早日修成《明神宗实录》。

《明熹宗实录》卷五五：天启五年正月……癸酉……上谕：“朕惟史官他无职业，专以纂修为事。皇祖实录开馆至今，已经五载，尚未告成，虚縻廪禄，各官职守何在？以后俱著入馆编摩，不许私寓逍遥宴饮，亦不得给假乞差，以致出入无常，稽误大典。仍限按月送稿；其修成实录，一年两次进呈，务在早完。特谕。”

公元1626年 明熹宗天启六年 丙寅

敕修《三朝要典》。

《明史》卷二二，《熹宗纪》：天启五年……五月癸亥，给事中杨所修请以“梃击”、“红丸”、“移宫”三案编次成书，从之。

《明熹宗实录》卷六七：天启六年正月……戊午，圣谕：“朕惟君臣父子，人道之大纲；慈孝敬忠，古今之通义。有国家者修之则治，紊之则乱；为臣子者从之则正，悖之则邪，自古迄今，未有能易者也。乃有乘宫庭仓卒之际，遂怀倾危陷害之谋，构朝廷骨肉之嫌，自为富贵功名之地，其为乱臣贼子，可胜诛哉？洪惟我皇祖神宗显皇帝早建元良，式端国本，父慈子孝，原无间然，而奸人王之寀、翟凤翀、何士晋、魏光绪、魏大中、张鹏云等，乃借‘梃击’以要首功；我皇考光宗贞皇帝一月御天，千秋称圣，因哀得疾，纯孝弥彰，而奸人孙慎行、张问达、薛文周、张慎言、周希令、沈惟炳等，乃借‘红丸’以挟私怨；迨皇考宾天，朕躬缵绪，父慈子孝，正统相传，而奸人杨涟、左光斗、惠世扬、周朝瑞、周嘉谟、高攀龙等，又借‘移宫’以贪定策之勋，而希非望之福。将凭几之遗言，委诸草莽；以待封之宫眷，视若寇仇。臣子之分谓何？教忠之义安在？幸天牖朕衷，仰承先志，康妃皇妹恩礼有加，而守臣诸臣凡因三案被诬者，皆次第赐环，布列有位，嘉言罔伏，朝政肃清。特允部院科道诸臣之请，将节次明旨并诸臣正论，命史臣编辑成书，颁行天下，使三朝慈孝灿然大明，天下万世无所疑惑。其凡例体裁一仿《明伦大典》故事，即于新春开馆纂修。卿等受兹委任，须同心协力，研精殚思，采集周详，持义明核。凡系公论，一切订存；其群奸邪说，亦量行摘录，后加史官断案，以昭是非之实，务要早完。成书之日，名之曰《三朝要典》，以仰慰皇祖、皇考在天之灵，用副朕觐光扬烈之意。”

《明史》卷二二，《熹宗纪》：天启六年春正月戊午，修《三朝要典》。

《三朝要典》修成。

《明熹宗实录》卷七一：天启六年五月……丁卯……大学士顾秉谦等题：“《三朝要典》已经编纂删润，装潢成帙，谨进睿览裁正发下，容臣等写正本，择吉具仪上呈。所有御制序文，拟撰一通，并臣等恭撰后序进呈。”得旨：“洪惟《三朝要典》乃人心之公论，万世之大防，朕不敢私其是非于上，史臣亦谁敢私其曲直于下乎！所有陆续草稿，既经卿等删润，誊录副本已完，并撰拟序文及卿等恭撰后序。朕览其梗概，大略已知，或就中详细之处须发扬献纳，足为臣下之模，必剖决是非，炯昭后世之鉴，庶三朝大案若宛在目前，邪正了然，即万代不易。卿等还更加详慎，务成不刊之典，期示将来。即写正本，择吉具仪进呈。”

《明熹宗实录》卷七二：天启六年六月……庚寅，上御皇极门内殿，大学士顾秉谦等进《三朝要典》，百官致词称贺。上命送皇史宬收藏。辛卯，上命《三朝要典》副本即发礼部刊刻，赐给百官，颁行天下。

《明熹宗实录》卷七五：天启六年八月……丁巳，大学士顾秉谦等题：“《三朝要典》书成，查照《明伦大典》事例，给赐诸臣，颁行天下暨各直省，令翻刻广布，以昭三朝慈孝，万世是非。”从之。

《明史》卷二二，《熹宗纪》：天启六年……六月……辛卯，《三朝要典》成，刊布中外。

《明史》卷三〇六，《顾秉谦传》：顾秉谦，昆山人。万历二十三年进士。

改庶吉士。累官礼部右侍郎，教习庶吉士。天启元年晋礼部尚书，掌詹事府事。二年，魏忠贤用事……谋结外廷诸臣，秉谦及魏广微率先谄附。……明年春，秉谦、广微遂与朱国祯、朱延禧俱入参机务。……以原官兼东阁大学士。七月，秉谦晋太子太保、改文渊阁。十一月晋少保、太子太傅。五年正月晋少傅、太子太师、吏部尚书，改建极殿。九月晋少师。

《千顷堂书目》卷四，国史类：《三朝要典》二十四卷。天启五年□月，礼科给事中杨所修请编纂"梃击"、"红丸"、"移宫"三案事，成书如《明伦大典》例。六年正月开馆，以阁臣顾秉谦、黄立极、冯铨为总裁，侍郎施凤来、杨景辰、詹事孟绍虞、曾楚卿为副总裁，徐绍吉、谢启光、余煌、朱继祚、张翀、华琪芳、吴孔嘉、吴士元、杨世芳为纂修。六月书成，阁臣请其名曰《传信鸿编》、曰《三大政纪》，中旨定今名。崇祯元年五月，编修倪元璐极言其书当毁，诏从之。福王南渡，通政使杨维垣疏请重刊，会金陵失守，不果。

《明史》卷九七，《艺文志二》杂史类：《三朝要典》二十四卷。天启中，顾秉谦等修。崇祯初，诏毁之。

王重民《中国善本书提要》史部编年类：《三朝要典》二十四卷，十二册，明天启间刻本，明顾秉谦等撰。按是书体例仿《明伦大典》，于"梃击"、"移宫"、"红丸"三案，编年系事，凡诸臣奏议、朝廷诏谕，俱以次录之，然后加以史臣论断，纂修尚有条理。初拟名《从信鸿编》，又拟名《三大政纪》，后始定为今名。然顾秉谦等附和魏阉，其撰为是书，均是承阉意旨，以掊击当时贤士大夫。顾炎武曰："《要典》一书，其言未必尽非，而其意别有所有，此国论之所以未平，而百世之下难乎其信史也。"（《日知录》卷十八）李慈铭曰："《要典》成于逆党，是非低昂，皆失其衡，故论者欲毁之。予谓诸君子之心之言，亦赖之以存，当与《元祐党人碑》同垂千古。小人以此斥君子，而我以小人之斥为君子之荣，则正不必毁矣。"（《孟学斋日记》乙集）明于二君之言，方可以读是书。又，《三朝要典》二十四卷、《原始》一卷，二十四册，明天启刻本，明顾秉谦等奉敕撰。余前所见国会藏本有缺叶，此本无之，且多《原始》一卷，盖是最初印本。《凡例》后有郑澧跋，迻录如后："此书乃当时魏忠贤党顾秉谦、崔呈秀、冯铨等迎合珰意，借题以实诸正人罪而作也。所指红丸则以孙慎行为首，移宫则以杨涟为首，梃击则以王之寀为首，当日名贤一网俱尽矣。至崇祯朝倪元璐始欲毁之。此书史断，全非信笔，然亦幸而有是书。诸正人之疏藏诸内府，未几内府毁，诸正人之疏无存者，幸有是书，先列争者疏，收之略尽，后人因得见之。小人欲实君子之罪，适代为发扬盛美。噫，何其愚也。道光八年，郑澧仲宽氏识于沛南学使署。”

改修《明光宗实录》。

《明熹宗实录》卷七七：天启六年十月……癸丑……改修《光宗贞皇帝实录》。以太傅、英国公张惟贤为监修官，太子太保、礼部尚书兼文渊阁大学士黄立极、礼部尚书兼东阁大学士施凤来、张瑞图、李国𣚴为总裁，礼部左侍郎兼翰林院侍读学士李康先、右侍郎掌翰林院事杨景辰、詹事府詹事兼翰林院侍读学士孟绍虞、曾楚卿为副总裁，翰林院修撰余煌、编修朱继祚、陈仁锡、吴孔嘉、检讨张士范、陈盟充纂修官。

《明史》卷二二，《熹宗纪》：天启六年……冬十月……癸丑，改修《光宗实录》。

公元 1627 年 明熹宗天启七年 丁卯

张萱著成《西园闻见录》。

（光绪）《惠州府志》卷三十四《人物·儒林》：张萱，字孟奇，博罗人。……万历壬午，以春秋魁乡试，肄业南雍，受知大司成赵志皋，推为诸生都讲。……屡上春官不第，考中内阁，制敕房中书，纂修正史，侍经筵，得发秘阁所藏书读之，著《秘阁藏书录》四卷。时与冯梦正诸名流结社赋诗，往来莫逆。甫一载，念母予告归。母强还朝，因修《玉牒》称旨，转北户部主事，署奏曹，诸所条上，皆为属草。差榷浒墅关，迎母就禄。……升本部郎中。差满，奉母还里，乞终养。擢贵州平越守，未任。以蜚语中考功令，闻之欣然。为园榕溪之西，不入城市，海内称为西园公。……生平无他嗜，独癖书，老而弥笃。藏书万卷，丹铅无不遍者。自天地阴阳，以及兵农礼乐、元乘韬铃，无不探讨淹贯。所著述已梓行者：《西园存稿》、《汇雅前后编》、《古韵》、《疑耀》、《汇史》、《史余》、《闻见录》、《六书故》、《云笈七签》、《唐摭言》、《三朝政要》、《北雅》、《心口语》、《苏文忠寓惠录》、《八宅周书》、《阴宅四书》、《大惑具体》。未梓行者：《西园类林》、《五经一贯》、《古文奇字》、《西园类说》。当道屡疏荐于朝，高卧不起，年八十四，无疾端坐而逝。……

陆自岳《西园闻见录序》：西园公家博罗，与余家兰陵者限南北。西园公于博罗称达尊与，余于兰陵为后学者，又年上下。载考西园公以博雅推秘省时，当神宗朝戊戌之二十六年，与予后学又十二年生，又十年始通籍者，且格格若左。始予习为经生言也，谬意学古有待，既而服官归善，簿书劳劳，有人民有社稷，亦可佞曰：何必读书。然终以太乙老人不复当吾世再见怏怏。亡何，西园公移书至，寿予大父五十。追原厥始，盖自浒墅榷关，太封公五十才半。诚哉是言，予不益瞠乎后邪！予幸从邑大夫后，亲西园公一代典型。若汤、文则闻而知之也，若予一人，不已见而知之乎。哑然笑，亦复沾沾然喜，自以为可谢吾孟夫子未也斯文。谓何？西园公早已志之。西园公之言曰："吾向以老公车直秘书，而设负此千载之一时，不韵亦著有十五簏矣。天不憗遗一书，举畀秦火。吾又不忍溟涬，告已退而著《西园闻见录》，凡百二十卷。苦志凡二十余年，尚然缄藤袭之，以私所好，讵惟不韵亦不广，且远近索抄，户已屦满，借一瓻还一瓻，殊觉劳攘，曷若举而付诸梓。"已又瞿然于工作之浩费，谓制府姚江王公即捐有八十金经始，尚需四百余金告成。夫以西园公少长书史，卖金买书，既仕，又以西省制作，见书忘金。及官归，仍闭关为玄晏，不履邑，不言事，不干谒请，不苞苴行者，直廿余年，而犹然期一力锓之，只手独拍，其何以堪！且是刻成其于金匮石室，耳罕闻、目罕见之秘，悉自内篇、外篇、杂篇，凡百二十卷中了了备载，可令贤者读之识大，亦可令不贤者读之识小。就西园公见闻以扩后学见闻，讵惟予一人是幸，盖将流传天壤，各授一简于梁王兔园而敢靳邪呼之力，其弗以共襄厥事。……晋陵陆自岳题于罗浮公署。

张萱《西园闻见录缘起》：余往家金陵，获交故大司寇王公世贞，数为余言："李宾之最称怜才，而北地、信阳皆不振。弇州山人老矣，当世得失之林，子其勉之。"盖读予《广陵怀古诗》诸小序及他古文词，谓孺子可与言史也。复移书左司马汪公道昆袱中："诚有意于班、马之业乎？不可当世而失张生。"余谢不敏，然二先生命之矣。久之，二先生皆捐宾客。岁戊戌，余乃通籍西省。时有正史之役，谬为当事推择，窃幸获观金匮石室之藏，后死谓何！昔魏收愿直东观，郑樵求入秘书，今之日，岭外老公车千载之一日也。故视草之暇，即觅书佣节略累朝实录，自洪武迄隆庆，凡三百卷，私名之曰《西省日钞》，不敢言实录也。窃以己意诠次之，凡十之三，卷凡一百，亦名之曰《西省识小录》。臣不贤，不敢识其大也。书成，不获司寇、司马二先生读之，自以为恨。徙官版曹，分司吴关，单骑束急，还里迎先太安人就禄。取道金陵，以八年所橐之笔，诸内制及诸撰著，凡十五簏，寓旧馆人，妄意抵关移还署中。忽为旧馆人邻居祝融夺去，《西省日钞》及《识小录》，皆付秦焰矣。……岁辛亥，罢归，交绝途穷，遂初已赋，桑榆虽迫，笔砚未荒，家稍藏书，尚可诠次。乃复采摭前言往行，自洪武以迄万历，为《西园闻见录》，则大小皆识，以俟后之谋野者，不敢言史也。……西园公何物，《闻见》之录，惟小者皆识，敢以史言乎！录凡一百卷，而以言行分类。史不以类而言类者，自别于史也。……予拮据此录，苦心二十余年，第一耳一目而已，能有倾篋尽授，如蔡伯喈之于王仲宣乎？能开局辟召，如司马君实之得范梦得、欧阳永叔乎？间者，郡大义父与徐公仪世在郡日，尝遣书佣数人，居西园数月，钞去更订为七十四卷，欲梓行于金陵，公诸谋野。余数以书止之，此白鸟腹中物也，幸毋娆剞劂氏，令苏子瞻、曾子固及王、汪二先生地下掩口。丁卯秋日，张萱题。

是录也，海内朋游闻而知者，数四寄声，宜授诸梓，以公同好，未有以应也。岁辛未，按台嘉兴高公讳钦舜，首捐二十金。壬申，制府姚江汪公讳业浩，亦捐八十金，檄邑大夫誊写是录及《西园汇史》以进。予闻命，广召书佣，授简十未及三，制府以读礼行矣。复以书见属：二书完抄，当寓于岭西左辖吴兴王公讳道元以见授也。余固以来赀璧完。公曰："君却此赀，岂欲不穀亦却此书乎？"予九顿唯唯。公行已一月，《闻见录》始完抄，而《汇史》甫抄十之二。夏六月，始缄《闻见录》驰上左辖公，邮致姚江，若《汇史》尚需异日以副制府之命。时诸当事者，亦相次移书郡县，誊进《闻见》一录，未免郡县烦劳，况多书佣讹舛，再加详订，欲付剞劂，应彼四方之以一瓻来者。第计其工力，即制府八十金以经始之，尚需三百余金。……不得已，袺裾赋税之仂，积纤累微，先镌总目，及内篇、外篇、杂篇各二卷。有索抄者，先以此六卷应之，曰当有同好，惠然捐赀，举全书相次灾木矣。无庸索抄，借一瓻还一瓻，以蹈彼此皆痴之诮，亦西园老农所为操豚蹄而祝篝车者乎！若《汇史》之镌，其工力当数倍此编。彼《西园史余》镌且中辍，于《汇史》又何望焉！壬申秋七月，识小野史又题。

《校印西园闻见录缘起》(哈佛燕京学社 1940 年校印本)：张萱《西园闻见录》一百六卷，见《千顷堂书目》史部别史及《明史·艺文志》史部杂史，世罕传本。民国二十五年，本社得三山陈氏居敬堂蓝格钞本，不避清讳，当是明钞。有开万楼藏书印记，审为汪启淑旧藏。据萱崇祯五年壬申自序缘起谓，曾选刻内编、外编、杂编各二卷，今未见传本，亦不见诸家著录，缘盖泯没久矣。其书据陆自岳《序》称，为百二十卷。萱自称百卷，经徐世仪（今案：据张萱《缘起》，当作“徐仪世”）更订为七十四卷。今陈氏所藏实一百七卷，或后来重订。大抵上起洪武，下迄万历。内编以表德行，专重行谊。外编纪政事，依官为次。始内阁、翰林、六部、台谏，以及外官，然后分众事以隶之。其方伎之属无所归者，则为杂编。意在因事存人，因人见事。复各分言与行为二。其为书足与沈德符《万历野获编》竞爽。虽考辨之精，容有未逮，而采摭浩博则远过之。观其所纪，多非今所习见，则原书已亡，幸赖此书而存者也。信为考明事者所必参稽。……顺德李氏有光绪间传钞本，展转借阅，知陈本残蚀字句，而李氏本缺卷凡十有八，其余互有得失，未必同出一本，而皆错讹百出，几于不可句读。因属本社研究员曹诗成君，发两本对校，复由导师邓之诚先生重加订正。其显属笔误者，则迳改之，不则正以他书；其不能改者，则仍之，以见矜慎。大约十得八九。其次第颠倒，一事复出者，稍稍董理，然后此书灿然可读。随校随印，阅时半载，始克观成，欣然为志缘起。……中华民国二十九年四月一日，哈佛燕京学社谨识。

邓之诚《西园闻见录跋》（同上）：……西园此书，志在兼采，亦间有失之眉睫者。门目纷繁，出入先后，微伤凌杂，大约沓集之功，多于考订。观西园他所撰述，若《疑耀》，若《内阁书目》，非无体要，斯乃较逊者，殆书成晚岁，精力衰谢，不及细审，稍失剪裁，为可惜也。然卷帙既富，探讨不穷，语其所长，盖有数端：凡所称引，博览之士，或有不悉其所从出者，故书旧记，散佚多矣，犹赖此书以传，一也。所录奏疏，多出邸报，非今所恒见，二也。兵事逾三十卷，建州方盛，语焉特详，触忌新朝，所以终閟，三也。著一议论，主张歧出者，必备录之，以见持平，四也。尤足称者，著书本旨，在以事存人、以人存言，自修己条目，迄于齐家、治平，言行一贯，合以求之，虽复旁及幽隐怪异，要以不倍圣人之教为本。盖世道衰微，慨然有作，非比空谈拜献也。……民国二十九年四月，邓之诚识于风烟旧里。

今案：是书仅有钞本传世，邓之诚等据旧钞本整理，厘为一百七卷，1940年由哈佛燕京学社校定出版，是为通行之本。卷首有陆自岳《序》、张萱《缘起》。《缘起》分两篇，一署丁卯（天启七年，公元1627年），一署壬申（崇祯五年，公元1632年）。据丁卯《缘起》，张萱自戊戌（万历二十六年，公元1598年）入直内阁，节钞洪武迄隆庆朝实录，成《西省日钞》三百卷，并纂《西省识小录》一百卷。二书不幸俱毁于火。辛亥（万历三十九年，公元1611年）罢归故里后，发愤重纂《西园闻见录》。至天启七年，成稿一百卷，自洪武迄于万历。陆《序》虽未署年份，然所述刊书情形，与张萱壬申《缘起》所言后先辉映，当作于其后无疑。陆《序》引张萱之言，谓是书“凡百二十卷”，则天启七年后当续有增补，并补入天启年间史事，故卷数增多。

钱谦益著成《皇明开国功臣事略》。

《清史稿》卷四八四，《文苑传一》：钱谦益，字受之，常熟人。明万历中进士，授编修。博学工词章，名隶东林党。天启中，御史陈以瑞劾罢之。崇祯元年，起官，不数月至礼部侍郎。会推阁臣，谦益虑尚书温体仁、侍郎周延儒并推，则名出己上，谋沮之。……体仁引疾去，谦益亦削籍归。流贼陷京师，明臣议立君江宁。谦益阴推戴潞王，与马士英议不合。已而福王立，惧得罪，上书诵士英功，士英引为礼部尚书。……顺治三年，豫亲王多铎定江南，谦益迎降，命以礼部侍郎管秘书院事。冯铨充明史馆正总裁，而谦益副之。俄乞归。五年，凤阳巡抚陈之龙获黄毓祺，谦益坐与交通，诏总督马国柱逮讯。谦益诉辨，国柱遂以谦益、毓祺素非相识定谳。得放还，以著述自娱，越十年卒。

谦益为文博赡，谙悉朝典，诗尤擅其胜。明季王、李号称复古，文体日下，谦益起而力振之。家富藏书，晚岁绛云楼火，惟一佛像不烬，遂归心释教，著《楞严经蒙钞》。其自为诗文，曰《牧斋集》，曰《初学集》、《有学集》。乾隆三十四年，诏毁板，然传本至今不绝。

钱谦益《牧斋初学集》卷二八《皇明开国功臣事略序》：谦益承乏史官，窃有志于纂述。考览高皇帝开国功臣事迹，若定远黄金、海盐郑晓、太仓王世贞之属，人自为书，踳驳疑互，未易更仆数，则进而取徵于《实录》。《实录》备载功臣录籍，所谓藏诸宗庙，副在有司者也。革除以后，再经刊削，忌讳弘多，鲠避错互。孔子曰：“吾犹及史之阙文也。”疑者丘盖不言，将使谁正之哉！天启甲子，分纂《神宗显皇帝实录》，翻阅文渊阁秘书，获见高皇帝手诏数千言，及奸党逆臣四录，皆高皇帝申命镂版，垂示后昆者。国史之脱误，野史之舛缪，一一可据以是正。然后奋笔而为是书。先之以国史，证之以谱牒，参之以别录，年经月纬，州次部居，于是开国功臣之事状粲然矣。元人苏天爵撰《名臣事略》，疏其人若干，而系之以事，不用史传之体。而宋李焘《长编》，商订异同，举正得失，最为详慎。谦益窃于二家取法焉。……谦益之为书，姑志其小者近者，如掌故之籍，如甲乙之簿，或笔或削，发凡起例，则以俟后之君子，斯谦益之志已矣。

是书经始于天启四年癸亥。又明年乙丑，除名为民，赁粮艘南下，船窗据几，摊书命笔。归田屏居，溷厕置笔，越三年始告成事。点勘粗毕，而先帝登遐之诏至矣。……明年戊辰，今上改元崇祯，而书成于丁卯之八月。是年十二月，旧史官钱谦益谨叙。

公元 1628 年 明思宗（庄烈帝）崇祯元年 戊辰

进呈改修之《明光宗实录》。

《千顷堂书目》卷四，国史类：《光宗真皇帝实录》（今案："真"为"贞"之误）八卷，总裁大学士叶向高等修，天启三年七月书成，熹宗御制序。后逆阉柄国政，给事中黄承昊题请改修。于是霍维华等大肆涂抹，未及上而熹宗崩，至崇祯元年二月始进呈。阁臣施凤来请焚向高先所修本，司礼太监王体乾以前所修亦系奉旨，事理国朝无焚实录之例，请并贮皇史宬中。其后词臣文震孟、许士柔疏请改修，震孟请刊定改录所笔，士柔则抉摘录所削帝纪、皇子女诞生事，俱奉不必烦议之旨。然原本卒以不焚，得并行云。

《明史》卷九七，《艺文志二》正史类：《光宗实录》八卷。天启三年叶向高等修成，有熹宗御制序。既而霍维华等改修，未及上而熹宗崩。至崇祯元年始进呈。向高原本并贮皇史宬。

孙承泽《春明梦余录》卷一三，《光宗实录》：朱阁学《大政纪》云："实录改修，惟文皇行之于建文，寻以未备，重修。光宗在位止一月，实录先上，以三案改修。盖群奸仗魏逆之势，恣行如此。首先建议者，黄承昊也；把持涂改者，霍维华、谢启光、徐绍吉也。"又《西垣笔记》：《光宗实录》进于天启三年七月十六日……其书立论颇正，而又忠厚，不尽人之情，良史也。自经改修，人鲜有见其原本者。

议决禁毁《三朝要典》。

《明史》卷二三，《庄烈帝纪一》：崇祯元年……夏四月……庚午，毁《三朝要典》。

《明史》卷二六五，《倪元璐传》：倪元璐，字玉汝，上虞人。……天启二年，元璐成进士，改庶吉士，授编修。册封德府，移疾归。还朝，出典江西乡试。暨复命，则庄烈帝践祚，魏忠贤已伏诛矣。杨维垣者，逆奄遗孽也，至是上疏并诋东林、崔、魏。元璐不能平，崇祯元年正月上疏曰：……元璐寻进侍讲。其年四月请毁《三朝要典》，言：“梃击、红丸、移宫三议，哄于清流。而《三朝要典》一书，成于逆竖，其议可兼行，其书必当速毁。盖当事起议兴，盈廷互讼。主梃击者力护东宫，争梃击者计安神祖。主红丸者仗义之言，争红丸者原情之论。主移宫者弭变于幾先，争移宫者持平于事后。数者各有其是，不可偏非。……由此而观，三案者，天下之公议；《要典》者，魏氏之私书。三案自三案，《要典》自《要典》也。今为金石不刊之论者，诚未深思。臣谓翻即纷嚣，改亦多事，惟有毁之而已。”帝命礼部会词臣详议。议上，遂焚其板。

敕修《明熹宗实录》。

傅维鳞《明书·经籍志》：崇祯元年，诏修《熹宗哲皇帝实录》。

李晋华《明代敕撰书考》：《熹宗哲皇帝实录》八十六卷（见《千顷堂书目》）。崇祯元年，敕修《熹宗实录》，命成国公朱纯臣为监修官，吏部尚书中极殿大学士温体仁，礼部尚书文渊阁大学士张至发、孔贞运、贺缝圣、黄士俊等为总裁官，礼部尚书翰林院学生姜逢元、侍读学士刘宇亮、傅冠等为副总裁官，与纂修等官同编纂。

公元 1629 年　明思宗崇祯二年　清太宗天聪三年　己巳

后金政权将文官分为两班，各有职责，加强记述史事机制。

《清太宗实录》卷五，清太宗天聪三年四月丙戌朔：上命儒臣分为两直，巴克什达海同笔帖式刚林、苏开、顾尔马浑、托布戚等四人，翻译汉字书籍；巴克什库尔缠同笔帖式吴巴什、查素喀、胡球、詹霸等四人，记注本朝政事，以昭信史。初，太祖制国书，因心肇造，备列轨范。上躬秉圣明之资，复乐观古来典籍，故分命满汉儒臣翻译、记注，欲以历代帝王得失为鉴，并以记己躬之得失焉。

（光绪）《钦定大清会典事例》卷一〇五五，《起居注》：天聪三年，太宗文皇帝命儒臣分为两直，巴克什达海同笔帖式刚林、苏图、固尔嘉浑、托布齐等、翻译汉字书籍；巴克什库尔禅同笔帖式吴巴什、查素喀、胡球、詹霸等，记注本朝政事，以昭信史。

沈国元著成《两朝从信录》。

陈懿典《两朝从信录序》：沈生国元乃能殚见洽闻，芟繁举要，博采独断，为《两朝从信录》四十卷。……沈生先有《皇明从信录》，自洪、永至万历，稿创于辛酉岁，刻竣于丁卯春，已不胫走四方。时珰焰方张，忌者几借以行赀。是秋，生试浙闱，感有异梦，逾月而闻今上自信邸入登大宝，坚志复为是书。……旋已脱稿，且上下仅七载，而简帙过于前编，经营止二期，而淹悉有如旧业。倘意在详今，斯无妨轶古，抑心存体国，不必若练都耶！……詹事府少詹事、翰林院学士陈懿典谨序。

《千顷堂书目》卷四，编年类：沈国元……《两朝从信录》三十五卷。

《明史》卷九七，《艺文志二》正史类：沈国元《天启从信录》三十五卷。

谢国桢《晚明史籍考》卷二:《两朝从信录》三十四卷(北京图书馆藏明刻本)，明秀水沈国元撰。……孟森跋云:“沈国元以诸生好事，前后成《从信录》及《两朝从信录》两书。其前《从信录》犹根据他人之成书，至《两朝从信录》则纯用邸奏，既未获见实录，又无他引用之书。……且据陈懿典序:‘丁卯春，前《从信录》刊行，几罹珰祸。是秋试浙闱，感有异梦，逾月而闻今上自信邸入登大宝，坚志复为此书。’又云‘经营止二期’，然则书成不过崇祯二年，至多在三年中耳。……”按：是编续《皇明从信录》而作，入禁书总目，记泰昌、天启两朝事，起于庚申，讫于丁卯，以年月为纲，以事实为纬，多取材于邸抄，述而不作，故曰“从信”。

李长春于本年后修成《熹宗七年都察院实录》。

《千顷堂书目》卷四，国史类：李长春纂修《熹宗七年都察院实录》十四卷。崇祯时以纂修《熹宗实录》，六部、都察院各命官纂修事实，都察院以浙江道监察御史李长春董其事。长春乃辑泰昌元年九月以后为一卷，天启元年至六年各上下二卷，七年正月至八月为一卷，共十五卷。今缺五年下卷。

案：李长春修成《熹宗七年都察院实录》之年代不详，据上文所述，必在敕修《熹宗实录》之后，故编于此。

宋存标撰《史疑》刊行。

宋存标《史疑自序》：……余谓读史无识，其失更甚于不读。胸中疑案不明，黑白混淆，甘苦迭进，又安望选方布子，时辨局上之雌雄，定脉中之洪索也。

今夫人在闾巷间，其歌也有思，其哭也有怀，其笑也有情。凡出乎口而为声者，可解不可解，惟其人之精神足以遇之，而况古今成败得失之故。其人莫来，其道莫往，始入其中，而惶然博观于外，而骇然易所为久覆其道。利有攸往，若无妄之行穷为之灾矣。书有九畴，七在稽疑，曰贞曰悔，皆疑为府谋也。欲于千百世之后，见千百世之人，善读书者莫如用疑。古之人有贤圣、帝王、贞臣、孝子、幽人、高士，今之人有我，非甚相远也，诚能深思静悟，恍然勃然，无数须眉意气拂拂从纸上会我，实持鉴以照之，不恨我不见古人，亦不恨古人不见我也。大丈夫明不畏人，幽不畏鬼，折衷辨难，务求意气所归而止，已成之案，直鱼筌兔蹄耳。某曰是，某曰非，几番披驳，几番销算，一部十七史俱从疑中翻跳出来，非大解悟人未易与言也。余从帖括之暇较《史》、《汉》两家长短曲直，已十有二三，而复参之"三传"以求其断，徵之《国策》以肆其端，广之三国、六朝以博其趣，合之唐宋、五代以极其致，虽不敢谓自立榜样，论世知人而飞虫弋获，正欲与深心有识之士商榷千古，使古人生面不至为俗儒抹杀，因书其大略如此。嗟乎！幼童而守一艺，白首而后能言，安其所习，毁所不见，展卷非不了然，才掩卷而辄茫然矣。繇其疑关未剖中藏之所获，浅也。夫君子学以聚之，问以辨之，朋友以讲习之，多识前言往行以蓄之，一人行三则疑也。余小子自疑之不暇，而敢自信乎！"玉楼未结修文案，青山先了读书缘"，庶勿负予梦中语耳。己巳菊月秋士宋存标子建自题于君子堂。

《四库全书总目》卷九〇，史部史评类存目二：《史疑》四卷，明宋存标撰。存标字子建，华亭人。崇祯间贡生，候补翰林院孔目。是编取"三传"、《国策》、《史记》、《汉书》及诸杂史，摘其事迹而论列之。如以项羽为智士仁人，以汉高帝为木偶之类，殊嫌乖谬，措语尤多轻佻。卷首题陈继儒选定，则习气所染，由来者渐矣。

吴应箕于本年后著成《两朝剥复录》。

《明史》卷二七七，《丘祖德传附吴应箕传》：吴应箕，字次尾，贵池人。善今古文，意气横厉一世。阮大铖以附珰削籍，侨居南京，联络南北附珰失职诸人，劫持当道。应箕与无锡顾杲、桐城左国材、芜湖沈士柱、余姚黄宗羲、长洲杨廷枢等为《留都防乱公揭》讨之，列名者百四十余人，皆复社诸生也。后大铖得志，谋杀周镳，应箕独入狱护视。大铖闻，急遣骑捕之，应箕夜亡去。

《千顷堂书目》卷五，别史类：吴应箕《两朝剥复录》十卷。

谢国桢《增订晚明史籍考》卷二：《启祯两朝剥复录》六卷，明贵池吴应箕次尾辑。夏燮序略云："《两朝剥复录》六卷，秋浦吴次尾先生所手辑也。……是编系家藏抄本，专记熹毅两朝奄祸始末，起于天启四年甲子六月应山劾忠贤二十四大罪之疏，终于崇祯二年己巳南北两察之处分。考庄烈钦定逆案，颁于是年之三月，则此五六两卷中处分之二百余人，即逆案之蓝本也。其书按年月编次，有纲有目。纲则降削在前，升用在后，悉据邸抄书之，无义例也。目则叙参荐原疏大略及内批中旨之原文，旁稽轶事附焉。证之《明史》，熹宗七年之天下，珰党交持，率以门户为指的，惜修史者不能援《后汉书》党锢之例，别为一传，以类相从。……得先生是《录》，而《明史》之散著于列传者，足以纲而理之矣。其史所不具者，则当逆焰方张，先生固亲预于所见之世。况自六等定案，西曹之谳墨未干，东林之史笔成冢，凡科参厂疏片纸只字之留，被明季遗老掇拾殆尽。今读先生是书，与正史合者半，与野史合者亦半，固非锻炼风影之词，为诏狱诸臣修报复也。尝谓《熹宗实录》，焚于涿州再起之时，昔人谓其能去大内之籍而不能杜名山之藏，故当国初《明史》开局，奉仁庙谕：'令海内各种野史悉行送部，不必以忌讳为嫌'，于是修史者得有所依据，不至颠倒黑白，淆乱是非。而先生是书，成之最早，出之独迟，毋亦有数存乎其间，殆侯公子所谓：'日星之光，河岳之流且峙，虽欲掩之摧塞之而卒不可得者'，于是编见一斑矣。"……按：应箕，字次尾，南直贵池人，崇祯壬午副榜。……是书为编年体，记天启、崇祯两朝奄祸始末……所记党祸原委，最为翔实。惟刻本舛讹极多。……同治间，当涂夏燮曾憾全书之脱讹，乃以《明史》及《明史纪事本末》、《南北二略》、《南疆逸史》，重为校证，所考同异不下百数十条。末复得《两朝从信录》、《酌中志》、《先拨志始》，复成补证六卷，附于各卷之后。……用史家考订之法，校治明季史事，夏氏要为最勤者也。

案：吴应箕著成《两朝剥复录》之年代，因其记事止于本年，故暂编于此。

公元 1630 年 明思宗崇祯三年 庚午

《明神宗实录》修成。

《明实录附录·崇祯实录》卷三：崇祯三年……十一月……丁亥，《神宗皇帝实录》成。

御制《神宗显皇帝实录序》：惟天纯祐我明，奕叶重光，圣德神功，代垂信史。要以久道化成，享祚悠远，则肃皇为最著。皇祖神宗显皇帝复起而光大之，多历年所，视肃皇尤溢焉，猗欤盛哉！凡四十八年之中，鸿谟骏烈，巍然焕然，不可殚述。自皇兄初年，即命儒臣开局编摹，逮朕嗣服，越兹三祀，乃始勒成《实录》五百九十六卷、《宝训》一十二卷，盖纂辑若斯之艰也，朕批阅再三，未能仰窥渊奥，而其大者炳于日星，亦庶几仿佛一二。因亲裁其文，谨序诸卷首。洪惟我皇祖睿哲挺资，缉熙懋学，凛天命于顾諟，郊祷必虔；俨祖训于羹墙，率循无斁；大孝切终身之慕，止慈奠卜世之基，真所谓修身以道，惟圣尽伦者矣。推之用人行政，则信任老成，优容戆直，辟门询岳，而独断未尝旁挠；尚德缓刑，而明威罔有错贷。……朕以眇躬，嗣兹鸿业，惟皇祖实燕贻之。乃时事多虞，人情积窳，仪刑未远，化瑟难调，夙夜寅畏，凛乎操朽驭而涉渊冰也。……书成，敬奉以荐于祖庙，拜告竣事于皇考皇兄之灵。于戏！大经大政，同琬琰以光昭；可法可传，并乾坤而永久，藏之金匮石室，为万世文子文孙取则焉。谨序。

《千顷堂书目》卷四，国史类：《神宗显皇帝实录》五百九十四卷。天启□年敕修。监修（英）国公张惟贤，总裁大学士顾秉谦、丁绍轼、黄立极、冯铨，副总裁尚书孟时芳、侍郎黄儒炳、李思诚、骆从宇、施凤来、邱士毅、李康先、钱龙锡、韩曰瓒等共九人。

《明史》卷九七，《艺文志二》正史类：《神宗实录》五百九十四卷、《宝训》二十六卷。温体仁等修。

《明史》卷三〇八，《温体仁传》：温体仁，字长卿，乌程人。万历二十六年进士。改庶吉士，授编修，累官礼部侍郎。崇祯初，迁尚书，协理詹事府事。……崇祯元年冬，诏会推阁臣，体仁望轻，不与也。……亡何，御史毛九华劾体仁居家时，以抑买商人木，为商人所诉，赂崔呈秀以免。又困杭州建逆祠，作诗颂魏忠贤。帝下浙江巡抚核实。明年春，御史任赞化亦劾体仁娶娼、受金，夺人产诸不法事。……体仁乞罢……帝再召内阁九卿质之。……体仁复力求去以要帝，帝优诏慰答焉。……其明年六月，遂命体仁以礼部尚书兼东阁大学士。……逾年……体仁遂为首辅。

公元 1631 年 明思宗崇祯四年 辛未

钱士升约于本年前著《南宋书》。

《明史》卷二五一，《钱龙锡传附钱士升传》：钱士升，字抑之，嘉善人。万历四十四年殿试第一，授修撰。天启初，以养母乞归。久之，进左中允，不赴。……崇祯元年起少詹事，掌南京翰林院。明年以詹事召。……四年起南京礼部右侍郎，署尚书事。……六年九月，召拜礼部尚书兼东阁大学士，参预机务。

《四库全书总目》卷五〇，别史类存目：《南宋书》六十卷，明钱士升撰。……是编以《宋史》繁冗，故为删薙。然所刊削者，不过奏疏及所历官阶而已，别无事增文省之处，亦不见翦裁镕铸之功。又去奸臣、叛臣之例，仍列于众人之中。按《隋书》以前，奸臣、叛臣本不别传，《新唐书》始另列之。后来作者多仍其例，亦足见彰瘅之公。今并而一之，殊失示戒之意，未足以言复古。至所增郑思肖数人列传，亦疏略不详。惟遵循古例，不以道学、儒林分传，能扫除门户之见，为短中之一长耳。

案：钱士升著《南宋书》之年代不详，据《明史》本传所述，可能在本年任南京礼部右侍郎署尚书事之前，姑且编于此。

《名山藏》等书作者何乔远卒。

《明进士题名碑录·万历十四年丙戌科》：何乔远，福建泉州府晋江县民籍。

《明史》卷二四二，《洪文衡传附何乔远传》：（何）乔远，字穉孝，晋江人。万历十四年进士。除刑部主事，历礼部仪制郎中。……坐累谪广西布政使经历，以事归。里居二十余年，中外交荐，不起。光宗立，召为光禄少卿，移太仆。……天启二年进左通政。……进光禄卿、通政使。五疏引疾，以户部右侍郎致仕。崇祯二年起南京工部右侍郎。给事中卢兆龙劾其衰庸，自引去。乔远博览，好著书。尝辑明十三朝遗事为《名山藏》，又纂《闽书》百五十卷，颇行于世，然援据多舛云。

李清馥《闽中理学渊源考》卷七五，《司徒何镜山先生乔远》：何乔远，字穉孝，号匪莪，学者称为镜山先生。……万历十四年成进士，除刑部主事，历仪制司郎中……戊辰己巳间，郑芝龙肆氛海上，乔远开诚约束，欣然就抚。……崇祯二年，台省交荐，特起南京工部右侍郎。具疏引年甚切，属有边警，慨然曰：此岂臣子高卧时也？立就道，甫入都即上疏，言敌盘踞内地，须日夜挠乱之，毋以塘报为了事，截杀为虚名。请开镇江之练湖，以通运道。怀宗嘉其老成体国，署户工二部，署事二月乃乞骸归。怀宗以清名慰留，再力请，乃许，犹复上《开海禁》一疏，入闽至建阳，遍拜考亭诸儒祠墓。……既抵家，修罗一峰书院……崇祯四年卒，年七十四。乔远终始四朝，后先一节，安贫乐道，鞠躬厉行。平生德容冲粹，与人交，洞见肺腑……所著有《释大学》、《释武成》、《释〈大诰〉〈召诰〉〈洛诰〉》。他纂述之作，在刑曹有《狱志》，在礼曹有《膳志》。而大者，辑明十三代遗事为《名山藏》，集一代贤士大夫所论著，择其雅驯、兼收众体为《皇明文徵》，又纂《闽书》百五十卷。自著诗文百余卷，有万历、泰昌、天启、崇祯等集。壬申七月，福建巡抚邹维琏以大学士史继偕等公举理学名臣，题请特祠祀于学宫之左隅，赠工部尚书……

郑之玄《祭何老师文》（见《明文海》卷四七八）：崇祯辛未十二月二十有一日，吾师何少司空镜山先生，终于好德里。第明年壬申三月，讣至京师，门人郑之玄闻之，怔忡皇惑，不敢为信……

《千顷堂书目》卷四，正史类：何乔远《名山藏》一百卷，分三十七类：曰《典谟记》、曰《坤则记》、曰《开圣记》、曰《继体记》、曰《分藩记》、曰《勋封记》、曰《天因记》、曰《天驱记》、曰《舆地记》，未全。曰《典礼记》、曰《乐舞记》，皆缺。曰《刑法记》、曰《河槽记》、曰《漕运记》、曰《钱法记》、曰《兵制记》、曰《马政记》、曰《茶马记》、曰《盐法记》、曰《臣林记》、曰《臣林外记》、曰《关柝记》、曰《儒林记》、曰《文苑记》、曰《俘贤记》、曰《宦者记》、曰《列女记》、曰《臣林杂记》、曰《宦者杂记》、曰《高道记》、曰《本土记》、曰《本行记》、曰《艺妙记》、曰《货殖记》、曰《方伎记》、曰《方外记》、曰《王享记》。始于洪武，终于隆庆。

《明史》卷九七，《艺文志二》正史类：何乔远《名山藏》三十七卷。

案：中华书局点校本校勘记云："三十七卷，《千顷堂书目》作'一百卷，分三十七类'，此疑误'类'为'卷'"。

王重民《中国善本书提要》史部纪传类：《名山藏》一百九卷，四十册，明崇祯间刻本。原题："臣何乔远恭辑。"按是书自卷第四十五以后不记卷数。其暂作墨钉之意，盖以《舆地》、《典礼》、《乐舞》三记，稿待清理，欲留待将来次第之。今传本均无《舆记》等三记，亦未补刻卷数，当由后来仓卒辍工，遂而印行。《明史·艺文志》载是书仅作三十七卷，《千顷堂书目》作一百卷，或因所据本有残缺，或因计算有误也。北京图书馆藏本记为一百六卷，此本《舆地》虽未刻全，而全书较多三卷。……兹列此本卷数于后，俾后有考者，可作准绳焉。《典谟记》卷一——二九，《坤则记》卷三〇——三二，《开圣记》卷三三——三四，《继体记》卷三五，《分藩记》卷三六——四〇，《勋封记》卷四一——四二，《天因记》卷四三，《天驱记》卷四四——四五，（从此以下卷数均作墨钉）《舆地记》二卷，《刑法记》一卷，《河漕记》一卷，《漕运记》一卷，《钱法记》一卷，《兵制记》一卷，《马政记》一卷，《茶马记》一卷，《盐法记》一卷，《臣林记》二十六卷，《臣林外记》一卷，《关柝记》一卷，《儒林记》二卷，《文苑记》一卷，《俘贤记》一卷，《宦者记》一卷，《列女记》二卷，《臣林杂记》四卷，《宦者杂记》一卷，《高道记》一卷，《本土记》一卷，《本行记》二卷，《艺妙记》一卷，《货殖记》一卷，《方伎记》一卷，《方外记》二卷，《王享记》五卷。钱谦益序（崇祯十三年）。李建泰序。王邵序。

今案：据本书卷首载钱谦益崇祯十三年撰《名山藏序》，何乔远逝世后，其书乃大行于世，当曾有抄本流传。而考析何氏生平事迹兼查阅《名山藏》，此书似于作者逝世时亦未完全定稿，故应当将之系于何乔远卒年。查《闽中理学渊源考》卷七五，记述何乔远生平甚为详细，明言其卒于崇祯四年，郑之玄祭文更有是年十二月二十一日确切日期，则公历已当1632年初。此由钱茂伟《晚明史家何乔远及其〈名山藏〉初探》一文首揭之，载《福建论坛》1992年第2期。因钱谦益《名山藏序》写于崇祯十三年，学界即有称本书刻于此年，其说未安。钱谦益自言撰此序言，乃因何乔远之子何九说之请，故不能以此判断刻书的时间问题。考何氏后裔共同题署的《较刻名山藏姓氏》，列有多人，其中“巡按福建监察御史曲周路振飞”，乃崇祯五年九月授职巡按福建，至八年离任改巡按苏松。故《名山藏》始刻之时，必在崇祯五年至八年之间，又以崇祯六年最为近是。钱谦益之序言，似为后来另刻而加于书前。志此以待详考。今《名山藏》有《续修四库全书》本、福建人民出版社2010年本等多种，文字出入很大。

《读史方舆纪要》等作者顾祖禹生。

案：据顾祖禹《读史方舆纪要》自序及《清史稿》卷五〇一《遗逸二·顾祖禹传》，知顾祖禹生于本年。

公元1632年 明思宗崇祯五年 清太宗天聪六年 壬申

《皇明史概》作者朱国祯卒。

《明史》卷二四〇，《朱国祚传附朱国祯传》：朱国祯，字文宁，乌程人。万历十七年进士。累官祭酒，谢病归，久不出。天启元年擢礼部右侍郎，未上。三年正月拜礼部尚书兼东阁大学士。……改文渊阁大学士，累加少保兼太子太保。……四年夏……国祯为首辅。……其冬为逆党李蕃所劾，三疏引疾。……乃加少傅……遣行人送归，月廪、舆夫皆如制。崇祯五年卒。赠太傅，谥文肃。

朱国祯《史概自序》：皇明之史，有刊行者，有密纂未行者。余不自揣，妄有所辑。福清公知状，数以为问。京师垂别，且谈且举笔，凡数百言，相付曰："以序促书"。……祯何人斯，敢尔措手，稍从诸书中，折衷去取，庶几附于整齐之义。工未及半，会有召用之命，不无作辍，意下茫然，未几即归。归之两年，风鹤惊心，不复置念。又次年，福清捐馆。前言若为之兆，心伤甚。良友难负，旧绪可寻，复自尘中取出，略加简点。自念三长非任，更有三短。昔之名家，非父子代嬗，即朋友取资。先君子穷经，赍志以殁。余幸为此官，希成此事，踽踽无徒，孤鸣之掌不扬，半井之窥甚局。一也。陈、郑、雷、薛，卓卓名家，余都烂然，彼此互见。良工合之，各有独至；拙手合之，未见天然。二也。两汉而下，唐之驳杂，宋之陵夷，尚不胜书。天开我明，二祖之缔造，列圣之范围，中间名世应运，绸缪粉饰，视唐宋何啻百倍。家乘野记，充栋面墙。三也。三短之中，复有三厄。一多病，一善忘，一习懒。而所幸家居最久，闲日颇长，姑取以游焉息焉。先后三十余年，不觉积已数百卷矣。……庚午十一月，痰蹶几死，时年已七十有四。念岁不我与，福清之订，忽见梦寐，且稍稍在人口角，莫若因而实之，即以临别旧稿弁之，不复他求。戋戋自愧，一之谓甚，其可再乎！付之梓人。

国朝原无野史之禁，忝备翰苑，参黄扉，窥金匮石室之藏，自是职掌。特以未尝奉旨，不敢进呈。题曰《史概》，以别于全。上不能绘天，次不能华国，又次不能脍口，半世精神，一生事业，可谓云尔也已矣！湖上平涵居士朱国祯题。

《千顷堂书目》卷四，正史类：朱国祯《皇明史概》一百二十卷。其目曰《大政》、曰《大训》、曰《大因》、曰《大志》、曰《大事》。《大因》、《大志》皆缺列传。曰《开国》、曰《逊国》、曰《历朝》、曰《类》、曰《外》，亦惟《开国》、《逊国》二传，余并缺。

《明史》卷九七，《艺文志二》正史类：朱国祯《史概》一百二十卷、《辑皇明纪传》三十卷。

《四库全书总目》卷四八，史部编年类存目：《大政记》三十六卷，明朱国祯撰。……是书始洪武元年戊申，终隆庆六年壬申，编年记载，繁简多有未当，殊乏史裁。

王重民《中国善本书提要》史部编年类:《皇明史概》一百二十卷，四十册，明崇祯间刻本。原题："少师建极殿大学士臣朱国祯辑"。全书凡五种，其目如下:《皇明大政记》三十六卷,《皇明大训记》十六卷,《皇明大事记》五十卷,《皇明开国臣传》十三卷,《皇明逊国臣传》五卷。《四库存目》仅《大政记》一种,《违碍书目》则载《大政记》、《大事记》两种，国会图书馆仅有《大政记》、《大训记》两种，此其全编也。……自序。又：《皇明大政记》三十六卷，十八册，明崇祯间刻本。原题："少师建极殿大学士臣朱国祯谨辑。"卷端有叶向高《皇明史概序》。《史概》凡五种，此其第一种也。是书《存目》著录，亦载《违碍书目》中。叶向高序。又：《皇明大训记》十六卷，十六册，明崇祯间刻本。原题："臣朱国祯辑。"按：是书始太祖丙申三月，讫宣德九年。宣德以后，盖未成书。此亦《史概》中之一种。

本年十一月，后金文馆官员杨方兴条奏，提议纂修实录。

杨方兴《条陈时政疏》（载《史料丛刊初编·天聪朝臣工奏议上》）：……编修国史。从古及今换了多少朝廷，身虽往而名尚在，以其有实录故也。书之当今谓之实录，传之后世谓之国史，此最紧要之事。我金国虽有榜什在书房中，日记皆系金字而无汉字。皇上既为金汉主，岂所行之事止可令金人知、不可令汉人知耶？辽、金、元三史见在书房中，俱是汉字、汉文，皇上何不仿而行之，乞选实学博览之儒，公同榜什将金字翻成汉字，使金、汉书共传，使金、汉人共知。千万世后知先汗创业之艰难、皇上续统之劳苦，凡仁心善政，一开卷朗然，谁敢埋没也！

公元 1633 年 明思宗崇祯六年 清太宗天聪七年 癸酉

钱士升著成《皇明表忠纪》。

钱士升《皇明表忠纪原序》：……士升备官留礼，瞻拜司下业，与徐少司空良彦、詹大京兆士龙，谋所以缮堂庑、广俎豆者，而又念诸忠取义成仁，各有本末，散在载记，不无异同。综其大者，如《逊国臣记》简而多漏，《朝野汇编》博而寡裁，《忠节录》核矣而取义未精，《拊膝录》详矣而鲁鱼或误。因搜缉诸家，参以逸事，商榷义例，论次列传。凡九卷，先亲臣、次殉难、次死事、次死战、次从亡、次隐遯、次后死，以三不忠终焉。……崇祯癸酉孟夏，赐进士及第、通议大夫、南京礼部右侍郎兼翰林院侍读学士、两朝实录副总裁钱士升撰。

毕懋康《皇明表忠记序》：少宗伯钱公，著有《皇明表忠记》焉。记凡九卷，列传二百余人。逊国忠节之编，拊膝致身之录，野史稗篇之言，纪奇录怪之籍，莫不摭诸列乘，濡之毫管。

《千顷堂书目》卷一〇，传记类：钱士升《明表忠录》二卷。

《明史》卷九七，《艺文志二》传记类：钱士升《皇明表忠录》二卷。

《四库全书总目》卷六二，史部传记类存目四：《明表忠记》十卷，明钱士升撰。……是书载建文死难诸臣。首殉二亲臣，次《殉难》，次《死义》，次《死事》，次《死战》，次《从亡》，次《隐遯》，次《后死》，次《三不忠》，次《正讹》。并附载《表忠祠碑记》。大旨坚主建文帝出亡之说，非疑以传疑之义也。

> 今案：《四库全书存目丛书》史部第 110 册收入北京图书馆藏明崇祯刻本，题为《皇明表忠纪》十卷、附录一卷。他书著录名称不一，兹从明刻。

许重熙著《宪章外史续编》（亦名《五朝注略》、《嘉靖以来注略》、《五陵注略》）。

许重熙《宪章外史续编序》：臣恭读高皇帝《大诰》诸编及昭示奸党、逆臣诸录，凡诛其罪者尝数其前功，惩其恶者原其昔善。纪能录过，纤微毕悉，刊行颁布，与天下共见之。……夫以国事为讳忌，天启以后然也。……臣草野无识，试取嘉靖以来近事彰之闻见者，裒其大略，用次成编，得失鉴戒，展卷易竟。繇嘉靖以求观洪武，庶几有合焉。愿附刍荛之末，以供缙绅之一助云。崇祯六年癸酉重九日，吏部候选监生臣许重熙述序。

《千顷堂书目》卷四，编年类：许重熙《宪章外史续编》十四卷，一名《五朝注略》，起正德十六年四月，迄天启七年八月。崇祯九年九月，诚意伯刘孔昭论其居下讪上，实录未成书而《五朝注略》先刊行世。旨令斥革。

王重民《中国善本书提要》史部编年类：《宪章外史续编》十四卷，六册，明崇祯间刻本，明许重熙撰。按《康熙常熟县志》卷二十《文苑传》云："重熙，字子洽，太学生，以史学著当世。数游京师、金陵、维扬、匡庐间诸藏书家，得遍识其书，商订典籍，学益博，识高古。"董其昌为是书作序，极推重之，有云："重熙沉雅笃信，动以古谊自程。少年为诸生，不肯诡遇求闻；晚游太学，从事南北闱，几幸而复落。无聊困顿之中，辄著书自娱，而《嘉靖以来注略》，其一种也。衷近代之故实，括诸家之旧闻，循其年次，列以事言，卷帙不病于浩繁，指陈殊快于简易，可谓义文兼美者矣。"《千顷堂书目》云："……诚意伯刘孔昭论其居下讪上……"据《明季甲乙汇略》，所谓居下讪上者，因重熙有"刘伯温非渡江勋旧"之语，盖重熙节引《神庙留中奏疏汇要》中语耳。董其昌序。自序（崇祯六年）。

谢国桢《增订晚明史籍考》卷一：《嘉靖以来注略》十四卷（中国科学院图书馆藏明崇祯癸酉刻本）。原题："太学生臣许重熙编次"。自序略云："当隆庆以及万历之初，股肱惟良，俊乂盈侧，边鄙不耸，穑人成事，太仓粟支十年，闾右盖藏相望，五十年兵寝刑措，何莫非肃皇帝饬法所造也。一变而灾鸿满野，部分南北；再变而燕雀处堂，门庭召寇；三变而狐鼠公行，从神幾借矣。天启时，巍祠穹碑，争谄竞媚，知有富贵而不知有功名，知有附戴而不知有忠顺，人心澌灭殆尽，岂世运使然哉？亦由涂塞耳目，不习见先朝行事，国是晦而学术坏耳。臣草野无识，试取嘉靖以来近事彰彰闻见者，褒其大略，用次成编，得失鉴戒，展卷易得，由嘉靖以求观洪武，庶几有合焉。崇祯六年癸酉重九日，吏部候选监生臣许重熙述序。"……按：是书一名《五陵注略》，《明季甲乙汇略》谓："《五陵注略》者，许重熙之所撰也。"……是书卷一至卷五，起正德十六年四月至嘉靖四十五年十二月；第六卷至第十一卷，起隆庆元年正月至万历四十八年七月；第十二卷至十四卷，起泰昌元年至天启七年八月，记嘉靖以来五朝时事，评骘论断，以为昭戒，其法颇善。

文震孟、许士柔请改正《光宗实录》。

《明史》卷二五一，《文震孟传》：文震孟，字文起，吴县人，待诏徵明曾孙也。……震孟弱冠以《春秋》举于乡，十赴会试。至天启二年，殿试第一，授修撰。……崇祯元年以侍读召。改左中允，充日讲官。……震孟寻进左谕德，掌司经局，直讲如故。……震孟在讲筵，最严正。……时称"真讲官"。既忤权臣，欲避去。出封益府，便道归，遂不复出。五年，即家擢右庶子。久之，进少詹事。初，天启时，诏修《光宗实录》，礼部侍郎周炳谟载神宗时储位臲卼及"妖书"、"梃击"诸事，直笔无所阿。其后（魏）忠贤盗柄，御史石三畏劾削炳谟职。忠贤使其党重修，是非倒置。震孟摘尤谬者数条，疏请改正。帝特御平台，召廷臣面议，卒为温体仁、王应熊所沮。

《明史》卷二一六，《许士柔传》：许士柔，字仲嘉，常熟人。天启二年进士。改庶吉士，授检讨。崇祯时，历迁左庶子，掌左春坊事。先是，魏忠贤既辑《三朝要典》，以《光宗实录》所载与《要典》左，乃言叶向高等所修非实，宜重修，遂恣意改削抵牾《要典》者。崇祯改元，毁《要典》而所改《光宗实录》如故。六年，少詹事文震孟言："皇考实录为魏党曲笔，当改正从原录。"时温体仁当国，与王应熊等阴沮之，事遂寝。士柔愤然曰："若是，则《要典》犹弗焚矣。"乃上疏曰："皇考实录总记，于世系独略。皇上娠教之年，圣诞之日，不书也；命名之典，潜邸之号，不书也；圣母出何氏族，受何封号，不书也。此皆原录备载，而改录故削之者也。原录之成，在皇上潜邸之日，犹详慎如彼。新录之进，在皇上御极之初，何以率略如此，使圣朝父子、母后、兄弟之大伦，皆闇而不明，缺而莫考，其于信史谓何？"疏上，不省。体仁令中书官检穆宗总记示士柔，士柔具揭争之曰："皇考实录与列圣条例不同。列圣在位久，登极后事，编年排纂，则总记可以不书。皇考在位仅一月，三后诞育圣躬皆在未登极以前，不书之总记，将于何书也。穆庙大婚之礼，皇子之生，在嘉靖中，故总记不载，至于册立大典，编年未尝不具载也。皇考一月易世，熹庙之册立当书，皇上之册封独不当书乎？"体仁怒，将劾之，为同列沮止。士柔复上疏曰："累朝实录，无不书世系之例。臣所以抉摘改录，正谓与累朝成例不合也。孝端皇后，皇考之嫡母也，原录具书保护之功，而改录削之，何也？当日国本几危，坤宁调护，真孝慈之极则，顾复之深恩，史官不难以寸管抹杀之，此尤不可解也。"疏上，报闻。体仁滋不悦。

姚允明著成《史书》。

张溥《史书序》：姚伯子读史二十年，著成一书，体仍编年，文尚简括。自太昊以来，迄于胡元至正之末，积四千余年，裁成十卷，大事毕备。其书以《二十一史》与司马《通鉴》、朱子《纲目》为本，间考各家论议，折衷可否，以就笔削。稿凡三易，方登几案，始犹博综，继归典要。前人旧文，宁减毋增，意欲一句一字，包含本末，极其苦心，亦邓潜谷《函史》、张九岳《史余》之流也。但邓、张之书，卷帙众多，钩深致远，学者难尽。伯子独以约造功，便人稽览。……畹友严永思著《通鉴补》，亦阅二十年成书，文卷三倍于昔史家，大观足裨馆阁。然有永思之博，不可无伯子之约。二书表里，衣被饮食天下有余矣。娄东友弟张溥题。

吴应箕《姚伯子〈史书〉叙》：休宁姚汝服，年四十即著史，六十而其书成。先时癸酉秋，汝服从程去闻所，授予书一册，读之有异。已，予过丹山，从吴时可尽发汝服之藏，以为其书近今未有也。……然后汝服之《史书》先后梓行而传矣。汝服又属予序之。予闻之师曰：史之作也，其本《书》、《春秋》乎！是纪事、编年之祖也，不可及也。马迁创为表纪书传之体，而后之为史者咸则之。然卷部繁浩，贤者难竟，涑水之《通鉴》于是乎作。古今之史，始有条贯。宋儒读史多论断，然附之以见，固未尝自为一书也。自为一书者，苏子《古史》而外，予仅见之汝服矣。汝服之书，上下数千载，取古人编年纪事者，行论断于其中，以自为一家言，于古无是也。予观其书，不名一体，裁缩已成之事以为文，缀附独见之义以立断，词不病于好微，意不苦于难属，其言约，其义该，其包络辽邈，使居今者巡复其意，而可以措之为用，非具良史才。又积岁覃精，行坚志特者，乌睹有是哉？此汝服之数十年而为一书，书成而予以为数百年所未有，无怪也。……夫汝服盖用世才，不得已而著书以老者也。如是则伯子之书，抑又可知矣。时崇祯丁丑春，贵池友教弟吴应箕撰。

《四库全书总目》卷六五，史部史钞类存目：《史书》十卷，明姚允明撰。允明，字汝服，休宁人。是书自三皇以讫元代，摭采史文，节缩成编。前有张溥、吴应箕二序，盖亦依附复社者。故书止十卷，而卷首列参阅姓氏至二百八十三人，其声气标榜，可以概见。应箕《序》至谓其撰言简奥近《尚书》，是何言欤？

今案：吴应箕《姚伯子〈史书〉叙》谓“癸酉（崇祯六年）秋”，姚允明挟《史书》稿访吴，则其书应已撰成，故系于本年。吴序署“崇祯丁丑（十年）”，则为付梓之时。

林兆鼎著成《威暨录》。

林兆鼎《威暨录自序》：我太祖开国以来，释西南夷为外惧，安其土、仍其俗，未尝有所创设。圣虑渊深，诚不欲邀远利以渐开边疆数十世之衅。上治治以不治，故云不战而胜于庙堂，威严顺治，恒古为昭。自播之应龙蠢然外讧，烦车马而伤民力，警羽檄而劳宸衷，所称未雨而绸缪者安在哉！卒藉天威丕振，迅扫妖烟，夷之种类歼灭几尽，而余氛时复生心窃发，嗣是夷汉相杂，间生截杀，当事亦大费调停矣。鼎不肖，甲子之岁承乏建昌，适黔蜀间苦其荼毒。鼎以武科起家，边微不宁，师臣之耻，安所辞责！故自奉令征蔺，便以此身誓殉社稷，不计利害死生。以之幸而逆酋奢彦渐次授首，水蔺之大局始结，而三山两江诸寇，亦岁为黔患，犹得以余威震之。庶几荡平黔楚蜀三省，里道无虞，物力稍纾，此实仗圣天子宠灵，与当事诸将佐矢画励勦，鼎又何功之有！复蒙隆恩宠锡，晋秩留都。而留都诸老先生复不深罪而鄙夷之，兢命次其征战本末，鼎瞿然且惧且愧。夫以盛明之世，文教覃敷，遐及海甸，莫不来享来王，甲胄之士，兼得以清燕徐及藻翰，点缀升平之色，亦千载一时也。不肖鼎值疆场多故，捐捐于刁斗之役，幸叨圣明，德威远暨，诸老先生谊协同舟，有交驩之雅，无水火之争，以故捷书屡至，谤箧无盈。鼎爰摭其在蜀、在黔两地约略者，付之剞劂，敢曰粉饰见闻、为喜事边疆者嚆矢也，诸先生其有以进而教之。崇祯六年孟夏月，南京右军都督佥事府事、太子少保都督同知，前镇守贵州兼制湖北川东等处地方提督、汉土官兵平蛮将军总兵官林兆鼎谨序。

王锡衮《少保林公传》（载本书卷首）：予读史至高帝纪末，未尝不三复，其雄略奠国，开三代有道之长，虑至阔也。帝非薄诗书而崇介胄也，世主无意于安攘则已，诚留心于安攘，得伪儒生百，不如得真将军一。汉自亚夫而下，介马而驰以卫社稷则更难言之，亦惟是介胄不离诗书耳。我昭代佐命以后，则戚将军继光称儒将云外，是亦何寥寥也。作《林少保传》。

少保姓林名兆鼎，字时廉，别号九聚，闽之福清人也。福清之林冠海内，无论鸣珂列戟代有闻人，即玄光神气之辈如石竺真人，图南琴士，得道上清，实为少保祖系。少保少负贞立，淹雅有气度，工博士言。小试失利，投笔叹曰：天生林子，忍使章句老吾才乎！遂仗剑从其大父，走燕粤、访异人，尽得养由基、白猿公之术。掉臂折节多名下士，商略今古人物，辄推鲁仲连之排难，三代而下，未易与共功名，如长卿之慕相如者，意盖自许也。有相者曰：是幼度复生，年过四十必拥旄仗钺。果中神庙癸丑科武进士，历守备河间，佐击西川泰，戎永宁，适符唐举言，所至有摧陷功，境赖以宁。会奢酋发难、黔寇陆梁，三山两江俱践戎马，少保统建昌土兵援川，贼众奔溃。督抚专留剿奢，大战于龙头铺，奢贼宵遁，乘复泸州九姓、兴文、长宁，恢复永宁，攻捣蔺州，仍统大兵援黔。时巡抚王公因军中匮粮，分布川兵于毕节犄角，兼采浮粮以佐军食，所督兵仅二千耳，贼众若符坚号数万。复募敢死士，夜袭贼营，斩首数百，救出张宪副起鹗并宅眷还川。两院特疏荐升遵义副总戎。以遵义川贵交冲，安贼出没，且遵城累复屡失，人无固志，贼乘虚围犯。少保躬矢石、先士卒，血战三日夜，贼竟败走，追至金刀坑，斩级五百余。是役也，威震远近，大司马议遵义宜戍重兵十万，添设大将以统之，部院以少保名上，加升总戎，后叙川功三案，授都督佥事。时以黔事危急，改充贵州镇守。会三山江苗猖獗，思铜等四府动摇，当事者计需饷足二十万，方可征进。少保建言：若俟兵饷大集，然后调遣，贼益多备。兵贵神速，正宜设奇，出其不意，以少击众，攻之必克。院可其议，止带本标官兵三千进剿，贼疑势从天降，掩击大溃，斩缚贼魁吴老贵等四十余名，乘胜擒吴胜德、斩何大疤，阅三月而三山荡平，载在叙功册。

今上三年，督兵扫谷里等处，斩贼首九百余级，俘获一百七十名，救出被掳生灵千五百余口。鸭池开筑乐平等处城池，据险以控制水酋出入，上六卫贼不敢越河出犯。四年，番贼苗仲劫杀，事闻部院，檄统兵二万捣苗巢穴，斩获多级，阵歼苗魁王国卿等十余名。思州、镇远、施秉、偏桥、清浪诸卫，报有两江九股黑苗数万，劫阻官道，商旅昼绝。奉檄调集汉土官兵三万，分布三路，贼难应援，遂破岩鹰诸坉。过江攻偏寨老毛，已成破竹之势。老毛坉绝壁插天，江环其下，苗恃险为固，糗粮刍牧，咸在其上，攻者势夺。少保以弱兵环围，攻其正面，夜募敢死砍其木栅，飞火箭焚其茅舍，连破三木城，生擒伪国公老拗、伪总兵老石，叙战功第一。嗣破臻洞、扫九股，凡古汗马不到者悉平之，拓地千余里，戎落编户，以输惟正，至今夷汉民丁，畏怀少保而称述者，不啻如宗如岳也。

少保有智略，善以少击众，故所至不縻军食，而决胜若射覆。尤深沉，好书能画，所著有《二酉藏书》、《威暨录》，大要归福圣明，不尸劳勚，有古名将风。假使百战一身在，何虑封侯不计年也哉！少保年五十八在黔，相与方壮盛，不类韬钤家。何天夺之速，而仅以南京右都督府同知老耶！一子荫大金吾千户侯，名之瀛，能世其家。若公之人地与武功，尚有竹帛未尽书，圣天子拊髀所仅见也，予故不厌娓娓而为立传。崇祯甲戌仲冬吉旦，赐进士出身右春坊右谕德兼翰林院侍讲，前南京国子监司业侍讲简讨管理起居、纂修两朝实录经筵官通家侍生王锡衮顿首拜撰。

林古度《威暨录·后叙》（载本书卷末）：我福清之武将之杰出者，自皇明开国以来，惟吾少保公一人足称名将。名将与福将迥异，福将坐享太平，以债为帅，循格转官，不烦勋绩。名将则当危际乱，汗马勤劳，身亲矢石，手缚元凶，捣巢献俘，恢复土地，安攘外内，威震华夷。若人也，或起武科，或出世胄，或超行伍，或奋布衣，时亦有之。未若少保早习儒书，兼通武备，一登科第，遂事边疆，国尔忘家，真不怕死者也。公生平自谓大丈夫当建奇功，勒石标铜，智全身首，耻效裹尸徒殁沙场，无益于事，必如颇、牧、飞、羽以报国恩。兹《威暨录》是公心谋血战之所积，自叙成书其间，胪列军中十八年战守机宜，条议井井、纪律森森，莫不本诸三略、六韬，而皆见之实用取验者也。生前于戎马，未遑梓行，今长公邦任锦衣，痛父以功荫袭且永世世，急付枣梨以传不朽。人以比戚少保《纪效新书》、《登坛必要》，无所优劣者也。公之动容持己，如玉如神，待士爱人，如饥如渴。东鲁西粤、黔蜀兵民，咸能言之。惟在南都，谢绝营属常例，自购私宅，不费科敛僦屋之资。官卒悉戴公恩，莫不愿为之死，士大夫之贤者，莫不仪公而起敬，倚公为根本之金汤也。惜乎公正当据鞍矍铄，天忽忌盈，遽殒垣星，顿失国宝。迩江水再寇，涂炭生灵，掠镇破城，震惊祖陵，调剿乏人，以致丧师败卒，咸思我公不可复起，徒展兹录，付之一嗟。谓公为威将、儒将也皆可，谓公为福将则不可。公虽长往，而其功高赏懋，累受帝恩，生荣蟒玉，善终京邸。殁膺谕葬祭并夫人，爵贵子孙，公已不死。公之大节，彪炳史书，人何能述。度忝宗盟，分居子姓，夙叨深爱，无能称公，惟效诗人歌《采芑》、《六月》之篇，颂如方叔、吉甫而已。崇祯九年春季之吉宗侄古度顿首谨撰。

今案：本书撰著者林兆鼎，为明季文武齐才名将，富有西南地区平乱战功。但在《明实录》、《明史》等史籍内，仅有十分简略的记述。据本书所载王锡衮《少保林公传》，林兆鼎“年五十八在黔”，查《明熹宗实录》卷七五，天启六年八月丁巳记载：“加四川总兵林兆鼎署都督佥事，管遵义参将事”，《明熹宗实录》卷七七，天启六年十月戊申记载：“命总兵林兆鼎以原官镇守贵州，兼提督平清等卫地方”。可见天启六年（公元 1626 年）林兆鼎五十八岁，其生年应在隆庆三年（公元 1569 年）。崇祯七年十一月王锡衮《少保林公传》，盖林兆鼎于此年甫去世后所撰，其中有“何天夺之速”语，是其卒于崇祯七年（公元 1634 年），享年六十六岁（虚岁）。《威暨录》五卷记述明末用兵西南少数民族区域平叛和经营史事，史料丰富，且多他处不能查见者，原本仅存于日本国会图书馆。据其中《自序》，应是撰成于崇祯六年。而据此书《后叙》，崇祯九年方刻行面世。

《皇明史窃》作者尹守衡约卒于本年。

张璐《尹守衡传》（载清光绪丙戌年重刻本卷末）：尹守衡，字用平。广东东莞人。年十六，补弟子员。好《左氏》，精研其旨。以春秋举万历壬午乡荐，会试乙榜，授福建清流教谕。屡上春官不第，就江西新昌知县。亢直不阿，辄忤上司，两载左迁赵府审理正。欣然作歌就道。归时盛年，愤无以自见，夙耽邱明、马迁，乃萃当代朝章国史、志乘稗书、名家文集，立意为明史，成一家言。杜门谢人事，自称懒翁，作《八睡诗》、《懒庵赋》，辞在集中。……成《史窃》一百五卷，分目为八纪、六书、十世家、列传八十二，复分类为道学、文苑、守令、师儒、隐逸、孝节，末为叙传，凡二千余言。……守衡积三十年，齿逾八旬，卒成其书，伟矣哉！……

张萱《史窃序》（清光绪丙戌年重刻本）：显皇帝之十年，余与宝安尹冲玄先生同举于乡。迨通籍未几，同返初服。癸水榕溪之滨，吾两人岁一至焉。至则出所著撰，互相商榷。一日，余出《汇史》以质先生，曰："此述古者也，不敢作也，汇之耳。"先生亦出《史窃》，以示余曰："此志今者也，不敢专也，窃之耳。"岁月几何，先生跻大耋而游岱，《史窃》梓成矣。今上之九年，先生长公魁昌登贤书，乃以《史窃》属序。……

夫史难言矣。古之为史者数十家，班固、范晔，当时一以为浅陋，一以为佻巧。自汉而下，有不稗官《晋》，齐谐六代，期期《唐书》，芜《宋史》而夷秽《辽》、《金》、《元》三氏者乎！是其疵处，浩如烟海，虽更仆未易悉论。其醇者，则左氏与龙门氏称良史焉。乃范宁谓《左》"富而艳，其失也诬"，王通谓史之失，自迁始，曰"记烦而志寡"。噫！二史犹不免于腹诽，则言史于今，尤难之难矣。虽然，修词之轨多端，立言之途惟一。述前者宜据，信后者宜实，谋始者宜慎，布言者宜忠。史者，所以合散而一殊者也。非据不妄指乎，非实不溢美乎，自我述之，自我始之，而或妄也、溢也，谓慎乎？斯固言以布之也，不慎谓忠乎？四者失一，不足以训，矧并其四而失之，势必至于流缀滥简，蹐杂而不可以观，此又今野史之通弊也。

余习先生久，知先生之才无所不宜，其学无所不窥，逸经外史、汲冢禹穴之编，玄宗内典、金经玉笈之秘，阴阳医卜、百家技艺之书，当世典章文物、钱谷甲兵、山川扼塞之要，法家比谳之言，一时士人流品、山泽遗逸之材，无不蓄诸胸中，握之掌上。一旦有慨于明兴几三百年，景化浓郁，人文熙朗，凌跞近代，追轨古初，固宜勒之琬琰，以垂不朽。乃正史未举，积有年代，于是取历朝典故，及散见于诸书者，出之以一人之笔，探赜补漏，提要钩玄，为纪八卷，志六卷，世家十卷，列传八十三卷，而纪、志之阙者俟焉。法丘明以为编年，法子长以为纪传。总之，右质而左文，正疑而传信，务详而忌略，崇雅而黜诬。余见其纪事也，溯其所可知，非据乎？言其所必核，非实乎？疑之必阙，非慎乎？其言恻怛，尊亲是惇，非忠乎？四者备矣，分途别类，名义罔紊，阐幽摄显，论赞悉精，可谓括伦鉴之要，深坟素之情者矣，岂不足以上班良史之才乎？郑夹漈有言："六经之后，惟有此作。子长不能受之，固应让之后人。"斯言也，微先生谁与归？……崇祯戊寅秋日，眷年弟张萱题于西园之论世斋，时年八十有一。

黎遂球《史窃序》：《史窃》凡一百余五卷，余同郡东莞尹先生之所著。其曰窃之也者，附于《春秋》之义也。先生官止新昌令，未尝得居史职，故惟以其所窃闻者为史。然而余尝推之，凡史家求其精当，率古之不如今，而朝之不如野。……余观尹先生，则有超然于中者。为廉吏，不自叹其为不可。既遂初服，居罗浮下大海之滨，结巢而偃息，淡漠无营于世，世亦鲜能知之。其书不以示人，惟求可信。顷余过，曾出而商之，所阙三志、一纪，犹将有所核也。他如一二近事，多有不可平，为耳日所熟得者，且徐以俟之论定。不肯稍涉好恶，一附以见焉。余故知是书之可传而无愧也。今先生逝矣。……余曾贻书于其子魁昌、兆昌、玉如，勖以迁谈、彪固。比长公载成书来，相与谋焉。会余方衍易史，未遑效少孙之笔。夫以先生之为书，洵能成一家言。其于通邑大都，无容异议也。……余以齿后先生半百余岁，然昔者一见，相知实深。卒之日，犹以《离支》一函诗数章，手书寄余。……余是以不辞，而为斯序。时崇祯甲戌九月既望，番禺黎遂球题。

王重民《中国善本书提要补编》史部纪传类：《明史窃》一百五卷，明崇祯刻本，明尹守衡撰。守衡字用平，号冲玄，东莞人。万历十年举人，三上礼部，均不售，时裴应章为礼部侍郎，特拜守衡为新昌令。越二年，左迁赵府审理，遂告归著书。事迹具详是书《序传》。是书凡一百五卷，原阙三志，一本纪，实仅一百一卷。《明史·艺文志》、《千顷堂书目》并作一百七卷者，因《总目》误世家八卷为十卷，编者未检原书，因而致误。乾隆时，著在《违碍书目》。张萱序［崇祯十一年（一六三八）］、汪运光序［崇祯十二年（一六三九）］、戴国士序［崇祯九年（一六三六）］、黎遂球序［崇祯七年（一六三四）］、李贞序［崇祯十年（一六三七）］。

今案：尹守衡生卒年，今有二说：一说是1558—1641（杨向艳《尹守衡和〈明史窃〉》，载《中山大学研究生学刊》社会科学版2003年1期）；一说是1550—1631（钱茂伟《明代史学的历程》，社会科学文献出版社2003年，第307页）。俱不详其史料依据。检书前所列尹氏友侪之序，皆作于守衡辞世之后，最早者为黎遂球序［崇祯七年（公元1634年）］。据此，前一说可谓无据矣。黎与尹为忘年交，其序既称"倾余过，曾出而商之"，后云"今先生逝矣"。则尹守衡谢世，似距作序时不远。兹姑定其逝于作序前一年，即崇祯六年（公元1633年）。若定为1631年，则至黎氏作序时，已隔三年之久，显与序中"倾余过"之语气不符。又据清光绪丙戌年重刻本所附明《东莞县志》、（雍正）《东莞县志》、《广东通志》，皆载其"年八十三卒"，则其约生于嘉靖三十年（公元1551年）。《皇明史窃》卷一百五《叙传》云："窃为此书积之三十年，齿越八旬老矣。"尹氏八十后，书稿大略写定，然仍有阙略，迄于辞世，亦未补辑。

后金汗皇太极，论将其父事迹纂修为史书。

《清太宗实录》卷一六，清太宗天聪七年十月己巳：……复谕文馆儒臣曰：昔皇考太祖欲创造满书，巴克什额尔德尼辞以不能。太祖曰：汝何谓不能！但以蒙古字合我国之语音，联缀成句，即可因文见义矣。吾意已定，汝毋辞。额尔德尼遂遵谕编成满书。我国初无满字，额尔德尼乃一代杰出之人，今也则亡。彼所造之书，义或有在，其后巴克什库尔缠所增，朕恐终有未合。尔记载诸臣，将所载之书，宜详加订正，若有舛讹之处，即酌改之。朕嗣大位，凡皇考太祖行政用兵之道，若不一一备载、垂之史册，则后世子孙无由而知，岂朕所以尽孝乎！

公元1634年 明思宗崇祯七年 甲戌

杨时伟著成《春秋编年举要》。

《四库全书总目》卷四八，编年类存目：《春秋编年举要》（无卷数），明杨时伟撰。……是书成于崇祯甲戌。凡前后二编，皆仿《史记·年表》之例，以国为经，以事为纬。前为春秋列国编年举要，起周平王四十九年己未，讫敬王三十九年庚申，以括《春秋》大要。后为获麟后七十七年编年举要，起敬王三十九年庚申，迄威烈王二十三年戊寅，以补《通鉴前编》。首有《春秋托始论》，据洪迈《容斋随笔》之说，谓《春秋》始隐公，为治郑庄，以强侯跋扈，实自寤生始也。次为《春秋列国君臣总论》三篇，随意断制，未为精确；其谓无季氏则鲁不昌，无二氏则季孤立，颇为乖刺。又有《获麟后编年总论》，辨魏文侯师子夏在未命为诸侯以前，亦无关大义。二编惟后编有引，称窃于诸书中采十一于千百，私为编年举要，既而深思，恐开后人以懒惰之端，遂举覆瓿，不复灾木，止存七十七年事。然则当时仅刊其后编，今则二编俱在，盖犹其家藏未刻之稿矣。

《皇明世法录》作者陈仁锡卒。

《明史》卷二八八，《陈仁锡传》：陈仁锡，字明卿，长洲人。……仁锡年十九，举万历二十五年乡试。……久不第，益究心经史之学，多所论著。天启二年，以殿试第三人授翰林编修。……明年丁内艰，庐墓次。服阕，起故官，寻直经筵，典诰敕。魏忠贤冒边功，矫旨赐上公爵，给世券。仁锡当视草，持不可，其党以威劫之，毅然曰："世自有视草者，何必我！"忠贤闻之怒。不数日，里人孙文豸以诵《步天歌》见捕，坐妖言锻炼成狱，词连仁锡及（文）震孟，罪将不测。有密救者，得削籍归。崇祯改元，召复故官。旋进右中允，署国子司业事，再直经筵。以预修神、光二朝实录，进右谕德，乞假归。越三年，即家起南京国子祭酒，甫拜命，得疾卒。福王时，赠詹事，谥文庄。仁锡讲求经济，有志天下事，性好学，喜著书，一时馆阁中博洽者鲜其俦云。

《千顷堂书目》卷九，典故类：陈仁锡《皇明世法录》九十二卷。

《明史》卷九七，《艺文志二》正史类：陈仁锡《皇明世法录》九十二卷。

王重民《中国善本书提要》史部政书类：《皇明世法录》九十二卷，一百册，明崇祯间刻本。原题："史官陈仁锡评纂。"（宝训题"史官陈仁锡谨纂"。）按是书凡分《维皇建极》、《悬象设教》、《法祖垂宪》、《裕国恤民》、《制兵勒法》、《浚河利漕》、《冲边严备》、《沿海置防》、《奖顺伐畔》、《崇文拔武》十类，类为五目，目分若干节，采择鸿富，足备参考。较之邓球《泳化类编》、冯应京《经世实用编》，盖有过之。仁锡撰是书，自拟于真、邱二氏《大学衍义》，《明史·艺文志》入《正史类》，为失其意。乾隆时为禁书，并载入《违碍书目》与《禁书总目》。此本购自日本，卷内有“纳户藏本”印记。自序。李模序。

案：据《明史·陈仁锡传》所述，陈仁锡“以预修神、光二朝实录，进右谕德，乞假归。越三年……卒。”《明神宗实录》修成于崇祯三年十一月，仁锡“进右谕德，乞假归”，当在崇祯四年，则其卒当在崇祯七年也。

林德谋《古今议论参》刊刻。

董应举《古今议论参题词》：为学而不知天官地德、阴阳消息之微，经术事守之要，南北之阨塞，古今之异宜，可以谓之学乎？非独不可为学，国家以经义造士，而继之后场，以观其博古通今之实学，将有以用之也。用之而无其具，问之天不知，问之地不知，问之南北阨塞不知，问之古今事宜不知，问之国家典要不知，懵懵然、瞠瞠然，议事而不适其宜，行政而不得其理，遇变而不审其势，处剧而不通其权，即布列有位，于国家果何用乎？内之不可为学，外之不可为用，世且目之曰竖，非国家造士意矣。古人之学不如是也。予少时见先辈业举者，多从六经子史通贯融液而出，所对策问，皆核实无浮语，如瞿少宰所辑《策学指南》，喜其有当于用。后乃有绘藻其词，襞积其故实，使人易悦，而乐于为剽。剽窃行而实学不问矣。

噫！今之人有能留意此学，思为有用之具者耶？吾且十步九拜，追而与之游。何也？士习舛而学与用交废，所关于天下国家不小也。何意有超然好古如采公者，观其所纂《古今议论参》，颇采少宰《策学》，而本之六经诸史，名贤奏议，旁及近代诸集，凡有系于天官地德、经术事守、国势强弱、古今异宜者，无不毕载，而类分之为六曹。盖历岁时，忘寒暑，不知其身之为瘁，时见之背驰，仡仡然，私以自实其所学，以待夫有事而已。复得尔奋为之参附考订，同社及门助之梓，而此书遂行。……崇祯甲戌嘉平月朔日，董应举撰。

施有翼《序古今议论参》：予惟经济者，一时之迹；议论者，百世之业。然有经济足关百世，议论难通一时者。盖市其美言，而未尝究其实用也。采公《议论参》一书，或一人之所是，一人以为非；两人之所是，众人以为非；一时之所是，百世以为非者。无不斟酌古今，务求于至当，使皆可见诸施行，非徒以资议论而已。学富五车，予不逮也；家徒四壁，予与采公共之。采公乃能役剞劂氏，以公之于世，其法力亦健矣。……事功待用于君相，学术表正于圣贤。上资乎国是，下亦可以息处士之争矣。其关系巨也。施有翼题。

王重民《中国善本书提要》史部政书类：《古今议论参》五十五卷，明崇祯间刻本。原题："闽中林德谋采公纂辑，师董崇相先生应举、曹能始先生学佺、友人施有翼尔奋校定。"卷二以后，仅题林德谋、施有翼名，盖为二人合纂者。董应举序云："[是书] 颇采少宰《策学》，而本之六经诸史，名贤奏议，旁及近代诸集，凡有系于天官地德，经术事守，国势强弱，古今异宜者，无不毕载，而类分之为六曹。"按：是书专为学作策论之用，其所选一如明人之《经济录》，清人之《经世文编》，均以有关时务之文字为主。采瞿景淳说最多，当即董序所谓"颇采少宰《策学》"也。又因其为明末时务书，故《禁书总目》与《违碍书目》并载之。……董应举序 [崇祯七年（一六三四）]、曹学佺序 [崇祯七年（一六三四）]、施有翼序。

今案：是书明崇祯刻本，见《四库禁毁书丛刊》集部第 20—21 册。

公元 1635 年　明思宗崇祯八年　清太宗天聪九年　乙亥

二月，后金汗惩治欲图改写史事的满洲贵族和官员。

《清太宗实录》卷二二，清太宗天聪九年二月丁未：……是日，觉罗索尔果多两孙，以其祖在先帝时有战功，将具疏诳奏。龙什见之，谓其辞意不佳，为之改撰奏上。上览毕，恶其虚诳不实，下刑部讯之，果虚，且察得龙什等改撰情由。上谕曰：龙什在文馆办事，先帝时诸臣战功，其所素知，如此妄控，即宜诟詈斥逐之，乃明知其诈，代为改作奏闻，亦属不合。著罚银一百两，革文馆任。刚林亦同改撰，并坐以应得之罪。其妄控二人，各鞭一百。

五月，皇太极令删节翻译辽、宋、金、元四史。

《清太宗实录》卷二三，清太宗天聪九年五月己巳：上召集文馆诸臣，谕之曰：朕观汉文史书，殊多饰辞，虽全览无益也。今宜于辽、宋、金、元四史内，择其勤于求治而国祚昌隆，或所行悖道而统绪废坠，与夫用兵行师之方略，以及佐理之忠良、乱国之奸佞，有关政要者汇纂翻译成书，用备观览。至汉文正史之外，野史所载，如交战几合、逞施法术之语，皆系妄诞。此等书籍传之国中，恐无知之人信以为真，当停其翻译。又见史臣称其君者，无论有道无道，概曰天子，殊不知"皇天无亲，惟德是辅"，必有德者乃克副天子之称。今朕承天祐，为国之主，岂敢遂以为天之子、为天所亲爱乎？傥不行善道、不体天心，则天命靡常，宁足恃耶？朕惟有朝乾夕惕，以仰邀天鉴而已。

纂修天命朝实录，其中的插图提前绘画完成，赏画工。

《清太宗实录》卷二四，清太宗天聪九年八月乙酉：画工张俭、张应魁恭绘《太祖实录图》成，赏俭人口一户、牛一头、应魁人口一户。

《旧满洲档》天聪九年档（辽宁大学历史系1979年印行《汉译满文旧档》）八月初八日：张俭、张应魁二画匠，给先英明汗的实录画的很好，淑勒汗赏给张俭一对人、一头牛，赏给张应魁一对人。

公元1636年 明思宗崇祯九年 清太宗天聪十年 丙子

冯元飚请速修《明熹宗实录》。

《明实录附录·崇祯实录》卷九：崇祯九年……冬十月壬申朔，礼科给事中冯元飚上言："臣待罪礼科，与闻掌故，每见巨重诸务，类多废弛。如谥法五年一举，今或再访而无一报；历数终古不易，今持各是而滋大疑。至若《实录》，则万世是非之衡，亦一时劝惩所恃也。历朝以来，虽御史长久，《实录》之成，无踰数岁。今熹庙七载，岂待九年？何狥何疑，坐成废阁，此固非一政一事之偷惰也。"上是之。

后金改文馆为内三院，其中内国史院兼具记史、修史职能。

《清太宗实录》卷二八，清太宗天聪十年三月辛亥：改文馆为内三院，一名内国史院，一名内秘书院，一名内弘文院，分任职掌。内国史院职掌，记注皇上起居、诏令，收藏御制文字。凡皇上用兵行政事宜，编纂史书，撰拟郊天告庙祝文，及升殿宣读庆贺表文，纂修历代祖宗实录，撰拟矿志文，编纂一切机密文移，及各官章奏。掌记官员升降文册，撰拟功臣母、妻诰命、印文、追赠诸贝勒册文。凡六部所办事宜可入史册者，选择记载。一应邻国远方往来书札，俱编为史册。内秘书院职掌，撰与外国往来书札，掌录各衙门奏疏及辩冤词状、皇上敕谕文武各官敕书，并告祭文庙谕、祭文武各官文。内弘文院职掌，注释历代行事善恶，进讲御前，侍讲皇子，并教诸亲王，颁行制度。

四月，后金改国号为“清”，改年号为“崇德”。

《清太宗实录》卷二八，清太宗崇德元年四月乙酉：上以受尊号，祭告天地。受宽温仁圣皇帝尊号，建国号曰大清，改元为崇德元年。是日黎明，上率诸贝勒满洲蒙古汉官出德盛门，至坛，上下马立。陈设祭物毕，导引官满洲一员、汉人一员，引至坛前。……上率诸大臣皆跪，读祝官捧祝文至坛上，北向跪，读祝文。其文曰：维丙子年四月十一日。满洲国皇帝臣皇太极，敢昭告于皇天后土之神曰：臣以眇躬嗣位以来，常思置器之重，时深履薄之虞，夜寐夙兴，兢兢业业，十年于此。幸赖皇穹降祐，克兴祖父基业，征服朝鲜，混一蒙古，更获玉玺，远拓边疆。今内外臣民谬推臣功，合称尊号，以副天心。臣以明人尚为敌国，尊号不可遽称，固辞弗获，勉徇群情，践天子位，建国号曰大清，改元为崇德元年。窃思恩泽未布，生民未安，凉德怀惭，益深乾惕。伏惟帝心昭鉴，永祐邦家，臣不胜惶悚之至。谨以奏闻。

《满文老档》崇德朝第八册：（四月）十一日，汗率诸贝勒、大臣祭上帝神位毕，汗即大位。是日，一等公扬古利率满、蒙、汉诸臣祭太祖庙，诵读祝文。

《清太祖武皇帝实录》修成。

《满文老档》崇德朝第三十六册：（十一月）十五日，《太祖、太后实录》告成，进呈。尽陈圣汗四宝、仪仗毕，诸和硕亲王、多罗郡王、多罗贝勒、固山贝子极文武各官，左右序立。礼部官入奏圣汗，圣汗御崇政殿时奏乐。圣汗升座毕，国史院大学士刚林捧满字表文、希福捧蒙字表文、罗绣锦捧汉字表文，率共同修纂之满蒙汉笔帖式进呈。时赞礼官赞排班，众皆排班，赞跪，大学士希福、刚林、罗绣锦高捧表文跪于前，诸笔帖式跪于后。礼部受满蒙汉三种官员进呈表文，跪于圣汗前，一一宣读。其表文曰：“国史院希福、刚林及满蒙汉笔帖式等跪奏宽温仁圣汗：钦奉宽温仁圣汗谕旨，纂修太祖承天广运圣德神功肇纪立极仁孝武皇帝、太后孝慈昭宪纯德真顺成天育圣武皇后实录，以满、蒙、汉三体字编译成书，以为万世之史，崇德元年十一月十五日。”读毕，赞礼官赞跪赞叩，行三跪九叩头礼，赞退，乃退。大学士等奉实录置龙亭内，自国史院舁出，从甬道进。汗见龙亭，离座，于西侧东向立。复将实录自龙亭内取出，置甬道黄宝御案上，大学士希福、刚林二大臣举黄宝御案两端，进圣汗。圣汗自侧首入，双手恭受实录，置于殿内黄宝御案上。内官举置实录黄宝御案两端，送至翔凤楼，圣汗始升座。听赞礼官鸣赞，大学士等率共同修纂诸笔帖式，行三跪九叩头礼。……

《清太宗实录》卷三三，清太宗崇德元年十一月乙卯：《太祖武皇帝实录》告成，进呈。设大驾卤簿，和硕亲王多罗郡王、多罗贝勒、固山贝子、文武各官、左右序立。上御崇政殿，内国史院大学士刚林捧满字，希福捧蒙古字，罗绣锦捧汉字，率修纂、满洲蒙古汉人笔帖式等上表进呈。礼部官受表文，于御前跪读。表云：内国史院大学士希福、刚林率内院满洲、蒙古、汉人官员，稽首顿首，谨奏于宽温仁圣皇帝陛下：臣等钦奉上谕，纂修太祖承天广运圣德神功肇纪立极仁孝武皇帝实录，谨以满洲、蒙古、汉字编译成书。繇此丰功懋绩，彪炳丹青，懿行嘉谟，昭垂奕叶，仰慰继述之思，大启纂承之烈，臣等不胜欢忭，恭进以闻。宣毕，俱行三跪九叩头礼，退。于时大学士等奉实录置龙亭内，自内国史院舁出。从甬道进。上见龙亭，降位，东向傍立，于是希福、刚林复自龙亭内奉实录置甬道黄案上，举案进上。上自侧首入，亲奉实录捧置殿内黄案上，侍臣举黄案实录，送入翔凤楼，上始升座。大学士等官率修纂、笔帖式，复行三跪九叩头礼，退。……制曰：朕仰惟太祖承天广运圣德神功肇纪立极仁孝武皇帝功德，昭垂万世。兹当纂辑告成，朕心嘉悦，与卿等共之。……

今案：此为清朝纂修的第一部实录，以满文、蒙古文、汉文三种字体分栏书写，另有表示战争场面的83幅插图，称为“战图”。原书今佚，但据乾隆年间依式重制的《满洲实录》，可知其貌。又，此实录之书名原将清太祖与“太后”（皇太极生母）谥号、尊号并称，顺治时抄录本在书名上取消“太后”名目。

张一龙著成《武库纂略》。

周镳《武库辑略序》：梅子朗三曰：吾社张子云昭，刻《武库辑略》成，非子序，予莫属矣。张子孝友，家有万石风，气谊又蒸蒸也。邓禹执戈，葛洪破贼，张子亦犹是矣，子勿辞。周子曰：固也，即予又何辞。虽然，兵，阴道也，言焉，阳之矣。介子胄夫，见不能习，学人翰士，习不能用。曲逆侯之奇，马服子之陋，恶在是欤！且汉所最难者，匈奴尔，两将军出塞，数得志焉，岂尽无方略出天幸哉？史迁传其卤获外，无他及焉，诚阴之也。张子恶用是欤？梅子曰：固也，吴吕蒙苦军中多务，欲读书不得，权语之曰：将军涉猎见往事尔，为博士邪？张子亦犹是矣。赵克国图守金城，事则其文，左丘明善言战攻，文则其事，事耶、文耶？惟所识矣，子勿辞。周子曰：固也，予又何辞。

孝友，张子之文，辑略，张子之事，事耶、文耶，张子兼之，予又何辞，乃卒序之。华阳散民周镳题。

詹应鹏《武库纂略序》：今天下多潢池子，当事者日鳃鳃厪安攘之虑，而以武备为急。顾居恒侈谈，人人霍卫，及箢钥见投，非赵括之续，则房次律之亚，怯愎两弊相寻，未见成算者。由玩寇寡谋，胸中之甲兵未储也。昔孙江东谓吕蒙掌军务者，宜涉猎往事，蒙始就学，既鲁肃与论，辄大惊，以为非复吴下阿蒙。学古之道不以武弁废，久矣。予重膺简命，尝承乏嘉湖，时以斯语董勖将率，故浙中戎政，差足振濯威灵。自卧病山林，考医问药之余阅邸极，妖氛告警，授剑尚方者固有成画，若《古今将略》遗编具在，而汗漫罔归，读者不免河汉。客有携张子云昭《武库》一编来者，间一展览，其间阖辟变化、成败利钝，朗若指掌，洵志厪安攘者所借资乎。或曰：去病不学而战，辄有功，智者之于兵，因敌制奇耳，何须此？予曰：卖酱翁医以学《易》仙去，虽曰翁之骨仙，然不可谓不以学《易》仙也。张中丞读书万卷，用兵如神，有志于古者，奈何以悻功人为迂疏之士？盖恼今云昭之书具在，第问戎行中，谁卖酱耳！崇祯丙子岁仲秋吉，赐进士出身太中大夫奉敕督理粮储漕务浙江布政使司右参政詹应鹏撰。

张一龙《武库纂略引》：为将之道与为儒等，学一先生之言，自谓登峰而上溯龙汉，下及来今，启之茫茫，叩之咙咙，此之为欸启之儒，庄生之所以危河伯也。文正公奇狄青，授之《左氏春秋》，而谓熟此可断大事，将不知古今，匹夫之勇耳。呜呼！为将而不知古今多识博览，以致详于经权、成败、奇正、间谍之变，而徒以挽弓驰马为快，则有以国予敌耳。赵括之弊，或尤其读父书传而不知用，余谓括惟知读父书，故目之所见与胸之所得者无几，而兼之时异势诡，欲以一人之说周万变不穷之机，求其无败，难矣。高皇帝抚造中夏，武臣子弟悉令读书国学，以曹国公督领监事。盖将推广其才，而使文武兼资，不至守一家之言以终。故鞭挞胡虏，芟夷群寇，天兵无敌以至于今，垂二百七十年世享神武。而迩者，则来漆室之虑焉。辽左发难，始于神庙末年，今十数稔而东西交汇，草窃蔓延。圣天子经文纬武，听鼙思将，欲剪灭此而朝食，而应明诏者或起于章句，未娴武略。即偶一娴之将如西楚王，学书不肯竟学，故循资代庖不知所底。予夙拙朴，无似青衿铩羽，遽绝宾兴，而结庐松湖，啸咏自老。顾君父济癖，不能忘情，于是历综羲皇以来诸英主硕臣，暨通经肄武之士，所以计安社稷、扞御外侮而获有成绩者，及昭代之张皇六师、安边靖难之策，悉著之简。汰繁芜而掇纲领，书凡十卷，卷分世纪，要于颛明武略，而因略致详，则在有志当世者。刘长卿献淮宁军李节度使曰："家散黄金酬士死，身留一剑答君恩"。予故无金可散，而是编不没，或足为答主之剑乎？惟博古君子览而裁焉。时崇祯丙子仲秋朔，古宣张一龙撰。

今案：本书今藏日本尊经阁文库，台北"中央"图书馆亦存。作者张一龙，字云昭，事迹不详。全书十卷，据各卷题款，乃张氏一家众人协力编撰。内容是纂辑历代战争将略用兵事迹，重于战略筹划和战术谋略，根据史籍纪载重新编撰，加以题目，取纪事本末形式，而非抄录原文。对明代战事最为重视，占有后五卷篇幅，其中收载不少名臣奏疏文献。后附《武库九边考》不分卷，亦关乎明朝边防形势。

《古文尚书疏证》等作者阎若璩生。

案：据《清史列传》卷六八，《儒林传下一·阎若璩传》，阎若璩卒于清康熙四十三年（公元1704年），年六十九，逆推之，知生于本年。

公元1637年 明思宗崇祯十年 丁丑

赵元祉著《定保录》。

《四库全书总目》卷五四，史部杂史类存目三：《定保录》（无卷数），明赵元祉撰。元祉，无锡人。是书成于崇祯十年。以明诸帝事迹，仿《贞观政要》之体，分修身、尊贤、训储、纳谏、驭臣、严宦寺、子民、诘戎兵、帝训为九类，编为三集。首集载太祖事；二集载成祖事；三集载仁宗至世宗六朝，仅寥寥数言，不复分类。大抵序述冗杂，颇无体例。自题称"锡山草莽臣"，而又有"师邹期祯谨订"一行，疑元祉本期祯弟子，故标此称，然亦太创矣。

《明熹宗实录》于本年后修成。

《明实录附录·崇祯实录》卷十：崇祯十年……九月……辛卯，户科给事中葛枢以《熹庙实录》十年未成，因劾副总裁礼部右侍郎朱继祚，前预修《三朝要典》，公论不容，由去辅温体仁引入。上不问。

《千顷堂书目》卷四，国史类：《熹宗哲皇帝实录》八十四卷。缺天启四年□月及七年□月。［原注：卢（文弨）校云：崇祯□年编。］监修成国公朱纯目，总裁大学士温体仁、张至发、孔贞运、贺逢圣、黄士俊，副总裁礼部尚书姜逢元、左侍郎刘宇亮、右侍郎掌翰院事兼詹事府傅冠。久未成编，九年十月礼科给事中冯元飚疏请速竣，至□年□月告成。

《明史》卷九七，《艺文志二》正史类：《熹宗实录》八十四卷，温体仁等修。

案：《明熹宗实录》修成之年代不详，据上所引"《熹庙实录》十年未成"之语，则其修成必在本年以后，故编于此。

公元 1638 年　明思宗崇祯十一年　戊寅

王在晋著成《三朝辽事实录》。

《明史》卷二五七，《王洽传附王在晋传》：（王）在晋，字明初，太仓人。万历二十年进士。授中书舍人。自部曹历监司，由江西布政使擢巡抚山东右副都御史，进督河道。泰昌时，迁添设兵部左侍郎。天启二年署部事。三月迁兵部尚书兼右副都御史，经略辽东、蓟镇、天津、登莱，代熊廷弼。八月改南京兵部尚书，寻请告归。五年起南京吏部尚书，寻就改兵部。崇祯元年召为刑部尚书，未几，迁兵部。王在晋《三朝辽事实录自序》：辽事不可不传，非亲炙则疑于道听。民间杜纂新编，久之窜入正史而虞有鲁鱼之混也。燕居之暇，一一叙述，如手缉纷丝，错综参伍，广搜群议，衷以管窥，纂就一家之冗编，谬拟三朝之实录，俾将来之爰采，仰佐史宬，用资谋野，有判如璋而合如珪者矣。……余之为是编也，急公死义之士，必存其名；饰非矫枉之谈，力辟其谬。博采奏章，无我寇我仇之恨，祗持国是。……区区謭陋，惟集诸邸抄，以为当年兵书疆事之征。徵信在我，知罪由人，聊以存三代之纪纲而已矣。崇祯戊寅季冬之吉，赐进士、光禄大夫、太子太保，加升一级、原任兵部尚书、前两京吏兵刑部尚书、侍经筵参赞机务、以尚书兼都察院右副都御史、奉敕经略辽东、蓟镇、天津、登莱等处、联络朝鲜、赐蟒玉尚方剑便宜行事、总理户兵工三部总督河道、巡抚山东、提督湖广通省学政黎阳王在晋撰。

《三朝辽事实录》卷次目录：一卷，万历四十六年戊午四月辽事起。……十七卷，天启丁卯……十二月止。

《千顷堂书目》卷五，别史类：王在晋《三朝辽事实录》十七卷。

公元 1640 年　明思宗崇祯十三年　庚辰

吴应箕著成《熹朝忠节死臣列传》。

《明史》卷二七七，《丘祖德传附吴应箕传》：吴应箕，字次尾，贵池人。善今古文，意气横厉一世。阮大铖以附珰削籍，侨居南京，联络南北附珰失职诸人，劫持当道。应箕与无锡顾杲、桐城左国材、芜湖沈士柱、余姚黄宗羲、长洲杨廷枢等为《留都防乱公揭》讨之，列名者百四十余人，皆复社诸生也。后大铖得志，谋杀周镳，应箕独入狱护视。大铖闻，急遣骑捕之，应箕夜亡去。

吴应箕《熹朝忠节死臣列传自序》：野臣曰：初，魏忠贤乱政，首撄祸杖死者，万燝也。后因汪文言狱逮死者六人：杨涟、左光斗、魏大中、袁化中、周朝瑞、顾大章。后又因李实诬奏，逮死者七人，则周起元、周顺昌、高攀龙、李应升、黄尊素，并先逮周宗建、缪昌期也。以吏部尚书遣戍遇赦为逆党所抑，卒死于戍所者赵南星。以争梃击首功为逆党论劾，逮死狱中者王之寀。各有传，共十六人。他如刘铎之以诗语讥讪弃市，夏之令以阻挠毛帅逮死，苏继欧、丁乾学、吴裕中、张汶、吴怀贤或缢死、怖死、仰药死、杖死，皆以逆珰死者也。因附名以见。……呜呼！不有死者其时可忍言哉？诸臣死十有余年矣，余恐后此听闻之言或失其实，则死者有知，谓当世何？于是条次其本末而为之传，要之所为熹朝者可考而知也，即以使未死者皆有所感而已。崇祯庚辰春王月。

公元 1641 年　明思宗崇祯十四年　辛巳

《史论二编》（一名《历代史论》）等作者张溥卒。

《明史》卷二八八，《张溥传》：张溥，字天如，太仓人。……溥幼嗜学。所读书必手抄，抄已朗诵一过，即焚之，又抄，如是者六七始已。右手握管处，指掌成茧。冬日手皲，日沃汤数次。后名读书之斋曰“七录”，以此也。……崇祯元年以选贡生入都。……溥归，集郡中名士相与复古学，名其文社曰复社。四年成进士，改庶吉士。以葬亲乞假归，读书若经生，无间寒暑。四方噉名者争走其门，尽名为复社。……至十四年，溥已卒。……明年，御史刘熙祚、给事中姜埰，交章言溥砥行博闻，所纂述经史，有功圣学，宜取备乙夜观。……遂有诏徵溥遗书。……有司先后录上三千余卷，帝悉留览。溥诗文敏捷。四方征索者，不起草，对客挥毫，俄顷立就，以故名高一时。卒时，年止四十。

《千顷堂书目》卷五，史学类：张溥《史论二编》十卷。

《千顷堂书目》卷三一，总集类：张溥《汉魏百三名家集》。汉九人，东汉十一人，魏十二人，晋二十二人，宋八人，齐六人，梁十九人，陈五人，北魏二人，北齐二人，北周二人，隋五人。

《明史》卷九七，《艺文志二》正史类：张溥《宋史纪事本末》一百九卷、《元史纪事本末》二十七卷。又史抄类：张溥《史论二编》十卷。又卷九九，《艺文志四》总集类：张溥……《汉魏百三名家集》。

《四库全书总目》卷九〇，史部史评类存目二：《历代史论二编》十卷，明张溥撰。……是书总论史事，起三家分晋，至周世宗征淮南，议论凡近，而笔力尤弱，殊为不称其名。题曰"二编"，盖尚有前编，今未之见。

谭宗浚《历代史论序》：明末张天如先生撰《历代史论》十二卷，起周三家分晋，至元而止。书颇盛行，学者以春秋二百年及有明一代，缺而弗备为憾。……光绪五年乙卯仲秋，四川督学使者南海谭宗浚。

公元 1643 年　明思宗崇祯十六年　癸未

张自勋撰成《纲目续麟》、《汇览》。

《四库全书总目》卷四七，编年类：《纲目续麟》二十卷、《校正凡例》一卷、《附录》一卷、《汇览》三卷，明张自勋撰。自勋，字卓庵，南昌人。是编成于崇祯癸未。首为《校正凡例》一卷，列朱子凡例与刘友益书法凡例，而各著所疑。次为《附录》一卷，备列朱子论《纲目》手书十二篇及李方子《纲目后序》、王柏《书纲目大全后》、徐昭文《纲目考证序证》。《纲目》一书，非惟分注非朱子手定，即正纲亦多出赵师渊手，并证刘友益误以晚年未定之本，为中年已定之本，遂不求端讯末，强辨诬真。其《续麟》二十卷，则按原书次第，摘列《纲目》及《考异》、《书法》、《发明》、考证之文，而一一辨正其是非。《汇览》三卷，则列增删正纲者三千六百四十余字，增删分注者四百四十余字。盖《汇览》为改正之本，而《续麟》则发明改正之所以然。分注之文，《汇览》仅改其年号、君名、谥号之类，而其他所当改者，以其文太繁，则散见于《续麟》中，盖二书详略互见，相辅为用者也。其宗方孝儒之论，不以统予秦、晋、隋，未免儒生胶固之见，然其他参互比校，每能推其致误之所以然。……视徒博尊朱子之名，而牵合迂谬，反晦朱子之本旨者，相去远矣。

李光壂撰成《守汴日志》。

《四库全书总目》卷五四，史部杂史类存目三：《守汴日志》一卷，明李光壂撰。光壂，祥符人，崇祯十五年以城守功由贡生议叙知县。是编成于崇祯癸未，光壂流寓南京之时。记李自成三攻开封，终于河决城没之事，大致与史传相出入，而分日记载，于情事委曲特为详细。史称陈永福射李自成，眇其左目，此记为永福之子守备陈德所射，光壂登埤目击，当得其真。光壂创造车营，拟连抵河畔，以应北岸之援兵，众议相持，车成未试而城圮，颇以为恨。……又诸书记城中拟决河以灌贼，反以自灌。光壂此志，殊无是事。

王光鲁撰成《阅史约书》。

《四库全书总目》卷五〇，史部别史类存目：《阅史约书》五卷，明王光鲁撰，光鲁，字汉恭，淮安人。是书专为读史者考订之用。《地图》一卷，皆朱书今地名，而墨书古地名，以著古今沿革之异；《地理直音》二卷，图所不能具者，又详于此；《历代事变官制图谱》一卷，则世表、年表、百官表之类；《古语训略》一卷；《元史备忘录》一卷，以元代同名人最多，易相混淆，故记录重名，以便区别。自叙称商评人物者易，语名物制度者难，颇自矜其用力之勤。然其书祇自便于初学寻检，未为精深，又不无舛误。至《训略》一篇，用《释名》、《广雅》体，以训释史文，既不能赅备，则徒然支赘而已。

王重民《中国善本书提要》史部杂史类：《阅史约书》五卷，七册，清顺治间刻本。原题："淮南王光鲁汉恭纂著，甥熊维熊伟男较，吴郡沈载古乘参订。"《提要》云："光鲁，字汉恭，淮安人。"盖仅依题衔为说，故不能详其事迹。按民国《瓜洲续志》卷十四《人物志》云："光鲁，瓜洲诸生，潜心绩学，屏迹东寺楼，去其梯，期以三年，尽读古人书。阅二载，以母病，归侍养。光鲁学穷本源，东南名辈皆推仰之。王凤洲《纲鉴舆图志》，光鲁所辑也。《阅史约书》十五卷，最为世所珍重。著《碧浙堂集》。"按"十五卷"当衍"十"字。又俗间《凤洲纲鉴》无《舆图志》，疑是《通鉴前编》所载《官制图》之讹。《存目》卷八十载光鲁所撰《古今官制沿革图》，《提要》云："金履祥《通鉴前编》，首列《古今官制》，未著撰人姓名，今校之悉与此合，盖即光鲁本也。"……

自序(崇祯十六年)。熊维熊跋。”又:《元史备忘录》一卷,一册,抄本。原题:“明淮南王光鲁汉恭编次,皇清秀水陶越艾村重订。”按是书为光鲁所撰《阅史约书》中之一种,原编在卷第五,此抄出单行者。《约书》成于崇祯十六年,故题明也。

钱谦益约于本年前撰成《《国初群雄事略》(一名《开国群雄事略》)、《明太祖实录辨证》。

钱谦益《国初群雄事略序》（本书中华书局1982年版卷首）：序录开国群雄，首滁阳、亳都者，何也？志创业也。数月而馆甥，期年而别将，脱真龙于鱼服之中，而借以风雷，傅之羽翼。滁阳之于圣祖，其亦天造草昧，有开必先者乎！元失其鹿，斩木揭竿，鱼书狐呼之徒，汝、颍先鸣，淮、徐响应，濠城遥借声势，因缘起事，而滁阳位又在四雄之下。彭、赵，徐城之逋寇也，俨然踞坐堂皇，指挥奔走，所谓微乎微者也。滁阳既殁，孤军无倚，假滦城之虚名，嘘崖山之余烬，用以部署东南，号令天下，定台城，开吴国，建帝王万世之业。日月出而爝火熄，于是龙凤之君臣事业，风销湮灭，杳然荡为穷尘，而沦为灰劫矣。嗟夫！安丰之擐甲，宁逆耳于青田；瓜步之胶舟，终归狱于德庆。汉祖天授，不讳受命于牧羊；光武中兴，聊复称帝于铜马。用是系以年月，疏其终始，放司马迁《楚汉月表》之意，俾后世有观焉。昔张衡上书谓：“更始居位，光武初为其部将，然后即真。宜以更始之号，建于光武之初。”然则龙凤之号，或亦高皇帝之所不废也。次伪天完，次伪汉，次伪夏，志割据也。次东吴，次庆元，志盗窃也。天命不僭，夷狄有君，故以扩阔、陈友定终焉。于乎！有元非暴虐之世，庚申非亡国之君也，惟其聪明自用，优柔不断，权分椒涂，政出奸佞，宠赂于焉滋章，纪纲为之委替，沙河之溃师，费以亿万，而败将归踞于台端；高邮之围寇，功在漏刻，而大军立卸于城下。省院之驳议未决，而航海之宝贿直达于宫中；江、淮之壁垒方新，而旷林之干戈相寻于阃外。驯至抚军之院，朝设而夕罢；讲解之书，此奉而彼格。南讨之诏旨甫出河北，而北征之师旅已捣燕南。然后仰观乾象，而喟然知事之不可为也。宁有及乎！《诗》不云乎：“殷鉴不远，在夏后之世。”后之人主，读仪鉴之诗，而以庚申为前车，虽与天无极可也。书成后之十六年涂月朔，旧史官钱谦益谨叙。

张钧衡《国初群雄事略跋》（《适园丛书》本，中华书局本附录）：右《国初群雄事略》十五卷，国朝钱谦益牧斋撰。牧斋，常熟人，万历庚戌年进士及第，官至礼部侍郎，弘光时礼部尚书。入国朝，仍为礼部侍郎。事迹入《贰臣传》。牧斋博极群书，声望卓著。崇祯朝，扼于温体仁；弘光朝，扼于阮大铖；国朝，扼于谢升。宦既不达，欲以史事自见，而亦未有任之者。纂名臣、明人传志，订成数百册。又为六丁取去，惟存《列朝诗选》，聊见微旨而已。此书即其造史长编，首韩林儿，次郭子兴，次徐寿辉，次陈友谅，次明玉珍，次明升，次张士诚，次方国珍，次扩廓帖木儿，次陈友定，次李思齐，次纳哈出，次察罕，次何真，次何荣十五人，分为十五篇。采自诸书，抵牾处不改定，参差处不画一，仍是长编之例，实非刊定之书。周在浚、黄俞邰徵唐、宋秘书本书目，此书在焉，然迄未刊行之者。今以汉唐斋马氏、兰味轩庄氏两钞本互校订定，以明升、察罕、何荣各从其父，定为丨二卷。牧斋著作刊播于世，实为最后矣。癸丑十二月，乌程张钧衡跋。

今案：本年，钱谦益门人瞿式耜刊刻《初学集》成。《开国群雄事略序》收入卷二八，原书则未刊。《太祖实录辨证》五卷，收入卷一百一至卷一百五。

公元 1644 年 明思宗崇祯十七年（本年三月思宗卒，明亡）甲申

朱明镐于本年前撰成《史纠》。

《千顷堂书目》卷五，史学类：朱明镐《史纠》二卷，又《史书异同》三卷，又《新旧异同》二卷。

《四库全书总目》卷八八，史部史评类：《史纠》六卷，明朱明镐撰。明镐，字丰芑，太仓人。是编考订诸史书法之谬，及其事迹之抵牾。上起《三国志》，下迄《元史》，每史各为一编，《元史》不甚置可否，自言仿郑樵《通志》不敢删削《唐书》之例。其《晋书》、《五代史》亦缺而不论，则未审为传写所佚，为点勘未竟。观篇末别附《书史异同》一篇，《新旧唐书异同》一卷，与前体例截然不同，知为后人掇拾残稿，编次成帙也。明代史论至多，大抵徒侈游谈，务翻旧案，不能核其始终。明镐名不甚著，而于诸史皆钩稽参贯，得其条理，实一一从勘验本书而来，较他家为有根据。其书《三国志》以及八史，多论书法之误，而兼核事实；《唐书》、《宋史》则大抵考证同异，指摘复漏，中颇沿袭裴松之《三国志注》、刘知幾《史通》、吴缜《新唐书纠谬》、司马光《通鉴考异》之文。又如《隋书》兰陵公主忍耻再醮，乃以身殉后夫，而取冠列女；《宋

史》包恢以肉刑行公田法媚贾似道，乃以源出朱子，而别名道学，显然乖谬者，亦未能抉剔无遗。至徐梦莘《三朝北盟会编》，本杂采诸书，案而不断，以备史家之采择，故义取全收，无所去取，梦莘实未旁置一词，而明镐误以记述之文，为梦莘论断之语，大加排诋，尤考之未详。要其参互考证，多中肯綮，精核可取者十之六七，亦可谓留心史学者矣。

余嘉锡《四库提要辨证》卷九，史部七：《史纠》六卷。……嘉锡案：吴伟业《梅村集》卷三十四有《昭芑墓志铭》云："所著唯《史书异同》、《新旧异同》二书先成，其余十有三种，《史纠》特可传。"卢文弨《抱经堂文集》卷七《史纠题辞》："此明季太仓朱明镐字昭芑之所著也。按《千顷堂书目》：《史纠》二卷、《史书异同》三卷、《新旧唐书异同》二卷。今此本并《异同》入《史纠》，只分上下两卷，其两《异同》附载于后者，寥寥盖无几矣。吾浙采访进呈书内亦同，其元本殆不可得而见。然就此本读之，亦尚有全录裴松之之语者，有采自吴咸林之《纠谬》、王浚仪之《困学纪闻》者，则元本泛滥益可知。《书史之异同》下有注云，文多不录，录其有议论者，然则节而取之，亦不可谓旧人之失也。"是明镐之元本《史纠》与两《异同》本各自为书，后人乃削《异同》之繁文，附之《史纠》之末，编辑者且于《史书异同》之下明著其说矣，非由元稿残失而后掇拾之也。至明镐之字，《明诗综》卷七十六及《墓志铭》均作"昭芑"，与卢氏合。《提要》作"丰芑者"亦误。

案：朱明镐著成《史纠》之年代不详，据《明人传记资料索引》（台北"中央"图书馆编）云："朱明镐（1607—1652），字昭芑，太仓人。诸生。淹贯诸史，著有《书史异同》、《新旧异同》。入清诏举山林隐逸不就，卒年四十六。"《四库提要》既题："明朱明镐撰"，则其书之成当在明亡以前，故编于此。

《大臣谱》、《昭代武功录》作者范景文卒。

《明史》卷二六五，《范景文传》：崇祯初，用荐召为太常少卿。二年七月擢右佥都御史，巡抚河南。……明年三月擢兵部添注左侍郎，练兵通州。……居二年，以父丧去官。七年冬，起南京右都御史。未几，就拜兵部尚书，参赞机务。……十一年冬，京师戒严，遣兵入卫。杨嗣昌夺情辅政……削籍为民。十五年秋，用荐召拜刑部尚书，未上，改工部。……十七年二月命以本官兼东阁大学士，入参机务。未几，李自成破宣府，烽火逼京师。……及都城陷，趋至宫门。……遂至演象所拜辞阙墓，赴双塔寺旁古井死。……赠太傅，谥文贞。

《千顷堂书目》卷五，别史类：范景文《昭代武功录》十卷。分二类：曰亲征，曰勋绩。自洪、永迄万历四十七年等事。

《明史》卷九七，《艺文志二》正史类：范景文《昭代武功录》十卷。